파이썬 *for* Beginner 4판

지은이 **우재남** 5288893@hanafos.com

서강대학교에서 정보시스템 전공으로 석사 과정을 마친 후 다양한 IT 관련 분야에서 실전 업무를 수행했고, 대학에서 프로그래밍, 데이터베이스, 운영체제 등의 과목을 강의해 왔다. 현재는 디티솔루션의 공간데이터베이스 연구소장으로 재직하고 있으며, 공간 정보와 IT의 융합 학문인 유시티 IT 분야의 공학박사 학위도 취득했다. 또한 한양사이버대학교 컴퓨터공학과와 삼성, LG, 현대, CJ, KT, SK, 대한상공회의소 등의 기업에서 인공지능 및 IT 전문 분야 관련 강의를 진행하고 있다. 직접 체험한 다양한 IT 실무 경험과 지식을 최대한 쉽고 빠르게 수강생과 독자에게 전달하는 것을 강의와 집필의 모토로 삼고 있다. 한빛미디어와 한빛아카데미에서 『뇌를 자극하는 Redhat Fedora: 리눅스 서버 & 네트워크』(2005)를 시작으로 지금까지 50권 이상의 책을 집필 및 번역했다.

주요 저서(한빛아카데미)

데이터베이스 for Beginner(2판)(2025)
Android Studio를 활용한 안드로이드 프로그래밍(9판)(2024)
C 언어 자료구조와 알고리즘 for Beginner(2023)
난생처음 자바 프로그래밍(2023)
C# 프로그래밍 for Beginner(2022)
파이썬 데이터 분석 for Beginner(2022)
C 언어 for Beginner(4판)(2022)
난생처음 파이썬 프로그래밍(2021)
파이썬 자료구조와 알고리즘 for Beginner(2021)
코틀린을 활용한 안드로이드 프로그래밍(2020)
리눅스 실습 for Beginner(2020)
자바 프로그래밍 for Beginner(2019)

파이썬 *for* Beginner 4판

초판발행 2025년 11월 4일
2쇄발행 2026년 3월 7일

지은이 우재남 / **펴낸이** 전태호
펴낸곳 한빛아카데미(주) / **주소** 서울시 서대문구 연희로 2길 62 한빛아카데미(주) 2층
전화 02-336-7112 / **팩스** 02-336-7199
등록 2013년 1월 14일 제2017-000063호 / **ISBN** 979-11-7340-035-3 93000

총괄 박현진 / **기획** 박하나 / **편집** 박현진 / **교정** 윤미현 / **진행** 박하나
디자인 이아란 / **전산편집** 이소연 / **제작** 박성우, 김정우
영업 김성삼, 이정훈, 임현기, 이성훈, 김주성, 심지연

이 책에 대한 의견이나 오탈자 및 잘못된 내용은 출판사 홈페이지나 아래 이메일로 알려주십시오.
파본은 구매처에서 교환하실 수 있습니다. 책값은 뒤표지에 표시되어 있습니다.

홈페이지 www.hanbit.co.kr / 이메일 question@hanbit.co.kr

Published by HANBIT Academy, Inc. Printed in Korea

파이썬 *for* Beginner 4판

우재남 지음

한빛아카데미
Hanbit Academy, Inc.

프로그래밍 입문자를 위한 친절하고 쉬운 파이썬 교과서

IT 관련 분야에 종사하고자 한다면 프로그래밍 언어 하나 정도는 능숙하게 다룰 수 있어야 합니다. 예전에는 C/C++, 자바 등을 필수 언어로 취급했으나, 이제는 파이썬이 또 하나의 대세로 떠오르고 있습니다. 그래서인지 많은 국내외 기업에서 IT 관련 부서의 입사시험 및 회사 내부 평가 시험에 C/C++, 자바 등과 더불어 파이썬도 포함시키고 있습니다.

파이썬은 코드가 간결하고 문법이 쉬워 프로그래밍에 입문하는 사람에게 매우 적합한 언어로 평가받고 있습니다. 파이썬을 학습하다 보면 처음에는 코드의 간결함과 입력한 결과를 바로 확인할 수 있는 단순함에 놀라고, 나중에는 강력한 기능에 다시 한 번 놀랍니다.

파이썬이 IT 분야에서 인기를 끄는 이유는 '쉬움+강력함'이 결합된 언어이기 때문입니다. 이제 파이썬은 전기전자, 화학, 생물, 건설 등 다양한 공학 분야에서 꼭 배워야 하는 프로그래밍 언어로 자리 잡았으며, 금융, 통계, 경영, 회계 등 상경 계열에서도 다양하게 활용되고 있습니다. 또 파이썬은 미래 가치가 높게 평가되는 빅데이터, 머신러닝, 딥러닝, 인공지능 등을 학습하기 위한 필수 프로그래밍 언어이기도 합니다.

파이썬을 더욱 효과적으로 학습할 수 있도록 이 책을 다음과 같이 구성했습니다.

❶ 꼭 필요한 내용만 담았습니다

기본적으로 알아야 하는 내용과 자주 사용하는 기능 위주로 담아 학습의 부담을 줄였습니다. 또 주요 개념을 그림이나 다양한 예제 코드와 함께 차근차근 설명해 쉽게 이해할 수 있습니다. 학습을 진행함에 따라 실력이 조금씩 향상되어 가는 것을 느낄 수 있을 것입니다.

❷ 다양한 강의에 활용하기 적합한 형태로 구성했습니다

대학이나 IT 관련 강의에서 다양하게 활용할 수 있도록 본문을 설계하여 총 14개 장으로 구성했습니다. IT 비전공자나 저학년 학생들에게 공통으로 필요한 기능 위주로 담되, 후반부에는 IT 관련 학과나 실무자에게 도움이 되는 심화 내용도 일부 담아 수강생 수준에 따라 다양하게 활용할 수 있도록 하였습니다.

❸ 실제 프로그램을 완성하면서 주요 문법을 자연스럽게 익힐 수 있습니다

장별로 작은 프로그램 2개를 만들어 나가는 과정에서 자연스럽게 문법을 익히는 형태로 구성했기 때문에 해당 문법이 실제 프로그램에서 어떻게 활용되는지 직접 확인할 수 있습니다.

❹ 다양한 응용예제를 담았습니다

각 장의 맨 뒤에는 난이도별 응용예제가 수록되어 있습니다. 난이도는 별 1개부터 최대 5개까지 다양합니다. 이 응용예제의 코드를 이해한다면 실무에서 사용되는 파이썬 코드도 충분히 이해할 수 있습니다.

❺ 배운 내용을 테스트할 수 있는 SELF STUDY와 연습문제가 있습니다

본문 중간중간에 학습한 내용을 스스로 점검할 수 있는 SELF STUDY가 있습니다. 앞에서 설명한 코드를 약간 변형하는 문제로 구성되어 이를 해결하면서 응용력을 기를 수 있습니다. 연습문제에서는 이전 장에서 배운 내용과 관련된 문제를 제공하고, 이를 해결함으로써 응용력을 기를 수 있습니다. 특히 마지막 한 문제는 꽤 수준이 높은 것으로 중급 이상의 프로그래머가 되고자 한다면 스스로 해결해 보기를 권합니다.

이 책은 파이썬 초보자에게 필수적인 내용 위주로 구성했으며, 나아가 중·고급자도 학습할 수 있도록 다양한 응용예제를 수록했습니다. 부디 이 책으로 파이썬 입문자는 중급자로, 중급자는 고급 프로그래머로 도약할 수 있게 되기를 바랍니다.

끝으로 책을 출간하기까지 많은 지원을 해 주신 전태호 대표님과 김성무 팀장님을 비롯한 한빛아카데미(주) 직원 분들께 감사의 말씀을 전합니다. 특히 책의 완성도를 위해서 많은 노력을 해 주신 박하나 선임님께 감사를 전합니다.

지은이 **우재남**

이 책의 사용 설명서

강의 보조 자료

한빛아카데미 홈페이지에서 '교수회원'으로 가입하신 분은 인증 후 교수용 강의 보조 자료를 제공받을 수 있습니다. 한빛아카데미 홈페이지 상단의 〈교수전용공간〉 메뉴를 클릭해 주세요.

https://www.hanbit.co.kr/academy

연습문제 해답 안내 본 도서는 대학 강의용 교재로 개발되었으므로 연습문제 해답은 제공하지 않습니다.

구성 요소

본문 구성

1장에서 파이썬 소개와 설치를 간단히 진행한 후, 2장에서 기본적인 프로그램을 작성합니다. 3~13장은 기본 문법을 익히면서 각 장마다 2개의 파이썬 프로그램을 완성하는 형태로 구성되어 있습니다. 마지막 14장에서는 외부 라이브러리를 활용해 실전에서 사용할 실무 프로젝트 2개를 작성합니다.

요약/연습문제

해당 장에서 기억해야 할 중요한 내용을 요약해서 정리했습니다. 또한 자신의 실력을 테스트해 볼 수 있는 연습문제를 수록했습니다. 이 중 **심화문제**는 응용예제를 변형하는 형태가 많으므로, 응용예제를 먼저 구현한 다음 풀어 보면 좋습니다.

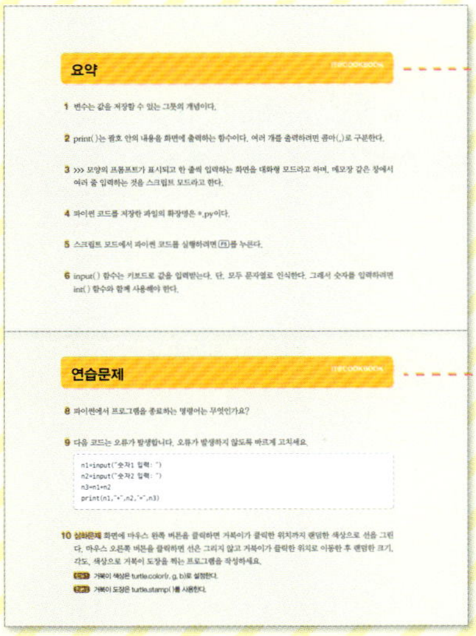

요약

1 변수는 값을 저장할 수 있는 그릇의 개념이다.

2 print( )는 괄호 안의 내용을 화면에 출력하는 함수이다. 여러 개를 출력하려면 콤마(,)로 구분한다.

3 >>> 모양의 프롬프트가 표시되고 한 줄씩 입력하는 화면을 대화형 모드라고 하며, 메모장 같은 창에서 여러 줄 입력하는 것을 스크립트 모드라고 한다.

4 파이썬 코드를 저장한 파일의 확장명은 *.py이다.

5 스크립트 모드에서 파이썬 코드를 실행하려면 F5를 누른다.

6 input( ) 함수는 키보드로 값을 입력받는다. 단, 모두 문자열로 인식한다. 그래서 숫자를 입력하려면 int( ) 함수와 함께 사용해야 한다.

연습문제

8 파이썬에서 프로그램을 종료하는 명령어는 무엇인가요?

9 다음 코드는 오류가 발생합니다. 오류가 발생하지 않도록 바르게 고치세요.

```
n1=input("숫자1 입력: ")
n2=input("숫자2 입력: ")
n3=n1+n2
print(n1,"+",n2,"=",n3)
```

10 심화문제 화면에 마우스 왼쪽 버튼을 클릭하면 거북이가 클릭한 위치까지 랜덤한 색상으로 선을 그린다. 마우스 오른쪽 버튼을 클릭하면 선은 그리지 않고 거북이가 클릭한 위치로 이동한 후 랜덤한 크기, 각도, 색상으로 거북이 도장을 찍는 프로그램을 작성하세요.

거북이 색상은 turtle.color(r, g, b)로 설정한다.

거북이 도장은 turtle.stamp( )를 사용한다.

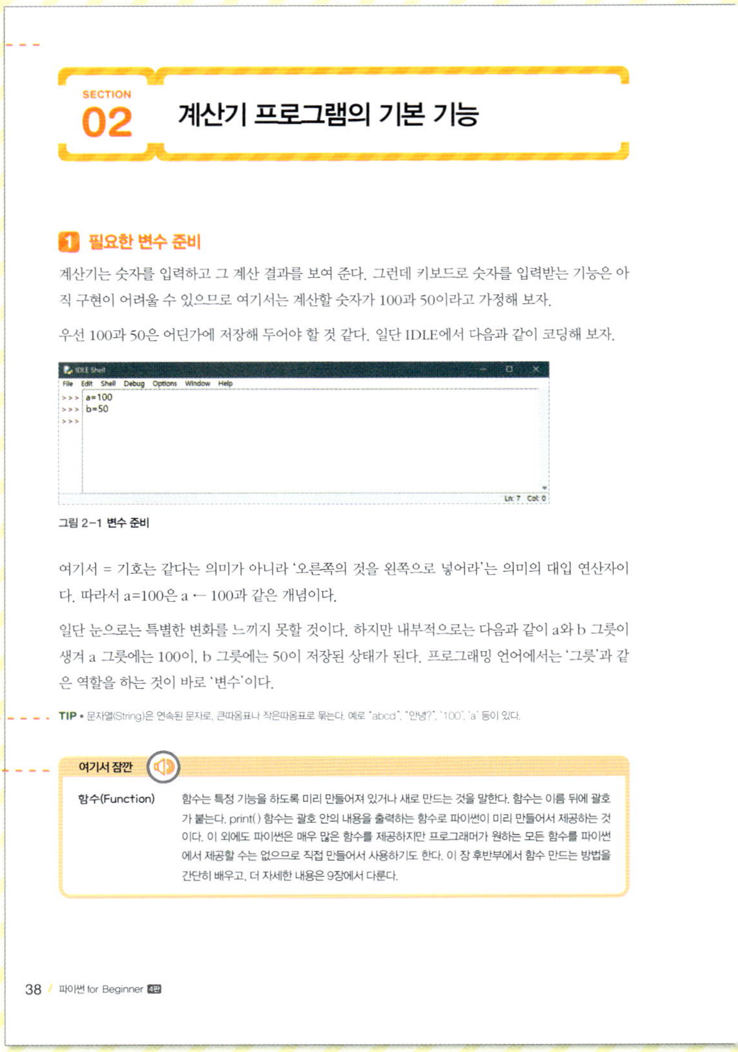

SECTION 02 계산기 프로그램의 기본 기능

1 필요한 변수 준비

계산기는 숫자를 입력하고 그 계산 결과를 보여 준다. 그런데 키보드로 숫자를 입력받는 기능은 아직 구현이 어려울 수 있으므로 여기서는 계산할 숫자가 100과 50이라고 가정해 보자.

우선 100과 50은 어딘가에 저장해 두어야 할 것 같다. 일단 IDLE에서 다음과 같이 코딩해 보자.

```
>>> a=100
>>> b=50
>>>
```

그림 2-1 변수 준비

여기서 = 기호는 같다는 의미가 아니라 '오른쪽의 것을 왼쪽으로 넣어라'는 의미의 대입 연산자이다. 따라서 a=100은 a ← 100과 같은 개념이다.

일단 눈으로는 특별한 변화를 느끼지 못할 것이다. 하지만 내부적으로는 다음과 같이 a와 b 그릇이 생겨 a 그릇에는 100이, b 그릇에는 50이 저장된 상태가 된다. 프로그래밍 언어에서는 '그릇'과 같은 역할을 하는 것이 바로 '변수'이다.

TIP • 문자열(String)은 연속된 문자로, 큰따옴표나 작은따옴표로 묶는다. 예로 "abcd", "안녕?", '100', 'a' 등이 있다.

여기서 잠깐

함수(Function) 함수는 특정 기능을 하도록 미리 만들어져 있거나 새로 만드는 것을 말한다. 함수는 이름 뒤에 괄호가 붙는다. print() 함수는 괄호 안의 내용을 출력하는 함수로 파이썬이 미리 만들어서 제공하는 것이다. 이 외에도 파이썬은 매우 많은 함수를 제공하지만 프로그래머가 원하는 모든 함수를 파이썬에서 제공할 수는 없으므로 직접 만들어서 사용하기도 한다. 이 장 후반부에서 함수 만드는 방법을 간단히 배우고, 더 자세한 내용은 9장에서 다룬다.

38 / 파이썬 for Beginner

TIP/여기서 잠깐

본문과 관련된 도움말이나 참고로 알아 두면 좋은 내용입니다.

예제 소스

https://www.hanbit.co.kr/src/41035

커뮤니티

저자가 운영하는 〈비기너 카페〉에 접속하면 본 도서와 관련된 정보를 제공받을 수 있습니다.

https://cafe.naver.com/itCookBook

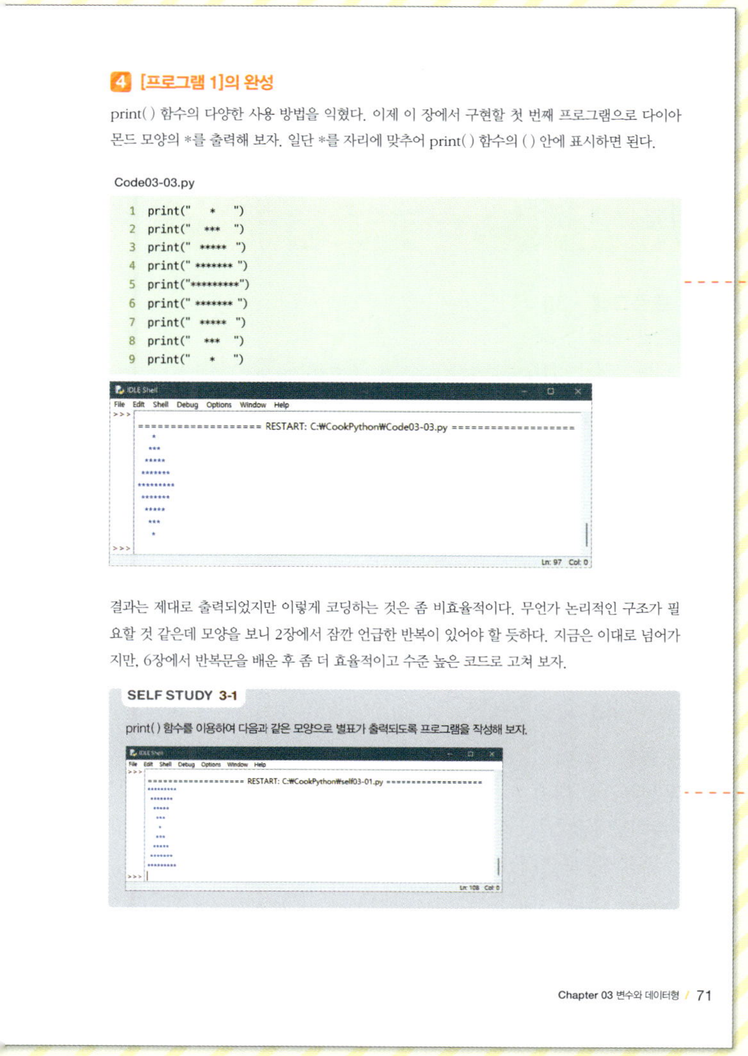

4 [프로그램 1]의 완성

print( ) 함수의 다양한 사용 방법을 익혔다. 이제 이 장에서 구현할 첫 번째 프로그램으로 다이아몬드 모양의 *를 출력해 보자. 일단 *를 자리에 맞추어 print( ) 함수의 ( ) 안에 표시하면 된다.

Code03-03.py

```
print("    *    ")
print("   ***   ")
print("  *****  ")
print(" ******* ")
print("*********")
print(" ******* ")
print("  *****  ")
print("   ***   ")
print("    *    ")
```

결과는 제대로 출력되었지만 이렇게 코딩하는 것은 좀 비효율적이다. 무언가 논리적인 구조가 필요할 것 같은데 모양을 보니 2장에서 잠깐 언급한 반복이 있어야 할 듯하다. 지금은 이대로 넘어가지만, 6장에서 반복문을 배운 후 좀 더 효율적이고 수준 높은 코드로 고쳐 보자.

SELF STUDY 3-1

print( ) 함수를 이용하여 다음과 같은 모양으로 별표가 출력되도록 프로그램을 작성해 보자.

Chapter 03 변수와 데이터형 / 71

실습 환경

- **운영체제 :** Windows 11 또는 10
- **개발 도구 :** Python 3.14(3.x 버전 가능)
- **추가 프로그램 :** SQLite/MySQL(13장), 아나콘다 2024.10(14장), 비주얼 스튜디오 코드, 파이참(부록)

코드

간단하게 익힌 문법이나 개념을 파이썬으로 직접 구현하고 활용해 봅니다.

응용예제

각 장에서 익힌 이론과 기능을 실무 프로그램처럼 응용해 보는 예제 모음입니다. 다양한 난이도의 프로그램을 구현하며 파이썬 프로그래밍 수준을 한 단계 업그레이드할 수 있습니다.

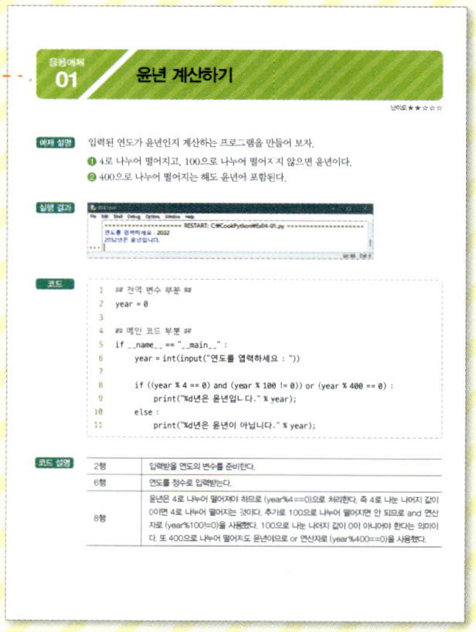

응용예제 01 윤년 계산하기

SELF STUDY

코드에서 익힌 내용을 중간중간 스스로 체크할 수 있도록 간단한 문제를 제시합니다. SELF STUDY로 자신의 학습 이해도를 직접 점검해 볼 수 있습니다.

목차

Chapter 01 파이썬 들여다보기 19

SECTION 01 **프로그래밍 언어의 개념과 종류** · 20
1.1 프로그래밍 언어의 개념 · 20
1.2 프로그래밍 언어의 종류 · 20

SECTION 02 **파이썬 소개** · 22
2.1 파이썬의 역사 · 22
2.2 파이썬의 특징 · 23

SECTION 03 **파이썬의 설치와 실행** · 25
3.1 설치 전 사전 확인 · 25
3.2 파이썬 설치 · 25
3.3 파이썬 실행 · 28

요약 · 31
연습문제 · 32

Chapter 02 미리 만드는 쓸 만한 프로그램 35

SECTION 01 **이 장에서 만들 프로그램** · 36
1.1 [프로그램 1] 간단 계산기 · 36
1.2 [프로그램 2] 터틀 그래픽 · 37

SECTION 02 **계산기 프로그램의 기본 기능** · 38
2.1 필요한 변수 준비 · 38
2.2 더하기 기능 구현 · 38
2.3 빼기, 곱하기, 나누기 기능 구현 · 41

SECTION 03 **계산기 프로그램 저장** · 42
3.1 프로그램 저장의 필요성 · 42
3.2 파이썬 파일 저장 · 43
3.3 파이썬 파일 실행 · 44
3.4 파이썬 파일 열기 · 46

SECTION 04 **계산기 프로그램 확장** · 48
4.1 파이썬 파일 만들어 저장 · 48
4.2 input() 함수를 사용해 값 입력 · 49
4.3 int() 함수를 사용해 정수로 변환 · 50

SECTION 05 **터틀 그래픽 프로그램 작성** · 52
5.1 터틀 프로그램 기본 틀 만들기 · 52
5.2 구현할 기능 계획 · 55

5.3 필요한 변수 준비 · 56
5.4 기능 ❶ 구현 · 56
5.5 기능 ❷ 구현 · 57
5.6 기능 ❸ 구현 · 57
5.7 터틀 그래픽 프로그램 완성 · 58

요약 · 60
연습문제 · 61

Chapter 03 변수와 데이터형 63

SECTION 01 **이 장에서 만들 프로그램** · 64
1.1 [프로그램 1] 다이아몬드 모양 출력 · 64
1.2 [프로그램 2] 진수 변환 · 64

SECTION 02 **print() 함수를 사용한 다양한 출력** · 65
2.1 print() 함수의 서식 · 65
2.2 print() 함수를 사용한 다양한 출력 · 66
2.3 print() 함수를 사용한 깔끔한 출력 · 67
2.4 [프로그램 1]의 완성 · 71

SECTION 03 **변수의 선언과 사용** · 72
3.1 변수의 선언 · 72
3.2 변수의 사용 · 73

SECTION 04 **데이터 표현 단위와 진수 변환** · 77
4.1 비트와 바이트 · 77
4.2 비트 · 77
4.3 바이트 · 79
4.4 진수 변환 · 79
4.5 [프로그램 2]의 완성 · 82

SECTION 05 **기본 데이터형** · 84
5.1 숫자형(정수형과 실수형) · 84
5.2 불형 · 86
5.3 문자열 · 86

요약 · 90
연습문제 · 92
응용예제 01 데이터형 크기 확인하기 · 94
응용예제 02 입력 문자열을 거꾸로 출력하기 · 96
응용예제 03 학생 성적 처리하기 · 97

목차

Chapter 04 연산자 99

SECTION 01 **이 장에서 만들 프로그램** · 100
1.1 [프로그램 1] 동전 교환 · 100
1.2 [프로그램 2] 마음대로 이동하는 거북이 · 100

SECTION 02 **산술 연산자** · 101
2.1 산술 연산자의 종류 · 101
2.2 산술 연산자의 우선순위 · 102
2.3 산술 연산을 하는 문자열과 숫자의 상호 변환 · 103
2.4 산술 연산자와 대입 연산자 · 103
2.5 [프로그램 1]의 완성 · 104

SECTION 03 **관계 연산자** · 106

SECTION 04 **논리 연산자** · 107
4.1 논리 연산자의 종류와 사용 · 107
4.2 [프로그램 2]의 완성 · 108

SECTION 05 **비트 연산자** · 111
5.1 비트 논리곱과 비트 논리합 연산자 · 111
5.2 시프트 연산자 · 115

SECTION 06 **연산자 우선순위** · 118

요약 · 119
연습문제 · 120
응용예제 01 윤년 계산하기 · 122
응용예제 02 거북이로 2진수 숫자 표현하기 · 123
응용예제 03 비트 연산을 활용한 암호화하기 · 125

Chapter 05 조건문 127

SECTION 01 **이 장에서 만들 프로그램** · 128
1.1 [프로그램 1] 무지개 색상의 원 · 128
1.2 [프로그램 2] 종합 계산기 · 128

SECTION 02 **기본 if 문** · 129
2.1 if 문 · 129
2.2 if~else 문 · 131

SECTION 03 **중첩 if 문** · 134
3.1 if~else~if~else 문 · 134
3.2 if~elif~else 문 · 136

3.3 삼항 연산자를 사용한 if 문 • 137
3.4 [프로그램 1]의 완성 • 137

SECTION 04 if 문 응용 • 139
4.1 리스트와 함께 사용 • 139
4.2 [프로그램 2]의 완성 • 141

요약 • 143
연습문제 • 144
응용예제 01 주사위 여러 개를 동시에 던지기 • 147
응용예제 02 거북이 서로 만나게 하기 • 149
응용예제 03 비밀번호 수준 검사하기 • 151

Chapter 06 반복문 153

SECTION 01 이 장에서 만들 프로그램 • 154
1.1 [프로그램 1] 구구단 출력 • 154
1.2 [프로그램 2] 마름모 모양 출력 • 154

SECTION 02 기본 for 문 • 155
2.1 반복문의 개념과 필요성 • 155
2.2 for 문의 개념 • 156
2.3 for 문을 활용한 합계 구하기 • 158
2.4 키보드로 입력한 값까지 합계 구하기 • 161

SECTION 03 중첩 for 문 • 164
3.1 중첩 for 문의 개념 • 164
3.2 중첩 for 문의 활용 • 166
3.3 [프로그램 1]의 완성 • 167

SECTION 04 while 문 • 169
4.1 for 문과 while 문 비교 • 169
4.2 무한 루프를 반복하는 while 문 • 171

SECTION 05 break 문과 continue 문 • 174
5.1 반복문을 탈출하는 break 문 • 174
5.2 반복문으로 다시 돌아가게 하는 continue 문 • 176
5.3 [프로그램 2]의 완성 • 177

요약 • 180
연습문제 • 182
응용예제 01 하트 모양 출력하기 • 185
응용예제 02 거북이로 구구단 출력하기 • 187
응용예제 03 계단 모양의 숫자 출력하기 • 189

목차

Chapter 07 리스트, 튜플, 딕셔너리 191

SECTION 01 **이 장에서 만들 프로그램** · 192
1.1 [프로그램 1] 화면 중앙에서 밖으로 나가는 거북이 · 192
1.2 [프로그램 2] 딕셔너리를 활용한 음식 궁합 출력 · 193

SECTION 02 **리스트의 기본** · 194
2.1 리스트의 개념 · 194
2.2 리스트의 필요성 · 194
2.3 리스트의 일반적인 사용 · 197
2.4 리스트의 생성과 초기화 · 199
2.5 리스트 값에 접근하는 다양한 방법 · 201
2.6 리스트 값의 변경 · 203
2.7 리스트 조작 함수 · 204

SECTION 03 **2차원 리스트** · 207
3.1 2차원 리스트의 개념 · 207
3.2 [프로그램 1]의 완성 · 209

SECTION 04 **튜플** · 212
4.1 튜플의 생성 · 212
4.2 튜플의 사용 · 213

SECTION 05 **딕셔너리** · 215
5.1 딕셔너리의 생성 · 215
5.2 딕셔너리의 사용 · 217
5.3 딕셔너리의 정렬 · 219
5.4 [프로그램 2]의 완성 · 220

SECTION 06 **리스트, 튜플, 딕셔너리의 심화 내용** · 222
6.1 세트 · 222
6.2 컴프리헨션 · 223
6.3 동시에 여러 리스트에 접근 · 224
6.4 리스트의 복사 · 225
6.5 리스트를 이용한 스택 구현 · 226

요약 · 230
연습문제 · 233
응용예제 01 16진수 정렬하기 · 236
응용예제 02 기차 수송량에 따라 순위 매기기 · 238
응용예제 03 DVD 대여점 운영하기 · 240

Chapter 08 문자열 243

SECTION 01 **이 장에서 만들 프로그램** · 244
1.1 [프로그램 1] 입력된 문자열 거꾸로 출력 · 244
1.2 [프로그램 2] 임의의 위치에 글자를 쓰는 거북이 · 244

SECTION 02 **문자열 기본** · 245
2.1 문자열의 개념 · 245
2.2 [프로그램 1]의 완성 · 247

SECTION 03 **문자열 함수** · 248
3.1 문자열 함수의 사용 · 248
3.2 [프로그램 2]의 완성 · 255

요약 · 257
연습문제 · 258
응용예제 01 대·소문자 상호 변환하기 · 261
응용예제 02 문자열에서 문자의 발생 빈도 세기 · 263
응용예제 03 문자열 압축하기 · 265

Chapter 09 함수와 모듈 267

SECTION 01 **이 장에서 만들 프로그램** · 268
1.1 [프로그램 1] 로또 번호 추첨 · 268
1.2 [프로그램 2] 모듈을 활용해 글자를 쓰는 거북이 · 268

SECTION 02 **함수 기본** · 269
2.1 함수의 개념과 필요성 · 269
2.2 함수의 형식과 활용 · 275

SECTION 03 **지역 변수, 전역 변수** · 279
3.1 지역 변수와 전역 변수의 이해 · 279
3.2 global 예약어 · 281

SECTION 04 **함수의 반환값과 매개변수** · 282
4.1 함수의 반환값 · 282
4.2 함수의 매개변수 전달 · 285
4.3 [프로그램 1]의 완성 · 288

SECTION 05 **모듈** · 290
5.1 모듈의 생성과 사용 · 290
5.2 모듈의 종류 · 292
5.3 [프로그램 2]의 완성 · 293

SECTION 06 **함수의 심화 내용** · 296
6.1 패키지 · 296

6.2 내부 함수, 람다 함수, map() • 297
6.3 재귀 함수 • 299
6.4 제너레이터와 yield 문 • 300

요약 • 302
연습문제 • 304
응용예제 01 문자와 숫자가 섞인 데이터 정렬하기 • 307
응용예제 02 날짜 세기 및 요일 구하기 • 309
응용예제 03 재귀 함수를 활용한 퀵 정렬하기 • 311

Chapter 10 윈도 프로그래밍 313

SECTION 01 이 장에서 만들 프로그램 • 314
1.1 [프로그램 1] 사진 앨범 • 314
1.2 [프로그램 2] 명화 감상 • 315

SECTION 02 기본 위젯 활용 • 316
2.1 기본 윈도창의 구성 • 316
2.2 레이블 • 317
2.3 버튼 • 319
2.4 체크버튼 • 321
2.5 라디오버튼 • 322

SECTION 03 위젯의 배치와 크기 조절 • 323
3.1 수평 정렬 • 323
3.2 수직 정렬 • 324
3.3 폭 조정 • 324
3.4 위젯 사이의 여백 조절 • 325
3.5 위젯 내부의 여백 조절 • 325
3.6 고정 위치에 배치 • 325
3.7 [프로그램 1]의 완성 • 327

SECTION 04 키보드와 마우스 이벤트 처리 • 330
4.1 마우스 이벤트 기본 처리 • 330
4.2 event 매개변수를 활용한 마우스 이벤트 처리 • 333
4.3 키보드 이벤트 기본 처리 • 334

SECTION 05 메뉴와 대화상자 • 336
5.1 메뉴의 생성 • 336
5.2 대화상자의 생성과 사용 • 339
5.3 [프로그램 2]의 완성 • 341

요약 • 344
연습문제 • 346
응용예제 01 좋아하는 동물 투표하기 • 349

응용예제 02 그림판 만들기 · 351
응용예제 03 탭 화면 만들기 · 353

Chapter 11 파일 입출력 355

SECTION 01 이 장에서 만들 프로그램 · 356
1.1 [프로그램 1] 파일 암호화 및 암호 해독 · 356
1.2 [프로그램 2] 흑백 사진 출력 · 357

SECTION 02 파일 입출력의 기본 · 358
2.1 파일 입출력의 개념 · 358
2.2 파일 입출력의 기본 과정 · 358

SECTION 03 텍스트 파일 입출력 · 361
3.1 파일을 이용한 입력 · 361
3.2 한 행씩 읽어 들이기 · 361
3.3 파일을 이용한 출력 · 368
3.4 [프로그램 1]의 완성 · 370

SECTION 04 이진 파일 입출력 · 375
4.1 이진 파일의 개념 · 375
4.2 이진 파일의 복사 · 375
4.3 [프로그램 2]의 완성 · 376

SECTION 05 파일 입출력의 심화 내용 · 382
5.1 파일 및 디렉터리 다루기 · 382
5.2 예외 처리 · 386

요약 · 391
연습문제 · 392
응용예제 01 파일 탐색기 만들기 · 396
응용예제 02 흑백 사진에 메뉴 추가하기 · 399
응용예제 03 이진 파일을 여러 개의 파일로 분할하기 · 403

Chapter 12 객체지향 프로그래밍 405

SECTION 01 이 장에서 만들 프로그램 · 406
1.1 [프로그램 1] 객체지향 개념 적용 · 406
1.2 [프로그램 2] 객체지향 사각형을 그리는 거북이 · 406

SECTION 02 클래스 · 407
2.1 클래스의 개념 · 407
2.2 클래스의 완전한 작동 구현 · 412

SECTION 03 생성자 · 414
3.1 생성자의 기본 · 414
3.2 [프로그램 1]의 완성 · 416

SECTION 04 인스턴스 변수와 클래스 변수 · 418
4.1 인스턴스 변수 · 418
4.2 클래스 변수 · 419

SECTION 05 클래스의 상속 · 422
5.1 상속의 개념 · 422
5.2 메서드 오버라이딩 · 423
5.3 [프로그램 2]의 완성 · 426

SECTION 06 객체지향 프로그래밍의 심화 내용 · 429
6.1 클래스의 특별한 메서드 · 429
6.2 추상 메서드 · 431
6.3 멀티 스레드 · 432
6.4 멀티 프로세싱 · 435

요약 · 437
연습문제 · 440
응용예제 01 프로그래스바로 멀티 스레드 표현하기 · 443
응용예제 02 객체지향이 적용된 그림판 구현하기 · 445
응용예제 03 객체지향을 활용한 DVD 대여점 관리하기 · 449

Chapter 13 데이터베이스 453

SECTION 01 이 장에서 만들 프로그램 · 454
1.1 [프로그램 1] 파이썬에서 SQLite 활용 · 454
1.2 [프로그램 2] GUI 데이터 입력 · 454

SECTION 02 데이터베이스의 기본 · 455
2.1 데이터베이스의 개념 · 455
2.2 관계형 데이터베이스 · 456
2.3 데이터베이스 관련 용어 · 456

SECTION 03 데이터베이스의 구축 · 458
3.1 1단계 : DBMS 설치 · 458
3.2 2단계 : 데이터베이스 구축 · 459
3.3 [프로그램 1]의 완성 · 459

SECTION 04 데이터의 입력과 조회 · 463
4.1 파이썬에서 데이터를 입력하는 코딩 순서 · 463
4.2 데이터 입력 프로그램의 구현 · 465
4.3 파이썬에서 데이터를 조회하는 코딩 순서 · 467
4.4 데이터 조회 프로그램의 구현 · 467
4.5 [프로그램 2]의 완성 · 469

요약 • 472
연습문제 • 474
응용예제 01 문자의 발생 빈도를 DB에 저장하기 • 477
응용예제 02 흑백 사진을 DB에 저장하기 • 479
응용예제 03 회사 매출 데이터 분석하기 • 482

Chapter 14 미니 프로젝트 485

SECTION 01 OpenCV 영상 처리 프로젝트 • 486
1.1 OpenCV 영상 처리 프로그램 소개 • 486
1.2 외부 라이브러리 설치 • 487
1.3 OpenCV 영상 처리 기능 구성 • 489
1.4 메뉴 구현과 함수 정의 • 489
1.5 이미지 열기 및 화면 출력 • 492
1.6 이미지 저장 • 495
1.7 이미지 확대/축소 • 496
1.8 이미지 상하/좌우 반전 • 497
1.9 이미지 회전 • 498
1.10 이미지 밝기 조절 • 498
1.11 이미지 흑백 변경 • 499
1.12 이미지 블러링 • 500
1.13 카툰 이미지 • 501
1.14 평활화 • 502
1.15 얼굴 인식 • 503
1.16 얼굴 모자이크 • 505
1.17 프로젝트 완성 • 506

SECTION 02 제주도 날씨 데이터 분석 프로젝트 • 511
2.1 제주도 날씨 데이터 분석 프로젝트 소개 • 511
2.2 아나콘다의 간단한 소개와 다운로드 • 511
2.3 아나콘다 설치 • 513
2.4 데이터 수집 • 515
2.5 주피터 노트북 실행 • 517
2.6 라이브러리 임포트 및 CSV 파일 불러오기 • 519
2.7 빈 데이터 값 처리 • 520
2.8 날짜 데이터의 변환 • 521
2.9 기본 통계 분석 • 521
2.10 월별 평균기온 그래프 출력 • 522
2.11 지역별 연평균 강수량 출력 • 523

요약 • 524
연습문제 • 526

목차

Appendix A 비주얼 스튜디오 코드 개발환경 설치 527

SECTION 01 비주얼 스튜디오 코드 설치 · 528

SECTION 02 비주얼 스튜디오 코드 설정 · 531

Appendix B 파이참 설치 및 디버깅 535

SECTION 01 파이참 설치 · 536

SECTION 02 파이참 사용 · 538

2.1 기본 사용 · 538

2.2 디버깅 · 540

찾아보기 · 544

CHAPTER 01

파이썬 들여다보기

학습목표

- 프로그래밍 언어를 이해한다.
- 파이썬 프로그래밍 언어를 이해한다.
- 파이썬 프로그램을 설치한다.
- 간단한 파이썬 프로그램을 만든다.

SECTION 01 프로그래밍 언어의 개념과 종류

SECTION 02 파이썬 소개

SECTION 03 파이썬의 설치와 실행

요약

연습문제

SECTION 01 프로그래밍 언어의 개념과 종류

1 프로그래밍 언어의 개념

사람이 이해하는 말을 '언어'라고 하듯 컴퓨터가 이해하는 말을 '프로그래밍 언어'라고 한다. 다시 말해 프로그래밍 언어는 컴퓨터에서 작동하는 소프트웨어(엑셀, 파워포인트, 워드, 한글 등)를 만드는 도구와 같은 것으로, 요즘에는 스마트폰에서 작동하는 앱(App)도 프로그래밍 언어로 만든다. 그리고 프로그래밍 언어를 사용해 소프트웨어나 앱을 만드는 사람을 '프로그래머'라고 한다.

프로그래머 프로그래밍 언어 소프트웨어 또는 앱

그림 1-1 프로그래머, 프로그래밍 언어, 소프트웨어

2 프로그래밍 언어의 종류

스포츠에 다양한 종목이 있듯이 프로그래밍 언어의 종류도 수백 가지가 넘는다. 그중 가장 많이 사용되는 프로그래밍 언어에는 C/C++, 자바(Java), HTML, PHP, 파이썬 등이 있다.

다양한 스포츠 다양한 프로그래밍 언어

그림 1-2 스포츠와 프로그래밍 언어

C/C++는 엑셀, 한글, 웹 브라우저 등의 소프트웨어를 만드는 데 주로 사용되고, 자바는 안드로이드 스마트폰 앱을 구현하는 데 많이 활용된다. C를 사용하는 프로그래머를 C 프로그래머, 자바를 사용하는 프로그래머를 자바 프로그래머라고 하는데, 운동선수 한 명이 여러 종목을 뛰듯이 한 사람의 프로그래머가 C, 자바, 파이썬 등과 같은 여러 프로그래밍 언어를 함께 다루기도 한다.

전 세계에서 인간이 사용하는 언어는 2025년을 기준으로 7,159개 정도라고 한다(https://www.ethnologue.com/insights/how-many-languages). 이 중 실제로 많이 사용하는 언어는 몇십 개에 불과하며, 수많은 언어가 안타깝게도 소멸되고 있다. 각각의 언어는 서로 다른 문법과 표현력, 사용성을 지니고 있지만 기본적인 언어의 역할과 방식은 거의 비슷하다고 볼 수 있다.

컴퓨터 프로그래밍 언어도 현재 700개가 넘는다고 알려져 있다. 프로그래밍 언어도 각각의 문법과 표현력, 사용성을 지니고 있다. 따라서 특정한 목적을 위한 언어도 있고 특정 환경에서 더 장점을 발휘하는 언어도 있다. 컴퓨팅 환경과 활용 범위에 따라 언어의 인기가 오르내리기도 하고, 새로운 언어가 등장하기도 하며, 기존 언어가 사라지기도 한다. [그림 1-3]은 최근 프로그래밍 언어의 인기 순위를 보여 준다. 2022년부터 현재까지 파이썬이 가장 많이 사용되는 언어로 자리잡고 있다.

Oct 2025	Oct 2024	Change	Programming Language	Ratings	Change
1	1		Python	24.45%	+2.55%
2	4	↑	C	9.29%	+0.91%
3	2	↓	C++	8.84%	-2.77%
4	3	↓	Java	8.35%	-2.15%
5	5		C#	6.94%	+1.32%
6	6		JavaScript	3.41%	-0.13%
7	7		Visual Basic	3.22%	+0.87%
8	8		Go	1.92%	-0.10%
9	10	↑	Delphi/Object Pascal	1.86%	+0.19%
10	11	↑	SQL	1.77%	+0.13%
11	9	↓	Fortran	1.70%	-0.10%
12	29	⇈	Perl	1.66%	+1.10%
13	17	⇈	R	1.52%	+0.43%
14	15	↑	PHP	1.38%	+0.17%
15	16	↑	Assembly language	1.20%	+0.07%
16	13	↓	Rust	1.19%	-0.25%
17	12	⇊	MATLAB	1.16%	-0.32%
18	14	⇊	Scratch	1.15%	-0.26%
19	24	⇈	Ada	0.98%	+0.25%
20	21	↑	Kotlin	0.98%	+0.01%

그림 1-3 프로그래밍 언어의 순위(출처 : https://www.tiobe.com/tiobe-index)

SECTION 02

파이썬 소개

1 파이썬의 역사

이 책에서 배울 프로그래밍 언어는 바로 파이썬(Python)이다. 파이썬은 배우기도 쉽고 결과도 바로 확인할 수 있어 초보자에게 적합한 프로그래밍 언어라고 할 수 있다.

그림 1-4 파이썬 로고[1]

그림 1-5 파이썬의 창시자 귀도 반 로섬[2]

파이썬은 귀도 반 로섬(Guido van Rossum, 1956~)이 C 언어로 제작해 1991년에 공식적으로 발표한 프로그래밍 언어이다. 파이썬의 사전적인 의미는 비단뱀으로, 로고도 파란색과 노란색 비단뱀 두 마리가 서로 얽혀 있는 형태이다. 하지만 귀도 반 로섬은 파이썬이라는 이름을 어릴 때 좋아했던 TV 프로그램 〈몬티 파이썬의 날아다니는 서커스〉에서 따왔다고 한다. 그는 2005년부터 2012년까지 구글에서, 2013년부터 2019년까지는 드롭박스에서 근무했으며, 2020년부터는 마이크로소프트에서 근무 중이다.

> **여기서 잠깐**
>
> **파이썬의 다양한 분류**
>
> 귀도 반 로섬이 만든 파이썬은 C로 만들어져 CPython이라고도 부르는데, 일반적으로 사용하는 파이썬은 CPython을 의미한다. 그 외에 다양한 개발자 또는 프로젝트가 파이썬의 분기된 언어를 개발했다. 대표적인 예로 자바로 구현된 Jython, C#으로 구현된 IronPython, CPython으로 작성한 PyPy, CPython의 C 스택 문제를 없앤 Stackless Python, CPython에 강력한 기능이 추가된 IPython, 웹 브라우저에서 실행되는 Brython 등이 있다.

1 출처 : https://www.python.org

2 출처 : 귀도 반 로섬 홈페이지

2 파이썬의 특징

파이썬은 다음과 같은 장점을 갖고 있으며, 웹 개발, 빅데이터, 인공지능, 과학, 교육 등 다양한 분야에서 적극 활용되고 있다.

❶ 강력한 기능을 무료로 사용할 수 있다

파이썬은 오픈 소스이며, 비용을 지불하지 않고 무료로 사용할 수 있다. 추가적으로 제공되는 다양한 라이브러리도 무료이다.

❷ 읽기 쉽고 사용하기 쉽다

파이썬은 직관적인 코드를 사용해 C나 자바 같은 언어보다 읽기 쉽다. 그래서 다른 언어보다도 프로그램 제작을 빠르게 할 수 있어 비용 절감의 효과가 있다.

❸ 사물인터넷과 잘 연동된다

라즈베리파이 기반의 사물인터넷이 파이썬을 잘 지원하므로 사물인터넷 개발 및 운영에 적극 활용된다.

❹ 다양하고 강력한 외부 라이브러리들이 풍부하다

필자가 꼽는 파이썬의 가장 큰 장점으로, 파이썬에서 제공하는 라이브러리뿐 아니라 외부에서 제공하는 다양한 서드 파티(Third Party) 라이브러리까지 사용할 수 있다. GUI를 제공하는 wsPython, 이미지 처리의 Pillow, 웹 크롤링의 Scrapy, 비디오 게임을 만들 수 있는 pygame, 통계나 선형대수를 사용할 수 있는 Numpy, 생물학 분야의 분석 기능을 제공하는 Biopython 등이 그 예이다.

❺ 강력한 웹 프레임워크를 사용할 수 있다

파이썬의 웹 프레임워크를 사용해 강력하고 빠른 웹 환경을 구축할 수 있다. 대표적으로 장고(Django), 플래스크(Flask) 등이 있으며 장고 및 플래스크를 사용하는 대표적인 웹 사이트로 인스타그램(https://www.instagram.com)이 있다.

> **여기서 잠깐**
>
> **컴파일러 언어와 스크립트 언어**
>
> 컴파일러(Compiler) 언어는 소스 코드를 실행 가능한 기계어로 일괄 번역한 후 번역이 완료된 파일(*.exe, *.class 등의 파일)을 실행한다. 소스 코드를 기계어로 번역하는 과정을 컴파일(Compile)이라고 하며, 이 작업을 하는 프로그램을 컴파일러(Compiler)라고 한다. 대표적인 컴파일러 언어로는 C/C++, 자바 등이 있다. 이와 달리 스크립트 언어(또는 인터프리터 언어)는 소스 코드를 한 줄씩 읽어 실행하기 때문에 별도의 실행 파일이 생성되지 않는데, 이때 한 줄씩 처리하는 프로그램을 인터프리터(Interpreter)라고 한다. 대표적인 스크립트 언어로는 파이썬, 자바스크립트(JavaScript), 펄(Perl) 등이 있다.
>
> 일반적으로 컴파일러 언어는 소스 코드를 일괄적으로 기계어로 번역해 놓기 때문에 실행 속도가 스크립트 언어보다 빠르다. 하지만 컴파일러 언어는 배우는 데 시간이 오래 걸리는 반면, 스크립트 언어는 대부분 빠른 시간 안에 배울 수 있다.

파이썬의 가장 큰 단점은 느린 속도이다. 파이썬은 컴파일러 언어가 아닌 스크립트 언어이기 때문에 태생적으로 컴파일러 언어보다 느릴 수밖에 없다. 하지만 이를 보완하기 위해 많은 파이썬 패키지를 최적화시키고 있다. 또 다른 단점은 아직까지 모바일 컴퓨팅 분야에 대한 지원이 약하고 하드웨어 제어 등과 관련된 부분은 사용하기 어렵다는 것이다.

앞으로 사용할 파이썬의 실행 화면을 미리 살펴보자. [그림 1-6]은 print("Hello, world!")를 입력한 후 Enter를 눌러 'Hello, world!'를 출력한 것이다. 'print'는 무언가를 '출력'하라는 의미이므로 print( )에서 괄호 안에 있는 것을 화면에 출력해 준 것이다. 이렇게 파이썬 환경에서 무언가를 입력하고 그 결과를 바로 출력하는 것이 파이썬 프로그램의 가장 기본적인 형태이다. 앞으로 이 print( ) 한 줄을 계속 확장해 나가면서 코드가 수천 수만 줄의 프로그램으로 만들어 보자.

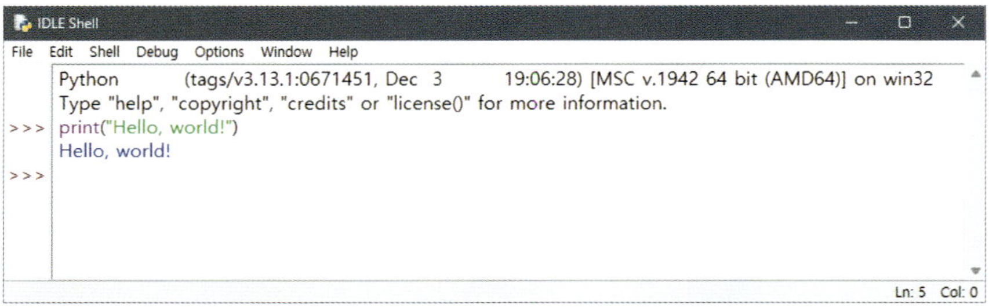

그림 1-6 파이썬 실행 화면

파이썬의 메뉴나 메시지 등은 모두 영문으로 제공되며 한글판 파이썬은 따로 없다. 하지만 학습하다 보면 한글도 문제없이 출력되므로 메뉴 등이 굳이 한글일 필요성은 느끼지 못할 것이다.

여기서 잠깐

Hello World 프로그램

다른 프로그래밍 언어를 공부한 적이 있다면 화면에 'Hello, world!'를 출력하는 Hello World 프로그램에 익숙할 것이다. 이 프로그램은 대부분의 프로그래밍 언어 입문서에서 처음으로 만드는 기본 예제이다. [그림 1-6]에서 만들어 본 것도 이런 맥락에서 작성한 것이다. 다음은 C나 자바로 작성된 Hello World 프로그램이다. [그림 1-6]의 파이썬 코드와 비교해 보기 바란다.

C 프로그램

```
#include <stdio.h>
int main()
{
    printf("Hello, world!\n");
    return 0;
}
```

자바 프로그램

```
public class HelloWorldApp {
  public static void main(String[] args) {
    System.out.println("Hello, world!");
  }
}
```

Hello World 프로그램은 1978년에 출판된 브라이언 커니핸과 데니스 리치가 쓴 『The C Programming Language』에서 처음 사용된 것으로 알려져 있다.

SECTION 03

파이썬의 설치와 실행

1 설치 전 사전 확인

프로그래밍 언어를 공부할 때 눈으로 코드만 읽는 것은 좋은 학습 방법이 아니다. 당연히 컴퓨터를 한 대 준비하고 직접 따라서 입력해 보아야 한다. 컴퓨터 운영체제는 윈도, 맥, 리눅스 중 어느 것을 사용해도 상관없다. 여기서는 64비트용 윈도 11 및 윈도 10을 기준으로 설명한다.

자신의 윈도 버전 및 시스템 종류를 파악해 보자. 먼저 ⊞+R을 누른 후, msinfo32 명령을 입력하고 〈확인〉 버튼을 누르면 [시스템 정보] 창이 나타난다. x64는 64비트고, x86은 32비트다. 하지만 32비트인 경우는 거의 없을 것이다. 그리고 파이썬을 다운로드하기 전에 파일의 확장명을 나타나게 하면 좋다. 파일 탐색기를 실행해서 [레이아웃 및 보기 옵션] 버튼(8☰ ⌄)을 클릭해 [표시] – [파일 확장명]에 체크 표시를 한다. 윈도 10은 [보기] 메뉴에서 '파일 확장명'에 체크 표시를 한다.

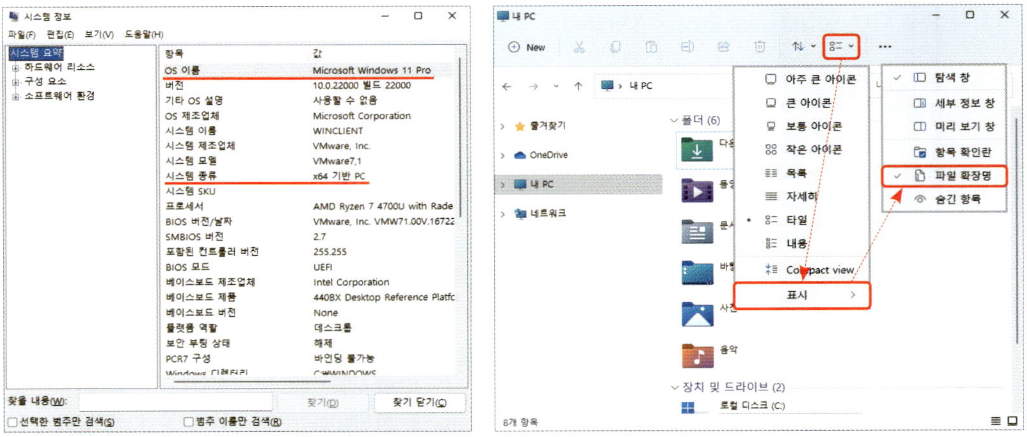

그림 1-7 시스템 정보 확인 및 파일 탐색기의 확장명 표시 (윈도 11)

2 파이썬 설치

파이썬은 무료로 사용할 수 있으며 사용에 별다른 제한도 없다. 파이썬을 설치하는 방법은 3가지 정도가 있다. 어느 것을 사용해도 상관없으므로 편한 방법을 사용하면 된다.

방법1 : Windows Store에서 설치

윈도의 〈시작〉 버튼( )–[M]–[Microsoft Store]를 실행한 후, 'python'으로 검색하면 다양한 파이썬 버전이 검색된다. 그중 최신 버전의 〈무료〉 또는 〈다운로드〉를 클릭하면 설치할 수 있다.

TIP • 이 책을 집필하는 시점에 Windows Store에서 다운로드할 수 있는 최신 버전은 3.13이며, https://python.org에서 다운로드할 수 있는 버전은 3.14다. 이 책은 3.13이나 3.14 버전 중 어떤 것을 사용해도 상관없으며, 향후 더 높은 버전을 설치해도 별 문제는 없을 것이다.

그림 1-8 Windows Store에서 파이썬 설치

설치가 완료되면 Windows Store를 닫는다.

> **여기서 잠깐**
>
> **파이썬 버전**
>
> 파이썬 버전은 메이저 버전(Major version), 마이너 버전(Minor version), 마이크로 버전(Micro version 또는 Patch version) 세 가지로 나뉜다. 예로 이 책에서 사용하는 3.14.0(또는 3.13.8)은 3이 메이저, 14가 마이너, 0이 마이크로 버전이다. 3.14.0 버전은 2025년 10월에 발표되어 3.14.1, 3.14.2... 방식으로 필요할 때마다 수 개월 간격으로 마이크로 버전을 올리면서 배포되고 있다.
>
> 메이저 버전 1은 1994년에, 2는 2000년에, 3은 2008년에 발표되었다. 버전 3은 출시 후 지금까지 변경 없이 사용되고 있으며, 버전 4에 대한 내용은 현재(2025년 후반)까지 별다른 계획이 언급되지 않고 있다. 마이너 버전은 매년 10월에 새 버전이 발표되는데, 2026년 3.15, 2027년 3.16, 2028년 3.17, 2029년 3.18, 2030년 3.19 … 식으로 배포될 예정이다.

방법2 : 파워셸 또는 명령 프롬프트에서 설치

윈도의 〈시작〉 버튼( )을 마우스 오른쪽 버튼으로 클릭하고 [터미널(관리자)] 또는 [Windows Power Shell(관리자)]을 선택해서 파워셸을 실행한다. 그리고 다음 명령을 입력하면 된다. 그리고 약관 동의를 묻는다면 Y를 입력한다. 그러면 이 책에서 사용하는 3.14 버전의 파이썬이 설치된다. 설치 중간에 파이썬 설치 그래픽 화면이 잠시 나올 수도 있다.

```
winget install --id=Python.Python.3.14
```

TIP • 만약 다음과 같이 버전을 명시하지 않으면, 그 시점의 적절하고 안정적인 버전의 파이썬이 설치된다.

```
winget install python
```

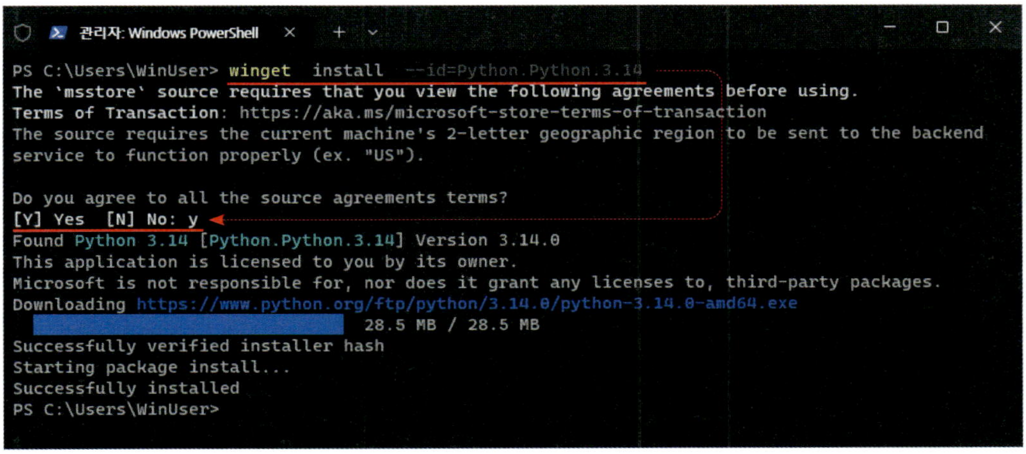

그림 1-9 winget 명령으로 파이썬 설치

파워셸 또는 명령 프롬프트를 닫는다.

방법3 : python.org에서 설치 파일을 다운로드해서 설치

웹 브라우저에서 https://www.python.org/에 접속하고, [Downloads]를 클릭한 후 [Python 3.x.x]를 클릭한다. 그러면 자동으로 python-3.x.x-amd64.exe 파일이 다운로드된다.

TIP • python.org에서 다운로드하는 방식은 향후에 제공되지 않을 수 있다. 그런 경우 책과 동일한 버전을 사용하고 싶다면 https://www.python.org/ftp/python/3.14.0/python-3.14.0-amd64.exe 또는 책의 자료실(https://www.hanbit.co.kr/src/41035)에서 다운로드하면 된다.

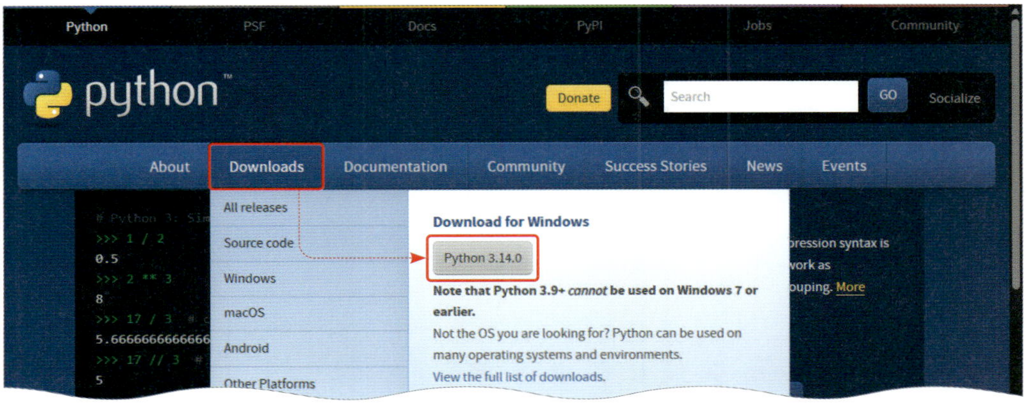

그림 1-10 파이썬 설치 파일 다운로드

다운로드한 설치 파일 python-3.x.x-amd64.exe를 더블클릭하여 실행한다. 그런 다음 화면에서 'Add python.exe to PATH'에 체크하고 〈Install Now〉를 클릭한다. 설치가 완료되면 〈Close〉 버튼을 눌러 설치를 완료한다.

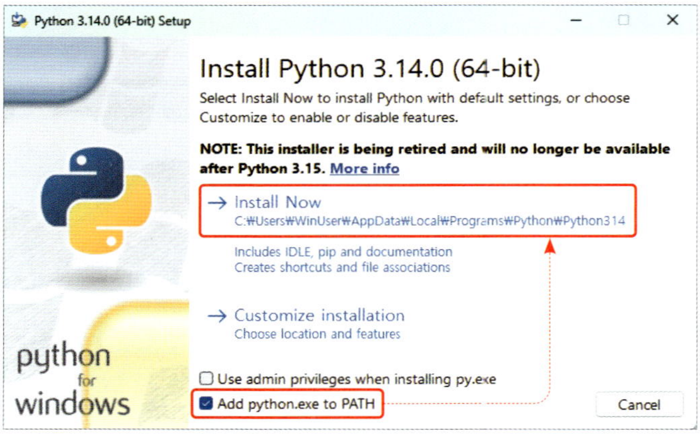

그림 1-11 파이썬 설치 파일로 설치

어떤 방법으로 설치했든지 설치가 너무 쉬워서 좀 허무할 수도 있겠지만, 파이썬 설치가 성공적으로 완료되었다. 이제 여러분은 파이썬을 본격적으로 공부할 준비가 된 것이다.

3 파이썬 실행

설치를 완료해 파이썬 프로그램을 코딩할 준비가 되었으니 우선 간단히 'Hello, world!'를 출력하는 프로그램을 만들어 보자. 파이썬에는 프로그램을 개발할 수 있는 환경이 포함되어 있는데 이것을 IDLE(Integrated DeveLopment and Learning Environment : 통합 개발 환경)이라고 한다. 파이썬 코딩을 축구 연습에 비유한다면 IDLE은 축구 경기장으로 볼 수 있다.

파이썬의 개발 환경인 IDLE에서 프로그램을 작성하고 실행하는 연습을 해 보자. 먼저 윈도의 〈시작〉 버튼(■)을 누르고 [P]-[Python 3.14]-[IDLE (Python 3.14 64-bit)] 메뉴를 선택한다.

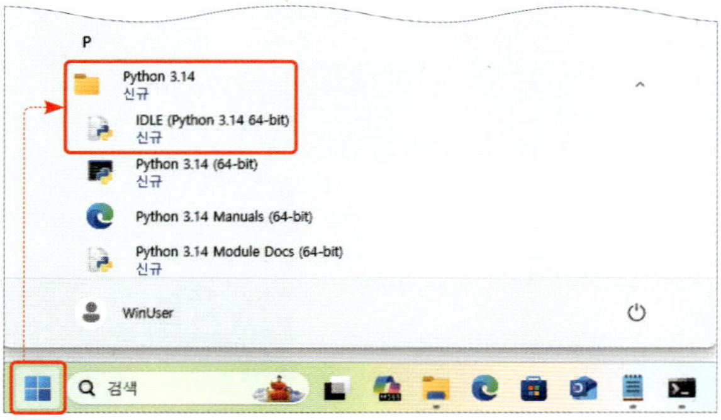

그림 1-12 IDLE 실행 메뉴

TIP • 윈도 11은 〈시작〉 버튼을 누르고 오른쪽 위 [모두] 또는 [모든 앱]을 클릭해야 설치된 앱이 모두 보인다. 만약 IDLE이 [P] 아래에 없다면 [I] 아래에 등록되어 있을 가능성이 있다.

IDLE이 시작되면 다음과 같이 두세 줄의 파이썬 버전 정보가 출력되고 프롬프트(Prompt)인 >>> 옆에 커서가 깜박인다. 이 화면은 한 번에 하나의 명령이 실행되고 실행 결과가 바로 나타나는 IDLE Shell로, 대화형 모드에 해당한다. 단순한 코드는 이런 대화형 모드에서 작성하는 것이 좋고, 긴 코드는 2장에서 살펴볼 스크립트 모드에서 작성하는 것이 좋다.

TIP • IDLE Shell은 '아이들 셸'로 읽으면 되고, 줄여서 IDLE이라고 쓴다. 참고로 이전 버전의 파이썬에서는 IDLE Shell을 Python Shell이라고 불렀다.

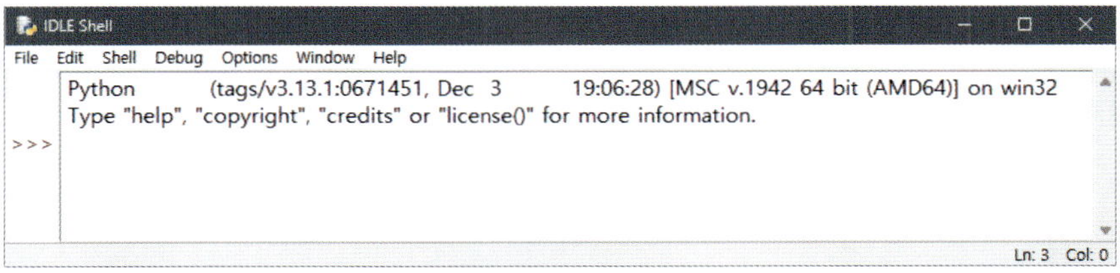

그림 1-13 IDLE 실행 화면

대화형 모드에서 >>> 오른쪽에 다음 코드를 입력하고 Enter를 누른다.

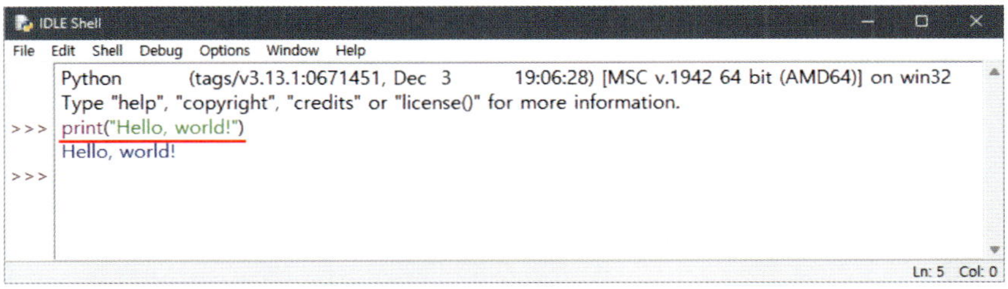

그림 1-14 코드 입력과 실행 예(1)

잘못 입력하지 않았다면 [그림 1-14]와 같이 출력될 것이다. 입력한 코드 내용은 print( ) 안에 입력한 글자를 화면에 출력하라는 의미이다. 첫 번째 파이썬 프로그램이 잘 작동하고 결과도 아무 문제없다. 지금은 'Hello, world!'를 출력했지만, 한글도 문제없이 잘 출력된다.

이번에는 다음과 같이 계산식을 처리하는 코드를 입력하고 Enter를 누른다.

그림 1-15 코드 입력과 실행 예(2)

TIP • 글자가 몇 개 이어져 있는 것을 '문자열'이라고 한다. 문자열은 큰따옴표(" ")나 작은따옴표(' ')로 묶어야 한다. 하지만 숫자는 그대로 사용해야 파이썬이 숫자로 인식한다. "1+1"처럼 숫자나 계산을 큰따옴표나 작은따옴표로 묶으면 문자열로 인식해 계산하지 않고 "1+1" 그대로 출력한다.

파이썬은 계산도 잘한다. 앞으로는 머리 아픈 숫자 계산은 파이썬에 맡기면 된다. 물론 이 정도의 숫자는 암산으로도 충분하다. 하지만 9876*27−32767을 계산한다고 생각해 보자. 당연히 어려울 것이다. 이 어려운 계산을 파이썬이 대신하도록 다음과 같이 입력해 보자.

그림 1-16 코드 입력과 실행 예(3)

계산 결과가 바르게 출력되었다. 파이썬은 이런 복잡한 계산도 간단히 해결해 준다. 물론 이것은 앞으로 하나씩 살펴볼 파이썬이 가진 능력의 극히 일부분일 뿐이다.

지금까지 파이썬의 개발 환경인 IDLE의 사용 방법을 간단히 배웠다. 이제 IDLE을 종료해 보자. [File]−[Exit IDLE] 메뉴를 선택한다.

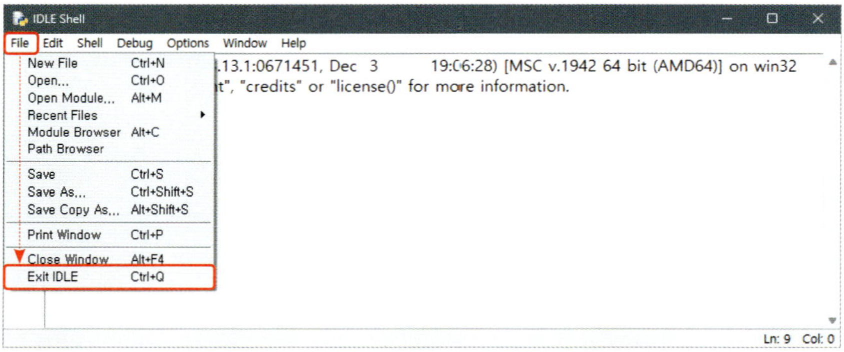

그림 1-17 IDLE 종료

매우 단순하지만 코드를 직접 입력해 결과까지 확인했다. 지금까지 잘 따라 했다면 훌륭한 파이썬 프로그래머의 능력을 갖춘 것이다. 다음 장부터는 파이썬을 좀 더 많이 활용할 수 있는 프로그램을 작성해 본다.

TIP • 여기서 설치한 파이썬 IDLE도 사용에 무리가 없지만, 실무에서는 프로그램의 디버깅 기능이 강력한 비주얼 스튜디오 코드(Visual Studio Code)나 파이참(PyCharm)을 많이 사용한다. 이 프로그램의 설치 방법은 '부록'을 참고한다.

SELF STUDY 1-1

파이썬의 IDLE을 이용해 다음을 계산해 보자.

① 123 * 456 * 789

② 100 / 200 / 300

IT@COOKBOOK

요약

1 컴퓨터가 이해할 수 있는 언어를 '프로그래밍 언어'라고 한다.

2 프로그래머는 프로그래밍 언어를 사용해 소프트웨어나 앱을 만드는 사람을 말한다.

3 프로그래밍 언어에는 C/C++, 자바, HTML, PHP, 파이썬 등이 있고, 이 책에서는 파이썬(Python)을 다룬다. 파이썬은 강력하면서도 배우기 쉬워 최근 인기가 많은 프로그래밍 언어이다.

4 파이썬 설치는 Window Store 방식, winget 명령 방식, python.org에서 설치 파일 다운로드 방식 등 3가지 방법이 있다.

5 파이썬 버전은 메이저, 마이너, 마이크로 버전으로 나뉜다.

6 파이썬 개발 환경을 IDLE이라 하고, 실행하면 >>> 모양의 프롬프트가 표시된다. 여기에 코드를 입력하고 Enter를 누르면 실행된다.

7 다음 코드는 '안녕하세요?'와 300이란 결과를 출력한다.

```
print("안녕하세요?")
print(100 + 200)
```

연습문제

1 다음 설명 중 틀린 것을 고르세요.

① 컴퓨터가 이해하는 말을 프로그래밍 언어라 부른다.

② 프로그래밍 언어로 소프트웨어를 만든다.

③ 앱은 프로그래머가 만든다.

④ 프로그래머는 앱을 만드는 컴퓨터 언어를 말한다.

2 프로그래밍 언어의 종류가 아닌 것을 고르세요.

① C++

② Powerpoint

③ Java

④ PHP

3 파이썬에 대한 설명 중 틀린 것을 고르세요.

① 배우기 쉽고 초보자에게 적합한 언어이다.

② 오픈 소스 언어로 무료로 사용할 수 있다.

③ 컴파일러 기반 언어라 실행 속도가 빠르다.

④ 다양한 외부 라이브러리와 프레임워크를 제공한다.

4 파이썬에서 문자열을 출력하기 위한 명령어는 무엇인가요?

5 파이썬을 설치하는 방법 중 거리가 먼 것을 고르세요.

① Windows Store에서 설치할 수 있다.

② python.org에서 설치 파일을 다운로드해서 설치할 수 있다.

③ winget 명령으로 설치할 수 있다.

④ 최신의 윈도에는 기본적으로 설치되어 있다.

6 파이썬을 실행하면 나오는 환경을 [   ]라(이라) 부르며, 대화형 모드에 해당한다.

7 파이썬 프롬프트 모양에 해당하는 것을 고르세요.

① #

②]]]

③ >>>

④)))

8 다음 코드의 결과를 쓰세요.

```
print(5*2)
```

9 다음 코드의 결과를 쓰세요.

```
print("1+4")
```

10 다음 결과가 나오는 파이썬 코드를 작성하세요.

```
123+123
```

CHAPTER 02

미리 만드는 쓸 만한 프로그램

학습목표

- 변수를 이해한다.
- print( ) 함수의 사용법을 익힌다.
- 긴 프로그램을 작성하고 저장하는 방법을 익힌다.
- 키보드로 숫자를 입력해 계산하는 계산기 프로그램을 만든다.
- 터틀 그래픽을 이용해 간단히 그림 그리는 프로그램을 만든다.

SECTION 01 이 장에서 만들 프로그램

SECTION 02 계산기 프로그램의 기본 기능

SECTION 03 계산기 프로그램 저장

SECTION 04 계산기 프로그램 확장

SECTION 05 터틀 그래픽 프로그램 작성

요약

연습문제

SECTION 01 이 장에서 만들 프로그램

1장에서 'Hello, world!'를 출력하는 프로그램과 간단한 숫자 계산 프로그램을 구현했다. 의미 있는 프로그램이지만 여러분이 실제로 사용하는 프로그램과는 상당히 거리가 있다.

파이썬으로 무언가 그럴듯한 프로그램을 만들기 위해서는 배워야 할 내용이 아주 많다. 하지만 규칙과 기술을 몰라도 공을 찰 수 있는 것처럼 일단은 간단한 프로그램을 하나 만들면서 익숙해져 보자.

1 [프로그램 1] 간단 계산기

첫 번째는 숫자를 2개 입력해 더하기, 빼기, 곱하기, 나누기 등을 계산하는 아주 기본적인 기능의 간단 계산기 프로그램이다.

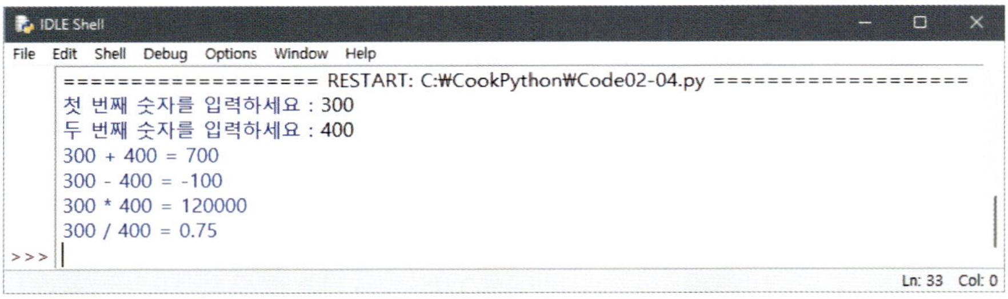

2 [프로그램 2] 터틀 그래픽

두 번째는 마우스로 거북이 커서를 움직여 재미있는 그림을 그리는 프로그램이다. 파이썬은 화면에 쉽게 그림을 그릴 수 있는 터틀 그래픽(Turtle Graphic)을 지원한다. 이 프로그램에는 마우스가 클릭한 위치로 거북이가 쫓아오면서 선을 그리는 기능이 들어 있다. 단순 텍스트가 아니라 시각적인 측면이 많아 파이썬을 처음 공부할 때 흥미를 느끼기에 적당한 프로그램이다.

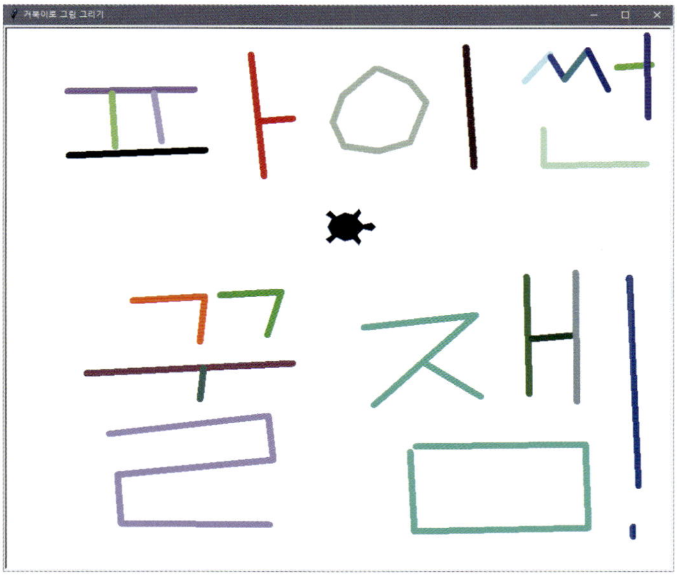

SECTION 02

계산기 프로그램의 기본 기능

1 필요한 변수 준비

계산기는 숫자를 입력하고 그 계산 결과를 보여 준다. 그런데 키보드로 숫자를 입력받는 기능은 아직 구현이 어려울 수 있으므로 여기서는 계산할 숫자가 100과 50이라고 가정해 보자.

우선 100과 50은 어딘가에 저장해 두어야 할 것 같다. 일단 IDLE에서 다음과 같이 코딩해 보자.

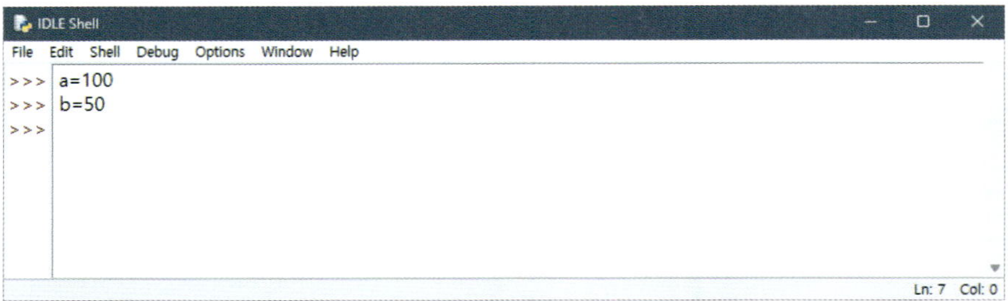

그림 2-1 변수 준비

여기서 = 기호는 같다는 의미가 아니라 '오른쪽의 것을 왼쪽으로 넣어라'는 의미의 대입 연산자이다. 따라서 a=100은 a ← 100과 같은 개념이다.

일단 눈으로는 특별한 변화를 느끼지 못할 것이다. 하지만 내부적으로는 다음과 같이 a와 b 그릇이 생겨 a 그릇에는 100이, b 그릇에는 50이 저장된 상태가 된다. 프로그래밍 언어에서는 '그릇'과 같은 역할을 하는 것이 바로 '변수'이다.

그림 2-2 2개의 그릇 준비

2 더하기 기능 구현

이제 두 그릇에 저장된 숫자들을 더해 보자. 다음 코드를 실행해도 역시나 눈으로는 변화를 확인할 수 없지만, 내부적으로는 [그림 2-4]와 같이 a 그릇의 100과 b 그릇의 50을 합친 값이 새로운

result 그릇에 저장된 상태가 된다. 진짜 그릇이라면 a와 b 그릇은 비어 있어야 하지만, 변수의 경우 result에 값이 저장되더라도 [그림 2-4]와 같이 a, b의 변수 값은 그대로 남아 있게 된다.

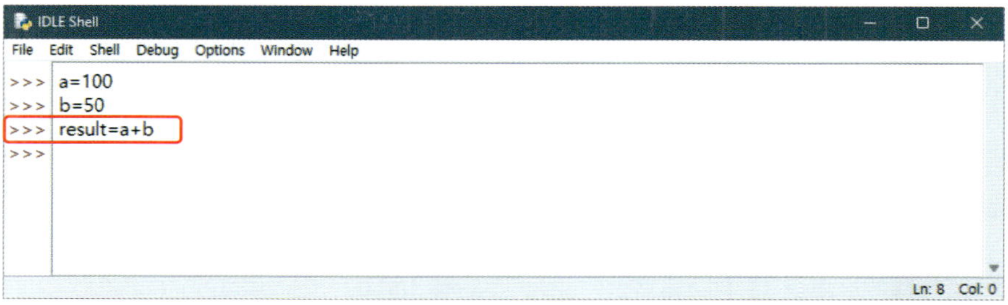

그림 2-3 더하기 구현

그림 2-4 더하는 작업

TIP • C나 자바에는 변수 선언이라는 것이 존재하지만 파이썬에는 변수 선언이 없다. a에 정수 100을 넣었으므로 자동으로 정수형 변수가 되었고 123.45 같은 실수를 넣으면 실수형 변수가 된다. 변수형은 3장에서 자세히 다룬다.

이제 result 그릇의 내용을 print( ) 함수로 출력해 보자.

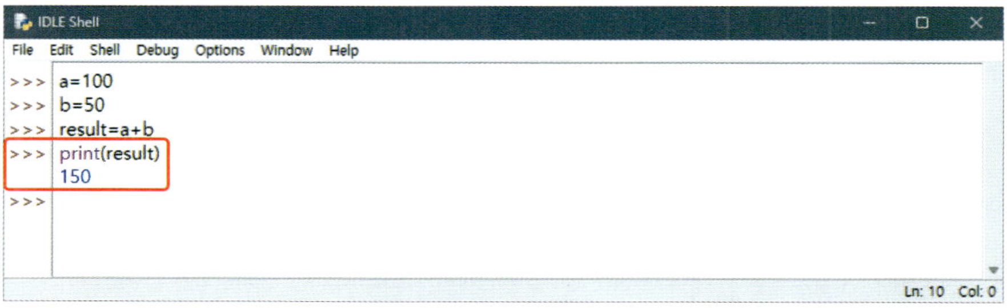

그림 2-5 더한 결과 출력(1)

출력 결과로 150이 나왔다. 그런데 화면에 150이라고만 나오면 어떤 계산의 결과인지 알기가 어렵다. 이제 '100+50=150'과 같이 계산식도 함께 출력해 보자.

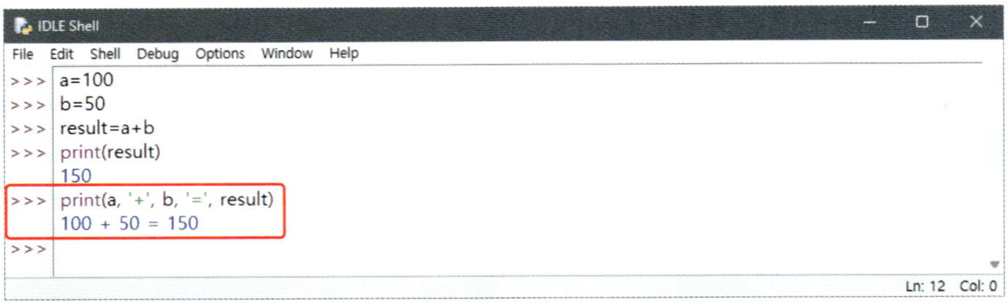

그림 2-6 더한 결과 출력(2)

print( ) 함수는 ( ) 안의 내용을 모두 출력한다. 여러 개를 출력하고 싶다면 콤마(,)로 구분한다. [그림 2-7]은 100+50=150이라는 글자를 출력하는 과정을 설명하고 있다.

TIP • 문자열(String)은 연속된 문자로, 큰따옴표나 작은따옴표로 묶는다. 예로 "abcd", "안녕?", '100', 'a' 등이 있다.

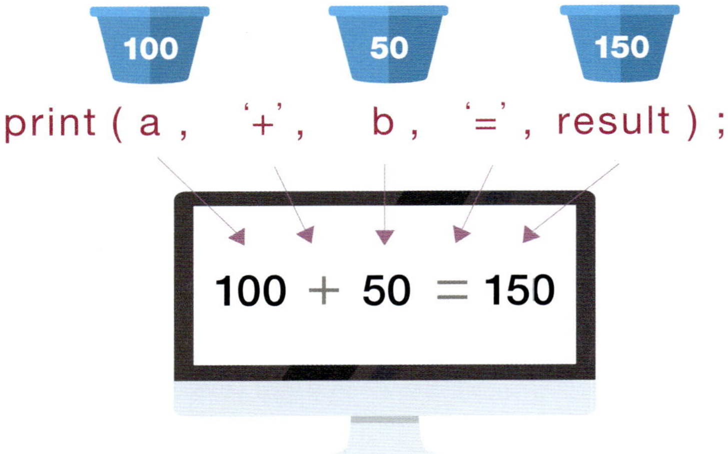

그림 2-7 print( ) 함수로 모두 출력

print( ) 함수는 앞으로 프로그래밍을 할 때마다 자주 사용할 것이니 잘 기억해 두자.

여기서 잠깐

함수(Function) 함수는 특정 기능을 하도록 미리 만들어져 있거나 새로 만드는 것을 말한다. 함수는 이름 뒤에 괄호가 붙는다. print( ) 함수는 괄호 안의 내용을 출력하는 함수로 파이썬이 미리 만들어서 제공하는 것이다. 이 외에도 파이썬은 매우 많은 함수를 제공하지만 프로그래머가 원하는 모든 함수를 파이썬에서 제공할 수는 없으므로 직접 만들어서 사용하기도 한다. 이 장 후반부에서 함수 만드는 방법을 간단히 배우고, 더 자세한 내용은 9장에서 다룬다.

3 빼기, 곱하기, 나누기 기능 구현

빼기, 곱하기, 나누기도 계산한 후 출력해 보자.

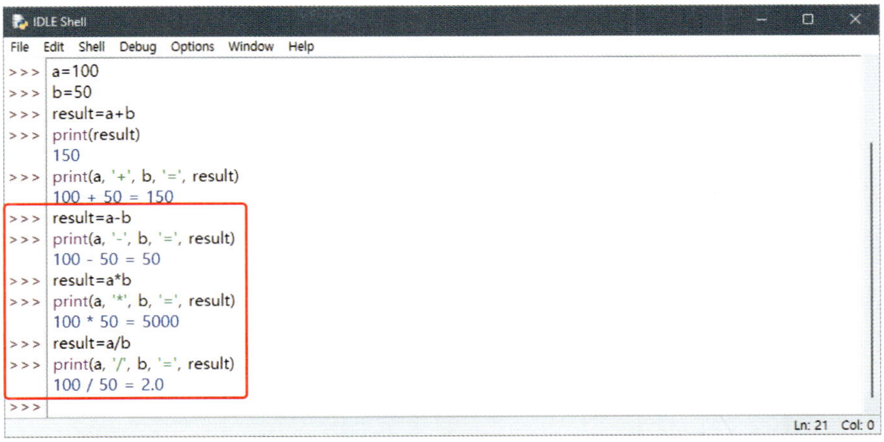

그림 2-8 빼기, 곱하기, 나누기 구현

실습을 하나 마쳤으니 IDLE을 종료하자. 1장에서 배운 [File]-[Exit] 메뉴를 선택해도 되지만, exit( )를 입력한 후 [Kill?] 메시지창에서 〈확인〉 버튼을 눌러도 된다.

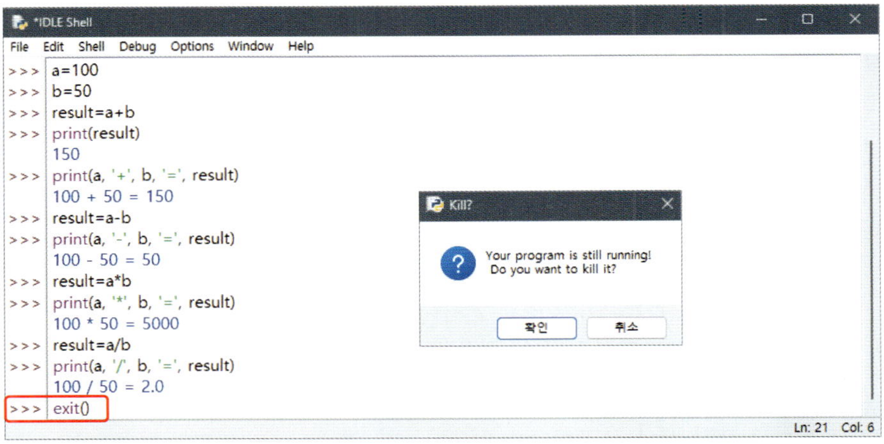

그림 2-9 IDLE 종료

SECTION 03

계산기 프로그램 저장

1 프로그램 저장의 필요성

앞에서 계산한 결과를 다시 확인하고 싶어졌다. 그래서 IDLE을 실행한 후 앞에서 입력한 나누기를 다시 실행해 보았다. 그런데 안타깝게도 빨간색 오류가 발생하면서 마지막 줄에 'a라는 이름이 정의되지 않았다'고 표시된다.

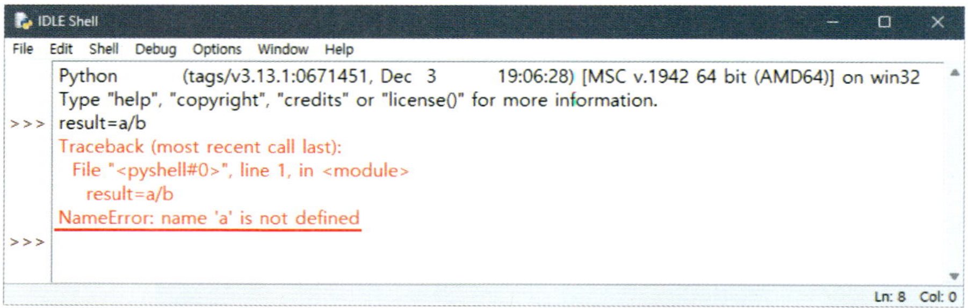

그림 2-10 오류 발생

앞에서 a에 100을 넣었음에도 a를 모르겠다고 나온 것인데, 변수는 메모리에 저장되기 때문이다. 메모리에 저장된 것은 IDLE을 종료하면 모두 사라진다. 그래서 다시 처음부터 입력해야 하는 번거로움이 발생한다. 지금은 코드가 몇 줄 되지 않아 다시 입력해도 되지만 코드가 수천수만 줄인 프로그램에서는 정말 끔찍한 상황이다.

그러므로 긴 파이썬 코드는 하드디스크나 USB에 저장해 놓는 방법을 사용한다. 앞으로도 단순 프로그램은 IDLE에서 직접 입력하겠지만 코드가 긴 프로그램은 파일 탐색기에서 폴더를 만들어 하드디스크에 저장해 놓고 사용할 것이다. 폴더명은 원하는 대로 정해도 상관없지만 한글로 된 이름은 후반부 코드 일부가 작동하지 않을 수 있으므로 되도록 영어로 된 이름을 사용하자. 필자는 C 드라이브(C:\) 바로 아래에 만들어 폴더명을 'CookPython'이라고 지었다.

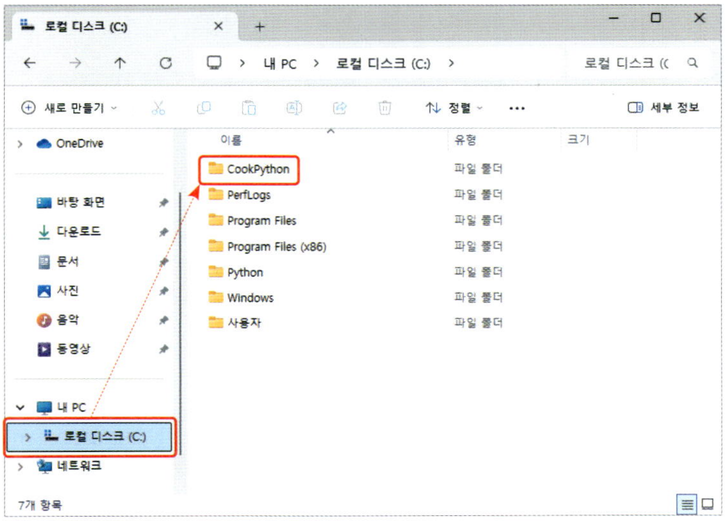

그림 2-11 실습용 폴더 생성

2 파이썬 파일 저장

지금까지는 한 줄을 입력할 때마다 한 줄씩 실행되는 대화형 모드에서 코딩했지만 코드가 수십 줄이 된다면 한 줄씩 입력하기는 상당히 번거롭다. 대안으로 스크립트 모드라는 것을 사용할 수 있는데 IDLE에서 [File]–[New File] 메뉴를 선택한다. 그러면 메모장 같은 창이 열리는데 이것이 바로 스크립트 모드이다. 여기서는 코드를 여러 줄 입력할 수 있지만 입력만 될 뿐 실행되지는 않는다.

Code02-01.py

```
a = 100
b = 50
result = a + b
print(a, "+", b, "=", result)
result = a - b
print(a, "-", b, "=", result)
result = a * b
print(a, "*", b, "=", result)
result = a / b
print(a, "/", b, "=", result)
```

입력을 마치면 틀린 글자가 없는지 확인한다. 스크립트 모드에서 [File]–[Save] 메뉴를 선택해 C:\CookPython\ 폴더에 Code02–01 이름으로 저장한다. 확장명 *.py가 자동으로 붙어 Code02–01.py 파일로 저장되고 스크립트 모드 위쪽에 파일명이 표시된다. 파일명은 다른 이름으로 지정해도 상관없으며, 확장명 *.py는 python의 약자이다.

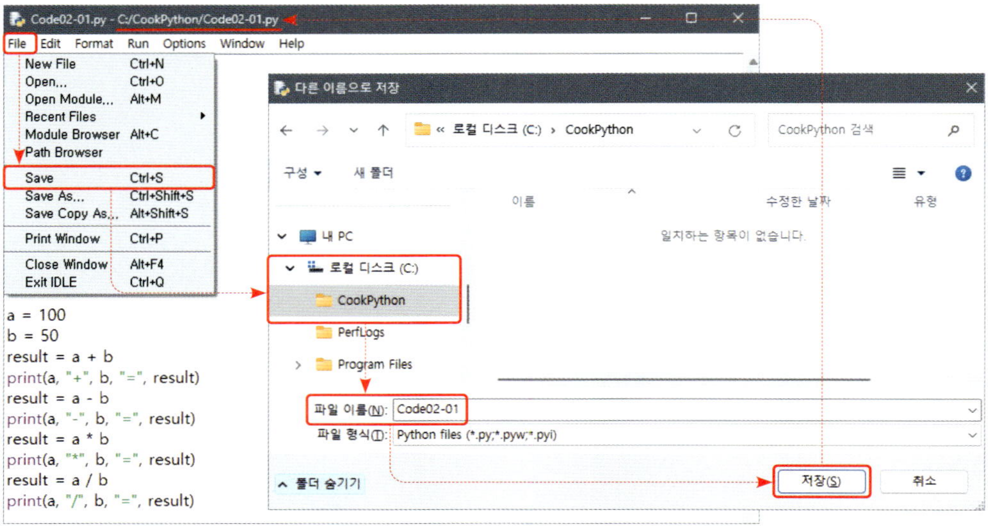

그림 2-12 파이썬 코드를 파일로 저장

3 파이썬 파일 실행

스크립트 모드에서 [Run]-[Run Module] 메뉴를 선택하거나 F5를 눌러 코드를 실행해 보자. IDLE Shell과 달리 입력한 코드들이 한꺼번에 실행된다. 앞으로 긴 코드는 이처럼 *.py로 저장한 후 한 번에 실행해서 결과를 확인할 것이다.

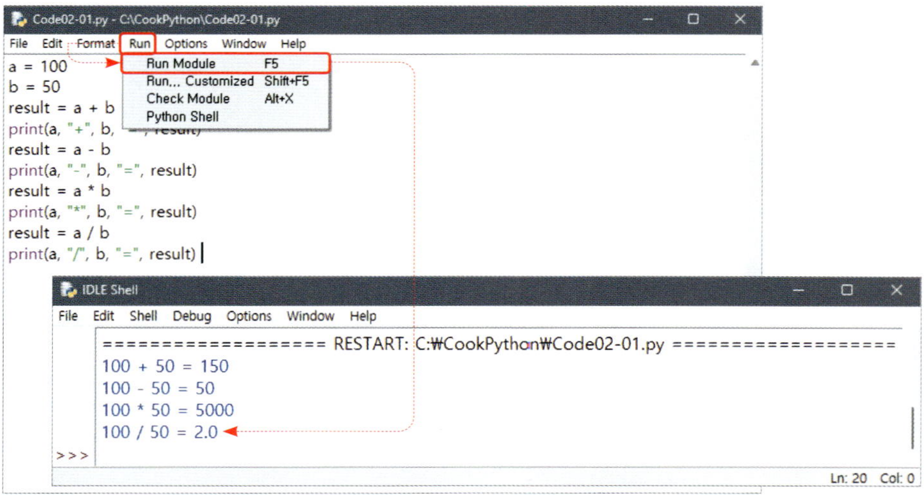

그림 2-13 파이썬 코드를 한 번에 실행

실행 결과는 IDLE Shell에 나타난다. Code02-01.py의 4, 6, 8, 10행에 있는 print() 함수는 모두 실행되어 출력되었지만 나머지 코드는 내부적으로만 실행되고 출력되지 않았다. 또 화면 위쪽에 소스 코드의 파일명이 표시되는 것도 확인할 수 있다. 대화형 모드와 스크립트 모드의 오른쪽 상단에 있는 × 버튼을 눌러 모든 창을 닫자.

여기서 잠깐

파이썬 코드를 파일 탐색기에서 바로 실행하기

파이썬 프로그램을 설치한 후에는 파이썬 코드(*.py)를 파일 탐색기에서 더블클릭만 해도 바로 실행된다. C:\CookPython\Code02-01.py 파일을 더블클릭해서 실행해 보자. 순간적으로 명령창이 열렸다 사라졌을 것이다. 코드에 있는 print( ) 내용을 출력하자마자 바로 명령창이 닫혔기 때문이다. 이렇게 순간적으로 사라지는 것을 방지하려면 코드 맨 아래쪽에 다음 코드를 한 줄 추가하고 저장하면 된다.

```
input()
```

input()은 사용자가 키보드로 무엇을 입력하는 함수인데, 그냥 키를 누를 때까지 화면을 멈추는 효과를 준다. 파일 탐색기에서 파이썬 파일을 다시 더블클릭하면 실행 후 화면이 잠시 멈출 것이다. 임의의 키를 누르면 창이 닫힌다.

그림 2-14 더블클릭해서 바로 실행한 화면(1)

또 다른 방법으로 내장된 라이브러리를 사용할 수 있는데 Code02-01.py를 다음과 같이 수정한 후 파일을 더블클릭해서 실행해 보자.

```
import os

a = 100
b = 50
~~~ Code02-01.py와 동일 ~~~
print(a, "/", b, "=", result)

os.system("Pause")
```

역시 실행한 후 잠시 멈출 것이다.

그림 2-15 더블클릭해서 바로 실행한 화면(2)

4 파이썬 파일 열기

IDLE을 다시 실행하고 [File]–[Open] 메뉴를 선택해 앞에서 저장한 Code02-01.py를 열어 보자.

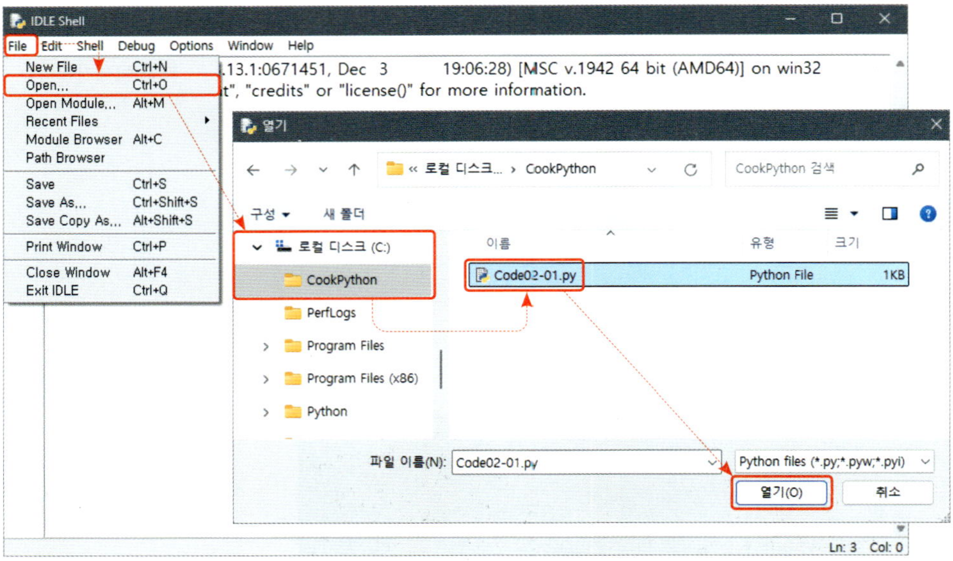

그림 2-16 파이썬 파일 열기

다시 스크립트 모드로 열리면 a와 b의 값을 300과 200으로 수정한 후 [File]–[Save] 메뉴를 선택(또는 Ctrl+S)해 저장하자. 그리고 [Run]–[Run Module] 메뉴를 선택(또는 F5)해 다시 실행한다. 수정된 결과가 역시 한꺼번에 표시될 것이다.

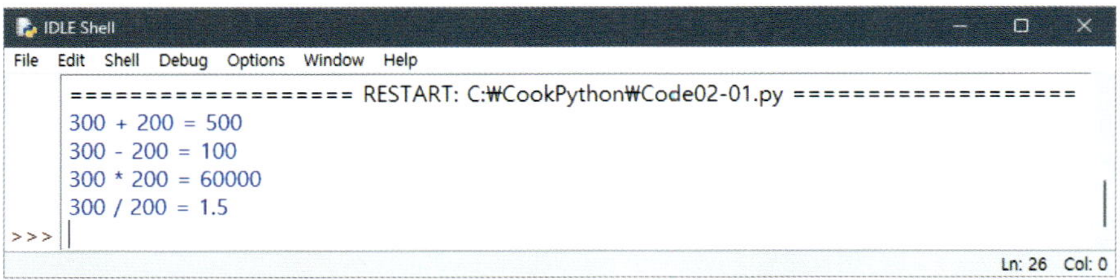

그림 2-17 수정한 코드 실행

긴 프로그램에서는 지금까지 설명한 기능을 모두 사용해야 하므로 전체적으로 다시 정리하면 [그림 2-18]과 같다.

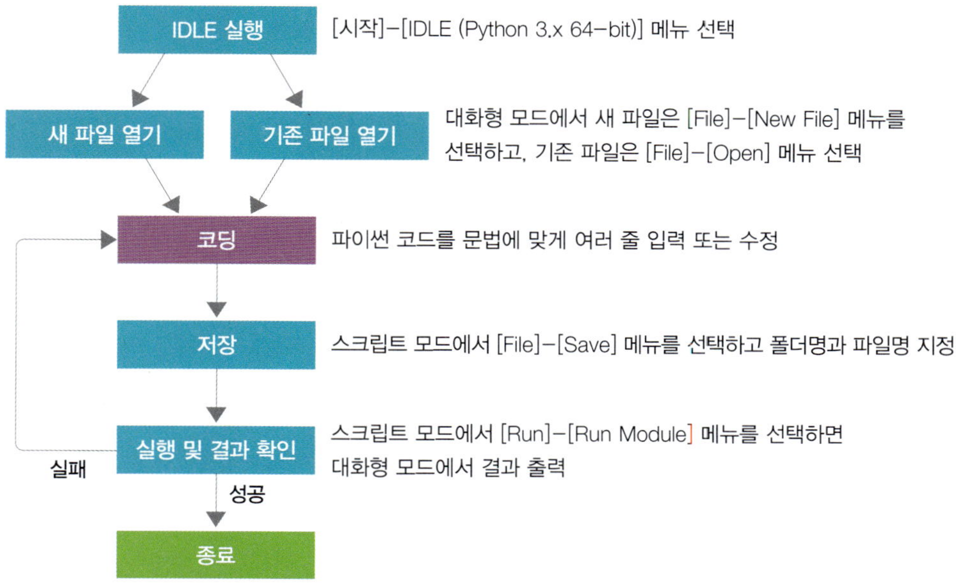

그림 2-18 긴 프로그램을 코딩하는 순서

SECTION 04

계산기 프로그램 확장

1 파이썬 파일 만들어 저장

앞에서 작성한 프로그램은 이상 없이 실행되지만 프로그램이라고 하기에는 조금 부족한 듯하다. 이번에는 100과 50을 고정적으로 계산하는 것이 아니라 직접 입력한 두 숫자의 사칙 연산을 수행하도록 프로그램을 수정해 보자.

변수 내용을 미리 값으로 입력하는 Code02-01.py의 1~2행과 달리 실행할 때마다 값을 키보드로 입력하면 어떨까? 다음과 같은 개념이다. 이렇게 된다면 어떤 숫자든 입력만 하면 자유자재로 사칙 연산을 수행할 수 있을 것이다.

```
변수 a에 100을 넣는다. → 변수 a에 입력할 값을 키보드로 입력받는다.
변수 b에 50을 넣는다.  → 변수 b에 입력할 값을 키보드로 입력받는다.
```

그림 2-19 키보드로 직접 입력할 값을 변수에 저장

대화형 모드에서 [File]-[New File] 메뉴를 선택해 새 파일을 연다. 그리고 스크립트 모드에서 [File]-[Save] 메뉴를 선택해 C:\CookPython\Code02-02.py로 저장한다.

TIP • 앞으로는 *.py로 저장하는 방법을 따로 언급하지 않는다. 같은 방법으로 파일을 만들고 코딩하면 된다.

2 input() 함수를 사용해 값 입력

Code02-01.py의 1~2행을 다음과 같이 수정해 보자. 값을 직접 대입하는 대신 input() 함수를 활용해 보았다. 코딩이 완료되었으면 F5를 눌러서 실행해 보자. 그냥 커서만 깜빡이고 있을 것이다. 일단 숫자 하나를 입력하고 Enter, 다시 숫자 하나를 입력하고 Enter를 누른다.

Code02-02.py

```
1  a = input()
2  b = input()
3  result = a + b
4  print(a, "+", b, "=", result)
5  result = a - b
6  print(a, "-", b, "=", result)
7  result = a * b
8  print(a, "*", b, "=", result)
9  result = a / b
10 print(a, "/", b, "=", result)
```

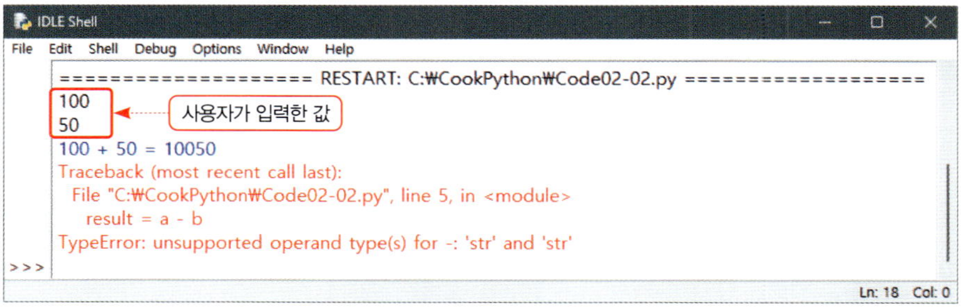

빨간색 오류가 여러 줄 발생했다. 첫 줄을 보면 100+50의 결과가 150이 아니라 10050으로 잘못 계산되었다. 100−50부터는 아예 오류 내용만 표시하는데 5행인 result=a−b가 틀렸다고 알려 준다. 오류의 원인은 input() 함수가 값을 입력받을 때 모두 문자열로 취급했기 때문이다.

1행에서 입력받은 a에는 숫자 100이 아니라, 문자열 '100'(일영영)이 들어 있다. 그리고 2행에서 입력받은 b에도 숫자 50이 아니라, 문자열 '50'(오영)이 들어 있다. 3행에서 '100'+'50'이 되므로 결과는 문자열을 붙여 쓴 '10050'이 된 것이다. 그리고 '100'+'50'은 문자열을 더하라(붙여라)는 의미로 문법상 문제는 없지만, '100'−'50'은 문자열에서 문자열을 빼라는 의미로 문법상 처리할 수 없는 코드가 되어 파이썬이 처리하지 못해 오류가 발생한 것이다.

3 int( ) 함수를 사용해 정수로 변환

앞에서 발생한 오류를 수정해 보자. input( ) 함수의 특성상 무조건 문자열만 입력받기 때문에 입력받은 문자열을 다시 int( ) 함수를 사용해서 정수로 변환시켜 보자. int(값) 함수는 값이 무엇이든지 정수로 바꾸어 준다. 대화형 모드에서 직접 입력해서 결과를 확인해 보자.

```
int("100")         # 결과는 정수 100
int(100.123)       # 결과는 정수 100
```

int( ) 함수에서는 문자열이나 숫자(실수, 정수 등)를 넣으면 정수로 바꾸어 주는 것을 확인했다. 그러므로 input( ) 함수의 입력받은 값을 int( ) 함수에 넣으면 문자열 '100'이 숫자 100으로 변경될 것이다. 앞 코드의 1~2행을 다음과 같이 수정해서 다시 F5를 눌러 실행해 보자.

Code02-03.py

```
a = int(input())
b = int(input())
```

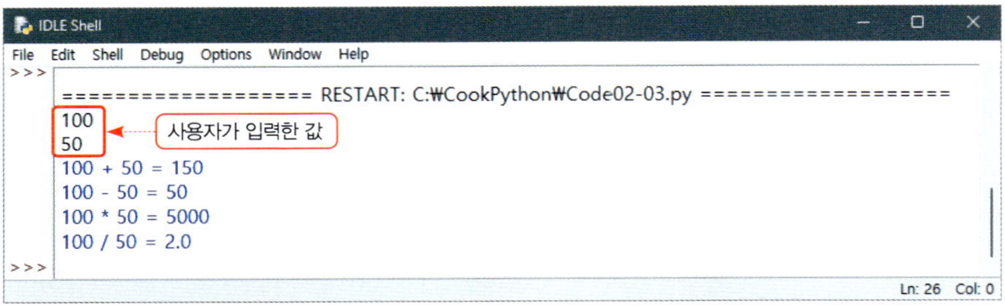

오류 없이 실행되고, 입력한 두 숫자에 대한 사칙 연산까지 잘 처리되었다. int(input( ))의 처리는 먼저 괄호 안이 실행되므로 input( ) 함수에서 문자를 입력받고, 그 문자열을 int( ) 함수에서 정수로 변환한다. 이 코드에서는 1단계로 input( ) 함수에서 문자열 '100'을 입력받고, 2단계로 int("100")에서 숫자 100으로 변경한 것을 a에 대입한다. b도 마찬가지이다. 결국 a에는 숫자 100, b에는 숫자 50이 들어가서 처리된 것이다.

그런데 이 코드를 다른 사람이 실행하면 처음에 키보드만 깜빡이고 있어 뭘 해야 할지 모를 수 있으므로 설명도 약간 출력하는 것이 좋다. input( ) 함수는 input("설명")의 형태로 사용할 수 있다. 그러면 설명이 먼저 나타난 다음 입력이 가능하다. 이번에 만들고자 하는 계산기의 최종 버전은 다음과 같다.

Code02-04.py

```
a = int(input("첫 번째 숫자를 입력하세요 : "))
b = int(input("두 번째 숫자를 입력하세요 : "))
result = a + b
print(a, "+", b, "=", result)
result = a - b
print(a, "-", b, "=", result)
result = a * b
print(a, "*", b, "=", result)
result = a / b
print(a, "/", b, "=", result)
```

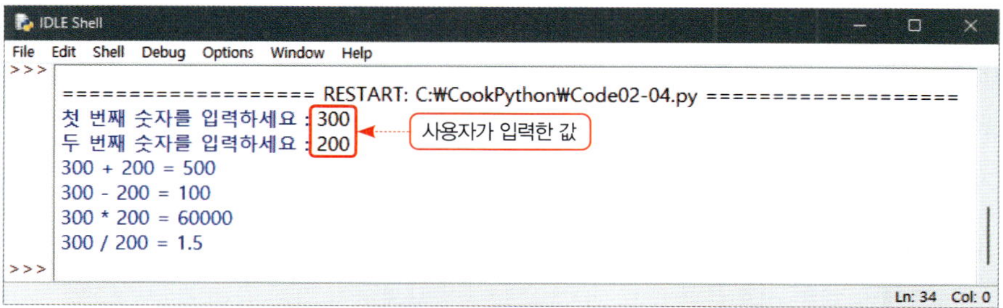

SECTION 05

터틀 그래픽 프로그램 작성

1 터틀 프로그램 기본 틀 만들기

터틀 프로그램은 다른 프로그램에 비해서 코드가 조금 길다. 그래서 코딩을 대충하면 나중에 수정하거나 변경할 때 상당히 번거롭다. 특히 코드가 긴 프로그램은 향후에 유지 보수를 위해서라도 체계적으로 작성하는 것이 좋다. 앞으로 긴 프로그램은 다음과 같이 세 부분으로 나누어 작성한다. 물론 나누지 않아도 문제는 없고, 자신이 원하는 구성으로 변형할 수도 있다. 그러나 다른 사람이 프로그램을 쉽게 이해할 수 있게 하려면 일반적인 구성을 따르는 것이 좋다.

기호는 주석(Remark)으로 프로그램의 설명에 해당된다. 없어도 되지만 주석을 달아 두면 나중에 프로그램을 이해하기가 훨씬 쉬우므로 너무 과도하지 않은 선에서 적당히 달면 좋다.

```
## 함수 선언 부분 ##

## 변수 선언 부분 ##

## 메인(main) 코드 부분 ##
```

여러 줄에 걸쳐 주석을 달고 싶다면 다음과 같이 작은따옴표를 3개를 사용한다.

```
'''
여러 줄 주석
입니다.
'''
```

맨 뒤에 \를 붙이면 다음과 같이 줄을 바꾸어 써도 한 줄로 인식한다.

```
data = '안녕' + \
       '하세요? ' + \
       '파이썬!'
print(data)
```

함수 선언 부분

함수 선언 부분에는 프로그램에서 사용될 함수들을 미리 선언해 놓는다. Code02-03.py에서는 함수 선언 부분이 없었다. 앞에서 print() 함수를 사용하면서 잠깐 설명했는데 print(), input(), int() 등은 파이썬에서 이미 만들어서 제공하는 함수들이다. 그런데 필요한 함수를 모두 제공하지는 않기 때문에 따로 만들어 사용할 때도 있다. 이때 함수 선언 부분에 사용할 함수를 선언해 놓으면 된다.

함수를 만드는 형식은 다음과 같다. 주의할 점은 들여쓰기가 끝나면 함수가 끝난 것으로 인식하기 때문에 def 다음 줄부터는 들여쓰기를 해야 하고 모두 줄을 맞추어 써야 한다.

```
def 함수명(매개변수) :
    global 사용할_전역_변수
    # 이 부분에 함수 내용을 코딩
```

함수는 9장에서 자세히 다루므로 여기서는 이 정도만 기억하고 넘어가자.

변수 선언 부분

변수 선언 부분은 프로그램 전체에서 사용될 전역 변수를 미리 선언해 놓는 곳이다. 이렇게 하면 이 프로그램에서 사용될 변수가 무엇인지 한눈에 볼 수 있어 코드가 읽기 편해진다. Code02-04.py의 1~2행이 여기에 해당된다.

여기서 잠깐

변수의 선언

C/C++, 자바 등 컴파일러 언어에서 변수를 사용하려면 반드시 선언부터 해야 한다. 반면 자바스크립트, 파이썬 등 인터프리터 언어에서는 변수를 선언하지 않고 바로 사용해도 된다. Code02-01.py의 1행 a = 100처럼 a를 선언하지 않고 바로 a에 100을 대입하는 방식이다. 그러면 대입하는 순간에 a라는 변수가 자동 선언 및 생성된 후 정수 100을 대입하기 때문에 a는 자동으로 정수형 변수로 선언되는 것이다. 이를 C나 자바로 만든다면 다음과 같이 선언 후에 값을 대입해야 한다.

```
int a, b;        ## 두 변수를 선언한다. ##
a = 100;         ## a에 100을 대입한다. ##
b = 50 ;         ## b에 50을 대입한다. ##
```

파이썬은 변수 선언이 꼭 필요하지는 않지만, 가급적 변수에 초깃값을 미리 대입시켜서 변수 선언 부분에 준비해 놓는 것이 바람직하다는 정도로 이해하면 좋겠다.

메인(main) 코드 부분

메인 코드 부분은 프로그램이 실제로 처리되는 주요한 부분이다. Code02-04.py의 3~10행이 메인 코드 부분에 해당된다. 메인 코드 부분은 실제로 계산한 결과가 화면에 표시되는 부분인데 여기에서 함수 선언 부분에 미리 준비해 놓은 함수를 불러 사용한다. 이것을 '함수 호출'이라고 한다.

우선 윈도창에 거북이가 나오는 간단한 프로그램을 작성해 보자.

Code02-05.py

```
1  import turtle
2
3  turtle.shape('turtle')
4
5  turtle.forward(200)
6  turtle.right(90)
7  turtle.forward(200)
8  turtle.right(90)
9  turtle.forward(200)
10 turtle.right(90)
11 turtle.forward(200)
12
13 turtle.done()
```

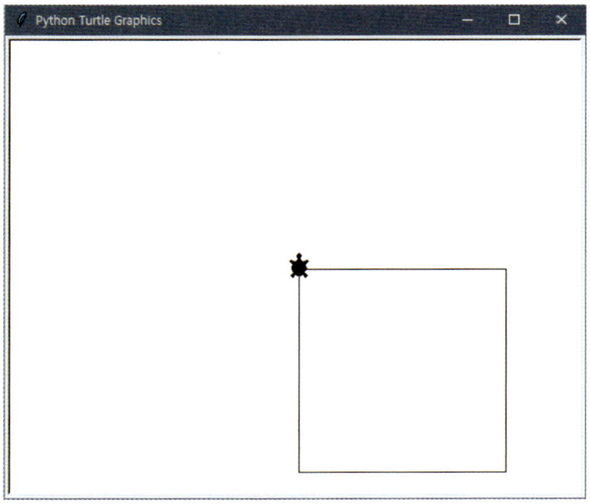

프로그램을 실행하면 거북이가 나타나 정사각형을 그린다. 몇 줄밖에 코딩하지 않았는 데도 멋진 윈도창이 나타난 것을 확인할 수 있다. 1행의 import turtle은 파이썬에서 제공하는 터틀 그래픽을 사용하는 데 필요한 부분이다. 3행의 turtle.shape( ) 함수는 거북이의 모양을 결정하는 것으로, 거북이의 모양은 classic, turtle, triangle 등 일곱 가지 중에서 설정할 수 있다. 5행의 turtle.forward() 함수는 거북이를 앞으로 이동시킨다. 처음에 거북이는 동쪽을 바라보도록 설정되어 있으므로 오른쪽으로 200만큼 이동한다. 6행의 turtle.right() 함수는 거북이를 오른쪽으로 회전시킨다. 90도를 회전시켰으므로 아래쪽을 바라보게 된다. 같은 방식으로 7~11행을 실행하므로 그림과 같이 한 변의 길이가 200인 정사각형을 그린다.

이 코드는 기능을 추가하면 훨씬 길어지는데, 다음과 같이 앞에서 설명한 프로그램 틀 형태로 수정할 수 있다. 그리고 Code02-05.py의 5~11행을 코드의 특정 부분을 반복시켜 주는 for 문을 사용해 다시 작성할 수도 있다. for 문은 6장에서 자세히 다룬다.

Code02-06.py

```
1  import turtle
2
3  ## 함수 선언 부분 ##
4
5  ## 변수 선언 부분 ##
6  myT = None
7
8  ## 메인 코드 부분 ##
9  myT = turtle.Turtle()
10 myT.shape('turtle')
11
12 for i in range(0, 4) :
13     myT.forward(200)
14     myT.right(90)
15
16 turtle.done()
```

아직은 선언한 함수가 없다. 6행에서는 turtle 대신 사용할 myT 변수를 준비했는데 일단은 아무것도 없다는 의미로 None값으로 초기화시켰다. 9행에서 myT를 turtle 대신 사용하도록 하여 이후로는 turtle 대신 myT를 사용한다. 12~14행은 4번 반복해서 수행되는데 Code02-05.py의 5~11행과 의미가 같다.

2 구현할 기능 계획

이번에 작성할 프로그램은 현재 수준에서 상당히 어려울 수 있다. 그럼에도 다뤄 보는 이유는 아직 문법적인 내용을 완전하게 이해하지 못하더라도 시각적으로 무언가를 그려 봄으로써 파이썬을 처음 공부할 때 흥미를 느끼기에 적당하기 때문이다. 터틀 그래픽 프로그램이 완전히 이해되지 않더라도 앞으로 이보다 더 다양한 예제를 만들 것이므로 관심을 갖고 차근차근 따라해 보자.

앞에서 만든 프로그램은 실행창에서 마우스를 클릭해도 아무런 작동도 하지 않는다. 그러므로 거북이를 이용해 멋진 글자와 그림을 그릴 수 있도록 필요한 기능을 구현해야 하는데, 크게 다음 세 가지 기능으로 구분해 함수를 만들 것이다.

그림 2-20 터틀 그래픽 프로그램의 구현 기능 계획

- **기능 ❶** : 마우스 왼쪽 버튼을 누르면 거북이가 클릭한 지점까지 임의의 색상으로 선을 그리면서 따라오도록 한다.
- **기능 ❷** : 마우스 오른쪽 버튼을 누르면 거북이가 클릭한 지점까지 선을 그리지 않고 이동만 하도록 한다.
- **기능 ❸** : 마우스 가운데 버튼을 누르면 거북이가 임의로 크기를 확대 또는 축소한다.

3 필요한 변수 준비

거북이로 선을 그릴 때는 선의 두께(pSize)와 거북이의 크기(tSize)를 설정해야 한다. 또 색상을 표현하는 빨강(r), 초록(g), 파랑(b) 변수도 미리 준비해 두자.

```
pSize, tSize = 10, 0
r, g, b = 0.0, 0.0, 0.0
```

r, g, b 변수는 다음과 같이 세 줄로 나누어 써도 된다.

```
r = 0.0
g = 0.0
b = 0.0
```

4 기능 ❶ 구현

마우스 왼쪽 버튼을 누르면 거북이가 클릭한 지점까지 임의의 색상으로 선을 그리면서 따라오도록 하는 함수가 필요하므로 다음과 같이 코드를 작성한다.

```
def screenLeftClick(x, y) :
    global r, g, b
    turtle.pencolor((r, g, b))
    turtle.pendown()
    turtle.goto(x, y)
```

def는 함수를 선언하는 문장으로 screenLeftClick( ) 함수를 만들었다. 함수명은 임의로 지정한 것인데 기능을 예측하기 쉽게 지정하면 좋다. 이 함수는 간단히 말해 거북이가 펜을 바닥에 대고 현재 위치에서 마지막 행에 있는 x, y 좌표까지 미리 설정된 r, g, b 값의 색상으로 선을 그린다.

5 기능 ❷ 구현

마우스 오른쪽 버튼을 누르면 거북이가 클릭한 지점까지 선을 그리지 않고 이동만 하도록 하는 함수가 필요하므로 다음과 같이 코드를 작성한다.

```
def screenRightClick(x, y) :
    turtle.penup()
    turtle.goto(x, y)
```

screenRightClick( ) 함수는 간단하다. 앞의 screenLeftClick( ) 함수와 달리 거북이가 펜을 들고 이동하므로 선이 그려지지 않고 이동만 한다.

6 기능 ❸ 구현

마우스 가운데 버튼을 누르면 거북이가 임의로 크기를 확대 또는 축소하는 함수가 필요하므로 다음과 같이 코드를 작성한다. 마우스 가운데 버튼을 누를 때는 선의 색상이 임의로 선택되도록 하고 거북이의 크기도 1부터 9까지 임의로 설정되도록 한다.

```
def screenMidClick(x, y) :
    global r, g, b
    tSize = random.randrange(1, 10)
    turtle.shapesize(tSize)
    r = random.random()
    g = random.random()
    b = random.random()
```

screenMidClick( ) 함수는 random.randrange(1, 10) 함수에서 1부터 9까지 임의의 정수를 뽑아 turtle.shapesize( ) 함수로 거북이의 크기를 변경한다. 그리고 random.random( ) 함수를 사용해 r, g, b의 값을 0~0.99999 중 임의의 실수로 뽑는다. screenLeftClick( ) 함수에서도 본 적이 있는 r, g, b는 global을 이용해 전역 변수로 선언하고 있는데, 이는 다른 함수에서도 사용할 수 있도록 하기 위해서다. 전역 변수와 지역 변수는 9장에서 다시 다룰 것이다.

7 터틀 그래픽 프로그램 완성

앞에서 설명한 함수 코드 조각을 모두 모으고 몇 가지 기능을 추가해 다음과 같이 완전한 코드로 만들어 보자. 그리고 프로그램을 실행해 마우스 왼쪽·가운데·오른쪽 버튼을 눌러 글자나 그림을 그려 보자.

Code02-07.py

```python
import turtle
import random

## 함수 선언 부분 ##
def screenLeftClick(x, y) :
    global r, g, b
    turtle.pencolor((r, g, b))
    turtle.pendown()
    turtle.goto(x,y)

def screenRightClick(x, y) :
    turtle.penup()
    turtle.goto(x, y)

def screenMidClick(x, y) :
    global r, g, b
    tSize = random.randrange(1, 10)
    turtle.shapesize(tSize)
    r = random.random()
    g = random.random()
    b = random.random()

## 변수 선언 부분 ##
pSize = 10
r, g, b = 0.0, 0.0, 0.0

## 메인 코드 부분 ##
turtle.title('거북이로 그림 그리기')
turtle.shape('turtle')
turtle.pensize(pSize)

turtle.onscreenclick(screenLeftClick, 1)
turtle.onscreenclick(screenMidClick, 2)
turtle.onscreenclick(screenRightClick, 3)

turtle.done()
```

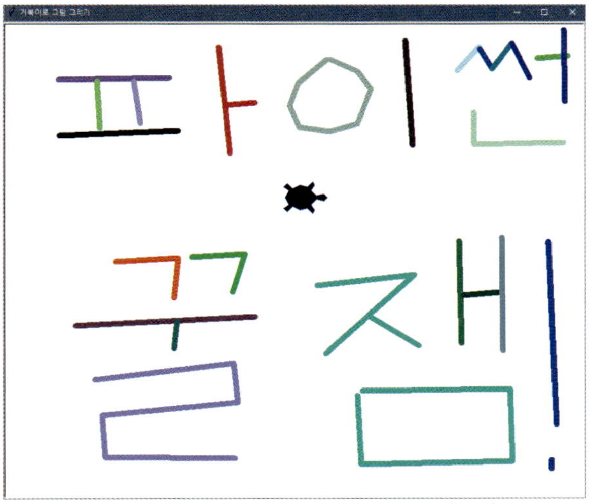

다음은 앞에서 다루지 않은 함수들이다. 기능 정도만 이해하고 원하는 값으로 변경해 보자.

표 2-1 Code02-07.py에 사용된 기타 함수

함수	설명
turtle.title('제목')	윈도창의 제목을 설정한다.
turtle.pensize(펜 두께)	그릴 선의 두께를 설정한다.
turtle.onscreenclick(함수명, 번호)	윈도창을 마우스로 클릭하면 '함수명' 함수가 작동한다. 1은 마우스 왼쪽 버튼, 2는 마우스 가운데 버튼, 3은 마우스 오른쪽 버튼을 지정한다.

이번에 작성한 프로그램은 사실 상당히 어렵다. 이 정도의 프로그램을 완전히 이해하고 작성하려면 이 책의 중반까지는 공부해야 한다. 그런데도 미리 작성해 본 이유는 파이썬으로 할 수 있는 다양한 것 중 하나를 미리 학습해 보고 싶어서이다. 지금 나온 어려운 내용들을 앞으로 차근차근 학습해 나갈 것이므로, 이번 터틀 그래픽 프로그램을 완전히 이해하지 못해도 상관없다.

SELF STUDY 2-1

터틀 그래픽 프로그램을 수정해서 마우스 왼쪽 버튼과 마우스 가운데 버튼의 기능을 통합해 보자. 즉 마우스 왼쪽 버튼만 눌러도 임의의 색상이 지정되고 거북이의 크기가 변경되면서 선이 그려지도록 해 보자.

요약

IT@COOKBOOK

1 변수는 값을 저장할 수 있는 그릇의 개념이다.

2 print( )는 괄호 안의 내용을 화면에 출력하는 함수이다. 여러 개를 출력하려면 콤마(,)로 구분한다.

3 >>> 모양의 프롬프트가 표시되고 한 줄씩 입력하는 화면을 대화형 모드라고 하며, 메모장 같은 창에서 여러 줄 입력하는 것을 스크립트 모드라고 한다.

4 파이썬 코드를 저장한 파일의 확장명은 *.py이다.

5 스크립트 모드에서 파이썬 코드를 실행하려면 F5를 누른다.

6 input( ) 함수는 키보드로 값을 입력받는다. 단, 모두 문자열로 인식한다. 그래서 숫자를 입력하려면 int( ) 함수와 함께 사용해야 한다.

7 긴 프로그램은 변수 선언 부분, 함수 선언 부분, 메인 코드 부분 세 가지로 나누어서 코딩하면 좋다.

8 함수는 다음 형식으로 코딩한다. def 다음 줄부터는 줄을 맞춰 들여쓰기를 해야 한다.

```
def 함수명(매개변수) :
    global 사용할_전역_변수
    # 이 부분에 함수 내용을 코딩
```

9 ❶은 한 변의 길이가 200인 정사각형을 그리고, ❷는 마우스 왼쪽 버튼을 누른 좌표까지 거북이가 선을 그린다.

❶

```
myT = turtle.Turtle()
myT.shape('turtle')

for i in range(0, 4) :
    myT.forward(200)
    myT.right(90)

myT.done()
```

❷

```
def screenLeftClick(x, y) :
    global r, g, b
    turtle.pencolor((r, g, b))
    turtle.pendown()
    turtle.goto(x, y)
```

IT@COOKBOOK

연습문제

1 다음 중 변수에 값을 저장하는 파이썬 연산자를 고르세요.

① = ② += ③ == ④ *

2 파이썬에서 변수에 값 100을 저장하고 출력하는 코드를 작성하세요.

3 다음 코드의 출력 결과를 쓰세요.

```
a=100
b=50
print(a+b)
```

4 다음 중 문자열을 출력하기 위한 파이썬 함수는 무엇인가요?

① output( )

② print( )

③ display( )

④ write( )

5 다음 코드가 정상적으로 실행되도록 수정하세요.

```
result=input(값 입력:)
print(result)
```

6 파이썬의 input( ) 함수로 입력받은 값을 정수로 변환하려면 어떤 함수를 쓰나요?

7 다음 중 터틀 그래픽에서 지원하지 않는 코드를 고르세요.

① `turtle.forward()`

② `turtle.left()`

③ `turtle.center()`

④ `turtle.right()`

연습문제

IT@COOKBOOK

8 파이썬에서 프로그램을 종료하는 명령어는 무엇인가요?

9 다음 코드는 오류가 발생합니다. 오류가 발생하지 않도록 바르게 고치세요.

```
n1=input("숫자1 입력: ")
n2=input("숫자2 입력: ")
n3=n1+n2
print(n1,"+",n2,"=",n3)
```

10 심화문제 화면에 마우스 왼쪽 버튼을 클릭하면 거북이가 클릭한 위치까지 랜덤한 색상으로 선을 그린다. 마우스 오른쪽 버튼을 클릭하면 선은 그리지 않고 거북이가 클릭한 위치로 이동한 후 랜덤한 크기, 각도, 색상으로 거북이 도장을 찍는 프로그램을 작성하세요.

힌트1 거북이 색상은 turtle.color(r, g, b)로 설정한다.

힌트2 거북이 도장은 turtle.stamp( )를 사용한다.

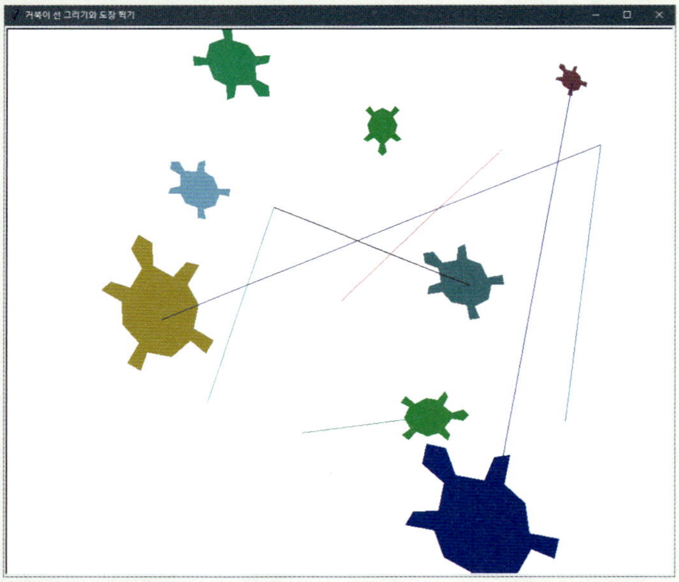

CHAPTER 03

변수와 데이터형

학습목표

- print( ) 함수로 서식에 맞추어 출력하는 방법을 익힌다.
- 변수의 사용법을 익힌다.
- 비트, 바이트 같은 데이터 표현 방법과 진수 변환 방법을 익힌다.
- 정수, 실수, 문자열 등 기본 데이터형을 알아본다.
- print( ) 함수로 다이아몬드 모양의 별표를 출력하는 프로그램을 만든다.
- 입력한 숫자의 진수를 변환하는 프로그램을 만든다.

SECTION 01 이 장에서 만들 프로그램
SECTION 02 print( ) 함수를 사용한 다양한 출력
SECTION 03 변수의 선언과 사용
SECTION 04 데이터 표현 단위와 진수 변환
SECTION 05 기본 데이터형
요약
연습문제
응용예제

SECTION
01 이 장에서 만들 프로그램

2장에서 계산기와 터틀 그래픽 프로그램을 만들어 봤지만 파이썬을 완전히 이해하지는 못했을 것이다. 이 장부터는 2장에서 언급만 하고 지나간 개념과 원리를 비롯해 파이썬의 핵심 내용을 하나씩 이해하는 시간을 갖게 될 것이다.

1 [프로그램 1] 다이아몬드 모양 출력

첫 번째는 다이아몬드 모양의 별표를 출력하는 프로그램이다. 단순하지만 파이썬에서 다양하게 출력해 보는 좋은 연습이 될 것이다.

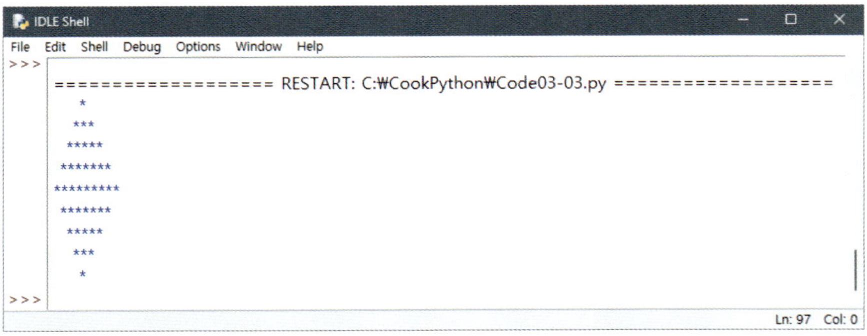

2 [프로그램 2] 진수 변환

두 번째는 진수 변환 프로그램이다. 숫자를 표시하는 방법인 2진수, 8진수, 10진수, 16진수 등을 선택하고 값을 입력하면 해당 진수별 숫자를 출력할 것이다.

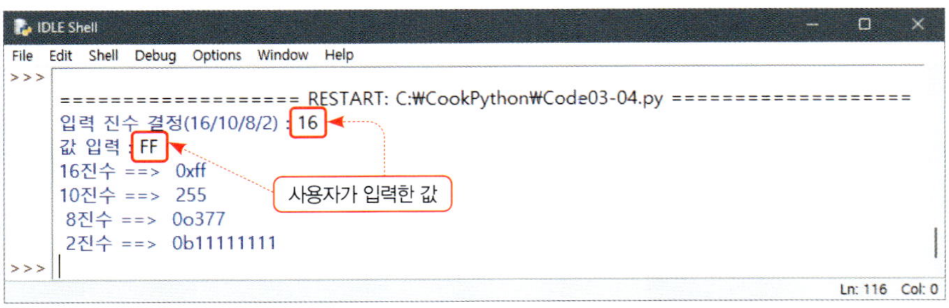

SECTION
02 print( ) 함수를 사용한 다양한 출력

앞에서 이미 여러 번 print( ) 함수를 사용했기 때문에 어느 정도 익숙할 것이다. 이번에는 print( ) 함수의 기본 사용 방법을 다시 살펴보고, 좀 더 예쁜 출력을 위해 서식을 지정하는 방법도 알아보자.

1 print( ) 함수의 서식

다음 구문은 큰따옴표 안의 내용을 화면에 출력하므로 결과는 '안녕하세요?'이다.

```
print("안녕하세요?")
```

이번에는 다음 코드의 출력 결과를 예측해 보자.

```
❶ print("100")
❷ print("%d" % 100)
```

TIP • print( ) 함수 없이 "%d" % 100 또는 '%d' % 100이라고 해도 출력된다.

모두 100이 출력되어 같아 보이지만, 사실은 완전히 다른 결과이다. ❶의 결과로 나온 100은 숫자 100(백)이 아닌 문자 '100'(일영영)이다. " " 안의 내용이 문자든 숫자든 상관없이 무조건 문자로 취급한다. 반면 ❷의 결과로 나온 100은 숫자 100(백)을 의미한다. 서식 %d가 지정된 숫자는 그대로 숫자이다. 서식은 잠시 후에 살펴보기로 하고, 다음 결과를 예측해 보자.

```
❸ print("100 + 100")
❹ print("%d" % (100 + 100))
```

결과가 예상한 것과 같은가? ❸은 100+100이 출력되고, ❹는 숫자 100과 숫자 100을 더한 결과인 숫자 200이 출력된다.

이제 print( ) 함수의 서식을 이해하고 넘어가자. 서식은 앞에 %가 붙는데 ❹에서 %d는 정수(Decimal)를 의미한다. 그리고 서식의 개수와 따옴표 뒤에 나오는 숫자(또는 문자)의 개수는 같아야 한다. 다음 예는 모두 오류가 발생한다. 무엇이 문제인지 생각해 보자.

```
❺ print("%d" % (100, 200))
❻ print("%d %d" % (100))
```

❺는 %d가 하나밖에 없는데 숫자가 2개이고, ❻은 %d가 2개인데 숫자는 하나라 서로 짝이 맞지 않는다. ❻은 단순히 %d를 하나 삭제하면 되지만 ❺는 숫자 2개를 출력하려면 %d가 2개 필요하므로 [그림 3-1]과 같이 수정한다. 여기서 중간의 %는 왼쪽 서식과 오른쪽 값을 구분해 주는 역할을 하므로 꼭 써야 한다. 왼쪽에 %d가 2개이면 오른쪽에 숫자도 2개 필요하고, 이렇게 숫자가 여러 개면 콤마(,)로 구분해 ( )로 감싸면 된다.

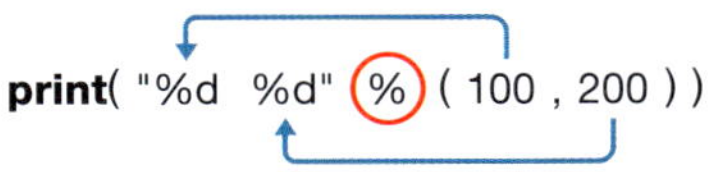

그림 3-1 서식과 숫자의 대응

2 print( ) 함수를 사용한 다양한 출력

이제 숫자와 같은 정수 출력도 어느 정도 감을 잡았으리라 생각한다. 하지만 세상에는 정수만 있는 것이 아니다. 다음 코드의 출력 결과를 예측해 보자.

```
print("%d / %d = %d" % (100, 200, 0.5))
```

100/200=0.5를 기대했지만 결과는 100/200=0이다. [그림 3-2]와 같이 세 번째 숫자인 0.5는 소수점이 있는 실수인데 보여 주는 서식에 정수형(%d)을 사용했기 때문이다. 따라서 100과 200은 잘 출력되겠지만, 0.5는 소수점이 사라지고 0만 출력된다.

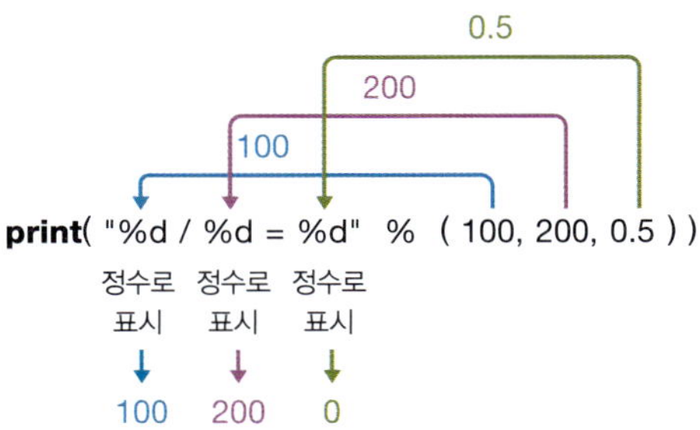

그림 3-2 서식과 숫자의 불일치 상황

print( ) 함수에서는 출력하는 결과 값에 따라 서식이 다른데, 사용할 수 있는 대표적인 서식의 종류는 다음과 같다.

표 3-1 print() 함수에서 사용할 수 있는 서식

서식	값의 예	설명
%d, %x, %o	10, 100, 1234	정수(10진수, 16진수, 8진수)
%f	0.5, 1.0, 3.14	실수(소수점이 붙은 수)
%c	"b", "한"	한 글자
%s	"안녕", "abcdefg", "a"	두 글자 이상인 문자열

그렇다면 [그림 3-2]에서 원하는 결과를 출력하려면 어디를 고쳐야 할지 감을 잡았을 것이다. 세 번째 %d를 %f로 수정하면 된다. 직접 고쳐서 실행해 보자. 그런데 %f를 사용하면 0.500000처럼 너무 0이 많다. 그냥 0.5만 나오면 좋을 것 같다.

다음과 같이 코드를 수정하니 원하는 결과가 나왔다.

```
print("%d / %d = %5.1f" % (100, 200, 0.5))
```

%5.1f는 이어서 알아보자.

3 print() 함수를 사용한 깔끔한 출력

파이썬에서 처리한 결과를 화면에 출력하지 않고 끝내면 프로그램이 어떤 일을 했는지 알 수 없다. 그리고 print() 함수로 무언가를 출력할 때는 이왕이면 깔끔하게 정리된 형태로 출력하는 것이 좋다. 몇 가지 실습으로 서식 출력을 완전히 익혀 보자.

TIP • 긴 코드는 IDLE Shell의 [File]–[New File] 메뉴를 선택해 스크립트 모드에서 작성하고 [File]–[Save] 메뉴로 저장한다. 그리고 [Run]–[Run Module] 메뉴나 F5로 실행한다.

Code03-01.py

```
print("%d" % 123)
print("%5d" % 123)
print("%05d" % 123)

print("%f" % 123.45)
print("%7.1f" % 123.45)
print("%7.3f" % 123.45)

print("%s" % "Python")
print("%10s" % "Python")
```

```
IDLE Shell
File Edit Shell Debug Options Window Help
>>>
================== RESTART: C:₩CookPython₩Code03-01.py ==================
123
  123
00123
123.450000
  123.5
123.450
Python
    Python
>>>
                                                    Ln: 46  Col: 0
```

출력 결과를 보면 이해하기 어렵지 않을 것이다. 정수형 데이터를 출력하는 1~3행은 다음과 같이 표현할 수 있다.

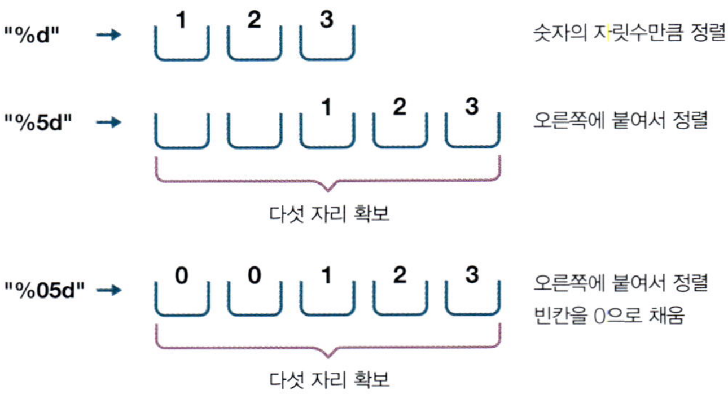

그림 3-3 정수형 데이터의 서식 지정

실수형 데이터의 서식 지정은 다음과 같다. 6행의 %7.1f는 소수점을 포함한 전체 자리인 일곱 자리를 확보한 후 소수점 아래는 한 자리만 차지한다는 의미이다. 그러므로 소수점 위 정수 부분 숫자는 다섯 자리가 된다.

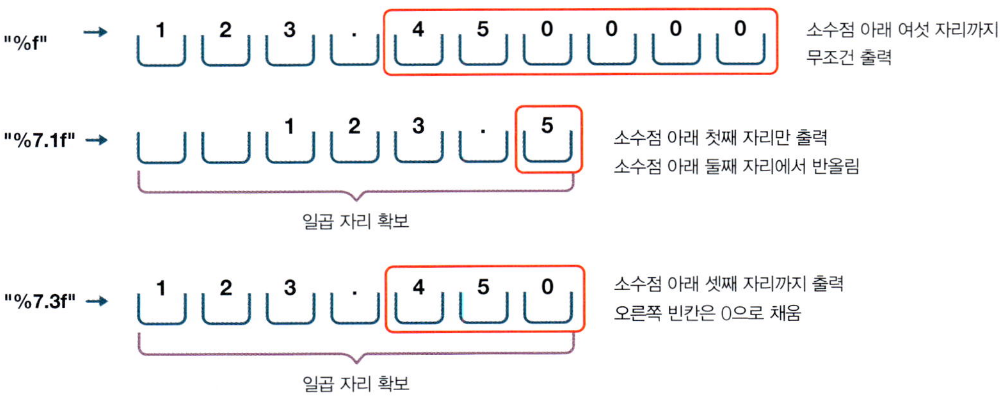

그림 3-4 실수형 데이터의 서식 지정

문자열 데이터의 서식도 오른쪽에 맞추어서 출력된다.

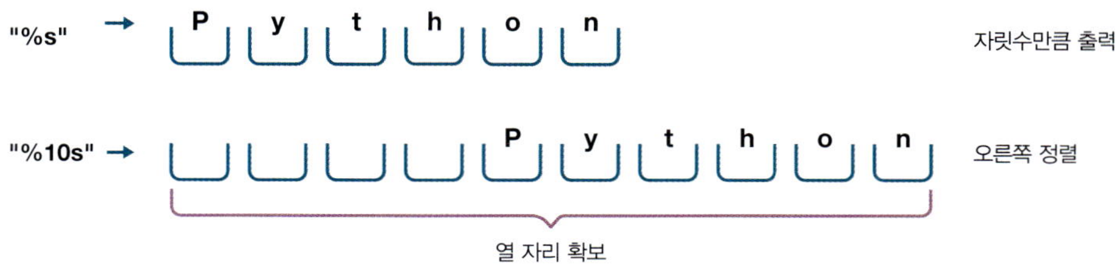

그림 3-5 문자열 데이터의 서식 지정

파이썬은 format( ) 함수와 { }를 함께 사용해 서식을 지정할 수도 있다. 다음 두 코드 모두 [그림 3-3]과 출력 결과가 같다.

```
❶ print("%d  %5d  %05d" % (123, 123, 123))
❷ print("{0:d}  {1:5d}  {2:05d}".format(123, 123, 123))
```

❷에서 { } 안의 0, 1, 2는 format( ) 함수 안의 값 중에서 0번째, 1번째, 2번째 값에 대응한다는 의미이다. %d에서 %를 떼고 d로 표시한다.

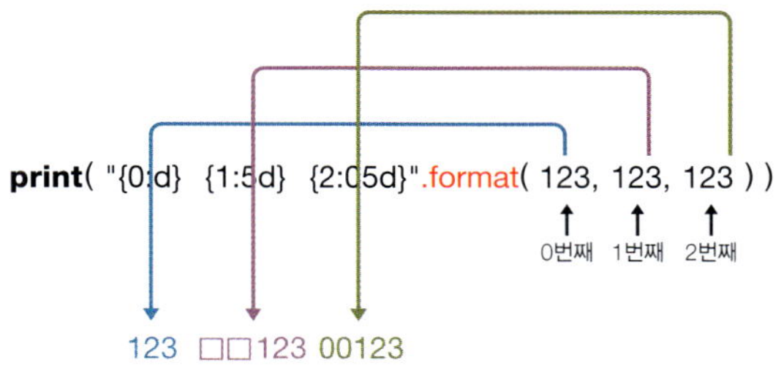

그림 3-6 format( ) 함수의 사용

.format을 사용하면 출력하는 순서를 지정할 수 있어 좋다. 다음 코드는 300, 200, 100을 출력한다.

```
print("{2:d}  {1:d}  {0:d}".format(100, 200, 300))
```

print( ) 함수는 내용을 출력한 후 행을 바꾼다. 강제로 행을 바꾸고 싶다면 \n을 사용한다.

```
❸ print("한 행입니다. 또 한 행입니다.")
❹ print("한 행입니다. \n또 한 행입니다.")
```

❸은 행바꿈 없이 한 줄로 출력되고, ❹는 행을 바꿔 두 줄로 출력될 것이다. 이를 이스케이프(Escape) 문자 또는 서식 문자라고 하는데, 이스케이프 문자는 앞에 \(역슬래시)를 먼저 붙여 준다. 몇 가지 이스케이프 문자를 정리하면 다음과 같다.

표 3-2 이스케이프 문자

이스케이프 문자	역할	설명
\n	새로운 줄로 이동	Enter를 누른 효과
\t	다음 탭으로 이동	Tab을 누른 효과
\b	뒤로 한 칸 이동	Backspace를 누른 효과
\\	\ 출력	
\‘	‘ 출력	
\“	“ 출력	

이스케이프 문자를 사용한 간단한 예제를 작성해 보자.

Code03-02.py

```
1 print("\n줄 바꿈\n연습 ")
2 print("\t탭 키\t연습")
3 print("글자가 \"강조\"되는 효과1")
4 print("글자가 \'강조\'되는 효과2")
5 print("\\\\\\ 역슬래시 세 개 출력")
6 print(r"\n \t \" \\를 그대로 출력")
```

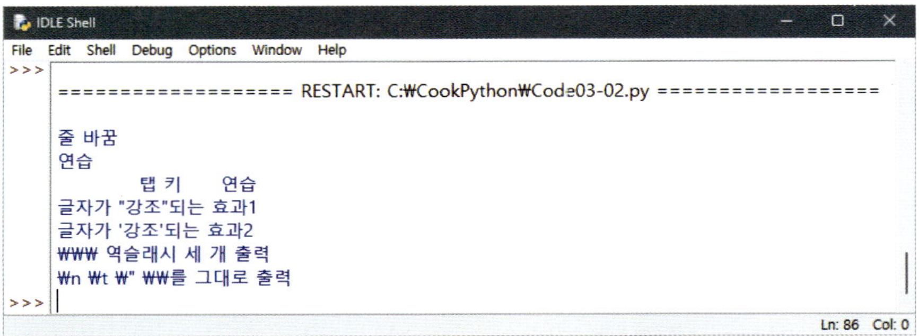

1행의 줄바꿈은 많이 사용해 보았으니 쉽게 이해할 수 있을 것이다. 2행의 \t는 Tab에 지정된 만큼의 간격을 준다. 3~4행은 “ ”과 ‘ ’를 출력한다. 5행은 역슬래시(\) 하나를 출력하려면 \를 2번 써야 한다는 것을 보여 준다. 6행에서 print(r“ ”) 형식은 이스케이프 문자까지도 그대로 출력해 준다.

4 [프로그램 1]의 완성

print( ) 함수의 다양한 사용 방법을 익혔다. 이제 이 장에서 구현할 첫 번째 프로그램으로 다이아몬드 모양의 *를 출력해 보자. 일단 *를 자리에 맞추어 print( ) 함수의 ( ) 안에 표시하면 된다.

Code03-03.py

```
print("    *    ")
print("   ***   ")
print("  *****  ")
print(" ******* ")
print("*********")
print(" ******* ")
print("  *****  ")
print("   ***   ")
print("    *    ")
```

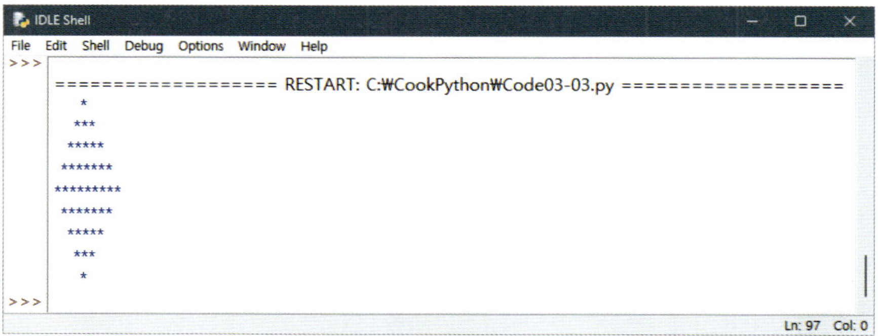

결과는 제대로 출력되었지만 이렇게 코딩하는 것은 좀 비효율적이다. 무언가 논리적인 구조가 필요할 것 같은데 모양을 보니 2장에서 잠깐 언급한 반복이 있어야 할 듯하다. 지금은 이대로 넘어가지만, 6장에서 반복문을 배운 후 좀 더 효율적이고 수준 높은 코드로 고쳐 보자.

SELF STUDY 3-1

print( ) 함수를 이용하여 다음과 같은 모양으로 별표가 출력되도록 프로그램을 작성해 보자.

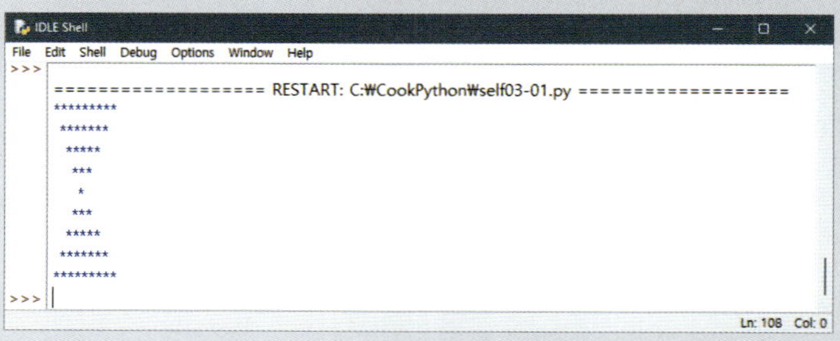

SECTION 03

변수의 선언과 사용

1 변수의 선언

변수는 어떠한 값을 저장하는 메모리 공간이다. 좀 어렵게 느껴진다면 그릇이라고 생각해도 괜찮다. 여기서는 변수를 선언해 사용하는 방법을 좀 더 구체적으로 알아보고 변수에 값을 대입할 때 주의할 점도 같이 살펴본다.

변수 선언은 그릇을 준비하는 것과 같다. 요리를 할 때는 그릇부터 준비하듯이 파이썬 프로그램을 만들 때도 먼저 변수부터 선언하는 것이 좋다. 물론 파이썬은 C/C++, 자바 등과 다르게 변수를 선언하지 않아도 된다. 하지만 긴 코드를 작성할 때는 계획적으로 사용할 변수를 미리 준비하는 것이 더 효율적이다. 그래서 이 책에서도 긴 코드의 경우 앞부분에 변수를 미리 선언하는 방식을 많이 사용한다.

국 그릇, 밥 그릇, 반찬 그릇 등 그릇 종류가 다양하듯이 변수도 종류가 다양하다. 가장 많이 사용하는 것은 불형(Boolean, True 또는 False 저장), 정수형, 실수형, 문자열 네 가지이다. 다음과 같이 코드를 작성하면 [그림 3-7]과 같이 그릇(변수) 4개가 준비된다.

```
boolVar = True
intVar = 0
floatVar = 0.0
strVar = ""
```

TIP • 이 구문은 다음과 같이 표현해도 된다.

```
boolVar, intVar, floatVar, strVar = True, 0, 0.0, ""
```

이름에서 알 수 있듯이 boolVar에는 불 값인 True를, intVar에는 정수인 0을, floatVar에는 실수인 0.0을, strVar에는 문자열 " "를 초깃값으로 대입했다. 그 순간 파이썬 내부에는 그릇이 4개 생긴다.

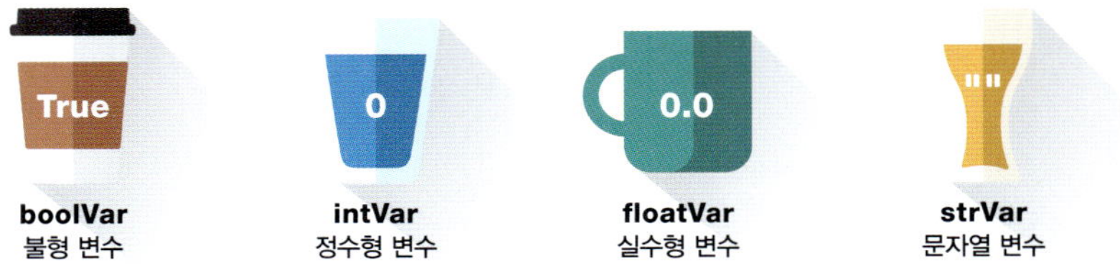

그림 3-7 변수의 종류

변수명은 기억하기 쉽게 지정하면 되는데 다음 규칙을 따라야 한다.

- 대·소문자를 구분한다(예 myVar와 MyVar는 다른 변수).
- 문자, 숫자, 언더바(_)를 포함할 수 있다. 하지만 숫자로 시작하면 안 된다(예 var2(◯), _var(◯), var_2(◯), 2Var(×)).
- 예약어는 변수명으로 쓰면 안 된다. 파이썬의 예약어는 True, False, None, and, or, not, break, continue, return, if, else, elif, for, while, except, finally, global, import, try 등이다.

type( ) 함수를 사용하면 변수가 bool(불), int(정수), float(실수), str(문자열)형으로 생성된 것을 확인할 수 있다.

```
type(boolVar), type(intVar), type(floatVar), type(strVar)
```

출력 결과

```
(<class 'bool'>, <class 'int'>, <class 'float'>, <class 'str'>)
```

2 변수의 사용

변수는 그릇에 음식을 담듯이 값을 담으면(대입하면) 사용할 수 있다. 그러면 변수에 있던 기존 값은 없어지고 새로 입력한 값으로 변경된다.

```
boolVar = False
intVar = 100
floatVar = 123.45
strVar = "안녕?"
```

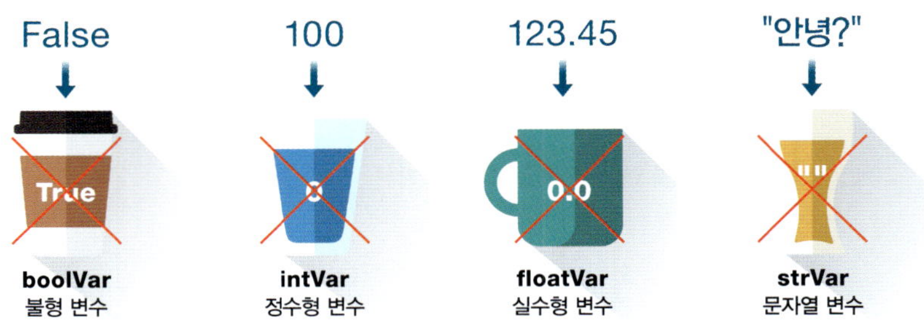

그림 3-8 변수에 값을 대입해 새로운 값으로 변경된 상태

변수에는 [그림 3-9]와 같이 변수의 값을 넣을 수도 있고, [그림 3-10]과 같이 계산 결과를 넣을 수도 있다.

```
var2 = 200
var1 = var2
```

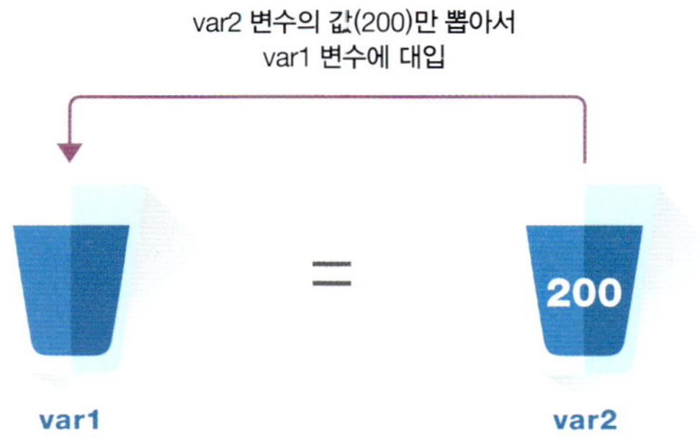

그림 3-9 변수에 변수를 대입하는 방식

```
var1 = 100 + 100
```

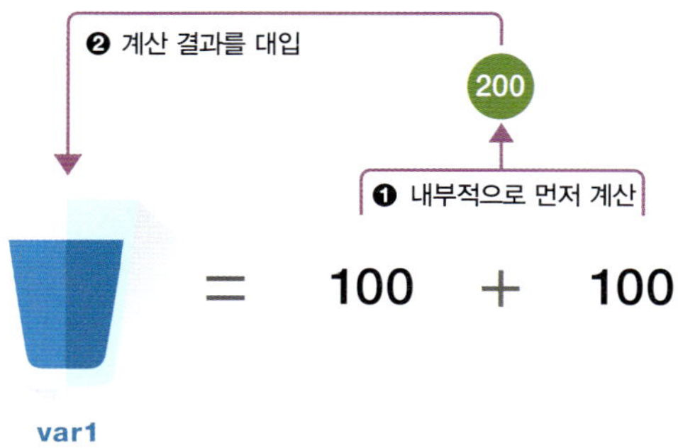

그림 3-10 숫자끼리 연산한 결과를 대입하는 방식

다음과 같이 숫자와 변수의 연산을 다른 변수에 넣을 수도 있다.

```
var1 = var2 + 100
```

그림 3-11 변수와 숫자를 연산한 결과를 대입하는 방식

[그림 3-12]는 좀 생소할 것이다. =은 맨 뒤부터 처리되므로 왼쪽은 오른쪽과 같이 풀어 쓸 수 있다. 즉 var4에 100을 넣고, var4의 값 100을 var3에, var3의 값 100을 var2에, var2의 값 100을 var1에 대입한다는 의미이다. var1, var2, var3, var4에 기존 값들이 들어 있다면, 그 값들을 무

시하고 새로운 값으로 덮어쓴다. 이처럼 대입 연산자(=)는 오른쪽에서 왼쪽 방향(←)으로 진행되므로 var1, var2, var3, var4 변수에는 모두 100이 대입된다.

```
var1 = var2 = var3 = var4 = 100
```

또는

```
var4 = 100
var3 = var4
var2 = var3
var1 = var2
```

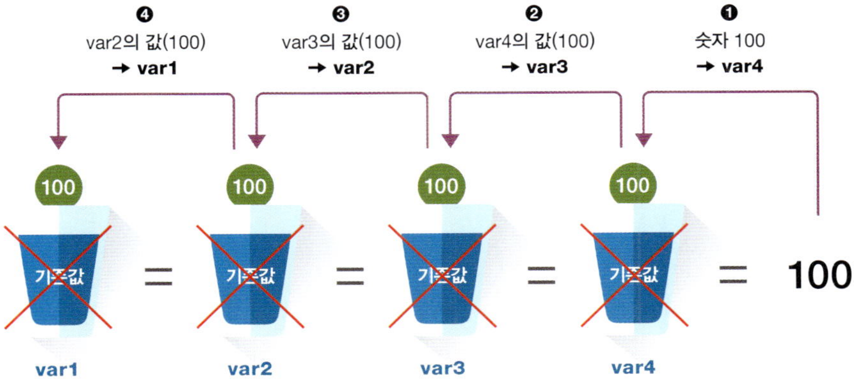

그림 3-12 연속으로 값을 대입하는 방식

다음은 자신의 값을 연산한 후 이를 다시 자신에게 넣는 방식이다. 이 방식은 자신의 값을 누적할 경우에 자주 사용하는데, 주의할 점은 맨 처음 var1에 0 또는 다른 값이 들어 있어야 한다는 것이다.

```
var1 = var1 + 200
```

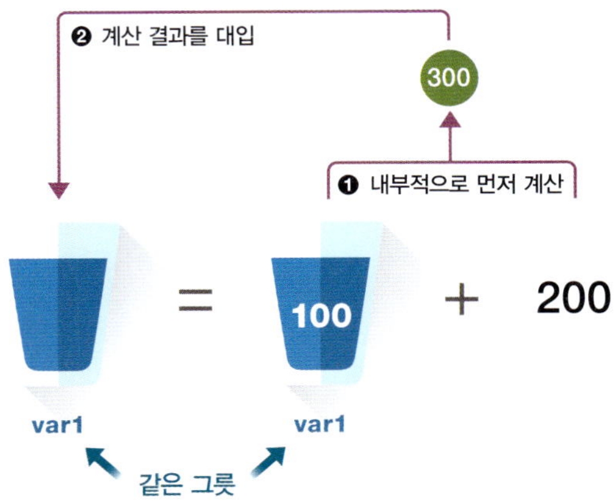

그림 3-13 연산 결과를 자신의 값으로 다시 대입하는 방식

다음은 NameError: name 'noVar' is not defined 오류가 발생한다. 이 오류를 방지하려면 코드를 수행하기 전에 noVar=0 등의 형태로 noVar에 값을 대입시켜 놓아야 한다.

```
noVar = noVar + 200
```

파이썬은 변수의 선언 없이 사용해도 되며, 한 번 선언된 변수에 다른 타입을 넣어도 된다. 변수에 다른 타입을 넣는 순간 그 변수의 형도 변경된다. 비유하자면 국 그릇에 밥을 담는 순간 더 이상 국 그릇이 아니고 밥 그릇이 되는 것과 비슷하다.

결론적으로 파이썬에서 변수의 데이터 형식은 값을 넣는 순간마다 변경될 수 있는 유연한 구조이다. 다음 코드를 입력해서 확인해 보자.

```
myVar = 100          # 정수형 변수를 생성(국 그릇 생성)
type(myVar)          # <class 'int'> 출력
myVar = 100.0        # 이 순간에 실수형 변수로 변경(밥 그릇으로 변경)
type(myVar)          # <class 'float'> 출력
```

지금까지 변수에 값을 대입하는 방식을 살펴보면서 직접 언급하지는 않았지만 꼭 지켜진 규칙이 하나 있다. 바로 '대입 연산자(=)를 사용하면 오른쪽의 것이 왼쪽에 대입된다'는 규칙이다. 이 규칙을 잘 생각해 보면 대입 연산자의 왼쪽에는 반드시 무엇을 담을 수 있는 그릇, 즉 변수만 올 수 있다는 것을 알 수 있다. [그림 3-9]~[그림 3-13]을 보면 모두 왼쪽에 그릇(변수)이 있다.

그러면 다음 경우를 생각해 보자. [그림 3-14]는 오른쪽의 음식 100을 왼쪽 그릇에 담아야 하는데 왼쪽에 그릇(변수)이 없으므로 [그림 3-15]와 같이 수정해야 한다.

그림 3-14 왼쪽에 값을 넣을 그릇이 없음

그림 3-15 왼쪽에 값을 넣을 그릇이 있음

그리고 대입 연산자의 오른쪽에는 상수(숫자), 변수, 계산값이 모두 올 수 있다는 규칙도 적용되었다. 결론적으로 대입 연산자의 왼쪽에는 무조건 변수만 올 수 있고, 오른쪽에는 무엇이든(값, 변수, 수식, 함수 등) 올 수 있다.

SECTION

04 데이터 표현 단위와 진수 변환

1 비트와 바이트

컴퓨터에서 표현할 수 있는 제일 작은 단위는 비트(Bit)이고, 비트 8개가 모이면 바이트(Byte)가 된다. USB 메모리에서 볼 수 있는 8기가, 16기가 등의 기가 표기는 정확하게 기가바이트(GB, Giga Byte)이다. 육상 경기의 100미터, 200미터, 3000미터 등의 미터 단위처럼 바이트는 컴퓨터에서 사용하는 크기의 기본 단위라고 할 수 있다.

파이썬을 사용하려면 비트와 바이트 단위에 대한 기본 이해와 더불어 진수도 알고 있어야 한다. 비트는 0과 1만 존재하므로 1비트로 두 가지를 표현할 수 있다.

2 비트

비트는 전기 스위치와 비슷한 개념이다. 전기 스위치에는 OFF와 ON만 존재하듯이 비트에도 0(OFF)과 1(ON)만 존재한다. 1비트는 전기 스위치가 1개, 2비트는 전기 스위치가 2개인 것이다.

전기 스위치

의미	꺼짐 , 꺼짐	꺼짐 , 켜짐	켜짐 , 꺼짐	켜짐 , 켜짐
2진수	00	01	10	11
10진수	0	1	2	3

그림 3-16 전기 스위치 2개와 2진수, 10진수의 비교

전기 스위치 2개(2개 비트)로는 2진수 00, 01, 10, 11 네 가지를 표현할 수 있고, 이는 10진수의 0, 1, 2, 3에 해당된다. 그리고 3비트로 표현할 수 있는 가짓수는 $2^3=8$, 4비트로 표현할 수 있는 가짓수는 $2^4=16$이므로 이를 다음과 같이 일반화시킬 수 있다.

> n개의 전기 스위치로 표현할 수 있는 가짓수 = 2^n

비트를 진수로 표현한다면 2진수의 숫자 표기와 일치한다. 흔히 사용하는 10진수는 숫자 10개

(0~9)로 모든 숫자를 표현한다. 프로그래밍에서는 10진수, 2진수, 16진수를 많이 사용하는데, 이를 비교하면 [표 3-3]과 같다.

표 3-3 10진수, 2진수, 16진수 변환표

10진수(0~9)	2진수(0~1)	16진수(0~F)
00	0000	0
01	0001	1
02	0010	2
03	0011	3
04	0100	4
05	0101	5
06	0110	6
07	0111	7
08	1000	8
09	1001	9
10	1010	A
11	1011	B
12	1100	C
13	1101	D
14	1110	E
15	1111	F

TIP • 표를 보기 좋게 하려고 10진수 0을 00으로 표현하고, 2진수 0은 0C00으로 자릿수를 맞추어 표현했다. 참고로 8진수도 사용될 수 있는데, 활용도가 비교적 낮아서 8진수까지는 외우지 않아도 괜찮다.

좀 복잡해 보이지만 계산법은 의외로 간단하다. 우선 10진수의 00은 2진수의 0000과 동일하고, 10진수의 01과 2진수의 0001은 동일하다. 문제는 2부터인데, 10진수에는 2를 표현할 수 있는 2라는 숫자가 있지만, 2진수에는 2라는 숫자가 없다. 그래서 2진수 0001에서 한 자리를 올려 주고, 그 자리에는 가장 작은 숫자(0)를 넣어 0010으로 표현한다. 3도 10진수에는 있지만, 2진수에는 없어 0010에 1을 더한 0011로 표현한다. 이런 방식으로 10진수와 2진수를 변환할 수 있다.

16진수를 표현하는 방식도 비슷한데 16진수는 0부터 F까지 총 16가지의 숫자로 표현된다. 16진수가 필요한 이유는 2진수의 네 자리와 16진수 한 자리가 딱 맞아떨어지기 때문이다. [표 3-3]을 보면 알 수 있듯이 10진수는 10을 표현하는 데 두 자리가 필요하지만, 16진수는 A라는 글자 하나로 표현할 수 있다. 즉 10진수의 10은 16진수의 A, 10진수의 11은 16진수의 B, 이런 식으로 생각하면 된다. 아직은 낯설겠지만, 앞으로 자주 보면 자연스럽게 익숙해질 것이다.

TIP • 10이라는 숫자를 보면 이것이 10진수인지 2진수인지 16진수인지 알 수 없다. 그래서 진수를 구분할 필요가 있을 때 2진수라면 10_2, 10진수라면 10_{10}, 16진수라면 10_{16}처럼 진수와 함께 표기하기도 한다.

3 바이트

비트와 더불어 파이썬에서 가장 많이 사용되는 단위는 바이트이다. 바이트는 비트 8개가 합쳐진 단위라고 생각하면 된다. 비트와 바이트의 크기에 따른 숫자의 범위는 다음과 같이 나타낼 수 있다.

표 3-4 비트와 바이트 크기에 따른 숫자의 범위

비트 수	바이트 수	표현 개수	2진수	10진수	16진수
1		2^1=2	0~1	0~1	0~1
2		2^2=4	0~11	0~3	0~3
4		2^4=16	0~1111	0~15	0~F
8	1	2^8=256	0~11111111	0~255	0~FF
16	2	2^{16}=65536	0~11111111 11111111	0~65535	0~FFFF
32	4	2^{32}=약 42억	0~···	0~약 42억	0~FFFF FFFF
64	8	2^{64}=약 1800경	0~··· ···	0~약 1800경	0~··· ···

2진수와 16진수를 비교하면, 2진수 1111이 16진수 F에 해당되는 것처럼 네 자리마다 딱 맞아떨어진다. 즉 0과 1이 너무 많아 알아보기 힘든 2진수를 16진수로 깔끔하게 표현할 수 있다.

4 진수 변환

지금부터는 진수 변환을 살펴보자. 먼저 2진수를 10진수로 변환하는 방법을 익혀 보자. [그림 3-17]은 2진수 1001 0011을 10진수로 변환하는 과정이다.

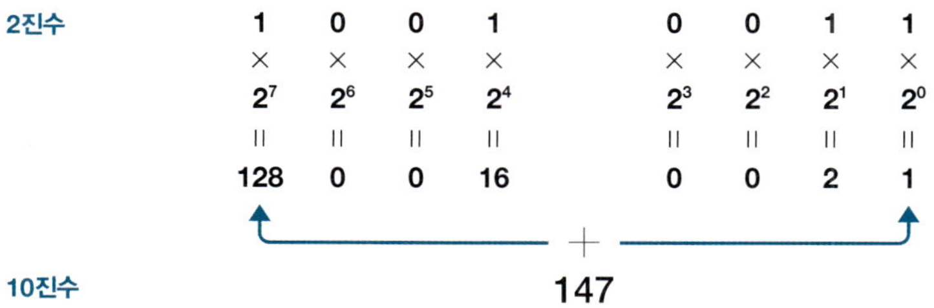

그림 3-17 2진수를 10진수로 변환하는 방법

[그림 3-17]과 같이 2진수를 10진수로 바꾸려면 2진수의 맨 뒤에서부터 각 자리에 해당하는 가중치인 2^0, 2^1, 2^2, …을 곱한 후 각 자리의 결과를 모두 합하면 된다.

이번에는 2진수를 16진수로 변환한 후 다시 10진수로 변환해 보자.

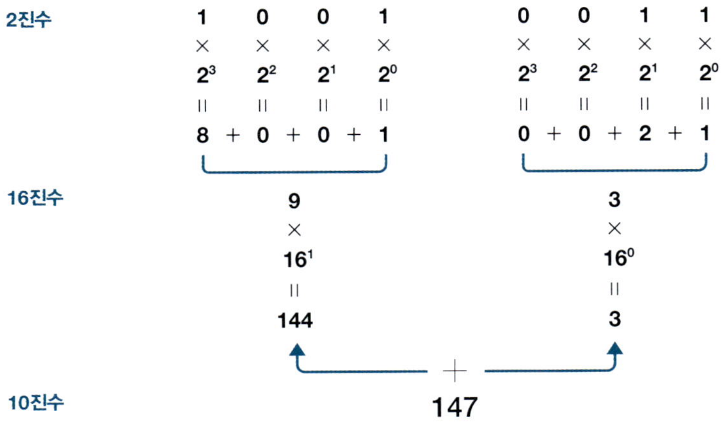

그림 3-18 2진수를 16진수로 변환한 후 10진수로 변환하는 방법

2진수의 네 자리는 16진수의 한 자리이므로 1001은 16진수 9가 되고, 0011은 16진수 3이 되어 16진수 93이 된다. 이 16진수를 10진수로 바꾸려면 맨 뒤부터 각 자리에 해당하는 가중치인 16^0, 16^1을 곱한 후 각 자리의 결과를 모두 합하면 된다.

다음 ❶~❸ 코드는 모두 10진수 147을 출력한다. 2진수는 ❶처럼 앞에 0b나 0B를 붙여 입력하고 ❷처럼 int('숫자', 진수)를 사용하면 각 진수를 10진수로 변환한다.

```
❶ 0b10010011
```

```
❷ int('10010011', 2)
```

16진수는 ❸처럼 앞에 0x나 0X를 붙이고, int( ) 함수를 사용할 수 있다. 세미콜론(;)을 사용하면 두 명령을 이어서 실행해 주므로 147을 2번 출력한다.

```
❸ 0x93; int('93', 16)
```

이번에는 반대로 10진수를 2진수로 변환하는 방법을 배워 보자. 방법은 별로 어렵지 않다. 10진수를 계속 2로 나누어 나가면서 그 몫과 나머지를 구하면 된다. 10진수 13을 2진수로 변환해 보자.

13을 2로 나누면 몫은 6, 나머지는 1이 된다. 그다음 6을 다시 2로 나누면 몫은 3, 나머지는 0이 된다. 다시 3을 2로 나누면 몫은 1, 나머지는 1이 된다. 마지막 몫과 나머지 값을 나열하면 2진수가 된다.

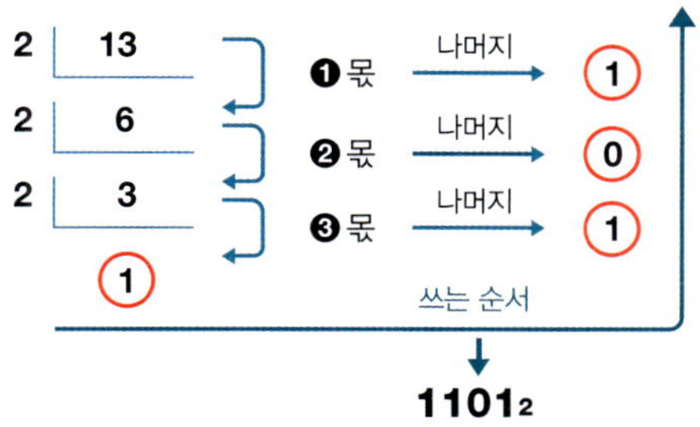

그림 3-19 10진수를 2진수로 변환하는 방법

16진수도 2진수로 변환할 수 있다. 16진수라는 것을 나타내려고 13_{16}으로 표현했다.

그림 3-20 16진수를 2진수로 변환하는 방법

13_{16}을 10진수로 바꾸면 19가 된다. 19를 2로 나누면 몫은 9가 되고 나머지는 1이 된다. 이후 10진수와 동일하게 계산하면 13_{16}(19)는 2진수 10011_2가 된다. 하지만 이보다 더 편리한 방식을 사용하는 편이 좋다. 16진수 한 자리는 2진수 네 자리에 해당되므로 자릿수를 잘라서 계산하는 것이 더 빠르다. 다음 변환표를 외우면 16진수와 2진수 사이의 변환을 순식간에 할 수 있다.

표 3-5 16진수, 2진수 변환표

16진수	2진수	16진수	2진수
0	0000	8	1000
1	0001	9	1001
2	0010	A	1010
3	0011	B	1011
4	0100	C	1100
5	0101	D	1101
6	0110	E	1110
7	0111	F	1111

[그림 3-21]과 같이 각 자릿수를 2진수로 변환한 후 그 결과를 나열하면 2진수 변환이 끝난다. 맨 앞의 000은 없어도 되므로 떼어 버렸다. 이런 방법으로 [그림 3-22]와 같은 긴 16진수도 간편하게 2진수로 변환할 수 있다.

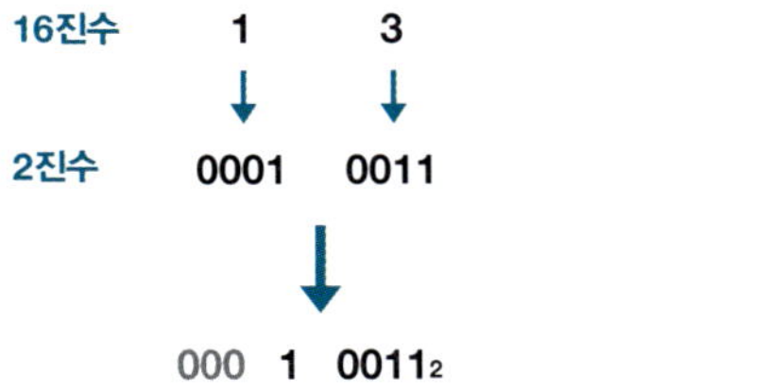

그림 3-21 16진수를 2진수로 변환하는 예(1)

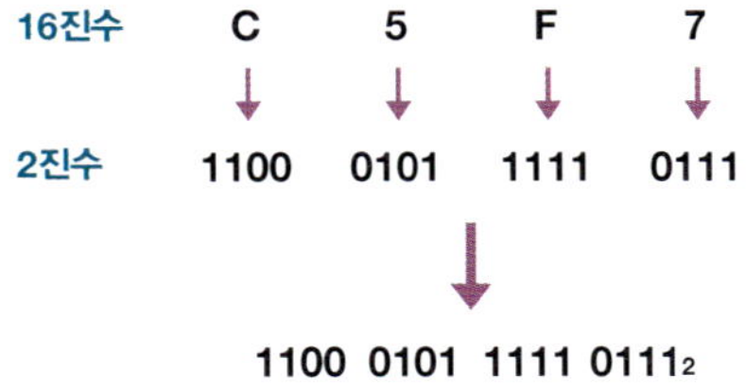

그림 3-22 16진수를 2진수로 변환하는 예(2)

파이썬은 숫자를 진수로 변환하려고 hex(숫자), oct(숫자), bin(숫자) 함수를 제공한다. hex() 함수는 결과를 16진수로, oct() 함수는 8진수로, bin() 함수는 2진수로 출력한다.

```
bin(11); bin(0o11); bin(0x11)
oct(11); oct(0b11); oct(0x11)
hex(11); hex(0b11); hex(0o11)
```

출력 결과

```
'0b1011'  '0b1001'  '0b10001'
'0o13'  '0o3'  '0o21'
'0xb'  '0x3'  '0x9'
```

TIP • 16진수 $C5F7_{16}$을 10진수로 변환하면 50679이지만, 굳이 10진수로 계산할 필요는 없다.

5 [프로그램 2]의 완성

4에서 진수 변환을 알아보았다. 이제 처음에 계획했던 진수 변환 프로그램을 구현해 보자. 문제는 아직 배우지 않은 if 문이 나온다는 것이다. if 문은 5장에서 자세히 배우지만 미리 간단히 살펴보자. if 문의 형식은 다음과 같다. 주의할 점은 두 번째 줄은 들여쓰기를 해야 하며, 그렇지 않으면 오류가 발생한다는 것이다.

```
if 조건식 :
  참일때 수행
```

조건식이 참일 때는 if 문 아래가 수행되고 조건식은 같다, 크다, 작다 등으로 표현할 수 있다. 예로 조건식에 20==10이 온다면 거짓이 되므로 if 문 아래가 수행되지 않는다. 여기에서 ==은 같다를 의미한다. if 문은 일단 이 정도로 이해하면 된다. 이제 코드를 살펴보자.

Code03-04.py

```
1  sel = int(input("입력 진수 결정(16/10/8/2) : "))
2  num = input("값 입력 : ")
3
4  if sel == 16 :
5      num10 = int(num, 16)
6  if sel == 10 :
7      num10 = int(num, 10)
8  if sel == 8 :
9      num10 = int(num, 8)
10 if sel == 2 :
11     num10 = int(num, 2)
12
13 print("16진수 ==> ", hex(num10))
14 print("10진수 ==> ", num10)
15 print(" 8진수 ==> ", oct(num10))
16 print(" 2진수 ==> ", bin(num10))
```

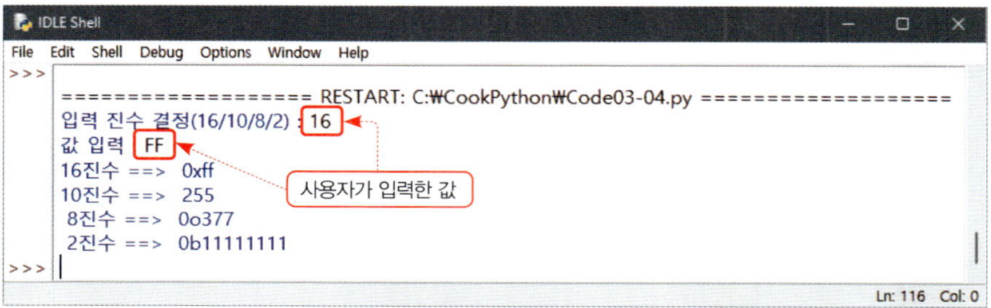

1행에서는 입력될 진수를 결정하고, 2행에서는 문자열을 입력받는다. 16진수는 알파벳을 출력하므로 num 변수에는 문자열로 입력받는다. 4~5행은 1행에서 16을 입력하면 처리되는데, 입력값이 16진수라면 int('숫자', 16)으로 16진수를 10진수로 변환한다. 6~7행은 10진수를 10진수로, 8~9행은 8진수를 10진수로, 10~11행은 2진수를 10진수로 변환시킨다. 13~16행에서는 각 함수를 사용해 10진수를 16진수, 10진수, 8진수, 2진수로 출력한다.

SELF STUDY 3-2

Code03-04.py는 16, 10, 8, 2 이외의 숫자를 입력하면 오류가 발생한다. 코드를 수정해서 16, 10, 8, 2 외의 숫자를 입력하면 '16, 10, 8, 2 숫자 중 하나만 입력하세요.'라는 메시지를 출력하고 프로그램을 종료하도록 if 문을 추가해 보자.

힌트1 같지 않다는 !=로 비교한다.

힌트2 여러 조건이 동시에 참이어야 하는 관계 연산자는 and이다.

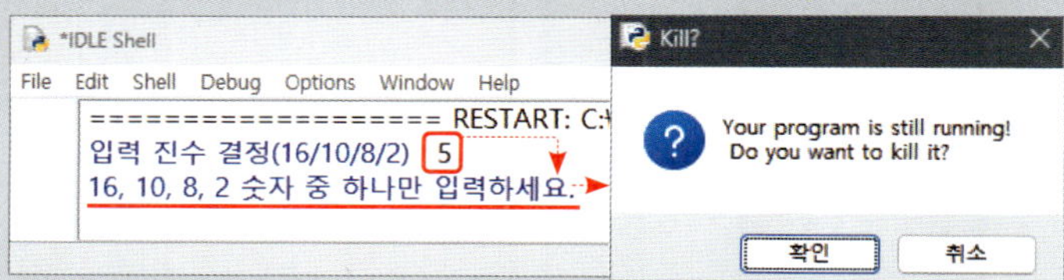

SECTION
05 기본 데이터형

파이썬에서 지원하는 데이터형에는 기본형인 정수형, 실수형, 불형, 문자열과 확장형인 리스트, 튜플, 딕셔너리, 집합 등이 있다. 정수형, 실수형, 불형, 문자열을 다시 정리하며 이 장을 마무리한다. 리스트, 튜플, 딕셔너리, 세트는 7장에서 다루고, 문자열의 다양한 활용은 8장에서 다룬다.

1 숫자형(정수형과 실수형)

앞에서 언급했지만 숫자형 데이터는 소수점 여부에 따라 크게 정수형과 실수형으로 나눌 수 있다. 먼저 정수형은 소수점이 없는 수로 파이썬에서는 100, −123, 0 등을 기본적인 정수형으로 사용한다. 파이썬은 변수 선언이 없으며 변수에 값을 넣는 순간 변수의 데이터형이 결정된다.

```
a = 123
type(a)
```

출력 결과

```
<class 'int'>
```

a 변수에 정수인 123을 넣는 순간 a는 정수형 변수가 되었다. type(변수) 함수는 변수의 데이터 형식을 반환한다. int는 가장 기본적인 정수형 데이터이며, 파이썬 3.x에서는 int 크기에 제한이 없다.

```
a = 100 ** 100
print(a)
```

출력 결과

```
1000000~~~00000
```

100의 100제곱을 계산한 결과를 a에 넣어도 정상적으로 수행된다. 즉 int의 크기에는 제한이 없다. 아주 큰 수를 부담 없이 사용해도 된다.

정수형에는 16진수, 8진수, 2진수도 사용할 수 있다. 앞에서 사용해 보았지만 16진수는 0x나 0X로, 8진수는 0o나 0O(숫자+알파벳 오)로, 2진수는 0b나 0B로 표현된다.

```
a = 0xFF
b = 0o77
c = 0b1111
print(a, b, c)
```

출력 결과

```
255 63 15
```

실수형은 3.14, −2.7처럼 소수점이 있는 데이터이다. 또 3.14e5처럼 표현할 수도 있다. 3.14e5는 $3.14*10^5$을 의미한다.

```
a = 3.14
b = 3.14e5
print(a, b)
```

출력 결과

```
3.14 314000.0
```

정수 및 실수 데이터형은 당연히 사칙 연산 +, −, *, /를 수행할 수 있다.

```
a = 10; b = 20
print(a + b, a - b, a * b, a / b)
```

출력 결과

```
30 -10 200 0.5
```

또 제곱을 의미하는 **, 나머지를 구하는 %, 나눈 후에 소수점을 버리는 // 연산자도 사용할 수 있다.

```
a, b = 9, 2
print(a ** b, a % b, a // b)
```

출력 결과

```
81 1 4
```

2 불형

불(Bool)형은 참(True)이나 거짓(False)만 저장할 수 있고, 논리형이라고도 한다.

```
a = True
type(a)
```

출력 결과

```
<class 'bool'>
```

불형은 비교 결과를 참이나 거짓으로 저장하는 데 사용된다.

```
a = (100 == 100)
b = (10 > 100)
print(a, b)
```

출력 결과

```
True False
```

(100==100)은 100과 100이 같다이므로 True가 되며, (10>100)은 10은 100보다 크다이므로 False가 된다.

TIP • 불형은 단독으로 사용되기보다는 if 문이나 while 문 등과 함께 주로 사용하며 5장, 6장에서 다룬다.

3 문자열

문자열은 'abc', "파이썬 만세", "1" 등 문자들의 집합을 의미한다. 문자열은 양쪽을 큰따옴표(")나 작은따옴표(')로 감싸야 한다.

TIP • C나 자바는 한 글자를 저장하는 데 작은따옴표를 사용하고, 여러 글자를 저장하는 데 큰따옴표를 사용한다. 파이썬은 둘 중 아무것이나 사용해도 된다.

```
a = "파이썬 만세"
a
print(a)
type(a)
```

출력 결과

```
'파이썬 만세'
파이썬 만세
<class 'str'>
```

문자열을 그대로 출력하면 작은따옴표(')에 묶여서 출력되며, print() 함수로 출력하면 작은따옴표 없이 출력된다. 문자열은 String의 약자인 str로 표현된다.

문자열 중간에 작은따옴표나 큰따옴표를 출력하고 싶다면 다른 따옴표로 묶어 주면 된다.

```
"작은따옴표는 ' 모양이다."
'큰따옴표는 " 모양이다.'
```

출력 결과

```
"작은따옴표는 ' 모양이다."
'큰따옴표는 " 모양이다.'
```

또는 역슬래시(\) 뒤에 큰따옴표나 작은따옴표를 사용해도 글자로 인식한다.

```
a = "이건 큰따옴표 \" 모양."
b = '이건 작은따옴표 \' 모양.'
print(a, b)
```

출력 결과

```
이건 큰따옴표 " 모양. 이건 작은따옴표 ' 모양.
```

문자열을 여러 줄로 넣으려면 중간에 \n을 포함시키면 된다.

```
a = '파이썬 \n만세'
print(a)
```

출력 결과

```
파이썬
만세
```

작은따옴표나 큰따옴표 3개를 연속해서 묶어도 된다.

```
a = """파이썬
만세"""
a
print(a)
```

출력 결과

```
'파이썬\n만세'
파이썬
만세
```

문자열을 간단히 살펴보았다. 이처럼 문자열은 다양하게 활용할 수 있다. 문자열의 다양한 활용은 8장에서 자세히 살펴본다.

참고로 파이썬에서는 C/C++, 자바 등에서 사용하는 main( ) 함수가 존재하지 않는다. 그래서 코드가 길어지면 메인 코드 부분이 혼란스러운데, 이러한 경우 main( ) 함수와 같은 효과를 내는 방법이 있다.

Code03-05.py

```
1  ## 함수 선언 부분 ##
2  def myFunc() :
3      print('함수를 호출함.')
4
5  ## 전역 변수 선언 부분 ##
6  gVar = 100
7
8  ## 메인 코드 부분 ##
9  if __name__ == '__main__' :
10     print('메인 함수 부분이 실행됩니다.')
11     myFunc()
12     print('전역 변수 값:', gVar)
```

```
>>>
=================== RESTART: C:\CookPython\Code03-05.py ===================
메인 함수 부분이 실행됩니다.
함수를 호출함.
전역 변수 값: 100
>>>
```

9행처럼 입력해 C/C++나 자바의 main( ) 함수처럼 사용하면 된다. 9행은 파이썬이 모든 코드를 실행하는 시점에 파이썬 내부의 특수한 변수인 __name__ 변수에 '__main__' 값을 자동으로 설정하라는 의미이다. 그러므로 10~12행이 무조건 실행되므로 main( ) 함수의 효과를 낸다. 이 파일을 직접 실행하는 것이 아니라 임포트시킬 때는 이 부분이 실행되지 않는데 자세한 내용은 9장에서 다루므로 이 정도로만 알아 두면 된다. 앞으로 [응용예제]에서는 메인 코드 부분을 이러한 방식으로 표시할 것이다.

좀 더 C/C++나 자바처럼 코딩하려면 Code03-05.py의 9~12행을 다음과 같이 수정한다.

```
def main() :
    print('메인 함수 부분이 실행됩니다.')
    myFunc()
    print('전역 변수 값:', gVar)

if __name__ == '__main__' :
    main()
```

마지막 두 행이 가장 먼저 실행되는데 이 부분이 결국 첫 행의 main() 함수를 수행시킨다. 프로그래머에 따라 이런 방식을 선호하는 경우도 있으니 기억해 두면 도움이 된다. 앞으로 이 책에서 [응용예제]는 Code03-05.py와 같은 방식으로 메인 코드 부분을 명확하게 표시할 것이다.

요약

1 "100+100"의 결과는 숫자 200이 아니라 문자열 100+100이다.

2 서식과 숫자는 다음과 같이 대응한다.

```
print( "%d  %d" % ( 100, 200 ) )
```

3 %d는 정수를, %f는 실수를, %s는 문자열을 출력하는 서식이다.

4 이스케이프 문자란 \(역슬래시)를 먼저 붙여 주는 서식 문자로 다음 줄로 이동하는 \n, 다음 탭으로 이동하는 \t, \를 출력하는 \\, 작은따옴표나 큰따옴표를 출력하는 \', \" 등이 있다.

5 변수 선언은 그릇 준비와 비슷한 개념이다. 파이썬에서는 변수 선언을 생략해도 되지만 프로그램에서 사용할 변수를 미리 준비해 놓는 것이 좋은 코딩 방법이다.

6 자주 사용되는 변수의 데이터형은 정수형, 실수형, 불형, 문자열 등이고, 파이썬에서 지원하는 기본 데이터형에는 정수형, 실수형, 불형, 문자열이 있다.

7 type( ) 함수를 사용해 변수의 종류를 확인할 수 있다.

8 변수에 값을 입력하면 기존 값은 없어지고 새로운 값이 입력된다.

9 변수는 오른쪽에서 왼쪽으로 대입된다. 그러므로 var1 = var2 = var3 = var4 = 100은 모든 변수의 값이 100이 된다.

10 대입 연산자(=)를 사용하면 오른쪽의 것이 왼쪽에 대입된다. 그러므로 왼쪽은 변수만 올 수 있고, 오른쪽은 상수(숫자), 변수, 계산 값이 모두 올 수 있다.

11 전기 스위치에 OFF와 ON만 존재하는 것처럼 비트에도 0(OFF)과 1(ON)만 존재한다.

12 2진수는 0~1, 10진수는 0~9, 16진수는 0~F로 표현한다.

13 8비트는 1바이트이다.

14 파이썬에서 2진수는 앞에 0b 또는 0B를, 8진수는 앞에 0o 또는 0O를, 16진수는 앞에 0x 또는 0X를 붙인다.

15 다음은 2진수를 10진수로, 10진수를 2진수로, 16진수를 2진수로 변환하는 예이다.

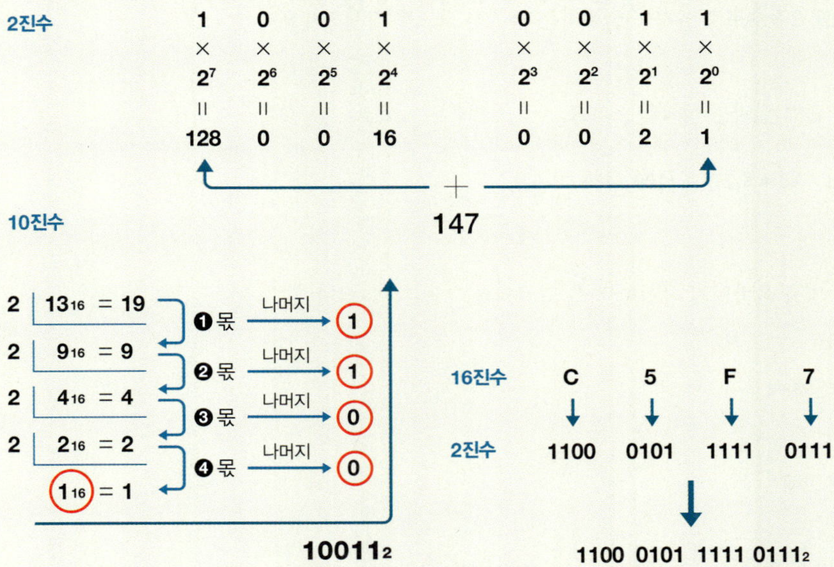

16 정수형은 소수점이 없는 수, 실수형은 소수점이 있는 수, 불형은 True 또는 False, 문자열은 문자들의 집합을 저장한다.

17 if __name__ == "__main__" :은 main() 함수의 효과를 낼 수 있다.

연습문제

1 다음 중 print( ) 함수의 사용 예로 적절하지 않은 것을 고르세요.

① `print('Hello World!')`

② `print("Hello World!")`

③ `print('1234+1234')`

④ `print(Hello World!)`

2 10진수 255를 2진수로 변환하여 출력하는 파이썬 코드를 작성하세요.

3 다음 코드의 출력 결과를 정확히 쓰세요.

```
print("%d / %d = %.2f" % (100, 200, 0.5))
```

4 다음 중 변수명을 올바르게 작성한 것을 고르세요.

① `1variable`

② `variable_name`

③ `var-name`

④ `variable name`

5 '안녕 파이썬!'을 출력하고 줄바꿈 없이 '열공해요'를 이어서 출력하는 코드를 2행으로 작성하세요.

6 다음 코드를 실행했을 때 출력 결과를 작성하세요.

```
num = 10
num += 5
print(num)
```

7 다음 중 150이 출력되는 코드를 고르세요.

① `print("100" + 50)`

② `print("100" + "50")`

③ `print(int("100") + 50)`

④ `print("100" + int(50))`

8 다음 중 파이썬에서 사용되는 데이터형이 아닌 것은 무엇인가요?

① int

② float

③ char

④ bool

9 다음 코드의 실행 결과를 예측하세요.

```
a = 0b1010
b = 0xF
print(a + b)
```

10 파이썬에서 2진수, 8진수, 16진수로 변환하려면 어떤 함수를 사용해야 하는지 각각 쓰세요.

11 16진수 '0x1A'를 10진수로 변환하여 출력하는 코드를 작성하세요.

12 **심화문제** 변환할 숫자, 입력 숫자의 진수, 변환될 숫자의 진수를 입력받아 변환하는 코드를 작성해 보세요.

힌트1 if~elif~else 문을 사용하세요(5장에서 다룹니다).

힌트2 2진수는 0~1, 8진수는 0~7, 10진수는 0~9, 16진수는 0~F까지의 범위입니다.

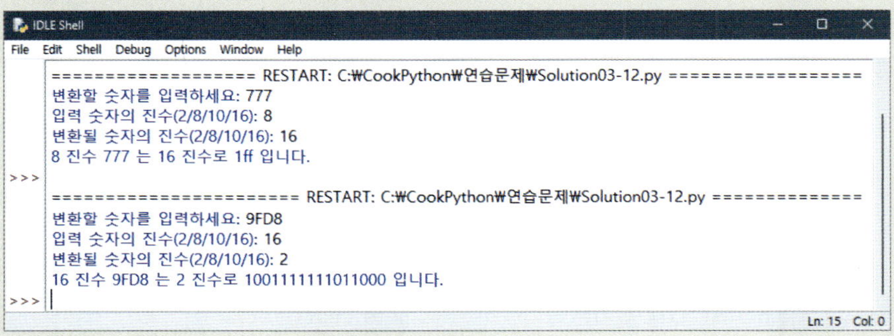

응용예제 01 데이터형 크기 확인하기

난이도★☆☆☆☆

예제 설명 파이썬에서 제공되는 각 데이터형의 기본 크기를 확인해 보자.

실행 결과

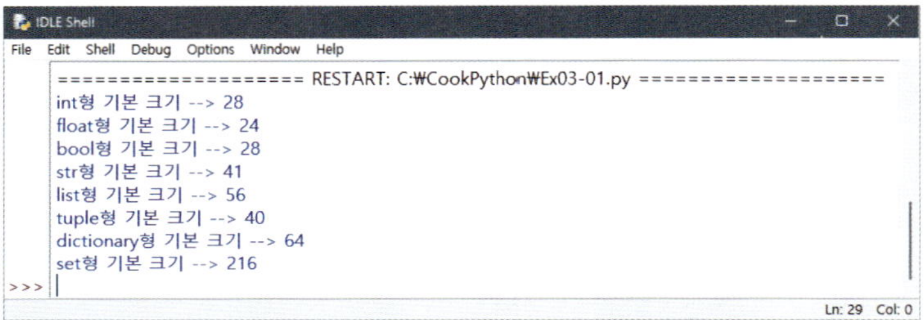

코드

```
import sys

## 변수 선언 부분 ##
intVar, floatVar, boolVar, strVar, listVar, tupleVar, dictVar, setVar = [None] * 8

## 메인 코드 부분 ##
if __name__ == "__main__" :
    intVar = 0
    floatVar = 0.0
    boolVar = True
    strVar = ''
    listVar = []
    tupleVar = ()
    dictVar = {}
    setVar = set()

    print('int형 기본 크기 -->', sys.getsizeof(intVar))
    print('float형 기본 크기 -->', sys.getsizeof(floatVar))
    print('bool형 기본 크기 -->', sys.getsizeof(boolVar))
    print('str형 기본 크기 -->', sys.getsizeof(strVar))
    print('list형 기본 크기 -->', sys.getsizeof(listVar))
    print('tuple형 기본 크기 -->', sys.getsizeof(tupleVar))
    print('dictionary형 기본 크기 -->', sys.getsizeof(dictVar))
    print('set형 기본 크기 -->', sys.getsizeof(setVar))
```

코드 설명

1행	데이터형의 크기를 확인하는 sys.getsizeof( ) 함수를 사용하기 위해 sys를 임포트한다.
4행	데이터형을 확인하는 전역 변수 8개를 선언한다. [None] * 8은 None, None, …, None을 8개 쓴 것과 동일한 효과이다.
8~15행	파이썬에서 제공되는 다양한 데이터형을 변수에 대입한다. list, tuple, dictionary, set 등의 데이터형은 7장에서 자세히 다룬다.
17~24 행	각 데이터형의 기본 크기를 바이트 단위로 출력한다.

응용예제 02

입력 문자열을 거꾸로 출력하기

난이도★★★☆☆

예제 설명 문자열을 입력받고, 입력받은 문자열의 순서를 거꾸로 출력해 보자(아직 배우지 않은 내용이 나오지만, 미리 살펴보자).

실행 결과

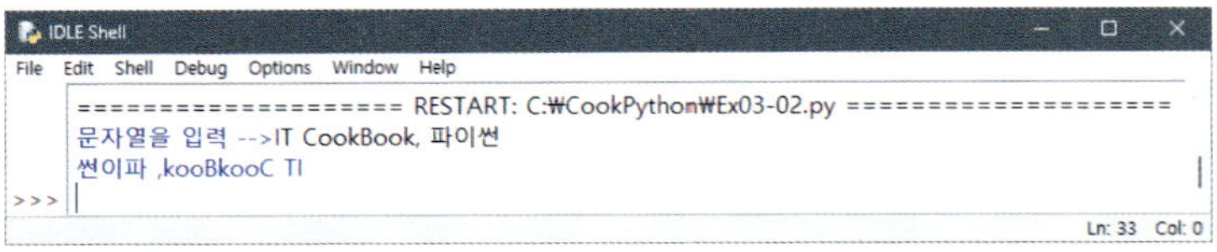

코드

```
1  ## 변수 선언 부분 ##
2  inStr = ''
3
4  ## 메인 코드 부분 ##
5  if __name__ == "__main__" :
6      inStr = input('문자열을 입력 -->')
7
8      for i in range(len(inStr) -1, -1, -1) :
9          print('%c' % inStr[i], end = '')
```

코드 설명

2행	입력받은 문자열을 저장할 inStr 변수를 준비한다.
6행	문자열을 입력받는다.
8~9행	inStr 배열에 들어 있는 문자열을 맨 뒤에서 맨 앞까지 출력해 입력한 순서와 반대로 출력한다. str.length()는 문자열의 길이를 반환하며, str.charAt(위치)는 위치의 한 글자를 반환한다.

응용예제 03

학생 성적 처리하기

난이도★★☆☆☆

예제 설명 학생 3명의 이름과 국어, 영어, 수학 점수를 입력받고 평균을 구해 보자.

실행 결과

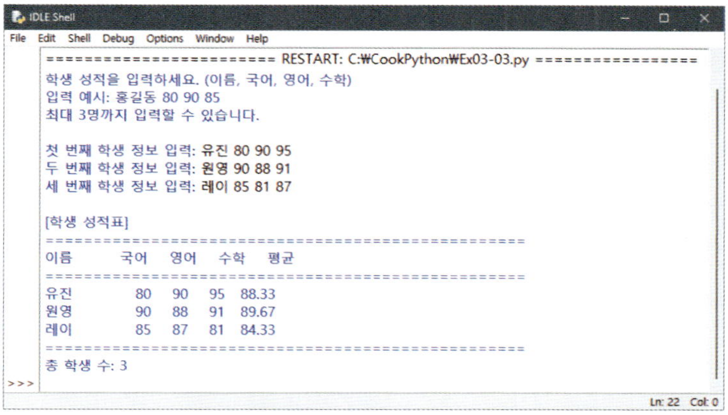

코드

```
print("학생 성적을 입력하세요. (이름, 국어, 영어, 수학)")
print("입력 예시: 홍길동 80 90 85")
print("최대 3명까지 입력할 수 있습니다.\n")

data1 = input("첫 번째 학생 정보 입력: ")
name1, kor1, eng1, math1 = data1.split()
kor1, eng1, math1 = int(kor1), int(eng1), int(math1)
avg1 = (kor1 + eng1 + math1) / 3

data2 = input("두 번째 학생 정보 입력: ")
name2, kor2, eng2, math2 = data2.split()
kor2, eng2, math2 = int(kor2), int(eng2), int(math2)
avg2 = (kor2 + eng2 + math2) / 3

data3 = input("세 번째 학생 정보 입력: ")
name3, kor3, eng3, math3 = data3.split()
kor3, eng3, math3 = int(kor3), int(eng3), int(math3)
avg3 = (kor3 + eng3 + math3) / 3

print("\n[학생 성적표]")
print("=" * 50)
print("%-10s %-5s %-5s %-5s %-7s" % ("이름", "국어", "영어", "수학", "평균"))
```

```
23 print("=" * 50)
24
25 print("%-10s %5d %5d %5d %7.2f" % (name1, kor1, eng1, math1, avg1))
26 print("%-10s %5d %5d %5d %7.2f" % (name2, kor2, eng2, math2, avg2))
27 print("%-10s %5d %5d %5d %7.2f" % (name3, kor3, eng3, math3, avg3))
28
29 print("=" * 50)
30 print("총 학생 수: 3")
```

코드 설명

1~3행	입력 방식에 대한 설명문을 출력한다.
5행	첫 번째 학생의 데이터를 입력받는다.
6행	입력받은 문자열을 이름, 국어, 영어, 수학 점수로 분리한다.
7행	문자열로 된 성적을 정수로 변환한다.
8행	3과목의 평균을 계산한다.
10~13행	두 번째 학생의 데이터를 처리한다.
15~18행	세 번째 학생의 데이터를 처리한다.
20~23행	제목 행을 출력한다.
25~30행	3명의 학생 이름과 성적을 출력하고, 마지막에 총 학생 수를 출력한다.

CHAPTER 04
연산자

학습목표

- 더하기, 빼기, 곱하기, 나누기 등 산술 연산자의 사용법을 익힌다.
- 관계·논리·비트 연산자의 사용법을 익힌다.
- 연산자 우선순위를 익힌다.
- 산술 연산자를 이용해 동전 교환 프로그램을 만든다.
- 논리 연산자를 이용해 마음대로 이동하는 거북이 프로그램을 만든다.

SECTION 01 이 장에서 만들 프로그램
SECTION 02 산술 연산자
SECTION 03 관계 연산자
SECTION 04 논리 연산자
SECTION 05 비트 연산자
SECTION 06 연산자 우선순위
요약
연습문제
응용예제

SECTION 01

이 장에서 만들 프로그램

이제 파이썬을 사용하는 데 어느 정도 익숙해졌을 것이다. 이 장에서는 연산자를 배운다. 파이썬의 연산자에는 산술 연산자에 해당하는 더하기, 빼기, 곱하기, 나누기가 있다. 또한 크다, 작다, 같다 등의 관계 연산자와 and, or 등의 논리 연산자, 2진수의 값을 처리하는 비트 연산자도 있다. 여러 가지라서 좀 복잡해 보이지만, 알고 나면 그리 어렵지 않을 것이다.

1 [프로그램 1] 동전 교환

첫 번째는 입력한 액수만큼 500원, 100원, 50원, 10원짜리 동전으로 교환해 주는 프로그램이다. 입력한 값이 얼마든 모두 동전으로 교환 가능하지만 동전의 개수는 최소화해야 한다. 따라서 500원, 100원, 50원, 10원 순으로 최대한 많이 바꾸어야 한다.

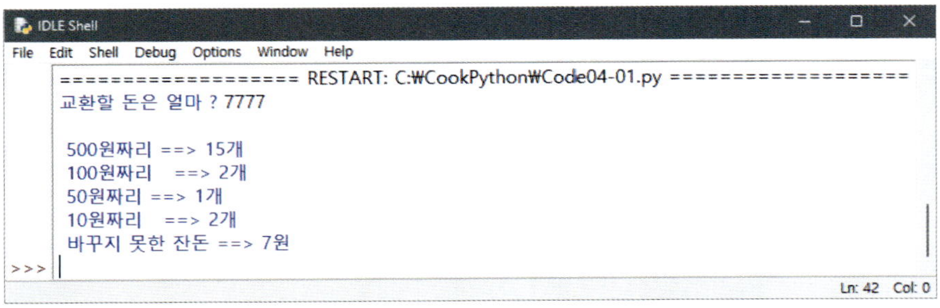

2 [프로그램 2] 마음대로 이동하는 거북이

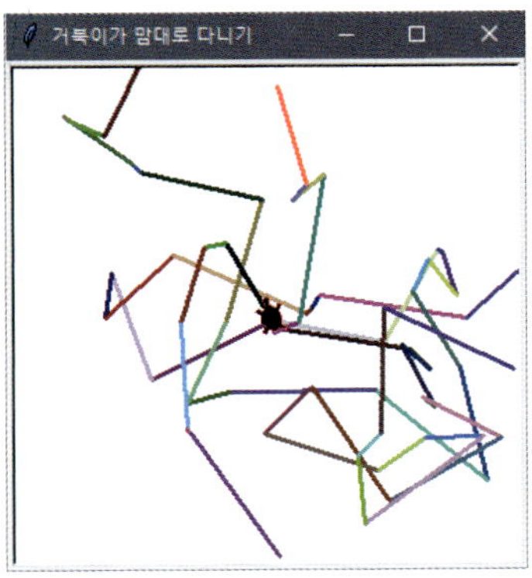

두 번째는 2장에서 배운 터틀 그래픽을 활용해 거북이가 화면 안에서 마음대로 이동하는 프로그램이다. 단 거북이가 화면을 벗어났을 때는 다시 화면의 중앙으로 거북이를 옮긴 후 마음대로 이동하도록 설정한다.

SECTION 02

산술 연산자

1 산술 연산자의 종류

앞 장에서도 여러 번 언급했지만, 이 장에서는 산술 연산자를 완벽하게 정리하고 넘어가자. 파이썬에서도 가장 기본적인 계산은 산술 연산자를 사용한다. 산술 연산자는 더하기(+), 빼기(−), 곱하기(*), 나누기(/)가 대표적이며, 이외에도 몇 가지가 더 있다. 2개 이상의 산술 연산자가 동시에 나올 때도 있는데, 연산자 중에서 어떤 것을 먼저 계산할지 결정하는 것이 바로 우선순위라는 개념이다.

파이썬에서 사용되는 기본적인 산술 연산자는 다음과 같다.

표 4-1 산술 연산자의 종류

연산자	의미	사용 예	설명
=	대입 연산자	a = 3	정수 3을 a에 대입
+	더하기	a = 5 + 3	5와 3을 더한 값을 a에 대입
−	빼기	a = 5 − 3	5에서 3을 뺀 값을 a에 대입
*	곱하기	a = 5 * 3	5와 3을 곱한 값을 a에 대입
/	나누기	a = 5 / 3	5를 3으로 나눈 값을 a에 대입
//	나누기(몫)	a = 5 // 3	5를 3으로 나눈 몫에서 소수점을 버린 값을 a에 대입
%	나머지 값	a = 5 % 3	5를 3으로 나눈 후 나머지 값을 a에 대입
**	제곱	a = 5 ** 3	5의 3제곱을 a에 대입

대부분 상식적인 수준의 연산이지만 관심 있게 볼 것은 나누기(몫) //와 나머지 값 % 정도이다. 직접 입력하면서 확인해 보자. a//b는 a를 b로 나눈 몫이고, a%b는 a를 b로 나눈 나머지 값이다.

```
a = 5; b = 3
print(a + b, a - b, a * b, a / b, a // b, a % b, a ** b)
```

출력 결과

```
8 2 15 1.6666666666666667 1 2 125
```

TIP • 세미콜론(;)은 앞뒤를 완전히 분리해 준다. 그러므로 a=5; b=3은 다음과 동일하다. 또 콤마(,)로 분리해서 값을 대입할 수도 있어 a, b=5, 3도 결과는 동일하다.

```
a = 5
b = 3
```

2 산술 연산자의 우선순위

다음 코드에서 어떤 연산자가 먼저 계산되는지 살펴보자.

```
a, b, c = 2, 3, 4
print(a + b - c, a + b * c, a * b / c)
```

출력 결과

```
1 14 1.5
```

a, b, c 변수에는 각각 2, 3, 4의 값을 저장한다. 첫 번째 계산인 a+b−c는 더하기와 빼기 연산자가 연속해서 나왔다. 그러면 더하기와 빼기 중 어떤 것이 먼저 계산될까? 다음과 같은 두 가지 방식 중에서 어떤 것으로 계산될지 생각해 보자.

```
❶ (a + b) - c
❷ a + (b - c)
```

답은 ❶이지만 덧셈, 뺄셈에서는 계산되는 순서(연산자 우선순위)가 동일하므로 어떤 것을 먼저 계산하든 결과는 동일하다. 특별히 괄호가 없을 때는 왼쪽에서 오른쪽 방향으로 계산한다.

이번에는 덧셈과 곱셈이 같이 있는 a+b*c를 보자. 무엇을 먼저 계산하느냐에 따라 결과가 다르다.

```
❶ (a + b) * c  ➜  (2 + 3) * 4  ➜  5 * 4   ➜  20
❷ a + (b * c)  ➜  2 + (3 * 4)  ➜  2 + 12  ➜  14
```

위에서 출력 결과를 보면 14가 나왔다. 즉 ❷와 같이 계산된 결과가 나온 것이다. 그 이유는 덧셈(또는 뺄셈)과 곱셈(또는 나눗셈)이 같이 있으면 곱셈(또는 나눗셈)이 먼저 계산된 후 덧셈(또는 뺄셈)이 계산되기 때문이다. 그러므로 괄호가 없어도 ❷처럼 계산되어 14가 나온다.

산술 연산자는 괄호가 가장 우선되고, 곱셈(또는 나눗셈)이 그다음, 덧셈(또는 뺄셈)이 가장 마지막으로 수행된다고 생각하면 된다. 덧셈(또는 뺄셈)끼리 있거나 곱셈(또는 나눗셈)끼리 있으면 왼쪽에서 오른쪽으로 계산이 진행된다. 그래서 세 번째의 a*b/c는 2*3을 먼저 계산한 후 4로 나눠 1.5가 나왔다. 하지만 순서를 바꾸어도 동일한 1.5가 나온다.

TIP • 덧셈, 뺄셈, 곱셈, 나눗셈이 함께 나오면 연산자 우선순위 때문에 종종 혼란스럽게 느껴진다. 이때는 괄호를 사용하면 된다. 괄호를 사용하면 무조건 괄호가 우선 계산되므로 그다지 혼란스럽지 않을 것이다. 다음 두 예는 결과는 같지만 두 번째 것이 더 나은 코딩이라고 할 수 있다.

```
❶ a = b + c * d;
❷ a = b + (c * d);
```

3 산술 연산을 하는 문자열과 숫자의 상호 변환

문자열이 숫자로 구성되어 있을 때, int() 또는 float() 함수를 사용해서 정수나 실수로 변환할 수 있다. 결과를 보면 문자열을 int() 함수가 정수로, float() 함수가 실수로 변경했다. 그리고 상당히 큰 숫자도 int() 함수로 잘 변경되었다.

```
s1, s2, s3 = "100", "100.123", "99999999999999999999999999"
print(int(s1) + 1, float(s2) + 1, int(s3) + 1)
```

출력 결과

```
101 101.123 100000000000000000000000000
```

반대로 숫자를 문자열로 변환하려면 str() 함수를 사용한다. 결과를 보면 a와 b가 문자열로 변경되어서 결과도 100+1이 아닌 문자열을 연결시킨 '1001'과 '100.1231'이 되었다.

```
a = 100; b = 100.123
str(a) + '1'; str(b) + '1'
```

출력 결과

```
'1001'
'100.1231'
```

TIP • print() 함수는 출력 결과에 작은따옴표가 없어 문자열인지 구분하기가 어려워 사용하지 않았다.

4 산술 연산자와 대입 연산자

파이썬에서는 대입 연산자 = 외에도 +=, −=, *=, /=, %=, //=, **=을 사용할 수 있다. 예를 들어 첫 번째 대입 연산자 a +=3은 a에 3을 더해서 다시 a에 넣으라는 의미로 a =a +3과 같다.

TIP • 파이썬에는 C/C++, 자바 등의 언어에 있는 증가 연산자 ++나 감소 연산자 −−가 없다.

표 4-2 대입 연산자의 종류

연산자	사용 예	설명
+=	a += 3	a = a + 3과 동일
−=	a −= 3	a = a − 3과 동일
*=	a *= 3	a = a * 3과 동일
/=	a /= 3	a = a / 3과 동일
//=	a //= 3	a = a // 3과 동일
%=	a %= 3	a = a % 3과 동일
**=	a **= 3	a = a ** 3과 동일

다음 코드의 결과는 a가 10에서 시작해 프로그램이 진행될수록 값이 누적된다.

```
a = 10
a += 5; print(a)
a -= 5; print(a)
a *= 5; print(a)
a /= 5; print(a)
a //= 5; print(a)
a %= 5; print(a)
a **= 5; print(a)
```

출력 결과

```
15 10 50 10.0 2.0 2.0 32.0
```

5 [프로그램 1]의 완성

지금까지 학습한 연산자를 활용해 동전 교환 프로그램을 구현해 보자.

Code04-01.py

```
## 변수 선언 부분 ##
money, c500, c100, c50, c10 = 0, 0, 0, 0, 0

## 메인 코드 부분 ##
money = int(input("교환할 돈은 얼마?"))

c500 = money // 500
money %= 500

c100 = money // 100
money %= 100

c50 = money // 50
money %= 50
```

```
15
16 c10 = money // 10
17 money %= 10
18
19 print("\n 500원짜리 ==> %d개" % c500)
20 print(" 100원짜리   ==> %d개" % c100)
21 print(" 50원짜리 ==> %d개" % c50)
22 print(" 10원짜리   ==> %d개" % c10)
23 print(" 바꾸지 못한 잔돈 ==> %d원 \n" % money)
```

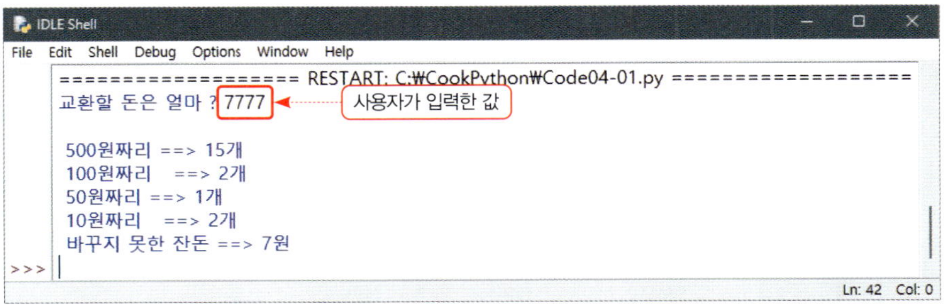

프로그램을 실행한 후 금액을 입력하면 교환한 동전 개수를 출력할 것이다. 코드가 조금 길어 2장에서 잠깐 배운 코드의 변수 선언 부분과 메인 코드 부분으로 나누어 코딩했다.

2행에서는 동전으로 교환할 돈(money)과 500원, 100원, 50원, 10원짜리 동전의 개수를 저장할 변수를 초기화한다. 7행에서는 입력한 값을 500으로 나눈 몫, 즉 500원짜리 동전의 개수를 구하고, 8행에서 다시 money를 500으로 나눈 후 나머지 값을 저장한다. 8행의 money%=500은 money=money%500과 동일하다. 결국 입력한 money의 값을 최대한 500원짜리로 바꾸고 나머지 돈인 500원 미만을 다시 money에 저장하는 것이다.

또 10~11행에서 100원짜리 동전을, 13~14행에서 50원짜리 동전을, 16~17행에서 10원짜리 동전을 구한다. 마지막에 money에 저장된 값은 10 미만이므로 동전으로 바꿀 수 없는 나머지 돈이다.

SELF STUDY 4-1

돈을 입력하면(예로 777777) 50,000원, 10,000원, 5,000원, 1,000원 지폐로 교환하는 프로그램을 작성해 보자.

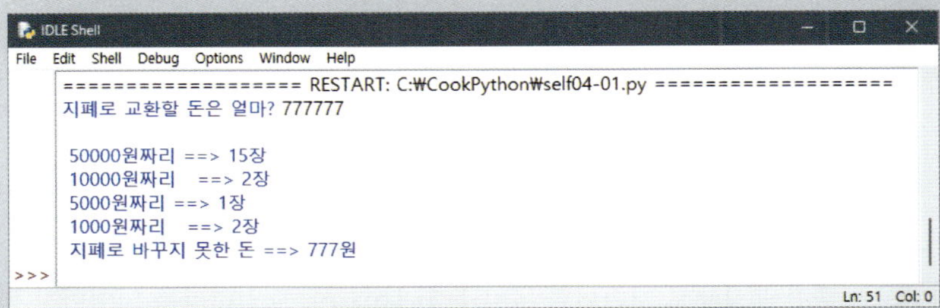

SECTION

03 관계 연산자

관계 연산자(또는 비교 연산자)는 어떤 것이 크거나 작거나 같은지 비교하는 것으로 그 결과는 참(True)이나 거짓(False)이 된다. 주로 조건문(if)이나 반복문(while)에서 사용되며, 단독으로는 거의 사용하지 않는다. 일반적으로 참은 True로 표시하고, 거짓은 False로 표시한다. 관계 연산자는 a<b일 때, a 변수에 들어 있는 값이 b 변수에 들어 있는 값보다 작으면 참이 되고, 그렇지 않으면 거짓이 된다. 파이썬에서 사용할 수 있는 관계 연산자는 다음과 같다.

$$a < b = \begin{cases} \text{참 : True} \\ \text{거짓 : False} \end{cases}$$

그림 4-1 관계 연산자의 기본 개념

표 4-3 관계 연산자의 종류

연산자	의미	설명
==	같다.	두 값이 동일하면 참
!=	같지 않다.	두 값이 다르면 참
>	크다.	왼쪽이 크면 참
<	작다.	왼쪽이 작으면 참
>=	크거나 같다.	왼쪽이 크거나 같으면 참
<=	작거나 같다.	왼쪽이 작거나 같으면 참

간단히 관계 연산자의 예제를 확인해 보자. a==b를 보면 100이 200과 같다는 의미이므로 결과는 거짓(False)이 된다. 나머지 관계 연산자도 표의 의미와 같다.

```
a, b = 100, 200
print(a == b , a != b, a > b , a < b , a >= b , a <= b)
```

출력 결과

```
False True False True False True
```

다음은 a와 b를 비교하는 관계 연산자 ==를 사용하려다 착오로 =을 하나만 쓴 코드이다.

```
print(a = b)
```

이 출력 결과는 무시무시한 빨간색 오류로 나타난다. a=b는 b 값을 a에 대입하라는 의미이지 관계 연산자가 아니다. 자주 하는 실수이므로 주의가 필요하다.

SECTION 04

논리 연산자

1 논리 연산자의 종류와 사용

논리 연산자는 주로 여러 가지 조건을 복합해서 사용하는데, and(그리고), or(또는), not(부정) 등의 3가지 종류가 있다. 예를 들어 a라는 값이 100과 200 사이에 들어 있어야 한다는 조건을 표현한다고 하자. 이것은 a는 100보다 크고 a는 200보다 작다고 표현할 수 있다.

파이썬에서는 이를 다음과 같이 표현할 수 있다. 이 식이 참이 되려면 (a>100)도 참이 되어야 하고, (a<200)도 참이 되어야 한다. 즉 a가 100과 200 사이에 있어야만 두 조건 모두 참이 된다.

```
(a > 100) and (a < 200)
```

논리 연산자의 종류는 다음과 같다.

표 4-4 논리 연산자의 종류

연산자	의미	설명	사용 예
and(논리곱)	~이고, 그리고	둘 다 참이어야 참	(a > 100) and (a < 200)
or(논리합)	~이거나, 또는	둘 중 하나만 참이어도 참	(a == 100) or (a == 200)
not(논리부정)	~이 아니다, 부정	참이면 거짓, 거짓이면 참	not(a < 100)

간단한 코드로 결과를 확인해 보자. 여기서 괄호를 모두 제거해도 결과는 같지만 괄호가 있으면 처리되는 순서가 더 명확하게 보이므로 되도록 괄호를 사용하는 것을 권장한다.

```
a = 99
(a > 100) and (a < 200)
(a > 100) or (a < 200)
not(a == 100)
```

출력 결과

```
False True True
```

이 코드에서 (a>100) and (a<200)는 a가 100과 200 사이에 있는지 묻고 있다. 즉 a가 100보다 크고 a가 200보다 작다는 것을 의미하는데, a는 99이므로 (a>100)는 거짓, (a<200)는 참이 된다. 즉 '거짓 and 참'이므로 그 결과는 거짓(False)이 된다.

(a>100) or (a<200)는 a가 100보다 커도 되고, a가 200보다 작아도 된다. 즉 둘 중 하나만 참이어도 참이 된다. 역시 a는 99이므로 (a>100)는 거짓, (a<200)는 참이 되어서 '거짓 or 참'이므로 그 결과는 참(True)이 된다. not(a==100)는 a가 99이므로 (a==100)는 거짓이 되지만, 그것의 부정은 참이 되므로 참(True)이 출력된다.

파이썬은 숫자도 참과 거짓으로 구분한다. 숫자 0은 거짓(False)이고, 그 외의 값은 모두 참(True)으로 취급한다. 아직 배우지 않았지만, if(조건) 문이 있는데 ( ) 안의 조건이 참이면 그 다음을 수행한다.

다음 코드를 실행하면 각 행의 끝에서 Enter를 한 번씩 눌러야 한다. 첫 번째 1234는 참으로 취급하므로 결과가 출력되지만, 두 번째 0은 거짓이므로 결과가 출력되지 않는다. 결론적으로 0은 False, 그 외의 숫자는 모두 True로 기억하면 된다.

```
if(1234) : print("참이면 보여요")
if(0) : print("거짓이면 안 보여요")
```

2 [프로그램 2]의 완성

연산자를 모두 익혔다. 이번에는 마음대로 이동하는 거북이 프로그램을 구현해 보자. 터틀 그래픽은 2장에서 살펴보았다. 이번 프로그램은 300×300 크기의 윈도창 안에서 거북이가 마음대로 선을 그리면서 이동한다. 거북이가 임의로 이동하는 거리나 각도는 random.randrange( ) 함수를 사용한다. 또 거북이가 그리는 선의 색상도 random.random( ) 함수를 사용해 임의로 지정되도록 설정한다. 임의로 이동하던 거북이가 화면 밖으로 나가면 다시 거북이를 화면의 중심으로 이동시키는 기능도 추가한다. 이 기능은 앞에서 배운 관계 연산자와 논리 연산자를 이용한다.

앞 장에서 if 문을 잠깐 다루었다. 여기서도 이와 비슷한 if~else 문을 사용하는데, 형식은 다음과 같다. 5장에서 자세히 다루므로 지금은 형식만 간단히 기억해 두자.

```
if 조건식 :
  참일 때 수행
else :
  거짓일 때 수행
```

TIP • 이번 예제는 아직 배우지 않은 if 문, 반복문, break 문 등이 복합적으로 나오는 프로그램이다. 각 내용은 앞으로 책을 학습하면서 계속 배우게 되므로, 혹시 이해하기 어렵더라도 일단 넘어가자. 책을 계속 학습한 후 나중에 다시 코드를 보면 쉽게 이해할 수 있을 것이다.

Code04-02.py

```
import turtle
import random

## 전역 변수 선언 부분 ##
swidth, sheight, pSize, exitCount = 300, 300, 3, 0
r, g, b, angle, dist, curX, curY = [0] * 7

## 메인 코드 부분 ##
turtle.title('거북이가 맘대로 다니기')
turtle.shape('turtle')
turtle.pensize(pSize)
turtle.setup(width = swidth + 30, height = sheight + 30)
turtle.screensize(swidth, sheight)

while True :
    r = random.random()
    g = random.random()
    b = random.random()
    turtle.pencolor((r, g, b))

    angle =  random.randrange(0, 360)
    dist = random.randrange(1, 100)
    turtle.left(angle)
    turtle.forward(dist)
    curX = turtle.xcor()
    curY = turtle.ycor()

    if (-swidth / 2 <= curX and curX <= swidth / 2) and (-sheight / 2 <= curY and curY <= sheight / 2) :
        pass
    else :
        turtle.penup()
        turtle.goto(0, 0)
        turtle.pendown()

        exitCount += 1
        if exitCount >= 5 :
            break

turtle.done()
```

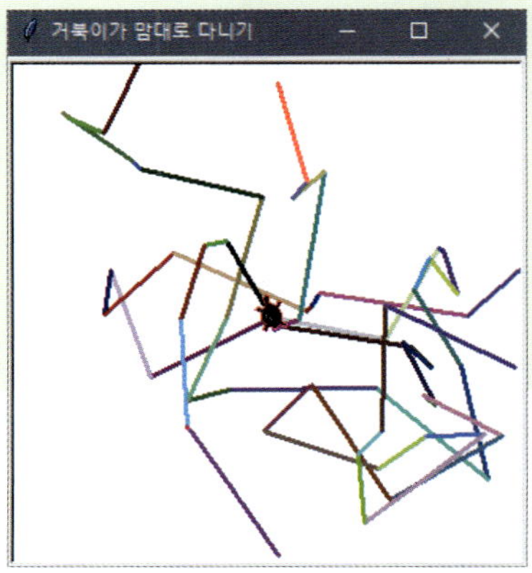

5~6행에서는 변수들을 준비한다. swidth, sheight는 윈도창의 폭과 높이를 위해 준비하고, pSize는 펜의 두께를 지정하기 위해 준비한다. 또 exitCount는 윈도창 밖으로 빠져나간 횟수를 위해서 준비한다. r, g, b는 색상을, angle과 dist는 임의로 이동할 거리와 각도를, curX와 curY는 현재 거북이의 위치를 지정하는 변수이다.

9~13행은 창의 제목, 거북이 모양, 펜 두께, 윈도창 크기, 안쪽 화면 크기를 지정한다. 15~37행은 'while True : '문장을 무한 반복한다.

16~19행은 임의의 색상을 설정한다. 21행과 22행에서 각도(angle)는 0~360 범위에서, 거리(dist)는 1~100 범위에서 임의로 추출한다. 23~24행에서 거북이의 각도를 설정한 후 거리만큼 이동한다. 25~26행에서는 거북이의 현재 위치를 구한다.

28행은 거북이의 현재 위치가 화면 안인지 체크한다. 터틀 그래픽의 좌표는 중앙이 (0, 0)이고 X 좌표는 오른쪽으로 커지고, Y 좌표는 위쪽으로 커진다. 즉 전체 좌표의 범위는 X 및 Y 좌표가 −150~150 범위에 들어 있다. 현재 거북이가 이 좌표 안에 있다면 29행의 pass를 실행해서 if 문을 그냥 종료하고 다시 while 문을 수행한다. 이 범위를 벗어난다면 30~37행을 수행한다. 31행에서는 펜을 사용하지 않고, 32행에서 화면의 중앙으로 이동한 후 33행에서 다시 펜을 사용한다. 35행에서는 거북이가 바깥으로 나간 횟수를 하나 증가시키고, 36행에서 5회 이상 밖으로 나갔다면 break 문으로 while 문을 빠져나간 후 프로그램을 종료한다.

SECTION

05 비트 연산자

비트 연산자는 정수를 2진수로 변환한 후 각 자리의 비트끼리 연산을 수행한다. 비트 연산자의 종류로는 &, |, ^, ~, <<, >>가 있다. 비트 연산자는 2진수와 16진수 개념, 그리고 변환 방법을 명확히 알아야 이해할 수 있다. 3장에서 2진수와 16진수의 기본 개념과 각 진수법에 따른 변환 과정을 설명했는데, 아직 진수를 이해하지 못했다면 3장을 다시 살펴보도록 한다.

이번에는 2진수로 표현하는 0과 1을 나타내는 단위인 비트의 연산을 배워 보자. 비트 연산자는 정수나 글자 등을 2진수로 변환한 후 각 자리의 비트끼리 연산을 수행한다. 비트 연산자의 종류는 다음과 같다.

표 4-5 비트 연산자의 종류

연산자	의미	설명
&	비트 논리곱(and)	둘 다 1이면 1
|	비트 논리합(or)	둘 중 하나만 1이면 1
^	비트 논리적 배타합(xor)	둘이 같으면 0, 다르면 1
~	비트 부정	1은 0으로, 0은 1로 변경
<<	비트 이동(왼쪽)	비트를 왼쪽으로 시프트(Shift)
>>	비트 이동(오른쪽)	비트를 오른쪽으로 시프트(Shift)

1 비트 논리곱과 비트 논리합 연산자

[표 4-4]에서 논리곱(and)을 배웠다. 이번에는 비트 논리곱(Bitwise and) 10&7을 살펴보자. and는 그 결과가 참(True) 또는 거짓(False)으로 나오지만, &는 비트 논리곱을 수행한 결과가 나온다. 비트 연산은 0과 1밖에 없으므로 0은 False, 1은 True로 생각하면 된다.

10&7의 결과는 2이다. [그림 4-2]와 같이 10진수를 2진수로 변환한 후 각 비트마다 and 연산을 수행하기 때문이다. 그 결과 2진수로는 0010_2가 되고, 10진수로는 2가 된다.

A	B	A&B
0	0	0
0	1	0
1	0	0
1	1	1

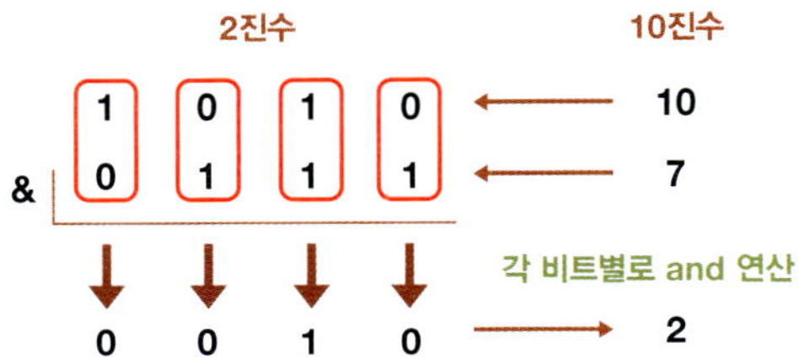

그림 4-2 비트 논리곱의 예

간단한 예를 하나 살펴보자. 10&7은 앞에서 살펴본 것과 동일하다. 123&456은 123의 2진수인 1111011_2와 456의 2진수인 111001000_2의 비트 논리곱(&) 결과인 1001000_2가 되므로 10진수로 72가 나왔다. 두 수의 자릿수가 다를 때는 빈 자리에 0을 채운 후 비트 논리곱 연산을 한다. 예로 2진수 11_2와 111_2는 011&111로 계산된다. 0xFFFF&0x0000은 16진수 FFFF(2진수는 1111 1111 1111 1111)와 0000(2진수는 0000 0000 0000 0000)의 비트 논리곱(&) 결과인 0이 출력된다. 0과 비트 논리곱을 수행하면 어떤 숫자든 무조건 0이 나온다.

```
10 & 7
123 & 456
0xFFFF & 0x0000
```

출력 결과

```
2 72 0
```

[표 4-4]에서 논리합(or)도 배웠다. 그렇다면 비트 논리합(Bitwise or) 10|7은 어떻게 될까?

TIP • |는 키보드에서 Enter 위에 있는 키로 Shift 를 누른 채 \ 를 누르면 입력할 수 있다.

A	B	A | B
0	0	0
0	1	1
1	0	1
1	1	1

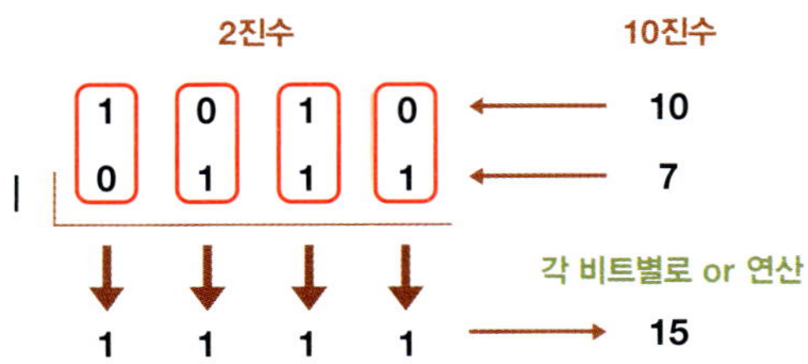

그림 4-3 비트 논리합의 예

각 비트의 논리합 결과는 1111_2이며, 이는 10진수 15가 된다.

```
10 | 7
123 | 456
0xFFFF | 0x0000
```

출력 결과

```
15 507 65535
```

10|7과 123|456은 주어진 수의 비트 논리합 연산을 수행한 것이다. 0xFFFF|0x0000을 보면 0xFFFF와 0x0000의 비트 논리합은 0xFFFF가 된다. 그러므로 16진수 $FFFF_{16}$는 10진수 65535가 된다. 여기서 16진수로 출력하고 싶다면 hex(0xFFFF|0x0000) 함수를 사용한다.

비트 배타적 논리합(^)은 두 값이 다르면 1, 같으면 0이 된다. 즉 참(True)^참(True)이나 거짓(False)^거짓(False)이면 결과는 거짓(False)이고, 참(True)^거짓(False)이나 거짓(False)^참(True)이면 그 결과는 참(True)이다. 다시 10과 7을 예로 들어 보자.

A	B	A^B
0	0	0
0	1	1
1	0	1
1	1	0

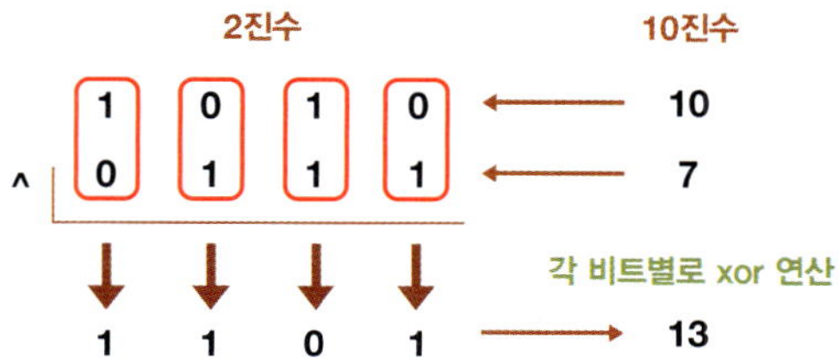

그림 4-4 비트 배타적 논리합의 예

10과 7의 각 비트 배타적 논리합 결과는 1101_2이며, 이는 10진수로 13이 된다. 123^456과 0xFFFF^0x0000을 계산해 보면 각각 다음과 같은 결과가 나온다.

```
10 ^ 7
123 ^ 456
0xFFFF ^ 0x0000
```

출력 결과

```
13 435 65535
```

비트 연산을 활용할 수 있는 예제를 하나 더 살펴보자. 좀 어렵지만, 자세히 살펴보면 충분히 이해할 수 있을 것이다.

아래 Code04-03.py에서 사용된 ord( ) 함수는 글자를 아스키 코드값으로 변경시켜 준다. 아스키 코드값의 경우 영문 대문자 A는 65, B는 66, C는 67 등으로 할당되어 있다. 그리고 영문 소문자 a는 97, b는 98 등으로 할당되어 있다. 코드값 중 A는 65, a는 97이라는 것 정도만 기억하자.

Code04-03.py

```
1  a = ord('A')
2  mask = 0x0F
3
4  print("%x & %x = %x" % (a, mask, a & mask))
5  print("%X & %X = %X" % (a, mask, a | mask))
6
7  mask = ord('a') - ord('A')
8
9  b = a ^ mask
10 print("%c ^ %d = %c" % (a, mask, b))
11 a = b ^ mask
12 print("%c ^ %d = %c" % (b, mask, a))
```

출력 결과

```
41 & f = 1
41 & F = 4F
A ^ 32 = a
a ^ 32 = A
```

Code04-03.py는 마스크(Mask) 방식에 대한 예제이다. 마스크는 무엇을 걸러 주는 역할을 한다. 우선 마스크 값을 2행에서 16진수 0x0F로 선언한다. 이는 2진수로 0000 1111을 의미한다. 이것과 비트 논리곱(&) 연산을 하면 [그림 4-5]와 같이 앞 4비트는 모두 0000이 되고 뒤 4비트는 원래 값이 그대로 남는다.

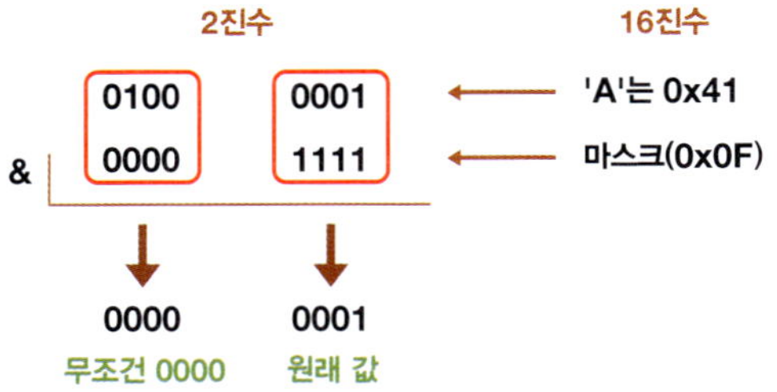

그림 4-5 마스크 0x0F를 사용한 비트 논리곱 결과

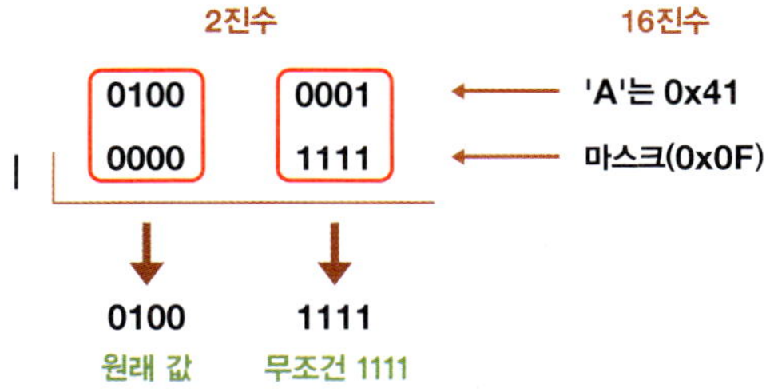

그림 4-6 마스크 0x0F를 사용한 비트 논리합 결과

반면 5행처럼 0x0F로 비트 논리합 연산을 하면 [그림 4-6]과 같이 앞 4비트는 원래 값이 그대로 남고, 뒤 4비트는 무조건 1111이 된다.

7행에서는 마스크 값을 소문자(a)와 대문자(A)의 차이로 선언한다. a는 0x61이고, A는 0x41이므로 두 값의 차이는 0x20이 된다. 이는 10진수로 32이고, 2진수로는 0010 0000이다. 9행에서 A와 32($0010\ 0000_2$)의 비트 배타적 논리합을 수행하면 a로 변경되고, 11행에서 다시 a와 32($0010\ 0000_2$)의 비트 배타적 논리합을 수행하면 A로 원상 복귀된다. 자주 사용되는 것은 아니지만, 알아두면 나중에 도움이 될 것이다.

비트 부정 연산자(또는 보수 연산자)는 두 수를 연산하는 것이 아니라, 하나만 가지고 각 비트를 반대로 만드는 연산이다. 즉 모든 0은 1로, 1은 0으로 바꾸어 준다. 이렇게 반전된 값을 1의 보수라 하고, 그 값에 1을 더한 값을 2의 보수라고 한다. 이렇게 비트 부정 연산자는 해당 값의 음수(−) 값을 찾고자 할 때 사용한다. 다음 코드는 정수 값에 비트 부정을 수행한 후 1을 더해 해당 값의 음수 값을 얻는다.

```
a = 12345
~a + 1
```

출력 결과

```
-12345
```

2 시프트 연산자

왼쪽 시프트 연산자는 나열된 비트를 왼쪽으로 시프트해 준다. 10진수 26을 2진수로 나타내면 0001 1010이 되는데, 이를 왼쪽으로 2칸 시프트시켜 보자.

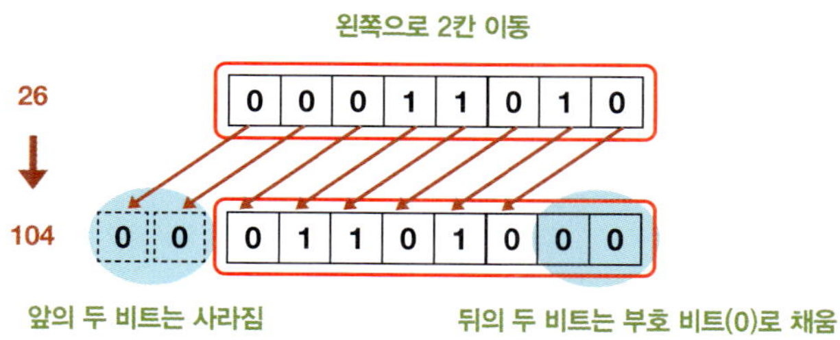

그림 4-7 26을 왼쪽으로 2칸 시프트 연산

시프트시킨 결과를 보면 왼쪽 두 비트는 떨어져 나가고, 오른쪽 두 비트가 00, 즉 부호 비트(양수는 0, 음수는 1)로 채워져 26에서 104로 바뀌었다. 이는 왼쪽으로 시프트할 때마다 2^n을 곱한 효과를 주기 때문이다. 즉 왼쪽으로 1회 시프트하면 2^1을, 2회 시프트하면 2^2을, 3회 시프트하면 2^3을 곱한 효과를 준다.

다음 출력 결과에서 시프트할 때마다 $10 \times 2^1=20$, $10 \times 2^2=40$, $10 \times 2^3=80$, $10 \times 2^4=160$의 결과가 나온 것을 확인할 수 있다.

```
a = 10
a << 1; a << 2; a << 3; a << 4
```

출력 결과

```
20 40 80 160
```

오른쪽 시프트 연산자는 나열된 비트를 오른쪽으로 시프트시켜 준다. 10진수 26을 2진수로 나타내면 0001 1010이고 이를 오른쪽으로 2칸 시프트시켜 보자.

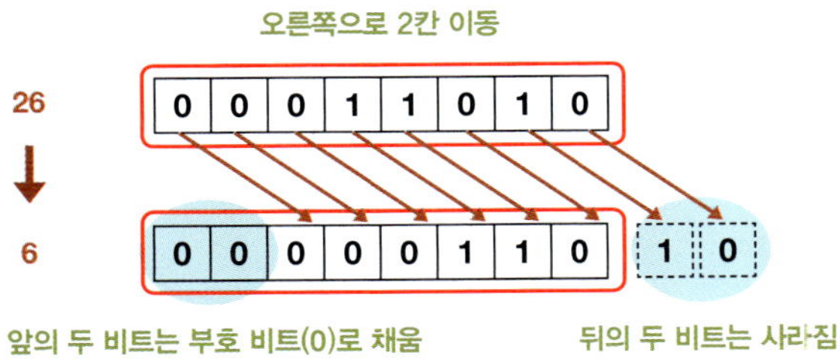

그림 4-8 26을 오른쪽으로 2칸 시프트 연산

시프트 결과를 보면 오른쪽 두 비트가 떨어져 나가고, 왼쪽 두 비트에 부호 비트(양수는 0, 음수는 1)가 채워져 2^n으로 나눈 효과를 준다. 또 시프트 연산은 정수만 연산하므로 몫만 남는다($2^6//2^2=6$). 즉 오른쪽으로 1회 시프트하면 2^1으로, 2회 시프트하면 2^2으로, 3회 시프트하면 2^3으로 나누는 효과를 준다. 다음 출력 결과에서 시프트할 때마다 $10/2^1=5$, $10/2^2=2$, $10/2^3=1$, $10/2^4=0$이 나온 것을 확인할 수 있다.

```
a = 10
a >> 1; a >> 2; a >> 3; a >> 4
```

출력 결과

```
5 2 1 0
```

다음 예제에서는 6장에서 배울 반복문(for)이 나오지만 미리 다루어 보는 것도 좋을 듯하다.

Code04-04.py

```python
1  a = 100
2  result = 0
3  i = 0
4
5  for i in range(1, 5) :
6      result = a << i
7      print("%d << %d = %d" % (a, i, result))
8
9  for i in range(1, 5) :
10     result = a >> i
11     print("%d >> %d = %d" % (a, i, result))
```

출력 결과

```
100 << 1 = 200
100 << 2 = 400
100 << 3 = 800
100 << 4 = 1600
100 >> 1 = 50
100 >> 2 = 25
100 >> 3 = 12
100 >> 4 = 6
```

5행의 for 문은 반복을 위한 것인데, range(1, 5)는 6~7행을 4회(i값이 1부터 4까지 변함) 반복한다고 생각하면 된다. 그래서 출력된 결과가 $100\times2^1=200$, $100\times2^2=400$, …으로 출력된 것이다. 마찬가지로 9~11행은 $100//2^1=50$, $100//2^2=25$, … 등으로 출력된다.

SELF STUDY 4-2

시프트할 숫자와 출력할 횟수를 입력받는 프로그램을 작성해 보자.

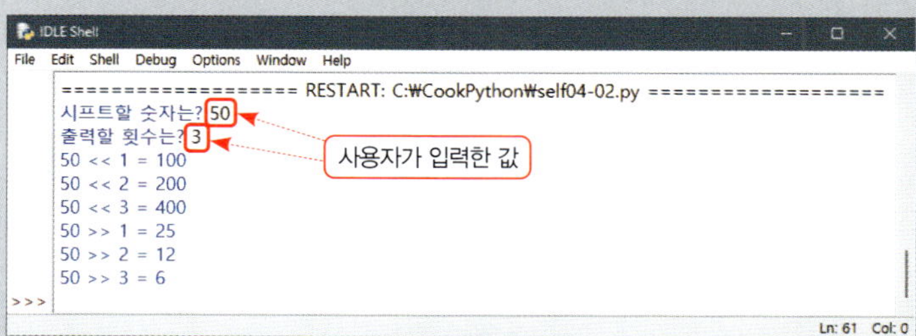

SECTION

06 연산자 우선순위

파이썬에서는 여러 연산자가 동시에 나올 때 어떤 연산자를 먼저 계산할지 이미 결정되어 있는데, 이런 순서를 연산자 우선순위라고 한다. 연산자가 여러 개 동시에 나오면 어떤 것을 먼저 처리할지 고려해야 한다. 다음은 연산자 우선순위를 보여 주는 표이다. 다 외우기는 어렵지만, 어느 정도 익숙해지는 것이 좋다. 특히 괄호는 최우선이고, 곱셈과 나눗셈이 덧셈과 뺄셈보다 우선하며, 대입 연산자는 늦게 처리된다는 정도는 꼭 기억하자. 그 외에는 필요할 때마다 참조한다.

표 4-6 연산자 우선순위

우선순위	연산자	의미
1	() [] {}	괄호, 리스트, 딕셔너리, 세트 등
2	**	지수
3	+ − ~	단항 연산자
4	* / % //	산술 연산자
5	+ −	
6	<< >>	비트 시프트 연산자
7	&	비트 논리곱
8	^	비트 배타적 논리합
9	|	비트 논리합
10	< > >= <=	관계 연산자
11	== !=	동등 연산자
12	= %= /= //= −= += *= **=	대입 연산자
13	not	논리 연산자
14	and	
15	or	
16	if~else	비교식

연산자 우선순위 중 3위인 +와 −는 덧셈과 뺄셈이 아니라, 숫자나 변수 앞에 붙는 플러스, 마이너스 부호를 의미한다.

IT@COOKBOOK

요약

1 산술 연산자에는 +, −, *, /, //, %, ** 등이 있다.

2 int( )나 float( ) 함수로 문자열을 정수나 실수로 변환할 수 있다. 숫자를 문자열로 변환하려면 str( ) 함수를 사용한다.

3 대입 연산자는 = 외에도 +=, −=, *=, /=, %=, //=, **=을 사용할 수 있다.

4 관계 연산자에는 ==, !=, >, <, >=, >= 등이 있으며, 결과는 참(True)이나 거짓(False)이 된다.

5 논리 연산자는 주로 여러 가지 조건을 복합해서 사용하는데 and(그리고), or(또는), not(부정) 등의 3가지가 있다.

6 비트 연산자에는 &, |, ^, ~, <<, >> 등이 있으며, 정수나 글자 등을 2진수로 변환한 후 각 자리의 비트끼리 연산한다.

7 10&7은 1010&0111이므로 결과는 0010(10진수 2)이다.

8 10|7은 1010|0111이므로 결과는 1111(10진수 15)이다.

9 10^7은 1010^0111이므로 결과는 1101(10진수 13)이다.

10 정수 값에 비트 부정을 수행한 후 1을 더하면 해당 값의 음수 값을 얻을 수 있다.

11 왼쪽 시프트 연산자는 2^n을 곱한 효과를 주고, 오른쪽 시프트 연산자는 2^n으로 나눈 효과를 준다.

12 연산자 우선순위는 괄호가 최우선되며, 곱셈과 나눗셈이 덧셈과 뺄셈보다 우선한다. 그리고 대입 연산자는 이 중 가장 늦게 처리된다.

연습문제

1 다음 중 산술 연산자가 아닌 것을 고르세요.

① +

② -

③ &

④ //

2 a=7//3을 실행했을 때 a의 값을 고르세요.

① 2.3

② 2

③ 3

④ 1

3 연산자 우선순위가 올바르게 정렬된 것을 고르세요.

① +, *, **

② ( ), **, *

③ **, ( ), *

④ * , ** , ( )

4 문자열 '50'을 정수로 변환하는 코드를 작성하세요.

5 관계 연산자 중에서 '크거나 같다'를 의미하는 연산자를 쓰세요.

6 논리 연산자 중에서 참(True) 값을 거짓(False)으로 변환하는 연산자를 쓰세요.

7 사용자로부터 정수를 입력받아 5의 배수인지 판별하는 코드를 작성하세요.

8 비트 연산자 중에서 특정 비트를 반전시키는 연산자를 고르세요.

① &

② |

③ ^

④ ~

9 정수를 입력받아 왼쪽으로 2비트 시프트한 결과를 출력하는 코드를 작성하세요.

10 **심화문제** [응용예제 02]를 활용해서 입력한 10진수를 8진수로 변환해 거북이로 표현하는 프로그램을 작성하세요. 거북이 크기의 경우 숫자 0은 크기 1로, 숫자 1은 크기 2로… 숫자 7은 크기 8로 설정하세요. 색상은 0부터 차례대로 'red', 'green', 'blue', 'cyan', 'magenta', 'yellow', 'black', 'olive'로 설정하세요.

예 10000000(십진수 천만)을 입력한 결과는 다음과 같습니다.

실행 결과

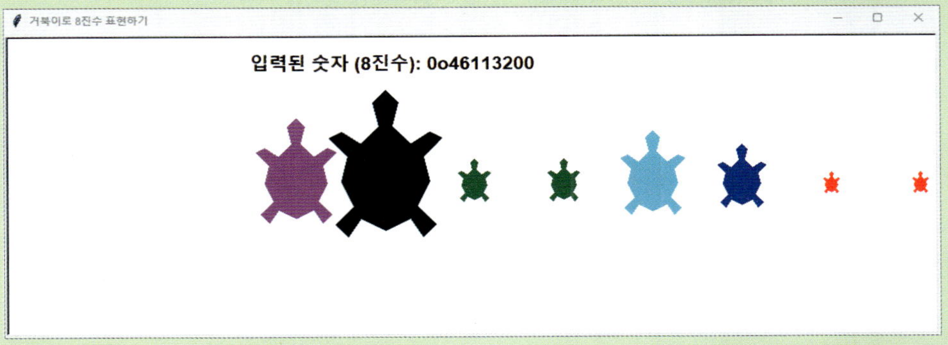

응용예제 01

윤년 계산하기

난이도★★☆☆☆

예제 설명 입력된 연도가 윤년인지 계산하는 프로그램을 만들어 보자.

❶ 4로 나누어 떨어지고, 100으로 나누어 떨어지지 않으면 윤년이다.

❷ 400으로 나누어 떨어지는 해도 윤년에 포함된다.

실행 결과

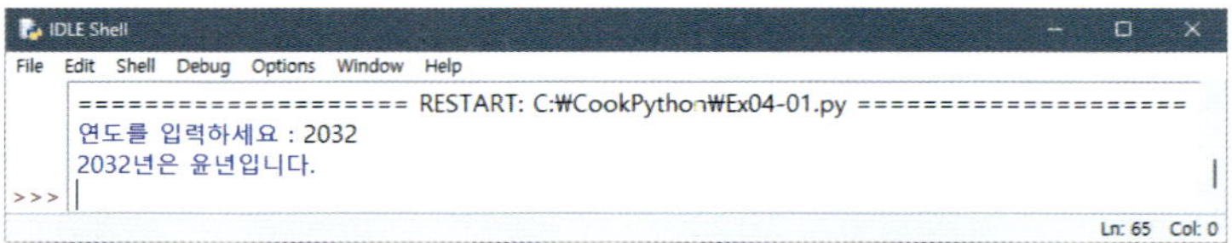

코드

```
1  ## 전역 변수 부분 ##
2  year = 0
3
4  ## 메인 코드 부분 ##
5  if __name__ == "__main__" :
6      year = int(input("연도를 입력하세요 : "))
7
8      if ((year % 4 == 0) and (year % 100 != 0)) or (year % 400 == 0) :
9          print("%d년은 윤년입니다." % year);
10     else :
11         print("%d년은 윤년이 아닙니다." % year);
```

코드 설명

2행	입력받을 연도의 변수를 준비한다.
6행	연도를 정수로 입력받는다.
8행	윤년은 4로 나누어 떨어져야 하므로 (year%4==0)으로 처리한다. 즉 4로 나눈 나머지 값이 0이면 4로 나누어 떨어지는 것이다. 추가로 100으로 나누어 떨어지면 안 되므로 and 연산자로 (year%100!=0)을 사용했다. 100으로 나눈 나머지 값이 0이 아니어야 한다는 의미이다. 또 400으로 나누어 떨어져도 윤년이므로 or 연산자로 (year%400==0)을 사용했다.

응용예제 02

거북이로 2진수 숫자 표현하기

난이도★★★★☆

예제 설명 입력한 10진수를 2진수로 변환해 거북이로 표현하는 프로그램을 만들어 보자. 예를 들어 10진수 5를 입력하면 거북이로 2진수 101을 표현하도록 하는데, 1은 빨간색 거북이로 크기를 두 배 크게 출력하고 0은 파란색 거북이로 크기를 기본으로 출력한다. 다음 실행 결과는 10진수 682를 입력했을 때, 2진수에 해당하는 1010101010이 거북이로 표현된 결과이다.

실행 결과

코드

```
import turtle

## 전역 변수 부분 ##
num = 0
swidth, sheight = 1000, 300
curX, curY = 0, 0

## 메인 코드 부분 ##
if __name__ == "__main__" :
    turtle.title('거북이로 2진수 표현하기')
    turtle.shape('turtle')
    turtle.setup(width = swidth + 50, height = sheight + 50)
    turtle.screensize(swidth, sheight)
    turtle.penup()
    turtle.left(90)

    num = int(input("숫자를 입력하세요 : "))
    binary = bin(num)
    curX = swidth / 2
    curY = 0
    for i in range(len(binary) - 2) :
        turtle.goto(curX, curY)
        if num & 1 :
            turtle.color('red')
```

```
25            turtle.turtlesize(2)
26        else :
27            turtle.color('blue')
28            turtle.turtlesize(1)
29        turtle.stamp()
30        curX -= 50
31        num >>= 1
32
33    turtle.done()
```

코드 설명

4~6행	num은 입력받을 10진수, swidth와 sheight는 윈도창의 폭과 넓이, curX와 curY는 거북이의 현재 위치를 저장할 변수이다.
10~15행	터틀 그래픽을 준비한다. 14~15행에서 거북이가 이동할 때 선을 그리지 않도록 했으며 왼쪽 90도로 돌려 거북이가 위쪽을 바라보도록 했다.
17~18행	숫자를 입력받은 후 숫자를 2진수 문자열로 변환한다. 5를 입력하면 0b101로 변환된다.
19~20행	거북이의 초기 위치를 윈도창의 오른쪽 끝으로 설정한다.
21~31행	변환한 2진수의 개수만큼 반복한다. 5는 0b101이므로 앞 0b를 제외한 101 글자 수에 해당하는 3번을 반복한다.
22행	거북이를 계산된 좌표로 이동한다.
23~28행	num&1은 숫자를 2진수로 변환했을 때 맨 하위 비트가 1인지 체크한다. 맨 하위 비트가 1이면 결과가 1이므로 True에 해당되어 24~25행이 실행되므로 거북이가 커지고 색상은 빨간색으로 설정된다. 맨 하위 비트가 0이면 거북이의 크기는 그대로이고 색상은 파란색으로 설정된다.
29~30행	위에서 설정된 크기와 색상으로 거북이 도장을 현재 위치에 찍는다. 그리고 X 좌표를 왼쪽으로 50만큼 이동시킨다.
31행	숫자를 오른쪽으로 1 시프트시킨다. [그림 4-8]에서 설명했듯이 오른쪽 비트 1개는 제거된다.

응용예제 03

비트 연산을 활용한 암호화하기

난이도★★★☆☆

예제 설명 비트 연산을 이용해 입력받은 문자열로 간단하게 암호화하는 프로그램을 만들어 보자. 암호화 결과를 출력한 후 다시 복호화해서 결과를 출력한다. 비트 연산은 각 문자를 XOR 연산으로 암호화 및 복호화한다.

실행 결과

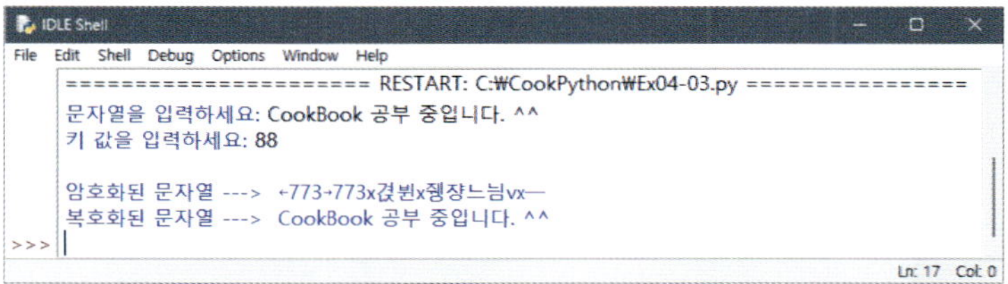

코드

```
1  ## 변수 선언 부분##
2  inText = ""
3  encrypText, decrypText= "", ""
4  key = 0
5
6  ## 메인 코드 부분##
7  if __name__ == "__main__":
8      inText = input("문자열을 입력하세요: ")
9      key = int(input("키 값을 입력하세요: "))
10
11     for ch in inText :
12         encrypText += chr(ord(ch) ^ key)
13     print("\n암호화된 문자열---> ", encrypText)
14
15     for ch in encrypText :
16         decrypText += chr(ord(ch) ^ key)
17     print("복호화된 문자열---> ", decrypText)
```

코드 설명

2~4행	입력 및 처리를 위해 저장할 변수를 준비한다.
8~9행	암호화할 문자열 및 암호 키를 입력받는다.
11~12행	11행에서 문자열 중 한 글자씩 추출을 반복한다. 12행에서 문자 1개를 ord(문자) 함수를 이용해 숫자로 변경한 후 입력한 키와 XOR 연산한다. 그리고 chr(숫자) 함수를 이용해 다시 문자로 변환한다. 변환한 문자를 encrypText에 덧붙인다.
13행	암호화된 문자열을 출력한다.
15~17행	암호화된 문자열을 다시 복호화해서 출력한다.

CHAPTER 05

조건문

학습목표

- 조건문의 대표격인 기본 if 문, 중첩 if 문의 형식과 사용법을 익힌다.
- 조건문을 다양하게 활용하는 방법을 익힌다.
- 조건문과 더불어 간단한 반복문도 다룬다.
- 조건문으로 무지개 색상의 원을 그리는 프로그램과 종합 계산기 프로그램을 만든다.

SECTION 01 이 장에서 만들 프로그램

SECTION 02 기본 if 문

SECTION 03 중첩 if 문

SECTION 04 if 문 응용

요약

연습문제

응용예제

SECTION 01 이 장에서 만들 프로그램

이 장에서는 프로그래밍 언어의 꽃이라고 할 수 있는 조건문을 배운다. 조건문은 '만약 ~라면'으로 해석할 수 있다. 대표적인 조건문인 if 문만 완전히 이해해도 다양한 프로그램을 작성할 수 있다.

1 [프로그램 1] 무지개 색상의 원

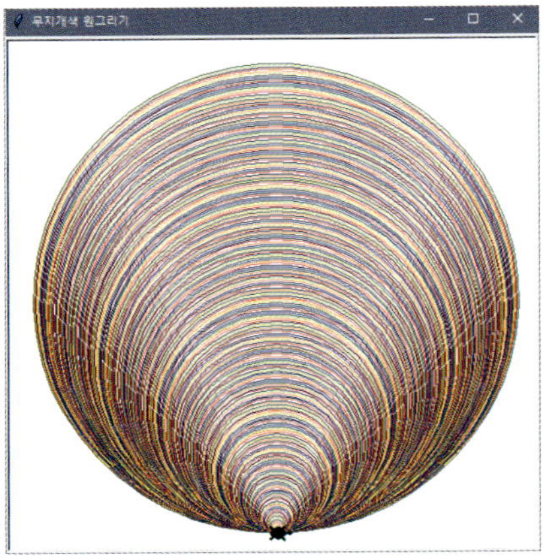

첫 번째는 if 문을 사용해 터틀 그래픽에서 무지개 색상의 원을 그리는 프로그램이다. 간단하지만 무지개 색상을 멋있게 표현할 수 있다.

2 [프로그램 2] 종합 계산기

두 번째는 기능이 두 가지인 종합 계산기 프로그램이다. 첫 번째 기능은 입력한 수식대로 계산한다. 두 번째 기능은 입력한 두 숫자 사이의 수를 모두 더해 합계를 구하는데, 1과 10을 입력하면 1+2+3+…+10의 합계가 출력된다. 파이썬이 제공하는 함수를 잘 사용하면 수월하게 구현할 수 있다.

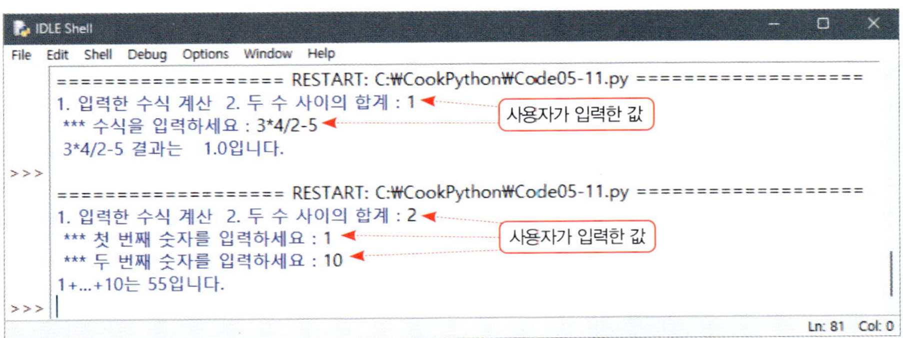

SECTION

02 기본 if 문

'만약 ~라면'이라는 의미처럼 if는 어떤 조건을 내세울 때 사용한다. if 문에서 내세우는 조건의 결과는 참(True) 또는 거짓(False) 두 가지뿐이다.

1 if 문

가장 단순한 형태의 if 문의 경우 참일 때는 뭔가를 실행하고, 거짓일 때는 아무것도 실행하지 않는다. 조건식은 주로 마름모 형태로 그리는데 참이면 '실행할 문장'을 실행하고, 거짓이면 아무것도 실행하지 않는다.

if 조건식 :
실행할 문장

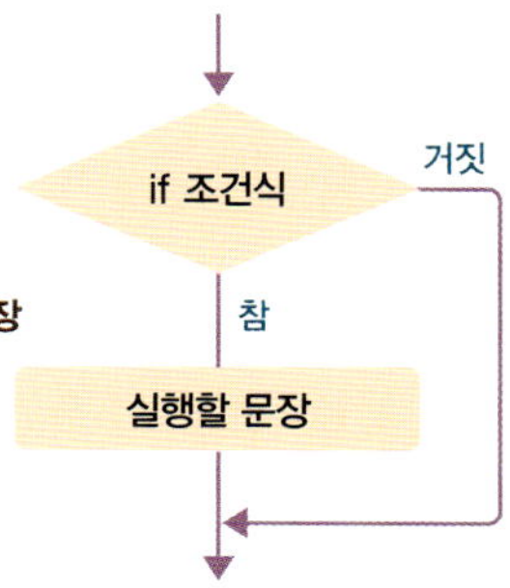

그림 5-1 if 문의 형식과 순서도

즉 [그림 5-1]과 같이 'if 조건식 :'에서 조건식이 참이면 '실행할 문장'을 실행하고, 거짓이면 아무것도 실행하지 않은 채 프로그램을 종료한다.

```
a = 99
if a < 100 :
    print("100보다 작군요.")
```

출력 결과

```
100보다 작군요.
```

TIP • 파이썬은 들여쓰기가 매우 중요하다. if 문 다음에 '실행할 문장'은 if 문 다음 줄에서 들여쓰기 해서 작성해야 한다. 들여쓰기를 할 때는 Tab을 누르는 것보다 Space Bar를 눌러 4칸 정도로 들여쓰기 하기를 권장한다. 그래서 파이썬 스크립트 모드에서는 기본적으로 들여쓰기가 4칸 정도로 자동 지정된다. 대화형 모드에서는 '실행할 문장'이 모두 끝나고 Enter를 2번 눌러야 if 문이 끝나는 것으로 간주한다.

현재 a에는 99가 들어 있으므로 조건식 a<100는 참이 되어 if 문을 실행한다. 앞 코드를 그림으로 표현하면 다음과 같다.

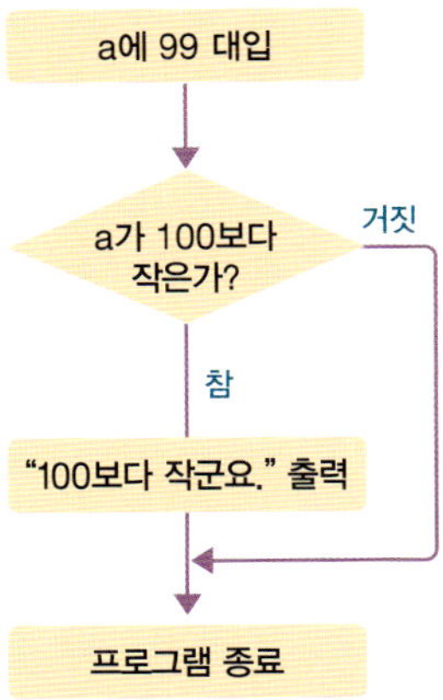

그림 5-2 if 문 실행 과정

이번에는 조건이 참이고 실행할 문장이 2개일 때를 살펴보자.

Code05-01.py

```
1  a = 200
2
3  if a < 100 :
4      print("100보다 작군요.")
5  print("거짓이므로 이 문장은 안 보이겠죠?")
6
7  print("프로그램 끝")
```

출력 결과

```
거짓이므로 이 문장은 안 보이겠죠?
프로그램 끝
```

결과가 조금 이상하다. 1행에서 a가 200이므로 3행의 조건식은 거짓이 되어 4~5행을 건너뛴 채 7행을 실행할 것이라고 예측했다. 그런데 결과를 보니 5행도 실행했다. 이것은 들여쓰기를 제대로 하지 않아 그렇게 된 것이다. 다음과 같이 줄바꿈을 수정한 후 실행해 보자.

```
3  if a < 100 :
4      print("100보다 작군요.")
5
6  print("거짓이므로 이 문장은 안 보이겠죠?")
7  print("프로그램 끝")
```

줄바꿈만 수정했으므로 실행 결과는 같다. 하지만 이전 코드와 달리 조건식이 거짓일 때는 맨 아래쪽 두 문장이 실행된다는 점을 명확히 알 수 있을 것이다. 결과가 동일한 이유는 조건식이 참일 때는 들여쓰기 한 문장만 실행하기 때문이다. 3행의 조건식이 거짓이므로 들여쓰기 한 4행은 건너뛴 채 5행부터 실행하는 것이다.

if 문에서 두 문장 이상을 실행하고 싶다면 다음과 같이 실행할 문장을 모두 들여쓰기 해야 한다.

Code05-02.py

```
1 a = 200
2
3 if a < 100 :
4     print("100보다 작군요.")
5     print("거짓이므로 이 문장은 안 보이겠죠?")
6
7 print("프로그램 끝")
```

출력 결과

```
프로그램 끝
```

현재 a가 200이므로 조건식은 거짓이 된다. 들여쓰기 된 4~5행은 건너뛰고 6행부터 실행된다. 그 결과 '프로그램 끝'을 출력한다.

TIP • 들여쓰기 오류 예

if 문 안의 문장은 정확하게 들여쓰기 해야 한다. 들여쓰기를 잘못하면 오류가 발생하는데, 예를 들면 다음과 같다.

```
if a < 100 :
        print("100보다 작군요.")
    print("거짓이므로 이 문장은 안 보이겠죠?")
```

2 if~else 문

참일 때 실행할 문장과 거짓일 때 실행할 문장을 다르게 하려면 if~else 문을 사용한다. 조건식이 참이라면 '실행할 문장 1'을 실행하고, 거짓이면 '실행할 문장 2'를 실행한다.

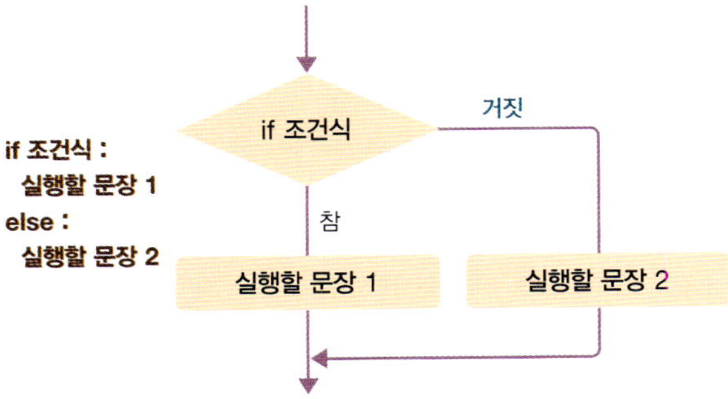

그림 5-3 if~else 문의 형식과 순서도

[그림 5-3]을 보면 조건이 참일 때와 거짓일 때 실행할 문장이 다르다.

Code05-03.py

```
1  a = 200
2
3  if a < 100 :
4      print("100보다 작군요.")
5  else :
6      print("100보다 크군요.")
```

출력 결과

```
100보다 크군요.
```

다음과 같이 a에는 200이 들어 있으므로 3행의 조건식은 거짓이 되어 5행의 else 아래에 있는 6행을 실행한다.

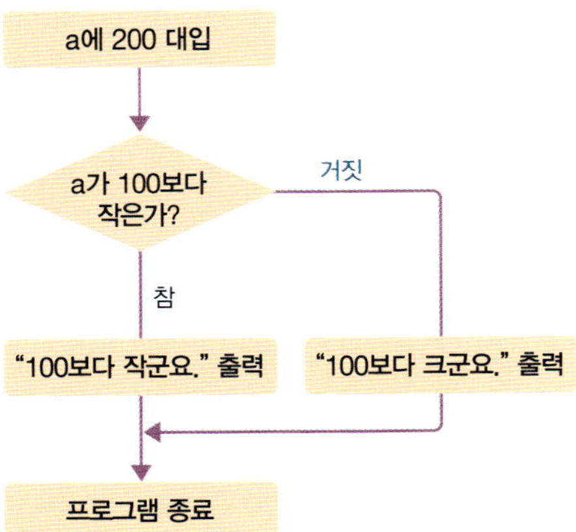

그림 5-4 Code05-03.py 실행 과정

참일 때 수행할 문장도 여러 개이고, 거짓일 때 수행할 문장도 여러 개라면 들여쓰기로 맞춘다.

Code05-04.py

```
1  a = 200
2
3  if a < 100 :
4      print("100보다 작군요.")
5      print("참이면 이 문장도 보이겠죠?")
6  else :
7      print("100보다 크군요.")
8      print("거짓이면 이 문장도 보이겠죠?")
9
10 print("프로그램 끝")
```

출력 결과

```
100보다 크군요.
거짓이면 이 문장도 보이겠죠?
프로그램 끝
```

a가 200이므로 3행은 거짓이 되어 else에 해당하는 7~8행이 실행된다. 그리고 마지막에 있는 10행은 참이든 거짓이든 무조건 실행되므로 함께 출력된다.

다음은 입력한 숫자가 짝수인지 홀수인지를 계산하는 예제이다.

Code05-05.py

```
1  a = int(input("정수를 입력하세요 : "))
2
3  if a % 2 == 0 :
4      print("짝수를 입력했군요.")
5  else :
6      print("홀수를 입력했군요.")
```

출력 결과

```
정수를 입력하세요 : 125
홀수를 입력했군요.
```

1행에서 정수를 입력받은 후 3행에서 입력된 수를 2로 나눈 나머지 값이 0이면 짝수, 그렇지 않으면 홀수로 처리한다.

SECTION 03 중첩 if 문

1 if~else~if~else 문

지금까지는 if 문이 하나일 때만 살펴보았다. 하지만 조건을 검사하는 과정이 2번 이상일 때가 있을 수 있다. 예를 들어 강의실에 있는 학생 중에서 20세 이상의 남자가 몇 명인지를 구하는 프로그램을 만든다고 하자. 그러면 일단 성별을 구별하고, 남학생 중에서 다시 20대 여부를 구별해야 한다. 이처럼 if 문을 한 번 실행한 후 그 결과에서 if 문을 다시 실행하는 것을 중첩 if 문이라고 한다.

중첩 if 문(또는 중복 if 문)은 if 문 안에 또 다른 if 문이 있다고 생각하면 된다. 조건식이 여러 개일 때는 조금 헷갈릴 수 있으므로 다음과 같이 들여쓰기를 명확히 하면 좋다. '조건식 1'이 참이면 'if 조건식 2 :'를 다시 수행하고, '조건식 2'가 참이면 '실행할 문장 1'을 실행한다.

```
if 조건식 1 :
  if 조건식 2 :
      실행할 문장 1
  else :
      실행할 문장 2
else :
  실행할 문장 3
```

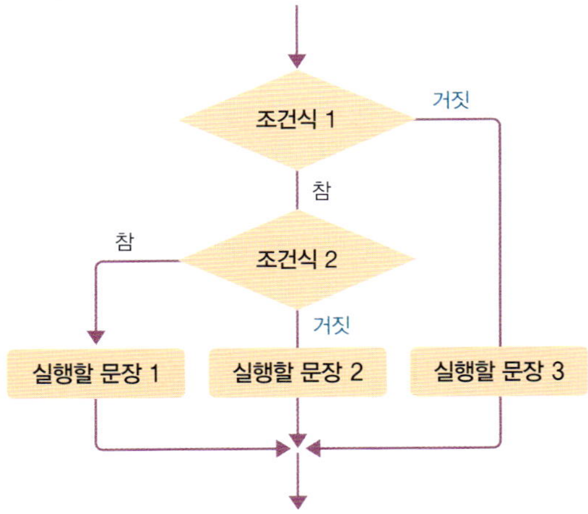

그림 5-5 중첩 if 문의 형식과 순서도

Code05-06.py

```
a = 75

if a > 50 :
    if a < 100 :
        print("50보다 크고 100보다 작군요.")
    else :
```

```
7         print("와~~ 100보다 크군요.")
8 else :
9     print("에고~ 50보다 작군요.")
```

출력 결과

```
50보다 크고 100보다 작군요.
```

3행에서 a가 50보다 크면 참이 되어 들여쓰기가 된 4~7행을 실행한다. 그 안에서 a가 100보다 작다면 5행을 실행하고, 그렇지 않다면 7행을 실행한다. 3행에서 a가 50보다 작거나 같다면 8행으로 바로 넘어와 9행을 실행한다.

다음은 중첩 if 문의 예제이다. 점수를 입력받은 후 90점 이상은 A, 80점 이상은 B, 70점 이상은 C, 60점 이상은 D, 나머지는 F로 처리한다. 좀 복잡하게 여겨질 수 있으나, 자주 사용하는 예제이므로 잘 살펴보자.

Code05-07.py

```
1  score = int(input("점수를 입력하세요 : "))
2
3  if score >= 90 :
4      print("A")
5  else :
6      if score >= 80 :
7          print("B")
8      else :
9          if score >= 70 :
10             print("C")
11         else :
12             if score >= 60 :
13                 print("D")
14             else :
15                 print("F")
16
17 print("학점입니다. ^^")
```

출력 결과

```
점수를 입력하세요 : 85
B
학점입니다. ^^
```

3행에서 score가 90점 이상이면 4행을 실행한 후 바로 16행으로 빠져나온다. 그렇지 않다면(즉 score가 90점 미만이라면) 5행으로 이동하고, score가 80점 이상이면 7행을 실행한 후 바로 16행으로 빠져나온다. 그리고 이 방식을 계속 반복한다. Code05-07.py를 그림으로 표현하면 다음과 같다.

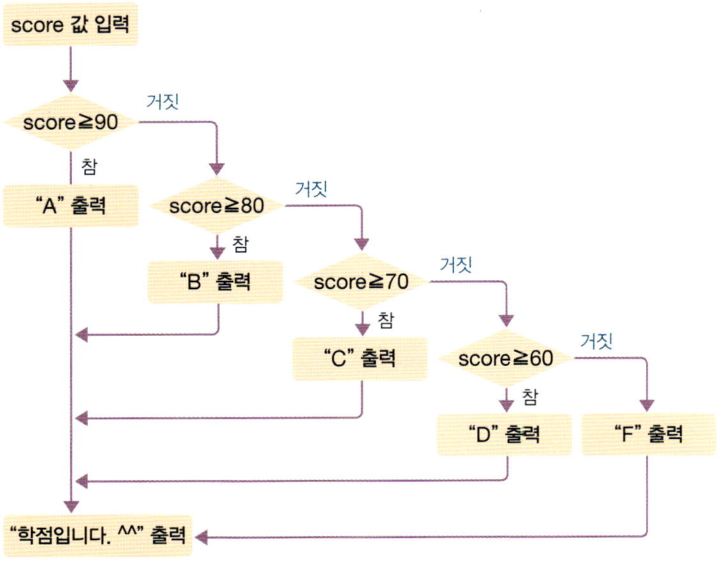

그림 5-6 Code05-07.py 실행 과정

그림은 다소 복잡해 보이나, 이해하기 어렵지 않을 것이다. 그래서 중첩 if 문을 사용할 때는 중간의 else~if를 elif 문으로 줄여 if~elif~else 문으로 더 짧게 표현하기도 한다.

2 if~elif~else 문

Code05-07.py를 if~elif~else 문을 사용해 다음과 같이 수정할 수 있다.

Code05-08.py

```
score = int(input("점수를 입력하세요 : "))

if score >= 90 :
    print("A")
elif score >= 80 :
    print("B")
elif score >= 70 :
    print("C")
elif score >= 60 :
    print("D")
else :
    print("F")
```

```
print("학점입니다. ^^")
```

SELF STUDY 5-1

Code05-08.py를 다음 조건처럼 좀 더 세분화해 보자.

① 95점 이상 : A+, 90점 이상 : A0, 85점 이상 : B+, 80점 이상 : B0,
② 75점 이상 : C+, 70점 이상 : C0, 65점 이상 : D+, 60점 이상 : D0, 60점 미만 : F

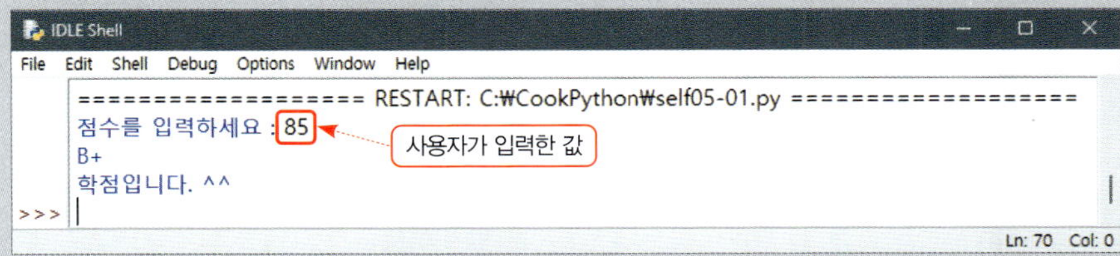

3 삼항 연산자를 사용한 if 문

60점 이상이면 합격이고, 60점 미만이면 불합격을 출력하려면 if 문을 다음과 같이 사용한다.

```
1 jumsu = 55
2 res = ''
3 if jumsu >= 60 :
4       res = '합격'
5 else :
6       res = '불합격'
7 print(res)
```

3~6행의 if~else 문을 다음과 같이 삼항 연산자를 사용해 한 줄로 줄일 수도 있다.

```
res = '합격' if jumsu >= 60 else '불합격'
```

4 [프로그램 1]의 완성

앞에서 익힌 if 문을 활용해 무지개 색상의 원을 그리는 [프로그램 1]을 완성해 보자.

Code05-09.py

```
1  import turtle
2  
3  ## 전역 변수 선언 부분 ##
4  swidth, sheight = 500, 500
5  
6  ## 메인 코드 부분 ##
7  turtle.title('무지개색 원그리기')
8  turtle.shape('turtle')
9  turtle.setup(width = swidth + 50, height = sheight + 50)
10 turtle.screensize(swidth, sheight)
11 turtle.penup()
12 turtle.goto(0, -sheight / 2)
13 turtle.pendown()
14 turtle.speed(10)
15 
16 for radius in range(1, 250) :
17     if radius % 7 == 1 :
18         turtle.pencolor('red')
19     elif radius % 7 == 2 :
20         turtle.pencolor('orange')
21     elif radius % 7 == 3 :
22         turtle.pencolor('yellow')
23     elif radius % 7 == 4 :
24         turtle.pencolor('green')
25     elif radius % 7 == 5 :
26         turtle.pencolor('blue')
27     elif radius % 7 == 6 :
28         turtle.pencolor('navyblue')
29     else :
30         turtle.pencolor('purple')
31 
32     turtle.circle(radius)
33 
34 turtle.done()
```

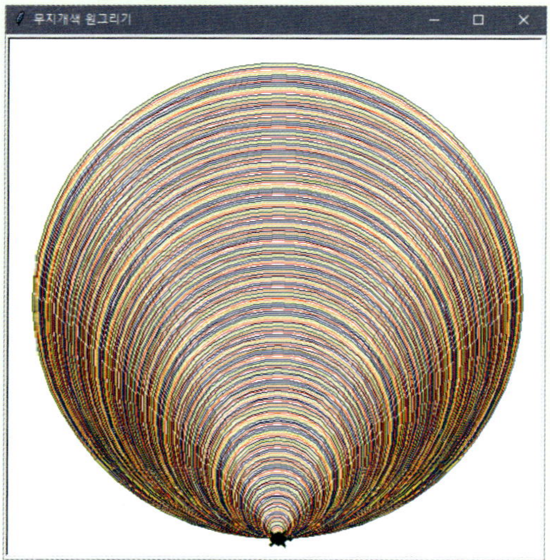

4행에서 창 크기에 사용할 변수를 준비하고, 7~10행에서 윈도창을 설정한다. 그리고 11~13행에서 거북이를 가운데 아래쪽으로 이동시킨다. 14행에서 거북이 속도를 설정하는데 10은 빨리 움직이는 것이고, 1은 천천히 움직이는 것이며, 0은 움직임이 보이지 않을 정도로 가장 빨리 움직이는 것이다.

16~32행에서는 반지름(radius) 1에서 249까지 원을 249번 반복해 그린다. 17~30행에서는 반지름에 따라 빨주노초파남보 색상이 반복 설정되어 32행에서 거북이가 원을 그린다.

SECTION
04 if 문 응용

if 문은 대부분의 프로그래밍 언어에서 자주 사용한다. 파이썬에서도 if 문을 다양하게 사용할 수 있다. 몇 가지 예를 살펴보자.

1 리스트와 함께 사용

리스트(List)는 데이터 여러 개를 한곳에 담아 놓은 것을 말한다. 리스트에 대해서는 설명할 내용이 너무 많으므로 7장에서 자세히 배운다. 여기서는 if 문과 함께 사용하는 형태만 알아보자.

먼저 리스트는 대괄호 [ ]로 묶고 그 안에 필요한 것들을 한꺼번에 넣어 만들 수 있다. 다음 코드는 fruit 변수에 값 4개를 리스트 하나로 묶어 대입한 것이다.

```
fruit = ['사과', '배', '딸기', '포도']
print(fruit)
```

출력 결과

```
['사과', '배', '딸기', '포도']
```

리스트의 마지막에 뭔가를 더 추가하려면 append( ) 함수를 이용해 리스트명.append(항목)의 형태로 사용한다.

```
fruit.append('귤')
print(fruit)
```

출력 결과

```
['사과', '배', '딸기', '포도', '귤']
```

그리고 if 문을 활용해 리스트 안에 무엇이 들어 있는지도 확인할 수 있다.

```
if '딸기' in fruit :
    print("딸기가 있네요. ^^")
```

출력 결과

```
딸기가 있네요. ^^
```

'if 항목 in 리스트 :' 구문은 리스트에 해당 항목이 있다면 True를 반환한다. 이 코드에서는 딸기가 있으므로 True를 반환해 아래의 print( ) 함수가 실행되었다. 반대로 'if 항목 not in 리스트 :' 구문은 리스트에 항목이 없어야 True를 반환한다.

다음은 0부터 9까지 숫자 중에서 리스트 안에 없는 숫자를 찾아내는 예제이다. 여기서는 2장에서 설명한 random.randrange(시작값, 끝값) 함수를 사용한다. 이 함수는 시작값부터 끝값−1까지의 숫자 중에서 임의의 숫자 하나를 반환한다.

Code05-10.py

```
1  import random
2
3  numbers = []
4  for num in range(0, 10) :
5      numbers.append(random.randrange(0, 10))
6
7  print("생성된 리스트", numbers)
8
9  for num in range(0, 10) :
10     if num not in numbers :
11         print("숫자 %d는(은) 리스트에 없네요." %num)
```

출력 결과

```
생성된 리스트 [5, 8, 8, 7, 8, 1, 9, 0, 0, 4]
숫자 2는(은) 리스트에 없네요.
숫자 3는(은) 리스트에 없네요.
숫자 6는(은) 리스트에 없네요.
```

randrange( ) 함수를 사용하려면 1행과 같이 작성해야 한다. 3행에서 빈 리스트인 numbers를 준비한다. 4행과 9행에서는 각각 for 문을 실행해 0부터 9까지 총 10회를 반복한다. 5행에서 random.randrange(0, 10)은 0부터 9까지 임의의 숫자를 반환하고 이 숫자를 numbers.append( ) 함수를 사용해 numbers 리스트에 추가한다. 결국 0~9의 숫자 중 임의의 숫자 10개를 numbers 리스트에 저장하게 된다. 숫자들은 중복될 수 있고, 확률은 매우 낮지만 10개 모두 같은 숫자일 수도 있다. 7행에서 생성된 리스트를 출력하는데 이 숫자들은 실행할 때마다 달라진다. 9행에서 0부터 9까지의 숫자를 num에 넣은 후 10행에서 numbers 리스트에 해당 숫자가 없다면 11행에서 숫자가 없다는 메시지를 출력한다.

2 [프로그램 2]의 완성

if 문을 활용해 기능이 두 가지인 종합 계산기를 구현하는 [프로그램 2]를 완성해 보자. 수식을 입력해 계산하는 기능과 입력한 두 수의 합계를 내는 기능이 포함되어 있다.

Code05-11.py

```
1  ## 변수 선언 부분 ##
2  select, answer, numStr, num1, num2 = 0, 0, "", 0, 0
3
4  ## 메인 코드 부분 ##
5  select = int(input("1. 입력한 수식 계산  2. 두 수 사이의 합계 : "))
6
7  if select == 1 :
8      numStr = input(" *** 수식을 입력하세요 : ")
9      answer = eval(numStr)
10     print(" %s 결과는 %5.1f입니다. " % (numStr, answer))
11 elif select == 2 :
12     num1 = int(input(" *** 첫 번째 숫자를 입력하세요 : "))
13     num2 = int(input(" *** 두 번째 숫자를 입력하세요 : "))
14     for i in range(num1, num2 + 1) :
15         answer = answer + i
16     print("%d+...+%d는 %d입니다. " % (num1, num2, answer))
17 else :
18     print("1 또는 2만 입력해야 합니다.")
```

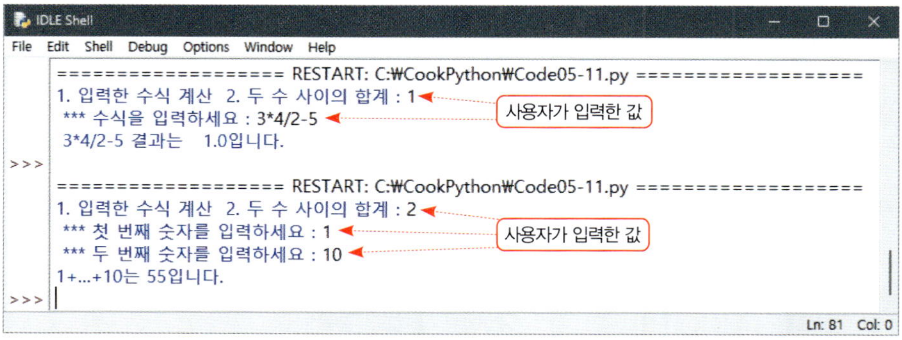

Code05-11.py를 실행한 후 1을 입력하면 수식 계산기로 작동한다. 즉 7~10행이 수행된다. 8행에서 수식을 입력받는데 여기서는 3*4/2-5를 입력했다. 그리고 9행에서 eval(수식) 함수가 수식을 계산한다. 이 함수 없이 직접 3*4/2-5를 계산하는 프로그램을 작성하면 상당히 어렵고 코드도 길기 때문에 무척 유용한 함수이다. 10행에서는 수식과 계산 결과를 출력한다.

Code05-11.py를 실행한 후 2를 입력하면 두 숫자 사이의 모든 수를 더한 합계를 구한다. 즉 11~16행이 실행된다. 12~13행에서 두 숫자를 입력받고, 14행에서는 for 문에서 range() 함수로 입력한 숫자 사이를 반복한다. 이때 두 번째 숫자에 1을 더해야 해당 숫자까지 반복한다는 점에 주의한다. 15행에서 값을 합치고, 16행에서 결과를 출력한다.

17~18행은 Code05-11.py를 실행한 후 1, 2 외의 숫자를 입력했을 때 처리하는 오류 메시지이다.

SELF STUDY 5-2

[프로그램 2]의 두 번째 기능처럼 두 숫자를 입력받고 두 숫자 사이의 합계를 구하는 프로그램을 만들어 보자. 단 자동으로 1씩 증가하지 않고 증가할 숫자도 입력받는다. 예를 들어 1, 100, 3을 입력하면 1+4+⋯+100의 합계를 구한다.

힌트 range(시작값, 끝값+1, 증가값) 형식으로 사용한다.

```
==================== RESTART: C:\CookPython\self05-02.py ====================
*** 첫 번째 숫자를 입력하세요 : 1
*** 두 번째 숫자를 입력하세요 : 100
*** 더할 숫자를 입력하세요 : 3
1+4+...+100는 1717입니다.
>>>
```

사용자가 입력한 값

SELF STUDY 5-3

숫자를 하나 입력받고, 그 숫자가 소수인지를 체크하는 프로그램을 만들어 보자.

힌트 소수란 2부터 자기자신-1까지의 숫자로 나눠서 나누어 떨어지는 숫자가 하나도 없는 수를 말한다. 예를 들어 7의 경우 2, 3, 4, 5, 6으로 각각 나누어서 나누어 떨어지는 수가 하나도 없으므로 소수다.

```
==================== RESTART: C:\CookPython\self05-03.py ====================
*** 숫자를 입력하세요 : 13
13는 소수입니다.
>>>
==================== RESTART: C:\CookPython\self05-03.py ====================
*** 숫자를 입력하세요 : 77
77는 소수가 아닙니다.
>>>
```

사용자가 입력한 값

요약

1 if 문의 형식은 다음과 같고, 조건식의 결과는 참 또는 거짓 두 가지뿐이다.

```
if 조건식 :
    실행할 문장
```

2 if 문에서 문장을 여러 개 실행하려면 들여쓰기를 정확히 해야 한다.

3 참일 때 실행하는 문장과 거짓일 때 실행하는 문장을 다르게 할 때는 ❶ 형식의 if~else 문을 사용한다. 그리고 if 문을 한 번 실행한 결과에 따라 if 문을 다시 실행하려면 ❷ 형식의 중첩 if 문을 사용한다.

❶

```
if 조건식 :
    실행할 문장 1
else :
    실행할 문장 2
```

❷

```
if 조건식 1 :
    if 조건식 2 :
        실행할 문장 1
    else :
        실행할 문장 2
else :
    실행할 문장 3
```

4 중첩 if 문을 간략히 표현하려면 if~elif~else 문을 사용한다.

5 리스트(List)는 여러 데이터를 한곳에 담아 놓은 것을 말하며 대괄호 [ ]로 묶는다.

6 'if 항목 in 리스트 :' 구문은 리스트 안에 항목이 있으면 True를 반환한다.

7 random.randrange(시작값, 끝값) 함수는 시작값부터 끝값-1까지의 숫자 중에서 임의의 숫자 하나를 반환한다.

8 eval(수식) 함수는 해당 수식을 계산한다.

9 'for num in range(0, 10) :' 구문은 num에 0부터 9까지의 숫자를 넣기 위해 반복한다.

연습문제

1 다음 중 if 문의 기본 구조로 올바른 것을 고르세요.

① if 조건식 실행할 문장
② if 조건식 : 실행할 문장
③ if (조건식) { 실행할 문장 }
④ if 조건식 : 실행할 문장 else 실행할 문장

2 다음 코드의 실행 결과로 올바른 것을 고르세요.

```
a = 150
if a < 100:
    print("100보다 작다")
else:
    print("100보다 크거나 같다")
```

① 100보다 작다
② 100보다 크거나 같다
③ 오류 발생
④ 아무 출력도 없음

3 if~elif~else 문을 사용하여 다음 조건을 만족하는 코드를 작성하세요.

조건

- 95점 이상: "장학생"
- 90점 이상: "A학점"
- 80점 이상: "B학점"
- 70점 이상: "C학점"
- 60점 이상: "D학점"
- 그 외: "F학점"

4 다음 코드의 실행 시 출력 결과를 쓰세요.

```
a = 75
if a > 50:
    if a < 100:
        print("50보다 크고 100보다 작다")
    else:
        print("100보다 크다")
else:
    print("50보다 작다")
```

5 다음 중 삼항 연산자를 올바르게 사용한 것을 고르세요.

① `result = "합격" if score >= 60 "불합격"`

② `result = if score >= 60 : "합격" else : "불합격"`

③ `result = "합격" if score >= 60 else "불합격"`

④ `if score >= 60 then "합격" else "불합격"`

6 다음 코드의 실행 결과로 올바른 것을 고르세요.

```
fruit = ['사과', '배', '딸기', '포도']
if '바나나' in fruit:
   print("바나나가 있습니다.")
else:
   print("바나나가 없습니다.")
```

① 바나나가 있습니다.
② 바나나가 없습니다.
③ 오류 발생
④ 아무 출력도 없음

7 다음 프로그램이 수행하는 기능을 한 문장으로 요약하세요.

```
num1 = int(input("첫 번째 숫자 입력: "))
num2 = int(input("두 번째 숫자 입력: "))
result = 0
for n in range(num1, num2+1, 1) :
    result += n
print(result)
```

8 다음은 두 사람이 각각 3회씩 주사위를 던져서 세 개의 값에 대한 곱이 높은 사람이 이기는 게임입니다. 출력 결과는 A가 이기거나, B가 이기거나, 비기는 결과가 나와야 합니다. 코드를 작성하세요.

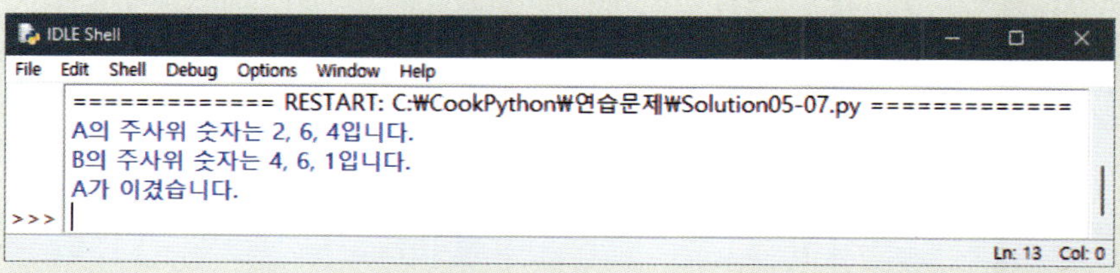

연습문제

IT@COOKBOOK

9 심화문제 [응용예제 02]를 변형해서 거북이 3마리를 생성한 후 화면에 돌아다니다가 서로 만나면 색상과 크기가 랜덤하게 변경된 후 계속 움직이는 프로그램을 작성합니다. 즉, 무한 반복됩니다. 만약 화면 밖으로 나가면 중앙 (0,0) 위치에 다시 나타나게 합니다.

힌트1 거북이의 크기는 1~9 값을 랜덤하게 추출한다.

힌트2 거북이의 색상은 turtle.color(Red, Green, Blue)로 설정한다. 각 색상은 0~255 값을 갖는다.

힌트3 거북이의 속도를 올리려면 turtle.speed(10)을 사용하면 된다.

응용예제 01

주사위 여러 개를 동시에 던지기

난이도★★☆☆☆

예제 설명 같은 숫자가 나올 때까지 주사위 6개를 동시에 무한 반복해서 던진다. 같은 숫자가 나올 때까지 몇 번 던졌는지, 1부터 6까지 연속된 숫자는 몇 번 나왔는지 출력해 보자.

힌트 'while True :' 구문은 무한 반복을 수행하고, break 문은 반복문을 빠져나간다. 6장에서 자세히 다룬다.

실행 결과

```
IDLE Shell
File Edit Shell Debug Options Window Help
==================== RESTART: C:₩CookPython₩Ex05-01.py ====================
6개의 주사위가 모두 동일한 숫자가 나옴 --> 5 5 5 5 5 5
6개가 동일한 숫자가 나올 때까지 주사위를 던진 횟수 --> 10489
6개가 동일한 숫자가 나올 때까지, 1~6의 연속번호가 나온 횟수 --> 174
>>>
Ln: 102 Col: 0
```

코드

```
import random

## 전역 변수 선언 부분 ##
dice1, dice2, dice3, dice4, dice5, dice6 = [0] * 6
throwCount, serialCount = 0, 0

## 메인 코드 부분 ##
if __name__ == "__main__" :
    while True :
        throwCount += 1

        dice1 = random.randrange(1, 7)
        dice2 = random.randrange(1, 7)
        dice3 = random.randrange(1, 7)
        dice4 = random.randrange(1, 7)
        dice5 = random.randrange(1, 7)
        dice6 = random.randrange(1, 7)

        if dice1 == dice2 == dice3 == dice4 == dice5 == dice6 :
            print('6개의 주사위가 모두 동일한 숫자가 나옴 -->', dice1, dice2, dice3, dice4,
                    dice5, dice6)
            break
        elif (dice1 == 1 or dice2 == 1 or dice3 == 1 or dice4 == 1 or dice5 == 1 or dice6 == 1) and \
            (dice1 == 2 or dice2 == 2 or dice3 == 2 or dice4 == 2 or dice5 == 2 or dice6 == 2) and \
            (dice1 == 3 or dice2 == 3 or dice3 == 3 or dice4 == 3 or dice5 == 3 or dice6 == 3) and \
            (dice1 == 4 or dice2 == 4 or dice3 == 4 or dice4 == 4 or dice5 == 4 or dice6 == 4) and \
            (dice1 == 5 or dice2 == 5 or dice3 == 5 or dice4 == 5 or dice5 == 5 or dice6 == 5) and \
            (dice1 == 6 or dice2 == 6 or dice3 == 6 or dice4 == 6 or dice5 == 6 or dice6 == 6) :
```

```
28     serialCount += 1
29
30 print('6개가 동일한 숫자가 나올 때까지 주사위를 던진 횟수 -->', throwCount)
31 print('6개가 동일한 숫자가 나올 때까지, 1~6의 연속번호가 나온 횟수 -->', serialCount)
```

코드 설명

4~5행	주사위 6개의 숫자를 저장할 변수, 전체 던진 횟수(throwCount)와 1~6이 연속으로 나온 횟수(serialCount)를 저장할 변수를 준비한다.
9~28행	무한 반복한다.
10행	전체 던진 횟수를 1 증가시킨다.
12~17행	주사위를 6번 던져서 나온 숫자를 각각 저장한다. random.randrange(1, 7)은 1부터 6까지의 숫자 중 하나를 반환한다.
19~21행	던진 주사위 6개의 숫자가 모두 같다면 주사위 숫자를 출력하고, break 문으로 while 문을 빠져나가 30행으로 건너뛴다.
22~28행	주사위 6개의 숫자가 1~6인지 확인한다. 맞다면 28행에서 연속으로 나온 횟수를 1 증가시킨다.
30~31행	동일한 숫자가 나온 후 while 문이 종료되고, 6개가 동일한 숫자가 나올 때까지 주사위를 던진 횟수와 그동안 1~6의 연속 숫자가 나온 횟수를 출력한다.

응용예제 02

거북이 서로 만나게 하기

난이도★★★★☆

예제 설명 거북이 세 마리가 서로 만날 때까지 화면을 임의로 돌아다니도록 하자. 세 마리 중 서로 만나는 거북이가 있다면 움직임을 멈추고, 모든 거북이의 크기를 세 배로 키운다.

실행 결과

코드

```
import turtle
import math
import random

## 전역 변수 선언 부분 ##
t1, t2, t3 = [None] * 3
t1X, t1Y, t2X, t2Y, t3X, t3Y = [0] * 6
swidth, sheight = 300, 300

## 메인 코드 부분 ##
if __name__ == "__main__" :
    turtle.title('거북이 만나기')
    turtle.setup(width = swidth + 50, height = sheight + 50)
    turtle.screensize(swidth, sheight)

    t1 = turtle.Turtle('turtle'); t1.color('red'); t1.penup()
    t2 = turtle.Turtle('turtle'); t2.color('green'); t2.penup()
    t3 = turtle.Turtle('turtle'); t3.color('blue'); t3.penup()

    t1.goto(-100, -100); t2.goto(0, 0); t3.goto(100, 100)

    while True :
```

```
23
24     angle = random.randrange(0, 360)
25     dist = random.randrange(1, 50)
26     t1.left(angle); t1.forward(dist)
27     angle = random.randrange(0, 360)
28     dist = random.randrange(1, 50)
29     t2.left(angle); t2.forward(dist)
30     angle = random.randrange(0, 360)
31     dist = random.randrange(1, 50)
32     t3.left(angle); t3.forward(dist)
33
34     t1X = t1.xcor(); t1Y = t1.ycor()
35     t2X = t2.xcor(); t2Y = t2.ycor()
36     t3X = t3.xcor(); t3Y = t3.ycor()
37
38     if math.sqrt(((t1X - t2X) * (t1X - t2X)) + ((t1Y - t2Y) * (t1Y - t2Y))) <= 20 or \
39       math.sqrt(((t1X - t3X) * (t1X - t3X)) + ((t1Y - t3Y) * (t1Y - t3Y))) <= 20 or \
40       math.sqrt(((t2X - t3X) * (t2X - t3X)) + ((t2Y - t3Y) * (t2Y - t3Y))) <= 20 :
41         t1.turtlesize(3); t2.turtlesize(3); t3.turtlesize(3)
42         break
43
44 turtle.done()
```

코드 설명

6~8행	거북이 세 마리를 저장할 변수, 각 거북이의 X와 Y 좌표, 윈도창의 크기를 저장할 변수를 준비한다.
16~18행	turtle.Turtle() 함수로 거북이를 생성하고, color() 함수로 색상을 지정하며, penup() 함수로 선을 그리지 않도록 한다. 세미콜론(;)은 한 줄에 이어서 쓰려고 사용한 것이므로 한 줄씩 줄바꿈해 작성해도 상관없다. 결국 색상이 다른 거북이 세 마리가 생성된다.
20행	거북이 세 마리의 초기 위치를 서로 다르게 했다. 거북이의 속도를 빠르게 하려면 21행쯤에 t1.speed(10); t2.speed(10); t3.speed(10) 코드를 추가한다.
22~42행	거북이를 만날 때까지 무한 반복한다.
24~26행, 27~29행, 30~32행	각도와 거리를 임의로 추출해서 각각의 거북이를 움직인다.
34~36행	각 거북이의 현재 위치를 추출한다.
38~42행	거북이끼리 거리가 20 미만이면 만난 것으로 처리한다. 두 거북이의 거리는 $(X2-X1)^2+(Y2-Y1)^2$으로 계산한다. 거북이끼리 만나면 각 거북이의 크기를 세 배로 확대하고 반복문을 종료한 후 프로그램을 닫는다.

응용예제 03 비밀번호 수준 검사하기

난이도★★★★☆

예제 설명 비밀번호의 수준을 '강력, 보통, 약함'으로 구분하는 코드를 만들어 보자.

① 강력: 길이가 12자 이상이며, 대문자, 소문자, 숫자, 특수문자를 모두 포함
② 보통: 길이가 8자 이상이며, 대문자, 소문자, 숫자 중 2가지 이상을 포함
③ 약함: 앞 조건이 모두 만족하지 않을 때

실행 결과

```
IDLE Shell
File Edit Shell Debug Options Window Help
===================== RESTART: C:\CookPython\Ex05-03.py ================
비밀번호를 입력하세요: CookBook#123
비밀번호 수준: 강력한 비밀번호입니다.
>>>
===================== RESTART: C:\CookPython\Ex05-03.py ================
비밀번호를 입력하세요: CookBook123
비밀번호 수준: 보통 비밀번호입니다.
>>>
===================== RESTART: C:\CookPython\Ex05-03.py ================
비밀번호를 입력하세요: cookbook
비밀번호 수준: 약한 비밀번호입니다.
>>>
Ln: 53 Col: 0
```

코드

```
## 변수 선언부##
password = ""
special_chars = "~!@#$%^&*_-"
length_ok_8 = False
length_ok_12 = False
upper_ok = False
lower_ok = False
digit_ok = False
special_ok = False

## 메인 코드부##
password = input("비밀번호를 입력하세요: ")

if len(password) >= 12:
    length_ok_12 = True
elif len(password) >= 8:
    length_ok_8 = True

for char in password:
    if 'A' <= char <= 'Z':
        upper_ok = True
```

```
22      elif 'a' <= char <= 'z':
23          lower_ok = True
24      elif '0' <= char <= '9':
25          digit_ok = True
26      elif char in special_chars:
27          special_ok = True
28
29  if length_ok_12 and upper_ok and lower_ok and digit_ok and special_ok:
30      print("비밀번호 수준: 강력한 비밀번호입니다.")
31  elif length_ok_8 and ((upper_ok and lower_ok) or (upper_ok and digit_ok) or (lower_ok and digit_ok)):
32      print("비밀번호 수준: 보통 비밀번호입니다.")
33  else:
34      print("비밀번호 수준: 약한 비밀번호입니다.")
```

코드 설명

2~9행	변수를 미리 준비한다.
12행	비밀번호를 입력받는다.
14~17행	비밀번호의 길이가 12 이상이면 length_ok_12를, 8 이상이면 length_ok_8을 True로 설정한다.
19~27행	입력한 비밀번호를 한 글자씩 추출해서 대문자, 소문자, 숫자, 특수문자가 포함되었는지 확인한 후, 각 변수를 True로 설정한다.
29~34행	조건에 모두 맞는지, 길이가 8글자 이상에 2개의 조건을 만족하는지, 그 외의 경우인지 확인해서 결과를 출력한다.

CHAPTER 06

반복문

학습목표

- 기본 for 문과 중첩 for 문의 형식과 사용법을 익힌다.
- for 문과 비슷한 while 문의 형식과 사용법을 익힌다.
- 반복문을 다양하게 활용하는 방법을 익힌다.
- 반복문을 이용해 구구단과 별 모양으로 마름모를 출력하는 프로그램을 만든다.

SECTION 01 이 장에서 만들 프로그램
SECTION 02 기본 for 문
SECTION 03 중첩 for 문
SECTION 04 while 문
SECTION 05 break 문과 continue 문
요약
연습문제
응용예제

SECTION 01

이 장에서 만들 프로그램

이 장에서는 프로그래밍에서 if 문만큼 중요한 반복문을 배운다. 앞 장에서도 for 문을 약간씩 사용했었지만, 이 장에서 확실하게 익혀 보자. 반복문은 지정한 횟수만큼 지정된 코드를 반복해서 실행한다. 필요하다면 무한 반복도 가능하다. 컴퓨터가 인간보다 창의력은 떨어지지만, 반복문 덕분에 훨씬 많은 작업을 빨리 처리할 수 있다. 가장 많이 사용하는 반복문인 for 문과 while 문을 다양한 예제와 함께 실습해 보자.

1 [프로그램 1] 구구단 출력

첫 번째는 구구단을 표 형태로 출력하는 프로그램이다. print( ) 함수만 사용하는 무식한 방법으로도 만들 수 있지만 이 장에서 배울 for 문을 사용해 프로그램을 만들 것이다. for 문도 하나가 아니라 2번 중복하는 중첩 for 문을 사용한다.

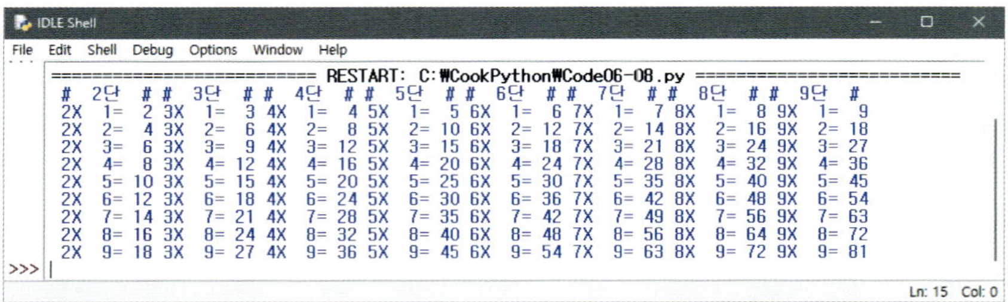

2 [프로그램 2] 마름모 모양 출력

두 번째는 3장의 [프로그램 1]과 비슷한 별 모양으로 마름모를 출력하는 프로그램이다. 3장에서는 print( ) 함수로만 출력했지만, 이 장에서는 while 문을 적극 활용할 것이다.

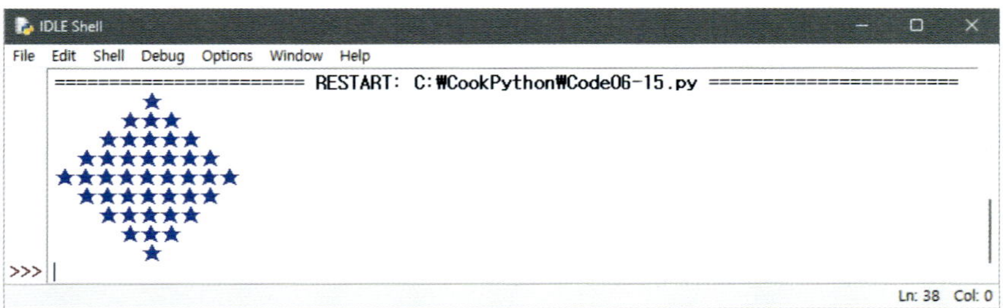

SECTION 02

기본 for 문

1 반복문의 개념과 필요성

반복문은 말 그대로 문장을 반복해서 만드는 것으로, 반복문이 없다면 코드가 너무 길어 프로그래밍을 하기가 어려울 것이다. 하지만 반복문 덕분에 수천수만 번 이상 해야 할 일을 간단하게 끝낼 수 있다. 반복문은 크게 for 문과 while 문으로 나누는데, 먼저 가장 활용도가 높은 for 문부터 살펴보자.

프로그램에서 반복은 왜 필요할까? 우선 지금까지 배운 내용을 바탕으로 다음 결과를 출력하는 프로그램을 만들어 보자.

출력 결과

```
안녕하세요? for 문을 공부 중입니다. ^^
안녕하세요? for 문을 공부 중입니다. ^^
안녕하세요? for 문을 공부 중입니다. ^^
```

다음 코드를 보지 않고도 작성할 수 있다면 지금까지 설명한 내용을 잘 이해한 것이다.

Code06-01(1).py

```
print("안녕하세요? for 문을 공부 중입니다. ^^")
print("안녕하세요? for 문을 공부 중입니다. ^^")
print("안녕하세요? for 문을 공부 중입니다. ^^")
```

별로 어렵지 않다. 굳이 세 줄을 다 입력할 필요 없이 print("안녕하세요? for 문을 공부 중입니다. ^^")를 입력한 후 복사(Ctrl+C), 붙여넣기(Ctrl+V)로 완성하면 된다.

그런데 이렇게 3번이 아니라 10번을 출력해야 한다면? 이것도 별로 문제되지 않는다. 그렇다면 100번은 어떨까? 아니 1000번, 10000번은? 이제부터는 이야기가 조금 달라진다. 아무리 복사해 붙이더라도 10000번은 무리일 것 같다. 이때 필요한 것이 반복문이다. 아직 완전히 이해되지 않더라도 다음 코드를 입력해서 결과를 살펴보자.

Code06-01(2).py

```
1 for i in range(0, 3, 1) :
2     print("안녕하세요? for 문을 공부 중입니다. ^^")
```

출력 결과

```
안녕하세요? for 문을 공부 중입니다. ^^
안녕하세요? for 문을 공부 중입니다. ^^
안녕하세요? for 문을 공부 중입니다. ^^
```

print( ) 함수는 2행에서 한 번밖에 사용하지 않았지만 Code06-01(1).py와 결과가 같다. 상세한 내용은 이어서 계속 살펴보기로 하고, 우선은 1행의 range(0, 3, 1)을 보자. 가운데가 3이므로 3번을 수행한다는 것을 미루어 짐작할 수 있을 것이다. 10000번을 반복해야 한다면 숫자 3 대신에 10000을 입력하면 될 것 같다.

2 for 문의 개념

for 문의 기본 형식은 다음과 같다.

```
for 변수 in range(시작값, 끝값+1, 증가값) :
    이 부분을 반복
```

range( ) 함수는 지정된 범위의 값을 반환한다. 앞에서 사용한 range(0, 3, 1)은 0에서 시작해 2까지 1씩 증가하는 값을 반환한다. 하지만 표시된 숫자보다 하나 작은 숫자까지 반환된다는 점에 주의한다. 예를 들어 3일 때는 이것보다 하나 작은 2까지 반환한다.

TIP • range(0, 3, 1)이 0, 1, 2만 해당하고 3은 반환하지 않는 것이 처음에는 이상하겠지만, 앞으로 배울 리스트를 생각하면 이 방식을 더 편리하게 느낄 것이다. 리스트는 0부터 시작하므로 3개의 리스트는 0, 1, 2로 표시하기 때문이다. 리스트는 7장에서 자세히 다룬다.

즉 range(0, 3, 1)은 0, 1, 2를 반환하며, 변수에 값을 하나씩 대입하면서 반복문을 수행한다. 세 번째 증가값을 생략하면 1로 인식하므로 range(0, 3, 1)은 range(0, 3)과도 같다. 시작값도 생략이 가능한데, 생략하면 0으로 인식하므로 range(3)은 range(0, 3, 1)과 같다.

다시 range( ) 함수를 사용한 코드를 살펴보자.

```
for i in range(0, 3, 1) :
    print("안녕하세요? for 문을 공부 중입니다. ^^")
```

range(0, 3, 1)은 [0, 1, 2]와 같으므로 내부적으로 다음과 같이 변경된다.

```
for i in [0, 1, 2] :
    print("안녕하세요? for 문을 공부 중입니다. ^^")
```

그리고 i에 0, 1, 2를 차례로 대입한 후 다음과 같이 3회 반복한다.

- **제1회** : i에 0을 대입한 후 print( ) 함수 수행
- **제2회** : i에 1을 대입한 후 print( ) 함수 수행
- **제3회** : i에 2를 대입한 후 print( ) 함수 수행

결과적으로 3회의 '안녕하세요?~' 문장이 출력된다. 실행할 문장이 여러 개라면 print( ) 문 아래에 들여쓰기하여 계속 작성한다.

그런데 앞의 코드에서는 i에 값을 대입만 했지 사용하지는 않았다. 이제는 i값을 코드 내부에서 사용해 보자. 먼저 각 행의 맨 앞에 i값을 출력해 보자.

```
for i in range(0, 3, 1) :
    print("%d : 안녕하세요? for 문을 공부 중입니다. ^^" % i)
```

출력 결과

```
0 : 안녕하세요? for 문을 공부 중입니다. ^^
1 : 안녕하세요? for 문을 공부 중입니다. ^^
2 : 안녕하세요? for 문을 공부 중입니다. ^^
```

TIP • _(언더바)

i를 사용하지 않으려면 i 대신 다음과 같이 _(언더바)를 사용해도 된다.

```
for _ in range(0, 3, 1) :
    print("안녕하세요? for 문을 공부 중입니다. ^^")
```

간단히 print( ) 함수에서 i값을 사용해 맨 앞에 숫자를 출력했다. for 문의 개념을 어느 정도 잡았다면 이제는 다양한 예제를 작성하면서 for 문을 완전히 이해해 보자.

바로 앞의 코드에서 range( ) 함수의 시작값을 2로 하고, i값을 1씩 줄여 가며(0이 될 때까지) print( ) 함수를 3번 실행하도록 프로그램을 수정해 보자. 먼저 스스로 고친 후 수정된 다음 코드를 본다면 실력 향상에 더욱 도움이 될 것이다.

```
for i in range(2, -1, -1) :
    print("%d : 안녕하세요? for 문을 공부 중입니다. ^^" % i)
```

출력 결과

```
2 : 안녕하세요? for 문을 공부 중입니다. ^^
1 : 안녕하세요? for 문을 공부 중입니다. ^^
0 : 안녕하세요? for 문을 공부 중입니다. ^^
```

range( ) 함수의 증가값을 −1로 바꾸고, 시작값은 2부터 시작했다. 주의할 점은 2, 1, 0이 나와야 하므로 끝값은 그것보다 하나 더 진행한 −1로 해야 한다. 그래야 0까지 처리된다.

이번에는 for 문 안에서 i값을 활용할 수 있도록 1~5의 숫자들을 차례로 출력해 보자.

```
for i in range(1, 6, 1) :
    print("%d " % i, end = " ")
```

출력 결과

```
1 2 3 4 5
```

range(1, 6, 1)은 1부터 5까지 반환한다. 그런데 출력 결과를 모두 한 줄에 표시했다. print( ) 함수의 마지막에 end=" "를 넣어 마지막을 공백으로 처리해 한 칸씩 띄어 출력한 것이다. 이것을 삭제하면 print( ) 함수가 끝나고 자동으로 다음 행으로 넘어간다.

3 for 문을 활용한 합계 구하기

본격적으로 for 문을 활용한 프로그램을 만들어 보자. 먼저 for 문을 배우기 전의 방식으로 1~10의 합계를 구하는 프로그램을 만든다. 이 정도는 for 문을 사용하지 않고도 덧셈(+) 연산만으로 간단히 작성할 수 있다.

```
hap = 1 + 2 + 3 + 4 + 5 + 6 + 7 + 8 + 9 + 10
print("1에서 10까지의 합계 : %d" % hap)
```

출력 결과

```
1에서 10까지의 합계 : 55
```

코드가 아주 간단하고 결과도 바르게 출력했지만, 1에서 1000까지의 합계를 구한다면 hap=1+2+3+⋯+1000을 입력해야 할 것이다. 게다가 중간에 오타라도 있다면 틀린 결과를 출력할 것이다. 이 방식으로 프로그램을 만드는 것은 바람직하지 않으며, 차라리 휴대폰의 계산기를 사용하는 편이 더 낫다.

이처럼 반복적인 덧셈을 수행할 때는 앞에서 배운 for 문을 활용해야 한다. 다음과 같이 생각해 보자.

```
1부터 10까지 변할 i 변수 준비

for i 변수가 1을 시작으로 10까지 1씩 증가
    hap값에 i값을 더해 줌

hap값 출력
```

이 내용을 코드로 그대로 옮겨 보자.

Code06-02(1).py

```
1 i = 0
2
3 for i in range(1, 11, 1) :
4     hap = hap + i
5
6 print("1에서 10까지의 합계 : %d" % hap)
```

출력 결과

```
Traceback (most recent call last):
    File "C:\CookPython\Code06-02(1).py", line 4, in <module>
        hap = hap + i
NameError: name 'hap' is not defined
```

실행하니 오류가 발생했다. 왜 이럴까? 바로 hap 변수가 선언되지 않았기 때문이다. 그런데 파이썬은 변수를 선언하지 않아도 여태 잘 사용하지 않았는가? 그렇다. 파이썬은 변수의 선언이 없다. 하지만 4행 hap=hap+i에서는 hap에 어떤 값이 있어야 다시 누적이 되는데, hap 자체가 존재하지 않아 더할 것이 없어서 오류가 발생한 것이다. 1행에 hap을 초기화하는 코드를 추가해 보자.

Code06-02(2).py

```
1 i, hap = 0, 0
2
3 for i in range(1, 11, 1) :
4     hap = hap + i
5
6 print("1에서 10까지의 합계 : %d" % hap)
```

출력 결과

```
1에서 10까지의 합계 : 55
```

결과가 바르게 출력되었다. Code06-02(2).py에서 주의할 점은 i 변수와 hap 변수의 값이다. 이 값들은 [그림 6-1]과 같이 변한다.

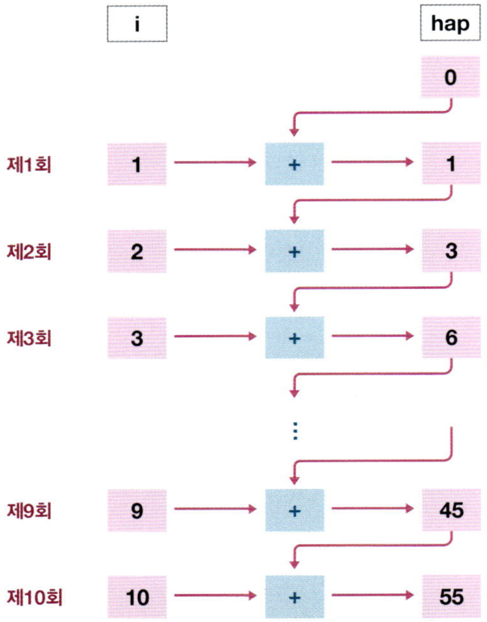

그림 6-1 i 와 hap 변수 값의 변화

Code06-02(2).py의 1행에서 i 및 hap을 0으로 초기화한다. 그리고 3~4행이 반복된다. 제1회에서 i값 1을 현재의 hap값 0과 더해 다시 hap에 넣는다. 제2회에서는 i값 2를 현재의 hap값 1과 더해 다시 hap에 넣는다. 이 과정이 제10회까지 반복되면 1에서 10까지 더한 값이 hap에 들어간다.

그럼 왜 이렇게 복잡하게 프로그램을 만들까? 이제는 10이 아니라 100까지의 합계를 출력한다고 하자. Code06-02(2).py에서 3행의 11을 101로 고치고, 6행의 출력 부분 10을 100으로 고친 후 다시 실행해 보자. 결과로 5050이 출력될 것이다. 이제부터는 아무리 큰 수의 합이라도 숫자만 바꾸면 된다. 이것이 반복문을 사용하는 가장 큰 이유이다.

이어서 500과 1000 사이에 있는 홀수의 합계를 구하는 프로그램을 만들어 보자.

Code06-03.py

```
i, hap = 0, 0

for i in range(501, 1001, 2) :
    hap = hap + i
```

```
5
6 print("500과 1000 사이에 있는 홀수의 합계 : %d" % hap)
```

출력 결과

```
500과 1000 사이에 있는 홀수의 합계 : 187500
```

for 문의 범위를 지정하는 range( ) 함수의 시작값, 끝값+1, 증가값만 적절히 변경하면 다양한 형태의 합계를 구할 수 있다. Code06-03.py는 3행에서 시작값을 501(홀수이므로)로, 끝값+1을 1001로, 증가값을 2로 설정해 501부터 시작해서 1000까지의 홀수를 모두 더하는 형태이다.

SELF STUDY 6-1

Code06-03.py를 0과 100 사이에 있는 7의 배수 합계를 구하도록 수정해 보자.

출력 결과

```
0과 100 사이에 있는 7의 배수 합계 : 735
```

4 키보드로 입력한 값까지 합계 구하기

이제는 앞에서 만든 유용한 프로그램을 다른 사람들이 사용할 수 있게 하고 싶다. 하지만 사람마다 사용하는 숫자가 다를 수 있다. 이때마다 사람들에게 소스 코드를 수정한 후 다시 실행하라고 말한다면 어떨까? 여러분은 지금까지 열심히 공부했기에 소스 코드를 수정하지 않고도 바로 다시 실행할 수 있을 것이다. 하지만 파이썬을 공부한 적이 없는 사람은 마치 TV의 부품을 주면서 알아서 TV를 조립해 보라고 말하는 것과 같을 것이다.

그래서 이제는 매번 소스를 수정하지 않고, 실행할 때마다 숫자를 키보드로 입력해 입력한 수까지의 합계를 구해 보려고 한다. 이전에도 몇 번 사용한 input( ) 함수로 사용자가 원하는 값을 입력받은 후 1부터 사용자가 입력한 수까지 합계를 구하는 프로그램을 만들어 보자.

Code06-04.py

```
i, hap = 0, 0
num = 0

num = int(input("값을 입력하세요 : "))

for i in range(1, num + 1, 1) :
    hap = hap + i

print("1에서 %d까지의 합계 : %d" % (num, hap))
```

출력 결과

```
값을 입력하세요 : 100
1에서 100까지의 합계 : 5050
```

2행에서 사용자가 입력한 값을 저장할 num 변수를 선언하고, 4행에서 input( ) 함수로 사용자가 입력한 숫자를 num에 대입한다. 6행에서는 range(1, 입력숫자+1, 1)을 사용해 1부터 사용자가 입력한 숫자(num)까지 1씩 증가하면서 for 문을 반복한다. 사용자가 입력한 숫자까지 합계를 구해 9행에서 사용자가 입력한 숫자와 함께 출력한다.

이제는 시작값과 끝값, 증가값까지 사용자에게 입력받을 수 있도록 하자. 사용자 의도를 충분히 반영해 합계를 구하는 쓸 만한 프로그램으로 탈바꿈할 수 있다.

Code06-05.py

```
1  i, hap = 0, 0
2  num1, num2, num3 = 0, 0, 0
3
4  num1 = int(input("시작값을 입력하세요 : "))
5  num2 = int(input("끝값을 입력하세요 : "))
6  num3 = int(input("증가값을 입력하세요 : "))
7
8  for i in range(num1, num2 + 1, num3) :
9      hap = hap + i
10
11 print("%d에서 %d까지 %d씩 증가시킨 값의 합계 : %d" % (num1, num2, num3, hap))
```

출력 결과

```
시작값을 입력하세요 : 2
끝값을 입력하세요 : 300
증가값을 입력하세요 : 3
2에서 300까지 3씩 증가시킨 값의 합계 : 15050
```

4~6행에서 값을 3개 입력받고, 8행에서 입력한 값을 사용해 range( ) 함수를 지정했다.

하나 더 응용해 보자. 사용자가 입력한 숫자의 단으로 구구단을 출력하는 프로그램을 만들어 보자. 당연히 for 문을 사용해야 한다.

Code06-06.py

```
1 i, dan = 0, 0
2
3 dan = int(input("단을 입력하세요 : "))
4
5 for i in range(1, 10, 1) :
6     print("%d X %d = %2d" % (dan, i, dan * i))
```

출력 결과

```
단을 입력하세요 : 7
7 X 1 =  7
7 X 2 = 14
… 중략 …
7 X 9 = 63
```

1행에서 출력하려는 단을 입력받아 저장할 변수를 선언하고, 3행에서 키보드로 입력받는다. 구구단은 입력한 수에 1에서 9까지 곱해야 하므로 5행의 i는 1에서 9까지 증가하게 한다. 6행에서는 구구단의 각 행을 출력한다.

SELF STUDY 6-2

Code06-06.py를 수정해서 입력한 단을 거꾸로 출력하도록 해 보자.

출력 결과

```
단을 입력하세요 : 7
9 X 7 = 63
8 X 7 = 56
… 중략 …
1 X 7 = 7
```

SECTION 03

중첩 for 문

지금까지의 내용을 잘 이해했다면 대부분의 for 문을 어렵지 않게 작성할 수 있을 것이다. 이제는 조금 더 복잡한 중첩 for 문을 배워 보자.

1 중첩 for 문의 개념

중첩 for 문은 for 문 내부에 또 다른 for 문이 들어 있는 형태이다. 다음을 보자. 바깥 for 문과 안쪽 for 문이 반복되고 있는데, 바깥 for 문은 3회, 안쪽 for 문은 2회 반복된다고 가정한다.

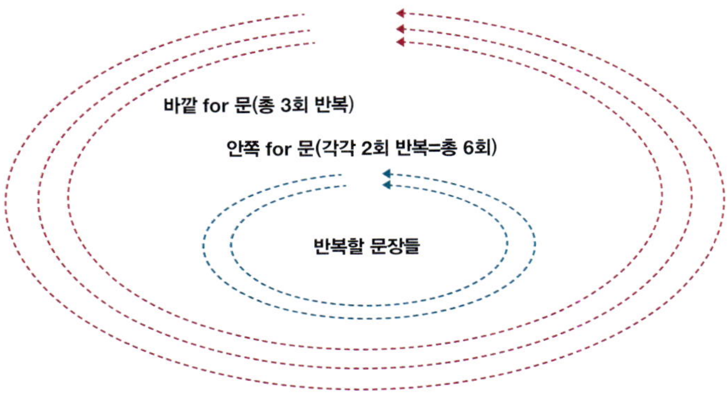

그림 6-2 중첩 for 문의 작동 개념

먼저 바깥 for 문의 첫 번째 반복이 실행되고, 안쪽 for 문의 '반복할 문장들'은 2번 반복된다. 다시 바깥 for 문의 두 번째 반복이 실행되고, 안쪽 for 문의 '반복할 문장들'은 또 처음부터 2번 반복된다. 마지막으로 바깥 for 문의 세 번째 반복이 실행되고, 안쪽 for 문의 '반복할 문장들'은 또다시 처음부터 2번 반복된다. 그래서 결국 바깥쪽이 3번 도는 동안에 안쪽은 각각 2번씩 돌게 되어 총 3×2=6번 반복한다. 다음은 중첩 for 문의 기본 형식을 보여 주는 코드이다.

```
for i in range(0, 3, 1) :
    for k in range(0, 2, 1) :
        print("파이썬은 꿀잼입니다. ^^ (i값 : %d, k값 : %d)" % (i, k))
```

출력 결과

```
파이썬은 꿀잼입니다. ^^ (i값 : 0, k값 : 0)
파이썬은 꿀잼입니다. ^^ (i값 : 0, k값 : 1)
파이썬은 꿀잼입니다. ^^ (i값 : 1, k값 : 0)
파이썬은 꿀잼입니다. ^^ (i값 : 1, k값 : 1)
파이썬은 꿀잼입니다. ^^ (i값 : 2, k값 : 0)
파이썬은 꿀잼입니다. ^^ (i값 : 2, k값 : 1)
```

TIP • 일반적으로 중첩 for 문을 2개 사용할 때는 i와 j를 많이 쓰는데, 둘이 비슷해 보여 실수가 잦으므로 여기에서는 i, j 대신 i, k를 사용했다.

중첩 for 문의 실행 횟수는 '바깥 for 문 반복횟수×안쪽 for 문 반복횟수'이다. 첫 번째 for 문은 i값이 0, 1, 2로 3회 수행되고, 두 번째 for 문은 k값이 0, 1로 2회 수행된다. 그러므로 결국 3×2=6번 반복되었다. 처리 순서는 다음과 같고, 이를 그림으로 표현하면 [그림 6-3]과 같다.

여기서 핵심은 외부 변수인 i가 계속 0, 1, 2로 변경된 후 끝나지만, 내부 변수인 k는 0과 1을 계속 반복한다는 점이다.

```
❶ 외부 for 문 1회 : i에 0을 대입
  내부 for 문 1회 : k에 0을 대입 후 print() 함수 수행
  내부 for 문 2회 : k에 1을 대입 후 print() 함수 수행
```

```
❷ 외부 for 문 2회 : i에 1을 대입
  내부 for 문 1회 : k에 0을 대입 후 print() 함수 수행
  내부 for 문 2회 : k에 1을 대입 후 print() 함수 수행
```

```
❸ 외부 for 문 3회 : i에 2를 대입
  내부 for 문 1회 : k에 0을 대입 후 print() 함수 수행
  내부 for 문 2회 : k에 1을 대입 후 print() 함수 수행
```

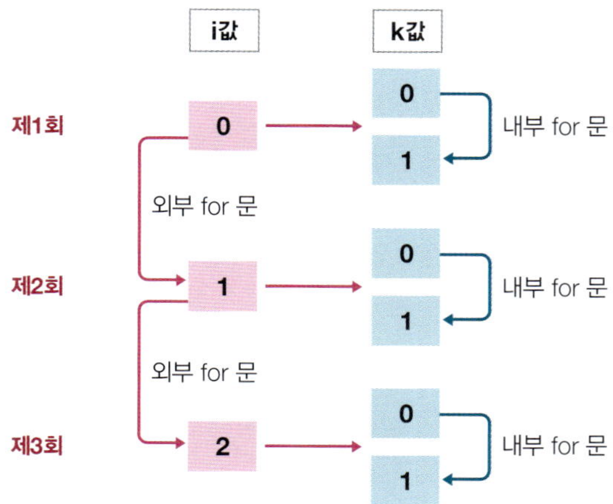

그림 6-3 중첩 for 문에서 i와 k값의 변화

2 중첩 for 문의 활용

지금까지 연습한 중첩 for 문을 활용해서 2단부터 9단까지 구구단을 출력해 보자. i와 k 변수는 [그림 6-4]를 참고해 추출한다.

그림 6-4 구구단에서 i와 k 변수 추출

구구단의 각 단은 2, 3, 4, …, 9까지 1회만 증가한 후 끝나고, 뒷자리는 1에서 9까지 반복된다. 이를 프로그램으로 만들면 다음과 같다.

Code06-07.py

```
i, k = 0, 0

for i in range(2, 10, 1) :
    for k in range(1, 10, 1) :
        print("%d X %d = %2d" % (i, k, i * k))
    print("")
```

출력 결과

```
2 X 1 =  2
2 X 2 =  4
2 X 3 =  6
2 X 4 =  8
… 중략 …
9 X 8 = 72
9 X 9 = 81
```

결과가 바르게 출력되었다. 3행에서는 2단에서 9단까지 반복하고, 4행에서는 각 단의 뒷자리 숫자를 1에서 9까지 반복한다. 5행에서 구구단을 형식에 맞추어 출력한다. 6행은 각 단이 끝나면 한 줄을 띄우려고 사용했다.

SELF STUDY 6-3

Code06-07.py를 각 단의 제목이 출력되도록 수정해 보자.

출력 결과

```
## 2단 ##
2 X 1 =  2
2 X 2 =  4
2 X 3 =  6
```

3 [프로그램 1]의 완성

구구단을 표 형태로 출력하는 [프로그램 1]을 완성해 보자. Code06-07.py의 결과는 세로로 출력되므로 위아래로 스크롤해야 전체 결과를 볼 수 있다. 하지만 오른쪽 공백까지 활용해 한 눈에 보이는 구구단을 만든다면 훨씬 보기 좋을 것이다.

화면에 출력할 때 주의할 점이 있는데, 일단 세로 방향으로 한 번 출력하면 다시 위로는 올라가서 출력할 수 없다. 즉 2단을 출력한 후 다시 화면의 오른쪽 위로 올라가 3단을 출력할 수 없다는 의미이다. 그러므로 우리는 약간 발상을 전환해 가로 내용을 먼저 출력해서 이를 가능하게 하자.

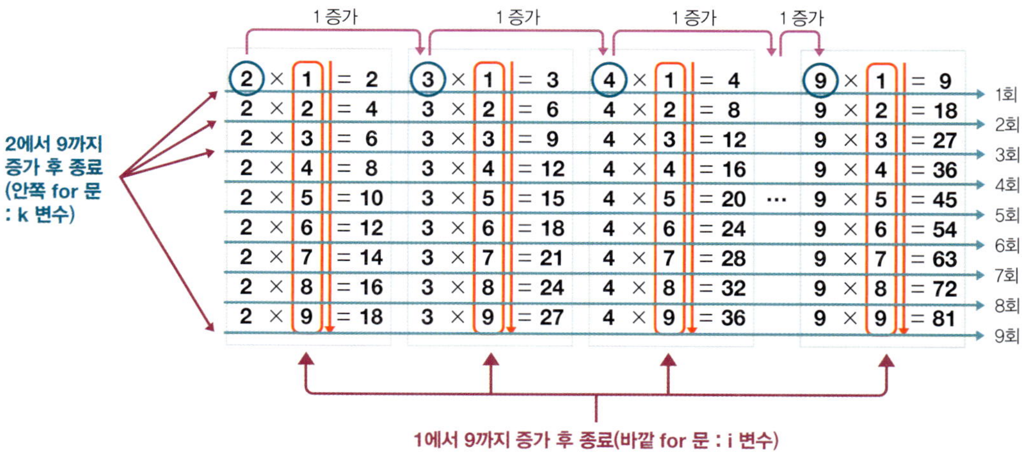

그림 6-5 **구구단에서 i와 k 변수 추출(단 가로 먼저 출력)**

Code06-08.py

```
1  ## 전역 변수 선언 부분 ##
2  i, k, guguLine = 0, 0, ""
3
4  ## 메인 코드 부분 ##
5  for i in range(2, 10) :
6      guguLine = guguLine + ("#  %d단  #" % i)
7
8  print(guguLine)
9
10 for i in range(1, 10) :
11     guguLine = ""
12     for k in range(2, 10) :
13         guguLine = guguLine + str("%2dX %2d= %2d" % (k, i, k * i))
14     print(guguLine)
```

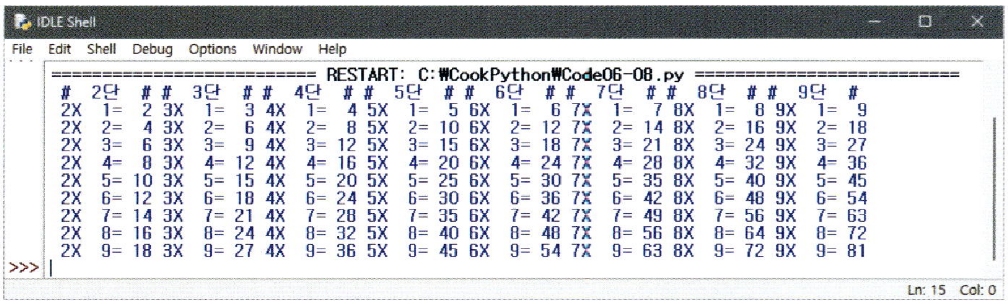

글꼴 문제로 약간 기울어서 출력될 수도 있다. 2행에서 각 줄에 출력될 문자열을 저장하는 guguLine 변수를 준비한다. 5~6행에서는 맨 뒤의 단 제목을 출력하는데 '# 2단 #' 하나 출력, '# 3단 #' 하나 출력이 아니라 guguLine에 각 단의 제목을 문자열로 모두 넣은 후 8행에서 한 번에 출력된다. 10~14행에서는 중첩 for 문으로 구구단을 출력했는데, [그림 6-5]와 같이 한 줄씩 출력된다. 주의해서 볼 점은 가로 한 줄씩 출력하려고 13행에서 k와 i 순서를 바꾸었다는 것이다. 구구단에서는 i와 k를 헷갈리기 쉬운데, 다양한 연습으로 금세 익숙해질 것이다.

SELF STUDY 6-4

Code06-08.py를 구구단이 거꾸로 출력되도록 수정해 보자.

힌트 range() 함수의 값을 큰 값에서 작은 값으로 변경되도록 해야 한다.

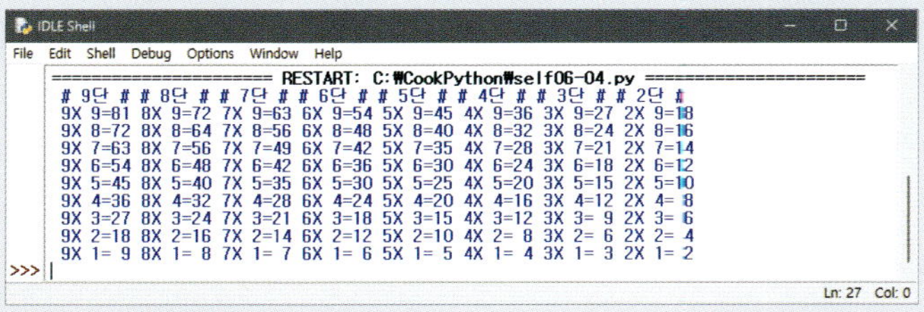

SECTION
04 while 문

while 문은 for 문과 용도가 비슷하지만, 사용 방법은 약간 다르다. while 문은 for 문 다음으로 활용도가 높은데 이 둘을 비교하면서 개념을 잡아 보자.

1 for 문과 while 문 비교

앞에서 학습한 for 문의 형식은 다음과 같다.

```
for 변수 in range(시작값, 끝값+1, 증가값)
```

for 문은 반복할 횟수를 range( ) 함수에서 결정한 후 그 횟수만큼 반복한다. while 문은 반복 횟수를 결정하기보다는 조건식이 참일 때 반복하는 방식이다. while 문의 기본 형식과 실행 순서는 다음과 같다.

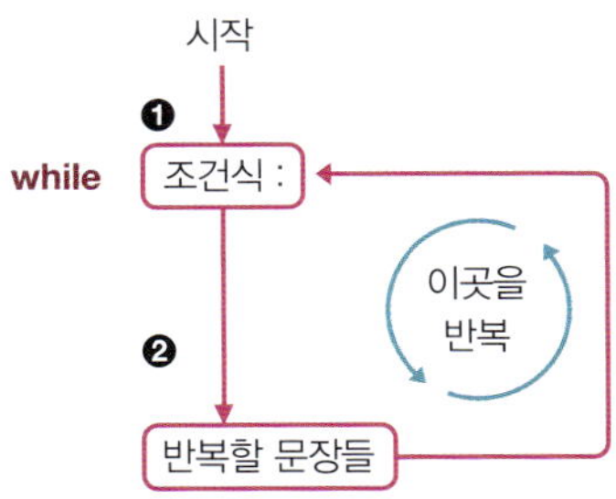

그림 6-6 while 문의 형식과 순서도

먼저 while 문은 while 문 안의 조건식을 확인해 이 값이 참이면 '반복할 문장들'을 수행한다. 그리고 '반복할 문장들'이 끝나는 곳에서 다시 조건식으로 돌아와 같은 동작을 반복한다. 조건식이 참인 동안에는 계속 반복한다는 점에 유의하자.

그런데 for 문에서는 range(시작값, 끝값+1, 증가값)으로 범위를 지정해 반복했지만, while 문에서는 시작값과 끝값이 없으므로 다른 방식으로 사용해야 한다. while 문에는 시작값, 끝값, 증가값을 while 문 안에서 사용하지 않지만, 같은 역할을 하는 문장을 다른 위치에 넣어 사용할 수 있다.

for 문과 비슷하게 사용할 수 있는 while 문의 형식은 다음과 같다.

```
변수 = 시작값
while 변수 < 끝값 :
    이 부분을 반복
    변수 = 변수 + 증가값
```

조금 복잡해 보이지만, 별로 어렵지 않다. for 문으로 '안녕하세요?~' 문장을 3회 출력하는 코드를 다시 살펴보자.

```
for i in range(0, 3, 1) :
    print("%d : 안녕하세요? for 문을 공부 중입니다. ^^" % i)
```

이 코드처럼 문장을 3회 반복하도록 while 문을 사용해 보자.

```
i = 0
while i < 3 :
    print("%d : 안녕하세요? while 문을 공부 중입니다. ^^" % i)
    i = i + 1
```

출력 결과

```
0 : 안녕하세요? while 문을 공부 중입니다. ^^
1 : 안녕하세요? while 문을 공부 중입니다. ^^
2 : 안녕하세요? while 문을 공부 중입니다. ^^
```

for 문에서 사용한 변수와 시작값을 i=0으로 while 문 위에 작성한다. 그리고 for 문의 끝값을 while 문의 조건식인 i<3으로 지정한다. 마지막으로 for 문의 증가값을 while 문의 마지막에 i=i+1로 작성한다. while 문을 사용할 때 자주 볼 수 있는 형태이므로 기억해 두면 좋다.

이번에는 Code06-02(2).py에서 for 문으로 작성한 1에서 10까지의 합계 구하기를 while 문으로 구현해 보자.

Code06-09.py

```
1  i, hap = 0, 0
2
3  i = 1
4  while i < 11 :
5      hap = hap + i
6      i = i + 1
7
8  print("1에서 10까지의 합계 : %d" % hap)
```

출력 결과

```
1에서 10까지의 합계 : 55
```

3행에서 i의 시작값을 1로 지정한다. 4행에서 i가 11보다 작으면 참이 되므로, i가 10일 때까지는 5~6행이 반복된다. 5행에서 hap에 i값(처음에는 1)을 누적시키고, 6행에서 i를 1 증가시킨다. 결국 hap=1+2+…+10이 되므로 55의 결과가 나왔다.

SELF STUDY 6-5

Code06-05.py를 while 문으로 수정해 보자.

힌트 Code06-09.py를 참고한다.

2 무한 루프를 하는 while 문

while 문에 무한 루프(무한 반복)를 사용할 수 있는데, 무한 루프를 적용하려면 'while 조건식 :'에 들어가는 조건식을 True로 지정한다.

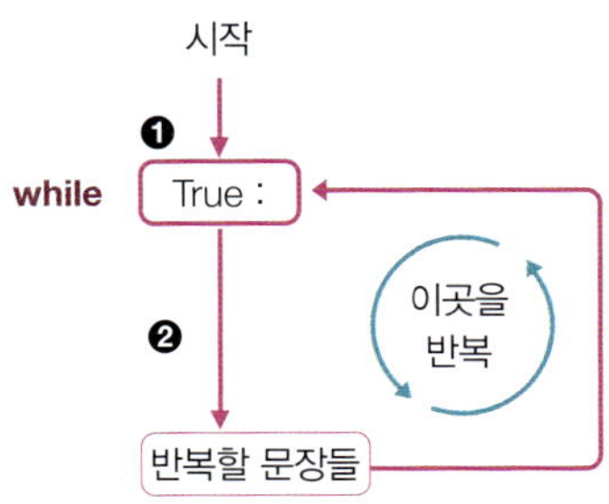

그림 6-7 while 문을 이용한 무한 루프

무한 루프를 반복하는 간단한 while 문을 실행해 보자. 글자가 무한정 출력되는데, 중지하려면 Ctrl+C를 누른다.

```
while True :
    print("ㅋ ", end = " ")
```

출력 결과

```
ㅋ ㅋ ㅋ ㅋ ㅋ ㅋ ㅋ ㅋ  ~~~ 무한 반복
```

무한 루프를 사용해 입력한 두 숫자의 합계를 반복해서 계산하는 프로그램을 작성해 보자. 즉 사용자가 중지하려고 Ctrl+C를 누르기 전까지는 계속 두 숫자를 입력받아 더한 결과를 출력하는 프로그램이다. 4행의 무한 반복문 때문에 사용자가 Ctrl+C를 누를 때까지 5~8행이 반복된다.

Code06-10.py

```
1  hap = 0
2  a, b = 0, 0
3
4  while True :
5      a = int(input("더할 첫 번째 수를 입력하세요 : "))
6      b = int(input("더할 두 번째 수를 입력하세요 : "))
7      hap = a + b
8      print("%d + %d = %d" % (a, b, hap))
```

출력 결과

```
더할 첫 번째 수를 입력하세요 : 55
더할 두 번째 수를 입력하세요 : 22
55 + 22 = 77
더할 첫 번째 수를 입력하세요 : 77
더할 두 번째 수를 입력하세요 : 128
77 + 128 = 205
더할 첫 번째 수를 입력하세요 :
```

이번에는 사용자가 Ctrl+C를 누를 때까지 덧셈뿐만 아니라 뺄셈, 곱셈, 나눗셈, 나머지까지 계산하는 계산기 프로그램을 만들어 보자.

Code06-11.py

```
1  ch = ""
2  a, b = 0, 0
3
4  while True :
5      a = int(input("계산할 첫 번째 수를 입력하세요 : "))
6      b = int(input("계산할 두 번째 수를 입력하세요 : "))
7      ch = input("계산할 연산자를 입력하세요 : ")
8
9      if (ch == "+") :
10         print("%d + %d = %d" % (a, b, a + b))
11     elif (ch == "-") :
12         print("%d - %d = %d" % (a, b, a - b))
13     elif (ch == "*") :
14         print("%d * %d = %d" % (a, b, a * b))
15     elif (ch == "/") :
16         print("%d / %d = %5.2f" % (a, b, a / b))
17     elif (ch == "%") :
18         print("%d %% %d = %d" % (a, b, a % b))
19     elif (ch == "//") :
20         print("%d // %d = %d" % (a, b, a // b))
21     elif (ch == "**") :
22         print("%d ** %d = %d" % (a, b, a ** b))
23     else :
24         print("연산자를 잘못 입력했습니다.")
```

출력 결과

```
계산할 첫 번째 수를 입력하세요 : 22
계산할 두 번째 수를 입력하세요 : 33
계산할 연산자를 입력하세요 : *
22 * 33 = 726
계산할 첫 번째 수를 입력하세요 : 10
계산할 두 번째 수를 입력하세요 : 4
계산할 연산자를 입력하세요 : %
10 % 4 = 2
계산할 첫 번째 수를 입력하세요 :
```

5~6행에서는 두 숫자를 입력받고, 7행에서는 연산자를 입력받는다. 연산자는 +, −, *, /, %, //, ** 중 하나를 입력받는다. 그리고 if~elif~else 문으로 입력한 연산자별로 계산 결과를 보여 준다.

TIP • 다른 프로그래밍 언어는 do~while 문도 제공하지만, 파이썬은 for 문과 while 문만 제공한다.

SECTION 05 break 문과 continue 문

이번에는 프로그램 흐름과 처리 순서 등을 조절하는 제어문을 배운다. 먼저 반복문에서 주로 사용하는 break 문을 살펴본 후 continue 문을 학습한다.

1 반복문을 탈출하는 break 문

앞에서 배운 for 문은 range( ) 함수에서 지정한 범위를 벗어나면 종료한다. while 문은 조건식이 거짓이 되면 종료하거나 무한 반복해 Ctrl+C를 누르면 종료한다. 하지만 계속되는 반복을 논리적으로 빠져나가는 방법도 있는데, 바로 break 문이다.

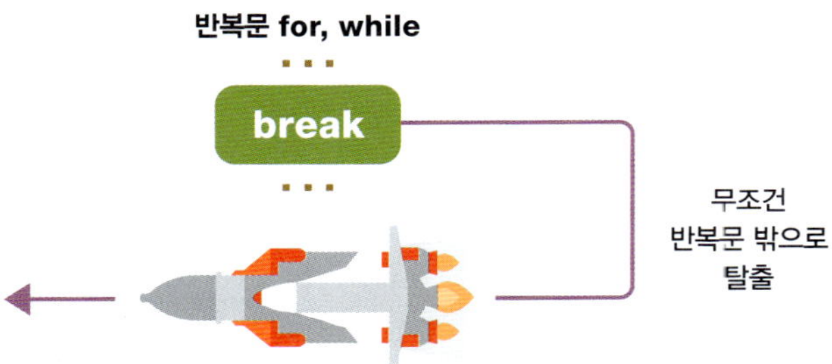

그림 6-8 break 문의 작동

반복문에서 break 문을 만나면 무조건 반복문을 빠져나온다. 먼저 간단한 코드로 확인해 보자.

```
for i in range(1, 100) :
    print("for 문을 %d번 실행했습니다." % i)
    break
```

출력 결과

```
for 문을 1번 실행했습니다.
```

이 코드는 for 문이 99번 실행되도록 계획했지만 break 문을 만나 겨우 한 번만 실행하고는 종료한다. 여기서는 무조건 break 문을 만나도록 코딩했지만, 실제로는 if 문과 함께 사용해 무한 루프를 돌다 특정 조건이 되면 반복문을 빠져나가는 형식으로 코딩한다.

사용자가 Ctrl+C를 누를 때까지 계속 두 수를 더하는 Code06-10.py를 break 문으로 첫 번째 수에 0이 입력될 때 자동으로 종료하도록 수정해 보자.

Code06-12.py

```
1  hap = 0
2  a, b = 0, 0
3
4  while True :
5      a = int(input("더할 첫 번째 수를 입력하세요 : "))
6      if a == 0 :
7          break
8      b = int(input("더할 두 번째 수를 입력하세요 : "))
9      hap = a + b
10     print("%d + %d = %d" % (a, b, hap))
11
12 print("0을 입력해 반복문을 탈출했습니다.")
```

출력 결과

```
더할 첫 번째 수를 입력하세요 : 55
더할 두 번째 수를 입력하세요 : 22
55 + 22 = 77
더할 첫 번째 수를 입력하세요 : 77
더할 두 번째 수를 입력하세요 : 128
77 + 128 = 205
더할 첫 번째 수를 입력하세요 : 0
0을 입력해 반복문을 탈출했습니다.
```

4행에서 무한 반복을 하도록 했다. 5행에서는 a값을 입력받는데, 6행에서 입력한 a값이 0이면 7행을 실행한 후 break 문으로 while 문을 탈출해 11행으로 건너뛴다. 11행에는 아무것도 없으므로 자연스럽게 12행을 실행한다.

SELF STUDY 6-6

'$'를 입력하면 while 문을 빠져나가도록 Code06-12.py를 수정해 보자.

이제 break 문의 또 다른 활용 방법을 알아보자. 1~100을 더하는 프로그램은 앞에서 여러 번 작성했으므로 어렵지 않을 것이다. 이번에는 1~100을 더하되, 누적 합계(hap)가 1000 이상이 되는 시작 지점이 어디인지 구해 보자. 즉 '1+2+3+⋯+?=1000 이상'일 때가 어떤 수인지 알아내려고 한다.

Code06-13.py

```
1  hap, i = 0, 0
2
3  for i in range(1, 101) :
4      hap += i
5
6      if hap >= 1000 :
7          break
8
9  print("1~100의 합계를 최초로 1000이 넘게 하는 숫자 : %d" % i)
```

출력 결과

```
1~100의 합계를 최초로 1000이 넘게 하는 숫자 : 45
```

3행에서 i값이 1부터 100까지 변경되어 100회 실행하고, hap에 i값을 누적했다. 6행에서 hap이 1000보다 크거나 같으면 for 문을 탈출해서 8행으로 건너뛴다. 그리고 9행에서 i값을 출력한다. 결과를 보면 1부터 44까지 더하면 1000 미만이고, 45를 더하는 순간에 1000이 넘어간다.

SELF STUDY 6-7

출력 결과가 동일하도록 Code06-13.py를 while 문으로 변경해 보자.

2 반복문으로 다시 돌아가게 하는 continue 문

continue 문을 만나면 블록의 남은 부분을 무조건 건너뛰고 반복문의 처음으로 돌아간다. 즉 continue 문을 만나면 반복문을 처음부터 다시 수행한다.

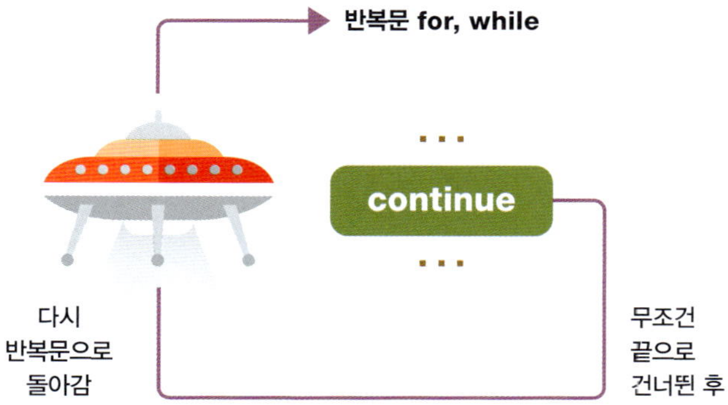

그림 6-9 continue 문의 작동

1~100의 합계를 구하되, 1+2+4+5+7+8+10+…처럼 3의 배수를 건너뛰고(제외하고) 더하는 프로그램을 만들어 보자.

Code06-14.py

```
1 hap, i = 0, 0
2
3 for i in range(1, 101) :
4     if i % 3 == 0 :
5         continue
6
7     hap += i
8
9 print("1~100의 합계(3의 배수 제외) : %d" % hap)
```

출력 결과

```
1~100의 합계(3의 배수 제외) : 3367
```

4~5행은 i값을 3으로 나눈 나머지 값이 0이면(3의 배수면) for 문의 끝으로 건너뛰어 다시 3행으로 돌아간다. 4행의 i%3==0은 i를 3으로 나눈 나머지 값이 0일 때 참이라는 의미이다(즉 3의 배수). 4행을 위주로 몇 단계 따라해 보자.

- **제1회** : i값 1을 3으로 나누면 나머지는 1(거짓) ➜ hap+=1 수행
- **제2회** : i값 2를 3으로 나누면 나머지는 2(거짓) ➜ hap+=2 수행
- **제3회** : i값 3을 3으로 나누면 나머지는 0(참) ➜ continue 문 수행
  다시 3행으로 되돌아가 다음 i값을 준비함
- **제4회** : i값 4를 3으로 나누면 나머지는 1(거짓) ➜ hap+=4 수행
- **제5회** : i값 5를 3으로 나누면 나머지는 2(거짓) ➜ hap+=5 수행
- **제6회** : i값 6을 3으로 나누면 나머지는 0(참) ➜ continue 문 수행
  다시 3행으로 되돌아가 다음 i값을 준비함
- **제7회** : …

이렇게 계속 진행하면 계산식 hap=1+2+4+5+7+…이 된다.

3 [프로그램 2]의 완성

별 모양으로 마름모를 출력하는 [프로그램 2]를 완성해 보자. 우선 마름모를 만들 별 모양을 출력하는 방법을 알아보자. 다음 코드는 별 모양의 글자를 출력한다.

```
print('\u2605')
```

\u를 붙인 후 이어서 나오는 숫자는 16진수 유니코드이다. 유니코드는 영어, 한글, 중국어, 기호 등을 모두 표현할 수 있다. 예를 들어 16진수 D30C는 '파' 글자를 표현한다.

먼저 프로그램의 출력 결과를 살펴보자. 마름모 형태로 만들려고 1행에서는 공백을 8개 출력하고, 별을 1개 출력한다. 2행에서는 공백을 6개 출력하고, 별을 3개 출력한다. 3행에서는 공백을 4개 출력하고, 별을 5개 출력한다. 4행에서는 공백을 2개 출력하고, 별을 7개 출력한다. 5행에서는 공백을 0개 출력하고, 별을 9개 출력한다. 5행까지 규칙을 살펴보면, 공백의 개수는 8, 6, 4, 2, 0 순서로 감소한다. 반면에 별의 개수는 1, 3, 5, 7, 9로 증가한다. 반대로 6~9행은 공백의 개수가 2, 4, 6, 8 순서로 증가하고, 별의 개수는 7, 5, 3, 1 순서로 감소한다. 이 규칙을 while 문으로 구현하면 다음과 같다. 실행 결과의 마름모는 글꼴 차이로 약간 기울인 형태로 보일 수도 있다.

Code06-15.py

```
## 전역 변수 선언 부분 ##
i, k = 0, 0

## 메인 코드 부분 ##
i = 0
while i < 9 :
    if i < 5 :
        k = 0
        while k < 4 - i :
            print('  ', end = '')
            k += 1
        k = 0
        while k < i * 2 + 1 :
            print('\u2605', end = '')
            k += 1
    else :
        k = 0
        while k < i - 4 :
            print('  ', end = '')
            k += 1
        k = 0
        while k < (9 - i) * 2 - 1 :
            print('\u2605', end = '')
            k += 1
    print()
    i += 1
```

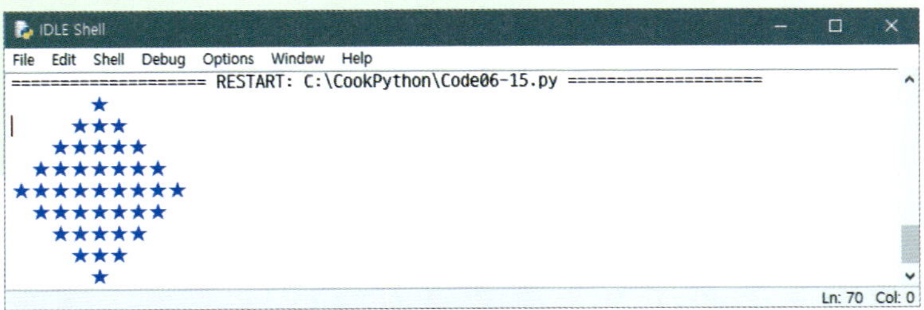

프로그램 코드를 살펴보자. 6~26행의 while 문이 9번 반복되어 아홉 줄이 표시된다. 다섯 줄은 7~15행이 출력하고, 나머지 네 줄은 16~24행이 출력한다. 각 줄이 출력될 때 공백과 별의 개수는 9행, 13행, 18행, 22행이 결정한다. 문제가 조금 까다로울 수 있는데, 이런 유형도 자주 접하다 보면 금세 익숙해질 것이다. 정확히 이해할 수 없다고 해도 나중에 다시 살펴보면 된다.

SELF STUDY 6-8

Code06-15.py를 모두 for 문으로 변경해 보자. 출력은 하트 모양을 사용하는데, 하트 모양의 유니코드는 16진수 '2665'이다.

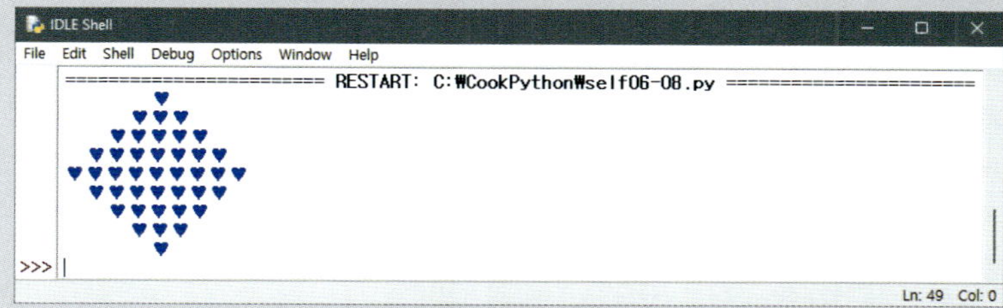

[응용예제]를 실습하려면 문자열을 부분적으로 처리하는 방법을 알아야 한다. 이는 8장에서 자세히 다룬다. 여기서는 일단 다음 코드를 실행해 보자.

```
str = "abc"
print(str[0])
print(str[1])
print(str[2])
```

출력 결과

```
a
b
c
```

문자열에 한 글자씩 접근할 수 있다. str은 글자가 3개이므로 str[0], str[1], str[2]로 접근할 수 있다. 숫자가 0부터 시작되므로 0, 1, 2의 3개로 접근된다는 점에 유의한다.

요약

1 for 문의 기본 형식은 다음과 같다.

```
for 변수 in range(시작값, 끝값+1, 증가값)
    이 부분을 반복
```

2 range( ) 함수는 지정된 범위의 값을 반환한다. 앞에서 사용한 range(0, 3, 1)은 0에서 시작해 2까지 1씩 증가하는 값을 반환한다. 하지만 표시된 숫자보다 하나 작은 숫자까지 반환되는 점에 주의한다. 예를 들어 3일 때는 이것보다 하나 작은 2까지 반환한다.

3 for 문을 사용해 1에서 10까지의 합계를 구하는 코드는 다음과 같다.

```
i, hap = 0, 0

for i in range(1, 11, 1) :
    hap = hap + i

print("1에서 10까지의 합계 : %d" % hap)
```

4 중첩 for 문의 기본 코드는 다음과 같다.

```
for i in range(0, 3, 1) :
    for k in range(0, 2, 1) :
        print("중첩 for 문입니다. (i값 : %d, k값 : %d)" % (i, k))
```

5 **4**에서 중첩 for 문의 실행 횟수는 '바깥 for 문 반복횟수×안쪽 for 문 반복횟수'이다. 첫 번째 for 문은 i값이 0, 1, 2로 3회 수행되고, 두 번째 for 문은 k값이 0, 1로 2회 수행된다.

6 while 문의 기본 형식은 다음과 같다.

```
변수 = 시작값
while 변수값 < 끝값 :
    이 부분을 반복
    변수 = 변수 + 증가값
```

7 while 문을 사용해 1에서 10까지의 합계를 구하는 코드는 다음과 같다.

```
i, hap = 0, 0

i = 1
while i < 11 :
    hap = hap + i
    i = i + 1

print("1에서 10까지의 합계 : %d" % hap)
```

8 while 문에서는 무한 루프를 사용할 수 있는데, 'while 조건식 :'에 들어가는 조건을 True로 지정하면 된다.

9 반복문 안에서 break 문을 만나면 반복문을 무조건 탈출한다.

10 continue 문을 만나면 블록의 남은 부분을 무조건 건너뛴 채 반복문의 처음으로 되돌아간다.

연습문제

1 반복문을 사용하는 이유로 가장 적절한 것을 고르세요.

① 코드의 길이를 늘리기 위해서

② 동일한 작업을 여러 번 반복하기 위해서

③ 프로그램의 실행 속도를 늦추기 위해서

④ 특정 작업을 한 번만 실행하기 위해서

2 다음 코드는 몇 번 반복되나요?

```
for i in range(2, 3, 1) :
  print('반복')
```

3 다음 중 range(1, 10, 2)의 결과로 올바른 것을 고르세요.

① [1, 3, 5, 7, 9]

② [1, 2, 3, 4, 5, 6, 7, 8, 9]

③ [0, 2, 4, 6, 8]

④ [1, 4, 7]

4 for 문을 사용하여 다음과 같이 1부터 10까지의 숫자 중 짝수만 출력하는 코드를 작성하세요.

실행 결과

```
2 4 6 8 10
```

5 중첩 for 문을 활용하여 구구단을 가로로 출력하는 프로그램을 작성하세요.

```
============= RESTART: C:\CookPython\연습문제\Solution06-05.py ===============
 2X 1= 2  2X 2= 4  2X 3= 6  2X 4= 8  2X 5=10  2X 6=12  2X 7=14  2X 8=16  2X 9=18
 3X 1= 3  3X 2= 6  3X 3= 9  3X 4=12  3X 5=15  3X 6=18  3X 7=21  3X 8=24  3X 9=27
 4X 1= 4  4X 2= 8  4X 3=12  4X 4=16  4X 5=20  4X 6=24  4X 7=28  4X 8=32  4X 9=36
 5X 1= 5  5X 2=10  5X 3=15  5X 4=20  5X 5=25  5X 6=30  5X 7=35  5X 8=40  5X 9=45
 6X 1= 6  6X 2=12  6X 3=18  6X 4=24  6X 5=30  6X 6=36  6X 7=42  6X 8=48  6X 9=54
 7X 1= 7  7X 2=14  7X 3=21  7X 4=28  7X 5=35  7X 6=42  7X 7=49  7X 8=56  7X 9=63
 8X 1= 8  8X 2=16  8X 3=24  8X 4=32  8X 5=40  8X 6=48  8X 7=56  8X 8=64  8X 9=72
 9X 1= 9  9X 2=18  9X 3=27  9X 4=36  9X 5=45  9X 6=54  9X 7=63  9X 8=72  9X 9=81
>>>
```

6 while 문을 사용해서 10부터 200까지 홀수의 합을 출력하는 프로그램을 작성하세요.

실행 결과

```
100에서200까지의 홀수의 합계 --> 7500
```

7 다음 중 실행 결과가 다른 것을 고르세요.

①
```
for i in range(3):
    print(i, end=" ")
```

②
```
for i in range(0, 3, 1):
    print(i, end=" ")
```

③
```
for i in range(0, 3):
    print(i, end=" ")
```

④
```
for i in range(3, 1):
    print(i, end=" ")
```

8 while 문에서 무한 루프를 만들기 위해 사용하는 조건식을 쓰세요.

9 break 문을 사용하는 이유로 가장 적절한 것을 고르세요.

① 코드 실행을 무조건 종료하기 위해서

② 반복문을 빠져나오기 위해서

③ 조건문을 실행하기 위해서

④ 변수를 초기화하기 위해서

10 심화문제 사용자가 정수 2개를 입력하면, 두 숫자 사이의 모든 소수를 출력하는 프로그램을 작성하세요.

힌트 소수(Prime Number)란 1과 자기 자신만으로 나누어 떨어지는 정수를 말합니다. 즉, 2부터 자기 자신 −1까지 나눠 봐서 한 번도 나누어 떨어지지 않으면 소수입니다. 예를 들어 5는 2, 3, 4로 각각 나누어서 한 번도 나누어 떨어지지 않으므로 소수입니다. 13의 경우도 2, 3, …, 12까지 한 번도 나누어 떨어지지 않으므로 소수입니다.

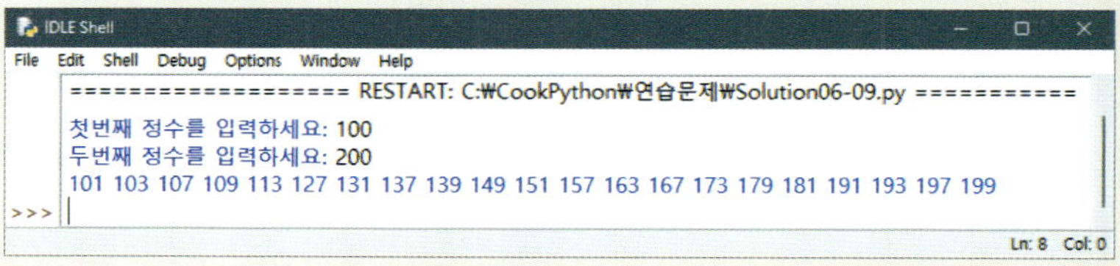

연습문제

IT@COOKBOOK

11 **심화문제** 거북이가 화면에 별, 원, 네모, 세모 모양을 랜덤하게 계속 그리는 코드를 작성하세요. 도형의 한 변 또는 지름은 10~200 사이로 하고, 도형의 위치 및 색상은 랜덤하게 지정합니다.

힌트1 별은 5개의 선분으로 되어 있고, 144도씩 각도를 회전하면서 그리면 된다.

힌트2 원은 turtle.circle(지름)으로 그리면 된다.

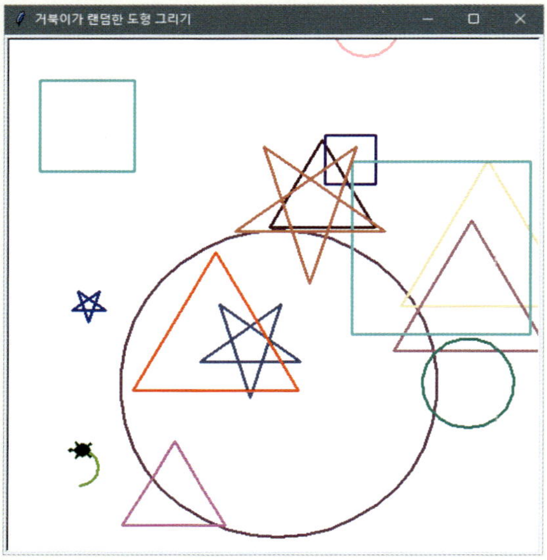

응용예제 01 하트 모양 출력하기

난이도★★☆☆☆

예제 설명 사용자가 숫자를 여러 개 입력하면 입력한 숫자만큼 하트 모양을 출력하는 프로그램을 만들어 보자. 예를 들어 5914를 입력하면 각 행에 하트를 5개, 9개, 1개, 4개 출력한다.

실행 결과

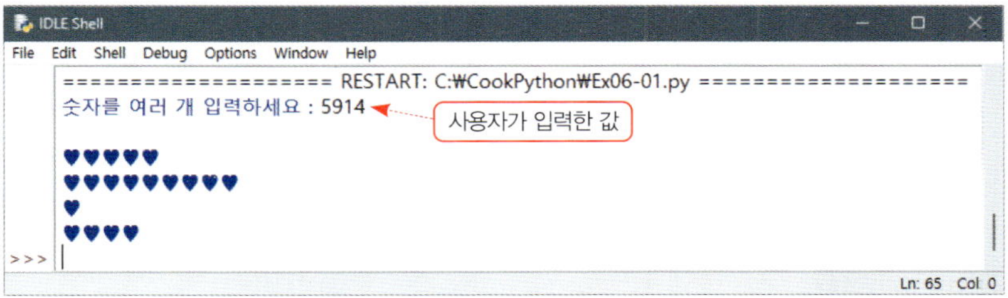

코드

```
## 변수 선언 부분 ##
i, k, heartNum = 0, 0, 0
numStr, ch, heartStr = "", "", ""

## 메인 코드 부분 ##
if __name__ == "__main__" :
    numStr = input("숫자를 여러 개 입력하세요 : ")
    print("")
    i = 0
    ch = numStr[i]
    while True :
        heartNum = int(ch)

        heartStr = ""
        for k in range(0, heartNum) :
            heartStr += "\u2665"
            k += 1

        print(heartStr)

        i += 1
        if (i > len(numStr) - 1) :
            break

        ch = numStr[i]
```

코드 설명

2~3행	2행에서는 중첩 반복문을 사용할 수 있도록 i와 k 변수를 준비한다. 그리고 하트의 개수를 세는 heartNum 변수도 준비한다. 3행은 입력받을 숫자를 위해 numStr과 하트를 저장할 heartStr 변수를 준비한다. ch는 1개씩 분리한 숫자를 저장할 변수이다.
7행	숫자로 구성된 문자열을 입력받는다. 5914로 입력하면 각 숫자를 5, 9, 1, 4로 분리해 한 글자씩 처리해야 하므로 숫자가 아닌 문자열로 취급할 것이다.
9행	i는 바깥쪽 반복문에서 사용할 숫자이다. 21행을 보면 1씩 증가시킨다. 이 예제에서는 숫자를 4개 입력하므로 4회 반복할 것이다.
10행	첫 번째 숫자를 ch에 저장한다. 이 예제에서는 ch에 5가 저장된다.
11행	프로그램의 끝까지 무한 반복을 수행한다. 무한 반복을 빠져나오는 조건은 22행에서 i가 입력한 숫자 문자열의 길이-1보다 커지는 것이다. 이 예제에서는 글자를 4개 입력하므로 i가 4일 때 종료된다.
12행	ch에 저장된 글자를 숫자로 변경한다. 이 예제에서는 5, 9, 1, 4가 저장된다.
14행	우선 하트를 저장할 문자열을 초기화한다.
15~17행	15행에서는 12행에서 추출한 숫자만큼 반복해서 16행에서 하트(\u2665)를 heartStr에 계속 누적한다. 즉 heartNum이 5라면 하트 5개를 heartStr에 저장한다.
19행	저장한 하트를 출력한다.
25행	입력한 숫자 중에서 다음 차례의 숫자를 추출해서 ch에 저장한다.

응용예제 02 거북이로 구구단 출력하기

난이도★★★☆☆

예제 설명 터틀 그래픽을 이용해 [프로그램 1]과 동일하게 구구단을 출력하는 프로그램을 만들어 보자.

실행 결과

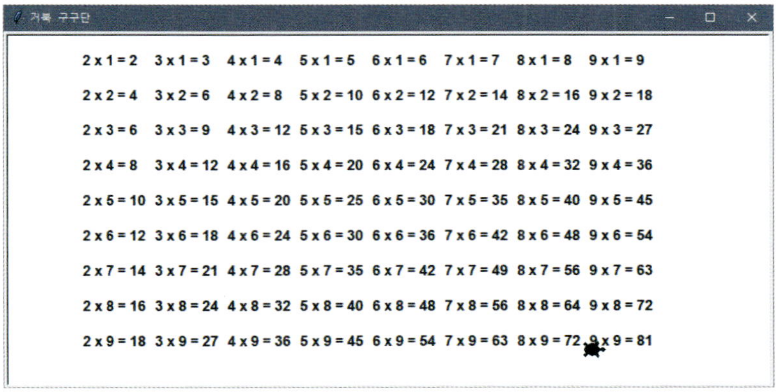

코드

```
import turtle

## 전역 변수 선언 부분 ##
i, k, tX, tY = [0] * 4
swidth, sheight = 800, 450

## 메인 코드 부분 ##
if __name__ == "__main__" :
    turtle.title('거북 구구단')
    turtle.shape('turtle')
    turtle.setup(width = swidth + 50, height = sheight + 50)
    turtle.screensize(swidth, sheight)
    turtle.penup()
    tX, tY = -500, 250
    turtle.goto(tX, tY)

    for i in range(1, 10) :
        for k in range(2, 10) :
            turtle.goto(tX + 80 * k, tY - 40 * i)
            gugu = str(k) + ' x ' + str(i) + ' = ' + str(k * i)
            turtle.write(gugu, font = ('Arial', 12, 'bold'))

    turtle.done()
```

코드 설명

4~5행	tX, tY는 거북이 위치를 저장하는 변수이고, swidth와 sheight는 화면 크기를 저장하는 변수이다.
11~12행	윈도창 크기를 적당히 설정한다.
13~15행	거북이가 이동할 때 선을 그리지 않도록 하고, 거북이 초기 위치를 적절히 설정하고 이동시킨다.
17~21행	중첩 for 문으로 구구단을 생성한다. 19행에서 거북이의 위치를 적절히 이동시키고 구구단 글자를 만든 후 21행에서 각 구구단의 글자를 화면에 출력한다.

응용예제 03

계단 모양의 숫자 출력하기

난이도★★★★☆

예제 설명 사용자가 계단의 높이를 입력하면, 그 높이만큼 계단 모양의 숫자를 출력하는 코드를 작성해 보자. 출력하는 숫자는 1에서 시작해 각 행마다 증가하면서 출력한다. 단, 홀수 행은 왼쪽에서 오른쪽으로, 짝수 행은 오른쪽에서 왼쪽으로 출력한다. 예를 들어 5를 입력하면 다음과 같이 출력된다.

실행 결과

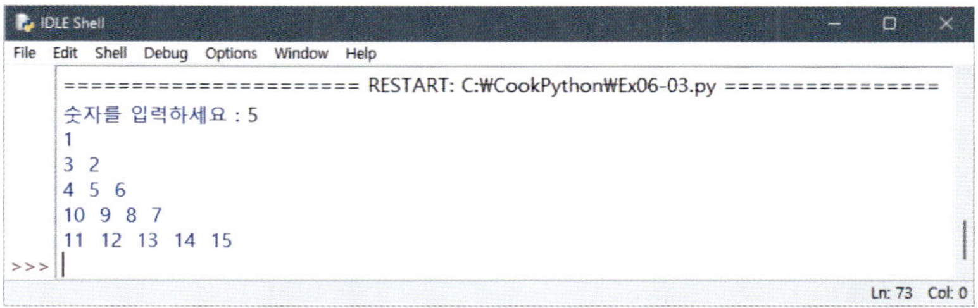

코드

```
## 변수 선언부##
N = 0
num = 1

## 메인 코드부##
N = int(input("숫자를 입력하세요 : "))

for i in range(1, N + 1):
    line = ""
    if i % 2 == 1:
        for k in range(i):
            line += str(num) + "  "
            num += 1
    else:
        temp = num + i - 1
        for k in range(i):
            line += str(temp) + "  "
            temp -= 1
        num += i

    print(line)
```

코드 설명

2, 3행	행 개수인 N 변수와 출력할 숫자 num 변수를 준비한다. num은 1부터 시작된다.
6행	계단의 숫자를 입력받는다.
8~21행	계단의 높이만큼 반복한다. 계단은 1단부터 시작한다.
9행	각 행을 출력할 문자열을 준비 한다.
10~13행	행이 홀수인 경우, 왼쪽에서 오른쪽으로 숫자를 만든다. 11행은 계단의 번호만큼 반복한다. 예를 들어 3번째 계단은 숫자를 3개로 구성한다. 12~13행에서 현재 숫자를 line에 추가하고, 숫자를 1 증가시킨다.
14~19행	행이 짝수인 경우 오른쪽에서 왼쪽으로 숫자가 만들어지는 효과를 낸다. 15행에서 그 행의 가장 큰 숫자를 temp 변수에 넣고 시작한다. 16~18행은 temp를 line에 추가하고 temp를 1 감소시킨다. 19행에서 다음 계단의 시작 번호로 num을 증가시킨다.

07

CHAPTER

리스트, 튜플, 딕셔너리

학습목표

- 리스트를 익힌다.
- 리스트와 비슷한 튜플을 익힌다.
- 짝으로 구성된 딕셔너리를 익힌다.
- 리스트에서 고급 심화 학습을 진행한다.

SECTION 01 이 장에서 만들 프로그램

SECTION 02 리스트의 기본

SECTION 03 2차원 리스트

SECTION 04 튜플

SECTION 05 딕셔너리

SECTION 06 리스트, 튜플, 딕셔너리의 심화 내용

요약

연습문제

응용예제

SECTION 01

이 장에서 만들 프로그램

이 장에서는 변수 여러 개를 하나로 묶어 주는 리스트를 배운다. 6장에서 반복문을 학습할 때 리스트 내용을 잠깐 다루었는데, 여기서는 리스트를 완전히 정복해 볼 것이다. 더불어 리스트와 함께 알아 두어야 할 튜플, 딕셔너리도 학습해 보자.

리스트는 단독으로 사용하기보다는 대개 for 문이나 while 문과 함께 사용한다. 좀 더 수준 있는 파이썬 프로그래밍에서는 리스트가 필수 요소이다. 리스트 기능이 없다면 무지막지한 중노동을 피할 수 없을지도 모른다.

1 [프로그램 1] 화면 중앙에서 밖으로 나가는 거북이

첫 번째는 리스트를 사용한 터틀 그래픽 응용 프로그램이다. 거북이 100마리의 리스트를 만든 후 100마리가 화면 중앙에서 임의의 위치로 차례대로 움직이게 한다. 2차원 리스트를 활용하는 좋은 예제가 될 것이다.

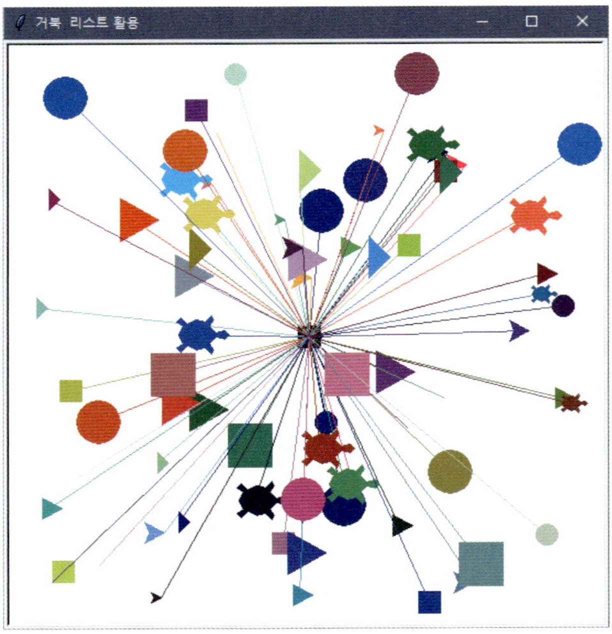

2 [프로그램 2] 딕셔너리를 활용한 음식 궁합 출력

두 번째는 딕셔너리를 활용해 음식 궁합을 출력하는 프로그램이다. 종류별로 여러 개의 음식을 출력한 후 이 중 좋아하는 음식을 입력하면 궁합에 맞는 음식을 출력한다. 목록에 없는 음식을 입력하면 그런 음식은 없다는 메시지를 출력하고, '끝'을 입력하면 프로그램을 종료한다.

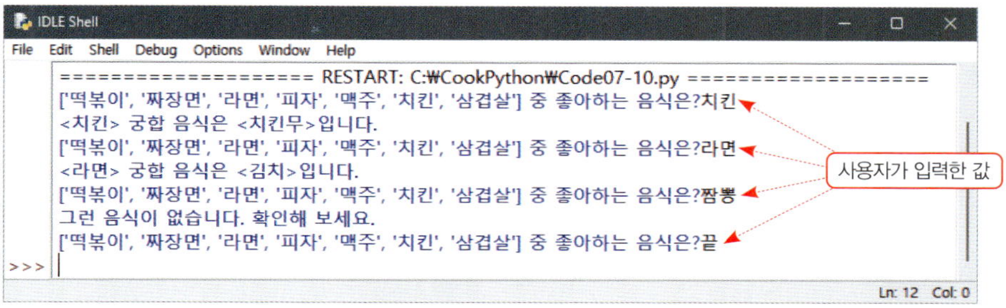

SECTION

02 리스트의 기본

1 리스트의 개념

지금까지 변수의 개념을 그릇에 비유했다. 하지만 리스트를 설명하려면 그릇보다는 박스가 좀 더 이해하기 쉬울 것 같다. 리스트는 [그림 7-1]과 같이 하나씩 사용하던 박스(변수)를 한 줄로 붙여 놓은 것이다.

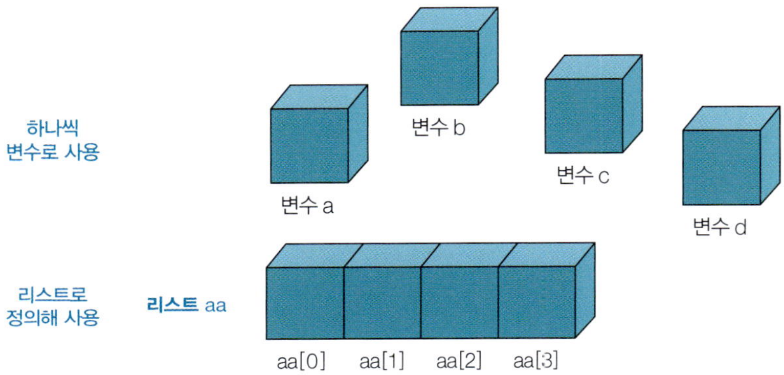

그림 7-1 리스트의 개념

지금까지는 박스(변수)의 이름을 각각 a, b, c, d 식으로 지정해서 사용해 왔지만, 리스트는 박스(변수)를 한 줄로 붙인 후 전체에 이름(aa)을 지정한다. 그리고 각각의 박스는 aa[0], aa[1], aa[2], aa[3]처럼 번호(첨자)를 붙여 사용한다.

TIP • C/C++나 자바 같은 프로그래밍 언어에는 리스트가 없는데, 리스트와 비슷한 개념인 배열(Array)을 사용한다. 리스트는 정수, 문자열, 실수 등 서로 다른 데이터형도 하나로 묶을 수 있지만, 배열은 동일한 데이터형만 묶을 수 있다는 차이점이 있다. 그러므로 정수 배열은 정수로만 묶어서 사용해야 한다.

2 리스트의 필요성

지금까지는 변수를 하나씩 사용해도 별 문제가 없었는데, 리스트라는 머리 아픈 개념을 도입한 이유는 무엇일까? 지금까지 배운 내용을 바탕으로 a, b, c, d라는 정수형 변수 4개를 선언한 후 이 변수에 값을 입력받고 합계를 출력하는 프로그램을 작성해 보자. 가능하면 코드를 보지 말고 직접 작성해 본다.

Code07-01.py

```
1  a, b, c, d = 0, 0, 0, 0
2  hap = 0
3
4  a = int(input("1번째 숫자 : "))
5  b = int(input("2번째 숫자 : "))
6  c = int(input("3번째 숫자 : "))
7  d = int(input("4번째 숫자 : "))
8
9  hap = a + b + c + d
10
11 print("합계 ==> %d" % hap)
```

출력 결과

```
1번째 숫자 : 10
2번째 숫자 : 20
3번째 숫자 : 30
4번째 숫자 : 40
합계 ==> 100
```

이번에는 좀 더 많은 숫자를 입력받아 보자. 10개쯤은 어떨까? Code07-01.py를 그대로 사용한다면 1행에는 e, f, g, h, i, j 등 변수 6개를 더 추가하고, 4행과 같은 명령문도 6개 더 추가해야 한다. 또 9행에서도 a~j의 합계를 구해야 한다. 코드가 좀 길어지겠지만, 그 정도는 별 문제가 없을 듯하다.

그렇다면 100개는 어떨까? 우선 변수를 100개 선언하려면 알파벳으로는 부족하다. 물론 a1, a2, a3, …, a100으로 선언해도 된다. 그리고 입력을 100개 받으면……. 이쯤 되면 여러분도 무리라고 느낄 것이다. 이때 필요한 것이 바로 리스트이다.

리스트를 생성하는 방법은 다음과 같다. 리스트는 대괄호 [ ] 안에 값을 선언한다.

```
리스트명 = [값1, 값2, 값3, …]
```

다음 코드는 값 4개를 담은 정수형 리스트를 생성한다.

```
aa = [10, 20, 30, 40]
```

리스트를 사용하지 않는다면 각 변수를 다음의 ❶처럼 a, b, c, d로 사용해야 한다. 하지만 리스트는 첨자를 사용해 ❷처럼 aa[0], aa[1], aa[2], aa[3]으로 사용한다. 이때 항목이 4개인 리스트를 생성했다면 첨자는 1~4가 아닌 0~3을 사용해야 한다. 이처럼 리스트의 첨자는 0부터 시작한다는 점을 꼭 기억하자. aa=[10, 20, 30, 40]을 선언해 놓고 aa[4]=50처럼 변수 aa[4]를 사용하면 버그가 발생한다. 이는 실무에 능한 프로그래머도 종종 하는 실수이다.

❶ 각 변수 사용	❷ 리스트 사용
a, b, c, d = 10, 20, 30, 40	aa = [10, 20, 30, 40]
a 사용	aa[0] 사용
b 사용	aa[1] 사용
c 사용	aa[2] 사용
d 사용	aa[3] 사용

이제 리스트를 사용하는 프로그램으로 Code07-01.py를 수정해 보자.

Code07-02.py

```
1  aa = [0, 0, 0, 0]
2  hap = 0
3
4  aa[0] = int(input("1번째 숫자 : "))
5  aa[1] = int(input("2번째 숫자 : "))
6  aa[2] = int(input("3번째 숫자 : "))
7  aa[3] = int(input("4번째 숫자 : "))
8
9  hap = aa[0] + aa[1] + aa[2] + aa[3]
10
11 print("합계 ==> %d" % hap)
```

출력 결과

```
1번째 숫자 : 10
2번째 숫자 : 20
3번째 숫자 : 30
4번째 숫자 : 40
합계 ==> 100
```

Code07-01.py의 1행에서는 변수를 4개 설정했으나, 여기서는 aa=[0, 0, 0, 0]으로 항목이 4개 있는 리스트를 생성한다. 그리고 4행에서는 a 대신 aa[0]을 사용하고, 5~7행에서도 변수 대신 리스트 aa를 사용해 입력받은 숫자를 저장한다.

9행도 각 변수 대신 aa[0]+aa[1]+aa[2]+aa[3]으로 수정한다. 출력 결과는 리스트를 사용하기 전과 동일하다. 그리고 숫자 100개를 더하려면 aa=[0, 1, 0, …, 99]를 생성한 후 aa[0]+aa[1]+aa[2]+…+aa[99]로 작성하면 된다. 그런데 이 역시 상당히 번거로운데 이것도 반복문과 결합하면 수고를 줄일 수 있다. 이어서 살펴보자.

3 리스트의 일반적인 사용

리스트의 기본 사용은 이해했으니 좀 더 나아가 보자. Code07-02.py에서는 첨자의 특성을 제대로 응용하지 못했다. 하지만 이 첨자도 반복문(for, while)과 결합하면 수고를 상당히 줄일 수 있다. 여기서는 첨자와 반복문의 관계뿐만 아니라 리스트에 값을 입력하는 방법, 프로그래머가 만든 리스트의 크기를 알아내는 방법을 살펴볼 것이다.

빈 리스트의 생성과 항목 추가

Code07-02.py의 1행에서는 항목 4개를 aa=[0, 0, 0, 0]으로 만들었다. 같은 방법으로 먼저 빈 리스트를 만들고 리스트명.append(값) 함수의 형태로 리스트에 항목을 하나씩 추가할 수 있다.

```
aa = []
aa.append(0)
aa.append(0)
aa.append(0)
aa.append(0)
print(aa)
```

출력 결과

```
[0, 0, 0, 0]
```

첫 번째 줄의 aa=[ ]는 빈 리스트를 생성한다. 그리고 append( ) 함수로 0값을 4번 추가해 Code07-02.py의 1행과 동일한 결과를 얻을 수 있다. 그런데 오히려 더 불편하게 느껴질 것이다. 지금처럼 항목이 4개인 리스트를 만들 때는 aa=[0, 0, 0, 0]으로 리스트를 생성하는 것이 더 낫다. 하지만 항목이 100개인 리스트를 만들려고 aa=[0, 0, 0, 0, …, 0, 0]으로 0값을 100개 넣어야 한다면 이야기가 달라진다. 이때는 append( ) 함수와 함께 for 문을 활용하면 간단히 해결된다.

```
aa = []
for i in range(0, 100) :
    aa.append(0)
len(aa)
```

출력 결과

```
100
```

for 문으로 100번(0부터 99까지)을 반복해 리스트명.append(0)으로 항목이 100개인 리스트를 만들었다. 그리고 리스트의 항목을 전부 출력하면 너무 많아 len(리스트) 함수로 리스트의 개수만 확인했다. len(리스트)도 자주 사용되는 함수이므로 잘 기억해 두자.

이제는 Code07-02.py를 더 그럴듯하게 수정할 차례이다. Code07-02.py는 리스트를 사용해 작성한 첫 번째 프로그램으로, 결과를 잘 얻었지만 그다지 효율성은 없었다. 리스트의 첨자를 활용하는 프로그램이 아니었기 때문이다. 마치 for 문과 while 문을 배우기 전에 작성했던 중노동이 필요한 상황이다. 결국 리스트의 첨자가 순서대로 변할 수 있도록 반복문과 함께 활용해야 리스트의 가치가 빛난다. 이제 값을 입력하는 부분에 for 문을 활용해 보자.

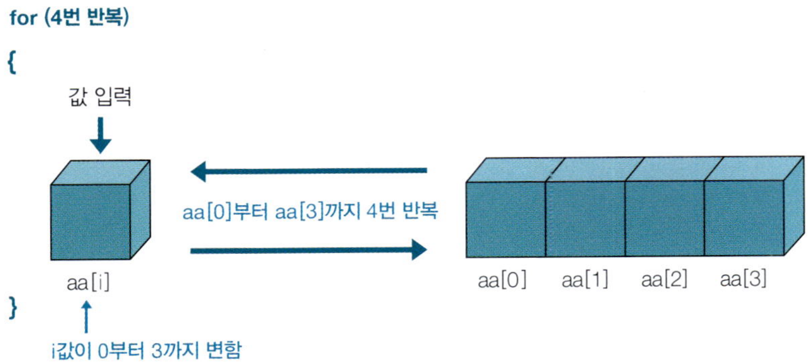

그림 7-2 for 문으로 리스트값 입력

값을 입력하려고 for 문을 4번 돌면서 aa[i]의 첨자를 aa[0]에서 aa[3]까지 변하게 한다. 그러면 변수 4개에 자동으로 값이 입력된다.

Code07-03.py

```
1  aa = []
2  for i in range(0, 4) :
3      aa.append(0)
4  hap = 0
5
6  for i in range(0, 4) :
7      aa[i] = int(input(str(i + 1) + "번째 숫자 : " ))
8
9  hap = aa[0] + aa[1] + aa[2] + aa[3]
10
11 print("합계 ==> %d" % hap)
```

출력 결과

```
1번째 숫자 : 10
2번째 숫자 : 20
3번째 숫자 : 30
4번째 숫자 : 40
합계 ==> 100
```

TIP • Code07-03.py의 1~3행을 aa=[0]*4와 같이 한 줄로도 표현할 수 있다.

1행에서 빈 리스트를 생성하고, 2~3행에서 for 문을 4번 반복해 항목이 4개인 리스트를 만든다. 결국 1~3행은 aa=[0, 0, 0, 0]과 동일하다.

6행에서는 i가 0에서 3까지 for 문을 4번 반복한다. 7행의 input( ) 함수는 첨자 i가 0부터 시작하므로 i+1, 즉 input(1)로 시작된다. 그리고 str( ) 함수가 숫자를 문자로 변환한 후 '번째 숫자 : '와 합쳐지므로 결국 '1번째 숫자 : ', '2번째 숫자 : ' 등으로 출력된다. 7행의 첨자 i가 0에서 3까지 4번 변경되므로 aa[0], aa[1], aa[2], aa[3]의 변수 4개에 값을 차례대로 입력한다. 즉 [그림 7-2]와 같이 작동한다.

9행에서는 변수 4개의 값을 더한다. 그런데 리스트의 개수가 100개라면 hap=aa[0]+aa[1]+…+aa[99]로 해야 하므로 9행도 다음과 같이 for 문으로 변경하는 것이 바람직하다. 직접 수정한 후 다시 실행하면 결과는 동일할 것이다.

```
for i in range(0, 4) :
    hap = hap + aa[i]
```

SELF STUDY 7-1

값을 4개가 아닌 10개를 입력받아 합계를 출력하도록 Code07-03.py를 수정해 보자. 또 합계를 구하는 마지막 for 문 대신 while 문을 사용해 보자.

4 리스트의 생성과 초기화

이미 앞에서 여러 번 언급했지만, 리스트는 대괄호 [ ]로 생성한다. 다음 코드는 리스트를 다양하게 생성하는 방법이다.

```
❶ aa = []
❷ bb = [10, 20, 30]
❸ cc = ['파이썬', '공부는', '꿀잼']
❹ dd = [10, 20, '파이썬']
```

❶은 빈 리스트를 생성한다. ❷는 정수로만 구성된 리스트를 생성하고, ❸은 문자열로만 구성된 리스트를 생성한다. 마지막으로 ❹는 다양한 데이터형을 섞어 리스트를 생성한다. 이처럼 파이썬의 리스트는 다른 프로그래밍 언어의 배열과 달리 다양한 데이터형을 섞을 수 있다.

앞에서도 잠깐 다루었지만 리스트를 초기화할 때 for 문을 활용하기도 한다. 리스트가 100개인 aa에 0, 2, 4, 8, …(2의 배수)로 초기화한 후 리스트 bb에 역순으로 넣는 과정을 살펴보자.

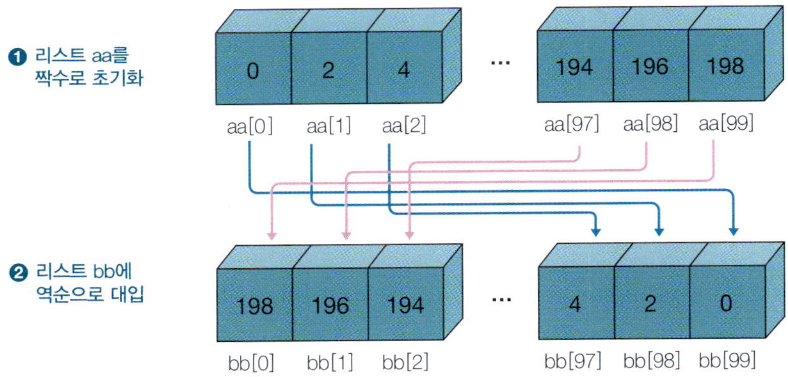

그림 7-3 리스트의 초기화 및 역순 대입

[그림 7-3]을 코드로 구현하려면 먼저 리스트 aa에 append( ) 함수로 값을 100개 추가한다. 그런 다음 리스트 aa 값의 역순으로 리스트 bb에 append( ) 함수로 값을 추가하면 된다.

Code07-04.py

```
1  aa = []
2  bb = []
3  value = 0
4
5  for i in range(0, 100) :
6      aa.append(value)
7      value += 2
8
9  for i in range(0, 100) :
10     bb.append(aa[99 - i])
11
12 print("bb[0]에는 %d이, bb[99]에는 %d이 입력됩니다." % (bb[0], bb[99]))
```

출력 결과

```
bb[0]에는 198이, bb[99]에는 0이 입력됩니다.
```

1~2행에서 빈 리스트 aa, bb를 생성한다. 3행의 value는 0, 2, 4, …로 증가시킬 값이다. 5행에서 for 문을 100번 반복하는데, 6~7행에서 리스트 aa에 value에 저장된 값을 추가한 후 2씩 증가시킨다. 9행에서도 for 문을 0~99까지 100번 반복하는데, 10행을 보면 i가 0일 때 99−i, 즉 99가 된다. i가 1일 때는 98, i가 2일 때는 97처럼 계속 변해 마지막으로 i가 99일 때는 0이 된다. 따라서 리스트 bb에는 aa[99], aa[98], aa[97], …, aa[0]의 값이 추가되므로 결국 리스트 aa값이 리스트 bb에 역순으로 입력되는 것이다. 12행에서는 확인을 위해 bb[0]과 bb[99]를 출력한다.

SELF STUDY 7-2

리스트 aa에 3의 배수를 200개 입력하는 내용으로 Code07-04.py를 수정해 보자. 그리고 리스트 bb에 리스트 aa의 값을 역순으로 입력해 보자. 최종적으로 bb[0]과 bb[199]의 값을 출력하면 다음과 같다.

출력 결과

```
bb[0]에는 597이, bb[199]에는 0이 입력됩니다.
```

5 리스트 값에 접근하는 다양한 방법

생성된 리스트는 첨자로 접근할 수 있다. 앞에서도 이미 여러 번 '리스트명[첨자]' 형식으로 접근했다. 이번에는 음수 값으로 접근해 보자.

```
aa = [10, 20, 30, 40]
print("aa[-1]은 %d, aa[-2]는 %d" % (aa[-1], aa[-2]))
```

출력 결과

```
aa[-1]은 40, aa[-2]는 30
```

리스트의 맨 뒤에서부터 접근할 때는 −1 첨자를 사용한다. 앞의 예는 aa[−4]까지 접근할 수 있고, aa[−5]는 오류가 발생한다.

리스트에 접근할 때 콜론(:)을 사용해 범위를 지정할 수도 있다. '리스트명[시작값:끝값+1]'은 리스트의 시작 위치부터 끝 위치까지 모든 값을 의미한다. aa[0:3]은 0부터 2까지, 즉 aa[0], aa[1], aa[2]가 된다. aa[3]은 포함되지 않는다는 점에 주의한다.

```
aa = [10, 20, 30, 40]
aa[0:3]
aa[2:4]
```

출력 결과

```
[10, 20, 30]
[30, 40]
```

또는 콜론의 앞이나 뒤쪽 숫자를 생략할 수도 있다. aa[2:]는 aa[2]부터 끝까지를 의미하며, aa[:2]는 처음부터 aa[1]까지를 의미한다. aa[2]는 포함되지 않는다는 점에 주의한다.

```
aa = [10, 20, 30, 40]
aa[2:]
aa[:2]
```

출력 결과

```
[30, 40]
[10, 20]
```

리스트끼리 덧셈도 할 수 있고 곱셈 연산도 가능하다. 리스트를 더하면 항목들끼리 합쳐진 결과로 새로운 리스트를 만든다. 또 리스트를 곱하면 항목들이 횟수만큼 반복해서 출력된다.

```
aa = [10, 20, 30]
bb = [40, 50, 60]
aa + bb
aa * 3
```

출력 결과

```
[10, 20, 30, 40, 50, 60]
[10, 20, 30, 10, 20, 30, 10, 20, 30]
```

자주 사용하지는 않지만 리스트의 항목을 건너뛰며 추출할 수도 있다. aa[::2]는 앞에서부터 2칸씩 건너뛰라는 의미이며, aa[::-2]는 뒤에서부터 2칸씩 건너뛰라는 의미이다. aa[::-1]은 결과가 조금 재미있는데, 리스트를 거꾸로 추출하는 효과를 준다. aa의 뒤에서부터 1칸씩 건너뛰라는 의미이므로 결국 역순으로 출력해 준다. 추가로 aa[1::2]를 사용하면 첫 번째부터 2칸씩 건너뛰라는 의미가 되므로 [20, 40, 60]이 출력된다.

```
aa = [10, 20, 30, 40, 50, 60, 70]
aa[::2]
aa[::-2]
aa[::-1]
```

출력 결과

```
[10, 30, 50, 70]
[70, 50, 30, 10]
[70, 60, 50, 40, 30, 20, 10]
```

6 리스트 값의 변경

리스트의 값을 변경하는 방법은 다양하다. 다음은 리스트의 두 번째에 위치한 값을 변경하는 방법이다.

```
aa = [10, 20, 30]
aa[1] = 200
aa
```

출력 결과

```
[10, 200, 30]
```

첨자를 사용해 해당 위치 값을 변경하면 된다. 연속된 범위의 값을 변경할 수도 있다. 두 번째 값인 20을 200과 201이라는 값 2개로 변경하는 방법은 다음과 같다. aa[1:2]는 리스트 aa의 1번째부터 다음 1번째(2−1=1)를 의미한다. 즉 두 번째인 aa[1]의 위치를 [200, 201]로 교체하라는 의미이다.

```
aa = [10, 20, 30]
aa[1:2] = [200, 201]
aa
```

출력 결과

```
[10, 200, 201, 30]
```

aa[1:2] 대신 그냥 aa[1]을 사용하면 어떻게 될까? 다음 코드를 실행해 보자.

```
aa = [10, 20, 30]
aa[1] = [200, 201]
aa
```

출력 결과

```
[10, [200, 201], 30]
```

출력 결과를 보면 리스트 안에 또 다른 리스트가 추가되어 있다. 결과가 틀린 것은 아니지만, 이렇게 사용하는 경우는 많지 않으니 주의할 필요가 있다.

리스트의 항목을 삭제하려면 del( ) 함수를 사용한다. 다음은 두 번째인 aa[1]의 항목을 삭제한다.

```
aa = [10, 20, 30]
del(aa[1])
aa
```

출력 결과

```
[10, 30]
```

항목을 여러 개 삭제하려면 aa[시작값:끝값+1]=[ ] 문장으로 설정한다. 다음은 두 번째인 aa[1]에서 네 번째인 aa[3]까지 삭제한다.

```
aa = [10, 20, 30, 40, 50]
aa[1:4] = []
aa
```

출력 결과

```
[10, 50]
```

리스트 자체를 삭제하는 방법은 다음과 같이 다양하므로 프로그램의 상황에 따라 적절한 방법을 선택하면 된다. ❶은 리스트 내용을 모두 삭제해 빈 리스트로 만들고, ❷는 리스트에 None값을 넣어 aa를 빈 변수로 만들고, ❸은 aa 리스트를 삭제한다. 그런데 ❸의 경우는 오류가 발생한다.

```
❶ aa = [10, 20, 30]; aa = []; aa
❷ aa = [10, 20, 30]; aa = None; aa
❸ aa = [10, 20, 30]; del(aa); aa
```

출력 결과

```
[]
아무것도 안 나옴
오류 발생
```

7 리스트 조작 함수

앞에서도 몇 차례 살펴보았지만 다양한 함수로 리스트를 조작할 수 있다. 자주 사용되는 함수를 표로 정리하면 [표 7-1]과 같다.

[표 7-1]에서 정리한 함수는 외우기보다는 자연스럽게 사용 방법을 익히는 것이 좋다. 이러한 함수들을 사용한 프로그램을 작성해 보자. Code07-05.py 예제 하나면 리스트 조작과 관련된 함수를 충분히 이해할 수 있을 것이다.

표 7-1 리스트 조작 함수

함수	설명	사용법
append()	리스트 맨 뒤에 항목을 추가한다.	리스트명.append(값)
pop()	리스트 맨 뒤의 항목을 빼낸다(리스트에서 해당 항목이 삭제된다).	리스트명.pop()
sort()	리스트의 항목을 정렬한다.	리스트명.sort()
reverse()	리스트 항목의 순서를 역순으로 만든다.	리스트명.reverse()
index()	지정한 값을 찾아 해당 위치를 반환한다.	리스트명.index(찾을값)
insert()	지정된 위치에 값을 삽입한다.	리스트명.insert(위치, 값)
remove()	리스트에서 지정한 값을 삭제한다. 단 지정한 값이 여러 개면 첫 번째 값만 지운다.	리스트명.remove(지울값)
extend()	리스트 뒤에 리스트를 추가한다. 리스트의 더하기(+) 연산과 기능이 동일하다.	리스트명.extend(추가할리스트)
count()	리스트에서 해당 값의 개수를 센다.	리스트명.count(찾을값)
clear()	리스트의 내용을 모두 지운다.	리스트명.clear()
del()	리스트에서 해당 위치의 항목을 삭제한다.	del(리스트명[위치])
len()	리스트에 포함된 전체 항목의 개수를 센다.	len(리스트명)
copy()	리스트의 내용을 새로운 리스트에 복사한다.	새리스트=리스트명.copy()
sorted()	리스트의 항목을 정렬해서 새로운 리스트에 대입한다.	새리스트=sorted(리스트)

Code07-05.py

```
myList = [30, 10, 20]
print("현재 리스트 : %s" % myList)

myList.append(40)
print("append(40) 후의 리스트 : %s" % myList)

print("pop()으로 추출한 값 : %s" % myList.pop())
print("pop() 후의 리스트 : %s" % myList)

myList.sort()
print("sort() 후의 리스트 : %s" % myList)

myList.reverse()
print("reverse() 후의 리스트 : %s" % myList)

print("20값의 위치 : %d" % myList.index(20))

myList.insert(2, 222)
print("insert(2, 222) 후의 리스트 : %s" % myList)
```

```
20
21 myList.remove(222)
22 print("remove(222) 후의 리스트 : %s" % myList)
23
24 myList.extend([77, 88, 77])
25 print("extend([77, 88, 77]) 후의 리스트 : %s" % myList)
26
27 print("77값의 개수 : %d" % myList.count(77))
```

출력 결과

```
현재 리스트 : [30, 10, 20]
append(40) 후의 리스트 : [30, 10, 20, 40]
pop()으로 추출한 값 : 40
pop() 후의 리스트 : [30, 10, 20]
sort() 후의 리스트 : [10, 20, 30]
reverse() 후의 리스트 : [30, 20, 10]
20값의 위치 : 1
insert(2, 222) 후의 리스트 : [30, 20, 222, 10]
remove(222) 후의 리스트 : [30, 20, 10]
extend([77, 88, 77]) 후의 리스트 : [30, 20, 10, 77, 88, 77]
77값의 개수 : 2
```

출력 결과만으로도 충분히 리스트 조작 함수를 이해할 수 있을 것이다. 주의할 점이라면 18행의 myList.insert(2, 222)에서 2는 myList[2]의 위치를 의미한다는 것이다. 리스트는 0번부터 시작하므로 세 번째 위치가 뒤로 밀리고 그 자리에 222가 삽입된다.

그리고 10행의 '리스트.sort()'는 리스트 자체를 정렬하지만 'sorted(리스트)'의 경우 리스트는 그대로 두고 정렬된 결과만 반환한다는 차이가 있다. 그러므로 기존 리스트는 변경하지 않고 정렬된 새로운 리스트를 생성하고 싶다면 다음과 같이 사용해야 한다.

```
myList = [30, 10, 20]
newList = sorted(myList)
print("sorted() 후의 myList : %s" % myList)
print("sorted() 후의 newList : %s" % newList)
```

출력 결과

```
sorted() 후의 myList : [30, 10, 20]
sorted() 후의 newList : [10, 20, 30]
```

SECTION
03 2차원 리스트

앞에서 살펴본 기본 리스트는 1차원 리스트이다. 이제부터는 1차원 리스트 여러 개를 묶어 사용하는 2차원 리스트에 대해 알아보려고 한다. 1차원 리스트와 어떤 점이 다른지 비교해 보고, 초기화 방법도 배운 다음 직접 프로그램에서 다양하게 활용해 보자.

1 2차원 리스트의 개념

2차원 리스트는 1차원 리스트를 여러 개 연결한 것으로 첨자를 2개 사용한다. 앞에서 1차원 리스트는 박스를 나란히 세워 놓은 것이라고 했다. 따라서 다음과 같이 리스트를 생성하면 aa[0], aa[1], aa[2]라는 항목 3개가 [그림 7-4]와 같이 생성된다.

```
aa = [10, 20, 30]
```

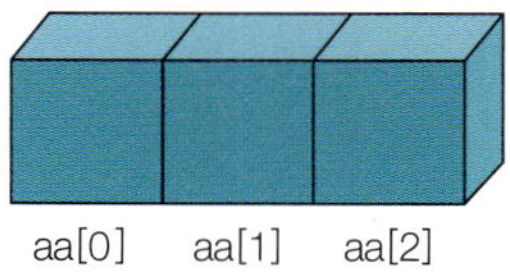

그림 7-4 1차원 리스트의 개념

1차원 리스트를 확장해 다음과 같이 2차원 리스트를 정의할 수 있다. 3행 4열짜리 리스트가 생성되어 총 항목의 개수는 [그림 7-5]와 같이 3×4=12개가 된다.

```
aa = [[1, 2, 3, 4],
      [5, 6, 7, 8],
      [9, 10, 11, 12]]
```

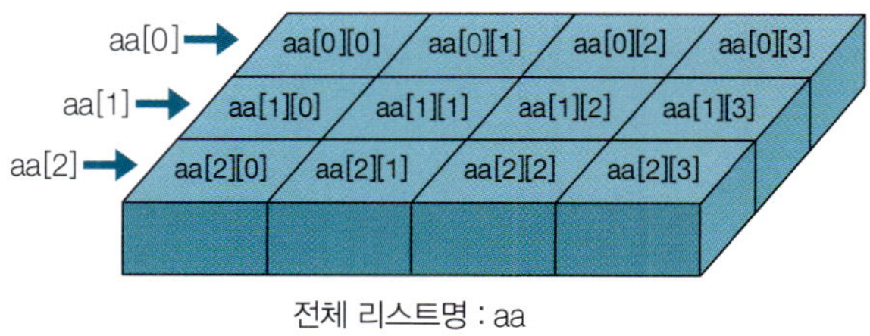

그림 7-5 2차원 리스트의 개념

2차원 리스트에서 각 항목에 접근하려면 aa[0][0]처럼 첨자를 2개 사용해야 한다. 1차원 리스트처럼 첨자가 가로는 0~2, 세로는 0~3으로 변한다는 점에 주의한다. 즉 aa[3][4]와 같은 항목은 존재하지 않는다.

[그림 7-5]에서 직접 값을 대입해 2차원 리스트를 생성하는 것은 너무 단순하므로, 1차원 리스트와 마찬가지로 for 문을 활용할 수도 있다. 첨자가 2개이므로 중첩 for 문을 사용해서 3행 4열짜리 리스트를 생성한 후 항목 1~12를 입력하고 출력해 보자.

Code07-06.py

```
1  list1 = []
2  list2 = []
3  value = 1
4  for i in range(0, 3) :
5      for k in range(0, 4) :
6          list1.append(value)
7          value += 1
8      list2.append(list1)
9      list1 = []
10
11 for i in range(0, 3) :
12     for k in range(0, 4) :
13         print("%3d" % list2[i][k], end = " ")
14     print("")
```

출력 결과

```
  1   2   3   4
  5   6   7   8
  9  10  11  12
```

1~2행에서는 1차원 리스트로 사용할 list1과 2차원 리스트로 사용할 list2를 준비한다. 3행의 value는 리스트에 입력할 1~12의 값을 저장할 변수이다. 4~9행은 for 문을 3회 반복하여 리스트의 행 단위를 만든다. 즉 3행짜리 2차원 리스트를 생성한다. 5~7행에서는 for 문을 4회 반복해 항목이 4개인 1차원 리스트를 생성하는데, 처음에는 [1, 2, 3, 4]와 같은 리스트를 만든다. 그리고 이 리스트를 8행에서 2차원 리스트에 추가한다. 즉 처음에는 [[1, 2, 3, 4]]의 2차원 리스트가 생성되고, 9행에서 1차원 리스트를 다시 비운다. 이렇게 바깥쪽 for 문을 3회 반복하면 [[1, 2, 3, 4], [5, 6, 7, 8], [9, 10, 11, 12]]의 3행 4열짜리 2차원 리스트가 완성된다.

11~14행에서는 2차원 리스트를 출력한다. 13행에서는 '리스트명[행][열]' 방식으로 각 항목을 출력한다. end=" "는 print() 함수가 행을 바꾸지 않고 띄어쓰기 하고, 14행에서 사용한 print() 함수는 행 하나를 출력해 줄바꿈하기 위한 것이다.

2차원으로 반복하느라 좀 혼란스럽겠지만, 6장의 중첩 for 문을 다시 활용했고 이미 6장에서 설명한 내용들이다.

SELF STUDY 7-3

4행 5열의 2차원 리스트를 만들고, 0부터 3의 배수를 값으로 입력하여 출력하도록 Code07-06.py를 수정해 보자. 출력 결과는 다음과 같다.

출력 결과

```
 0  3  6  9 12
15 18 21 24 27
30 33 36 39 42
45 48 51 54 57
```

2차원 리스트를 다룰 때 3행 4열처럼 정사각형 또는 직사각형 모양의 리스트만 언급했다. 하지만 리스트 각 열의 크기를 다르게 생성할 수도 있다. 다음 코드로 초기화하면 [그림 7-6]과 같은 2차원 리스트가 생성된다.

```
aa = [[1, 2, 3, 4],
      [5, 6],
      [7, 8, 9]]
```

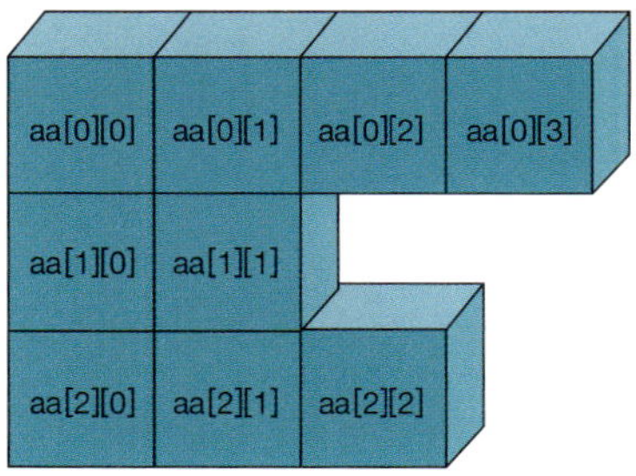

그림 7-6 불규칙한 크기의 2차원 리스트

이외에도 3차원, 4차원 등의 리스트도 가능하지만 많이 사용하지는 않는다.

2 [프로그램 1]의 완성

리스트를 사용해 터틀 그래픽 응용 프로그램을 만들어 보자. 거북이 100마리의 리스트를 만든 후 거북이 100마리가 화면 중앙에서 임의의 위치로 차례대로 움직이게 할 것이다. 먼저, 거북이 1마리에 대한 1차원 리스트를 다음과 같이 값이 7개 있는 형태로 구성한다. 거북이는 화면 중앙(0, 0)에서 지정된 위치(X, Y)까지 선을 그리면서 이동하여 크기와 색상을 지정한다. 이때 X, Y, 크기, 색상은 모두 임의의 값으로 추출한다.

```
[거북이, X위치, Y위치, 거북이크기, 거북이색상(R), 거북이색상(G), 거북이색상(B)]
```

거북이 1마리에 해당하는 1차원 리스트를 100개 생성하므로 거북이는 다음 형태로 2차원 리스트에 저장된다.

```
[[거북이1, X, Y, 크기, R, G, B], [거북이2, X, Y, 크기, R, G, B], [거북이3, X, Y, 크기, R, G, B]…]
```

이렇게 저장된 거북이를 하나씩 추출해서 화면에 그릴 것이다. 결국 거북이 100마리가 중앙에서 자신의 지정된 위치까지 이동한 결과가 출력된다.

Code07-07.py

```python
import turtle
import random

## 전역 변수 선언 부분 ##
myTurtle, tX, tY, tColor, tSize, tShape = [None] * 6
shapeList = []
playerTurtles = []     # 거북이 2차원 리스트
swidth, sheight = 500, 500

## 메인 코드 부분 ##
if __name__ == "__main__" :
    turtle.title('거북 리스트 활용')
    turtle.setup(width = swidth + 50, height = sheight + 50)
    turtle.screensize(swidth, sheight)

    shapeList = turtle.getshapes()
    for i in range(0, 100) :
        random.shuffle(shapeList)
        myTurtle = turtle.Turtle(shapeList[0])
        tX = random.randrange(-swidth // 2, swidth // 2)
        tY = random.randrange(-sheight // 2, sheight // 2)
        r = random.random(); g = random.random(); b = random.random()
        tSize = random.randrange(1, 3)
        playerTurtles.append([myTurtle, tX, tY, tSize, r, g, b])

    for tList in playerTurtles :
        myTurtle = tList[0]
        myTurtle.color((tList[4], tList[5], tList[6]))
        myTurtle.pencolor((tList[4], tList[5], tList[6]))
        myTurtle.turtlesize(tList[3])
        myTurtle.goto(tList[1], tList[2])
    turtle.done()
```

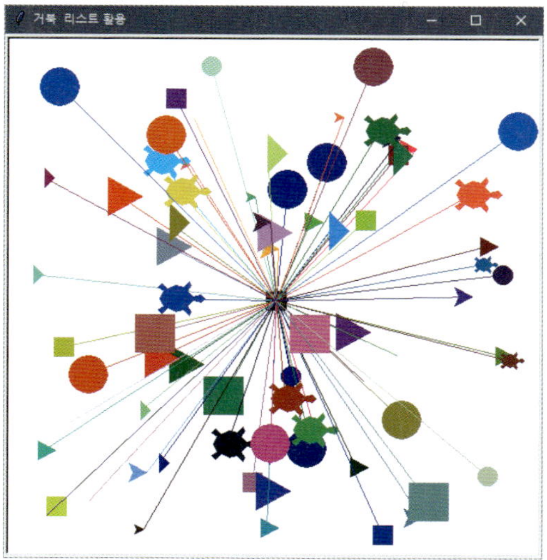

5~8행에서는 전역 변수를 준비한다. myTurtle은 19행에서 거북이 개체를 생성한다. 20~21행에서는 거북이 위치 tX, tY를 생성한다. tSize는 23행에서 거북이 크기를 생성한다. tShape는 거북이 모양인데 16행에서 shapeList를 추출하면 ['arrow', 'blank', 'circle', 'classic', 'square', 'triangle', 'turtle'] 등 7개의 종류가 추출된다. shapeList를 18행에서 섞은 후 19행에서 거북이를 생성할 때 첫 번째 모양으로 사용한다. 즉 7개 중에서 임의 모양의 거북이가 생성되는 것이다. 7행에서 playerTurtles가 거북이 100마리를 저장할 2차원 리스트를 준비한다. 17~24행에서 거북이 100마리를 1차원 리스트로 생성하고, 이 1차원 리스트를 24행에서 playerTurtles에 추가한다. 결국 playerTurtles는 거북이 100마리가 들어 있는 2차원 리스트가 된다. 26~31행에서는 거북이를 playerTurtles에서 하나씩 추출해 tList에 넣고는 반복하여 거북이 100마리를 꺼내서 화면에 선을 그린다.

TIP • 18~19행은 다음과 같이 random.choice(리스트)를 이용하도록 변경할 수 있다. random.choice(리스트)는 리스트 중에서 임의의 값을 하나 추출해 반환한다.

```
tmpShape = random.choice(shapeList)
myTurtle = turtle.Turtle(tmpShape)
```

SECTION
04 튜플

튜플(Tuple)은 리스트와 사용법이 비슷하면서도 약간 다르다. 리스트는 대괄호 [ ]로 생성하지만 튜플은 소괄호 ( )로 생성한다. 또 튜플은 값을 수정할 수 없으며, 읽기만 가능해 읽기 전용 자료를 저장할 때 사용한다.

1 튜플의 생성

간단한 튜플을 만드는 방법은 다음과 같다.

```
tt1 = (10, 20, 30); tt1
tt2 = 10, 20, 30; tt2
```

출력 결과

```
(10, 20, 30)
(10, 20, 30)
```

튜플은 소괄호 ( )를 생략해도 된다. tt2를 보면 괄호를 생략했음에도 동일한 튜플이 생성되었다. 주의할 점은 다음과 같이 항목이 하나인 튜플을 만들 때이다. tt3과 tt4는 튜플이 아닌 일반 값이 되었다. 따라서 항목이 하나인 튜플은 tt5와 tt6처럼 뒤에 쉼표(,)를 붙여야 한다.

```
tt3 = (10); tt3
tt4 = 10; tt4
tt5 = (10,); tt5
tt6 = 10,; tt6
```

출력 결과

```
10
10
(10,)
(10,)
```

튜플은 읽기 전용이므로 다음 코드는 모두 오류가 발생한다.

```
tt1.append(40)
tt1[0] = 40
del(tt1[0])
```

튜플 자체는 다음과 같이 del( ) 함수로 삭제할 수 있다.

```
del(tt1)
del(tt2)
```

2 튜플의 사용

튜플의 항목에 접근할 때는 리스트처럼 '튜플명[위치]'를 사용한다.

```
tt1 = (10, 20, 30, 40)
tt1[0]
tt1[0] + tt1[1] + tt1[2]
```

출력 결과

```
10
60
```

튜플 범위에 접근하려면 리스트와 마찬가지로 '[시작값:끝값+1]'을 사용한다.

```
tt1[1:3]
tt1[1:]
tt1[:3]
```

출력 결과

```
(20, 30)
(20, 30, 40)
(10, 20, 30)
```

튜플의 덧셈 및 곱셈 연산도 가능하다.

```
tt2 = ('A', 'B')
tt1 + tt2
tt2 * 3
```

출력 결과

```
(10, 20, 30, 40, 'A', 'B')
('A', 'B', 'A', 'B', 'A', 'B')
```

SELF STUDY 7-4

다음과 같이 2차원 튜플을 생성한 후 모든 값을 출력해 보자.

```
tt = ((1, 2, 3),
      (4, 5, 6),
      (7, 8, 9))
```

출력 결과

```
1  2  3
4  5  6
7  8  9
```

튜플과 리스트는 서로 변환할 수 있다. 예를 들어 튜플의 항목을 변경하려면 먼저 튜플을 리스트로 변환해 항목을 변경한 후 다시 튜플로 변환하는 방법을 사용할 수 있다. list(튜플) 함수는 튜플을 리스트로 변환해 주며, tuple(리스트) 함수는 리스트를 튜플로 변환해 준다. 다음은 튜플 → 리스트 → 튜플로 변환한 예이다.

```
myTuple = (10, 20, 30)
myList = list(myTuple)
myList.append(40)
myTuple = tuple(myList)
myTuple
```

출력 결과

```
(10, 20, 30, 40)
```

튜플은 리스트에 비해 활용도가 좀 떨어진다. 우선은 이 정도만 알아 두고 다른 활용 부분에서 다시 살펴보자.

SECTION 05

딕셔너리

딕셔너리(Dictionary)는 영어 사전이나 국어 사전을 생각하면 된다. 딕셔너리는 쌍 2개가 하나로 묶인 자료구조이다. 예를 들어 'apple:사과'처럼 의미 있는 두 값을 연결해 구성한다.

TIP • 딕셔너리를 다른 프로그래밍 언어에서는 해시(Hash), 연관 배열(Associative Array)이라고도 한다.

딕셔너리는 다음과 같이 중괄호 { }로 묶어 구성하며, 키(Key)와 값(Value)의 쌍으로 구성되어 있다.

```
딕셔너리변수 = {키1:값1, 키2:값2, 키3:값3, …}
```

1 딕셔너리의 생성

간단한 딕셔너리를 만드는 방법은 다음과 같다. 여기서는 키를 1, 2, 3으로 하고, 값을 'a', 'b', 'c'로 하였다.

```
dic1 = {1 : 'a', 2 : 'b', 3 : 'c'}
dic1
```

출력 결과

```
{1 : 'a', 2 : 'b', 3 : 'c'}
```

다음과 같이 키와 값을 반대로 생성해도 된다.

```
dic2 = {'a': 1, 'b': 2, 'c': 3}
dic2
```

출력 결과

```
{'a': 1, 'b': 2, 'c': 3}
```

키와 값은 사용자가 지정하는 것으로 어떤 값을 반드시 사용해야 한다는 규정은 없다. 주의할 점은 딕셔너리에 순서가 없어 생성한 순서대로 딕셔너리가 구성된다는 보장이 없다.

딕셔너리는 여러 정보를 하나의 변수로 표현할 때 유용하다. 예를 들어 학생이라는 변수에는 다음과 같은 정보가 포함될 수 있다.

표 7-2 홍길동 학생의 정보

키	값
학번	1000
이름	홍길동
학과	컴퓨터학과

[표 7-2]를 딕셔너리로 표현한다면 student1 변수에 홍길동 학생의 모든 정보가 저장되어 있는 것이다.

```
student1 = {'학번' : 1000, '이름': '홍길동', '학과': '컴퓨터학과'}
student1
```

출력 결과

```
{'학번': 1000, '이름': '홍길동', '학과': '컴퓨터학과'}
```

딕셔너리에는 '딕셔너리명[키]=값' 형식으로 쌍을 추가할 수 있다. 앞에서 생성한 student1에 연락처를 추가하려면 다음 코드를 사용한다.

```
student1['연락처'] = '010-1111-2222'
student1
```

출력 결과

```
{'학번': 1000, '이름': '홍길동', '학과': '컴퓨터학과', '연락처': '010-1111-2222'}
```

그런데 이미 존재하는 키를 사용하면 새로운 쌍이 추가되는 것이 아니라 기존 값이 변경된다. 딕셔너리의 특성상 키는 유일해야 하기 때문이다. 다음 코드는 학과를 수정한다.

```
student1['학과'] = '파이썬학과'
student1
```

출력 결과

```
{'학번': 1000, '이름': '홍길동', '학과': '파이썬학과', '연락처': '010-1111-2222'}
```

딕셔너리의 쌍은 'del(딕셔너리명[키])' 형식으로 삭제할 수 있다. 다음 코드는 student1의 학과를 삭제한다.

```
del(student1['학과'])
student1
```

출력 결과

```
{'학번': 1000, '이름': '홍길동', '연락처': '010-1111-2222'}
```

딕셔너리의 키는 유일해야 하므로 다음과 같이 코드를 작성하면 동일한 키를 갖는 딕셔너리가 추가되는 것이 아니라 마지막에 작성한 키만 적용된다.

```
student1 = {'학번': 1000, '이름': '홍길동', '학과': '파이썬학과', '학번': 2000}
student1
```

출력 결과

```
{'학번': 2000, '이름': '홍길동', '학과': '파이썬학과'}
```

2 딕셔너리의 사용

딕셔너리는 키를 이용해 값을 구한다. 다음은 키를 이용해 값에 접근하는 코드이다.

```
student1['학번']
student1['이름']
student1['학과']
```

출력 결과

```
2000
'홍길동'
'파이썬학과'
```

딕셔너리를 사용할 수 있도록 함수를 몇 가지 제공한다. 딕셔너리명.get(키) 함수를 사용하면 키로 값에 접근할 수 있다.

```
student1.get('이름')
```

출력 결과

```
'홍길동'
```

딕셔너리명[키]와 딕셔너리명.get(키)는 결과가 같다. 딕셔너리명[키]는 없는 키를 호출하면 오류가 나지만 딕셔너리명.get(키)는 없는 키를 호출하면 아무것도 반환하지 않는다는 차이점이 있다. 그러므로 없는 키를 찾아야 한다면 딕셔너리명.get(키)를 사용하는 것이 바람직하다.

```
student1['주소']
student1.get('주소')
```

딕셔너리와 관련된 함수 중 딕셔너리명.keys( )는 딕셔너리의 모든 키를 반환한다.

```
student1.keys()
```

출력 결과

```
dict_keys(['학번', '이름', '학과'])
```

이 출력 결과에서 dict_keys를 생략하려면 list(딕셔너리명.keys( )) 함수를 사용하면 된다.

```
list(student1.keys())
```

출력 결과

```
['학번', '이름', '학과']
```

딕셔너리명.values( ) 함수는 딕셔너리의 모든 값을 리스트로 만들어 반환한다. 딕셔너리명.values( ) 함수의 경우도 출력 결과에서 dict_values를 생략하려면 list(딕셔너리명.values( )) 함수를 사용한다.

```
student1.values()
```

출력 결과

```
dict_values([2000, '홍길동', '파이썬학과'])
```

딕셔너리명.items( ) 함수를 사용하면 키와 값의 쌍을 튜플 형태로도 구할 수 있다.

```
student1.items()
```

출력 결과

```
dict_items([('학번', 2000), ('이름', '홍길동'), ('학과', '파이썬학과')])
```

딕셔너리 안에 해당 키가 있는지 없는지는 in을 사용해 확인할 수 있다. 다음 코드는 딕셔너리에 키가 있다면 True를 반환하고, 없다면 False를 반환한다.

```
'이름' in student1
'주소' in student1
```

출력 결과

```
True
False
```

다음은 for 문을 활용해 딕셔너리의 모든 값을 출력하는 간단한 코드이다.

Code07-08.py

```
1 singer = {}
2
3 singer['이름'] = '트와이스'
4 singer['구성원 수'] = 9
5 singer['데뷔'] = '서바이벌 식스틴'
6 singer['대표곡'] = 'SIGNAL'
7
8 for k in singer.keys() :
9     print('%s --> %s' % (k, singer[k]))
```

출력 결과

```
이름 --> 트와이스
구성원 수 --> 9
데뷔 --> 서바이벌 식스틴
대표곡 --> SIGNAL
```

1행에서 빈 딕셔너리를 하나 만들고, 3~6행에서 키와 값을 쌍으로 만들어 딕셔너리에 추가한다. 8~9행에서는 모든 키와 값을 출력한다.

3 딕셔너리의 정렬

키를 사용해 추출하기 때문에 굳이 순서대로 있을 필요가 없으므로 딕셔너리 안에는 순서가 따로 없다. 하지만 딕셔너리 전체를 정렬해 추출할 때도 있다. 딕셔너리를 정렬하는 방법은 다음 코드와 같다. 키로 정렬한 후 딕셔너리를 추출한 결과인데, 각 결과는 튜플로 변경되며 리스트로 반환되는 점에 주의하자.

Code07-09.py

```
1 import operator
2
3 trainDic, trainList = {}, []
4
5 trainDic = {'Thomas':'토마스', 'Edward':'에드워드', 'Henry':'헨리', 'Gothen':'고든',
            'James':'제임스'}
6 trainList = sorted(trainDic.items(), key = operator.itemgetter(0))
7
8 print(trainList)
```

출력 결과

```
[('Edward', '에드워드'), ('Gothen', '고든'), ('Henry', '헨리'), ('James', '제임스'),
('Thomas', '토마스')]
```

6행의 operator.itemgetter( ) 함수를 사용하려고 1행에서 operator를 임포트한다. 3행에서는 빈 딕셔너리와 리스트를 준비한다. 5행에서 딕셔너리를 작성하고, 6행에서 키를 기준으로 딕셔너리를 정렬한다. 값으로 정렬하려면 매개변수를 operator.itemgetter(1)로 변경한다. 출력 결과를 보면 리스트 안에 튜플로 딕셔너리의 항목이 변경되어 있다.

4 [프로그램 2]의 완성

딕셔너리를 활용해 음식 궁합을 출력하는 프로그램을 완성해 보자. 먼저 foods라는 딕셔너리에 키와 값을 넣는다. 그리고 'while (True) :'로 무한 반복할 것이다. 딕셔너리의 키에 해당하는 음식을 여러 개 출력한 후 이 중 좋아하는 음식을 입력하면 그것과 궁합이 잘 맞는 음식을 출력한다. 궁합이 잘 맞는 음식은 딕셔너리의 값에 해당한다. 목록에 없는 음식을 입력하면 없다는 내용을 출력하고 '끝'을 입력하면 프로그램을 종료한다.

Code07-10.py

```
## 변수 선언 부분 ##
foods = {"떡볶이":"오뎅",
         "짜장면":"단무지",
         "라면":"김치",
         "피자":"피클",
         "맥주":"땅콩",
         "치킨":"치킨무",
         "삼겹살":"상추"};

```

```
10  ## 메인 코드 부분 ##
11  while (True) :
12      myfood = input(str(list(foods.keys())) + " 중 좋아하는 음식은?")
13      if myfood in foods :
14          print("<%s> 궁합 음식은 <%s>입니다." % (myfood, foods.get(myfood)))
15      elif myfood == "끝" :
16          break
17      else :
18          print("그런 음식이 없습니다. 확인해 보세요.")
```

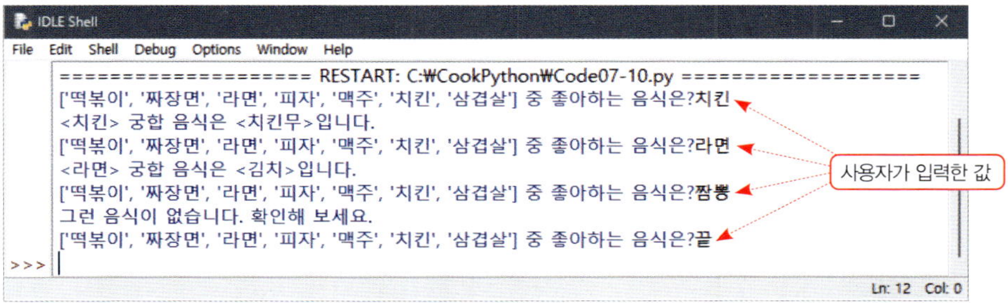

11~18행을 무한 반복한다. 12행에서 딕셔너리의 키 목록을 출력한다. 그리고 13행에서 입력한 음식이 딕셔너리에 있으면 14행을 출력한다. 그렇지 않고 '끝'을 입력했다면 16행에서 while 문을 빠져나간다. 모두 해당되지 않으면 17~18행에서 메시지를 출력한다.

SELF STUDY 7-5

Code07-10.py를 수정해 동물의 어미와 새끼의 이름을 딕셔너리로 묶는 프로그램을 작성해 보자.

힌트 동물의 어미와 새끼의 이름은 인터넷을 검색한다.

출력 결과

```
['닭', '개', '곰', '고등어', '명태', '말', '호랑이'] 중 새끼 이름을 알고 싶은 동물은? 곰
<곰>의 새끼는 <능소니>입니다.
['닭', '개', '곰', '고등어', '명태', '말', '호랑이'] 중 새끼 이름을 알고 싶은 동물은? 호랑이
<호랑이>의 새끼는 <개호주>입니다.
['닭', '개', '곰', '고등어', '명태', '말', '호랑이'] 중 새끼 이름을 알고 싶은 동물은? 명태
<명태>의 새끼는 <노가리>입니다.
```

SECTION 06

리스트, 튜플, 딕셔너리의 심화 내용

1 세트

세트(Set)는 키만 모아 놓은 딕셔너리의 특수한 형태이다. 딕셔너리의 키는 중복되면 안 되므로 세트에 들어 있는 값은 항상 유일하다. 세트를 생성하려면 딕셔너리처럼 중괄호 {}를 사용하지만 : 없이 값을 입력한다.

```
mySet1 = {1, 2, 3, 3, 3, 4}
mySet1
```

출력 결과

```
{1, 2, 3, 4}
```

결과를 보면 중복된 키는 자동으로 하나만 남는다. 세트의 이런 특성을 잘 활용하면 유용하게 사용될 때가 있다. 예를 들어 편의점에서 판매되는 물품 목록을 리스트에 순차적으로 저장한다고 하자. 결산할 때 판매된 물품의 전체 수량이 아닌 종류만 파악하고 싶다면 다음과 같이 리스트를 세트로 변경한다.

```
salesList = ['삼각김밥', '바나나', '도시락', '삼각김밥', '삼각김밥', '도시락', '삼각김밥']
set(salesList)
```

출력 결과

```
{'도시락', '바나나', '삼각김밥'}
```

결과를 보면 판매된 물품이 하나씩만 남았다. set( ) 함수는 리스트, 튜플, 딕셔너리 등을 세트로 변경시켜 준다. 활용도가 높은 함수이므로 꼭 기억해 두자. 참고로 세트도 딕셔너리와 마찬가지로 별도의 순서로 저장되지는 않는다.

두 세트 사이의 교집합(두 세트에 공통으로 들어 있는 값), 합집합(두 세트의 값을 모두 모은 것), 차집합(첫 번째 세트에만 있고 두 번째 세트에는 없는 값), 대칭 차집합(한 쪽 세트에만 포함되어 있는 값)을 구할 수도 있다.

```
mySet1 = {1, 2, 3, 4, 5}
mySet2 = {4, 5, 6, 7}
mySet1 & mySet2      # 교집합
mySet1 | mySet2      # 합집합
mySet1 - mySet2      # 차집합
mySet1 ^ mySet2      # 대칭 차집합
```

출력 결과

```
{4, 5}
{1, 2, 3, 4, 5, 6, 7}
{1, 2, 3}
{1, 2, 3, 6, 7}
```

각 연산자 &, |, -, ^ 대신 함수를 사용할 수도 있다. 다음 코드의 출력 결과는 앞의 코드와 동일하다.

```
mySet1.intersection(mySet2)             # 교집합
mySet1.union(mySet2)                    # 합집합
mySet1.difference(mySet2)               # 차집합
mySet1.symmetric_difference(mySet2)     # 대칭 차집합
```

TIP • 빈 세트를 만들 때는 s = set( ) 구문을 사용해야 한다. s = { } 구문을 사용하면 빈 딕셔너리로 인식된다.

2 컴프리헨션

컴프리헨션(Comprehension : 함축)은 값이 순차적인 리스트를 한 줄로 만드는 간단한 방법이다. 우선 지금까지 배운 방법으로 1부터 5까지 저장된 리스트를 다음과 같이 만들 수 있다.

```
numList = []
for num in range(1, 6) :
    numList.append(num)
numList
```

출력 결과

```
[1, 2, 3, 4, 5]
```

앞의 코드를 컴프리헨션으로 다음과 같이 한 줄로 작성할 수 있다.

```
numList = [num for num in range(1, 6)]
numList
```

출력 결과

```
[1, 2, 3, 4, 5]
```

컴프리헨션은 다음과 같은 형식으로 구성된다.

```
리스트 = [수식 for 항목 in range() if 조건식]
```

조금 응용해서 1~5의 제곱으로 구성된 리스트를 만들어 보자.

```
numList = [num * num for num in range(1, 6)]
numList
```

출력 결과

```
[1, 4, 9, 16, 25]
```

if 문까지 추가할 수 있다. 1~20 숫자 중에서 3의 배수로만 리스트를 구성하는 방법은 다음과 같다.

```
numList = [num for num in range(1, 21) if num % 3 == 0]
numList
```

출력 결과

```
[3, 6, 9, 12, 15, 18]
```

컴프리헨션은 처음에는 좀 보기가 까다로운데, 자주 사용하다 보면 코딩양을 많이 줄일 수 있다. 컴프리헨션을 선호하는 프로그래머도 있기 때문에 다른 사람의 코드를 이해하기 위해서라도 사용 방법 정도는 알고 있으면 좋다.

TIP • 리스트 컴프리헨션 외에도 딕셔너리 컴프리헨션도 있지만, 활용도는 리스트 컴프리헨션이 가장 높다.

3 동시에 여러 리스트에 접근

zip() 함수를 사용해 동시에 여러 리스트에 접근할 수 있다. 다음의 간단한 코드를 보자.

```
foods = ['떡볶이', '짜장면', '라면', '피자', '맥주', '치킨', '삼겹살']
sides = ['오뎅', '단무지', '김치']
for food, side in zip(foods, sides) :
    print(food, ' --> ', side)
```

출력 결과

```
떡볶이 --> 오뎅
짜장면 --> 단무지
라면 --> 김치
```

출력 결과를 보면 foods 리스트와 sides 리스트의 개수가 다른 경우에 개수가 작은 것까지만 접근한 후 종료한다.

zip( ) 함수는 두 리스트를 튜플이나 딕셔너리로 짝지을 때 간단하게 활용할 수 있다.

```
foods = ['떡볶이', '짜장면', '라면', '피자', '맥주', '치킨', '삼겹살']
sides = ['오뎅', '단무지', '김치']
tupList = list(zip(foods, sides))
dic = dict(zip(foods, sides))
tupList
dic
```

출력 결과

```
[('떡볶이', '오뎅'), ('짜장면', '단무지'), ('라면', '김치')]
{'떡볶이': '오뎅', '짜장면': '단무지', '라면': '김치'}
```

4 리스트의 복사

리스트를 복사할 때는 주의할 점이 있다. 다음 코드를 보자.

```
oldList = ['짜장면', '탕수육', '군만두']
newList = oldList
print(newList)
oldList[0] = '짬뽕'
oldList.append('깐풍기')
print(newList)
```

출력 결과

```
['짜장면', '탕수육', '군만두']
['짬뽕', '탕수육', '군만두', '깐풍기']
```

두 번째 줄에서 oldList를 newList에 대입해 동일하게 만들었다. 그런데 네 번째와 다섯 번째 줄에서 newList가 아닌 oldList를 변경했는데 결과적으로 newList도 변경되었다. 즉 newList =oldList로 인해 다음과 같이 newList와 oldList가 동일한 메모리 공간을 공유하는 것이다.

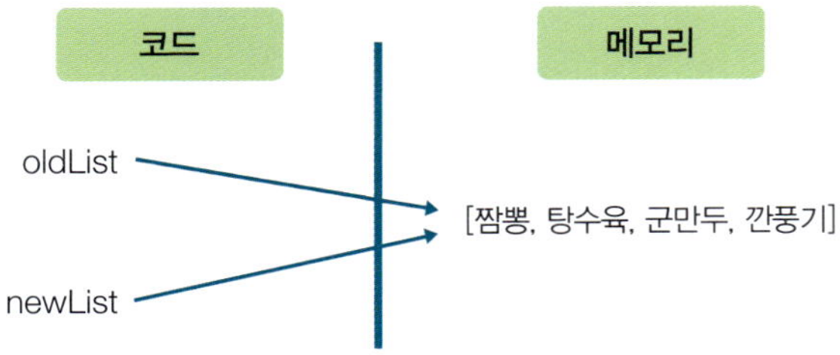

그림 7-7 newList=oldList를 이용한 리스트 복사

이런 현상을 얕은 복사(Shallow Copy)라고 한다. 이를 방지하려면 다음과 같이 코드를 변경한다.

```
oldList = ['짜장면', '탕수육', '군만두']
newList = oldList[:]
print(newList)
oldList[0] = '짬뽕'
oldList.append('깐풍기')
print(newList)
```

newList=oldList[:]는 다음과 같이 메모리의 공간을 복사해서 새로 만든다. 이를 깊은 복사(Deep Copy)라고 한다.

참고로 newList=oldList[:] 대신 newList=oldList.copy()를 사용해도 같은 결과를 얻을 수 있다.

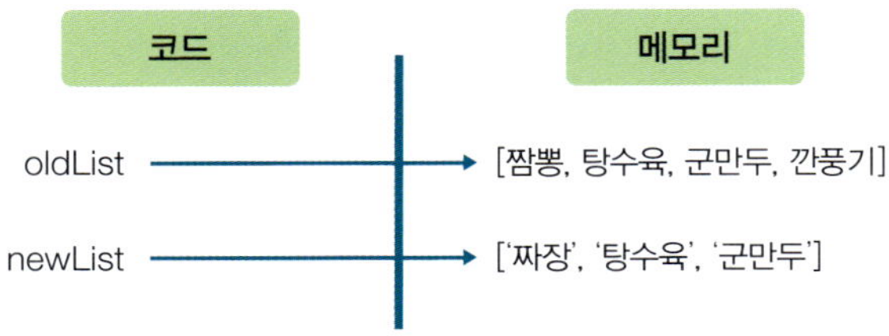

그림 7-8 newList=oldList[:]를 이용한 리스트 복사

얕은 복사는 많이 사용하지 않는 프로그래밍 기법이지만 메모리 절약이나 함수의 매개변수 전달 방법(283쪽)에서 사용되기도 하므로 리스트를 복사할 때는 어떤 복사가 실행되는지 주의해서 살펴보아야 한다.

5 리스트를 이용한 스택 구현

스택(Stack)은 한 쪽 끝이 막혀 먼저 들어간 것이 가장 나중에 나오는 형태의 자료구조이다. [그림 7-9]에서 자동차가 주차장에 들어간 순서는 A → B → C이지만 나오는 순서는 C → B → A이다.

그림 7-9 스택의 구조와 원리

스택은 이처럼 가장 나중에 들어간 것이 가장 먼저 나와 LIFO(Last In First Out) 구조라고 한다. 그리고 자동차 세 대 중 가장 마지막에 들어간 자동차 C 다음의 비어 있는 위치를 top이라고 한다. 자동차 C가 빠져나가면 top의 위치는 자동차 B 다음으로 바뀔 것이다. 이처럼 top은 스택에 들어 있는 데이터 중 가장 마지막 데이터의 바로 다음 위치를 가리킨다. 스택에서 사용되는 중요한 용어로 데이터를 넣는 것을 푸시(Push), 빼는 것을 팝(Pop)이라고 한다.

한 쪽이 막힌 주차장을 만들어 리스트로 스택을 구현해 보자. 리스트를 사용해 초기화하면 다음과 같다.

```
parking = []
top = 0
```

리스트를 다음과 같이 막힌 주차장이라고 생각하면 된다(최대 다섯 대가 들어갈 수 있다고 가정하자). 현재 자동차가 없으므로 top은 0을 가리킨다. top은 다음에 자동차가 들어오면 넣을 위치를 가리킨다.

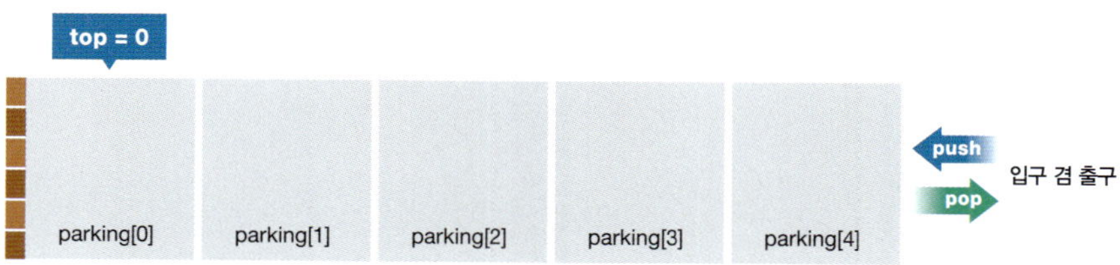

그림 7-10 비어 있는 주차장

여기에 자동차 한 대를 넣어 보자(푸시). 스택에 푸시할 때는 append( ) 함수를 사용한다.

```
parking.append('자동차A')
top += 1
```

자동차 A는 현재 top의 위치에 들어가고 top은 0에서 1로 바뀐다. 즉 다음에 들어갈 자동차의 위치가 parking[0]에서 parking[1]로 이동한다.

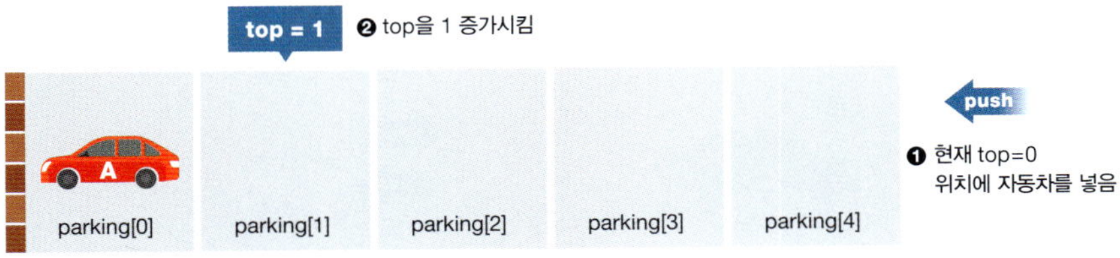

그림 7-11 주차장에 자동차 한 대 넣기

동일한 방식으로 자동차 B와 자동차 C도 주차장에 넣어 보자. 자동차 두 대를 주차한 후 top은 3이 되므로 parking[3]의 위치로 이동한다.

```
parking.append('자동차B')
top += 1
parking.append('자동차C')
top += 1
```

그림 7-12 주차장에 자동차를 두 대 추가로 넣기

이번에는 자동차를 꺼내 보자. [그림 7-13]은 자동차를 한 대 꺼내는 과정을 나타낸다. 자동차를 한 대 꺼낼 때는 top을 1 감소시킨 후 그 자리에 있는 자동차를 꺼내면 된다. 파이썬에서는 pop() 함수를 사용한다.

```
top -= 1
outCar = parking.pop()
print(outCar)
```

그림 7-13 주차장에서 자동차 한 대 꺼내기

파이썬에서는 이 방식으로 스택을 활용할 수 있다. top 변수 없이 append( ), pop( ) 함수만 사용해도 된다. 하지만 스택 특성상 top을 주로 사용하므로 여기서도 top값을 계속 증가·감소시킨 것이다.

스택은 대부분의 컴퓨터 분야에서 중요하게 활용되는 자료구조이므로 기본 내용을 잘 기억해 놓는 것이 좋다.

TIP • 스택과 함께 많이 사용되는 자료구조로 큐(Queue)가 있다. 큐는 양쪽이 뚫린 구조라고 할 수 있다. 파이프 같은 모양을 생각하면 되는데, 한 쪽으로 들어가면 다른 한 쪽으로 나오는 형태이다. 향후 컴퓨터 분야를 계속 공부하다 보면 자료구조(Data Structure)라는 분야를 학습할 텐데, 이때 스택이나 큐 등을 심도 있게 공부할 기회가 있을 것이다.

요약

1 리스트는 박스를 연결해 놓은 개념이다.

2 리스트를 생성하는 방법은 다음과 같다.

```
리스트명 = [값1, 값2, 값3, …]
```

3 리스트는 초기에 만드는 방법과 빈 리스트를 만든 후 하나씩 추가하는 방법으로 생성할 수 있다.

```
# 초기에 만드는 방법
aa = [10, 20, 30, 40]

# 빈 리스트를 만들어 추가하는 방법
aa = []
aa.append(10)
aa.append(20)
aa.append(30)
aa.append(40)
```

4 리스트 여러 개를 초기화하려면 for 문과 함께 사용한다.

```
aa = []
for i in range(0, 100) :
    aa.append(0)
```

5 리스트에는 aa[0], aa[1], aa[2], aa[3]처럼 첨자로 접근한다. 첨자는 0번부터 사용한다.

6 첨자는 맨 뒤에서부터 −1값으로 사용된다. 또 :을 사용해 범위도 지정할 수 있다.

```
aa = [10, 20, 30, 40]
print("aa[-1]은 %d, aa[-2]는 %d" % (aa[-1], aa[-2]))    # 40, 30 출력
aa[0:3]     # [10, 20 30] 출력
aa[2:4]     # [30, 40] 출력
```

7 리스트의 덧셈 연산은 두 리스트를 합치고, 곱셈 연산은 리스트를 반복한다.

8 리스트를 조작하는 함수로는 append( ), pop( ), sort( ), index( ) 등이 있다.

9 2차원 리스트는 리스트 안에 또 다른 리스트가 있는 구조이다. 생성 예와 개념은 다음과 같다.

```
aa = [[1, 2, 3, 4],
      [5, 6, 7, 8],
      [9, 10, 11, 12]]
```

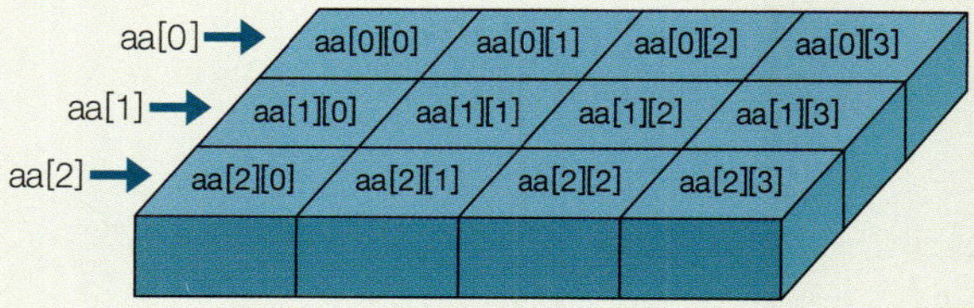

전체 리스트명 : aa

10 튜플은 소괄호 ( )로 생성한다. 튜플은 값을 수정할 수 없으며 읽기만 가능하다.

11 다음은 튜플을 생성하는 예이다.

```
tt1 = (10, 20, 30)
tt2 = 10, 20, 30
```

12 튜플의 항목에 접근할 때는 '튜플명[위치]'를 사용한다.

13 딕셔너리는 쌍 2개가 하나로 묶이는 것으로 'apple:사과'처럼 의미 있는 두 값을 연결시켜 구성된다.

14 딕셔너리는 중괄호 { }로 묶여 있으며, 키와 값의 쌍으로 구성되어 있다. 다음은 딕셔너리의 예이다.

```
student1 = {'학번': 1000 , '이름': '홍길동', '학과': '컴퓨터학과'}
```

15 딕셔너리에 쌍을 추가하려면 '딕셔너리명[키]=값' 형식을 사용한다. 딕셔너리의 쌍을 삭제하려면 del(딕셔너리명[키]) 함수를 사용한다.

요약

IT@COOKBOOK

16 딕셔너리는 값을 구하는 데 키를 주로 사용한다. 키로 값에 접근하려면 딕셔너리명.get(키) 함수나 '딕셔너리명[키]' 형식을 사용한다.

17 딕셔너리명.keys( ) 함수는 딕셔너리의 모든 키를 반환하고, 딕셔너리명.values( ) 함수는 딕셔너리의 모든 값을 반환한다.

18 세트(Set)는 키만 모아 놓은 딕셔너리의 특수한 형태이다.

19 컴프리헨션(Comprehension : 함축)은 값이 순차적인 리스트를 코딩 한 줄로 만드는 간단한 방법이다. 다음은 1~5의 리스트를 만드는 예이다.

```
numList = [num for num in range(1, 6)]
```

20 리스트, 튜플, 딕셔너리, 세트를 비교하면 다음 표와 같다.

구분	개념	기호	생성 방법	특징
리스트	여러 개의 데이터를 1개의 변수 이름으로 저장	[ ]	변수=[ ] 변수=list( )	다른 언어의 배열과 비슷한 개념
튜플	리스트와 비슷하지만 읽기 전용으로 사용	( )	변수=( ) 변수=tuple( )	읽기 전용으로만 사용됨
딕셔너리	키와 값으로 구성	{ }	변수={ } 변수=dict( )	콜론(:)으로 키와 값을 구분
세트	딕셔너리에서 키로만 구성	{ }	변수={값1, 값2, …} 변수=set( )	중복 값은 1개로 처리, 변수={ }를 사용하면 빈 딕셔너리로 생성

연습문제

1 리스트의 개념에 대한 설명으로 올바른 것을 고르세요.

① 리스트는 동일한 데이터형만 저장할 수 있다.

② 리스트는 대괄호([ ])를 사용하여 생성한다.

③ 리스트는 값을 수정할 수 없으며 읽기 전용이다.

④ 리스트의 인덱스는 1부터 시작한다.

2 다음 각 설명에 해당하는 함수를 쓰세요.

(1) 지정한 값을 찾아서 위치를 알아낸다. (   )

(2) 리스트에서 특정 값의 개수를 센다. (   )

(3) 리스트의 전체 개수를 센다. (   )

(4) 두 리스트를 연결한다. (   )

(5) 리스트 맨 뒤의 항목을 추출한다. (   )

3 다음 중 2차원 리스트의 접근 방법으로 올바른 것을 고르세요.

① `mylist[0,0]`

② `mylist(0)(1)`

③ `mylist[0][1]`

④ `mylist[0:1]`

4 다음 중 튜플의 특징으로 올바른 것을 고르세요.

① 튜플은 값을 변경할 수 없다.

② 튜플은 리스트보다 속도가 느리다.

③ 튜플은 대괄호([ ])를 사용하여 생성한다.

④ 튜플은 요소의 중복을 허용하지 않는다.

연습문제

5 다음 코드의 실행 결과를 고르세요.

```
mylist = [10, 20, 30, 40, 50]
print(mylist[::-2])
```

① [10, 30, 50]

② [50, 30, 10]

③ [50, 40, 30, 20, 10]

④ [40, 20]

6 mylist = [10, 20, 30]이 있을 때, mylist[1]의 값을 100으로 변경하는 코드를 작성하세요.

7 mylist = [1, 2, 3, 4, 5]에서 mylist의 마지막 요소를 삭제하는 함수를 쓰세요.

8 dic = {'나': 2, '가': 1, '다': 3}으로 만든 딕셔너리를 다음과 같이 정렬하여 출력하는 코드를 작성하세요.

실행 결과

```
{'가': 1, '나': 2, '다': 3}
```

9 다음은 리스트를 생성하는 코드입니다. 틀린 부분을 찾아서 코드를 수정하세요.

```
mylist = list(1, 2, 3)
```

10 다음 코드와 실행 결과를 보고 빈 부분을 채우세요.

```
mylist = [1, 2, 2, 3, 4, 4, 4, 5, 5]
mylist = [          ]
print(mylist)
```

실행 결과

```
[1, 2, 3, 4, 5]
```

11 심화문제 다음 코드를 한 줄로 줄여서 다시 코딩하세요.

```
myList = []
tmpList1, tmpList2 = [], []
for m in range(1, 3) :
    for n in range(4, 8) :
        for o in range(9, 13) :
            tmpList1.append(n*m*o)
        tmpList2.append(tmpList1)
        tmpList1 = []
    myList.append(tmpList2)
    tmpList2=[]
```

12 심화문제 본문에서 다룬 [프로그램 1]을 수정해서 거북이의 각도를 랜덤하게 0~360도로 추가하고, 거북이의 크기를 0.1~2.9까지 소수점 크기로 랜덤하게 생성하세요. 화면의 왼쪽 아래에서 가장 가까운 거북이부터 정렬한 후 거북이끼리 선을 긋습니다. 다음 그림은 20마리의 거북이를 크기로 정렬한 후에 선을 그은 결과입니다.

힌트1 0.1부터 2.9까지 랜덤한 숫자는 random.randrange(1, 31)/10으로 만든다.

힌트2 시작 거북이는 화면 왼쪽 아래부터 정렬한 후, 가장 첫 번째 거북이로 지정한다.

힌트3 거북이 사이에 선을 긋기 위해서는 앞 거북이의 좌표를 저장하고 있어야 한다.

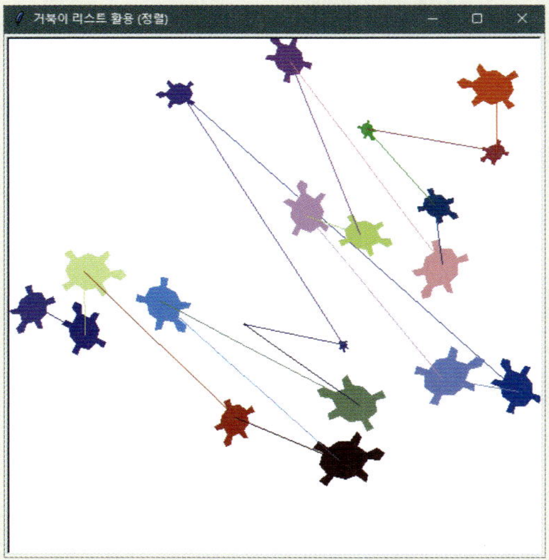

응용예제 01

16진수 정렬하기

난이도★★☆☆☆

예제 설명 16진수가 저장된 리스트를 정렬하는 프로그램이다. 여기서는 A37B, 23CC, 88D9, BB8F, 3A9A의 값 5개를 오름차순 정렬하고자 한다. 선택 정렬 방식을 사용했는데, 리스트의 sort() 함수나 sorted() 함수를 사용하지 않고 정렬하는 코드를 직접 작성해 보자.

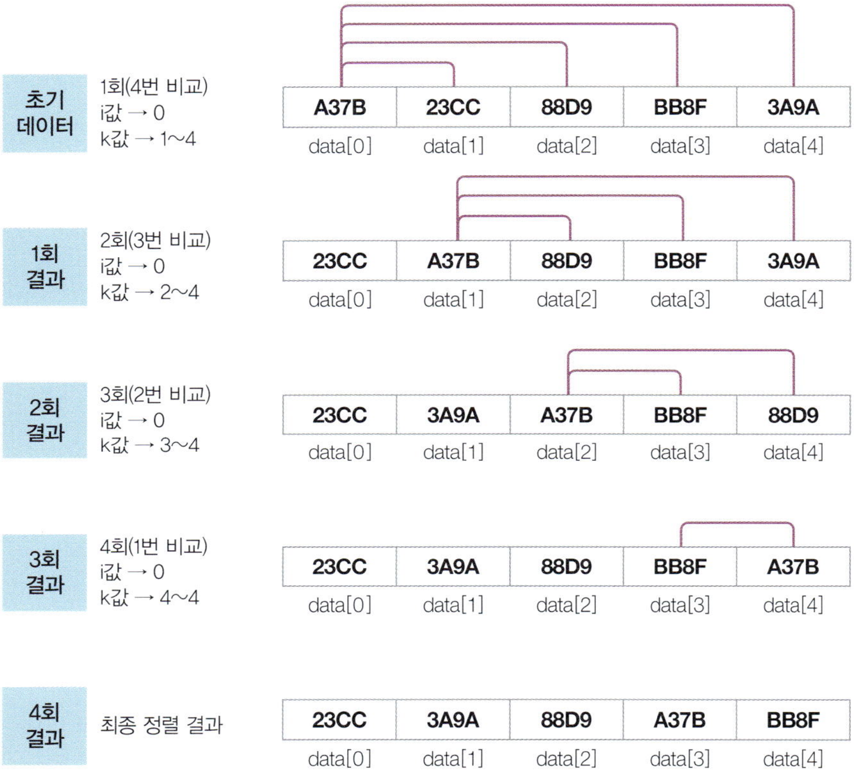

실행 결과

코드

```
1  import random
2
3  ## 전역 변수 선언 부분 ##
4  data = []
5  i, k = 0, 0
6
7  ## 메인 코드 부분 ##
8  if __name__ == "__main__" :
9      for i in range(0, 10) :     # 임의의 데이터 10개 생성
10         tmp = hex(random.randrange(0, 100000))
11         data.append(tmp)
12
13     print('정렬 전 데이터 : ', end = '')
14     [print(num, end = ' ') for num in data]
15
16     for i in range(0, len(data) - 1) :
17         for k in range(i + 1, len(data)) :
18             if int(data[i], 16) > int(data[k], 16) :
19                 tmp = data[i]
20                 data[i] = data[k]
21                 data[k] = tmp
22
23     print('\n정렬 후 데이터 : ', end = '')
24     [print(num, end = ' ') for num in data]
```

코드 설명

행	설명
4~5행	16진수를 저장할 data 리스트와 for 문에서 사용할 i, k를 준비한다.
9~11행	임의의 16진수 10개를 0~99999에서 추출한다.
13~14행, 23~24행	추출된 정렬 전 데이터와 정렬 후 데이터를 출력한다. 리스트 컴프리헨션을 이용해 출력한다.
16~21행	중첩 for 문을 이용해 리스트를 선택 정렬로 내림차순 정렬한다. 16행에서 비교하는 앞의 값은 0번째부터 마지막 값 바로 전까지, 17행 뒤의 값은 비교하는 앞의 값 바로 다음부터 마지막 값까지 비교한다. 18행에서 앞의 값이 더 크다면 19~21행으로 데이터를 교환한다. 19~21행을 다음과 같이 한 줄로 표현해도 된다. `data[i], data[k] = data[k], data[i]`

응용예제 02

기차 수송량에 따라 순위 매기기

난이도★★★★☆

예제 설명 물건을 수송하는 기차 여러 대의 수송량을 합산해 순위를 매기는 프로그램을 만들어 보자. 예를 들어 각 기차의 수송량 목록이 (토마스 5톤), (제임스 4톤), (토마스 2톤) 등으로 되어 있다면 이 목록의 합계를 내서 [토마스 7톤 1등] [제임스 4톤 2등]이 출력되도록 한다. 또 같은 순위가 여러 번 나오면 같은 순위만큼 건너뛰고 다음 순위를 출력한다. 예로 1등, 2등, 2등, 4등, … 방식으로 3등은 건너뛰고 출력한다. 여기서는 튜플을 딕셔너리로 변경한 후 다시 딕셔너리를 튜플로 정렬하는 방식을 사용한다.

실행 결과

```
==================== RESTART: C:\CookPython\Ex07-02.py ====================
기차 수송량 목록 ==> [('토마스', 5), ('헨리', 8), ('에드워드', 9), ('에밀리', 5), ('토마스', 4), ('헨리', 7), ('토마스', 3), ('에밀리', 8), ('퍼시', 5), ('고든', 13)]
------------------------
기차    총수송량  순위
------------------------
헨리      15      1
에밀리    13      2
고든      13      2
토마스    12      4
에드워드  9       5
퍼시      5       6
>>>
```

코드

```python
import operator

## 전역 변수 선언 부분 ##
trainTupleList = [('토마스', 5), ('헨리', 8), ('에드워드', 9), ('에밀리', 5),
                  ('토마스', 4), ('헨리', 7), ('토마스', 3), ('에밀리', 8),
                  ('퍼시', 5), ('고든', 13)]
trainDic, trainList = {}, []
tmpTup = None
totalRank, currentRank = 1, 1

## 메인 코드 부분 ##
if __name__ == "__main__" :
    for tmpTup in trainTupleList :
        tName = tmpTup[0]
        tWeight = tmpTup[1]
        if tName in trainDic :
            trainDic[tName] += tWeight
```

```
16         else :
17             trainDic[tName] = tWeight
18
19     print('기차 수송량 목록 ==> ', trainTupleList)
20     print('-------------------------')
21     trainList = sorted(trainDic.items(), key = operator.itemgetter(1),
                 reverse = True)
22
23     print('기차\t총 수송량\t순위')
24     print('-------------------------')
25     print(trainList[0][0], '\t', trainList[0][1], '\t', currentRank)
26     for i in range(1, len(trainList)) :
27         totalRank += 1
28         if trainList[i][1] == trainList[i-1][1] :  # 앞 기차와 수송량이 같다면
29             pass
30         else :
31             currentRank = totalRank
32         print(trainList[i][0], '\t', trainList[i][1], '\t', currentRank)
```

코드 설명

4~7행	4행에서 기차와 수송량이 기록된 튜플의 리스트를 준비한다. 5행에서는 수송량의 합계를 기록할 딕셔너리 trainDic과 딕셔너리를 다시 정렬할 튜플 리스트로 trainList를 준비한다. 전체 순위를 매기기 위해 totalRank를 준비하고, 현재 동일한 순위를 매기기 위해 currentRank를 준비한다.
11~17행	입력값 trainTupleList를 딕셔너리로 만든다. 14~17행에서 딕셔너리의 키는 유일해야 한다는 점을 이용해 딕셔너리에 해당 기차가 있으면 값을 누적하고, 없으면 새로운 값을 등록한다.
19행	입력값을 출력한다.
21행	기차 딕셔너리를 값을 기준으로 정렬한다. 결과는 튜플의 리스트가 된다.
25행	첫 번째 기차는 무조건 1등이므로 출력한다.
26~32행	두 번째 기차부터 출력한다. 전체 등수는 계속 1씩 증가시킨다. 28행에서 앞 기차와 수송량이 같으면 32행으로 건너뛰어 앞 기차와 동일한 등수를 출력하고, 그렇지 않으면 31행에서 현재 등수를 전체 등수로 변경한다.

응용예제 03

DVD 대여점 운영하기

난이도★★★☆☆

예제 설명 지금은 넷플릭스, 디즈니TV, 애플TV 등 스트리밍 서비스가 일반적이지만, 예전에는 DVD 대여점에서 영화를 빌려서 보던 시절이 있었다. DVD 대여점 운영 프로그램을 작성해 보자. 영화 목록은 5편으로, 딕셔너리를 활용한 대여 및 반납 과정을 운영해 보자.

실행 결과

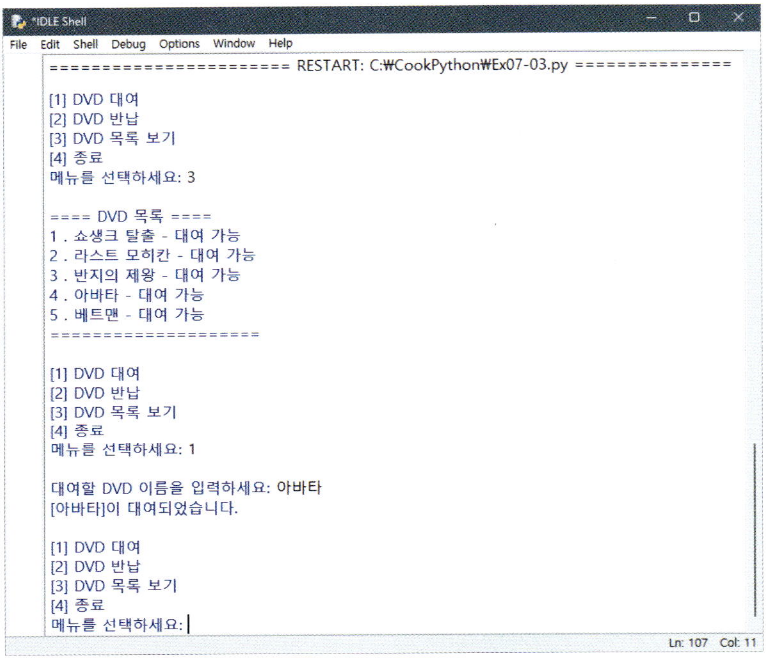

코드

```
## 함수 선언부##
def display_dvds():
    print("\n==== DVD 목록====")
    idx = 1
    for title, status in dvds.items():
        print(idx, ".", title, "-", status)
        idx += 1
    print("====================")

def borrow_dvd():
    dvd_name = input("\n대여할 DVD 이름을 입력하세요: ")
    if dvd_name in dvds:
```

```
        if dvds[dvd_name] == "대여 가능":
            dvds[dvd_name] = "대여 중"
            print("[" + dvd_name + "]이 대여되었습니다.")
        else:
            print("[" + dvd_name + "]은 이미 대여 중입니다.")
    else:
        print("해당DVD는 목록에 없습니다.")

def return_dvd():
    dvd_name = input("\n반납할DVD 이름을 입력하세요: ")
    if dvd_name in dvds:
        if dvds[dvd_name] == "대여 중":
            dvds[dvd_name] = "대여 가능"
            print("[" + dvd_name + "]이 반납되었습니다.")
        else:
            print("[" + dvd_name + "]은 대여되지 않은 상태입니다.")
    else:
        print("해당DVD는 목록에 없습니다.")

## 전역 변수 선언부##
dvds = {
    "쇼생크 탈출": "대여 가능",
    "라스트 모히칸": "대여 가능",
    "반지의 제왕": "대여 가능",
    "아바타": "대여 가능",
    "베트맨": "대여 가능"
}

## 메인 코드부##
if __name__ == "__main__":
    while True:
        print("\n[1] DVD 대여")
        print("[2] DVD 반납")
        print("[3] DVD 목록 보기")
        print("[4] 종료")
        choice = input("메뉴를 선택하세요: ")

        if choice == "1":
            borrow_dvd()
        elif choice == "2":
            return_dvd()
        elif choice == "3":
            display_dvds()
        elif choice == "4":
```

```python
57            print("프로그램을 종료합니다.")
58            break
59        else:
60            print("올바른 번호를 입력하세요.")
```

코드 설명

2~8행	DVD 목록을 출력한다.
10~19행	DVD를 빌려준다. 11행에서 DVD 이름을 입력받고, 12~19행은 입력한 DVD의 이름이 있는지 확인한다. 13~15행은 DVD 대여가 가능하다면 대여해 주고, 16~17행은 DVD가 이미 대여 중일 때 처리한다.
21~30행	DVD를 반납한다. borrow_dvd()와 거의 비슷한 형식을 갖는다.
33~39행	대여점에서 가지고 있는 DVD 목록을 딕셔너리로 준비한다.
43~60행	DVD의 대여, 반납, 목록 보기, 종료 등을 입력받아 처리한다.

CHAPTER 08

문자열

학습목표

- 문자열을 익힌다.
- 문자열을 조작하는 함수를 익힌다.
- 문자열의 활용법을 익힌다.

SECTION 01 이 장에서 만들 프로그램
SECTION 02 문자열 기본
SECTION 03 문자열 함수
요약
연습문제
응용예제

SECTION 01

이 장에서 만들 프로그램

프로그래밍을 하다 보면 글자의 모임인 문자열을 처리할 일이 자주 있다. 다행히 파이썬에서는 문자열을 쉽게 조작할 수 있는 방법을 제공한다. 문자열은 앞에서 배운 리스트와 개념이 상당히 비슷하므로 어렵지 않게 학습할 수 있을 것이다.

1 [프로그램 1] 입력된 문자열 거꾸로 출력

첫 번째는 다음과 같이 문자열을 입력받고, 반대로 출력하는 프로그램이다. 쉽고 간단해 문자열의 특성과 함수를 연습하기 좋다.

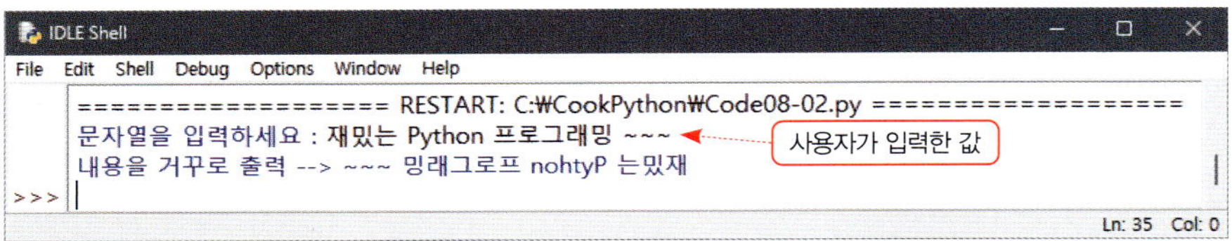

2 [프로그램 2] 임의의 위치에 글자를 쓰는 거북이

두 번째는 문자열을 입력하면 거북이가 임의의 위치에 다양한 색상과 크기로 글자를 쓰는 프로그램이다. 기존에 사용했던 터틀 그래픽을 활용한다.

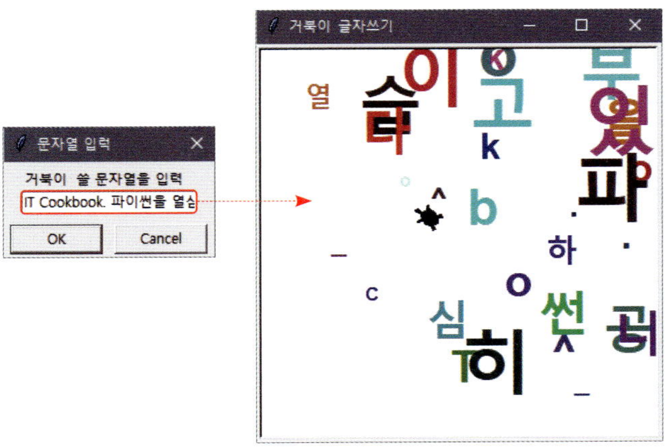

SECTION 02

문자열 기본

1 문자열의 개념

7장에서 데이터를 여러 개 저장하는 리스트를 학습했다. 이번에는 'abcd'나 '안녕하세요?'처럼 연결된 문자를 표현하는 문자열을 살펴본다. 파이썬에서는 문자열을 큰따옴표(" ")나 작은따옴표(' ')로 묶어 표현한다. 어떤 것을 사용하든 상관없지만 큰따옴표를 사용하더라도 print( )로 출력하면 작은따옴표로 표시된다.

문자열은 리스트와 비슷한 부분이 많으므로 다음 리스트 코드와 비교해서 살펴보자.

```
aa = [10, 20, 30, 40, 50]
aa[0]
aa[1:3]
aa[3:]
```

출력 결과

```
10
[20, 30]
[40, 50]
```

이 리스트와 비슷하게 5글자로 된 문자열을 사용하면 다음과 같다. 이처럼 리스트에 접근하는 것과 문자열에 접근하는 것이 크게 다르지 않다. 리스트는 대괄호 [ ]로 묶고 문자열은 작은따옴표(' ')로 묶어 출력된다는 것만 다르다.

```
ss = "파이썬최고"
ss[0]
ss[1:3]
ss[3:]
```

출력 결과

```
'파'
'이썬'
'최고'
```

문자열도 리스트와 마찬가지로 더하기(+) 기호를 사용해 연결한다. 또 곱하기(*) 기호를 사용해 문자열을 반복할 수도 있다.

```
ss = '파이썬' + '최고'
ss
ss = '파이썬' * 3
ss
```

출력 결과

```
'파이썬최고'
'파이썬파이썬파이썬'
```

문자열 길이를 파악할 때도 리스트처럼 len() 함수를 사용한다. len() 함수는 리스트나 문자열의 개수를 셀 때 자주 사용하므로 기억해 두자.

```
ss = '파이썬abcd'
len(ss)
```

출력 결과

```
7
```

문자열도 len() 함수로 개수를 파악할 수 있기 때문에 리스트처럼 for 문을 사용해 처리할 수 있다. 다음은 문자열의 모든 글자 뒤에 $를 붙여서 출력하는 코드이다.

Code08-01.py

```
1  ss = '파이썬짱!'
2
3  sslen = len(ss)
4  for i in range(0, sslen) :
5      print(ss[i] + '$', end = '')
```

출력 결과

```
파$이$썬$짱$!$
```

3행에서 문자열의 길이를 sslen 변수에 저장한다. 그리고 4행에서 문자열의 길이만큼 반복한다. 5행에서는 글자 하나와 $를 붙여서 출력한다.

SELF STUDY 8-1

Code08-01.py를 수정해서 '파이썬은완전재미있어요'에서 '파#썬#완#재#있#요'를 출력해 보자. 즉 0부터 시작한다고 가정하면 짝수 번째 글자는 그대로 출력되고, 홀수 번째는 글자 대신 #이 표시되도록 하면 된다.

힌트 if 문을 사용해 i가 짝수일 때와 홀수일 때를 다르게 처리한다. 2로 나누어서 나머지 값이 0이면 짝수이다.

2 [프로그램 1]의 완성

문자열을 입력받아 이를 반대로 출력하는 [프로그램 1]은 지금까지 배운 내용만으로도 간단하게 만들 수 있다.

Code08-02.py

```
1  ## 변수 선언 부분 ##
2  inStr, outStr = "", ""
3  count, i = 0, 0
4
5  ## 메인 코드 부분 ##
6  inStr = input("문자열을 입력하세요 : ")
7  count = len(inStr)
8
9  for i in range(0, count) :
10     outStr += inStr[count - (i + 1)]
11
12 print("내용을 거꾸로 출력 --> %s" % outStr)
```

2행의 inStr은 문자열을 입력받을 변수이고, outStr은 문자열을 거꾸로 저장하는 변수이다. 3행의 count는 문자열의 개수를 저장하고 i는 0, 1, 2, …로 변할 것이다. 6행에서 문자열을 입력받고 7행에서 입력받은 문자열의 개수를 계산한다.

9행에서 문자열의 개수만큼 반복한다. 핵심은 10행인데 입력한 문자열이 3글자라면 inStr[0], inStr[1], inStr[2] 3개가 있는 것이므로 첫 번째(i가 0)에는 inStr[2]가 추가된다, 두 번째(i가 1)에는 inStr[1]이 추가되고, 세 번째(i가 2)에는 inStr[0]이 추가된다. 예제에서는 개수가 3이므로 outStr의 i번째는 inStr의 3−(i+1)번째가 저장되므로 결국 count−(i+1)번째가 문자열을 거꾸로 돌렸을 때 위치가 되는 것이다. 12행에서는 거꾸로 돌린 문자열을 출력한다.

SECTION

03 문자열 함수

앞에서 문자열을 리스트처럼 사용하는 방법을 알아보았다. 이번에는 문자열 데이터형을 지원하는 다양한 문자열 함수에 대해 알아보자. 지금 배우는 문자열 함수들을 잘 기억해 두면 문자열과 관련된 프로그램을 작성할 때 상당히 편리하다.

1 문자열 함수의 사용

문자열을 지원하는 함수는 매우 다양하므로 목록을 나열하기보다는 직접 사용해 보면서 용도를 확인해 보자.

대문자와 소문자 변환하기 : upper( ), lower( ), swapcase( ), title( )

upper( ) 함수는 소문자를 대문자로 변환하고, lower( ) 함수는 대문자를 소문자로 변환한다. 그리고 swapcase( ) 함수는 대·소문자를 상호 변환하며, title( ) 함수는 각 단어의 앞 글자만 대문자로 변환한다. 단, 다음 예처럼 한글이나 기호에는 영향을 주지 않는다.

여기서 잠깐

함수(Function)와 메서드(Method)

함수와 메서드는 상당히 비슷하지만 차이점이 약간 있다. 우선 함수는 단독으로 사용된다. 예로 리스트나 문자열의 길이를 알아내는 len( ) 함수는 다음과 같이 사용된다.

```
ss = "abcd"
len(ss)
```

하지만 메서드는 문자열 자료형에 그 기능이 들어 있기 때문에 '변수명.메서드( )' 형식으로 사용된다. 예로 문자열을 대문자로 바꾸는 upper( ) 메서드는 다음과 같이 사용된다.

```
ss = "abcd"
ss.upper()
```

12장에서 배울 객체지향에서는 함수와 메서드를 정확히 구분해야 하지만 지금은 '둘 다 뒤에 괄호가 붙는다' 정도만 알면 되므로 당분간은 모두 함수라고 칭한다.

```
ss = 'Python is Easy. 그래서 programming이 재미있습니다. ^^'
ss.upper()
ss.lower()
ss.swapcase()
ss.title()
```

출력 결과

```
'PYTHON IS EASY. 그래서 PROGRAMMING이 재미있습니다. ^^'
'python is easy. 그래서 programming이 재미있습니다. ^^'
'pYTHON IS eASY. 그래서 PROGRAMMING이 재미있습니다. ^^'
'Python Is Easy. 그래서 Programming이 재미있습니다. ^^'
```

문자열 찾기 : count( ), find( ), rfind( ), index( ), rindex( ), startswith( ), endswith( )

문자열을 찾는 함수도 직접 사용해 보면서 용도를 확인해 보자.

```
ss = '파이썬 공부는 즐겁습니다. 물론 모든 공부가 다 재미있지는 않죠. ^^'
ss.count('공부')
print(ss.find('공부'), ss.rfind('공부'), ss.find('공부', 5), ss.find('없다'))
print(ss.index('공부'), ss.rindex('공부'), ss.index('공부', 5))
print(ss.startswith('파이썬'), ss.startswith('파이썬', 10), ss.endswith('^^'))
```

출력 결과

```
2
4 21 21 -1
4 21 21
True False True
```

count('찾을문자열') 함수는 '찾을문자열'이 몇 개 들어 있는지 개수를 센다. find('찾을문자열') 함수는 '찾을문자열'이 왼쪽 끝(0번 위치)부터 시작해서 몇 번째에 위치하는지 찾는다. rfind('찾을문자열') 함수는 find( )와 반대로 오른쪽부터 찾는다. 앞의 예에서 '공부'라는 글자를 찾으려고 find('공부') 함수를 사용하면 왼쪽 끝(0번)부터 찾기 시작하므로 4번 위치를 반환하다. find('공부', 5)는 찾기 시작할 위치를 왼쪽에서 5번째('부' 글자)부터 시작하므로, 21번 위치를 반환한다. find( ) 함수는 찾을 문자열이 없으면 −1을 반환한다. index( ) 함수도 find( ) 함수와 동일하지만 index('없다')처럼 찾을 문자열이 없으면 오류가 발생한다.

startswith('찾을문자열') 함수는 '찾을문자열'로 시작하면 True를 반환하고, 그렇지 않으면 False를 반환한다. 반대로 endswith('찾을문자열') 함수는 '찾을문자열'로 끝나면 True를 반환하고, 그렇지 않으면 False를 반환한다. startswith('찾을문자열', 위치) 함수는 '위치'에서 '찾을문자열'로 시작하면 True를 반환한다.

배운 함수를 응용해서 문자열이 괄호로 감싸 있지 않으면 괄호로 감싸 주는 프로그램을 작성해 보자.

Code08-03.py

```
1  ss = input("입력 문자열 ==> ")
2  print("출력 문자열 ==> ", end = '')
3
4  if ss.startswith('(') == False :
5      print("(", end = '')
6
7  print(ss, end = '')
8
9  if ss.endswith(')') == False :
10     print(")", end = '')
```

출력 결과

```
입력 문자열 ==> 파이썬 열공 중~~
출력 문자열 ==> (파이썬 열공 중~~)
```

1행에서 문자열을 입력받는다. 4행에서는 문자열의 시작이 '('가 아니면 '('를 우선 출력한다. 7행에서는 입력한 문자열을 그대로 출력하는데 9행에서도 문자열의 끝이 ')'가 아니면 ')'를 우선 출력한다. 결국 입력한 문자열을 괄호로 감싸 준다.

문자열 공백 삭제·변경하기 : strip( ), rstrip( ), lstrip( ), replace( )

문자열의 앞뒤 공백이나 특정 문자를 삭제하려면 strip( ), rstrip( ), lstrip( ) 함수를 사용한다. 단 문자열 중간의 공백은 삭제되지 않는다.

```
ss = '  파  이  썬  '
ss.strip()
ss.rstrip()
ss.lstrip()
```

출력 결과

```
'파  이  썬'
'  파  이  썬'
'파  이  썬  '
```

다음과 같이 앞뒤의 특정 문자를 삭제할 수도 있으나 공백처럼 문자열 중간의 문자는 삭제되지 않는다.

```
ss = '----파---이---썬----'
print(ss.strip('-'))
ss = '<<<파 << 이 >> 썬>>>'
print(ss.strip('<>'))
```

출력 결과

```
파---이---썬
파 << 이 >> 썬
```

strip( ), rstrip( ), lstrip( ) 함수는 문자열 중간의 공백이나 특정 문자를 삭제할 수 없는데, 다음은 문자열 중간의 공백까지 삭제해 주는 코드이다.

Code08-04.py

```
inStr = "   한글 Python 프로그래밍   "
outStr = ""

for i in range(0, len(inStr)) :
    if inStr[i] != ' ' :
        outStr += inStr[i]

print("원래 문자열 ==> " + '[' + inStr + ']')
print("공백 삭제 문자열 ==> " + '[' + outStr + ']')
```

출력 결과

```
원래 문자열 ==> [   한글 Python 프로그래밍   ]
공백 삭제 문자열 ==> [한글Python프로그래밍]
```

SELF STUDY 8-2

Code08-04.py를 수정해서 ‘<<<파<<이>>썬>>>’이 ‘파이썬’으로 출력되도록 해 보자.

힌트 if 문에서 ‘<’이 아닐 때와 ‘>’이 아닐 때를 and로 연결해야 한다.

문자열 변경은 replace(‘기존문자열’, ‘새문자열’) 함수를 사용한다.

```
ss = '열심히 파이썬 공부 중~~'
ss.replace('파이썬', 'Python')
```

출력 결과

```
'열심히 Python 공부 중~~'
```

다음은 문자열을 입력받아 그중 o를 $로 변경하는 문자열 변경 응용 예제이다.

Code08-05.py

```
1  ss = input("입력 문자열 ==> ")
2
3  print("출력 문자열 ==> ", end = '')
4  for i in range(0, len(ss)) :
5      if ss[i] != 'o' :
6          print(ss[i], end = '')
7      else :
8          print('$', end = '')
```

출력 결과

```
입력 문자열 ==> IT CookBook for Python
출력 문자열 ==> IT C$$kB$$k f$r Pyth$n
```

1행에서 문자열을 입력받고, 4행에서 입력된 문자열의 개수만큼 반복한다. 5~8행에서 문자가 o라면 $를 대신 출력한다. 4~8행을 다음과 같이 한 줄로도 고쳐 쓸 수 있다.

```
print(ss.replace('o', '$'))
```

파이썬에서 제공하는 함수를 사용하면 편리하지만 원리를 이해하는 것도 중요하므로 Code08-04.py 및 Code08-05.py 같은 방식도 잘 알아 두자.

문자열 분리·결합하기 : split( ), splitlines( ), join( )

split( ) 함수는 문자열을 공백이나 다른 문자로 분리해 리스트로 반환한다. join( ) 함수는 문자열을 합쳐 준다.

```
ss = 'Python을 열심히 공부 중'
ss.split()
ss = '하나:둘:셋'
ss.split(':')
ss = '하나\n둘\n셋'
ss.splitlines()
ss = '%'
ss.join('파이썬')
```

출력 결과

```
['Python을', '열심히', '공부', '중']
['하나', '둘', '셋']
['하나', '둘', '셋']
'파%이%썬'
```

이 코드에서 \n은 행이 넘어가는 특수문자이고, splitlines( ) 함수는 행 단위로 분리시켜 준다. join( ) 함수는 사용 방법이 조금 다르다. 묶어 줄 구분자를 먼저 ss에 준비한 후 구분자.join('문자열')로 사용한다.

다음은 연/월/일 형식으로 문자열을 입력받아 10년 후 날짜를 출력하는 코드이다. 연도만 10을 더해야 하므로 /로 분리해서 처리한다.

Code08-06.py

```
1 ss = input("날짜(연/월/일) 입력 ==> ")
2
3 ssList = ss.split('/')
4
5 print("입력한 날짜의 10년 후 ==> ", end = '')
6 print(str(int(ssList[0]) + 10) + "년", end = '')
7 print(ssList[1] + "월", end = '')
8 print(ssList[2] + "일")
```

출력 결과

```
날짜(연/월/일) 입력 ==> 2019/12/31
입력한 날짜의 10년 후 ==> 2029년12월31일
```

3행에서 입력한 문자열을 /로 분리한다. 따라서 ssList에 ['2019', '12', '31'] 형식으로 분리되어 들어간다. 6행에서 연도를 가리키는 문자열인 ssList[0](이 코드에서는 '2019')을 먼저 int( ) 함수를 사용해 정수로 변환한 후 10을 더한다. 그리고 다시 str( ) 함수로 문자열로 변경한 '2029'를 '년' 글자와 연결한다.

함수명에 대입하기 : map( )

map(함수명, 리스트명) 함수는 리스트값 하나하나를 함수명에 대입한다. 따라서 다음 코드와 같은 방법으로 문자열로 구성된 리스트를 숫자로 변환할 수 있다.

```
before = ['2019', '12', '31']
after = list(map(int , before))
after
```

출력 결과

```
[2019, 12, 31]
```

int( ) 함수의 이름을 map( ) 함수의 매개변수로 사용한다. 즉 int('2019'), int('12'), int('31')의 연속적인 효과를 가져온다. 그리고 결과 값을 다시 list( ) 함수를 사용해 리스트 형태로 변환한다. 파이썬의 특징이 잘 살아 있는 함수이므로 기억해 두자. map( ) 함수는 9장에서 lambda와 함께 다시 언급한다.

문자열 정렬·채우기 : center( ), ljust( ), rjust( ), zfill( )

center(숫자) 함수는 숫자만큼 전체 자릿수를 잡은 후 문자열을 가운데 배치하고, center(숫자, '문자') 함수는 앞뒤 빈 공간에 문자로 채워 넣는다. ljust( ) 함수는 왼쪽에 붙여서 출력하고, rjust( ) 함수는 오른쪽에 붙여서 출력한다. zfill( ) 함수는 오른쪽으로 붙여 쓰고 왼쪽 빈 공간은 0으로 채운다. 다음 코드를 보면 쉽게 이해할 수 있을 것이다.

```
ss = '파이썬'
ss.center(10)
ss.center(10, '-')
ss.ljust(10)
ss.rjust(10)
ss.zfill(10)
```

출력 결과

```
'   파이썬    '
'---파이썬----'
'파이썬       '
'       파이썬'
'0000000파이썬'
```

문자열 구성 파악하기 : isdigit( ), isalpha( ), isalnum( ), islower( ), isupper( ), isspace( )

문자열이 무엇으로 구성되어 있는지 함수로 파악해서 True와 False로 알려 준다. isdigit( ) 함수는 숫자로만 구성되었는지 확인하고, isalpha( ) 함수는 글자(한글, 영어)로만 구성되었는지 확인하며, isalnum( ) 함수는 글자와 숫자가 섞여 있는지 확인한다. 그리고 islower( ) 함수는 전체가 소문자로만 구성되었는지 확인하고, isupper( ) 함수는 대문자로만 구성되었는지 확인하며, isspace( ) 함수는 공백 문자로만 구성되었는지 확인한다. 이때 문자열을 ss='1234' 방식으로 변수에 넣은 후 ss.isdigit( )처럼 사용해도 되고, '1234'.isdigit( ) 방식으로 해당 문자열에 함수를 직접 사용해도 된다. 다음 코드는 결과가 모두 True이다.

```
'1234'.isdigit()
'abcd'.isalpha()
'abc123'.isalnum()
'abcd'.islower()
'ABCD'.isupper()
'  '.isspace()
```

SELF STUDY 8-3

입력한 값이 영어나 한글이면 '글자입니다', 숫자이면 '숫자입니다', 섞여 있으면 '글자+숫자입니다', 특수문자 등이면 '모르겠습니다'가 출력되는 프로그램을 작성해 보자.

출력 결과

```
문자열 입력 : abcd123
글자+숫자입니다.
```

2 [프로그램 2]의 완성

[프로그램 2]는 터틀 그래픽에서 문자열을 입력받고, 입력받은 문자열을 한 글자씩 임의의 크기와 색상으로 임의의 위치에 거북이가 쓰는 프로그램이다. askstring( ) 함수로 문자열을 입력받는다.

Code08-07.py

```
import turtle
import random
from tkinter.simpledialog import *

## 전역 변수 선언 부분 ##
inStr = ''
swidth, sheight = 300, 300
tX, tY, txtSize = [0] * 3

## 메인 코드 부분 ##
turtle.title('거북이 글자쓰기')
turtle.shape('turtle')
turtle.setup(width = swidth + 50, height = sheight + 50)
turtle.screensize(swidth, sheight)
turtle.penup()

inStr = askstring('문자열 입력', '거북이 쓸 문자열을 입력')

for ch in inStr :
```

```
20
21         tX = random.randrange(-swidth // 2, swidth // 2)
22         tY = random.randrange(-sheight // 2, sheight // 2)
23         r = random.random(); g = random.random(); b = random.random()
24         txtSize = random.randrange(10, 50)
25
26         turtle.goto(tX, tY)
27
28         turtle.pencolor((r, g, b))
29         turtle.write(ch, font=('맑은 고딕', txtSize, 'bold'))
30
31 turtle.done()
```

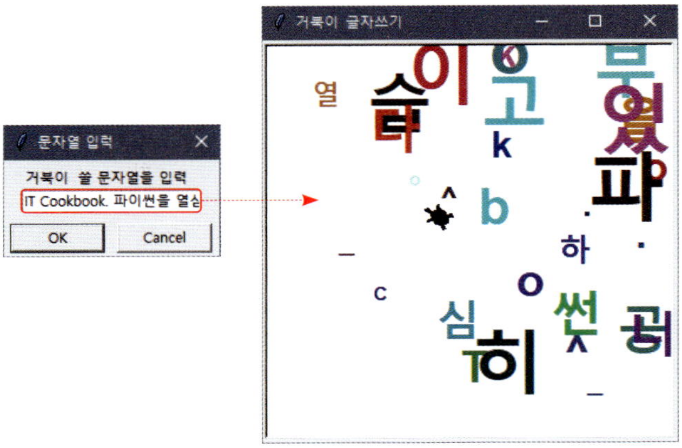

6~8행에서 입력받을 문자열 inStr 및 각 글자의 위치 tX, tY를 준비한다. 15행은 거북이가 이동할 때 선을 긋지 않도록 한다. 17행에서 문자열을 입력받는다. 17행은 3행에서 tkinter.simpledialog를 임포트했다면 사용할 수 있다. 19행은 입력받은 문자열에서 한 글자씩 꺼내 ch에 넣고 29행까지 반복한다. 즉 글자의 개수만큼 반복한다. 21~23행은 글자의 위치 및 색상 크기를 랜덤하게 추출하고, 26행에서 랜덤한 위치로 거북이를 이동한다. 28행에서 펜 색상을 지정한 후 29행에서 한 글자를 설정된 크기로 화면에 쓴다.

IT@COOKBOOK

요약

1 문자열은 큰따옴표(" ")나 작은따옴표(' ')로 묶어서 만든다.

2 문자열은 리스트와 비슷하게 처리할 수 있다.

```
ss = "파이썬최고"
ss[0]
ss[1:3]
ss[3:]
```

3 문자열 연결은 더하기(+) 기호를 사용한다. 곱하기(*) 기호는 문자열을 반복한다.

4 문자열의 길이는 len( ) 함수로 알 수 있다.

5 upper( ) 함수는 소문자를 대문자로, lower( ) 함수는 대문자를 소문자로 변환한다. swapcase( ) 함수는 대·소문자를 상호 변환하고, title( ) 함수는 각 단어의 첫 글자만 대문자로 변환한다.

6 count('찾을문자열') 함수는 '찾을문자열'이 몇 개 들어 있는지 개수를 센다. find('찾을문자열') 함수는 '찾을문자열'이 몇 번째에 위치하는지 알아낸다.

7 find( ) 함수는 '찾을문자열'이 없으면 −1을 반환한다. index( ) 함수도 find( ) 함수와 동일하다.

8 startswith('찾을문자열')은 '찾을문자열'로 시작하면 True를, 그렇지 않으면 False를 반환한다.

9 문자열의 앞뒤 공백이나 특정 문자를 삭제하려면 strip( ), rstrip( ), lstrip( ) 함수를 사용한다. 단 문자열 중간의 공백은 삭제되지 않는다.

10 split( ) 함수는 문자열을 공백이나 다른 문자로 분리해 리스트를 반환하고, join( ) 함수는 문자열을 합친다.

11 center(숫자) 함수는 '숫자'만큼 전체 자릿수를 잡은 후 문자열을 가운데 배치한다. zfill( ) 함수는 오른쪽으로 붙여 쓰고, 왼쪽 빈 공간을 0으로 채운다.

12 isdigit( ), isalpha( ), isalnum( ), islower( ), isupper( ), isspace( ) 함수는 문자열이 무엇으로 구성되었는지 파악해 True나 False를 반환한다.

연습문제

1 문자열을 리스트처럼 다룰 수 있는 특징이 아닌 것을 고르세요.

① 인덱싱 가능

② 슬라이싱 가능

③ 변경 가능

④ 반복문으로 순회 가능

2 문자열 메서드 중 문자열이 특정 문자로 시작하는지 확인하는 것을 고르세요.

① startswith( )

② endswith( )

③ startcharacter( )

④ firstchracter( )

3 문자열을 특정 문자를 기준으로 나누는 메서드를 고르세요.

① split( )

② join( )

③ divide( )

④ cut( )

4 다음 중 문자열이 숫자로만 이루어져 있는지 확인하는 메서드를 고르세요.

① isdigital( )

② isalnum( )

③ isdigit( )

④ isnumber( )

5 문자열을 추출하는 코드의 출력 내용을 예측해 보세요.

```
mystr = 'CookBook'
print(mystr[0])
print(mystr[1:3])
print(mystr[4:])
print(mystr[-1::-2])
```

6 다음과 같이 문자열의 0, 3, 6, 9…번째 문자열이 $로 표시하는 코드를 작성하세요.

실행 결과

```
원본--> Hanbit_Plus_Great  ← 사용자가 입력한 값
변경--> n$h$y$_$o$B$o$C$T$
```

7 find()와 index()의 차이점을 간단히 설명하세요.

8 다음 코드의 결과를 쓰세요.

```
'12'.join('345')
```

9 다음과 같이 입력한 문자열에서 숫자, 영문 소문자, 영문 대문자, 한글, 기타 문자의 개수를 세는 프로그램을 작성하세요. 또한 숫자는 한 글자씩 잘라서 합계까지 출력하세요.

힌트 각 문자는 고유한 번호가 할당되어 있으며, ord() 함수로 번호를 확인할 수 있다.

실행 결과

```
문자열을 입력하세요: Hanbit Plus에서 365일 24시간 열공 중입니다. ^^  ← 사용자가 입력한 값
대문자: HP ( 2 개)
소문자: anbitlus ( 8 개)
숫자: 36524 ( 5 개) ==> 합: 20
한글: 에서일시간열공중입니다 ( 11 개)
기타:       . ^^ ( 9 개)
```

연습문제

IT@COOKBOOK

10 심화문제 본문에서 다룬 [프로그램1]을 변경해서 다음과 같이 글자가 파도 모양으로 써지도록 코딩해 보세요.

힌트1 화면을 1000×500 정도로 하고, 파동의 높이는 200 정도로 한다. 또 글자의 크기는 10~40 사이에서 랜덤하게 설정한다.

힌트2 파도의 주기는 '360/글자개수'로 계산한다. 즉, 그림과 같이 파동이 1회만 되도록 맞춘다.

힌트3 X 좌표와 Y좌표를 구하는 공식은 다음과 같다.

X 좌표 = 시작X + 글자 인덱스 * (화면폭 // 총 글자 수)

Y좌표 = 파동 높이 * SIN(각도)

힌트4 SIN( ) 함수의 각도는 라디안 값으로 처리해야 한다.

라디안 = 3.14 * 각도 / 180

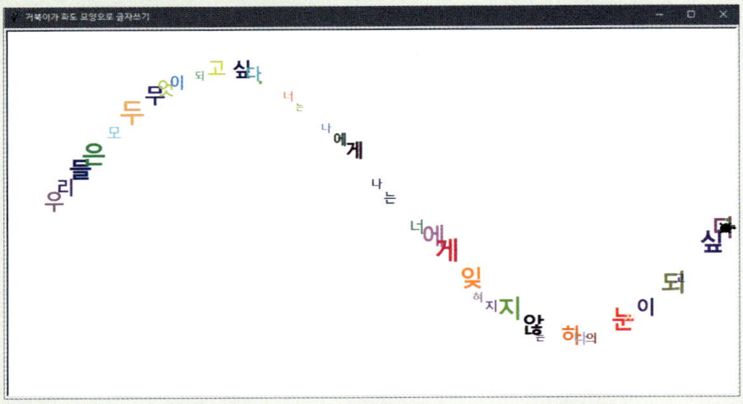

응용예제 01

대·소문자 상호 변환하기

난이도★☆☆☆☆

예제 설명 swapcase( ) 함수를 사용하지 않고 대문자는 소문자로 변환하고, 소문자는 대문자로 변환하는 프로그램을 만들어 보자. lower( )와 upper( ) 함수는 일괄적으로 소문자나 대문자로 변환하므로 바로 사용할 수는 없다. 글자를 하나씩 추출해 대문자이면 lower( ) 함수를, 소문자이면 upper( ) 함수를 적용시키는 방법을 사용해야 한다.

실행 결과

코드

```
## 전역 변수 선언 부분 ##
inStr, outStr = "", ""
ch = ""
count, i = 0, 0

## 메인 코드 부분 ##
if __name__ == "__main__" :
    inStr = input("문자열을 입력하세요 : ")
    count = len(inStr)

    for i in range(0, count) :
        ch = inStr[i]
        if (ord(ch) >= ord("A") and ord(ch) <= ord("Z")) :
            newCh = ch.lower()
        elif (ord(ch) >= ord("a") and ord(ch) <= ord("z")) :
            newCh = ch.upper()
        else :
            newCh = ch

        outStr += newCh

    print("대소문자 변환 결과  --> %s" % outStr)
```

코드 설명

2~4행	2행의 inStr은 입력받은 문자열을 저장할 변수이며, outStr은 대·소문자 변환을 위해 문자열을 저장할 변수이다. ch는 문자열에서 한 글자씩 뽑아서 잠시 저장할 때 사용한다. count는 문자열의 개수를 변화시킬 때 필요한 변수이고, i는 0, 1, 2, …로 변화시킬 변수이다.
8~9행	문자열을 입력받아 그 길이를 구한다.
11~20행	문자열의 길이만큼 반복한다.
12행	문자 하나를 문자열에서 차례로 추출한다.
13~14행	ord(문자) 함수는 문자를 숫자로 변환한다. 현재 처리할 문자가 A를 숫자로 변환한 값(65)보다 크고, Z를 숫자로 변환한 값(90) 사이에 있다면 대문자로 인식해서 14행에서 소문자로 변환한다. 예로 B를 숫자로 변환하면 66인데 B는 65~90에 있으므로 대문자이다. 그래서 소문자 b로 변환시킨 것을 newCh에 넣는다.
15~18행	같은 방식으로 소문자인지 확인하고, 소문자라면 대문자로 변환한다. 둘 다 해당되지 않으면, 즉 한글, 숫자, 기호 등은 17~18행에서 문자 그대로 newCh에 저장한다.
20행	newCh를 outStr에 추가한다.

응용예제 02 문자열에서 문자의 발생 빈도 세기

난이도★★★★☆

예제 설명 긴 문장에서 각 문자의 발생 빈도를 세어 보자. 출력은 빈도수가 높은 글자부터 출력한다. 단 한 글만 빈도수를 세고 나머지 글자들은 무시한다. 여기서는 딕셔너리를 활용해 코드를 작성한다.

실행 결과

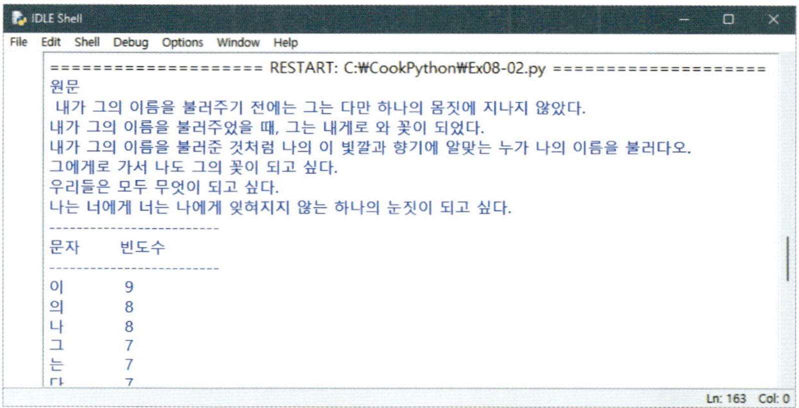

코드

```
import operator

## 전역 변수 선언 부분 ##
inStr = '''내가 그의 이름을 불러주기 전에는 그는 다만 하나의 몸짓에 지나지 않았다.
내가 그의 이름을 불러주었을 때, 그는 내게로 와 꽃이 되었다.
내가 그의 이름을 불러준 것처럼 나의 이 빛깔과 향기에 알맞는 누가 나의 이름을 불러다오.
그에게로 가서 나도 그의 꽃이 되고 싶다.
우리들은 모두 무엇이 되고 싶다.
나는 너에게 너는 나에게 잊혀지지 않는 하나의 눈짓이 되고 싶다.'''
countDic = {}
countList = []

## 메인 코드 부분 ##
if __name__ == "__main__" :
    for ch in inStr :

        if 'ㄱ' <= ch and ch <= '힣' :
            if ch in countDic :
                countDic[ch] += 1
            else :
                countDic[ch] = 1
```

```
22
23      countList = sorted(countDic.items(), key = operator.itemgetter(1),
                  reverse = True)
24
25      print('원문\n', inStr)
26      print('-------------------------')
27      print('문자\t빈도수')
28      print('-------------------------')
29      for i in range(0, len(countList)) :
30          print(countList[i][0], '\t', countList[i][1])
```

코드 설명

4~11행	4행에서 긴 문자열을 준비한다. countDic은 각 문자의 빈도수를 기록할 딕셔너리이며, 딕셔너리를 정렬할 튜플 리스트로 countList를 준비한다.
15~21행	입력값인 inStr의 각 문자 빈도를 딕셔너리로 만든다. 17행에서 문자가 한글 범위에 있는지 검사한다. 18~21행에서 딕셔너리에는 키가 하나만 존재한다는 특징을 활용해 딕셔너리에 이미 있는 문자이면 개수를 1 증가시키고, 없으면 1을 처음 등록한다.
23행	Code07-09.py의 설명을 참고한다. 빈도수를 기준으로 내림차순으로 정렬한다.
25행	입력값을 출력한다.
29~30행	문자와 빈도수를 출력한다.

응용예제 03

문자열 압축하기

난이도★★★☆☆

예제 설명 입력한 문자열에서 연속되는 동일한 문자를 찾아 개수를 표시하면서 압축하는 프로그램을 작성해 보자. 연속된 문자가 아니라면 그냥 그 글자만 출력한다.

실행 결과

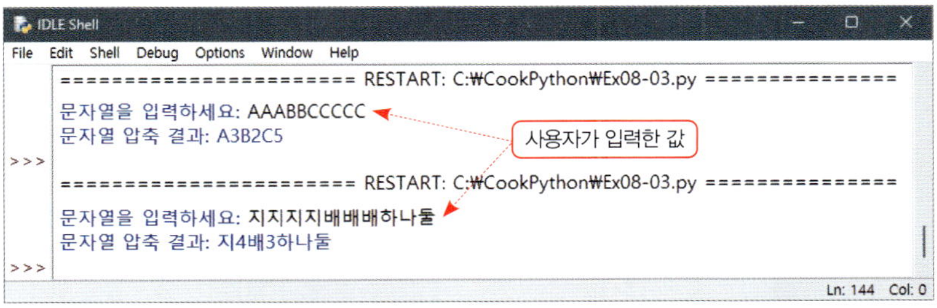

코드

```
## 함수 선언부##
def compress_string(s):
    compressed = ""
    count = 1

    for i in range(len(s)):
        if i < len(s) - 1 and s[i] == s[i + 1]:
            count += 1
        else:
            compressed += s[i]
            if (count > 1) :
                compressed+= str(count)
            count = 1

    return compressed


## 메인 코드부##
if __name__ == "__main__":
    input_str = input("문자열을 입력하세요: ")
    result = compress_string(input_str)
    print("문자열 압축 결과:", result)
```

코드 설명

2~15행	파라미터로 넘겨받은 문자열을 압축해서 압축 결과를 반환한다.
7~8행	문자열의 마지막이 아니고, 현재 문자가 다음 문자와 같다면 count를 1 증가시킨다.
9~13행	문자열이 마지막이거나, 현재 문자가 다음 문자와 다르다면 실행된다. 10행에서 반환할 문자열에 현재 문자를 추가하고, 11~12행에서 count가 1 초과라면 개수를 반환할 문자열에 추가한다. 13행에서 count를 다시 1로 초기화한다.
20~22행	문자열을 입력받은 후에 압축 결과를 출력한다.

CHAPTER 09

함수와 모듈

학습목표

- 함수의 개념을 익힌다.
- 함수의 작성법과 사용법을 익힌다.
- 함수를 모아 놓은 모듈을 이해한다.

SECTION 01 이 장에서 만들 프로그램
SECTION 02 함수 기본
SECTION 03 지역 변수, 전역 변수
SECTION 04 함수의 반환값과 매개변수
SECTION 05 모듈
SECTION 06 함수의 심화 내용
요약
연습문제
응용예제

SECTION 01 이 장에서 만들 프로그램

함수는 긴 코드나 여러 사람이 함께 작성할 때 반드시 필요한 요소이다. 기본 사용 방법은 어렵지 않지만, 까다로운 개념이 다소 포함되어 있다. 이 개념을 제대로 이해하지 않은 채 사용한다면 프로그램에 문제가 발생했을 때 해결하기가 상당히 어려울 수 있다.

1 [프로그램 1] 로또 번호 추첨

첫 번째는 로또 추첨처럼 1~45의 숫자 중에서 6개를 뽑는 프로그램이다. 그리 길지 않으며, 앞 장에서 배운 내용들을 반복해서 연습할 수 있다.

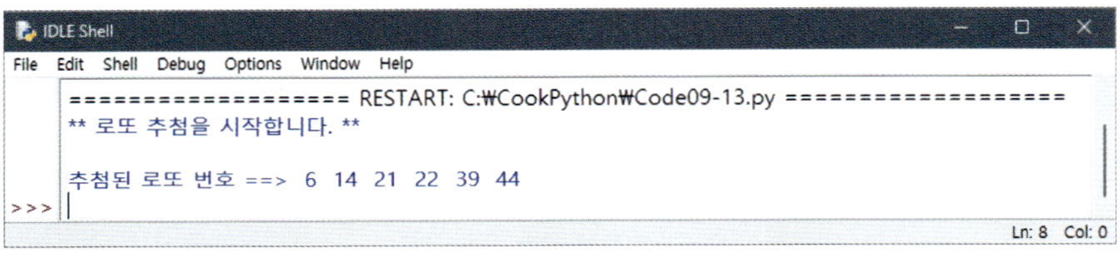

2 [프로그램 2] 모듈을 활용해 글자를 쓰는 거북이

두 번째는 8장 [프로그램 2]에서 만든 '임의의 위치에 글자를 쓰는 거북이'와 기능이 동일한 프로그램이다. 하지만 함수를 사용해 임의의 위치, 색상, 글자 크기 등을 결정할 것이며, 이 장에서 배우는 모듈로 작성할 것이다.

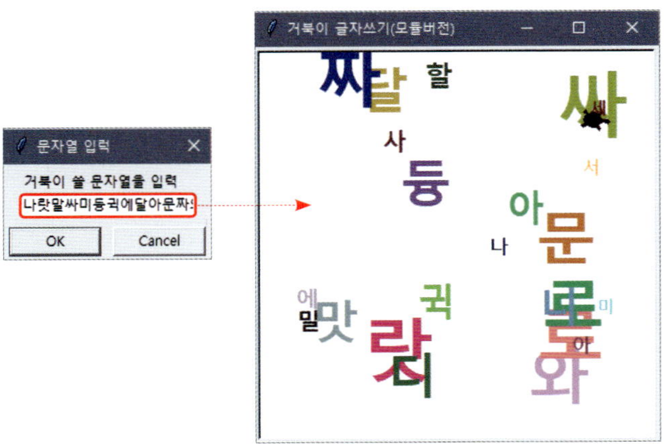

SECTION

02 함수 기본

1 함수의 개념과 필요성

함수(Function)는 '무엇'을 넣으면, '어떤 것'을 돌려주는 요술 상자이다(또는 '어떤 일'이 일어나기도 한다). 앞에서 언급했듯이 함수와 비슷한 개념으로 메서드(Method)가 있다. 함수는 이 장에서 작성하는 것처럼 외부에 별도로 존재하며, 메서드는 클래스 안에 존재한다는 차이점이 있다. 클래스는 12장에서 자세히 다루고, 여기서는 함수 위주로 소개한다.

함수는 파이썬 자체에서도 제공하지만, 사용자가 직접 만들어서 사용할 수도 있다. 직접 만들어 사용하는 함수는 나중에 알아보기로 하고, 먼저 파이썬에서 제공하는 함수 위주로 살펴보자.

파이썬에서 제공하는 함수는 다음 형식으로 사용한다.

```
함수명()
```

지금까지 가장 많이 사용한 print( ) 함수의 경우도 다음처럼 쓰면 괄호 안에 있는 내용을 화면에 출력한다.

```
print("CookBook-파이썬")
```

단순히 print( ) 함수에 '무엇'에 해당하는 "CookBook-파이썬"만 넣었을 뿐인데, 우리가 알지 못하는 곳에서 여러 과정을 거친 후 화면에 출력하는 '어떤 일'이 일어났다.

이때 print( ) 함수의 내부에서 어떤 일이 일어났는지 알지 못하는데, 꼭 알 필요도 없다. 단지 무엇을 입력하면 그 내용을 화면에 출력해 주는 기능을 하는 함수라고만 기억하자. 커피 자판기를 예로 함수의 개념을 좀 더 파악해 보자.

[그림 9-1]은 커피 자판기가 없는 상황에서 손님에게 커피를 서비스하는 과정이다. 커피 한 잔을 서비스하려면 여러 과정을 거쳐야 하는데, 이를 프로그램으로 구현해 보자.

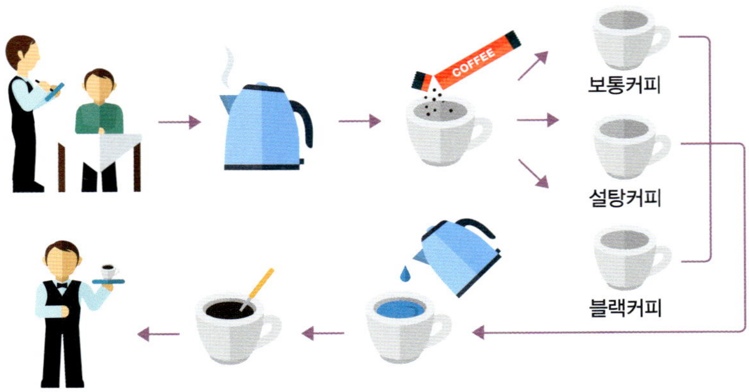

그림 9-1 직접 커피를 타서 서비스하는 과정

Code09-01.py

```
coffee = 0

coffee = int(input("어떤 커피 드릴까요?(1:보통, 2:설탕, 3:블랙)"))

print()
print("#1. 뜨거운 물을 준비한다.");
print("#2. 종이컵을 준비한다.");

if coffee == 1 :
    print("#3. 보통커피를 탄다.")
elif coffee == 2 :
    print("#3. 설탕커피를 탄다.")
elif coffee == 3 :
    print("#3. 블랙커피를 탄다.")
else :
    print("#3. 아무거나 탄다.\n")

print("#4. 물을 붓는다.");
print("#5. 스푼으로 젓는다.");
print()
print("손님~ 커피 여기 있습니다.");
```

출력 결과

```
어떤 커피 드릴까요?(1:보통, 2:설탕, 3:블랙) 2
#1. 뜨거운 물을 준비한다.
#2. 종이컵을 준비한다.
#3. 설탕커피를 탄다.
#4. 물을 붓는다.
#5. 스푼으로 젓는다.
손님~ 커피 여기 있습니다.
```

1행에서 커피의 종류를 입력받을 변수를 선언하고, 3행에서 손님에게 커피의 종류를 입력받는다. 6~7행에서 물과 컵을 준비하는 메시지를 출력하고, 9~16행에서 손님이 주문한 커피 종류에 따른 메시지를 출력한다. 18~19행에서 물을 붓고 커피를 스푼으로 잘 저어 녹인 후 21행에서 완성된 커피를 손님에게 제공한다.

이때 손님이 1명이라면 크게 부담되지 않겠지만, 손님이 자꾸 들어오는 경우를 생각해 보자. 손님 3명이 연속해서 들어온다고 했을 때 가장 간단한 방법은 Code09-01.py의 3~21행을 2번 더 반복해서 쓰는 것이다.

```
coffee = int(input("어떤 커피 드릴까요?(1:보통, 2:설탕, 3:블랙)"))

print()
print("#1. 뜨거운 물을 준비한다.");
print("#2. 종이컵을 준비한다.");

if coffee == 1 :
    print("#3. 보통커피를 탄다.")
elif coffee == 2 :
    print("#3. 설탕커피를 탄다.")
elif coffee == 3 :
    print("#3. 블랙커피를 탄다.")
else :
    print("#3. 아무거나 탄다.\n")

print("#4. 물을 붓는다.");
print("#5. 스푼으로 젓는다.");
print()
print("손님~ 커피 여기 있습니다.");

    # 두 번째 손님용 코드 다시 반복

    # 세 번째 손님용 코드 다시 반복
```

이렇게 프로그램을 작성하면 손님이 올 때마다 3~21행을 반복해서 써야 한다. 출력 결과는 같지만 코드가 너무 길어진다. 이것을 해결할 획기적인 방법이 있는데, 바로 커피 자판기를 만드는 것이다. 커피 자판기를 만들면 실행 과정은 [그림 9-2]와 같이 간단하다.

그림 9-2 커피 자판기를 사용하는 예

우리는 더 이상 직접 커피를 타지 않아도 된다. 손님에게 주문을 받은 후 커피 자판기 버튼을 눌러 커피가 나오면 손님에게 가져다 주면 된다.

그럼 커피를 직접 탈 때 수행하던 중간 과정은 어떻게 될까? 이 기능들은 커피 자판기에서 수행하도록 하면 된다. 이때 커피 자판기 내부에서 어떻게 작동되는지 사용자가 알아야 할까? 그렇지 않다. 사용자는 버튼을 누르면 바로 원하는 커피가 나온다는 사실만 알고 있어도 충분하다. 즉 처음 한 번만 신경 써서 '커피자판기(함수)'를 만들면 더 이상 내부 동작에 대해서 신경 쓰지 않아도 된다(그래서 함수를 블랙박스라고도 표현한다).

커피 자판기를 실제 프로그램으로 만들어 보자. 앞에서 배운 함수 개념을 응용해 Code09-01.py를 수정하면 다음과 같다.

Code09-02.py

```
## 전역 변수 선언 부분 ##
coffee = 0

## 함수 선언 부분 ##
def coffee_machine(button) :
    print()
    print("#1. (자동으로) 뜨거운 물을 준비한다.");
    print("#2. (자동으로) 종이컵을 준비한다.");

    if button == 1 :
        print("#3. (자동으로) 보통커피를 탄다.")
    elif button == 2 :
        print("#3. (자동으로) 설탕커피를 탄다.")
    elif button == 3 :
        print("#3. (자동으로) 블랙커피를 탄다.")
```

```
16        else :
17            print("#3. (자동으로) 아무거나 탄다.\n")
18
19        print("#4. (자동으로) 물을 붓는다.");
20        print("#5. (자동으로) 스푼으로 젓는다.");
21        print()
22
23  ## 메인 코드 부분 ##
24  coffee = int(input("어떤 커피 드릴까요?(1:보통, 2:설탕, 3:블랙)"))
25  coffee_machine(coffee)
26  print("손님~ 커피 여기 있습니다.");
```

출력 결과

```
어떤 커피 드릴까요?(1:보통, 2:설탕, 3:블랙) 2
#1. (자동으로) 뜨거운 물을 준비한다.
#2. (자동으로) 종이컵을 준비한다.
#3. (자동으로) 설탕커피를 탄다.
#4. (자동으로) 물을 붓는다.
#5. (자동으로) 스푼으로 젓는다.
손님~ 커피 여기 있습니다.
```

먼저 24~26행의 메인 코드 부분을 보자. 24행에서는 손님에게 커피 종류를 물어본다. 이때 직접 커피를 탈 때의 과정에 해당하는 25행에는 커피 자판기만 있다. 즉 25행에서 커피 자판기의 버튼을 누르면 26행에서 손님에게 커피를 대접할 수 있다. 손님이 주문한 커피가 블랙커피라면 24행에서 coffee 변수에 3을 입력한다. 그리고 이 값을 25행에서 coffee_machine(입력값)의 형태로 5행의 커피 자판기 button에 넘긴 후 실행한다(커피 자판기의 '블랙커피' 버튼을 누르는 과정이다).

5~21행의 커피를 만드는 과정이 자동으로 커피 자판기(함수) 안에서 수행된다. 이것이 바로 커피 자판기를 사용해서 손님에게 커피를 대접하는 과정이다. 그런데 Code09-01.py보다 오히려 코드 길이가 길다. 이럴 바에는 Code09-01.py처럼 커피 자판기를 사용하지 않고, 그냥 손으로 커피를 타는 것이 더 나을 듯하다. 맞는 말이다. 하지만 이것은 커피를 한 잔만 탈 때의 이야기이다.

이제 Code09-02.py를 이용해 연속해서 방문한 손님(A, B, C) 3명에게 커피를 대접해 보자.

Code09-03.py

```
## 전역 변수 선언 부분 ##
coffee = 0

## 함수 선언 부분 ##
def coffee_machine(button) :
```

```
... # (중략) Code09-02.py의 6~21행과 동일
22
23 ## 메인 코드 부분 ##
24 coffee = int(input("A손님, 어떤 커피 드릴까요?(1:보통, 2:설탕, 3:블랙)"))
25 coffee_machine(coffee)
26 print("A손님~ 커피 여기 있습니다.")
27
28 coffee = int(input("B손님, 어떤 커피 드릴까요?(1:보통, 2:설탕, 3:블랙)"))
29 coffee_machine(coffee)
30 print("B손님~ 커피 여기 있습니다.")
31
32 coffee = int(input("C손님, 어떤 커피 드릴까요?(1:보통, 2:설탕, 3:블랙)"))
33 coffee_machine(coffee)
34 print("C손님~ 커피 여기 있습니다.")
```

출력 결과

```
A손님, 어떤 커피 드릴까요?(1:보통, 2:설탕, 3:블랙) 2
#1. (자동으로) 뜨거운 물을 준비한다.
#2. (자동으로) 종이컵을 준비한다.
#3. (자동으로) 설탕커피를 탄다.
#4. (자동으로) 물을 붓는다.
#5. (자동으로) 스푼으로 젓는다.
A손님~ 커피 여기 있습니다.
B손님, 어떤 커피 드릴까요?(1:보통, 2:설탕, 3:블랙) 3
… 생략 …
```

코드를 보니 이제야 커피 자판기(함수)의 장점을 알 수 있다. 커피 자판기는 매번 커피를 탈 필요 없이 25행, 29행, 33행에서 커피 자판기 버튼만 누르면(함수만 호출하면) 커피 세 잔이 자동으로 나온다.

SELF STUDY 9-1

Code09-03.py를 수정해서 커피 종류를 아메리카노, 카페라떼, 카푸치노, 에스프레소 중 하나를 선택할 수 있도록 하자. 그리고 로제, 리사, 지수, 제니라는 손님 4명의 주문을 받아 보자.

출력 결과

```
로제씨, 어떤 커피 드릴까요?(1:아메리카노, 2:카페라떼, 3:카푸치노, 4:에스프레소) 4
#1. (자동으로) 뜨거운 물을 준비한다.
#2. (자동으로) 종이컵을 준비한다.
#3. (자동으로) 에스프레소를 탄다.
#4. (자동으로) 물을 붓는다.
#5. (자동으로) 스푼으로 젓는다.
로제씨~ 커피 여기 있습니다.
… 생략 …
```

2 함수의 형식과 활용

커피 자판기의 예로 함수의 기본 개념을 이해해 보았다. 이렇게 반복적으로 코딩해야 할 내용을 함수로 만들어 두면 필요할 때 바로 가져다 사용할 수 있다. 또 함수로 만들어 두면 동일한 동작을 계속 사용하므로 내부 내용이 바뀔 일이 없다(커피 자판기의 커피는 재료가 바뀌지 않는 한 늘 맛이 같다). 함수의 기본 형식을 살펴보자.

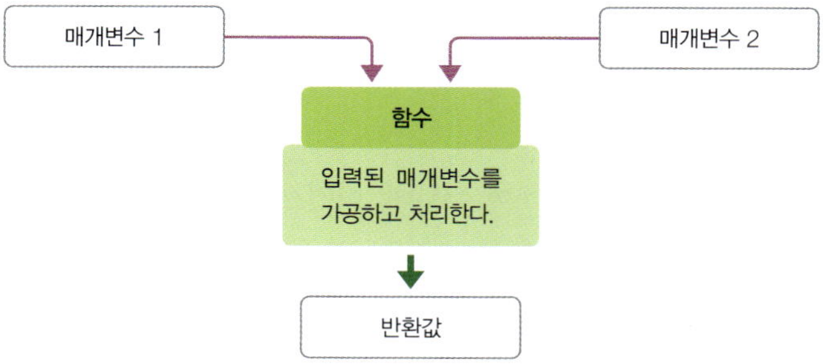

그림 9-3 함수의 기본 형식

[그림 9-3]과 같이 함수는 매개변수(Parameter)를 입력받은 후 그 매개변수를 가공 및 처리해서 반환값을 돌려준다(커피 자판기를 예로 들면, 동전과 버튼 입력이라는 매개변수를 받아서 커피를 탄 후 반환값으로 커피를 돌려준다).

이쯤에서 커피 자판기 예는 마무리하고, 또 다른 예를 살펴보자. 이번에는 두 정수를 입력받아서 두 정수의 합계를 반환하는 plus( ) 함수를 만들어 보자.

TIP • Code09-04.py부터는 함수 설명이 좀 더 명확히 보이도록 ## 함수 선언 부분 ##을 맨 위쪽에 두었다. 실행 결과에는 전혀 영향을 주지 않는다.

Code09-04.py

```python
## 함수 선언 부분 ##
def plus(v1, v2) :
    result = 0
    result = v1 + v2
    return result

## 전역 변수 선언 부분 ##
hap = 0

## 메인 코드 부분 ##
hap = plus(100, 200)
print("100과 200의 plus() 함수 결과는 %d" % hap)
```

출력 결과

```
100과 200의 plus() 함수 결과는 300
```

2~5행에서 plus( ) 함수를 정의한다. 주의할 점은 def로 되어 있는 함수 선언 부분은 바로 실행되지 않는다는 것이다. 2~5행에서 plus( ) 함수를 만들어 호출되기 전까지 가지고만 있는 개념이다. 코드는 7행부터 실행된다. 11행에서 plus( ) 함수를 호출하면 그제서야 2~5행이 실행되는 것이다. '함수를 정의했다 == 요리를 만들었다', '함수를 실행했다 == 요리를 먹었다' 정도로 이해하면 된다. 즉 2~5행은 요리를 만든 것이고, 11행에서 비로소 요리를 먹은 것이다.

4행에서 매개변수로 넘겨받은 두 값의 합계를 구하고 5행에서 반환한다. 11행에서는 100, 200이란 두 값을 전달하면서 plus( ) 함수를 호출해 hap에 대입한다. 12행에서는 plus( ) 함수에서 반환된 값을 출력한다.

[그림 9-4]는 plus( ) 함수를 정의하고 호출하는 과정을 보여 주는데, 이것으로 11행의 처리 순서를 이해해 보자.

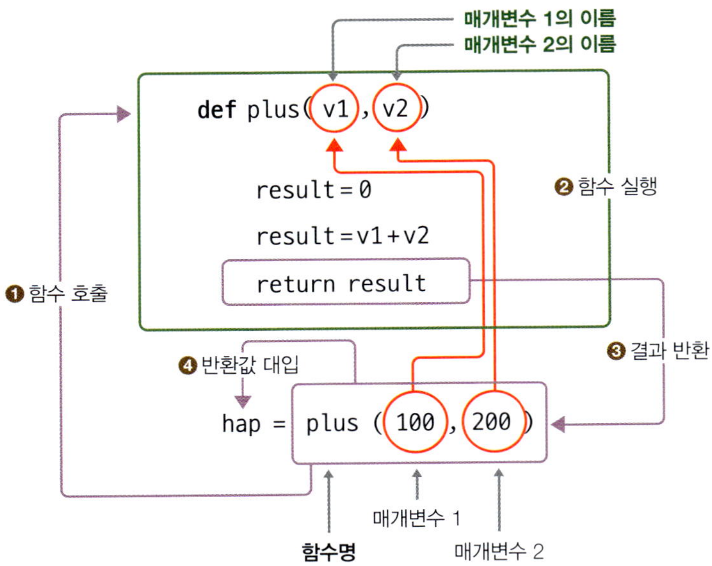

그림 9-4 plus( ) 함수의 형식과 호출 순서

[그림 9-4]에서 plus( ) 함수는 매개변수를 2개 넘겨받는다. 그러므로 'plus(숫자1, 숫자2)'와 같은 형식으로 호출해야 한다.

❶ 함수 호출

plus(100, 200)으로 함수를 호출하면 100과 200이라는 숫자를 매개변수로 하는 plus() 함수를 호출한다. 이때 plus( ) 함수의 두 매개변수인 v1에는 100이, v2에는 200이 차례로 할당된다.

❷ 함수 실행

plus( ) 함수의 내용을 보면 v1과 v2를 더해 result에 대입시킨 후 return result 문으로 이 함수를 호출했던 곳(11행)으로 돌아간다.

❸ 결과 반환

함수를 실행해 얻은 결과 값인 result 값(300)을 plus( ) 함수를 호출했던 곳으로 돌려준다.

❹ 반환값 대입

반환된 값 300을 hap 변수에 대입한다.

[그림 9-4]가 좀 복잡해 보인다면 간단하게 [그림 9-5]와 같이 표현할 수도 있다.

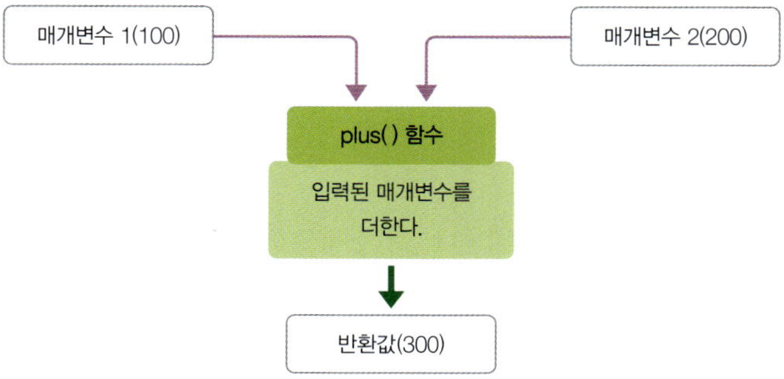

그림 9-5 간략한 plus( ) 함수의 호출 과정

이제는 사용자가 입력한 두 숫자로 덧셈, 뺄셈, 곱셈, 나눗셈을 하는 계산기 함수를 작성해 보자.

Code09-05.py

```
## 함수 선언 부분 ##
def calc(v1, v2, op) :
    result = 0
    if op == '+' :
        result = v1 + v2
    elif op == '-' :
        result = v1 - v2
    elif op == '*' :
        result = v1 * v2
    elif op == '/' :
        result = v1 / v2

    return result

## 전역 변수 선언 부분 ##
res = 0
var1, var2, oper = 0, 0, ""

## 메인 코드 부분 ##
oper = input("계산을 입력하세요(+, -, *, /) : ")
var1 = int(input("첫 번째 수를 입력하세요 : "))
```

```
22 var2 = int(input("두 번째 수를 입력하세요 : "))
23
24 res = calc(var1, var2, oper)
25
26 print("## 계산기 : %d %s %d = %d" % (var1, oper, var2, res))
```

출력 결과

```
계산을 입력하세요(+, -, * , /) : *
첫 번째 수를 입력하세요 : 7
두 번째 수를 입력하세요 : 8
## 계산기 : 7 * 8 = 56
```

2~13행에서 매개변수를 3개 넘겨받는 calc( ) 함수를 정의한다. 20행에서 어떤 연산을 할지 연산자를 입력받은 후 21~22행에서 계산할 숫자 2개를 입력받는다. 그리고 24행에서 calc( ) 함수에 매개변수 3개를 넘겨주며 호출한다. 이 매개변수는 calc( ) 함수가 위치한 2행의 var1 → v1, var2 → v2, oper → op에 각각 대응된다. 4~11행에서는 사용자가 입력한 연산자에 따라 필요한 연산을 수행한 후 13행에서 계산된 값을 return으로 반환하고, 함수를 호출한 24행으로 돌아간다. 24행에서는 calc( ) 함수에서 반환한 값을 res에 넣고, 26행에서 계산식을 출력한다.

TIP • 매개변수(파라미터)는 지역 변수로 취급된다. Code09-05.py의 calc( ) 함수가 넘겨받는 매개변수 v1, v2, op는 모두 calc( ) 함수 안에서만 사용되는 지역 변수이다. 지역 변수와 전역 변수에 대해서는 바로 이어서 설명한다.

SELF STUDY 9-2

Code09-05.py에 다음 기능을 추가해 보자.

① 숫자1, 연산자, 숫자2 순서로 입력받는다.

② 제곱(**) 연산자를 추가한다.

③ 0으로 나누려고 하면 메시지를 출력하고 계산되지 않도록 한다.

힌트 메인 코드 부분에 if~else 문을 활용한다.

출력 결과

```
첫 번째 수를 입력하세요 : 2
계산을 입력하세요(+, -, *, /, **) : **
두 번째 수를 입력하세요 : 4
## 계산기 : 2 ** 4 = 16
```

출력 결과

```
첫 번째 수를 입력하세요 : 8
계산을 입력하세요(+, -, *, /, **) : /
두 번째 수를 입력하세요 : 0
0으로는 나누면 안 됩니다.ㅠㅠ
```

SECTION 03 지역 변수, 전역 변수

변수는 사용할 수 있는 범위에 따라 크게 집(함수) 안에서만 사용할 수 있는 변수인 지역(Local) 변수와 집 밖에서도 사용할 수 있는 전역(Global) 변수로 나눈다. 프로그램을 만들다 보면 간혹 의도한 대로 변수 범위가 지정되지 않아 프로그램 흐름이 이상해지기도 한다. 그러므로 지역 변수와 전역 변수를 제대로 사용할 수 있도록 개념을 이해하고, 정확한 사용 방법을 배워 보자.

1 지역 변수와 전역 변수의 이해

지역 변수는 말 그대로 한정된 지역에서만 사용되는 변수이고, 전역 변수는 프로그램 전체에서 사용되는 변수이다.

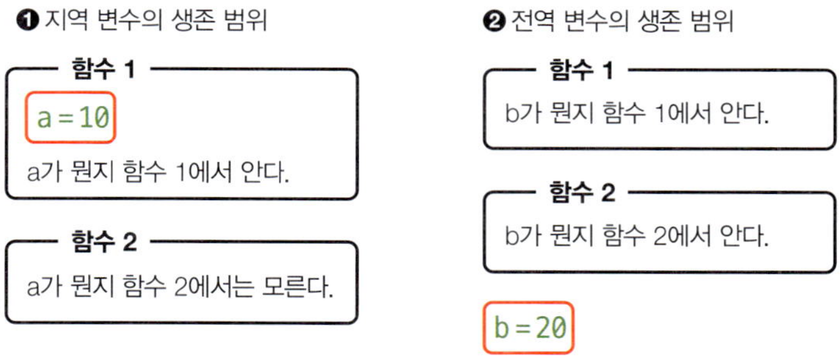

그림 9-6 지역 변수와 전역 변수의 생존 범위

[그림 9-6]의 ❶에서 지역 변수 a는 현재 함수 1 안에서 선언되어 함수 1 안에서만 사용할 수 있고, 함수 2에서는 존재 자체를 알지 못한다. ❷에서 전역 변수 b는 함수(함수 1과 함수 2) 안이 아니라 바깥에 선언되어 있으므로 모든 함수에서 그 존재를 알고 있다. 여기서 전역 변수 b가 선언된 위치는 맨 아래쪽이든 맨 위쪽이든 관계가 없으며, 함수 밖에만 선언되어 있으면 된다.

간혹 지역 변수와 전역 변수의 이름이 같을 수 있는데, 이때는 함수 안에 변수가 정의되어 있는지 확인하면 간단히 구분할 수 있다. [그림 9-7]을 보면 같은 a라고 해도 함수 1의 a는 함수 안에서 따로 정의했으므로 지역 변수이고, 함수 2의 a는 함수 안에 정의된 것이 없으므로 전역 변수이다. 결론적으로 변수명이 같다면 지역 변수 사용이 우선된다.

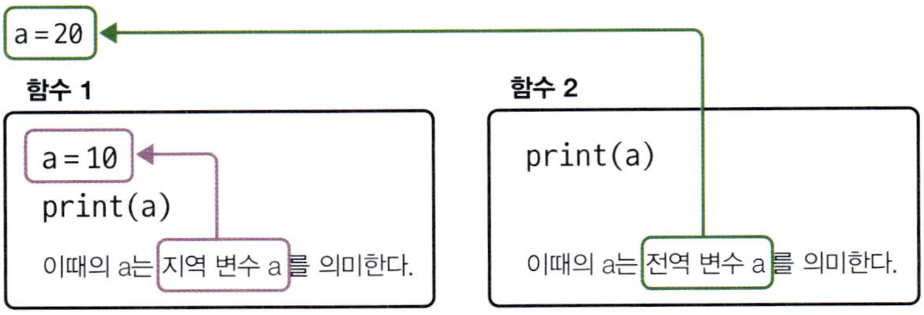

그림 9-7 지역 변수와 전역 변수의 공존

Code09-06.py

```
1  ## 함수 선언 부분 ##
2  def func1() :
3      a = 10        # 지역 변수
4      print("func1()에서 a값 %d" % a)
5
6  def func2() :
7      print("func2()에서 a값 %d" % a)
8
9  ## 전역 변수 선언 부분 ##
10 a = 20            # 전역 변수
11
12 ## 메인 코드 부분 ##
13 func1()
14 func2()
```

출력 결과

```
func1()에서 a값 10
func2()에서 a값 20
```

2~4행에서 정의한 func1() 함수는 3행에서 a를 선언하는데, 함수 안에서 선언했으므로 지역 변수이다. 그리고 10행에서 선언한 a는 함수 밖에서 선언했으므로 전역 변수이다. 13행에서 func1() 함수를 호출한다. 4행에서 a 변수를 출력하는데 지역 변수 a값 10이 출력된다. 14행에서 func2() 함수를 호출한다. 7행에서 a 변수를 출력하는데 func2() 함수에는 a가 없으므로 10행에서 선언한 전역 변수 a값 20을 출력한다.

그렇다면 10행의 전역 변수가 없다면 7행은 어떻게 될까? 10행을 지우고 다시 실행해 보자. 다음과 같은 오류가 발생할 것이다.

출력 결과

```
func1()에서 a의 값 10
Traceback (most recent call last):
    File "C:/파이썬코드/09-06.py", line 14, in <module>
```

```
    func2()
  File "C:/파이썬코드/09-06.py", line 7, in func2
    print("func2()에서 a값 %d" % a)
NameError: name 'a' is not defined
```

func1() 함수의 a는 지역 변수가 있으므로 잘 출력되지만, func2() 함수에는 a가 없으므로 오류가 발생한다. 오류 코드 맨 아래쪽을 보면 a가 정의되지 않았다는 메시지가 있다. 결국 func2() 함수에서는 func1() 함수의 a가 있는지 인식하지 못하는 것이다.

2 global 예약어

함수 안에서 사용되는 변수를 지역 변수 대신 전역 변수로 사용하고 싶을 수도 있다. Code09-06.py 6행에 있는 func2() 함수에서는 전역 변수 a를 변경하지 않고 사용만 해서 별 문제가 없었다. 하지만 3행의 a가 지역 변수가 아닌 전역 변수 a의 값을 변경하려면 Code09-07.py와 같이 함수 안에서 global이라는 예약어로 a가 전역 변수라는 것을 명시해야 한다.

Code09-07.py

```
1  ## 함수 선언 부분 ##
2  def func1() :
3      global a    # 이 함수 안에서 a는 전역 변수
4      a = 10
5      print("func1()에서 a값 %d" % a)
6
7  def func2() :
8      print("func2()에서 a값 %d" % a)
9
10 ## 함수 변수 선언 부분 ##
11 a = 20            # 전역 변수
12
13 ## 메인 코드 부분 ##
14 func1()
15 func2()
```

출력 결과

```
func1()에서 a값 10
func2()에서 a값 10
```

3행에서 global 예약어로 a 변수를 전역 변수로 지정해 지역 변수 a는 더 이상 존재하지 않는다. 4행에서 전역 변수 a값을 10으로 변경하므로 func1()과 func2() 함수에서 모두 전역 변수 a값을 10으로 출력한다. global 예약어는 다른 프로그래밍 언어와 형식이 다름을 기억하자.

SECTION 04 함수의 반환값과 매개변수

지금까지 함수의 기본 사용 방법을 익혔으니 이번에는 함수에서 값을 반환하는 방법과 매개변수를 전달하는 방법에 대해 정확하게 살펴보자.

TIP • 반환값은 return 문으로 반환되므로 리턴값이라고도 한다. 또 매개변수는 파라미터라고도 한다.

1 함수의 반환값

함수를 사용하다 보면 실행 후에 값을 돌려줄 때도 있고 돌려주지 않을 때도 있다. 함수는 크게 반환값이 있는 함수와 반환값이 없는 함수로 나눌 수 있다.

반환값이 있는 함수

함수에서 어떤 계산이나 동작을 한 후 반환할 값이 있으면 'return 반환값' 형식으로 표현한다. [그림 9-8]과 같이 ❶ 함수 호출을 하면 ❷ 함수가 실행된다. 그리고 함수의 마지막에 ❸ 값(100)을 반환하면 ❹ 호출한 곳으로 돌아와 반환값을 대입하는 것이다.

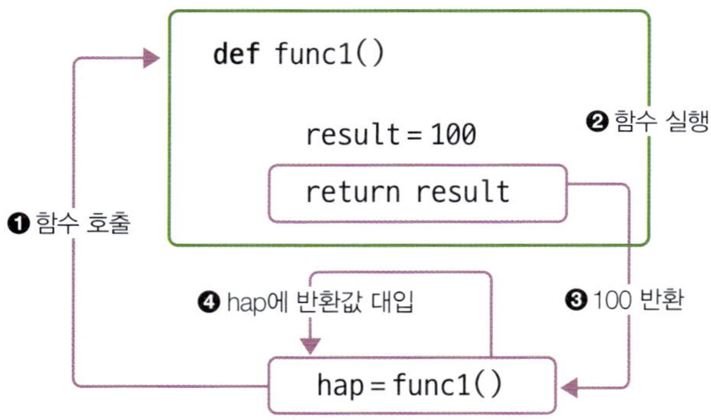

그림 9-8 반환값이 있는 함수의 동작

반환값이 없는 함수

함수의 실행 결과로 돌려줄 것이 없을 때는 return 문을 생략하면 된다. 또는 반환값 없이 return만 입력해도 된다. [그림 9-9]와 같이 함수를 실행한 후 반환값 없이 함수를 마치면 아무것도 반환하지 않은 채 함수를 종료한다.

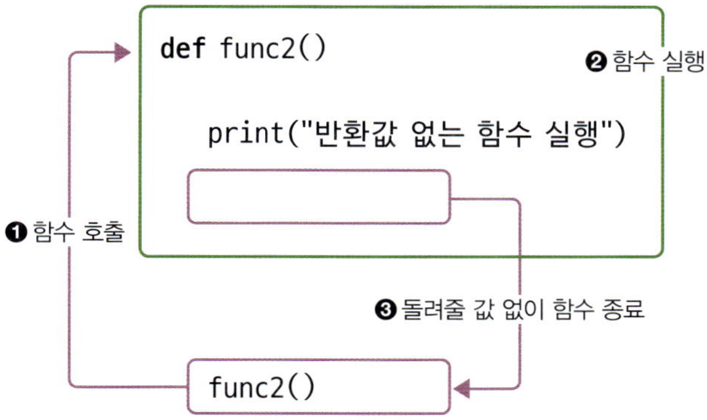

그림 9-9 반환값이 없는 함수의 동작

Code09-08.py

```
1  ## 함수 선언 부분 ##
2  def func1() :
3      result = 100
4      return result
5
6  def func2() :
7      print("반환값이 없는 함수 실행")
8
9  ## 전역 변수 선언 부분 ##
10 hap = 0
11
12 ## 메인 코드 부분 ##
13 hap = func1()
14 print("func1()에서 돌려준 값 ==> %d" % hap)
15 func2()
```

출력 결과

```
func1()에서 돌려준 값 ==> 100
반환값이 없는 함수 실행
```

13행에서 반환값이 있는 함수인 func1()을 호출하면 func1()을 실행한 후 반환값을 hap에 넣고 14행에서 출력한다. 15행에서 반환값이 없는 함수인 func2()를 호출하면 반환값 없이 종료한다.

반환값이 여러 개인 함수

함수는 문법상 반환값이 2개 이상일 수 없음에도 코드를 작성하다 보면 종종 값을 2개 이상 반환해야 할 때가 있다. 이때는 리스트에 반환할 값을 넣은 후 리스트를 반환하면 된다. 리스트에 아무리 많은 데이터를 넣더라도 결국 리스트 1개를 반환하는 것이므로 문법상 문제가 없기 때문이다.

Code09-09.py

```
1  ## 함수 선언 부분 ##
2  def multi(v1, v2) :
3      retList = []       # 반환할 리스트
4      res1 = v1 + v2
5      res2 = v1 - v2
6      retList.append(res1)
7      retList.append(res2)
8      return retList
9
10 ## 전역 변수 선언 부분 ##
11 myList = []
12 hap, sub = 0, 0
13
14 ## 메인 코드 부분 ##
15 myList = multi(100, 200)
16 hap = myList[0]
17 sub = myList[1]
18 print("multi()에서 돌려준 값 ==> %d, %d" % (hap, sub))
```

출력 결과

```
multi()에서 돌려준 값 ==> 300, -100
```

3행에서 빈 리스트를 준비하고 6~7행에서 리스트에 값을 추가한 후 8행에서는 리스트를 반환한다. 15~17행에서 반환한 리스트의 값을 각 변수에 대입한다. 15~17행을 다음과 같이 한 줄로도 쓸 수 있는데, 이때는 함수에서 반환받는 별도의 리스트인 myList가 필요 없다.

```
hap, sub = multi(100, 200)
```

참고로 파이썬은 여러 개의 값을 반환하는 문법을 허용한다. 이 경우 내부적으로 튜플로 구성되어 반환된다. 예를 들어 Code09-09.py에서 multi( ) 함수의 6~8행을 다음과 같이 한 행으로 변경해도 된다.

```
return res1, res2
```

pass 예약어

함수를 실행한 결과로 돌려줄 것이 없을 때는 return 문을 생략한다. 또 함수를 구현할 때 일단 이름만 만들어 놓고 그 내용은 pass 예약어를 사용해 비워둘 수도 있다.

```
def myFunc() :
    pass
```

True일 때 아무런 할 일이 없다고 빈 줄로 두면 문법상 오류가 발생하기 때문에 함수뿐만 아니라 if 문이나 반복문에서도 그냥 비워 놓을 때 pass를 사용한다.

```
if True :

else :
    print('거짓이네요')
```

이 오류는 True를 False로 바꾸고 else 문을 삭제해도 되지만, 다음과 같이 pass를 넣어 간편하게 해결할 수 있다.

```
if True :
    pass
else :
    print('거짓이네요')
```

2 함수의 매개변수 전달

함수의 매개변수를 전달하는 방법은 개수를 정확히 지정해서 전달하는 방법, 기본값을 설정해 놓고 전달하는 방법, 개수를 지정하지 않고 전달하는 방법으로 나눌 수 있다.

매개변수의 개수를 지정해 전달하는 방법

Code09-04.py나 Code09-05.py에서 이미 실습했듯이 함수에 매개변수의 개수를 지정해 놓으면 정확히 매개변수의 개수에 맞추어 호출해야 한다. 다음은 숫자 2개의 합과 숫자 3개의 합을 구하는 코드이다.

Code09-10.py

```
## 함수 선언 부분 ##
def para2_func( v1, v2 ) :
    result = 0
    result = v1 + v2
    return result

def para3_func( v1, v2, v3 ) :
    result = 0
    result = v1 + v2 + v3
    return result

## 전역 변수 선언 부분 ##
```

```
13 hap = 0
14
15 ## 메인 코드 부분 ##
16 hap = para2_func(10, 20)
17 print("매개변수가 2개인 함수를 호출한 결과 ==> %d" % hap)
18 hap = para3_func(10, 20, 30)
19 print("매개변수가 3개인 함수를 호출한 결과 ==> %d" % hap)
```

출력 결과

```
매개변수가 2개인 함수를 호출한 결과 ==> 30
매개변수가 3개인 함수를 호출한 결과 ==> 60
```

2~5행은 매개변수를 2개, 7~10행은 매개변수를 3개 넘겨받아 합계를 반환하는 함수를 정의한다. 16~19행은 각 함수를 호출하고 결과를 출력한다. 이처럼 매개변수의 개수가 다르면 별도의 함수로 만들어야 하는데, 좀 불편하다. 필요하다면 함수 하나로 만들면 편하겠다. 이어서 설명한다.

매개변수에 기본값을 설정해 놓고 전달하는 방법

Code09-10.py와 달리 함수 하나에서 매개변수를 2개 또는 3개 처리할 때는 가장 많은 수의 매개변수를 필요한 개수만큼 준비한 후 각 매개변수에 기본값을 설정한다. Code09-10.py를 수정해서 다음과 같이 매개변수를 설정하면 된다. 출력 결과는 Code 09-10.py와 같다.

Code09-11.py

```
1  ## 함수 선언 부분 ##
2  def para_func( v1, v2, v3 = 0 ) :
3      result = 0
4      result = v1 + v2 + v3
5      return result
6
7  ## 전역 변수 선언 부분 ##
8  hap = 0
9
10 ## 메인 코드 부분 ##
11 hap = para_func(10, 20)
12 print("매개변수가 2개인 함수를 호출한 결과 ==> %d" % hap)
13 hap = para_func(10, 20, 30)
14 print("매개변수가 3개인 함수를 호출한 결과 ==> %d" % hap)
```

2~5행에서 함수를 하나 정의한다. 2행에서는 매개변수를 3개 받았지만, 세 번째 매개변수는 v3=0처럼 설정했다. 이는 세 번째 매개변수가 없으면 0값을 기본으로 사용하라는 의미이다. 그래서 11행에서 매개변수로 10, 20만 사용하니 10 → v1, 20 → v2로 전달되고 v3에는 0이 대입된

것이다. 13행에서 매개변수를 3개 사용하면 기본값은 무시되고, 10 → v1, 20 → v2, 30 → v3로 전달된다.

SELF STUDY 9-3

2개에서 10개까지 몇 개를 매개변수로 사용하든 상관없이 합계를 구하도록 Code09-11.py의 para_func() 함수를 수정해 보자.

출력 결과

```
매개변수가 2개인 함수를 호출한 결과 ==> 30
매개변수가 10개인 함수를 호출한 결과 ==> 550
```

매개변수의 개수를 지정하지 않고 전달하는 방법

Code09-11.py는 매개변수를 2개 또는 3개만 처리할 수 있다. 매개변수의 개수에 상관없이 모두 처리하고 싶다면 어떻게 해야 할까? 이를 위해 파이썬은 가변 매개변수(Arbitrary Argument List) 방식을 지원한다. 형식은 간단하다. 함수의 매개변수명 앞에 *를 붙이면 된다. *를 붙이면 매개변수가 튜플 형식으로 넘어와 튜플을 처리하는 방식으로 함수 안에서 사용할 수 있다. 개념이 좀 어려울 수 있으니 간단한 코드로 확인해 보자. 출력 결과는 Code09-11.py와 같다.

TIP • 튜플은 7장 중반부에서 배웠다. 기억이 나지 않는다면 그 부분을 다시 살펴보자.

Code09-12.py

```
1  ## 함수 선언 부분 ##
2  def para_func (*para) :
3      result = 0
4      for num in para :
5          result = result + num
6
7      return result
8
9  ## 전역 변수 선언 부분 ##
10 hap = 0
11
12 ## 메인 코드 부분 ##
13 hap = para_func(10, 20)
14 print("매개변수가 2개인 함수를 호출한 결과 ==> %d" % hap)
15 hap = para_func(10, 20, 30)
16 print("매개변수가 3개인 함수를 호출한 결과 ==> %d" % hap)
```

2행에서 *para로 매개변수를 설정한다. 그러면 13행에서 호출한 매개변수는 (10, 20) 형식의 튜플로 전달되고, 15행에서 호출한 매개변수는 (10, 20, 30) 형식의 튜플로 전달된다. 4행에서 넘겨받은 매개변수를 for 문으로 하나씩 추출해 5행에서 result에 누적한다. 예로 (10, 20, 30)을 매개변수로 받았다면 4~5행은 다음과 같이 3회 반복된다.

- **제1회** : num에 10을 저장한 후 result = result + 10 ➜ result에 10 저장됨
- **제2회** : num에 20을 저장한 후 result = result + 20 ➜ result에 30 저장됨
- **제3회** : num에 30을 저장한 후 result = result + 30 ➜ result에 60 저장됨

이제부터는 필요할 때 다음과 같이 매개변수를 10개 넘겨도 잘 처리될 것이다.

```
hap = para_func(10, 20, 30, 40, 50, 60, 70, 80, 90, 100)
print(hap)
```

출력 결과

```
550
```

함수의 매개변수 앞에 **를 붙이면 튜플이 아닌 딕셔너리 형식으로 전달받는다(딕셔너리도 7장 후반부에서 배웠다). 그러므로 함수를 호출할 때도 딕셔너리 형식의 매개변수를 '키=값' 형식으로 사용해야 한다.

```
def dic_func(**para) :
    for k in para.keys() :
        print("%s  --> %d명입니다." % (k, para[k]))

dic_func(트와이스 = 9, 소녀시대 = 7, 걸스데이 = 4, 블랙핑크 = 4)
```

출력 결과

```
트와이스  --> 9명입니다.
소녀시대  --> 7명입니다.
걸스데이  --> 4명입니다.
블랙핑크  --> 4명입니다.
```

3 [프로그램 1]의 완성

함수에서 기본 내용을 파악했으니 로또 번호 추첨의 [프로그램 1]을 완성해 보자. 이 프로그램에서는 함수의 사용과 함께 7장에서 배운 리스트도 복습할 수 있다.

[프로그램 1]은 실행할 때마다 서로 다른 숫자 6개가 출력된다. 4~5행에서는 getNumber( ) 함수를 정의한다. 5행의 random.randrange(시작값, 끝값) 함수는 시작값~끝값-1 중에서 임의의 숫자 하나를 추출한다. 이 함수를 사용하기 위해 1행에서 import random을 입력했다. 8~9행에서는 추첨된 로또 숫자를 저장할 lotto 리스트와 추첨된 숫자를 임시로 저장할 num 변수를 준비한다.

Code09-13.py

```
1  import random
2
3  ## 함수 선언 부분 ##
4  def getNumber() :
5      return random.randrange(1, 46)
6
7  ## 전역 변수 선언 부분 ##
8  lotto = []
9  num = 0
10
11 ## 메인 코드 부분 ##
12 print("** 로또 추첨을 시작합니다. ** \n");
13
14 while True :
15     num = getNumber()
16
17     if lotto.count(num) == 0 :
18         lotto.append(num)
19
20     if len(lotto) >= 6 :
21         break
22
23 print("추첨된 로또 번호 ==>  ", end = '')
24 lotto.sort()
25 for i in range(0, 6) :
26     print("%d  " % lotto[i], end = '')
```

```
IDLE Shell
File Edit Shell Debug Options Window Help
================== RESTART: C:₩CookPython₩Code09-13.py ===================
** 로또 추첨을 시작합니다. **

추첨된 로또 번호 ==>  6  14  21  22  39  44
>>> |
                                                              Ln: 8  Col: 0
```

14~21행은 무한 반복한다. 뽑을 숫자가 6개이므로 6번만 수행하면 되지만 무한 반복하는 이유는 뽑힌 숫자가 계속 뽑힐 수 있기 때문이다. 즉 임의의 숫자를 15행에서 getNumber( ) 함수로 뽑는데, 뽑힌 숫자(num)가 이미 뽑힌 숫자일 수 있기 때문이다. 17~18행에서 이미 뽑힌 숫자가 lotto[ ] 리스트에 들어 있지 않아야 lotto.append(num) 함수로 추가한다. lotto.count(num) 함수는 lotto[ ] 리스트에서 num 숫자의 개수를 세는 함수로 개수가 0이면 lotto[ ] 리스트에 뽑힌 숫자가 없으므로 lotto[ ] 리스트에 뽑힌 숫자인 num을 추가한다. 이 무한 반복을 끝내려면 20~21행의 lotto[ ] 리스트에 6개 이상을 저장하면 된다. 즉 숫자 6개가 모두 뽑혔기 때문에 더 이상 뽑을 필요가 없다. 24행에서 뽑힌 숫자 6개를 lotto.sort( )로 정렬한 후 25~26행에서 출력한다.

SECTION
05 모듈

모듈(Module)은 한마디로 함수의 집합이라고 할 수 있다. 앞에서는 함수를 하나씩 직접 만들어서 사용했다. 그런데 만든 함수를 다른 프로그램에서도 사용하고 싶다면 어떻게 해야 할까? 예를 들어 A.py 프로그램에서 func1() 함수를 만들어서 사용하는데, B.py 프로그램에서도 func1() 함수를 사용하고 싶다면? 간단히 A.py의 func1() 함수를 복사해서 B.py에 붙여 넣은 후 사용해도 되지만 그다지 좋은 방법은 아니다. 이때는 func1() 함수를 별도의 파일(예 Module1.py)에 작성하고, A.py와 B.py 모두 Module1.py를 임포트해서 사용하면 된다. 물론 Module1.py에는 func1() 함수뿐만 아니라 func2(), func3() 등의 함수도 추가로 작성해 둘 수 있다. 다음 그림을 보면 쉽게 이해할 수 있을 것이다. 필자는 파일명을 Module1.py, A.py, B.py로 가정했지만 파일명이나 함수명은 어떤 것으로 지어도 상관없다.

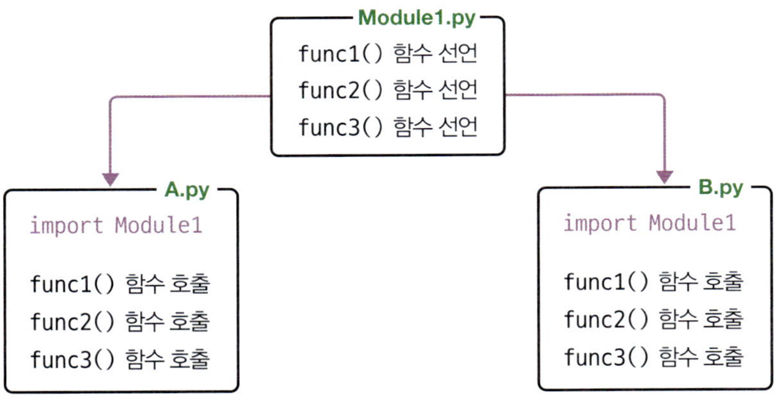

그림 9-10 모듈 사용 예

Module1.py를 먼저 만들어 놓고, A.py와 B.py에서는 import Module1 문을 사용하면 된다. 이때 주의할 점은 .py는 붙이지 말아야 한다는 것이다.

1 모듈의 생성과 사용

먼저 [그림 9-10]을 참고해서 모듈을 만들어 보자. 이때 모듈로 사용할 파일과 호출할 파일은 모두 같은 폴더에 들어 있어야 한다. Module1.py는 코딩만 하고 실행할 필요는 없다.

Module1.py

```
## 함수 선언 부분 ##
def func1() :
    print("Module1.py의 func1()이 호출됨.")

def func2() :
    print("Module1.py의 func2()가 호출됨.")

def func3() :
    print("Module1.py의 func3()이 호출됨.")
```

A.py

```
1 import Module1
2
3 ## 메인 코드 부분 ##
4 Module1.func1()
5 Module1.func2()
6 Module1.func3()
```

출력 결과

```
Module1.py의 func1()이 호출됨.
Module1.py의 func2()가 호출됨.
Module1.py의 func3()이 호출됨.
```

문제없이 잘 사용된다. 그런데 A.py의 4~6행에서 호출할 때 'Module1.함수명()' 형식으로 모듈명을 앞에 붙였다. 모듈명을 생략하고 함수명만 쓰고 싶다면 1행을 다음 형식으로 사용해야 한다.

```
from 모듈명 import 함수1, 함수2, 함수3
또는
from 모듈명 import *
```

그리고 4~6행은 함수명으로만 호출하면 된다. 즉 B.py는 다음과 같이 코드를 작성할 수 있다. 실행 결과는 A.py와 같다.

B.py

```
1 from Module1 import func1, func2, func3    # 또는 from Module1 import *
2
3 ## 메인 코드 부분 ##
4 func1()
5 func2()
6 func3()
```

2 모듈의 종류

모듈은 표준 모듈, 사용자 정의 모듈, 서드 파티 모듈로 나눌 수 있다. 표준 모듈은 파이썬에서 제공하는 모듈이고, 사용자 정의 모듈은 직접 만들어서 사용하는 모듈이다. 앞에서 만든 Module1.py가 사용자 정의 모듈이다. 마지막으로 서드 파티(3rd Party) 모듈은 파이썬이 아닌 외부 회사나 단체에서 만들어 제공하는 모듈이다.

파이썬 표준 모듈이 모든 기능을 제공하지는 않는다. 특히 고급 기능을 파이썬에서 구현하려면 상당한 노력과 시간이 필요하다. 서드 파티 모듈은 외부 회사나 단체에서 만들어 제공하는 기능을 파이썬에 추가해서 사용한다. 이런 서드 파티 모듈 덕분에 파이썬에서 고급 프로그래밍이 가능해졌고, 파이썬의 인기도 덩달아 급상승하게 된 것이다. 게임 개발 기능이 있는 PyGame, 윈도창을 제공하는 PyGtk, 데이터베이스 기능의 SQLAlchemy 등이 이에 해당한다.

파이썬에서 추가할 수 있는 유용한 서드 파티 모듈은 https://wiki.python.org/moin/UsefulModules를 참고한다. 이 책에서 소개하는 모듈 외에도 무수히 많은 서드 파티 모듈이 있는데, 지금도 새로운 서드 파티 모듈이 계속해서 만들어지고 있다.

표준 모듈은 이미 몇 번 사용해 보았다. [프로그램 1]에서도 random 모듈을 임포트해서 random.randrange() 함수를 사용했다. 이외에도 파이썬에서 제공하는 모듈은 상당히 많다. 다음 명령어로 파이썬에서 제공하는 표준 모듈의 목록을 일부 확인할 수 있다.

```
import sys
print(sys.builtin_module_names)
```

출력 결과

```
('_abc', '_ast', '_bisect', '_blake2', '_codecs', '_codecs_cn', '_codecs_hk', '_codecs_
iso2022', '_codecs_jp', '_codecs_kr', '_codecs_tw', '_collections', '_contextvars',
'_csv', '_datetime', '_functools', '_heapq', '_imp', '_io', '_json', '_locale', '_lsprof',
'_md5', '_multibytecodec', '_opcode', '_operator', '_peg_parser', '_pickle', '_random',
'_sha1', '_sha256', '_sha3', '_sha512', '_signal', '_sre', '_stat', '_statistics', '_
string', '_struct', '_symtable', '_thread', '_tracemalloc', '_warnings', '_weakref',
'_winapi', '_xxsubinterpreters', 'array', 'atexit', 'audioop', 'binascii', 'builtins',
'cmath', 'errno', 'faulthandler', 'gc', 'itertools', 'marshal', 'math', 'mmap'...)
```

이름에 언더바(_)가 붙은 것은 언더바를 떼고 임포트해도 된다. 각 모듈마다 많은 함수를 제공하는데, 외부에서 제공되는 추가 모듈도 임포트할 수 있다.

TIP • dir(__builtins__) 명령어로도 제공하는 모듈과 예약어를 확인할 수 있다.

모듈별로 제공되는 함수는 dir()로도 확인할 수 있다. 수학 계산 모듈인 math 모듈이 제공하는 함수의 목록을 보려면 다음 명령어를 사용한다.

```
import math
dir(math)
```

출력 결과

```
['__doc__', '__loader__', '__name__', '__package__', '__spec__', 'acos', 'acosh', 'asin',
'asinh', 'atan', 'atan2', 'atanh', 'ceil', 'comb', 'copysign', 'cos', 'cosh', 'degrees',
'dist', 'e', 'erf', 'erfc', 'exp', 'expm1', 'fabs', 'factorial', 'floor', 'fmod', 'frexp',
'fsum', 'gamma', 'gcd', 'hypot', 'inf', 'isclose', 'isfinite', 'isinf', 'isnan', 'isqrt',
'lcm', 'ldexp', 'lgamma', 'log', 'log10', 'log1p', 'log2', 'modf', 'nan', 'nextafter',
'perm', 'pi', 'pow', 'prod', 'radians', 'remainder', 'sin', 'sinh', 'sqrt', 'tan'...]
```

math 모듈에 포함된 다양한 함수명을 확인할 수 있다. 물론 함수의 매개변수 등 사용 방법과 용도는 각기 다를 것이다. 모듈명과 함수명은 모두 외울 필요 없으며, 그 용도만 기억하면 된다.

3 [프로그램 2]의 완성

이 프로그램은 8장 [프로그램 2]에서 만든 임의의 위치에 글자를 쓰는 거북이와 기능이 같다. 하지만 임의의 위치, 색상, 글자 크기 등은 함수를 사용해 추출하고, 앞에서 배운 모듈로 작성할 것이다.

myTurtle.py

```
import random
from tkinter.simpledialog import *

def getString() :
    retStr = ''
    retStr = askstring('문자열 입력', '거북이 쓸 문자열을 입력')
    return retStr

def getRGB() :
    r, g, b = 0, 0, 0
    r = random.random()
    g = random.random()
    b = random.random()
    return(r, g, b)

def getXYAS(sw, sh) :
    x, y, angle, size = 0, 0, 0, 0
    x = random.randrange(-sw // 2, sw // 2)
    y = random.randrange(-sh // 2, sh // 2)
```

```
20      angle = random.randrange(0, 360)
21      size = random.randrange(10, 50)
22      return [x, y, angle, size]
```

먼저 myTurtle.py라는 이름의 모듈 파일을 보자. 4~7행에서는 문자열을 입력받아 반환하는 함수를 생성하고, 9~14행에서는 무작위로 RGB 색상을 추출해서 튜플로 반환하는 함수를 생성한다. 또 16~22행에서는 x, y, 각도, 크기를 무작위로 추출해서 리스트로 묶어 반환하는 함수를 생성한다.

Code09-14.py

```
from myTurtle import *
import turtle

## 전역 변수 선언 부분 ##
inStr = ''
swidth, sheight = 300, 300
tX, tY, tAngle, tSize = [0] * 4

## 메인 코드 부분 ##
turtle.title('거북이 글자쓰기(모듈버전)')
turtle.shape('turtle')
turtle.setup(width = swidth + 50, height = sheight + 50)
turtle.screensize(swidth, sheight)
turtle.penup()
turtle.speed(5)

inStr = getString()

for ch in inStr :

    tX, tY, tAngle, txtSize = getXYAS(swidth, sheight)
    r, g, b = getRGB()

    turtle.goto(tX, tY)
    turtle.left(tAngle)

    turtle.pencolor((r, g, b))
    turtle.write(ch, font = ('맑은고딕', txtSize, 'bold'))

turtle.done()
```

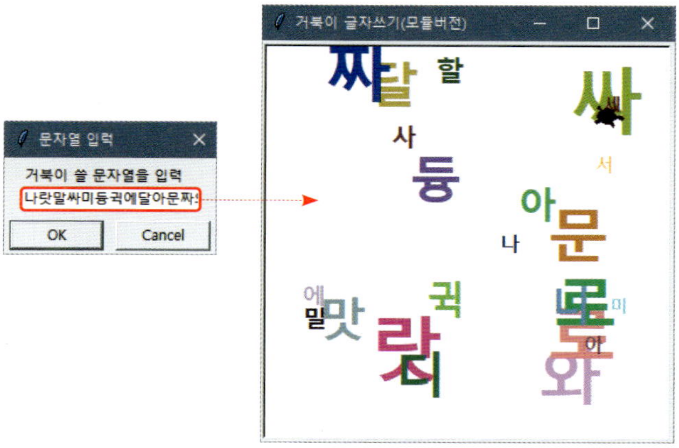

1행에서 myTurtle 모듈을 임포트한다. 17행과 21~22행에서는 모듈의 함수를 사용한다. 나머지 코드는 8장의 [프로그램 2]에서 대부분 설명했다.

여기서 잠깐

함수의 매개변수 전달 방법

파이썬에서 함수의 매개변수 전달은 값에 의한 전달(Call By Value)과 참조에 의한 전달(Call By Reference) 두 가지가 있다.

❶ 값에 의한 전달

값에 의한 전달은 일반 변수나 값을 전달할 때 함수에 동일한 크기의 메모리 공간이 확보되어 값이 복사되는 방식이다. 지금까지 소개한 방법은 모두 값에 의한 전달이다.

```
def func(p) :  # p는 별도의 메모리 공간을 확보함
   p = 222

v = 111
func(v)
print(v)        # 111이 출력됨
```

❷ 참조에 의한 전달

참조에 의한 전달은 리스트(튜플, 딕셔너리, 세트도 해당)를 매개변수로 전달하므로 주소(Address)가 전달되어 메모리 공간이 공유되는 방식이다. 따라서 함수에서 리스트를 변경하면 메인 코드의 리스트도 변경된다. [그림 7-7]에서 설명한 개념과 비슷하다.

```
def func(p) : # 리스트 p는 리스트 v와 메모리를 공유함
   p[0] = 222

v = [111]
func(v)
print(v[0])    # 222가 출력됨
```

SECTION 06

함수의 심화 내용

1 패키지

모듈이 하나의 *.py 파일 안에 여러 개의 함수가 들어 있는 것이라면, 패키지(Package)는 여러 모듈을 모아 놓은 것으로 폴더의 형태로 나타낸다. 함수, 모듈, 패키지를 간략하게 표현하면 다음과 같다.

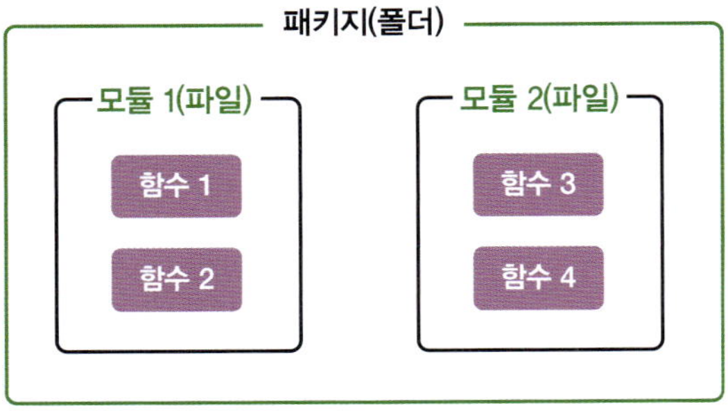

그림 9-11 패키지의 개념

패키지는 모듈을 주제별로 분리할 때 주로 사용하며, 다음 형식으로 임포트한다.

```
from 패키지명.모듈명 import 함수명
```

[그림 9-11]과 같은 형태로 구현하려면 C:\CookPython\package\ 폴더를 만든 후 그 아래에 Module1.py와 Module2.py 파일을 생성한다. 그리고 다음과 같이 임포트한다.

```
from package.Module1 import *
```

이제부터는 Module1.py의 모든 함수를 사용할 수 있다. 참고로 파이썬 3.3 이전에는 패키지 디렉터리에 __init__.py 파일이 필수였으나, 3.3 이후부터는 이 파일이 없어도 된다.

2 내부 함수, 람다 함수, map( )

내부 함수

내부 함수(Inner Function)는 함수 안에 함수가 있는 형태이다. 먼저 다음 코드를 보자.

```
def outFunc(v1, v2) :
    def inFunc(num1, num2) :
        return num1 + num2
    return inFunc(v1, v2)
print(outFunc(10, 20))
```

출력 결과

```
30
```

outFunc( ) 함수 안에서 다시 inFunc( ) 함수를 선언했는데, 이때 inFunc( )가 내부 함수이다. outFunc( ) 함수를 호출하면 다시 그 안에서 inFunc( ) 함수를 호출한다. 내부 함수는 지역 변수와 비슷하게 해당 함수 안에서만 사용할 수 있다. 즉 inFunc( ) 함수는 outFunc( ) 함수 안에서만 사용할 수 있다. outFunc( ) 함수 밖에서 다음과 같이 단독으로 호출하면 오류가 발생한다.

```
print(inFunc(10, 20))
```

출력 결과

```
NameError: name 'inFunc' is not defined
```

람다 함수와 map( )

람다(lambda) 함수는 함수를 한 줄로 간단하게 만들어 준다. 람다 함수를 앞에서 배운 함수와 비교할 수 있도록 두 수의 합계를 반환하는 함수를 다시 살펴보자.

```
def hap(num1, num2) :
    res = num1 + num2
    return res
print(hap(10, 20))
```

출력 결과

```
30
```

앞의 함수를 람다 함수로는 다음과 같이 만들 수 있다.

```
hap2 = lambda num1, num2 : num1 + num2
print(hap2(10, 20))
```

필요하면 매개변수에 기본값을 설정할 수도 있다.

```
hap3 = lambda num1 = 10, num2 = 20 : num1 + num2
print(hap3())
print(hap3(100, 200))
```

출력 결과

```
30
300
```

매개변수를 지정하지 않으면 기본값으로 설정되고, 매개변수를 넘겨주면 기본값은 무시된다.

람다 함수는 단독으로도 사용되지만, map( ) 함수와 함께 더 많이 사용된다. map( ) 함수는 리스트에 함수 수식을 모두 한꺼번에 적용시킨다. 다음과 같이 리스트 항목에 각각 10을 더하는 코드가 있다고 하자.

```
myList = [1, 2, 3, 4, 5]
def add10(num) :
    return num + 10

for i in range(len(myList)) :
    myList[i] = add10(myList[i])
print(myList)
```

출력 결과

```
[11, 12, 13, 14, 15]
```

이 코드를 람다 함수와 map( ) 함수로 다음과 같이 간단히 만들 수 있다.

```
1 myList = [1, 2, 3, 4, 5]
2 add10 = lambda num : num + 10
3 myList = list(map(add10, myList))
4 print(myList)
```

3행의 map(함수명, 리스트) 함수는 리스트의 모든 내용을 하나씩 함수에 적용시킨다. 그 결과를 list( ) 함수를 사용해 다시 리스트로 만든다. 이 코드보다는 2행과 3행을 합친 다음 코드를 더 많이 사용한다. 실무 코드에서도 가끔 볼 수 있는 형식이므로 잘 기억해 두자.

```
myList = [1, 2, 3, 4, 5]
myList = list(map(lambda num : num + 10, myList))
print(myList)
```

두 리스트를 한꺼번에 처리할 때도 사용할 수 있는데, 다음 코드를 살펴보자. 이 코드는 두 리스트에서 같은 자릿수에 있는 항목끼리 합쳐서 새로운 리스트를 만든다.

```
list1 = [1, 2, 3, 4]
list2 = [10, 20, 30, 40]
hapList = list(map(lambda n1, n2 : n1 + n2, list1, list2))
print(hapList)
```

출력 결과

```
[11, 22, 33, 44]
```

3 재귀 함수

재귀 함수(Recursion Function)는 자신이 자신을 호출하는 함수이다. 다음 코드를 살펴보자.

```
def selfCall() :
    print('하', end = '')
    selfCall()
selfCall()
```

출력 결과

```
하하하하하하하하...
```

selfCall( )을 호출하니 '하'를 출력하고, 다시 자신을 호출한다. 그리고 무한 반복해서 '하' 글자가 계속 출력된다. 중지하려면 Ctrl+C를 누른다. 이처럼 자신이 자신을 호출하는 함수가 재귀 호출 함수이지만, 지금처럼 무한 반복에 빠지는 오류를 방지하려면 반드시 재귀가 중지되는 조건을 넣어야 한다. 입력한 숫자를 1까지 세는 함수를 재귀 함수로 작성해 보자.

```
def count(num) :
    if num >= 1 :
        print(num, end = ' ')
        count(num - 1)
    else :
        return
count(10)
count(20)
```

출력 결과

```
10 9 8 7 6 5 4 3 2 1
20 19 18 17 16 15 14 13 12 11 10 9 8 7 6 5 4 3 2 1
```

조건식에서 num이 1보다 크거나 같으면 숫자를 출력하고, num에서 1을 뺀 값으로 다시 자신을 호출한다. 1보다 작으면 return 문으로 함수를 빠져나온다.

재귀 호출 함수를 응용하는 방법 중 하나인 팩토리얼(Factorial)값을 구하는 함수를 작성해 보자. 10의 팩토리얼은 10!=10×9×8×7×6×5×4×3×2×1이다. 그런데 10의 팩토리얼은 결국 10×9!과 같으므로 10!=10×(9×8×7×6×5×4×3×2×1)=10×9!이 된다. 다시 9!은 9×(9−1)!과 동일하다. 이런 성질을 이용하면 재귀적인 함수로 간단히 구현할 수 있다.

```
def factorial(num) :
    if num <= 1 :
        return num
    else :
        return num * factorial(num - 1)
print(factorial(4))
print(factorial(10))
```

출력 결과

```
24
3628800
```

num이 1보다 작을 때까지 num−1값을 다시 재귀 호출한다. 예로 4를 호출하면 결과 값은 4*(4−1)*(3−1)*(2−1)이므로 24가 된다.

4 제너레이터와 yield 문

return 문은 결과를 반환하고 함수를 종료한다. 그런데 함수를 종료하지 않으면서 값을 계속 반환하고 싶다면, yield 문을 사용한다. 다음 코드를 살펴보자.

```
def genFunc() :
    yield 1
    yield 2
    yield 3

print(list(genFunc()))
```

출력 결과

```
[1, 2, 3]
```

이처럼 함수 안에 yield가 포함된 함수를 제너레이터(Generator : 생성자) 함수라고 한다. 제너레이터는 yield 문으로 값을 반환한 후 계속 진행한다. 제너레이터의 작동 방식을 다음 코드로 알아보자.

```
1 def genFunc(num) :
2     for i in range(0, num) :
3         yield i
4         print('제너레이터 진행 중')
5 for data in genFunc(5) :
6     print(data)
```

출력 결과

```
0
제너레이터 진행 중
1
제너레이터 진행 중
2
제너레이터 진행 중
… 생략 …
```

5행에서 for 문이 실행될 때 genFunc( ) 함수를 호출한다. 1행의 genFunc( ) 함수는 매개변수 num에 5를 대입하고, 2행에서 range( ) 함수로 0~4까지 반복한다. 3행에서 0을 반환하고, 6행에서 0을 출력한다. 그리고 제너레이터는 계속 진행되어 4행의 메시지를 출력한다. 아직 2행의 for 문이 끝나지 않았으므로 계속 반복한다. 제너레이터는 파이썬 고급 프로그래밍에서 종종 활용하므로 기본 작동 방식을 기억해 두자.

요약

1 함수(Function)는 '무엇'을 넣으면 '어떤 것'을 돌려주는 요술 상자이다.

2 함수는 매개변수(Parameter)를 입력받아 그 매개변수를 가공·처리한 후 반환값을 돌려준다.

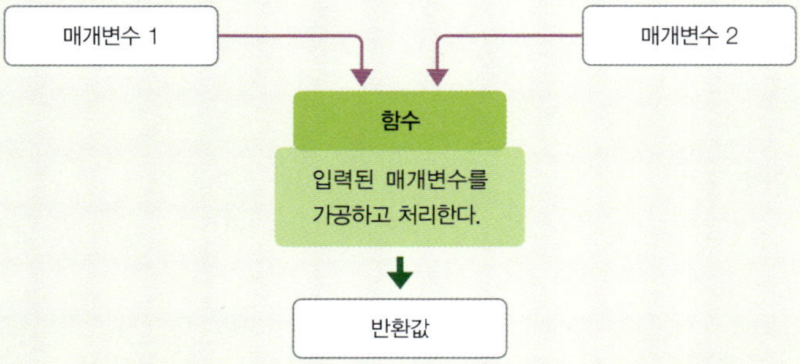

3 지역 변수는 한정된 지역(Local)에서만 사용되는 변수이고, 전역 변수는 프로그램 전체(Global)에서 사용되는 변수이다.

4 지역 변수와 전역 변수가 공존할 때 접근 가능 범위는 다음과 같다.

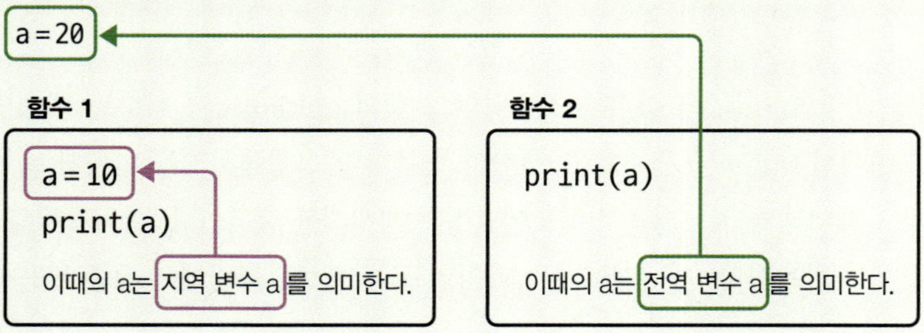

5 함수에서 어떤 계산이나 작동을 한 후 반환할 값이 있으면 'return 반환값' 형식으로 표현한다.

6 함수를 실행한 결과로 돌려줄 것이 없을 때는 return 문을 생략하거나 반환값 없이 return만 사용해도 된다.

7 함수의 매개변수를 전달하는 방법은 개수를 정확히 지정해서 전달하는 방법, 기본값을 설정해 놓고 전달하는 방법, 개수를 지정하지 않고 전달하는 방법으로 나눌 수 있다.

8 파이썬은 가변 매개변수(Arbitrary Argument List) 방식을 지원하는데, 함수의 매개변수명 앞에 *만 붙이면 된다.

9 모듈(Module)은 함수의 집합과 같으며, 별도의 파일에 함수들을 모아 놓은 것이다.

10 모듈을 사용하려면 import 모듈명을 사용하고, 함수를 호출할 때는 '모듈명.함수명( )' 형식으로 모듈명을 앞에 붙인다.

11 모듈은 표준 모듈, 사용자 정의 모듈, 서드 파티 모듈 세 가지로 나눌 수 있다.

12 패키지(Package)는 여러 모듈을 모아 놓은 것으로, 실제로는 폴더의 형태로 나타낸다.

13 람다(lambda) 함수는 함수를 한 줄로 간략하게 만들어 준다.

14 람다 함수와 map( ) 함수를 사용해 리스트에 함수 수식을 모두 한꺼번에 적용할 수 있다.

15 재귀 함수는 자기 자신을 호출하는 함수이다.

16 yield가 포함된 함수를 제너레이터(Generator : 생성자)라고 한다. 제너레이터는 yield 문으로 값을 반환한 후 계속 진행한다.

연습문제

1 다음 중 함수의 특징으로 적절하지 않은 것을 고르세요.

① 함수는 특정 기능을 수행하는 코드 블록이다.

② 함수는 반드시 반환값이 있어야 한다.

③ 함수는 코드의 재사용성을 높여준다.

④ 함수를 사용하면 프로그램의 유지보수가 쉬워진다.

2 함수의 매개변수와 관련된 설명 중 맞지 않는 것을 고르세요.

① 매개변수의 기본값을 설정할 수 있다.

② 매개변수는 데이터형을 명시적으로 지정해야 한다.

③ 매개변수는 함수 내부에서만 사용 가능하다.

④ 매개변수의 개수는 항상 고정 또는 가변적일 수 있다.

3 다음 코드의 실행 결과를 쓰세요.

```
def func(a, b=10):
    return a + b

print(func(5))
```

4 다음 중 람다 함수를 올바르게 사용한 것을 고르세요.

① `lambda x, y: return x + y`

② `lambda x, y: x + y`

③ `lambda x, y (x + y)`

④ `lambda x, y -> x + y`

5 재귀 함수를 사용할 때 고려해야 할 사항이 아닌 것을 고르세요.

① 종료 조건을 반드시 포함하지 않으면 무한 루프에 빠질 수 있다.

② 반복문 없이도 반복문의 효과를 낸다.

③ 재귀의 횟수가 많을수록 성능이 좋아진다.

④ 초보자의 경우 재귀가 논리적으로 복잡하게 느낄 수 있다.

6 map() 함수를 사용하여 [1, 2, 3]의 각 요소를 제곱하는 코드로 올바른 것을 고르세요.

① `map(lambda x: x**2, [1, 2, 3])`

② `map(lambda x**2 : x, [1, 2, 3])`

③ `map(x**2, [1, 2, 3])`

④ `[x**2 for x in map([1, 2, 3])]`

7 다음은 리스트의 모든 항목을 대문자로 변환하는 코드입니다. 빈 곳을 채우세요.

```
lowerList = ["hanbit", "plus"]
upperList = [          ]
print(upperList)
```

실행 결과

```
['HANBIT', 'PLUS']
```

8 다음은 재귀함수를 사용해서 1부터 n까지의 합계를 구하는 코드입니다. 빈 곳을 채우세요.

```
def recursive_sum(n):
    if n == 1:
        return [     ❶     ]
    return n + [     ❷     ]
print(recursive_sum(100))
```

실행 결과

```
5050
```

9 재귀 호출을 이용하여 입력한 수에 대한 각 자리 숫자의 합을 구하는 프로그램을 작성하세요.

실행 결과

```
정수 입력--> 12345  ← 사용자가 입력한 값
각 자리 숫자의 합: 15
```

연습문제

IT@COOKBOOK

10 심화문제 재귀 호출 함수를 이용해서 다음 그림과 같이 입력한 깊이만큼 거북이가 나뭇가지를 그리는 코드를 작성하세요.

실행 결과

```
재귀 깊이 입력(2~10) : 6
```
← 사용자가 입력한 값

힌트1 처음 나뭇가지 길이는 100부터 시작해서 70%씩 짧아지게 한다.

힌트2 왼쪽 30도, 오른쪽 30도의 각도를 갖는 다음 나뭇가지를 만든다.

힌트3 시작은 중앙에서 Y축 −200 위치에서 한다.

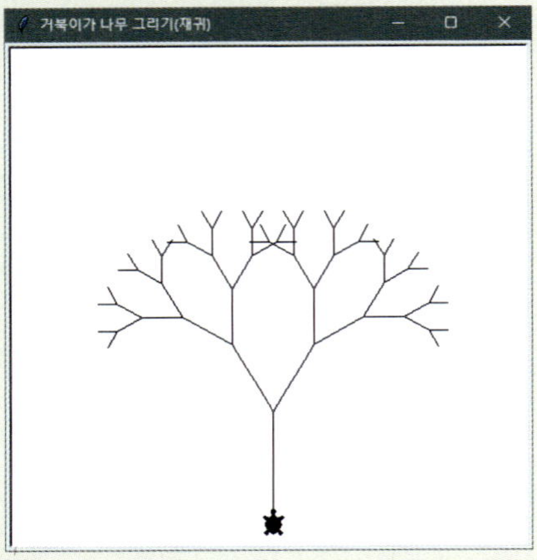

응용예제 01 문자와 숫자가 섞인 데이터 정렬하기

난이도★★★☆☆

예제 설명 문자와 숫자가 섞여 있는 데이터가 있을 때 숫자를 기준으로 데이터를 정렬하는 프로그램을 만들어 보자. 7장의 [응용예제 01]과 비슷한데, 7장에서는 16진수로 취급했던 것을 여기서는 문자로 취급한다. 예로 A37B, 23CC, 88D9, BB8F, 3A9A의 값 5개를 정렬한다. 이 값들에서 문자는 무시하고 숫자만 취급하면 37, 23, 889, 8, 39가 된다. 숫자만 취급해서 오름차순으로 정렬하는 순서는 다음과 같다. 정렬은 선택 정렬 방식을 사용한다.

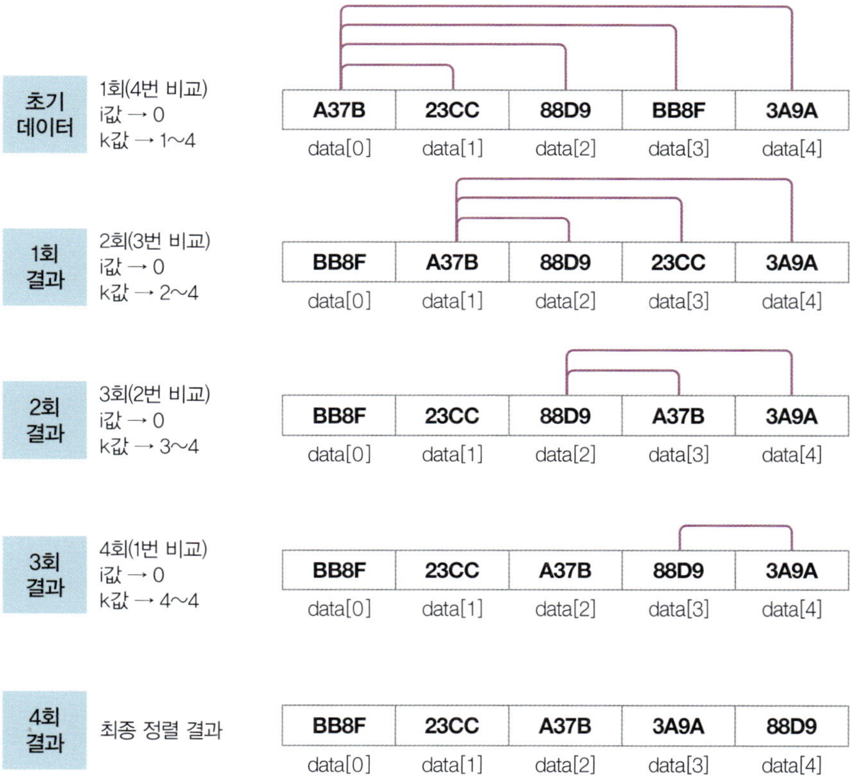

실행 결과

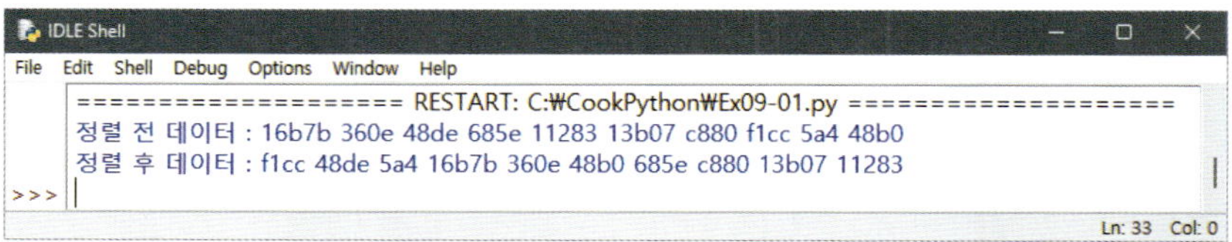

코드

```
1  import random
2
3  ## 함수 선언 부분 ##
4  def getNumber(strData) :
5      numStr = ''
6      for ch in strData :
7          if ch.isdigit() :
8              numStr += ch
9
10     return int(numStr)
11
12 ## 전역 변수 선언 부분 ##
13 data = []
14 i, k = 0, 0
15
16 ## 메인 코드 부분 ##
17 if __name__ == "__main__" :
18     for i in range(0, 10) :    # 임의의 데이터를 10개 생성
19         tmp = hex(random.randrange(0, 100000))
20         tmp = tmp[2:]          # 앞의 '0x'를 제거
21         data.append(tmp)
22
23     print('정렬 전 데이터 : ', end = '')
24     [print(num, end = ' ') for num in data]
25
26     for i in range(0, len(data) - 1) :
27         for k in range(i + 1, len(data)) :
28             if getNumber(data[i]) > getNumber(data[k]) :
29                 tmp = data[i]
30                 data[i] = data[k]
31                 data[k] = tmp
32
33     print('\n정렬 후 데이터 : ', end = '')
34     [print(num, end = ' ') for num in data]
```

코드 설명

4~10행	문자열을 넘겨받아 그중 숫자만 추출해서 숫자로 결과를 반환한다. 6~8행에서 문자를 하나씩 추출해서 숫자인지 확인한 후 숫자만 추출하고 10행에서 숫자로 변환해 반환한다. 예로 'A7B8'이 넘어오면 78을 반환한다.
20행	16진수 앞에 붙은 '0x'를 제거한다.
그 외 내용	7장의 [응용예제 01]과 동일하다.

응용예제 02

날짜 세기 및 요일 구하기

난이도★★★☆☆

예제 설명 입력한 날짜에서 현재 날짜까지 며칠이 지났는지 날짜 수를 세는 프로그램을 만들어 보자. 추가로 현재 날짜에 해당하는 요일도 출력한다. 여기서는 파이썬에서 제공하는 time 모듈과 datetime 모듈의 함수를 사용해 날짜와 시간을 구한다.

실행 결과

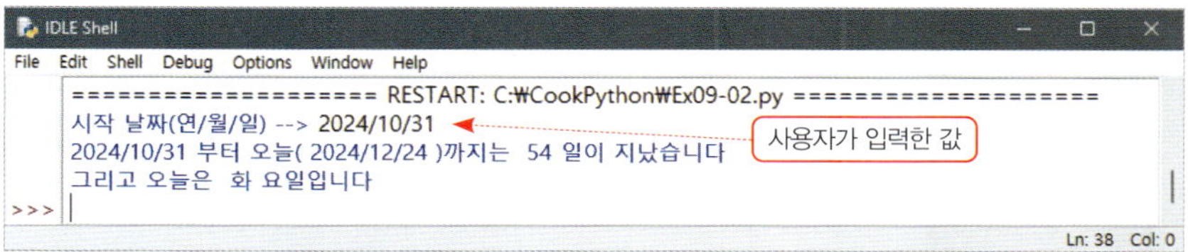

코드

```
from time import *
from datetime import *

## 함수 선언 부분 ##
def countDays(date1, date2) :          # 날짜 수 세기
    retDays = 0
    year, month, day = date1.split('/')
    sDay = date(int(year), int(month), int(day))
    year, month, day = date2.split('/')
    eDay = date(int(year), int(month), int(day))
    diffDays = eDay - sDay
    retDays = diffDays.days            # 날짜만 추출
    return retDays

def getDay(t) :                        # 요일 구하기
    weeks = ['월', '화', '수', '목', '금', '토', '일']
    return weeks[t.tm_wday]

## 전역 변수 선언 부분 ##
startDate, curDate, tm = '', '', None

## 메인 코드 부분 ##
if __name__ == "__main__" :

    startDate = input('시작 날짜(연/월/일) --> ')
    tm = localtime()
    curDate = str(tm.tm_year) + '/' + str(tm.tm_mon) + '/' + str(tm.tm_mday)
```

```
28
29      print(startDate, '부터 오늘(', curDate,')까지는 ', countDays(startDate,
            curDate), '일이 지났습니다')
30      print('그리고 오늘은 ', getDay(tm), '요일입니다')
```

코드 설명

행	설명
1~2행	time, datetime 모듈을 임포트한다. date( ), localtime( ) 등의 함수를 제공한다.
5~13행	입력받은 두 날짜의 날짜 수를 세어 반환하는 함수이다. 7행과 9행에서 /로 연, 월, 일을 분리한다. 8행과 10행에서 date( ) 함수로 날짜 객체를 생성하고, 11~13행에서 두 날짜의 차를 계산한 후 반환한다.
15~17행	요일을 구한다. 16행에서 월~일 리스트에 저장한 후 t.tm_wday로 해당 요일을 추출해서 반환한다.
20행	startDate는 시작 날짜를 입력받을 변수이며, curDate는 현재 날짜를 자동 추출한다. tm은 현재 날짜 형식의 객체를 저장한다.
25행	시작 날짜를 연/월/일 형식으로 입력받는다.
26~27행	localtime( ) 함수는 현재 날짜 객체를 반환한다. 27행에서 연/월/일 형식의 문자열로 추출한다.
29~30행	생성한 두 함수를 호출해서 출력한다.

응용예제 03

재귀 함수를 활용한 퀵 정렬하기

난이도★★★☆☆

예제 설명 퀵 정렬(Quick Sort)은 분할 정복(Divide and Conquer) 알고리즘을 기반으로 한 정렬 방법이다. 재귀 함수를 이용해 퀵 정렬을 구현하는 프로그램을 만들어 보자.

실행 결과

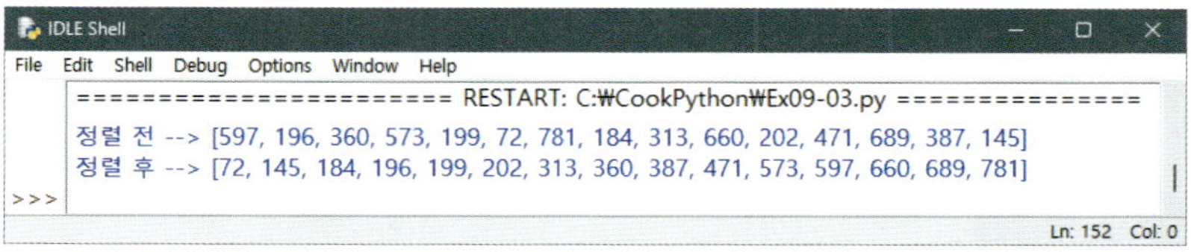

코드

```
import random

## 함수 선언부##
def quick_sort(arr):
    if len(arr) <= 1:
        return arr

    pivot = arr[0]
    left = []
    right = []

    for i in range(1, len(arr)):
        if arr[i] <= pivot:
            left.append(arr[i])
        else:
            right.append(arr[i])

    return quick_sort(left) + [pivot] + quick_sort(right)

## 메인 코드부##
if __name__ == "__main__":
    before = [random.randint(1, 1000) for _ in range (15)]
    after = quick_sort(before)
    print("정렬 전-->", before)
    print("정렬 후-->", after)
```

코드 설명

4~18행	넘겨받은 리스트를 퀵 정렬하는 재귀 함수다.
5~6행	정렬할 리스트의 개수가 1 이하면 그대로 반환한다.
8~10행	피벗(기준)을 리스트의 제일 처음 값으로 지정하고, 왼쪽과 오른쪽으로 나눌 리스트를 준비한다.
12~16행	리스트의 두 번째 항목부터 마지막 항목까지 피벗보다 작으면 왼쪽 리스트에, 크면 오른쪽 리스트에 분리해 넣는다.
18행	왼쪽 리스트, 피벗, 오른쪽 리스트를 재귀 호출한다.
22~25행	랜덤하게 15개 정수를 준비해서 퀵 정렬한 후 결과를 출력한다.

CHAPTER 10

윈도 프로그래밍

학습목표

- 윈도 프로그래밍의 개념을 익힌다.
- 윈도 프로그램에서 활용되는 다양한 위젯을 배운다.
- 메뉴 구성을 이용한 고급 윈도 프로그래밍을 배운다.

SECTION 01 이 장에서 만들 프로그램

SECTION 02 기본 위젯 활용

SECTION 03 위젯의 배치와 크기 조절

SECTION 04 키보드와 마우스 이벤트 처리

SECTION 05 메뉴와 대화상자

요약

연습문제

응용예제

SECTION 01
이 장에서 만들 프로그램

이 장에서는 지금까지 주로 작업한 텍스트 기반이 아닌 윈도창이 나오는 윈도 프로그래밍(Window Programming) 또는 GUI(Graphical User Interface) 프로그래밍을 학습한다. 2장 후반부와 각 장에서 터틀 그래픽을 종종 실습했지만, 터틀 그래픽은 윈도창을 직접 구성하는 데 한계가 있었다. 여기서는 윈도창의 작동 원리를 비롯해 버튼, 체크박스, 이미지 등 다양한 위젯을 사용한다. 이 장에서 학습한 내용을 토대로 다양한 응용 프로그램을 만들 수 있을 것이다.

1 [프로그램 1] 사진 앨범

첫 번째는 〈이전〉이나 〈다음〉 버튼을 누르면 앨범에 있는 사진 목록을 보여 주는 프로그램이다. 이 프로그램을 잘 활용하면 다양한 사진을 멋진 앨범으로 만들 수 있다.

2 [프로그램 2] 명화 감상

두 번째는 메뉴를 활용하는 명화 감상 프로그램이다. 파일을 선택할 수 있는 대화상자도 생성해 좀 더 그럴듯한 프로그램으로 만들어 볼 것이다.

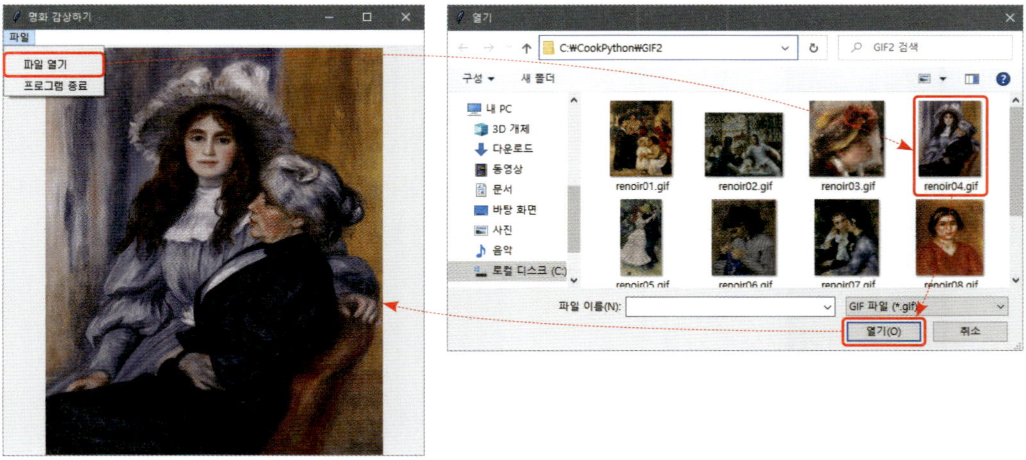

SECTION
02 기본 위젯 활용

위젯(Widget)은 윈도창에 나올 수 있는 문자, 버튼, 체크박스, 라디오버튼 등을 의미한다. 윈도창을 프로그래밍하려면 기본적으로 이런 위젯을 배치하고 활용하는 방법을 익혀야 한다. 위젯마다 특성이 있는데 각 특성에 따라서 어떤 용도로 활용하는지는 실습을 하면서 알아본다.

1 기본 윈도창의 구성

가장 기본적인 윈도창의 구성을 살펴보자.

Code10-01.py

```
1  from tkinter import *
2
3  window = Tk()
4
5  ## 이 부분에서 화면을 구성하고 처리 ##
6
7  window.mainloop()
```

가장 간단한 윈도창을 표시하는 코드이다. 1행의 tkinter는 파이썬에서 GUI 관련 모듈을 제공해주는 표준 윈도 라이브러리이다. 윈도창이 필요할 때는 꼭 입력해야 한다. 3행의 Tk( )는 기본이 되는 윈도를 반환하는데, 이를 루트 윈도(Root Window) 또는 베이스 윈도(Base Window)라고 한다. 3행을 실행하면 윈도창이 화면에 출력된다. 3행에서 베이스 윈도를 window 변수에 넣고 7행에서 window.mainloop( ) 함수를 실행한다. 이는 앞으로 윈도창에 키보드 누르기, 마우스 클릭 등 다양한 이벤트가 일어날 때 이 이벤트를 처리하는 데 필요하다. 1행, 3행, 7행은 기본적으로 꼭 입력해야 하고, 주석으로 처리한 5행에는 윈도창에 필요한 내용들을 추가할 것이다.

TIP • tkinter는 TK Interface의 약어이다. Tk는 Tcl/Tk라는 전통적인 GUI 인터페이스로 윈도, 리눅스, 맥 등에서 모두 동일한 코드로 사용이 가능하다.

윈도창을 조절하는 방법을 알아보자. 윈도창에 제목을 달고, 크기를 지정할 수 있다. 또 윈도창의 크기가 변경되지 않도록 고정시키는 방법도 있다.

Code10-02.py

```
1 from tkinter import *
2
3 window = Tk()
4 window.title("윈도창 연습")
5 window.geometry("400x100")
6 window.resizable(width = FALSE, height = FALSE)
7
8 window.mainloop()
```

4행에서 윈도창에 제목을 표시하고, 5행에서 윈도창의 초기 크기를 400×100으로 지정한다. 6행에서는 가로와 세로의 크기가 변경되지 않도록 지정한다.

2 레이블

레이블(Label)은 문자를 표현할 수 있는 위젯이다. 'Label(부모윈도, 옵션…)' 형식으로 사용하고 '옵션'으로 위젯을 다양하게 설정한다. 그런데 레이블 같은 위젯들은 pack( ) 함수를 호출해야 화면에 표시된다.

TIP • 앞으로 사용할 위젯에는 많게는 수십 개 이상의 옵션이 있다. 이런 옵션을 일일이 나열하는 것은 학습에 별 도움이 되지 않으므로 각 코드에서 자주 사용하는 옵션 위주로 알아본다.

Code10-03.py

```
from tkinter import *
window = Tk()

label1 = Label(window, text = "COOKBOOK~~ Python을")
label2 = Label(window, text = "열심히", font = ("궁서체", 30), fg = "blue")
label3 = Label(window, text = "공부 중입니다.", bg = "magenta", width = 20, height = 5,
          anchor = SE)

label1.pack()
label2.pack()
label3.pack()

window.mainloop()
```

4행의 Label( ) 함수가 레이블을 만들어 주고, 8행에서 pack( ) 함수로 해당 레이블을 화면에 표시한다. 'Label(부모윈도, 옵션⋯)' 형식에서 '부모윈도'에 2행에서 생성한 베이스 윈도인 window를 지정해 베이스 윈도에 레이블을 출력한다. 옵션 중에서 text는 글자 자체를 나타낸다. font는 글꼴과 크기를 지정한다. fg는 foreground의 약어로 글자색을 지정하고, bg는 background의 약어로 배경색을 지정한다. width와 height는 위젯의 폭과 높이를 지정한다.

관심 있게 볼 옵션은 anchor인데, anchor는 위젯이 어느 위치에 자리 잡을지 결정한다. 6행의 SE는 South East의 약어이다. anchor에는 N, NE, E, SE, S, SW, W, NW, CENTER 등의 값을 사용할 수 있으며, 기본값은 CENTER이다.

레이블에는 글자 대신 이미지를 넣을 수도 있다. 별도의 이미지 파일이 없는 독자는 예제 파일(https://www.hanbit.co.kr/src/41035)에 담긴 것을 사용하면 된다. 필자는 C:\CookPython\GIF\ 폴더를 생성하고 그 안에 몇 개의 *.gif 이미지 파일을 넣어 두었다. 그런데 Code10-04.py에서 사용한 PhotoImage( ) 함수는 GIF 파일만 지원하고 JPEG나 BMP 등은 지원하지 않으니 주의한다. JPG, BMP, PNG 등을 사용하는 방법은 14장에서 배운다.

Code10-04.py

```
1  from tkinter import *
2  window = Tk()
3
4  photo = PhotoImage(file = "gif/dog.gif")
5  label1 = Label(window, image = photo)
6
7  label1.pack()
8
9  window.mainloop()
```

4행의 PhotoImage( ) 함수에서 이미지 파일을 준비하고, 5행 Label( ) 함수의 옵션 image에서 속성을 지정하면 해당 이미지를 글자 대신 사용한다.

SELF STUDY 10-1

Code10-04.py를 수정해서 2개의 이미지를 출력해 보자.

힌트 위젯을 가로로 나타내려면 pack(side=LEFT)를 사용한다.

3 버튼

버튼(Button)은 마우스로 클릭하면 눌리는 효과와 함께 지정한 작업이 실행되도록 하는 위젯이다. 'Button(부모윈도, 옵션…)' 형식으로 사용한다. 레이블과 달리 버튼은 눌렸을 때 어떤 작업을 하도록 설정해야 한다. command 옵션을 이용해 버튼을 눌렀을 때 지정한 작업을 처리할 수 있다. 나머지 옵션은 레이블과 대부분 동일하다. 다음은 버튼을 누르면 파이썬 IDLE이 종료되는 코드이다.

Code10-05.py

```
1 from tkinter import *
2 window = Tk()
3
4 button1 = Button(window, text = "파이썬 종료", fg = "red", command = quit)
5
6 button1.pack()
7
8 window.mainloop()
```

4행에서 command 옵션에 quit 명령을 내렸으므로 버튼을 클릭하면 파이썬 IDLE이 닫힐 것이다.

버튼에도 이미지를 넣을 수 있고, 버튼을 누르면 실행될 내용을 함수로 만들어서 실행할 수도 있다. 다음은 이미지 버튼을 누르면 간단한 메시지창이 나오는 코드이다.

Code10-06.py

```
1  from tkinter import *
2  from tkinter import messagebox
3
4  ## 함수 선언 부분 ##
5  def myFunc() :
6      messagebox.showinfo("강아지 버튼", "강아지가 귀엽죠? ^^")
7
8  ## 메인 코드 부분 ##
9  window = Tk()
10
11 photo = PhotoImage(file = "gif/dog2.gif")
12 button1 = Button(window, image = photo, command = myFunc )
13
14 button1.pack()
15
16 window.mainloop()
```

2행은 messagebox 모듈을 사용하기 위한 임포트이다. 5~6행에서는 myFunc() 함수를 정의하는데, 이 함수는 'messagebox.showinfo(제목, 내용)' 형식으로 화면에 메시지 상자를 출력한다. 11~12행에서 이미지를 준비하고 버튼에 글자 대신 이미지를 표현한다. Button() 옵션에서 command값을 5행에서 만든 함수명으로 지정하였으므로, 버튼을 누르면 5행에 있는 함수를 실행한다.

4 체크버튼

체크버튼(Checkbutton)은 켜고 끄는 데 사용하는 위젯이다. 'Checkbutton(부모윈도, 옵션…)' 형식으로 사용한다. 다음은 체크버튼을 켜거나 껐을 때 메시지창이 열리게 하는 코드이다.

Code10-07.py

```
1  from tkinter import *
2  from tkinter import messagebox
3  window = Tk()
4
5  ## 함수 선언 부분 ##
6  def myFunc() :
7      if chk.get() == 0 :
8          messagebox.showinfo("", "체크버튼이 꺼졌어요.")
9      else :
10         messagebox.showinfo("", "체크버튼이 켜졌어요.")
11
12 ## 메인 코드 부분 ##
13 chk = IntVar()
14 cb1 = Checkbutton(window, text = "클릭하세요", variable = chk , command = myFunc)
15
16 cb1.pack()
17
18 window.mainloop()
```

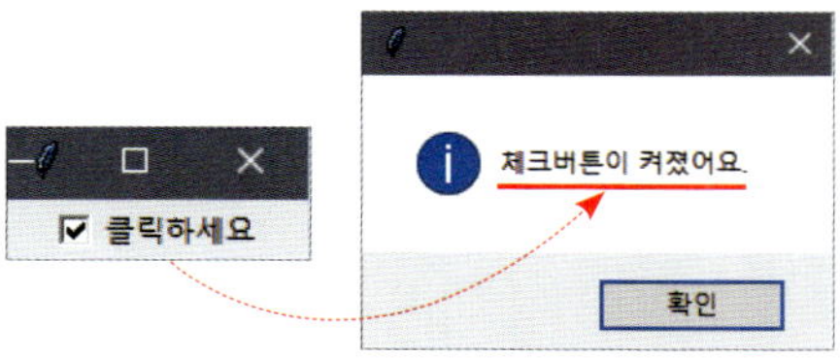

13행에서는 IntVar( ) 함수의 결과를 chk 변수에 저장한다. IntVar( ) 함수는 정수형 타입의 변수를 생성한다. 14행에서는 Checkbutton( )의 옵션 중에서 variable에 chk 변수를 사용하는데, 체크버튼을 켜면 chk에 1을 대입하고, 끄면 chk에 0을 대입한다. 또 체크버튼을 켜거나 끄면 myFunc( ) 함수가 실행되도록 한다. 6~10행의 myFunc( ) 함수는 chk.get( ) 함수로 체크버튼에 설정된 값을 가져와서 메시지를 출력한다.

5 라디오버튼

라디오버튼(Radiobutton)은 여러 개 중에서 하나를 선택하는 데 사용하는 위젯이다. 'Radiobutton(부모윈도, 옵션…)' 형식으로 사용한다.

Code10-08.py

```
1  from tkinter import *
2  window = Tk()
3
4  ## 함수 선언 부분 ##
5  def myFunc() :
6      if var.get() == 1 :
7          label1.configure(text = "파이썬")
8      elif var.get() == 2 :
9          label1.configure(text = "C++")
10     else :
11          label1.configure(text = "Java")
12
13 ## 메인 코드 부분 ##
14 var = IntVar()
15 rb1 = Radiobutton(window, text = "파이썬", variable = var, value = 1, command = myFunc)
16 rb2 = Radiobutton(window, text = "C++", variable = var, value = 2, command = myFunc)
17 rb3 = Radiobutton(window, text = "Java", variable = var, value = 3, command = myFunc)
18
19 label1 = Label(window, text = "선택한 언어 : ", fg = "red")
20
21 rb1.pack()
22 rb2.pack()
23 rb3.pack()
24 label1.pack()
25
26 window.mainloop()
```

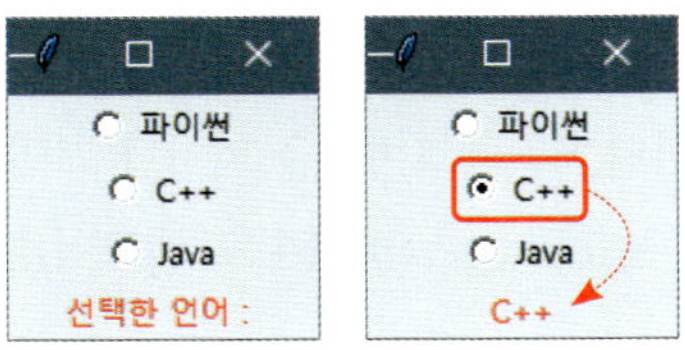

14행에서 정수형 변수 var을 준비한다. 15~17행에서 라디오버튼을 3개 준비한다. 각 라디오버튼을 선택하면 var에는 value에 할당된 값이 들어간다. 즉 rb1 버튼을 선택하면 var에는 1이 대입된다. 5~11행의 myFunc( ) 함수는 var 변수 값으로 맨 아래쪽 레이블의 텍스트를 변경한다. 위젯명.configure(옵션=값)은 해당 위젯의 옵션값을 변경시켜 주는 함수이다. 그러면 즉시 위젯의 값이나 모양이 바뀐다. 현재는 레이블의 글자를 변경시키도록 코딩되어 있다.

SECTION 03

위젯의 배치와 크기 조절

윈도창에 위젯을 여러 개 표시할 때는 그 배치를 잘 고려해야 화면을 효과적으로 표현할 수 있다. 파이썬은 pack()이나 place() 함수를 사용해 위젯을 화면에 출력하며, 기존에 출력된 위젯의 모양을 변경할 때는 configure() 함수를 사용한다. 여기서는 pack() 함수의 다양한 옵션을 이용해 위젯을 배치하는 방법을 알아본다.

1 수평 정렬

pack() 함수의 옵션 중에서 수평으로 정렬하는 방법은 side=LEFT, RIGHT이다. 간단히 코드에서 확인해 보자.

Code10-09.py

```
1  from tkinter import *
2  window = Tk()
3
4  button1 = Button(window, text = "버튼1")
5  button2 = Button(window, text = "버튼2")
6  button3 = Button(window, text = "버튼3")
7
8  button1.pack( side = LEFT )
9  button2.pack( side = LEFT )
10 button3.pack( side = LEFT )
11
12 window.mainloop()
```

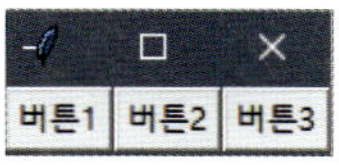

8~10행에서 사용한 side=LEFT 옵션은 왼쪽부터 채우라는 의미이다. 이제 오른쪽부터 채워 보자. 앞에서는 하나씩 표현했지만, 이번에는 리스트와 for 문을 활용한다.

Code10-10.py

```
1  from tkinter import *
2  window = Tk()
3
4  btnList = [None] * 3
5
6  for i in range(0, 3) :
7      btnList[i] = Button(window, text = "버튼" + str(i + 1))
8
9  for btn in btnList :
10     btn.pack( side = RIGHT )
11
12 window.mainloop()
```

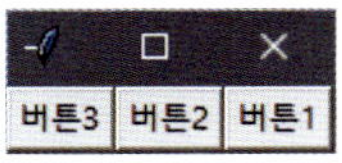

4행에서 비어 있는 리스트를 3개 준비한다. 6~7행에서는 3회 반복하면서 버튼을 생성했다. 9~10행에서는 준비한 버튼 리스트를 화면에 출력한다. 결과를 확인해 보면 오른쪽부터 위젯이 나타날 것이다.

2 수직 정렬

pack() 함수의 옵션 중 수직으로 정렬하는 방법은 side=TOP, BOTTOM이다. Code10-10.py의 10행을 다음과 같이 변경하고 실행해 보자.

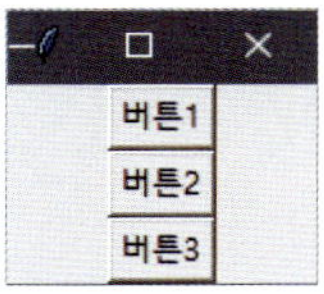


```
btn.pack(side = TOP)
```

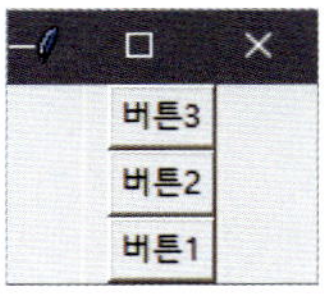


```
btn.pack(side = BOTTOM)
```

3 폭 조정

pack() 함수의 옵션 중에서 윈도창 폭에 맞추는 방법은 fill=X이다. Code10-10.py의 10행을 다음과 같이 변경하고 실행해 보자.

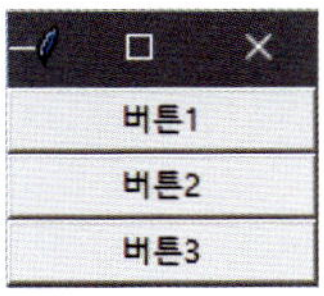


```
btn.pack(side = TOP, fill = X)
```

4 위젯 사이의 여백 조절

pack( ) 함수의 옵션 중에서 위젯 사이에 여백을 주는 방법은 padx=픽셀값 또는 pady=픽셀값이다. Code10-10.py의 10행을 다음과 같이 변경하고 실행해 보자.

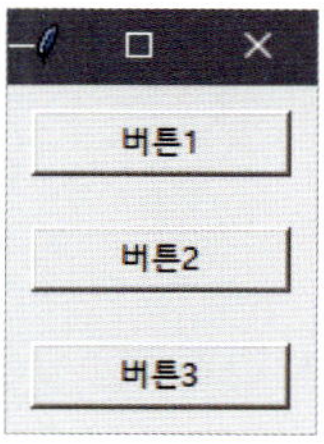


```
btn.pack(side = TOP, fill = X, padx = 10, pady = 10)
```

5 위젯 내부의 여백 조절

pack( ) 함수의 옵션 중에서 위젯 내부에 여백을 주는 방법은 ipadx=픽셀값 또는 ipady=픽셀값이다. Code10-10.py의 10행을 다음과 같이 변경하고 실행해 보자.

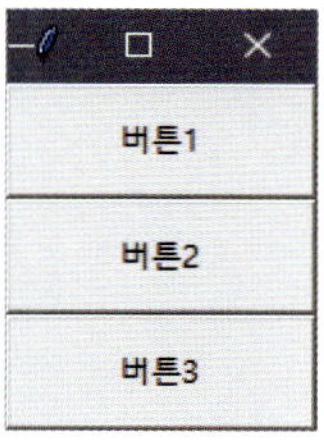


```
btn.pack(side = TOP, fill = X, ipadx = 10, ipady = 10)
```

필요하다면 위젯 내부와 외부에 모두 여백도 줄 수 있다. Code10-10.py의 10행을 다음과 같이 변경하고 실행해 보자.

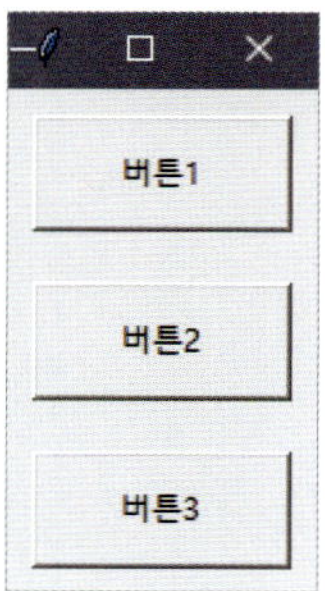


```
btn.pack(side = TOP, fill = X, ipadx = 10, ipady = 10, padx = 10, pady = 10)
```

6 고정 위치에 배치

위젯을 고정 위치에 배치하려면 pack( ) 대신 place( ) 함수를 사용한다. 'place(x=X좌표, y=Y좌표, width=폭, height=높이)' 형식으로 지정할 수 있다. width와 height를 생략하면 위젯의 원래 크기로 표현된다.

다음은 그림 9개를 2차원으로 배치하는 코드이다. 조금 길지만 지금까지 배운 내용을 합친 개념이므로 차근차근 보면서 이해하면 될 것이다. 여기서 사용한 이미지는 이 책의 예제 파일 GIF 폴더에 담겨 있다.

Code10-11.py

```
from tkinter import *

## 전역 변수 선언 부분 ##
btnList = [None] * 9
fnameList = ["honeycomb.gif", "icecream.gif", "jellybean.gif", "kitkat.gif",
        "lollipop.gif", "marshmallow.gif", "nougat.gif", "oreo.gif", "pie.gif"]
photoList = [None] * 9
i, k = 0, 0
xPos, yPos = 0, 0
num = 0

## 메인 코드 부분 ##
window = Tk()
window.geometry("210x210")

for i in range(0, 9) :
    photoList[i] = PhotoImage(file = "gif/" + fnameList[i])
    btnList[i] = Button(window, image = photoList[i])

for i in range(0, 3) :
    for k in range(0, 3) :
        btnList[num].place(x = xPos, y = yPos)
        num += 1
        xPos += 70
    xPos = 0
    yPos += 70

window.mainloop()
```

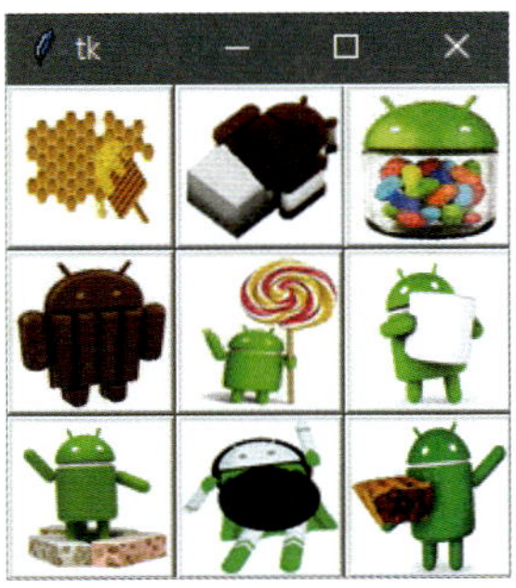

4행에서 버튼을 저장할 9개짜리 리스트를 준비하고, 5행에서 이미지 파일명 9개를 리스트로 준비한다. 6행은 PhotoImage( )로 생성할 9개짜리 리스트이다. 8행의 xPos, yPos는 그림을 출력할 X, Y 좌표로 사용한다. 여기서는 각 그림마다 70픽셀 정도를 증가시켜서 출력할 것이다. 9행의 num은 그림의 순차 번호로 사용하는데, 0부터 8까지 변할 것이고 리스트의 첨자로 사용한다. 15~17행은 9번 반복하면서 버튼을 생성한다. 19~25행은 3×3=9번 반복한다. 바깥 for 문에서는 행이 변하고, 안쪽 for 문에서는 열이 변한다. 결국 이미지 9개를 2차원 형태로 출력한다.

SELF STUDY 10-2

Code10-11.py를 실행할 때마다 그림을 임의로 뒤섞어서 나타내게 하자.

힌트 random 모듈을 임포트하고 shuffle(리스트) 함수를 사용하면 리스트를 임의로 뒤섞어 준다.

7 [프로그램 1]의 완성

지금까지 배운 내용들을 바탕으로 〈이전〉 버튼이나 〈다음〉 버튼을 누르면 사진들을 표시하는 사진 앨범 프로그램을 만들어 보자.

Code10-12.py

```
from tkinter import *
from time import *

## 전역 변수 선언 부분 ##
fnameList = ["jeju1.gif", "jeju2.gif", "jeju3.gif", "jeju4.gif", "jeju5.gif",
             "jeju6.gif", "jeju7.gif", "jeju8.gif", "jeju9.gif"]
photoList = [None] * 9
num = 0

## 함수 선언 부분 ##
def clickNext() :
    global num
    num += 1
    if num > 8 :
```

```
        num = 0
    photo = PhotoImage(file = "gif/" + fnameList[num])
    pLabel.configure(image = photo)
    pLabel.image = photo

def clickPrev() :
    global num
    num -= 1
    if num < 0 :
        num = 8
    photo = PhotoImage(file = "gif/" + fnameList[num])
    pLabel.configure(image = photo)
    pLabel.image = photo

## 메인 코드 부분 ##
window = Tk()
window.geometry("700x500")
window.title("사진 앨범 보기")

btnPrev = Button(window, text = "<< 이전", command = clickPrev)
btnNext = Button(window, text = "다음 >>", command = clickNext)

photo = PhotoImage(file = "gif/" + fnameList[0])
pLabel = Label(window, image = photo)

btnPrev.place(x = 250, y = 10)
btnNext.place(x = 400, y = 10)
pLabel.place(x = 15, y = 50)

window.mainloop()
```

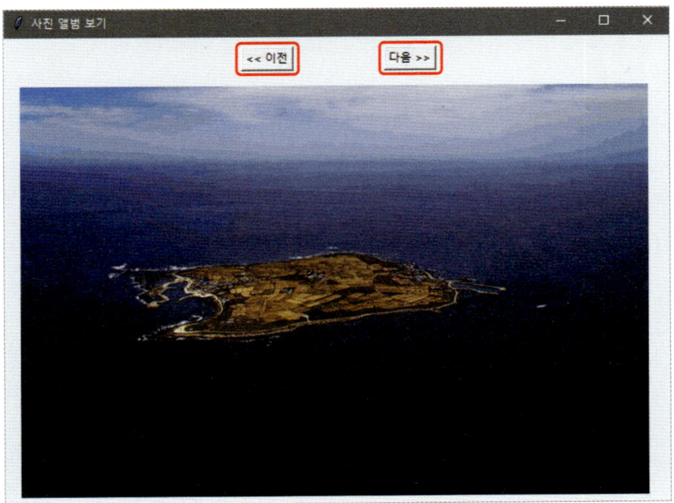

5행의 fnameList 변수에 사진 9장의 파일명을 저장해 놓는다. 그리고 6행의 photoList에는 PhotoImage( ) 함수로 생성할 변수 9개를 준비해 놓는다. 7행의 num은 현재 사진의 번호이다. 즉 0부터 8까지 변한다. 10~17행은 〈다음〉 버튼을 누르면 실행되는 함수이다. 11행의 global num은 num 전역 변수를 함수 안에서 사용하겠다는 의미이다. 다음 사진을 표시해야 하므로 12행에서 사진 번호를 하나 증가시킨다. 13~14행은 사진 번호가 최대 8이므로 8이 넘으면 다시 0번 사진을 표시한다. 즉 마지막 사진에서 〈다음〉 버튼을 누르면 처음 사진을 표시한다. 15~17행은 변경된 사진 번호에 해당하는 이미지 파일로 pLabel을 변경한다. 결국 윈도창의 사진이 변경된다.

19~26행은 〈이전〉 버튼을 누르면 처리되는 함수이다. 33~34행에서 버튼을 누르면 이 함수와 연결된다. 36~37행은 프로그램을 실행한 후 첫 번째 사진을 표시한다. 39~41행은 버튼 및 이미지의 위치를 place(x=좌표, y=좌표)로 지정한다. place( )는 절대 위치에 위젯을 위치시킬 때 사용한다.

SELF STUDY 10-3

Code10-12.py를 수정해서 버튼 사이에 파일명을 표시해 보자.

SECTION 04

키보드와 마우스 이벤트 처리

키보드나 마우스를 누르는 것을 이벤트(Event)라고 한다. 윈도 프로그램의 mainloop() 함수는 이런 이벤트가 발생하는 것을 기다리는 함수이다. 앞에서는 키보드나 마우스 이벤트를 처리하지 않았지만, 이번에는 키보드, 마우스 이벤트를 처리하는 프로그램을 만들어 본다.

1 마우스 이벤트 기본 처리

마우스 이벤트는 마우스를 클릭할 때, 드래그할 때, 눌렀던 버튼을 뗄 때 등 다양하게 발생할 수 있다. 마우스 버튼도 3개이므로 다양한 이벤트를 처리할 수 있다. 다음 표는 마우스 관련 이벤트를 정리한 것이다. 버튼이 2개인 마우스는 가운데 버튼 대신 스크롤 버튼을 누른다.

표 10-1 마우스 이벤트

마우스 작동	마우스 버튼	이벤트 코드
클릭할 때	모든 버튼 공통	〈Button〉
	왼쪽 버튼	〈Button-1〉
	가운데 버튼	〈Button-2〉
	오른쪽 버튼	〈Button-3〉
떼었을 때	모든 버튼 공통	〈ButtonRelease〉
	왼쪽 버튼	〈ButtonRelease-1〉
	가운데 버튼	〈ButtonRelease-2〉
	오른쪽 버튼	〈ButtonRelease-3〉
더블클릭할 때	모든 버튼 공통	〈Double-Button〉
	왼쪽 버튼	〈Double-Button-1〉
	가운데 버튼	〈Double-Button-2〉
	오른쪽 버튼	〈Double-Button-3〉
드래그할 때	왼쪽 버튼	〈B1-Motion〉
	가운데 버튼	〈B2-Motion〉
	오른쪽 버튼	〈B3-Motion〉
마우스 커서가 위젯 위로 올라왔을 때		〈Enter〉
마우스 커서가 위젯에서 떠났을 때		〈Leave〉

〈Button〉은 모든 마우스 버튼을 클릭할 때 공통으로 발생하는 이벤트이다. 특별히 왼쪽 버튼을 클릭했을 때는 〈Button−1〉 이벤트를 사용하고, 가운데 버튼을 클릭했을 때는 〈Button−2〉 이벤트를 사용하며, 오른쪽 버튼을 클릭했을 때는 〈Button−3〉 이벤트를 사용한다. 다른 마우스도 비슷한 방식으로 작동된다. 단 드래그는 공통의 이벤트 코드가 없으며, 각 버튼에 대한 이벤트 코드만 있다.

마우스 이벤트가 처리되는 형식을 먼저 살펴보자.

```
def 이벤트처리함수(event) :
    # 이 부분에 마우스 이벤트가 발생할 때 작동할 내용 작성

위젯.bind("마우스이벤트", 이벤트처리함수)
```

먼저 마우스 이벤트가 발생했을 때 처리할 함수를 만들어 놓아야 한다. 함수명은 마음대로 짓는다. 이 함수는 event 매개변수를 받는데, 그냥 함수의 괄호 안에 event라고 입력하면 된다(event 외에 다른 이름을 사용해도 된다).

메인 코드 부분에서는 이벤트를 처리할 위젯에 bind( ) 함수를 사용할 마우스 이벤트와 이벤트가 발생할 때 작동할 함수명을 입력한다. 다음은 마우스 왼쪽 버튼을 클릭했을 때 처리하는 방법을 보여 주는 간단한 코드이다.

Code10-13.py

```
from tkinter import *
from tkinter import messagebox

## 함수 선언 부분 ##
def clickLeft(event) :
    messagebox.showinfo("마우스", "마우스 왼쪽 버튼이 클릭됨")

## 메인 코드 부분 ##
window = Tk()

window.bind("<Button-1>", clickLeft)

window.mainloop()
```

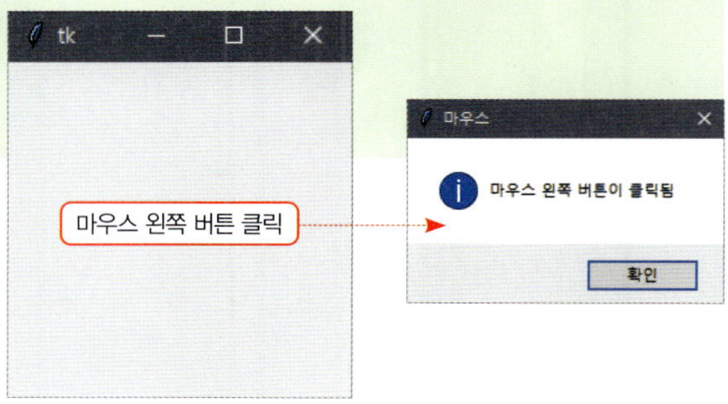

5~6행에 마우스 이벤트가 발생할 때 작동할 함수를 정의한다. 함수명은 clickLeft(event)로 임의로 만들었다. 11행에서 window.bind( ) 함수에는 마우스 왼쪽 버튼을 클릭할 때 발생하는 이벤트인 〈Button-1〉을 설정하고 5행의 clickLeft 함수명을 지정한다.

11행에서 지금은 윈도창을 의미하는 window 변수를 사용했으므로 윈도창 아무 곳이나 클릭해도 bind( ) 함수가 작동한다. 필요하다면 다음 코드처럼 지정된 위젯을 클릭했을 때 해당 함수가 호출되도록 할 수도 있다.

Code10-14.py

```
from tkinter import *
from tkinter import messagebox

## 함수 선언 부분 ##
def clickImage(event) :
    messagebox.showinfo("마우스", "토끼에서 마우스가 클릭됨")

## 메인 코드 부분 ##
window = Tk()
window.geometry("400x400")

photo = PhotoImage(file = "gif/rabbit.gif")
label1 = Label(window, image = photo)

label1.bind("<Button>", clickImage)

label1.pack(expand = 1, anchor = CENTER)
window.mainloop()
```

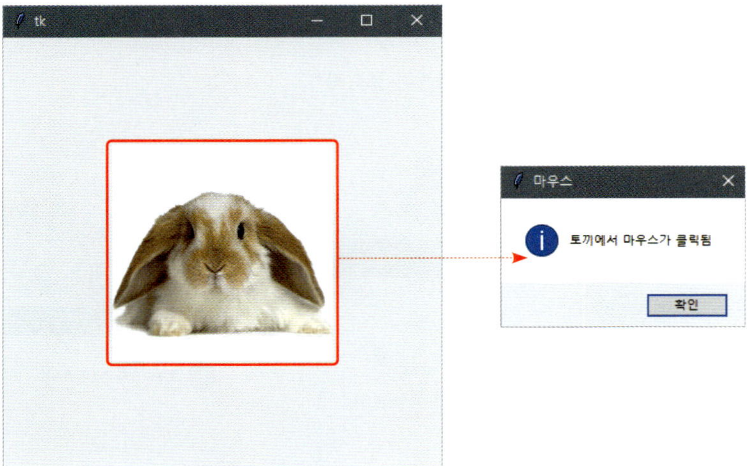

Code10-14.py는 이미지를 클릭할 때만 이벤트가 처리된다. 15행에서 window.bind( )가 아닌 label1.bind( )를 사용했기 때문이다. 또 〈Button〉 이벤트를 사용했기 때문에 어떤 마우스 버튼을 눌러도 메시지창을 표시한다.

2 event 매개변수를 활용한 마우스 이벤트 처리

Code10-13.py나 Code10-14.py의 5행에서 정의한 이벤트 처리 함수는 모두 event 매개변수를 넘겨받는다. 이 매개변수에는 클릭한 위치의 좌표(x, y), 마우스 버튼의 번호(num) 등과 같은 마우스와 관련된 다양한 정보가 포함된다.

다음은 마우스를 클릭할 때마다 어떤 마우스가 클릭되었는지 보여 주고 클릭한 좌표를 출력하는 코드이다.

Code10-15.py

```
from tkinter import *

## 함수 선언 부분 ##
def clickMouse( event ) :
    txt = ""
    if event.num == 1 :
        txt += "마우스 왼쪽 버튼이 ("
    elif event.num == 3 :
        txt += "마우스 오른쪽 버튼이 ("

    txt += str( event.y ) + "," + str( event.x ) + ")에서 클릭됨"
    label1.configure(text = txt)

## 메인 코드 부분 ##
window = Tk()
window.geometry("400x400")

label1 = Label(window, text = "이곳이 바뀜")

window.bind("<Button>", clickMouse)

label1.pack(expand = 1, anchor = CENTER)
window.mainloop()
```

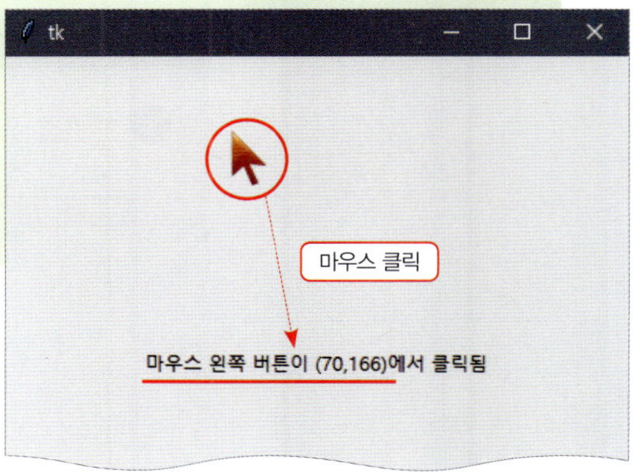

4~12행에 마우스를 클릭할 때 실행될 이벤트 함수를 선언한다. 그리고 20행에서 마우스를 클릭하면 이 함수를 호출한다. 6~9행의 event.num값은 마우스 왼쪽 버튼을 클릭했을 때 1값을 가지고, 마우스 오른쪽 버튼을 클릭했을 때 3값을 가진다. 11행의 event.x와 event.y는 클릭한 위치의 좌표를 가진다. 윈도창의 왼쪽 위 좌표는 (0, 0)으로 시작하며, 가로축을 y, 세로축을 x로 취급하기 때문에 11행에서 x와 y의 차례를 바꿔서 문자열을 만든다. 12행은 18행에서 화면에 표시한 레이블의 글자를 변경시켜 준다. 결국 마우스를 클릭할 때마다 어느 버튼을 클릭했는지와 클릭한 좌표가 화면에 출력되는 것이다.

3 키보드 이벤트 기본 처리

키보드 이벤트는 위젯에서 키보드가 눌리면 발생하는 이벤트이다. 대표적인 키보드 관련 이벤트는 〈Key〉이다. 즉 키보드가 눌리면 〈Key〉 이벤트가 발생되고, 어떤 키를 눌렀는지 알려면 event 매개변수의 keycode값을 확인한다. 다음 코드로 쉽게 확인할 수 있다.

Code10-16.py

```
from tkinter import *
from tkinter import messagebox

## 함수 선언 부분 ##
def keyEvent(event) :
    messagebox.showinfo("키보드 이벤트", "눌린 키 : " + chr( event.keycode ))

## 메인 코드 부분 ##
window = Tk()

window.bind( "<Key>" , keyEvent)

window.mainloop()
```

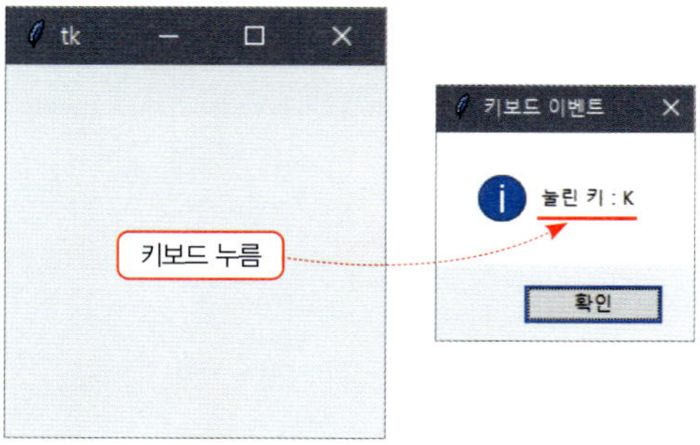

5~6행에서 키보드가 눌릴 때 작동하는 함수를 선언한다. event.keycode에는 눌려진 키의 숫자 값이 들어 있으므로 chr( ) 함수를 사용하면 문자로 변환된다. 결국 눌린 키가 무엇인지 메시지창에 표시된다. 11행에서는 〈Key〉 이벤트를 윈도창에 사용한다.

특수 키나 다양한 키보드에 대해 별도로 처리하려면 다음과 같은 이벤트를 사용하면 된다.

표 10-2 키보드 이벤트

키보드 작동	이벤트 코드
모든 키를 누를 때	〈Key〉
특수 키를 누를 때	〈Return〉, 〈BackSpace〉, 〈Tab〉, 〈Shift_L〉, 〈Control_L〉, 〈Alt_L〉, 〈Pause〉, 〈Caps_Lock〉, 〈Escape〉, 〈End〉, 〈Home〉, 〈Left〉, 〈Right〉, 〈Up〉, 〈Down〉, 〈Num_Lock〉, 〈Delete〉, 〈F1〉~〈F12〉 등
일반 키를 누를 때	a~z, A~Z, 0~9, 〈space〉, 〈less〉
화살표 키와 조합	〈Shift-Up〉, 〈Shift-Down〉, 〈Shift-Left〉, 〈Shift-Right〉 등

예로 Enter를 처리하려면 Code10-16.py의 11행에서 〈Key〉 대신 〈Return〉을 사용한다. 또 대·소문자 등도 구분해서 처리할 수 있다. 예로 소문자 r은 〈Key〉 대신에 r을 사용해 처리한다. 일반 키를 누를 때 SpaceBar는 〈Space〉로, 〈는 〈less〉로 사용해야 한다는 것에 주의한다.

SELF STUDY 10-4

Code10-16.py를 수정해서 Shift+화살표 키를 누르면 화살표 키가 출력되도록 해 보자.

힌트1 이벤트 코드는 [표 10-2]를 참고한다.

힌트2 위젯.bind("이벤트", 함수) 코드를 한 위젯에 여러 개 작성해도 된다.

힌트3 화살표 키의 코드는 왼쪽 37, 위쪽 38, 오른쪽 39, 아래쪽 40이다.

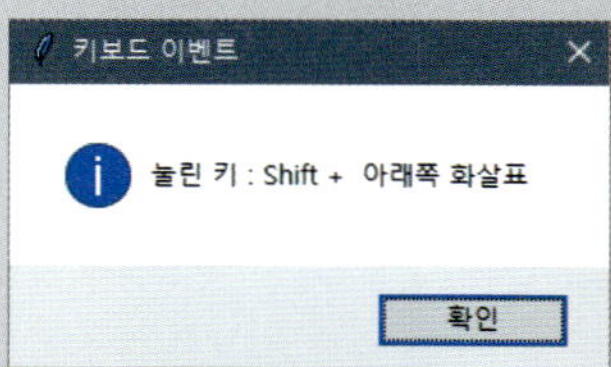

SECTION 05 메뉴와 대화상자

앞에서 윈도 프로그램을 작성해 보았다. 실무에서 사용하는 많은 프로그램은 윈도창뿐만 아니라 상단에 메뉴를 추가해서 사용한다. 또 메뉴를 선택하면 그 아래에 하위 메뉴가 나타나고, 하위 메뉴 중 하나를 선택하면 비로소 어떤 작업이 실행된다. 예를 들어 [파일]–[열기] 메뉴를 선택하면 파일을 선택하는 대화상자가 열린다. 먼저 메뉴를 만들고 활용하는 방법에 대해 알아본다.

1 메뉴의 생성

기본 윈도창에 메뉴를 추가해 보자. 간단한 예로 메뉴를 구성하는 개념과 형식은 다음과 같다.

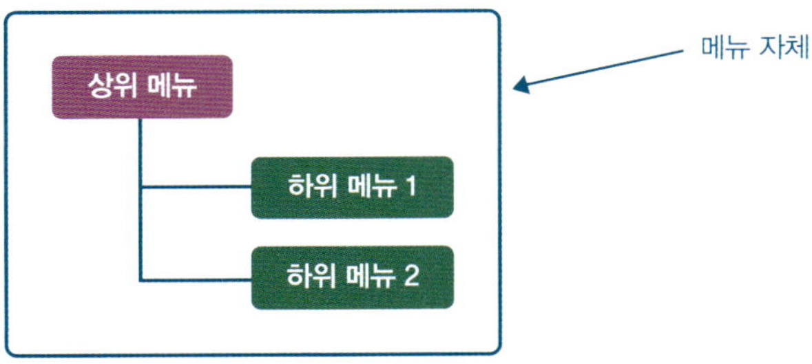

그림 10-1 메뉴 구성의 개념도

```
메뉴자체 = Menu(부모윈도)
부모윈도.config(menu = 메뉴자체)

상위메뉴 = Menu(메뉴자체)
메뉴자체.add_cascade(label = "상위메뉴텍스트", menu = 상위메뉴)
상위메뉴.add_command(label = "하위메뉴1", command = 함수1)
상위메뉴.add_command(label = "하위메뉴2", command = 함수2)
```

메뉴는 대부분 이런 형태로 구성된다. [파일] 메뉴 아래에 [열기]와 [종료] 하위 메뉴가 있는 코드를 실제로 작성해 보자. 먼저 메뉴의 겉모양만 생성한다.

Code10-17.py

```
1  from tkinter import *
2
3  window = Tk()
4
5  mainMenu = Menu(window)
6  window.config(menu = mainMenu)
7
8  fileMenu = Menu(mainMenu)
9  mainMenu.add_cascade(label = "파일", menu = fileMenu)
10 fileMenu.add_command(label = "열기")
11 fileMenu.add_separator()
12 fileMenu.add_command(label = "종료")
13
14 window.mainloop()
```

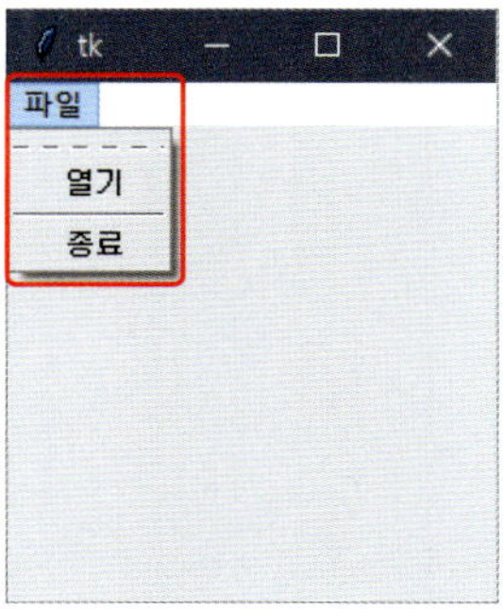

5행에서 Menu(부모윈도)로 mainMenu 변수를 생성한다. mainMenu는 [그림 10-1]의 '메뉴 자체'를 나타내는 변수이다. 6행에서는 생성한 메뉴 자체를 윈도창의 메뉴로 지정한다. 8~9행에서 상위 메뉴인 [파일]을 생성하고, 메뉴 자체에 붙인다. [파일] 메뉴는 선택하고 끝나는 것이 아니라, 그 아래에 다른 메뉴가 확장되어야 하므로 add_cascade( ) 함수를 사용한다. 10행에서는 [파일] 메뉴의 하위에 [열기] 메뉴를 준비한다. [열기] 메뉴는 선택할 때 어떤 작동을 해야 하므로, add_command( ) 함수를 사용한다. 11행은 메뉴 사이에 구분선을 넣고, 12행도 같은 방식으로 하위 메뉴를 생성한다.

TIP • 메뉴의 [열기] 위쪽 점선을 보이지 않게 하려면 8행을 다음과 같이 수정하면 된다.

```
fileMenu=Menu(mainMenu, tearoff=0)
```

Code10-17.py는 메뉴의 겉모양만 있을 뿐 선택해도 작동은 하지 않는다. 이번에는 메뉴를 선택하면 작동할 수 있도록 코드를 추가한다.

Code10-18.py

```
 1 from tkinter import *
 2 from tkinter import messagebox
 3
 4 ## 함수 선언 부분 ##
 5 def func_open() :
 6     messagebox.showinfo("메뉴선택", "열기 메뉴를 선택함")
 7
 8 def func_exit() :
 9     window.quit()
10     window.destroy()
11
12 ## 메인 코드 부분 ##
13 window = Tk()
14
15 mainMenu = Menu(window)
16 window.config(menu = mainMenu)
17
18 fileMenu = Menu(mainMenu)
19 mainMenu.add_cascade(label = "파일", menu = fileMenu)
20 fileMenu.add_command(label = "열기", command = func_open)
21 fileMenu.add_separator()
22 fileMenu.add_command(label = "종료", command = func_exit)
23
24 window.mainloop()
```

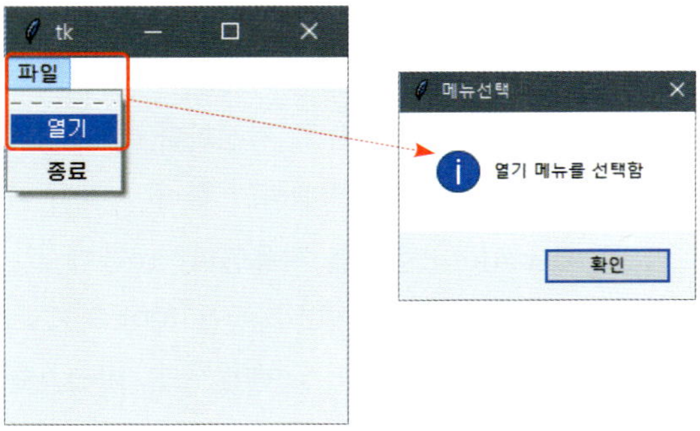

20행에서는 [열기] 메뉴를 선택하면 무언가 작동을 해야 하므로 add_command( ) 함수를 사용한다. 그리고 선택할 때 실행될 함수명을 command값으로 사용한다. 즉 [파일] 메뉴를 선택하면 하위 메뉴가 확장되고, [열기] 메뉴를 선택하면 5행의 func_open( ) 함수가 실행된다. 22행도 같은 방식으로 하위 메뉴를 생성한다. 5~6행에서는 [열기] 메뉴를 선택하면 간단한 메시지창이 열리고, 8~10행에서는 [종료] 메뉴를 선택하면 프로그램이 종료된다.

2 대화상자의 생성과 사용

파이썬은 대화상자를 몇 개 제공한다. 기본적인 메시지창을 표시하는 messagebox.showinfo( )는 앞에서 사용했었다. 이외에도 숫자나 문자를 입력받을 수 있도록 tkinter.simpledialog 모듈을 임포트한 후 askinteger( ) 및 askstring( ) 함수 등을 사용할 수 있다. 간단한 코드로 확인해 보자.

Code10-19.py

```
1  from tkinter import *
2  from tkinter.simpledialog import *
3
4  ## 함수 선언 부분 ##
5  window = Tk()
6  window.geometry("400x100")
7
8  label1 = Label(window, text = "입력된 값")
9  label1.pack()
10
11 value = askinteger("확대배수", "주사위 숫자(1~6)을 입력하세요", minvalue = 1, maxvalue = 6)
12
13 label1.configure(text = str(value))
14 window.mainloop()
```

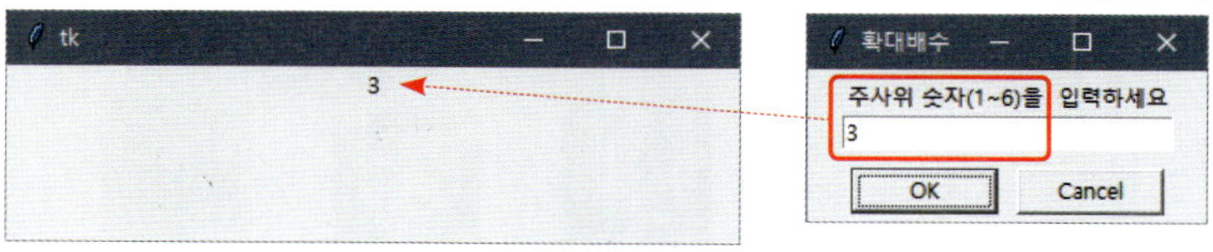

입력창을 사용하기 위해 2행에서 tkinter.simpledialog 모듈을 임포트한다. 8~9행에서는 레이블을 하나 준비한다. 11행에서 askinteger("제목", "내용", 옵션) 함수로 정수를 입력받는다. 옵션 중에 minvalue는 최소 값이고, maxvalue는 최대 값이다. 이 값을 벗어나서 입력하면 경고창을 표시하며 입력되지 않는다. 13행에서는 입력받은 숫자를 문자열로 변경해서 레이블에 표시한다. 실수를 입력받으려면 askfloat( ) 함수를 사용하고, 문자열을 입력받으려면 askstring( ) 함수를 사용한다.

파일을 열거나 저장할 때 표시하는 대화상자도 있다. tkinter.filedialog 모듈을 임포트한 후 askopenfilename( )이나 asksaveasfile( ) 함수를 사용하면 된다.

Code10-20.py는 그림 파일인 GIF 파일을 선택하는 코드이다. 코드로 사용 방법을 확인해 보자.

Code10-20.py

```
1  from tkinter import *
2  from tkinter.filedialog import *
3
4  ## 함수 선언 부분 ##
5  window = Tk()
6  window.geometry("400x100")
7
8  label1 = Label(window, text = "선택된 파일 이름")
9  label1.pack()
10
11  filename = askopenfilename(parent = window, filetypes = (("GIF 파일", "*.gif"),
              ("모든 파일", "*.*")))
12
13  label1.configure(text = str(filename))
14
15  window.mainloop()
```

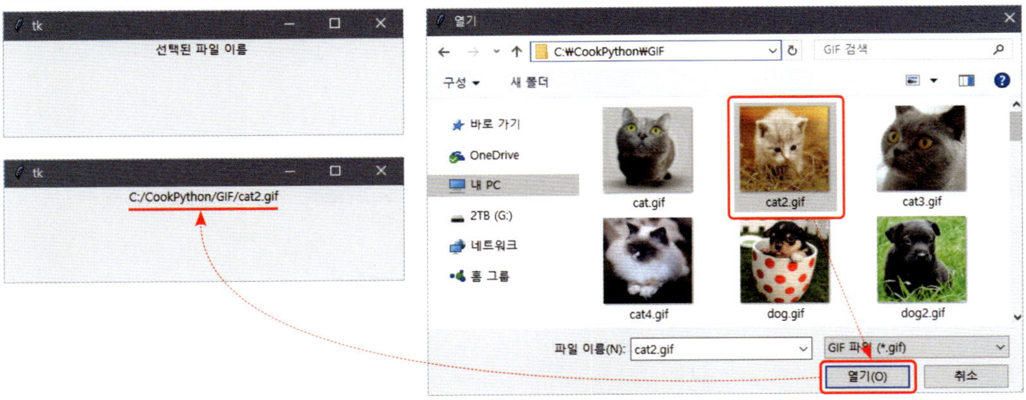

Code10-20.py는 Code10-19.py의 2행과 11행만 변경한 것이다. 2행에서는 tkinter.filedialog 모듈을 임포트하고, 11행에서는 askopenfilename( ) 함수를 사용한다. 함수의 매개변수 중 parent에는 부모 윈도를 지정한다. 관심있게 볼 것은 filetypes인데, 값으로 튜플을 받는다. 그리고 각 튜플 안에는 다시 ("표시할글자", "확장명") 형식의 튜플로 구성된다. 11행의 첫 번째 값은 ("GIF 파일", "*.gif")이다. 그래서 실행 화면에서 오른쪽 아래를 보면 현재 GIF 파일만 표시되고 있다. 이 부분을 클릭해서 '모든 파일'을 선택하면 모든 파일을 볼 수 있다. askopenfilename( ) 함수는 경로를 포함해서 선택한 파일의 파일명을 반환한다. 그리고 13행에서 filename을 출력한다.

파일을 저장하는 대화상자는 매개변수가 약간 다르다. Code10-20.py의 11~13행을 다음과 같이 변경하고 실행해 보자.

Code10-21.py

```
11  saveFp = asksaveasfile(parent = window, mode = "w", defaultextension = ".jpg",
            filetypes = (("JPG 파일", "*.jpg;*.jpeg"), ("모든 파일", "*.*")))
12  label1.configure(text = saveFp)
13  saveFp.close()
```

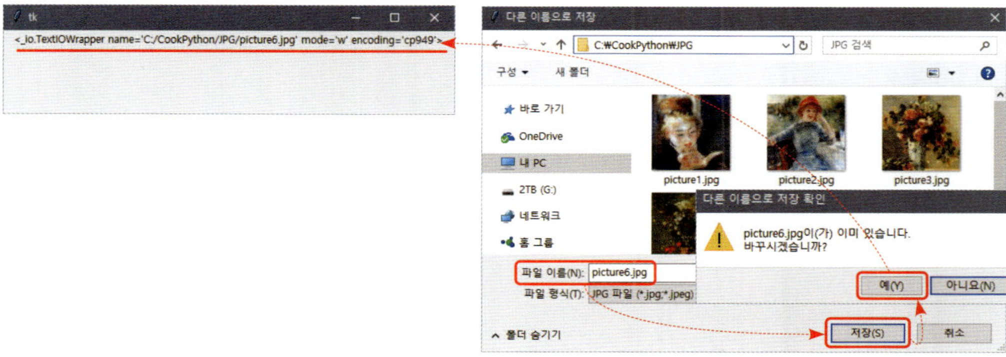

Code10-21.py를 실행하면 [다른 이름으로 저장] 대화상자가 열린다. 그리고 기존에 있는 파일명을 입력하고 〈저장〉 버튼을 누르면 기존 파일을 바꿀 것인지 묻는 메시지창을 표시한다. 주의할 점은 askopenfilename( ) 함수는 파일 경로와 파일명 문자열만 반환하지만, asksaveasfile( ) 함수는 다른 정보도 함께 반환한다는 것이다. 반환된 값 중에서 name과 관련된 것이 새로 저장할 파일명이 들어 있는 부분이다.

TIP • 파일을 바꾸면 기존 파일(여기서는 picture6.jpg)은 0바이트짜리 파일로 변경된다. 즉 파일이 없어지므로 중요한 파일의 경우 주의해야 한다.

11행에서 asksaveasfile( ) 함수의 매개변수 중 mode="w"는 쓰기 모드라는 의미이다. 그리고 defaultextension=".jpg"는 특별히 확장명을 지정하지 않으면 확장명을 jpg로 붙인다는 의미이다. 12행에서 saveFp는 자체를 text에 대입시켜서 출력한다. 13행에서는 파일을 닫는다. 13행이 실행된 이후에는 파일의 기록이 완료된다.

3 [프로그램 2]의 완성

명화 감상 프로그램은 실행 결과처럼 메뉴 처리와 파일 처리가 핵심이다. 나머지는 이미 배운 내용들을 다시 반복하는 것뿐이다. 파일을 선택하는 대화상자도 사용할 것이다. 이번에도 PhotoImage( ) 함수를 활용할 것인데, 이 함수는 GIF 파일만 열 수 있으므로 여기서도 GIF 파일만 사용한다. GIF 외의 이미지를 처리하는 방법은 14장에서 배운다.

Code10-22.py

```python
from tkinter import *
from tkinter.filedialog import *

## 함수 선언 부분 ##
def func_open() :
    filename = askopenfilename(parent = window, filetypes = (("GIF 파일", "*.gif"), ("모든 파일", "*.*")))
    photo = PhotoImage(file = filename)
    pLabel.configure(image = photo)
    pLabel.image = photo

def func_exit() :
    window.quit()
    window.destroy()

## 메인 코드 부분 ##
window = Tk()
window.geometry("500x500")
window.title("명화 감상하기")

photo = PhotoImage()
pLabel = Label(window, image = photo)
pLabel.pack(expand = 1, anchor = CENTER)

mainMenu = Menu(window)
window.config(menu = mainMenu)
fileMenu = Menu(mainMenu)
mainMenu.add_cascade(label = "파일", menu = fileMenu)
fileMenu.add_command(label = "파일 열기", command = func_open)
fileMenu.add_separator()
fileMenu.add_command(label = "프로그램 종료", command = func_exit)

window.mainloop()
```

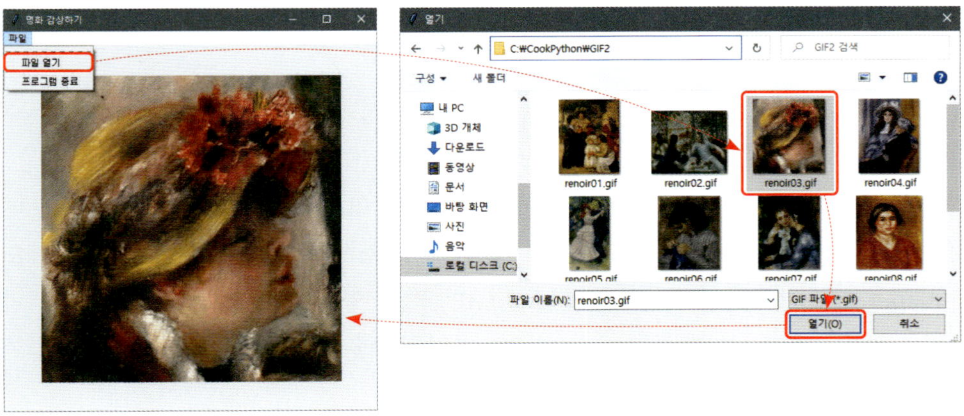

20~22행에서 선택한 GIF 그림을 윈도창에 출력하려고 레이블을 준비한다. 처음 실행되면 선택한 그림이 없으므로 20행에서 PhotoImage( )에 별도의 매개변수 없이 빈 그림만 준비한 것이다. 24~30행에서 준비하는 메뉴는 앞에서 실습한 내용과 동일하다.

5~9행은 [파일 열기] 메뉴를 선택하면 실행되는 함수이다. 앞에서 배운 askopenfilename( ) 함수로 파일을 선택한 후 선택한 파일명을 7행에서 PhotoImage( ) 함수로 처리한다. 8~9행에서는 레이블에 이미지를 표시한다. 결국 [파일] 대화상자에서 선택한 이미지가 화면에 나타나는 명화 감상 프로그램으로 작동하는 것이다.

SELF STUDY 10-5

심화문제 Code10-22.py를 수정해서 이미지가 회색 영상(Grayscale Image)으로 보이도록 하자.

힌트1 이미지 크기는 photo.width( )와 photo.height( )로 알아낸다.

힌트2 각 픽셀의 색상값은 photo.get(x위치, y위치)로 알아낸다. 반환값은 (red, green, blue) 형식의 튜플이다.

힌트3 색상을 회색(Gray)값으로 하려면 (red+green+blue)/3으로 처리한다.

힌트4 이미지의 픽셀값을 변경하려면 다음 코드를 사용한다.

```
photo.put("#%02x%02x%02x" % (회색값, 회색값, 회색값), (X위치, y위치))
```

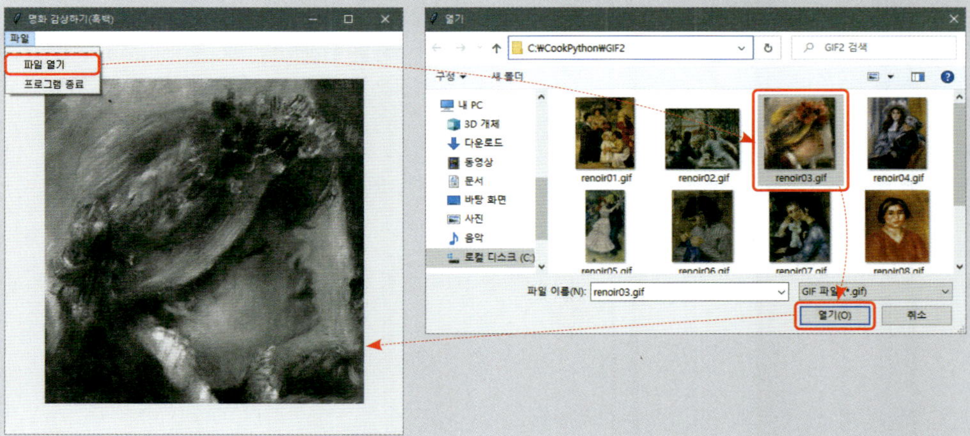

요약

1 위젯(Widget)은 윈도창에 나타내는 문자, 버튼, 체크박스, 라디오버튼 등을 의미한다.

2 tkinter는 파이썬에서 GUI 관련 모듈을 제공하는 표준 윈도 라이브러리이다.

3 레이블(Label)은 문자를 표현할 수 있는 위젯이다. 'Label(부모윈도, 옵션…)' 형식으로 사용한다.

4 버튼(Button)은 마우스로 클릭하면 눌리는 효과와 함께 지정한 작업이 실행되도록 하는 위젯이다. 'Button(부모윈도, 옵션…)' 형식으로 사용하고, command 옵션은 눌렀을 때 어떤 작업을 처리할 수 있다.

5 체크버튼(Checkbutton)은 켜고 끄는 데 사용하는 위젯이다. 'Checkbutton(부모윈도, 옵션…)' 형식으로 사용한다.

6 라디오버튼(Radiobutton)은 여러 개 중에서 하나를 선택하는 위젯이다. 'Radiobutton(부모윈도, 옵션…)' 형식으로 사용한다.

7 pack( ) 함수의 옵션 중에서 정렬하는 방법은 side=LEFT, RIGHT, TOP, BOTTOM이다.

8 pack( ) 함수의 옵션 중에서 여백을 주는 방법은 padx=픽셀값 또는 pady=픽셀값, ipadx=픽셀값, ipady=픽셀값이다.

9 위젯을 고정 위치에 배치하려면 pack( ) 대신 place( ) 함수를 사용한다. 'place(x=X좌표, y=Y좌표, width=폭, height=높이)' 형식으로 지정할 수 있다.

10 키보드 및 마우스를 누르는 것을 이벤트(Event)라고 한다. 윈도 프로그램의 mainloop( )는 이런 이벤트가 발생하는 것을 기다리는 함수이다.

11 〈Button〉 이벤트는 모든 마우스 버튼을 클릭할 때 공통으로 발생한다. 특별히 마우스 왼쪽 버튼을 클릭했을 때는 〈Button-1〉 이벤트를 사용하고, 가운데 버튼을 클릭했을 때는 〈Button-2〉 이벤트를 사용하며, 오른쪽 버튼을 클릭했을 때는 〈Button-3〉 이벤트를 사용한다.

12 event 매개변수에는 클릭한 위치의 좌표(x, y), 마우스 버튼의 번호(num) 등과 같이 마우스와 관련된 다양한 정보가 포함된다.

13 키보드 이벤트는 위젯에서 키보드가 눌리면 발생한다. 대표적인 키보드 관련 이벤트는 〈Key〉이다. 즉 키보드가 눌리면 〈Key〉 이벤트가 발생되고, 어떤 키를 눌렀는지 알려면 event 매개변수의 keycode 값을 확인한다.

14 메뉴를 만드는 형식은 다음과 같다.

```
메뉴자체 = Menu(부모윈도)
부모윈도.config(menu = 메뉴자체)

상위메뉴 = Menu(메뉴자체)
메뉴자체.add_cascade(label = "상위메뉴텍스트", menu = 상위메뉴)
상위메뉴.add_command(label = "하위메뉴1", command = 함수1)
상위메뉴.add_command(label = "하위메뉴2", command = 함수2)
```

15 숫자나 문자를 입력받으려면 tkinter.simpledialog 모듈을 임포트한 후 askinteger(), askfloat(), askstring( ) 함수 등을 사용한다.

16 파일을 열거나 저장할 때 나타나는 대화상자도 있다. 먼저 tkinter.filedialog 모듈을 임포트한 후 askopenfilename( ) 또는 asksaveasfile( ) 함수를 사용한다.

연습문제

1 다음 중 tkinter를 사용하여 기본 윈도창을 생성하는 올바른 코드 조합을 고르세요.

① import tkinter → tkinter.Window() → mainloop()

② from tkinter import * → window = Tk() → window.mainloop()

③ import tk → window = tk.Tk() → window.run()

④ from Tkinter import all → window = Tkinter() → window.display()

2 Label 위젯을 사용하여 글자색을 빨간색으로 설정하려면 어떤 옵션을 사용해야 하는지 고르세요.

① `fg="red"` ② `color="red"`

③ `background="red"` ④ `textcolor="red"`

3 다음 중 tkinter에서 여러 개의 버튼을 수직으로 배치하는 방법을 고르세요.

① `pack(side=LEFT)` ② `pack(side=RIGHT)`

③ `pack(side=TOP)` ④ `pack(side=BOTTOM)`

4 다음 코드에서 키보드 이벤트를 처리할 때 빈 곳에 넣을 것으로 적당한 것을 고르세요.

```
window.bind("<Key>", [          ])
```

① `keypress` ② `keyEvent`

③ `onkeypress` ④ 이벤트를 처리할 함수명

5 다음 코드는 오류가 발생합니다. 그 이유를 간단히 쓰세요.

```
from tkinter import *

window = Tk()
photo = PhotoImage(file="image.png")
label = Label(window, image=photo)
label.pack()
window.mainloop()
```

6 다음 코드에서 클릭한 마우스 위치를 출력하는 올바른 방법을 고르세요.

```
def clickMouse(event):
    print(                    )
```

① event.xy

② event.get_position()

③ event.x, event.y

④ event.position()

7 다음은 눌린 키를 알려주는 코드입니다. 빈 곳을 채우세요.

```
def myEvent(e):
    messagebox.showinfo("키보드 이벤트", "눌린 키: " + [    ❶    ])

window = Tk()
[    ❷    ]
window.mainloop()
```

8 다음 중 메뉴를 추가할 때 사용하는 메서드를 고르세요.

① add_item

② add_cascade

③ add_menu

④ append_menu

9 Radiobutton 위젯을 사용할 때 여러 개의 버튼이 동일한 그룹으로 동작하게 하려면 어떤 옵션을 사용해야 하는지 고르세요.

① value

② variable

③ group

④ option

연습문제

IT@COOKBOOK

10 심화문제 본문에서 다룬 [프로그램2]에 다음 기능을 추가하세요.

- PageUp 키를 누르면 1.2배씩 확대
- PageDown 키를 누르면 1.2배씩 축소
- 화살표 키를 누르면 이미지가 이동

힌트1 PhotoImage의 확대 및 축소는 다음과 같이 함수를 활용한다.

```
photo = photo.zoom(12, 12).subsample(10, 10)  # 1.2배 확대
photo = photo.zoom(10, 10).subsample(12, 12)  # 1.2배 축소
```

힌트2 PageUp 키의 이벤트는 〈Prior〉, PageDown 키의 이벤트는 〈Next〉다.

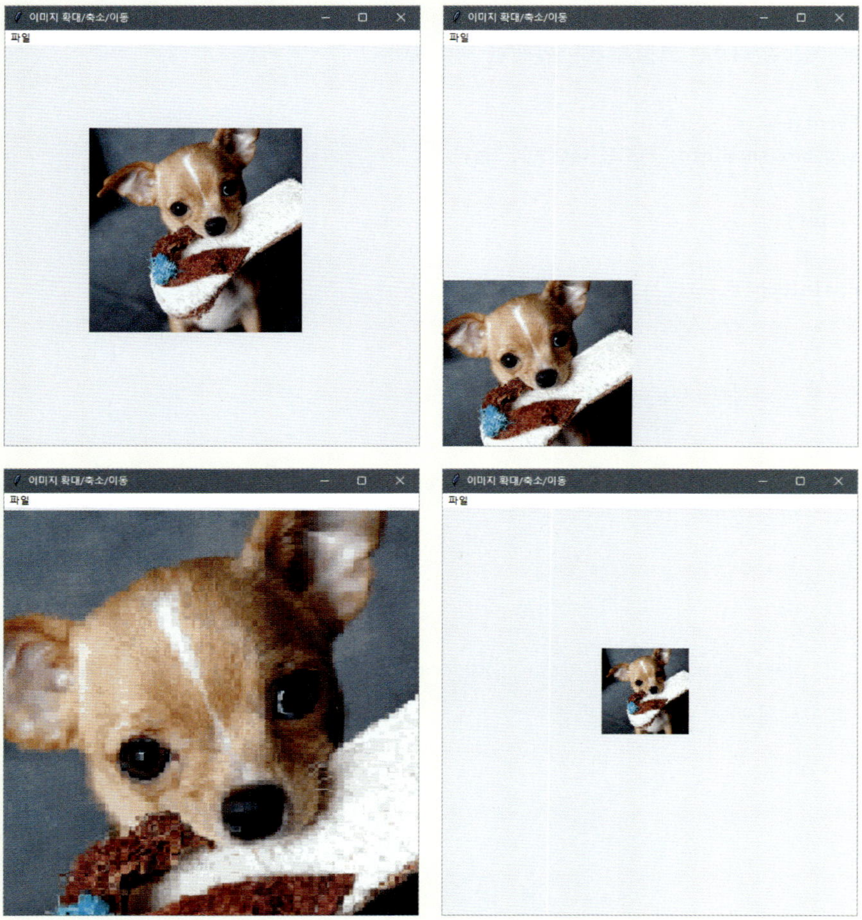

응용예제 01

좋아하는 동물 투표하기

난이도★★☆☆☆

예제 설명 이 프로그램은 지금까지 배운 위젯을 모두 활용한다. 레이블, 라디오버튼, 버튼, 이미지를 모두 활용해서 좋아하는 동물 투표 프로그램을 만들어 보자. 앞에서 배운 내용들을 활용하므로 별로 어렵지는 않을 것이다. 실행 결과에서 볼 수 있듯이 사용 방법은 간단하다.

실행 결과

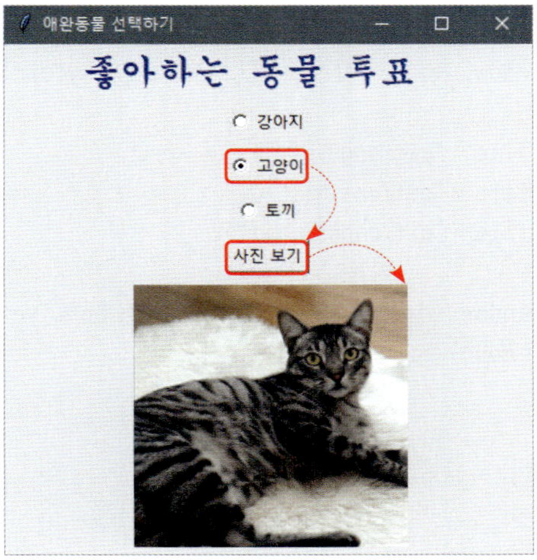

코드

```
from tkinter import *

## 함수 선언 부분 ##
def myFunc() :
    if var.get() == 1 :
        labelImage.configure(image = photo1)
    elif var.get() == 2 :
        labelImage.configure(image = photo2)
    else :
        labelImage.configure(image = photo3)

## 전역 변수 선언 부분 ##
var, labelImage = 0, None
photo1, photo2, photo3 = [None] * 3

```

```
16  ## 메인 코드 부분 ##
17  if __name__ == "__main__" :
18      window = Tk()
19      window.geometry("400x400")
20      window.title("애완동물 선택하기")
21      labelText = Label(window, text = "좋아하는 동물 투표  ", fg = "blue",
                    font = ("궁서체", 20))
22
23      var = IntVar()
24      rb1 = Radiobutton(window, text = "강아지", variable = var, value = 1)
25      rb2 = Radiobutton(window, text = "고양이", variable = var, value = 2)
26      rb3 = Radiobutton(window, text = "토끼", variable = var, value = 3)
27      buttonOk = Button(window, text = "사진 보기", command = myFunc)
28
29      photo1 = PhotoImage(file = "gif/dog3.gif")
30      photo2 = PhotoImage(file = "gif/cat.gif")
31      photo3 = PhotoImage(file = "gif/rabbit.gif")
32
33      labelImage = Label(window, width = 200, height = 200, bg = "yellow",
                     image = None)
34
35      labelText.pack(padx = 5, pady = 5)
36      rb1.pack(padx = 5, pady = 5)
37      rb2.pack(padx = 5, pady = 5)
38      rb3.pack(padx = 5, pady = 5)
39      buttonOk.pack(padx = 5, pady = 5)
40      labelImage.pack(padx = 5, pady = 5)
41
42      window.mainloop()
```

코드 설명

4~10행	myFunc() 함수는 선택한 라디오버튼이 이미지를 바꾸도록 설정한다.
19~20행	윈도창의 크기와 제목을 설정한다.
23~27행	23행에서는 라디오버튼을 선택할 때 선택된 값을 저장할 var 변수를 준비한다. 24~26행에서 라디오버튼을 3개 준비하고, 27행에서 버튼을 누르면 myFunc() 함수가 실행되도록 설정한다.
29~33행	29~31행에서 이미지를 3개 준비하고, 33행에서 레이블에 이미지를 넣을 준비를 한다. 처음에는 아직 이미지를 선택하지 않았으므로 image 옵션을 None으로 지정해서 이미지가 보이지 않도록 한다.
35~40행	준비한 위젯을 화면에 보이게 한다. padx는 x 간격을, pady는 y 간격을 어느 정도 떨어지게 한다. 위젯 간격이 너무 좁으면 보기에 좋지 않아서 사용한 옵션이다.

응용예제 02

그림판 만들기

난이도★★★★☆

예제 설명 마우스로 그림을 그릴 수 있는 그림판 프로그램을 만들어 보자. 마우스를 클릭하고 드래그한 후 드롭하는 지점까지 선이 그려지도록 한다. 색상과 두께는 메뉴에서 선택한다. 여기서는 배우지 않은 내용도 일부 나오는데, 캔버스에 선을 그릴 때는 create_line( ) 함수를 사용한다. 또 색상 선택은 askcolor( ) 함수를 사용한다. 상세한 내용은 코드 설명에서 확인한다.

실행 결과

코드

```
from tkinter import *
from tkinter.colorchooser import *
from tkinter.simpledialog import *

## 함수 선언 부분 ##
def mouseClick(event) :
    global x1, y1, x2, y2
    x1 = event.x
    y1 = event.y

def mouseDrop(event) :
    global x1, y1, x2, y2, penWidth, penColor
    x2 = event.x
    y2 = event.y
    canvas.create_line(x1, y1, x2, y2, width = penWidth, fill = penColor)

def getColor() :
    global penColor
    color = askcolor()
    penColor = color[1]

```

```
22  def getWidth() :
23      global penWidth
24      penWidth = askinteger("선 두께", "선 두께(1~10)를 입력하세요",
                    minvalue = 1, maxvalue = 10)
25
26  ## 전역 변수 선언 부분 ##
27  window = None
28  canvas = None
29  x1, y1, x2, y2 = None, None, None, None          # 선의 시작점과 끝점
30  penColor = 'black'
31  penWidth = 5
32
33  ## 메인 코드 부분 ##
34  if __name__ == "__main__" :
35      window = Tk()
36      window.title("그림판 비슷한 프로그램")
37      canvas = Canvas(window, height = 300, width = 300)
38      canvas.bind("<Button-1>", mouseClick)
39      canvas.bind("<ButtonRelease-1>", mouseDrop)
40      canvas.pack()
41
42      mainMenu = Menu(window)
43      window.config(menu = mainMenu)
44      fileMenu = Menu(mainMenu)
45      mainMenu.add_cascade(label = "설정", menu = fileMenu)
46      fileMenu.add_command(label = "선 색상 선택", command = getColor)
47      fileMenu.add_separator()
48      fileMenu.add_command(label = "선 두께 설정", command = getWidth)
49
50      window.mainloop()
```

코드 설명

1~3행	askcolor()와 askinteger() 함수를 사용하는 데 필요한 모듈을 임포트한다.
6~9행	마우스를 클릭하는 순간에 시작점 전역 변수 x1, y1의 값을 설정한다.
11~15행	마우스를 드롭하는 순간에 끝점 전역 변수 x2, y2의 값을 설정한다. 그리고 시작점과 끝점에 선을 긋는다.
17~20행	[선 색상 선택] 메뉴를 선택하면 실행되는 함수이다. [색상] 대화상자에서 색상을 선택하면 된다. 반환된 값은 튜플로 ((r, g, b,), '#rrggbb') 형태인데, 두 번째 값인 '#rrggbb'를 전역 변수 penColor에 저장한다.
22~24행	선의 두께를 입력받아서 전역 변수 penWidth에 저장한다.
27~31행	시작(x1, y1)과 끝(x2, y2), penColor, penWidth 전역 변수를 준비한다.
38~39행	마우스 왼쪽 버튼을 클릭하면 mouseClick() 함수가 실행되고, 드롭하면 mouseDrop() 함수가 실행되도록 설정한다.
42~48행	메뉴를 생성하고 getColor()와 getWidth() 함수가 실행되도록 설정한다.

응용예제 03 탭 화면 만들기

난이도★★★☆☆

예제 설명 2개의 탭으로 구성된 간단한 화면을 만들어 보자. 이번에는 tkinter의 확장된 모듈 ttk를 사용한다.

실행 결과

코드

```
from tkinter import *
from tkinter import ttk

window = Tk()
window.iconbitmap('python.ico')

baseTab = ttk.Notebook(window)

tabDog = ttk.Frame(baseTab)
baseTab.add(tabDog, text='강아지')
tabCat = ttk.Frame(baseTab)
baseTab.add(tabCat, text='고양이')

baseTab.pack(expand=1, fill="both")

photoDog = PhotoImage(file = "gif/dog7.gif")
labelDog = Label(tabDog, image = photoDog)
labelDog.pack()

photoCat = PhotoImage(file = "gif/cat5.gif")
labelCat = Label(tabCat, image = photoCat)
labelCat.pack()

window.mainloop()
```

코드 설명

2행	ttk 모듈을 임포트한다.
5행	아이콘 그림(python.ico)을 사용했다. 실행 프로그램 왼쪽 상단에 표시된다. 단, 아이콘 파일은 같은 폴더에 있어야 한다.
7행	ttk의 탭 컨트롤을 만들어서 윈도창에 붙인다. 탭 자체를 의미하며, 이것만으로는 아무 것도 보이지 않는다.
9~10행	빈 탭을 만들고, 7행의 탭 자체에 새 탭을 추가한다. 탭의 글자는 '강아지'로 표시한다.
11~12행	빈 탭을 만들고, 7행의 탭 자체에 새 탭을 추가한다. 탭의 글자는 '고양이'로 표시한다.
14행	탭을 화면에 표시한다.
16~18행	강아지 그림을 준비해서 레이블로 만들고 [강아지] 탭에 부착한다.
20~22행	고양이 그림을 준비해서 레이블로 만들고 [고양이] 탭에 부착한다.

CHAPTER 11

파일 입출력

학습목표

- 파일 처리 개념을 익힌다.
- 텍스트 파일의 내용을 읽거나 쓰는 기능을 배운다.
- 이진 파일을 처리하는 방법을 배운다.
- 사진 파일을 윈도창에 출력하는 방법을 익힌다.

SECTION 01 이 장에서 만들 프로그램

SECTION 02 파일 입출력의 기본

SECTION 03 텍스트 파일 입출력

SECTION 04 이진 파일 입출력

SECTION 05 파일 입출력의 심화 내용

요약

연습문제

응용예제

SECTION 01 이 장에서 만들 프로그램

이 장에서는 파일의 내용을 읽거나 쓰는 파일 처리를 배운다. 프로그램에서 입력 데이터의 양이 많을 때는 파일로 한꺼번에 입력하고, 출력 데이터를 계속 사용하거나 별도로 저장해야 할 때는 파일에 쓰기를 해야 한다. 이때 파일 형태도 단순히 텍스트뿐만 아니라 다양한 형태가 될 수 있으므로 이진 파일을 처리하는 방식도 알아 둘 필요가 있다.

1 [프로그램 1] 파일 암호화 및 암호 해독

첫 번째는 파일의 내용을 암호화하거나 암호화된 파일을 다시 해독하는 프로그램이다. 원본 파일의 내용을 암호화해서 이해할 수 없는 글자들로 구성하고, 이를 다시 해독해서 원래 내용을 확인할 수 있게 한다.

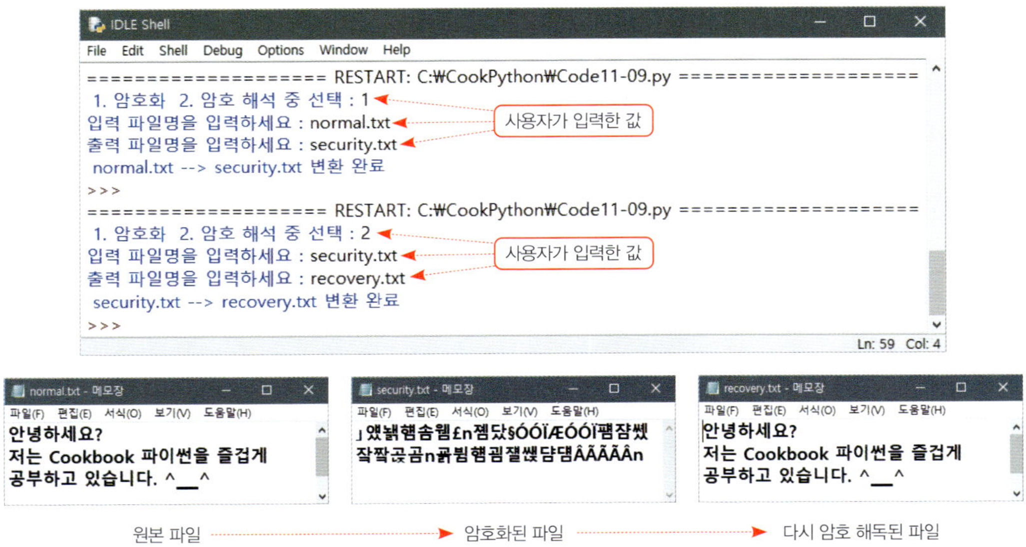

2 [프로그램 2] 흑백 사진 출력

두 번째는 사진 파일을 읽어 들여 출력하는 프로그램이다. 사용할 사진 파일은 이진 파일 처리가 가능하도록 일반적인 GIF, JPG, BMP 등과는 다른 특별한 용도의 흑백 파일(*.raw)이다.

SECTION

02 파일 입출력의 기본

1 파일 입출력의 개념

파일 입출력은 지금까지 배운 콘솔(화면, 키보드)의 표준 입출력과 개념이 비슷하다. 다만 키보드 대신 파일을 읽어서 내용을 입력하거나 화면 대신 파일에 내용을 출력하는 것이 다르다. 키보드로 입력하는 것을 표준 입력, 화면으로 출력하는 것을 표준 출력이라고 한다. 또한 키보드와 화면을 합쳐서 콘솔(Console)이라고 한다.

여기서는 파일 입출력을 하기 위해 꼭 알아야 할 처리 과정과 파일 입출력 함수에 대해 알아본다.

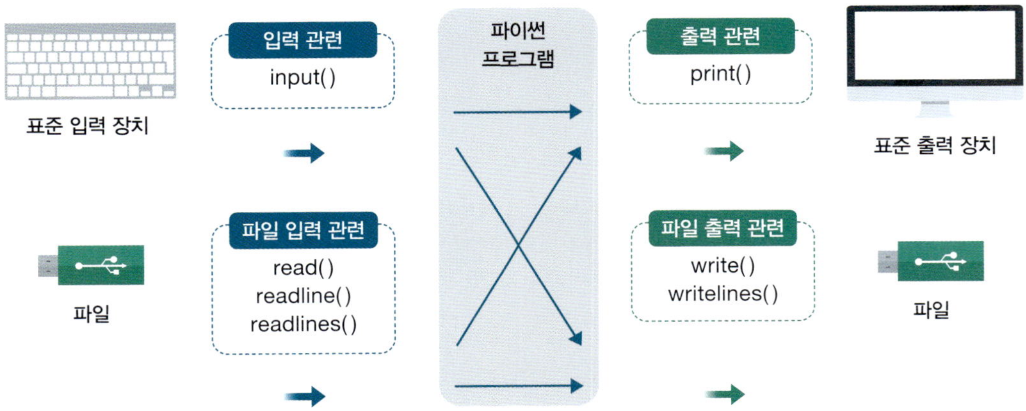

그림 11-1 표준 입출력 과정과 파일 입출력 함수

[그림 11-1]에서 input()과 print() 함수는 키보드와 화면으로 입출력을 담당한다. 그리고 read(), readline(), readlines() 함수는 파일에서 내용을 읽어 오고, write()와 writelines() 함수는 파일에 내용을 쓴다. 그림으로도 표현했지만, 필요하다면 키보드에서 입력받은 후 파일에 쓸 수도 있고, 파일에서 내용을 읽어 들인 후 화면에 출력할 수도 있다. 그림이 다소 복잡해 보일 수 있는데, 하나씩 살펴보면 별로 복잡하지 않다. 잠시 후 예제 코드를 실습하면서 하나씩 살펴볼 것이다.

2 파일 입출력의 기본 과정

파일 입출력을 하려면 표준 입출력과 달리 두 가지 작업을 추가로 해야 한다. 파일을 사용하기 전의 '파일 열기' 작업과 파일 사용이 끝난 후의 '파일 닫기' 작업이다.

우선 다음 3단계를 기억해 두자. 앞으로 계속 이 단계를 이용해서 프로그램을 코딩할 것이다.

그림 11-2 파일 입출력의 3단계

1단계 : 파일 열기

파일을 열려면 open( ) 함수에 파일명을 입력하고, 읽기 또는 쓰기인지 지정하면 된다.

```
읽기용 : 변수명 = open("파일명", "r")
쓰기용 : 변수명 = open("파일명", "w")
```

읽기용과 쓰기용 파일 작업이 거의 동일하다. 차이점은 open( ) 함수의 마지막 매개변수로 읽기용은 r을 사용하고, 쓰기용은 w를 사용한다는 것이다. 짐작했겠지만 r은 Read, w는 Write를 의미한다.

open( ) 함수의 마지막 매개변수를 모드(Mode)라고 한다. 즉 파일을 열 때 어떤 모드(용도)로 여는지 결정해 주는 것이다. r과 w뿐만 아니라 다양한 파일 열기 모드가 있다.

표 11-1 파일의 열기 모드

종류	설명
생략	r과 동일하다.
r	읽기 모드. 기본값이다.
w	쓰기 모드. 기존에 파일이 있으면 덮어쓴다.
r+	읽기/쓰기 겸용 모드이다.
a	쓰기 모드. 기존에 파일이 있으면 이어서 쓴다. append의 약어이다.
t	텍스트 모드. 텍스트 파일을 처리한다. 기본값이다.
b	이진 모드. 이진 파일을 처리한다.

예를 들어 일반 텍스트 파일의 읽기 모드는 그냥 r 또는 rt를 사용하고, 이진 파일을 출력할 때는 wb를 사용한다.

2단계 : 파일 처리

이제는 파일에 데이터를 쓰거나 파일에서 데이터를 읽어 올 수 있는 상태가 되었다. 파일을 처리하는 세부적인 방법은 설명보다 예제 코드를 실습하면서 이해해 보자.

3단계 : 파일 닫기

파일과 관련된 모든 작업이 끝나면 파일을 정상적으로 닫아야 한다. 여기서 파일을 닫는 데 사용하는 변수는 1단계에서 open() 함수로 여는 데 사용한 변수명이다.

```
변수명.close();
```

SECTION

03 텍스트 파일 입출력

1 파일을 이용한 입력

지금까지 해 온 입력 방식은 키보드 입력이 전부였다. 그나마 데이터가 간단해서 입력하는 데 별 어려움이 없었을 것이다. 하지만 입력할 데이터가 20페이지짜리 프린트물에 담겨 있다면 어떨까? 여러 사람에게 20페이지짜리 입력 데이터를 나눠 주고는 프로그램을 실행할 때 직접 입력하게 한다고 가정하자. 시간도 많이 걸리고 입력하는 사람마다 입력하는 형태나 내용이 달라 동일한 결과를 얻기가 힘들 수도 있다. 이때는 파일 하나에 데이터를 담아 두고 필요할 때 불러서 사용하는 편이 훨씬 효율적이다. 다음은 [그림 11-1]에서 파일 입력과 화면 출력 부분만 떼어 낸 것이다.

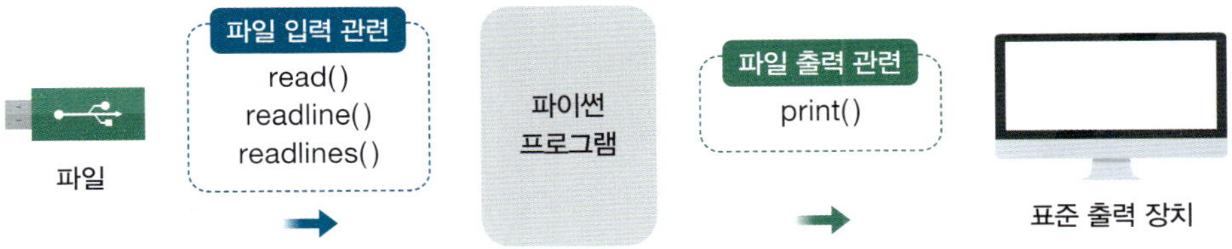

그림 11-3 파일 입력과 표준 출력

[그림 11-3]과 같이 파일을 입력하는 데 세 가지 함수를 사용할 수 있다. 각 함수의 용도는 이어서 확인해 보자.

2 한 행씩 읽어 들이기

파일의 내용을 한 행씩 읽어 들일 때는 readline() 함수를 사용한다. [그림 11-3]과 같이 파일로 데이터를 입력한 후 이를 화면에 출력하는 프로그램을 살펴보자. 출력은 기존에 사용하던 print() 함수를 사용한다.

먼저 메모장을 실행해서 적당히 세 줄의 내용을 입력한 후 저장한다.

```
CookBook 파이썬을 공부합니다.
완전 재미있어요. ^^
파이썬을 공부하기 잘했네요~~
```

TIP • 메모장을 빨리 실행하려면 ⊞+R을 누르고 NOTEPAD를 입력한 후 〈확인〉 버튼을 누른다.

TIP • 이 장에서는 파일의 확장명을 확인할 수 있어야 한다. 파일의 확장명을 표시하는 방법은 다음과 같다. 윈도 11에서는 파일 탐색기에서 [보기] → [표시] → [파일 확장명]을 선택해 체크 표시를 한다.

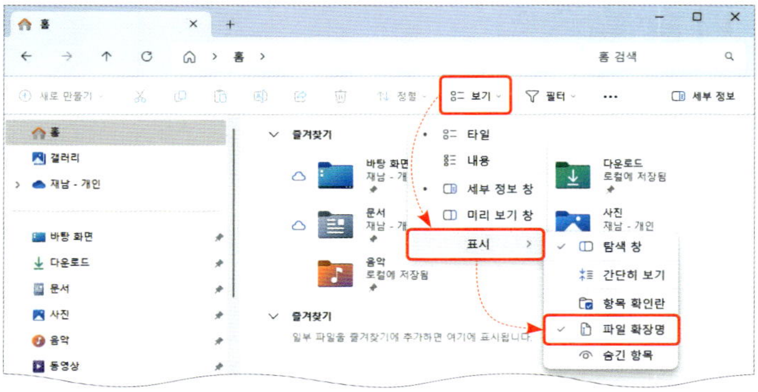

윈도 8, 8.1, 10에서는 파일 탐색기의 [보기] 메뉴를 선택한 후 '파일 확장명'에 체크하면 된다.

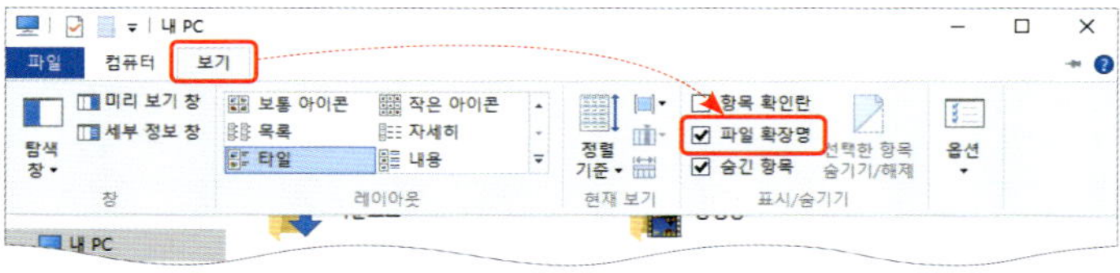

C:\Temp 폴더에 data1.txt라는 이름으로 저장해 보자. C 드라이브에 Temp 폴더가 없다면 미리 만들어 놓아야 한다. 이제 다음 코드를 입력하고 실행해 보자.

TIP • Code11-01.py를 실행할 때, "UnicodeDecodeError: 'cp949' codec ~~" 오류가 발생하면 4행을 다음과 같이 수정한다.

```
inFp = open("C:/Temp/data1.txt", "r", encoding="utf-8" )
```

이후의 코드도 오류가 발생하면 동일하게 수정한다.

Code11-01.py

```
1  inFp = None          # 입력 파일
2  inStr = ""           # 읽어 온 문자열
3
4  inFp = open("C:/Temp/data1.txt", "r")
5
6  inStr = inFp.readline()
7  print(inStr, end = "")
8
9  inStr = inFp.readline()
10 print(inStr, end = "")
11
12 inStr = inFp.readline()
13 print(inStr, end = "")
14
15 inFp.close()
```

출력 결과

```
CookBook 파이썬을 공부합니다.
완전 재미있어요. ^^
파이썬을 공부하기 잘했네요~~
```

메모장에서 입력한 내용이 문제없이 출력된다. 4행에서 파일을 열고 15행에서 파일을 닫는다. 이 두 가지는 앞으로 파일 처리에서 기본적으로 해야 할 일이므로 잘 기억해 두자. 4행의 open() 함수에서 첫 번째 매개변수는 파일의 경로이다. 그런데 자세히 보면 폴더 경로를 역슬래시(\)가 아닌 슬래시(/)로 표시했다. 역슬래시를 표시하려면 2개를 사용해야 한다. 즉 C:\\Temp\\data1.txt로 입력해야 한다. 두 번째 r은 앞에서 배운 읽기 모드이다.

6행의 readline() 함수는 inFp로 열린 파일에서 한 행을 읽어 inStr에 저장한다. 그리고 7행에서 화면에 출력한다. 이런 처리를 9~10행, 12~13행에서도 반복해 총 3회 수행한다. 결국 행 3개를 읽어서 화면에 출력한 것이다.

그런데 Code11-01.py는 텍스트 파일의 내용 중 정확히 행 3개만 처리가 가능하다. 텍스트 파일에 행이 1~2개만 있으면 오류가 발생하고, 4개 이상이 있어도 3개밖에 읽지 못한다. 그래서 텍스트 파일에 있는 모든 행을 다 읽으려면 다음과 같이 수정해야 한다. 출력 결과는 Code11-01.py와 동일하다.

Code11-02.py

```
1  inFp = None          # 입력 파일
2  inStr = ""           # 읽어 온 문자열
3
4  inFp = open("C:/Temp/data1.txt", "r")
5
6  while True :
7      inStr = inFp.readline()
8      if inStr == "" :
9          break;
10     print(inStr, end = "")
11
12 inFp.close()
```

Code11-01.py와 달리 6~10행이 무한 반복된다. 7행은 파일에서 행을 1개 읽는다. 그리고 8행에서 읽어 온 것이 없다면 9행 break로 무한 반복에서 빠져나온다. 그렇지 않으면 10행에서 읽어 온 내용을 출력한다. 이런 방식으로 처리하면 파일에 행이 몇 개가 있든지 모두 읽어서 화면에 출력할 수 있다. Code11-02.py와 같은 방식은 텍스트 파일을 읽을 때 가장 많이 사용하므로 잘 기억해 두자.

SELF STUDY 11-1

Code11-02.py를 수정해서 다음과 같이 앞에 각 행 번호를 출력해 보자.

힌트 1, 2, 3, …으로 변경되는 변수를 하나 추가하고, print() 함수에서 "%d %s"를 사용한다.

출력 결과

```
1: CookBook 파이썬을 공부합니다.
2: 완전 재미있어요. ^^
3: 파이썬을 공부하기 잘했네요~~
```

한 번에 모두 읽어 들이기

readline() 함수는 한 행씩 읽지만, readlines() 함수는 파일의 내용을 통째로 읽어서 리스트에 저장한다. 다음 코드를 실행해 보자.

Code11-03.py

```
1 inFp = None
2 inList = ""
3 
4 inFp = open("C:/Temp/data1.txt", "r")
5 
6 inList = inFp.readlines()
7 print(inList)
8 
9 inFp.close()
```

출력 결과

```
['CookBook 파이썬을 공부합니다.\n', '완전 재미있어요. ^^\n', '파이썬을 공부하기 잘했네요~~']
```

여기서 잠깐

with~as 문 프로그램을 만들다 보면 close() 함수를 호출하지 않고 프로그램을 종료해서 종종 문제가 발생한다. 아예 close() 함수를 사용하지 않으려면 다음과 같이 with~as 문으로 파일을 연다. Code11-03.py에서 4~9행을 다음과 같이 수정하면 된다. 즉 inFp.close()는 사용하지 않는다.

```
with open("C:/Temp/data1.txt", "r") as inFp :
    inList = inFp.readlines()
    print(inList)
```

6행을 보면 한 번에 읽어서 inList에 저장한다. 7행의 출력 결과에서 확인할 수 있듯이 readlines() 함수는 각 행을 리스트 항목으로 저장해 한 번에 반환해 준다.

Code11-03.py에서 파일의 내용을 한 행씩 출력하려면 어떻게 수정해야 할까? 7장에서 배운 리스트 처리 방식을 사용하면 된다.

Code11-04.py

```
inFp = None
inList, inStr = [], ""

inFp = open("C:/Temp/data1.txt", "r")

inList = inFp.readlines()
for inStr in inList :
    print(inStr, end = "")

inFp.close()
```

출력 결과

```
CookBook 파이썬을 공부합니다.
완전 재미있어요. ^^
파이썬을 공부하기 잘했네요~~
```

Code11-03.py의 7행에서는 리스트를 출력하지만, Code11-04.py에서는 for 문을 사용해 리스트의 내용을 하나씩 출력한다.

SELF STUDY 11-2

Code11-04.py를 수정해서 다음과 같이 앞에 각 행 번호를 출력해 보자.

출력 결과

```
1: CookBook 파이썬을 공부합니다.
2: 완전 재미있어요. ^^
3: 파이썬을 공부하기 잘했네요~~
```

도스 명령어 type의 구현

이번에는 도스 명령어 중 하나인 type 명령어(또는 유닉스 계열의 cat 명령어)를 프로그램으로 만들어 보자. type 명령어는 지정한 파일의 내용을 화면에 출력한다.

```
type 파일명
```

[시작]-[모든 프로그램]-[보조 프로그램]-[명령 프롬프트] 메뉴를 선택하거나 ⊞+R을 누른 후 cmd 명령어를 입력해 명령 프롬프트창을 연다. 다음과 같이 명령어를 입력하면 win.ini 파일의 내용을 화면에 출력할 것이다.

그림 11-4 type 명령어의 사용

type 명령어의 사용 방법을 알았으니 다음과 같이 출력하는 프로그램을 만들어 보자. Code11-04.py를 약간 수정하면 된다.

Code11-05.py

```
1  inFp = None
2  fName, inList, inStr = "", [], ""
3
4  fName = input("파일명을 입력하세요 : ")
5  inFp = open(fName, "r")
6
7  inList = inFp.readlines()
8  for inStr in inList :
9      print(inStr, end = "")
10
11 inFp.close()
```

출력 결과

```
파일명을 입력하세요 : C:/Windows/win.ini
; for 16-bit app support
[fonts]
… 생략 …
```

4행에서 파일명을 입력받는다. 이때 함께 입력하는 폴더 경로는 슬래시(/)로 입력해야 한다는 점에 주의한다. 5행에서는 open() 함수의 매개변수 중 파일명 부분을 4행에서 입력받은 파일명(fName)으로 한다.

파일을 열 때 오류 처리

Code11-05.py를 다시 실행한 후 없는 파일명을 입력해 보자.

출력 결과

```
파일명을 입력하세요 : C:/abc.txt ← 없는 파일
Traceback (most recent call last):
    File "C:\CookPython\Code11-05.py", line 5, in <module>
        inFp = open(fName, "r")
FileNotFoundError: [Errno 2] No such file or directory: 'C:/abc.txt'
```

5행에서 open( ) 함수로 파일을 열려고 하면 입력한 파일이 없기 때문에 오류가 발생한다. 이처럼 파일이 없을 때 오류가 발생하지 않게 하려면 'os.path.exists(파일명)' 형식을 사용한다.

Code11-06.py

```
1  import os
2  
3  inFp = None
4  fName, inList, inStr = "", [], ""
5  
6  fName = input("파일명을 입력하세요 : ")
7  
8  if os.path.exists(fName) :
9      inFp = open(fName, "r")
10 
11     inList = inFp.readlines()
12     for inStr in inList :
13         print(inStr, end = "")
14 
15     inFp.close()
16 else :
17     print("%s 파일이 없습니다." % fName)
```

출력 결과

```
파일명을 입력하세요 : C:/abc.txt  ← 없는 파일
C:/abc.txt 파일이 없습니다.
```

os.path.exists( ) 함수를 사용하기 위해 1행에서 os 모듈을 임포트한다. 8행에서 파일이 있으면 True를 반환하므로 9~15행이 수행되어 정상적으로 내용을 출력한다. 파일이 없으면 16~17행을 수행해서 입력한 파일이 없다는 메시지를 출력한다. os 모듈을 활용하는 방법은 이 장의 후반부에서 다시 다룬다.

3 파일을 이용한 출력

지금까지는 화면에 출력하는 방식을 사용했다. 이때 출력 결과는 화면에 한 번만 표시되며 영구히 저장되지 않는다. 이번에는 출력되는 결과를 파일에 저장하는 방식을 알아보자. 파일에 내용을 쓸 때는 write( )나 writelines( ) 함수를 사용한다.

그림 11-5 표준 입력과 파일 출력

한 행씩 파일에 쓰기

다음은 키보드에서 입력한 내용을 한 행씩 파일에 쓰는 코드이다. input( ) 함수를 반복해서 사용한다. 아무것도 입력하지 않은 채 Enter를 누르면 파일에 쓰는 것을 종료한다.

Code11-07.py

```
1  outFp = None
2  outStr = ""
3
4  outFp = open("C:/Temp/data2.txt", "w")
5
6  while True :
7      outStr = input("내용 입력 : ")
8      if outStr != "" :
9          outFp.writelines(outStr + "\n")
10     else :
11         break
12
13 outFp.close()
14 print("--- 정상적으로 파일에 씀 ---")
```

출력 결과

```
내용 입력 : 파이썬을
내용 입력 : 열공하고
내용 입력 : 있습니다. ^^
내용 입력 : Enter
--- 정상적으로 파일에 씀 ---
```

4행에서 파일을 열 때 쓰기 모드인 w를 사용한다. 6~11행은 무한 반복한다. 7행에서 파일에 쓸 내용을 입력받은 후 8행에서 입력한 글자가 비어 있지 않으면 9행에서 입력한 내용을 파일에 쓴다.

9행에서 outStr만 파일에 쓴다면 여러 줄을 써도 줄바꿈이 되지 않고 한 줄에 이어서 써진다. 이것을 방지하기 위해 줄바꿈을 하는 \n을 함께 사용했다. 8행에서 입력한 글자가 비어 있다면 10~11행에서 무한 반복을 종료한다. 13행에서는 파일을 닫고, 14행에서는 메시지를 출력한다.

SELF STUDY 11-3

Code11-07.py를 수정해서 파일명도 입력받아 보자.

힌트 Code11-05.py를 참고한다.

도스 명령어 copy의 구현

이번에는 도스 명령어 중 하나인 copy 명령어(또는 유닉스의 cp 명령어)를 프로그램으로 만들어 보자. copy 명령어는 주어진 파일을 복사해 똑같은 파일을 하나 더 생성한다.

```
copy 소스파일 타깃파일
```

[시작]–[모든 프로그램]–[보조 프로그램]–[명령 프롬프트] 메뉴를 선택하거나 ⊞+R을 누른 후 cmd 명령어를 입력해 명령 프롬프트창을 연다. 다음과 같이 명령어를 입력하면 win.ini 파일이 data3.txt 파일로 복사될 것이다.

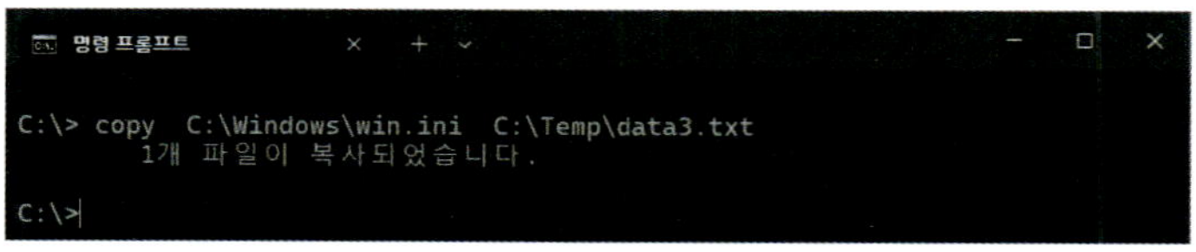

그림 11-6 copy 명령어의 사용

copy 명령어를 구현하려면 소스 파일의 경우 읽기 모드로 파일을 열고, 타깃 파일은 쓰기를 위해 쓰기 모드로 파일을 연다. 그리고 readline( ) 함수로 소스 파일의 내용을 읽어 와 writelines( ) 함수로 타깃 파일에 쓴다. 이런 과정을 파일의 끝을 만날 때까지 반복한다.

그림 11-7 copy 명령어 구현을 위한 파일 입출력 과정

Code11-08.py

```
1  inFp, outFp = None, None
2  inStr = ""
3
4  inFp = open("C:/Windows/win.ini", "r")
5  outFp = open("C:/Temp/data3.txt", "w")
6
7  inList = inFp.readlines()
8  for inStr in inList :
9      outFp.writelines(inStr)
10
11 inFp.close()
12 outFp.close()
13 print("--- 파일이 정상적으로 복사되었음 ---")
```

출력 결과

```
--- 파일이 정상적으로 복사되었음 ---
```

4~5행에서는 읽기 모드 및 쓰기 모드로 파일을 연다. 7행에서 파일의 내용을 통째로 읽은 후 8~9행에서 내용을 쓰기 파일에 쓴다. 11~12행에서는 파일을 닫는다. 생각보다 코드도 짧고 이해하기도 어렵지 않았을 것이다.

SELF STUDY 11-4

Code11-08.py를 수정해서 두 파일 모두 파일명을 입력받아 보자.

출력 결과

```
소스 파일명을 입력하세요 : C:/Windows/win.ini
타깃 파일명을 입력하세요 : C:/Temp/data4.txt
--- C:/Windows/win.ini 파일이 C:/Temp/data4.txt 파일로 복사되었음 ---
```

4 [프로그램 1]의 완성

이것으로 텍스트 파일의 입출력을 완전히 학습했다. [프로그램 1]은 파일의 내용을 암호화하거나 암호화된 파일을 다시 해독한다. 즉 정상적인 글자를 입력한 원본 파일을 암호화할 수도 있고, 암호화된 파일의 암호를 해독할 수도 있다.

먼저 ord( )와 chr( ) 함수를 사용하여 암호화하는 방법부터 알아보자. 모든 글자에는 고유의 숫자가 있다. 학생에게는 이름도 있지만 학번도 있는 것과 비슷하다. ord(글자) 함수는 글자에 대응하는 고유한 숫자를 알려 준다. 또 chr(숫자) 함수는 숫자에 해당하는 글자를 알려 준다.

```
ord('파')
chr(54028)
```

출력 결과

```
54028
'파'
```

암호화는 '파'의 숫자에 100을 더하는 것이다. 물론 100이라는 숫자는 필자가 임의로 정한 것이며, 아무 숫자나 관계없다. 예를 들어 '파'를 암호화하려고 54028('파')+100=54123('팸')으로 저장해 놓는 것이다.

```
num = ord('파')
chr(num + 100)
```

출력 결과

```
'팸'
```

그리고 암호를 해독할 때는 100을 빼면 된다. 예를 들어 54123('팸')−100=54028('파')가 되는 것이다.

```
num = ord('팸')
chr(num - 100)
```

출력 결과

```
'파'
```

암호화하는 방법도 별로 어렵지 않다. 이제 전체 코드를 작성해 보자. 조금 길지만 앞에서 모두 배운 내용이므로 차근차근 작성하면 어렵지 않을 것이다.

먼저 메모장을 실행해서 적당히 세 줄의 내용을 입력한다(아무 내용이나 관계없다).

```
안녕하세요?
저는 Cookbook 파이썬을 즐겁게
공부하고 있습니다. ^___^
```

그리고 메모장의 [파일]−[저장] 메뉴를 선택한 후 [다른 이름으로 저장] 대화상자에서 C:\CookPython 폴더에 normal.txt라는 이름으로 저장한다. 저장할 때 주의할 점은 인코딩을 꼭 utf−8로 지정해야 한글 처리가 가능하다는 것이다. 이 프로그램에서는 chr( ), ord( ) 등의 함수를 사용하는데, 문자집합을 utf-8로 지정해야 한글이 처리되기 때문이다. 다음과 같이 설정했다면 〈저장〉 버튼을 눌러 저장한다.

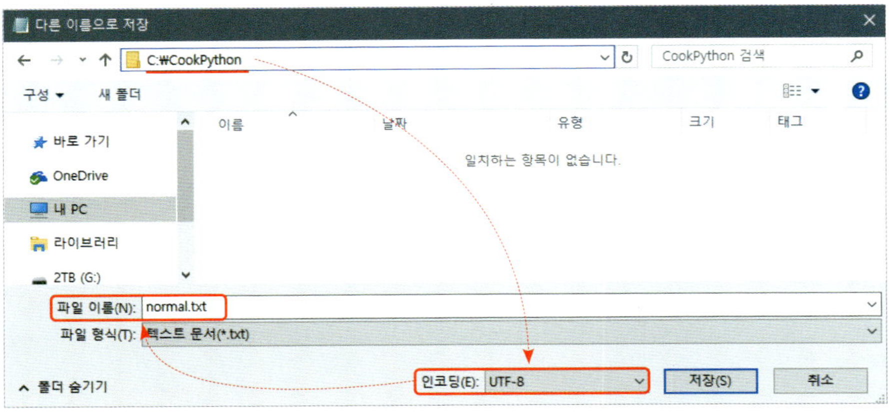

그림 11-8 메모장의 저장 화면

인코딩(Encoding)은 글자를 처리하는 방식이다. ord( )나 chr( ) 함수를 사용하지 않는다면 encoding='문자집합'을 생략해도 된다. 하지만 ord( )나 chr( ) 함수를 사용해 한글, 중국어, 일본어 등을 처리하고 파일에 쓰려면 인코딩의 문자집합을 지정해야 글자가 깨지지 않는다. 문자집합에는 ASCII, EUC-KR, CP949, 유니코드, utf-8 등이 있으며, utf-8은 영문과 한글 등에서도 별 문제없이 사용할 수 있다.

메모장을 종료한다. 이제 다음 코드를 작성하고 실행해 보자.

Code11-09.py

```
## 변수 선언 부분 ##
inFp, outFp = None, None
inStr, outStr = "", ""
i = 0
secu = 0

## 메인 코드 부분 ##
secuYN = input(" 1. 암호화 2. 암호 해석 중 선택 : ")
inFname = input("입력 파일명을 입력하세요 : ")
outFname = input("출력 파일명을 입력하세요 : ")

if secuYN == "1" :
    secu = 100
elif secuYN == "2" :
    secu = -100

inFp = open(inFname, 'r', encoding = 'utf-8')
```

```
18 outFp = open(outFname, 'w', encoding = 'utf-8')
19
20 while True :
21     inStr = inFp.readline()
22     if not inStr :
23         break
24
25     outStr = ""
26     for i in range(0, len(inStr)) :
27         ch = inStr[i]
28         chNum = ord(ch)
29         chNum = chNum + secu
30         ch2 = chr(chNum)
31         outStr = outStr + ch2
32
33     outFp.write(outStr)
34
35 outFp.close()
36 inFp.close()
37 print('%s --> %s 변환 완료' % (inFname, outFname))
```

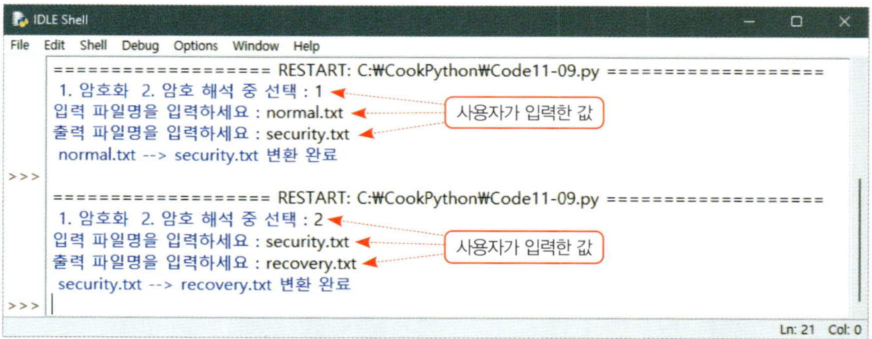

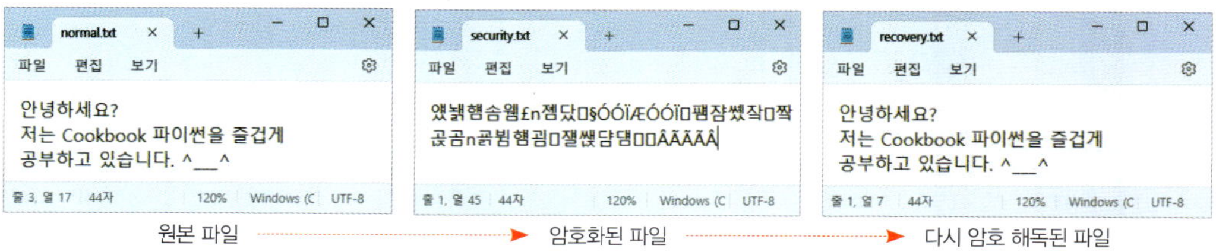

먼저 17~18행을 보면 파일을 열 때 인코딩을 utf-8로 지정한다. 8행에서 수행할 작업이 암호화인지 암호 해독인지 입력받는다. 12~15행에서 secu 변수 값이 암호화할 때는 100으로 설정되고, 암호를 해독할 때는 -100으로 설정된다. 20~33행은 입력 파일의 끝까지 읽으면서 무한 반복한다. 22행에서 inStr에 읽어 온 것이 아무것도 없으면(파일의 끝이면) 23행이 실행되어서 while 문을 빠져나간다.

25행의 outStr은 한 행을 암호화한 결과를 저장하는 변수이다. 26~31행은 읽어 온 행의 글자 개수만큼 반복한다. 27행에서 글자를 하나씩 추출한 후 28행에서 글자를 숫자로 변환한다. 29행에서 100 또는 −100을 더한 후 30행에서 다시 글자로 바꾼다. 이 글자를 outStr에 추가한다. 결국 outStr에는 한 행을 암호화 또는 암호를 해독한 문자열이 저장되는 것이다. 33행에서 암호화 또는 암호를 해독한 내용을 파일에 쓴다. 이 프로그램에서 사용하는 암호화 방식은 단순한 방식이라서 실제로는 금방 해독할 수도 있다. 하지만 이 정도로만 암호화해도 일반적인 사람은 원래 내용을 알기가 어려울 것이다.

여기서 잠깐

파일 처리에서 좀 더 고려할 사항

❶ readline( )과 readlines( )

Code11-02.py에서 사용한 readline( ) 함수는 한 번에 한 행씩 읽어 들여 모든 행을 처리하려면 반복문을 통해 계속 읽어 들여야 한다. 이와 달리 Code11-03.py에서 사용한 readlines( ) 함수는 파일로 한 번에 읽어 리스트에 저장한다. 얼핏 보면 readlines( )가 더 편리해 보이지만 파일 용량이 엄청나게 크면 리스트 크기만큼 메모리를 사용해야 하기 때문에 문제가 발생할 소지가 있다. 그러므로 파일 용량이 몇 MB정도면 readlines( ) 함수를, 수백 MB가 넘으면 readline( ) 함수를 사용하는 것이 바람직하다.

❷ 간단한 파일 처리

파일 입출력을 위해 with~as 문을 선호하는 개발자도 있다. with~as 문을 사용하면 텍스트 파일을 복사하는 Code11-08.py가 다음과 같이 간단히 줄여진다.

```
inFp, outFp = None, None
inStr = ""

with open("C:/Windows/win.ini", "r") as inFp :
    with open("C:/Temp/data4.txt", "w") as outFp :
        for inStr in inFp :
            outFp.writelines(inStr)

print("--- 파일이 정상적으로 복사되었음 ---")
```

SECTION 04 이진 파일 입출력

1 이진 파일의 개념

지금까지 작성한 프로그램은 모두 텍스트(Text) 파일의 입출력 작업을 했다. 텍스트 파일은 우리가 읽을 수 있는 글자로 구성된 파일이라고 보면 된다. 이와 달리 이진(Binary : 바이너리) 파일은 글자가 아닌 비트(Bit) 단위로 의미가 있는 파일이다.

이진 파일은 텍스트 파일을 제외한 나머지 파일이다. 예를 들어 그림 파일, 음악 파일, 동영상 파일, 엑셀 파일, 실행 EXE 파일 등이 모두 이진 파일이다.

텍스트 파일과 이진 파일을 구분하는 간단한 방법은 파일을 메모장에서 열어 보는 것이다. 열었을 때 글자처럼 보이면 텍스트 파일, 이상하게 보이면 이진 파일이라고 보면 된다. 일반 텍스트 파일과 JPG 그림 파일을 메모장에서 열면 다음과 같이 표시된다.

그림 11-9 텍스트 파일과 이진 파일을 메모장에서 열 때

이진 파일은 별도의 소프트웨어에서 열어 사용한다. PNG, JPG, BMP 등의 그림 파일은 그림판, 포토샵 같은 소프트웨어가 필요하고, HWP 파일은 한글 소프트웨어가 필요하며, PPT 파일은 파워포인트 소프트웨어가 필요하다. 그래서 파이썬에서는 텍스트 파일과 달리 이진 파일을 화면에 출력하는 것이 쉽지 않다.

2 이진 파일의 복사

이진 파일을 복사해서 새로운 이진 파일로 만드는 코드는 화면에 내용을 출력하는 것이 아니므로 작성하기 쉽다. Code11-08.py를 수정해서 이진 파일을 복사해 보자.

모든 윈도에 기본적으로 들어 있는 메모장 실행 파일인 C:\Windows\notepad.exe 파일을 복사해 보자. 복사할 파일이 텍스트 파일이 아니므로 open( ) 함수의 encoding 부분도 필요 없으며,

이진 파일을 처리해야 하므로 4~5행을 rb 및 wb로 수정해야 한다([표 11-1] 참고).

추가로 readlines(), writelines() 함수는 텍스트 파일을 처리하므로 한 바이트씩 처리하는 read(), write() 함수로 수정해야 한다. 즉 read() 함수를 사용해서 한 바이트씩 읽고, write() 함수를 사용해서 한 바이트씩 쓰는 작업을 파일의 끝까지 무한 반복하면 된다.

Code11-10.py

```
1  inFp, outFp = None, None
2  inStr = ""
3
4  inFp = open("C:/Windows/notepad.exe", "rb")
5  outFp = open("C:/Temp/notepad.exe", "wb")
6
7  while True :
8      inStr = inFp.read(1)
9      if not inStr :
10         break
11     outFp.write(inStr)
12
13 inFp.close()
14 outFp.close()
15 print("--- 이진 파일이 정상적으로 복사되었음 ---")
```

출력 결과

```
--- 이진 파일이 정상적으로 복사되었음 ---
```

4~5행에서 이진 읽기 모드와 쓰기 모드로 파일을 연다. 7~11행을 파일의 끝까지 한 바이트씩 읽어서 한 바이트씩 파일에 쓴다. 파일 탐색기를 실행해서 새로 복사된 C:\Temp\notepad.exe를 실행해 보자. 메모장이 잘 실행될 것이다.

TIP • read() 함수는 무조건 파일의 처음부터 읽어 들인다. 파일의 내용을 어느 정도 건너뛰어서 읽고 싶다면 seek(바이트) 함수를 사용한다. seek(바이트) 함수는 바이트로 지정한 만큼 건너뛰어서 읽기 시작한다.

3 [프로그램 2]의 완성

[프로그램 2]는 사진 파일을 읽어서 출력한다. 여기서는 이진 파일 처리가 가능하도록 일반적인 GIF, JPG, BMP 등과는 다른 특별한 용도의 흑백 파일(*.raw)을 사용한다. 그런데 흑백 사진을 윈도창에 출력하려면 다른 프로그램과 달리 좀 더 알아야 할 개념들이 있는데, 먼저 이 개념 몇 가지부터 파악하고 진행할 것이다.

RAW 사진 파일의 구성 이해

처리하는 사진 파일이 GIF, JPG, BMP 등 컬러 사진이면 좋겠지만, 이 파일들은 내부 구조가 상당히 복잡해서 지금까지 배운 내용으로는 다루기가 어렵다. 그래서 배운 내용으로도 쉽게 조작이 가능하도록 단순한 사진 파일 형태인 RAW 사진 파일을 사용하는 것이다. 우리가 사용할 *.raw 파일은 256×256픽셀 크기의 흑백 이미지이다. 정확히는 0과 1로만 나뉘는 흑백(Black-White) 이미지가 아니라 0부터 255까지의 밝기로 구분되는 그레이(Gray) 이미지이다.

TIP • *.raw 파일의 픽셀 크기는 256×256뿐만 아니라 정방형의 크기면 구성이 가능하다. 하지만 *.raw 파일은 일반적으로 구하기가 쉽지 않으므로 이 책의 예제 파일과 함께 제공되는 RAW 사진 파일을 사용하자.

RAW 사진 파일의 구조를 들여다 보면 다음과 같다.

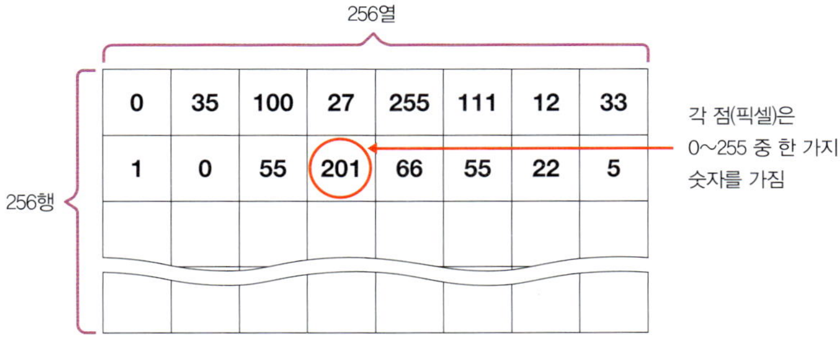

그림 11-10 RAW 사진 파일의 구조

정방형 크기의 사진 파일에서 각 점(픽셀)은 0~255값을 갖는다. 픽셀값이 0에 가까울수록 검은색에 가까운 회색이 되고, 255에 가까울수록 흰색에 가까운 회색이 된다. 예를 들어 모든 값을 0으로 채우면 이 사진은 완전히 검은색으로 보이고, 모든 값을 255로 채우면 아무것도 없는 흰색으로 보인다.

윈도창의 작성

앞 장에서 다룬 윈도창을 이번에도 사용해 보자. 먼저 기본적인 윈도창을 표시하는 간단한 코드를 다시 살펴보자.

Code11-11.py

```
from tkinter import *

## 변수 선언 부분 ##
window = None
canvas = None
XSIZE, YSIZE = 256, 256

## 메인 코드 부분 ##
```

```
 9 window = Tk()
10 canvas = Canvas(window, height = XSIZE, width = YSIZE)
11
12 canvas.pack()
13 window.mainloop()
```

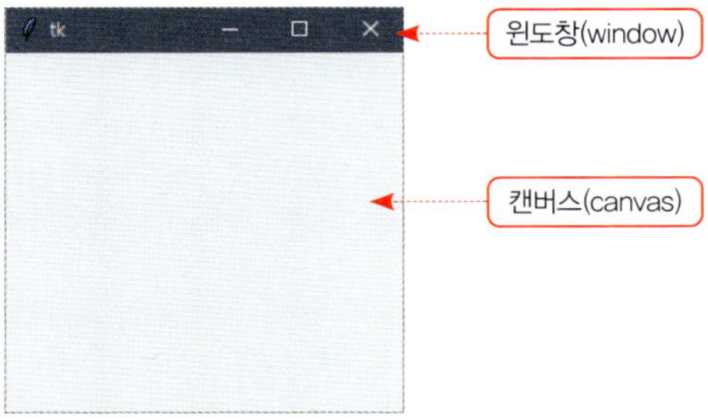

4행의 window 변수는 출력 결과에서도 볼 수 있듯이 윈도창 전체를 가리킨다. 그 안의 캔버스는 5행의 canvas 변수로 접근하면 된다. 6행의 XSIZE, YSIZE는 다음 코드에서 사용할 사진의 크기가 256×256이기 때문에 캔버스의 크기도 256×256으로 지정하는 변수이다. 9행에서 윈도창을 준비하고, 10행에서 윈도창에 256×256 크기의 캔버스를 부착한다. 12~13행에서는 부착한 캔버스와 윈도창을 화면에 출력한다.

그런데 캔버스에 직접 선을 그리는 작업은 할 수 있지만, [그림 11-10]과 같은 RAW 이미지는 출력할 수 없다. RAW 이미지는 [그림 11-10]과 같이 256×256개의 점을 각각 찍어 주는 방식으로 그려야 한다. 그래서 Code11-11.py의 11행에 다음 두 행을 추가로 코딩할 것이다. paper 변수는 캔버스 위에 흰색 종이를 한 장 붙인 것이라고 생각하면 된다. 그리고 잠시 후에 이 종이(paper)에 256×256개의 점을 찍어서 화면에 사진을 출력할 것이다.

```
paper = PhotoImage(width = XSIZE, height = YSIZE)
canvas.create_image((XSIZE / 2, YSIZE / 2), image = paper, state = "normal")
```

이 코드를 추가하면 개념은 다음과 같다. 물론 아직은 점을 찍지 않아서 Code11-11.py의 출력 결과와 겉모양은 동일하다.

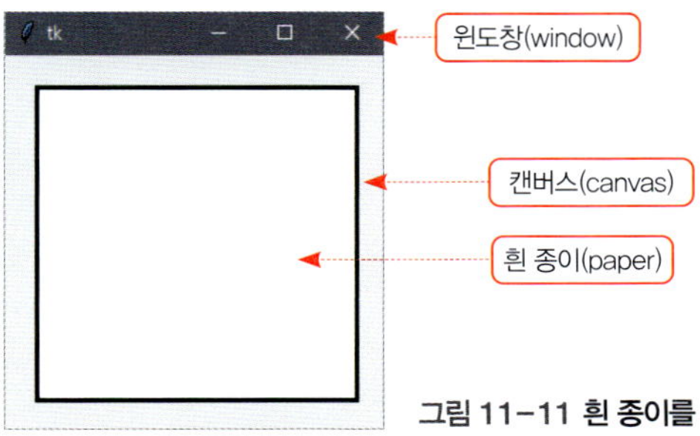

그림 11-11 흰 종이를 붙인 개념의 윈도창

RAW 사진 파일의 화면 출력

이제는 RAW 사진 파일을 읽어서 메모리에 저장해 보자. 메모리 변수는 2차원 리스트로 구현하면 되는데 그 개념은 다음과 같다.

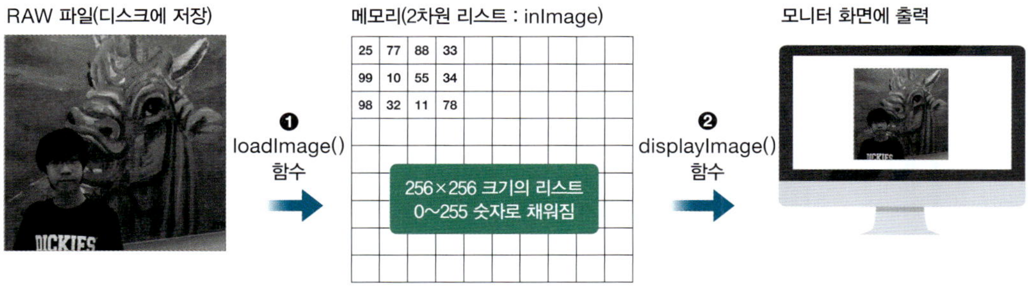

그림 11-12 RAW 사진 파일을 메모리로 읽은 후 화면에 출력하는 개념

먼저 ❶의 과정은 디스크에 저장된 RAW 파일을 메모리(inImage)로 불러들인다. 이 작업을 loadImage( ) 함수라는 이름으로 작성한다. loadImage( ) 함수의 핵심 코드는 다음과 같다.

```
1  for i in range(0, XSIZE) :
2      tmpList = []
3      for k in range(0, YSIZE) :
4          data = int(ord(fp.read(1)))
5          tmpList.append(data)
6      inImage.append(tmpList)
```

2차원 반복문을 이용해 파일을 읽었다. 256×256번 반복하게 될 것이다. 2행에서 tmpList를 비운 후 3~5행에서 1바이트씩 256번 읽어 tmpList에 저장한다. 그리고 6행에서 256 크기의 1차 리스트를 inImage에 저장한다. 결국 inImage는 [그림 11-12]와 같이 256 크기의 1차 리스트를 256개 저장한 2차원 리스트 구조를 갖는다. 4행의 fp.read(1)은 1바이트를 읽어 들이고, 이것을 숫자 형태로 변환해서 data에 대입시킨다. 일단 모든 값을 inImage 리스트에 정수(0~255범위)로 저장해 놓았다.

❷의 과정에서 메모리(inImage)를 윈도창에 출력하는 기능은 displayImage( ) 함수로 구현한다. displayImage( ) 함수의 핵심 코드는 다음과 같다.

```
rgbString = ""
for i in range(0, XSIZE) :
    tmpString = ""
    for k in range(0, YSIZE) :
        data = image[i][k]
```

```
6         tmpString += "#%02x%02x%02x " % (data, data, data)  # x 뒤에 한 칸 공백
7     rgbString += "{" + tmpString +  "} "                    # } 뒤에 한 칸 공백
8 paper.put(rgbString)
```

위 코드는 inImage(256×256 크기)에 있는 각 점의 색상을 문자열로 만든 다음 8행에서 그 문자열을 한꺼번에 화면에 출력해 준다.

TIP • 코드를 좀 더 상세히 설명하면 4~6행은 inImage의 한 행에 있는 256개 픽셀에 대한 각 점의 값(data)을 "#%02x%02x%02x "% (data, data, data)" 코드를 통해 16진수 문자열로 만든다. 그리고 7행에서 tmpString을 { }로 감싸서 rgbString에 추가해 준다. 결국 rgbString에는 왼쪽 상단 픽셀부터 차례대로 색상값이 '{#RRGGBB #RRGGBB ~ 총 256개 픽셀 ~} {#RRGGBB #RRGGBB ~ 총 256개 픽셀~} ~' 형식의 문자열로 저장된다. 즉, 256개 픽셀값이 256번 반복 저장되고 이렇게 저장된 문자열을 8행에서 한 번에 화면에 출력한다. 예를 들어 rgbString에는 '{#4f4f4f #515151 #535353 #555555 #565656 ~}'와 같은 값들이 저장되어 있다.

지금까지 배운 내용을 최종 완성해 보자. 다음 코드를 실행하기 전에 먼저 예제 코드가 저장된 폴더인 C:\CookPython\RAW\에 tree.raw 파일을 복사해야 한다(42행에 있는 파일명만 일치하면 예제 파일에서 제공하는 다른 256×256 크기의 RAW 파일을 사용해도 된다).

Code11-12.py

```
1  from tkinter import *
2
3  ## 함수 선언 부분 ##
4  def loadImage(fname) :
5      global inImage, XSIZE, YSIZE
6      fp = open(fname, 'rb')
7
8      for i in range(0, XSIZE) :
9          tmpList = []
10         for k in range(0, YSIZE) :
11             data = int(ord(fp.read(1)))
12             tmpList.append(data)
13         inImage.append(tmpList)
14
15     fp.close()
16
17 def displayImage(image) :
18     global XSIZE, YSIZE
19     rgbString = ""
20     for i in range(0, XSIZE) :
21         tmpString = ""
22         for k in range(0, YSIZE) :
23             data = image[i][k]
```

```
24              tmpString += "#%02x%02x%02x " % (data, data, data)   # x 뒤에 한 칸 공백
25          rgbString += "{" + tmpString +  "} "                     # } 뒤에 한 칸 공백
26      paper.put(rgbString)
27
28  ## 전역 변수 선언 부분 ##
29  window = None
30  canvas = None
31  XSIZE, YSIZE = 256, 256
32  inImage = []                        # 2차원 리스트(메모리)
33
34  ## 메인 코드 부분 ##
35  window = Tk()
36  window.title("흑백 사진 보기")
37  canvas = Canvas(window, height = XSIZE, width = YSIZE)
38  paper = PhotoImage(width = XSIZE, height = YSIZE)
39  canvas.create_image((XSIZE / 2, YSIZE / 2), image = paper, state = "normal")
40
41  # 파일 --> 메모리
42  filename = 'RAW/tree.raw'           # C:/CookPython/RAW/tree.raw
43  loadImage(filename)
44
45  # 메모리 --> 화면
46  displayImage(inImage)
47
48  canvas.pack()
49  window.mainloop()
```

Code11-12.py는 앞에서 다룬 코드를 모두 합친 것이다. 29~32행에서 관련 변수를 준비한다. 42행에서 불러 올 파일명을 지정하고, 43행에서 loadImage( ) 함수에 파일명을 전달해 해당 파일을 inImage 리스트에 불러들인다. 그리고 46행에서 displayImage( ) 함수에 inImage 리스트를 전달해 윈도창에 출력한다.

SECTION 05

파일 입출력의 심화 내용

1 파일 및 디렉터리 다루기

파이썬의 shutil 모듈과 os 모듈, os.path 모듈은 파일이나 디렉터리(폴더)를 다룰 수 있는 다양한 함수를 제공한다. 먼저 세 모듈이 제공하는 함수를 확인해 보자.

```
import shutil
dir(shutil)
```

출력 결과

```
… 생략 …
'chown', 'collections', 'copy', 'copy2', 'copyfile', 'copyfileobj', 'copymode',
'copystat', 'copytree', 'disk_usage', 'errno', 'fnmatch', 'get_archive_formats',
'get_terminal_size', 'get_unpack_formats', 'getgrnam', 'getpwnam', 'ignore_patterns',
'make_archive', 'move', 'nt', 'os',
… 생략 …
```

```
import os
dir(os)
```

출력 결과

```
… 생략 …
 'chdir', 'chmod', 'close', 'closerange', 'cpu_count', 'curdir', 'defpath',
'device_encoding', 'devnull', 'dup', 'dup2', 'environ', 'errno', 'error', 'execl',
'execle', 'execlp', 'execlpe', 'execv', 'execve', 'execvp', 'execvpe', 'extsep', 'fdopen',
'fsdecode', 'fsencode', 'fspath', 'fstat', 'fsync', 'ftruncate', 'get_exec_path',
… 생략 …
```

```
import os.path
dir(os.path)
```

출력 결과

```
… 생략 …
'dirname', 'exists', 'expanduser', 'expandvars', 'extsep', 'genericpath', 'getatime',
'getctime', 'getmtime', 'getsize', 'isabs', 'isdir', 'isfile', 'islink', 'ismount',
'join', 'lexists', 'normcase', 'normpath', 'os', 'pardir', 'pathsep', 'realpath',
'relpath', 'samefile', 'sameopenfile', 'samestat', 'sep', 'split',
… 생략 …
```

상당히 많은 함수를 제공한다. copy, chdir, isfile 등과 같이 함수명만 보고도 기능을 예측할 수 있는 것들도 있다. 유용하게 사용되는 함수의 사용 방법을 알아보자.

파일 및 디렉터리 복사

Code11-10.py에서 코딩한 파일을 복사하려면 다음과 같이 shutil.copy(소스파일, 타깃파일) 함수를 사용해서 간단히 작성할 수도 있다.

```
import shutil
shutil.copy('C:/Windows/notepad.exe', 'C:/Temp/myNote.exe')
```

출력 결과

```
'C:/Temp/myNote.exe'
```

이 코드가 문제없이 작동하려면 원본 파일이 있어야 하고, 복사하려는 폴더(C:\Temp)도 있어야 한다.

디렉터리를 통째로 복사하려면 다음과 같이 shutil.copytree(소스파일, 타깃파일) 함수를 사용한다.

```
shutil.copytree('C:/CookPython/GIF/', 'C:/Temp/GIF')
```

디렉터리의 생성 및 삭제

디렉터리의 생성은 os.mkdir(폴더명) 함수를 사용하고, 디렉터리의 삭제는 shutil.rmtree(폴더명) 함수를 사용한다.

```
1  import os
2  import shutil
3  os.mkdir('C:/myDir/')
4  os.mkdir('C:/myDir/dir1/')
5  shutil.rmtree('C:/myDir/')
```

출력 결과

```
정상적으로 처리되면 아무런 메시지도 표시하지 않음
```

os.mkdir(폴더명) 함수에서 미리 상위 폴더를 만들어야 한다. 3행을 먼저 실행하지 않고 4행을 실행하면 오류가 발생한다. shutil.rmtree(폴더명) 함수는 폴더 안의 모든 파일을 삭제하므로 주의해야 한다.

디렉터리 목록 모두 보기

디렉터리의 모든 파일 및 하위 디렉터리에 접근하려면 os.walk(폴더) 함수를 사용한다. 이 함수가 반환하는 디렉터리 목록을 for 문을 사용해 조회할 수 있다. C:/Windows/debug 폴더의 파일 및 하위 폴더를 모두 조회하는 코드는 다음과 같다.

```
1 import os
2 for dirName, subDirList, fnames in os.walk('C:/Windows/debug') :
3     for fname in fnames :
4         os.path.join(dirName, fname)
```

출력 결과

```
'C:/Windows/debug/ESE.TXT'
'C:/Windows/debug/mrt.log'
'C:/Windows/debug/netlogon.log'
'C:/Windows/debug/NetSetup.LOG'
'C:/Windows/debug/PASSWD.LOG'
'C:/Windows/debug/WIA/wiatrace.bak.log'
'C:/Windows/debug/WIA/wiatrace.log'
```

2행에서 os.walk(폴더) 함수는 현재 폴더명(dirName), 현재 폴더의 하위 디렉터리 목록(subDirList), 파일명 목록(fnames) 3개를 반환한다. 3~4행에서는 fnames의 개수만큼 반복해서 폴더명과 파일명을 묶어 출력한다.

파일 또는 폴더가 이미 존재하는지 확인

파일이나 폴더가 이미 있는지 여부는 os.path.exists(파일명 또는 폴더명) 함수를 사용해 확인한다. 있으면 True를 반환하고, 없으면 False를 반환한다. os.path.isfile(파일명) 및 os.path.isdir(폴더명) 함수는 파일 또는 폴더인지 확인해서 True 또는 False를 반환한다.

```
import os.path
os.path.exists('C:/Windows/notepad.exe')
os.path.isfile('C:/Windows/notepad.exe')
os.path.isdir('C:/Windows')
```

출력 결과

```
모두 True
```

파일 삭제

파일을 삭제하려면 다음과 같이 os.remove(파일명) 함수를 사용한다.

```
import os
os.remove('C:/Temp/myNote.exe')
os.remove('C:/Temp/myNote.exe')
```

출력 결과

```
FileNotFoundError: [WinError 2] 지정된 파일을 찾을 수 없습니다: 'C:/Temp/myNote.exe'
```

두 번째 줄에서 파일이 이미 삭제되었기 때문에 세 번째 줄에서 오류가 발생한다.

파일 크기 확인

파일의 크기를 확인하려면 다음과 같이 os.path.getsize(파일명) 함수를 사용한다.

```
import os.path
os.path.getsize('C:/CookPython/GIF/dog.gif')
```

출력 결과

```
22332
```

저장된 파일의 크기를 바이트 단위로 출력한다.

파일 압축과 압축 풀기

압축 기능과 관련된 함수는 zipfile 모듈에서 제공한다. C:\Windows\notepad.exe 파일을 C:\Temp\new.zip 파일로 압축하고 싶다면 다음 코드를 사용한다.

```
1 import zipfile
2 newZip = zipfile.ZipFile('C:/Temp/new.zip', 'w')
3 newZip.write('C:/Windows/notepad.exe', compress_type = zipfile.ZIP_DEFLATED)
4 newZip.close()
```

출력 결과

```
정상적으로 처리되면 아무런 메시지도 표시하지 않음
```

2행에서 새로 압축될 파일을 쓰기(w)로 준비한 후 3행에서 압축을 수행한다. 4행에서 압축 파일을 닫는다. 압축된 파일은 파일의 경로까지 함께 압축된다. 파일을 여러 개 new.zip에 추가하려면 close()하기 전에 3행을 반복해서 수행하면 된다.

zipfile 모듈은 파일의 압축을 푸는 기능도 당연히 제공한다. 앞에서 압축한 new.zip 파일을 C:\Temp\ 폴더에서 풀고 싶다면 다음 코드를 사용한다.

```
1 extZip = zipfile.ZipFile('C:/Temp/new.zip', 'r')
2 extZip.extractall('C:/Temp/')
3 extZip.close()
```

출력 결과

```
정상적으로 처리되면 아무런 메시지도 표시하지 않음
```

1행에서 압축을 풀 파일을 읽기(r)로 준비한 후 2행에서 해당 폴더에 압축을 푼다. 압축을 했던 경로와 함께 압축이 풀린다. 3행에서 압축 파일을 닫는다.

2 예외 처리

try, except 문

예외 처리(Exception Handling)는 오류가 발생할 때 파이썬이 처리하지 않고 프로그래머가 작성한 코드를 실행하는 방식이다. 예를 들어 다음 코드는 파일을 삭제한다. 문법상 오류는 없으나 해당 파일이 없어 오류가 발생한다.

```
import os
os.remove('C:/Temp/noFile.exe')      # 이 파일이 없음
```

출력 결과

```
FileNotFoundError: [WinError 2] 지정된 파일을 찾을 수 없습니다: 'C:/Temp/noFile.exe'
```

try 문, except 문을 활용하면 이런 파이썬의 오류 대신 직접 오류 메시지를 작성해 정상적으로 흐름을 이어갈 수 있다.

```
try :
    os.remove('C:/Temp/noFile.exe')
except :
    print('파일이 없네요. 확인 바랍니다.')
```

출력 결과

```
파일이 없네요. 확인 바랍니다.
```

파일이 있다면 이상 없이 삭제했을 것이고, 파일이 없다면 프로그래머가 except 문에 작성한 오류 흐름이 처리된다.

try 문, except 문은 파일 처리뿐만 아니라 문자열 처리, 리스트 처리 등에서도 많이 활용된다. 다음은 문자열 중에서 '파이썬' 글자의 위치를 모두 찾아서 출력하는 코드인데, 오류가 발생한다.

Code11-13.py

```python
myStr = '파이썬은 재미 있어요. 파이썬만 매일매일 공부하고 싶어요. ^^'
strPosList = []
index = 0

while True :
    index = myStr.index('파이썬', index)
    strPosList.append(index)
    index = index + 1           # 다음 위치부터 찾음

print('파이썬 글자 위치 -->', strPosList)
```

출력 결과

```
Traceback (most recent call last):
    File "C:\CookPython\Code11-13.py", line 6, in <module>
        index = myStr.index('파이썬', index)
ValueError: substring not found
```

'파이썬' 글자가 위치한 첨자 0과 13을 찾은 후에는 더 이상 없기 때문에 오류가 발생한다. 이것에 대한 예외 처리를 추가하면 간단히 해결할 수 있다.

Code11-14.py

```python
1  myStr = '파이썬은 재미 있어요. 파이썬만 매일매일 공부하고 싶어요. ^^'
2  strPosList = []
3  index = 0
4
5  while True :
6      try :
7          index = myStr.index('파이썬', index)
8          strPosList.append(index)
9          index = index + 1       # 다음 위치부터 찾음
10     except :
11         break
12
13 print('파이썬 글자 위치 -->', strPosList)
```

출력 결과

```
파이썬 글자 위치 --> [0, 13]
```

try 문 아래쪽에 있는 7~9행 중에서 오류가 발생하면 11행이 수행된다. 결국 반복문을 정상적으로 빠져나와서 프로그램이 문제없이 실행된다.

except 문 뒤에 아무것도 명시하지 않으면 모든 종류의 오류를 처리한다. 하지만 필요하다면 오류의 종류에 따라서 다른 오류를 처리하는 것도 가능하다.

```
try :
    실행할 문장들
except 예외_종류 1 :
    오류일 때 실행할 문장들
except 예외_종류 2 :
    오류일 때 실행할 문장들
```

대표적인 예외 종류는 다음과 같다.

표 11-2 마우스 이벤트

종류	설명
ImportError	import 문에서 오류가 발생할 때
IndexError	리스트 등 첨자의 범위를 벗어날 때
KeyError	딕셔너리에서 키가 없을 때
KeyboardInterrupt	프로그램 실행 중 Ctrl+C를 누를 때
NameError	변수명이 없는 것에 접근할 때
RecursionError	재귀 호출의 횟수가 시스템에서 설정한 것보다 넘칠 때(1000번)
RuntimeError	실행 도중 오류가 발생할 때
SyntaxError	exec()나 eval()에서 문법상 오류가 발생할 때
TypeError	변수형의 오류가 발생할 때 예 '문자열-문자열' 연산
ValueError	함수의 매개변수에 잘못된 값을 넘길 때 예 int('파이썬')
ZeroDivisionError	0으로 나눌 때
IOError	파일 처리 등의 오류일 때

다음은 오류의 종류에 따라서 다른 처리를 진행하는 코드이다.

Code11-15.py

```
num1 = input('숫자1 -->')
num2 = input('숫자2 -->')

try :
    num1 = int(num1)
    num2 = int(num2)
    while True :
        res = num1 / num2
```

```
except ValueError :
    print('문자열은 숫자로 변환할 수 없습니다.')

except ZeroDivisionError :
    print('0으로 나눌 수 없습니다.')

except KeyboardInterrupt :
    print('Ctrl+C를 눌렀군요.')
```

출력 결과

```
숫자1 -->이건 뭐죠?
숫자2 -->10
문자열은 숫자로 변환할 수 없습니다.
숫자1 -->10
숫자2 -->0
0으로 나눌 수 없습니다.
숫자1 -->10
숫자2 -->5
Ctrl+C를 눌렀군요. ← 무한 반복에서 Ctrl+C를 눌렀을 때
```

try, except, else, finally 문

try 문에서 오류가 발생하면 except 문이 실행되며, 오류가 발생하지 않으면 else 문이 실행된다. finally 문은 오류가 발생하든 그렇지 않든 무조건 실행된다. 다음 코드를 살펴보자.

Code11-16.py

```
num1 = input('숫자1 -->')
num2 = input('숫자2 -->')

try :
    num1 = int(num1)
    num2 = int(num2)

except :
    print('오류가 발생했습니다.')

else :
    print(num1, '/', num2, '=', num1 / num2)

finally :
    print('이 부분은 무조건 나옵니다.')
```

출력 결과

```
숫자1 -->100
숫자2 -->50
100 / 50 = 2.0
이 부분은 무조건 나옵니다.
숫자1 -->100
숫자2 -->모름
오류가 발생했습니다.
이 부분은 무조건 나옵니다.
```

오류가 발생하지 않으면 else 문이 실행되고, finally 문은 무조건 실행되는 것을 확인할 수 있다.

SELF STUDY 11-5

Code11-12.py를 다음과 같이 수정해 보자.

① 프로그램을 실행하면 파일 선택 대화상자가 나타나 모든 파일이 선택 가능하도록 한다.

② 예외 처리를 활용한다. 예로 GIF 등을 선택해서 처리에 실패할 경우, 정상적인 RAW를 선택해서 성공할 경우, 종료 시에 다음과 같은 메시지가 나타나게 한다.

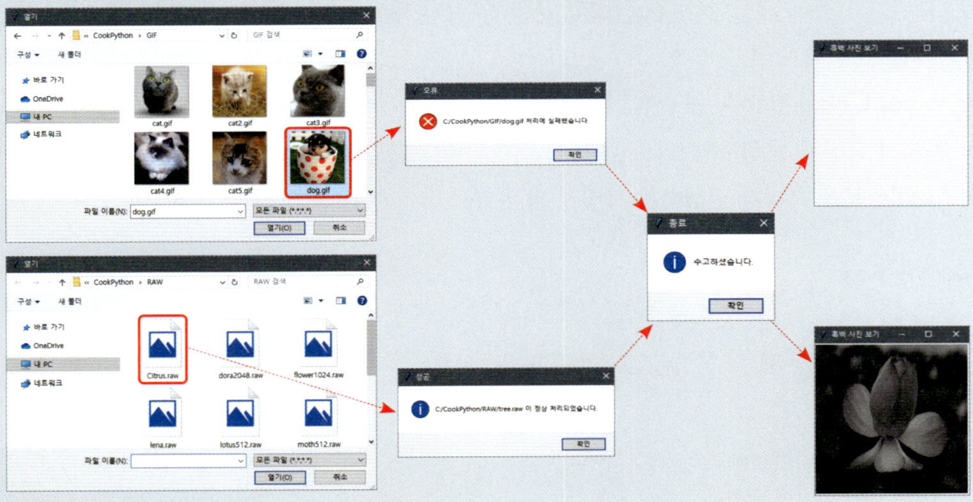

IT@COOKBOOK

요약

1 파일 입출력은 키보드를 사용하는 대신 파일을 읽어서 내용을 입력하거나 화면 대신 파일에 내용을 출력하는 것이다.

2 표준 입출력과 파일 입출력 함수는 다음과 같다.

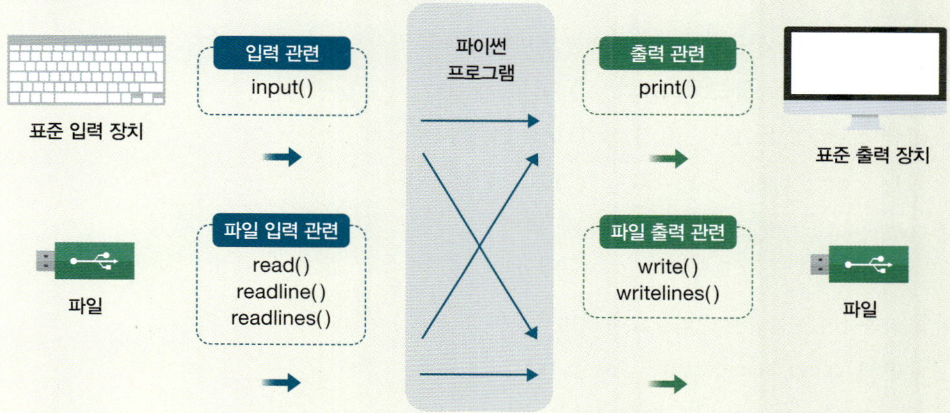

3 파일 입출력은 파일 열기 → 파일 처리 → 파일 닫기 3단계를 거친다.

4 파일의 내용을 한 행씩 읽어 오려면 readline( ) 함수를 사용한다. readlines( ) 함수는 파일의 내용을 통째로 읽어서 리스트에 저장한다.

5 파일이 없을 때 오류를 방지하려면 os.path.exists(파일명)을 사용한다.

6 텍스트 파일은 우리가 읽을 수 있는 글자로 구성된 파일이다. 반면 이진(Binary : 바이너리) 파일은 글자가 아닌 비트(Bit) 단위로 의미가 있는 파일이다.

7 이진 파일을 처리하기 위해서는 read( ) 함수를 이용해서 한 바이트씩 읽고, write( ) 함수를 이용해서 한 바이트씩 쓰는 작업을 파일에서 읽을 것이 없을 때까지 무한 반복한다.

8 파이썬의 shutil 모듈과 os 모듈, os.path 모듈은 파일이나 디렉터리(폴더)를 다룰 수 있는 다양한 함수를 제공한다.

9 예외 처리(Exception Handling)는 오류가 발생할 때 파이썬이 처리하지 않고 프로그래머가 작성한 코드를 실행하는 방식이다. 대표적으로 try 문, except 문이 있다.

연습문제

1 파일을 닫는 함수로 올바른 것을 고르세요.

① close(file)　　② file.close()

③ shut(file)　　④ file.end()

2 다음 중 with 문을 사용하여 파일을 여는 올바른 코드로 알맞은 것을 고르세요.

① `with file as open("data.txt", "r"):`

② `with open("data.txt", "r") as file:`

③ `file = with open("data.txt", "r"):`

④ `open("data.txt", "r") as file:`

3 파일을 복사하는 올바른 방법을 고르세요.

① `shutil.copy("source.txt", "dest.txt")`

② `os.copy("source.txt", "dest.txt")`

③ `file.copy("source.txt", "dest.txt")`

④ `copy("source.txt", "dest.txt")`

4 다음은 파일의 내용을 모두 읽어서 화면에 출력하는 코드입니다. 빈 곳의 코드를 채우세요.

```
inFp = open("파일명", "r")

while True :
    inStr = [        ❶        ]
    if inStr == "" :
        [        ❷        ]
    print(inStr, end = "")

inFp.close()
```

5 파일을 닫지 않아도 자동으로 닫히도록 하는 방법을 고르세요.

① try~except 사용　　② with open() 사용

③ file.close() 명시적으로 호출　　④ file.flush() 사용

6 다음은 텍스트 파일을 복사하는 코드입니다. 빈 곳을 채우세요.

```
with open("원본파일", "r") as inFp :
    with open("대상파일", "w") as outFp :
        [          ]
            outFp.writelines(inStr)
```

7 RAW 이미지 파일과 관련된 내용입니다. 거리가 먼 것을 고르세요.

① 컬러를 표현하지 못한다.

② JPG, PNG 등 다른 이미지 파일보다 구조가 간단하다.

③ 3차원 리스트의 구조를 갖는다.

④ 각 픽셀의 값은 0~255를 벗어날 수 없다.

8 메모리(inImage)를 윈도창에 출력하는 코드 중 빈 곳에 들어가는 내용으로 적당한 것을 [조건]에서 각각 고르세요.

```
def displayImage(image) :
    global XSIZE, YSIZE
    rgbString = ""
    for i in range(0, XSIZE) :
        tmpString = ""
        for k in range(0, YSIZE) :
            data = [      ❶      ]
            [      ❷      ] += "#%02x%02x%02x " % (data, data, data)
        [      ❸      ] += "{" + tmpString + "} "
    paper.put(rgbString)
```

조건

XSIZE, YSIZE, XSIZE*YSIZE, rgbString, tmpString, i, k, i+k, i*k, i**i, k**k, image[i][k], image[XSIZE][YSIZE], image[k][i], image[i*2][k*2]

연습문제

9 다음과 같은 기능을 구현하는 코드의 빈 곳을 채우세요.

(1) 디렉터리 복사

```
shutil.[        ]('원본디렉터리', '대상디렉터리')
```

(2) 디렉터리 생성

```
os.[        ]('디렉터리')
```

(3) 디렉터리 목록 출력

```
import os
for dirName, subDirList, fnames in os.[        ]('디렉터리) :
    for fname in fnames :
        os.path.join(dirName, fname)
```

(4) 디렉터리 여부 확인

```
os.[        ]('디렉터리')
```

10 심화문제 [응용예제 02]를 수정해서 다음의 기능을 구현해 보세요.

- 마우스 왼쪽 버튼을 누르면 10씩 화면이 밝아진다.
- 마우스 오른쪽 버튼을 누르면 10씩 화면이 어두워진다.
- 마우스 가운데 버튼을 누르면 화면이 반전된다(다시 누르면 원래 화면).
- 마우스 휠을 아래로 스크롤하면 화면이 회전된다(0, 90, 180, 270도).
- 마우스 휠을 위로 스크롤하면 화면이 미러링된다.

힌트1 마우스 휠은 다음과 같이 코드를 사용한다.

```
window.bind("<MouseWheel>", lambda e: 위스크롤함수(e) if e.delta > 0 else 아래스크롤함수(e))
```

힌트2 90도 회전시킨 새로운 2차원 리스트 생성은 다음과 같이 코드를 사용한다.

```
newImage = [[inImage[YSIZE - 1 - k][i] for k in range(YSIZE)] for i in range(XSIZE)]
```

힌트3 2차원 리스트의 좌우 미러링은 다음과 같이 코드를 사용한다.

```
for i in range(XSIZE):
    inImage[i].reverse()
```

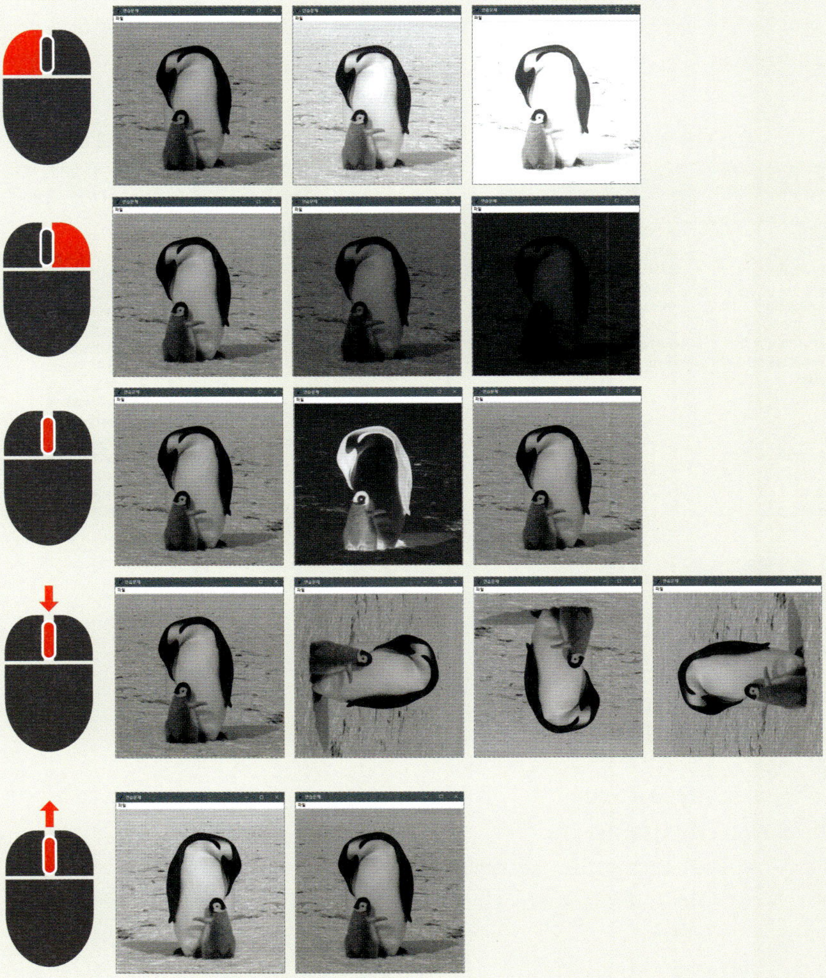

응용예제 01

파일 탐색기 만들기

난이도★★★★☆

예제 설명 윈도의 파일 탐색기와 기능이 비슷한 프로그램을 만들어 보자. 실행 결과를 보면 위쪽에는 현재 폴더명을 표시하고, 왼쪽에는 현재 폴더의 하위 폴더 목록을 표시하며, 오른쪽에는 현재 폴더의 파일 목록을 표시한다. 또 왼쪽의 폴더를 클릭하면 해당 폴더로 이동하고, '상위폴더'를 클릭하면 상위 폴더로 이동한다.

실행 결과

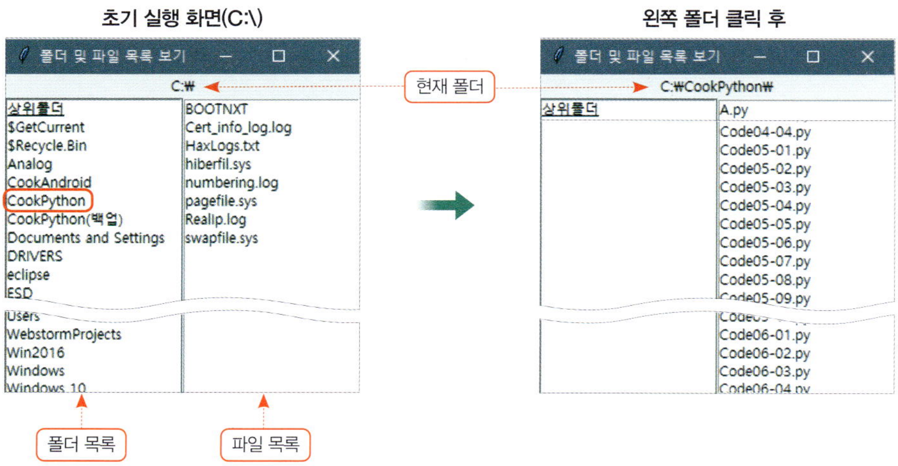

코드

```
from tkinter import *
import os
import os.path

## 함수 선언 부분 ##
def clickListBox(evt) :
    global currentDir, searchDirList
    if (dirListBox.curselection() == ()) :  # 다른 리스트 박스를 클릭할 때는 무시
        return
    dirName = str(dirListBox.get(dirListBox.curselection()))   # 클릭한 폴더명
    if dirName == '상위폴더' :
        if len(searchDirList) == 1 : # 상위 폴더를 클릭했는데, 현재 C:\\면 무시
            return
        searchDirList.pop() # 상위 폴더 이동이라 마지막 검색 폴더(현재 폴더)
    else :
        searchDirList.append(currentDir + dirName + '\\')
                            # 검색 리스트에 클릭한 폴더 추가
```

```

    fillListBox()

def fillListBox() :
    global currentDir, searchDirList, dirLabel, dirListBox, fileListBox
    dirListBox.delete(0, END)        # 폴더 리스트 박스를 비움
    fileListBox.delete(0, END)       # 파일 리스트 박스를 비움

    dirListBox.insert(END, "상위폴더")
    currentDir = searchDirList[len(searchDirList) - 1]
    dirLabel.configure(text = currentDir)
    folderList = os.listdir(currentDir)
    for item in folderList :
        if os.path.isdir(currentDir + item) :
            dirListBox.insert(END, item)
        elif os.path.isfile(currentDir + item) :
            fileListBox.insert(END, item)

## 전역 변수 선언 부분 ##
window = None
searchDirList = ['C:\\']      # 중요 변수! 검색한 폴더 목록의 스택
currentDir = 'C:\\'
dirLabel, dirListBox, fileListBox = None, None, None

## 메인 코드 부분 ##
window = Tk()
window.title("폴더 및 파일 목록 보기")
window.geometry('300x500')

dirLabel = Label(window, text = currentDir)
dirLabel.pack()

dirListBox = Listbox(window)
dirListBox.pack(side = LEFT, fill = BOTH, expand = 1)
dirListBox.bind('<<ListboxSelect>>', clickListBox)

fileListBox = Listbox(window)
fileListBox.pack(side = RIGHT, fill = BOTH, expand = 1)

fillListBox()        # 초기에는 C:\\의 모든 폴더 목록 만들기

window.mainloop()
```

코드 설명

행	설명
1~3행	관련 모듈을 임포트한다.
6~18행	clickListBox() 함수의 작동 원리를 대략적으로 먼저 살펴보자. 이 함수는 윈도창 왼쪽의 폴더 목록을 클릭했을 때 실행된다. 클릭한 폴더와 현재 폴더를 합쳐서 searchDirList에 추가한다. 예를 들어 현재 폴더가 C:\\이고 클릭한 폴더가 Windows 폴더라면 searchDirList는 ["C:\\", "C:\\Windows\\"]가 된다. 다시 System 폴더를 클릭하면 searchDirList는 ["C:\\", "C:\\Windows\\", "C:\\Windows\\System\\"]가 된다. 예외적으로 '상위폴더' 항목을 클릭했다면 searchDirList의 마지막 항목을 삭제한다. 즉, searchDirList가 ["C:\\", "C:\\Windows\\", "C:\\Windows\\System\\"]였는데 '상위폴더'를 클릭했다면 searchDirList는 ["C:\\", "C:\\Windows\\"]가 된다. searchDirList를 완성한 후 fillListBox() 함수를 호출해서 화면의 두 리스트 박스의 내용을 현재 폴더를 기준으로 다시 작성한다. 8~9행은 다른 리스트 박스를 클릭했을 때 발생되는 오류를 방지하기 위해서이다. 10행에서 클릭한 폴더명을 문자열로 뽑는다. 11~16행에서 클릭한 폴더가 '상위폴더'인데 현재 C:\\일 때는 더 이상 상위 폴더가 없으므로 무시한다. 그렇지 않으면 searchDirList에서 마지막 항목을 삭제한다. 결국 현재 폴더보다 상위 폴더가 searchDirList의 마지막 항목이 된다.
20~33행	화면의 폴더 리스트 박스와 파일 리스트 박스를 새롭게 만든다. 22~23행에서 우선 두 리스트 박스를 깨끗하게 비운다. 핵심은 26행의 현재 폴더인 currentDir인데, 현재 폴더는 항상 searchDirList의 마지막 항목을 사용한다. 27행에서 리스트 박스 위쪽에 나타나는 글자를 현재 폴더로 변경한다. 28행에서 현재 폴더 안의 파일 폴더 목록을 뽑은 후 29~33행에서 파일은 파일 리스트 박스에 삽입하고, 폴더는 폴더 리스트 박스에 삽입한다.
37행	searchDirList가 이 프로그램에서 가장 중요한 변수이다. C:\\를 시작으로 검색한 목록이 기록되는 스택 구조이다. C:\\ 이후에 클릭한 항목들이 차곡차곡 쌓인다. 예를 들어 C:\\ 이후에 Windows, System 폴더를 차례로 클릭했다면 searchDirList는 ["C:\\", "C:\\Windows\\", "C:\\Windows\\System\\"]가 된다. 이 중 마지막 항목이 현재 폴더로 설정된다. 그리고 상위 폴더로 이동하려고 마지막 항목을 삭제하면 자연스럽게 상위 폴더가 다시 현재 폴더가 된다.
38행	현재 폴더를 저장한 변수이다. 항상 searchDirList의 마지막 항목을 뽑아서 저장한다.
39행	윈도창에 나올 위젯 변수들이다.
46~47행	리스트 박스 위쪽에 나타나는 현재 폴더의 전체 경로를 출력한다.
49~51행	왼쪽 현재 폴더의 하위 폴더 목록을 보여 주는 리스트 박스이다. 이 부분을 클릭하면 clickListBox() 함수를 호출해서 현재 폴더가 변경된다.
53~54행	왼쪽 현재 폴더의 파일 목록을 보여 주는 리스트 박스이다. 이 부분은 클릭해도 아무런 작동을 하지 않는다.
56행	프로그램을 처음 실행하면 C:\\를 기준으로 화면을 구성해야 한다. searchDirList의 초깃값이 ["C:\\"]이므로 자동으로 C:\\를 현재 폴더로 설정해 화면을 구성한다.

응용예제 02

흑백 사진에 메뉴 추가하기

난이도★★★★★

예제 설명 [프로그램 2]의 흑백 사진 보기 프로그램에서 *.raw 파일을 선택해 열거나 사진을 밝게, 또는 어둡게 반전 효과를 주는 메뉴를 추가해 보자.

실행 결과

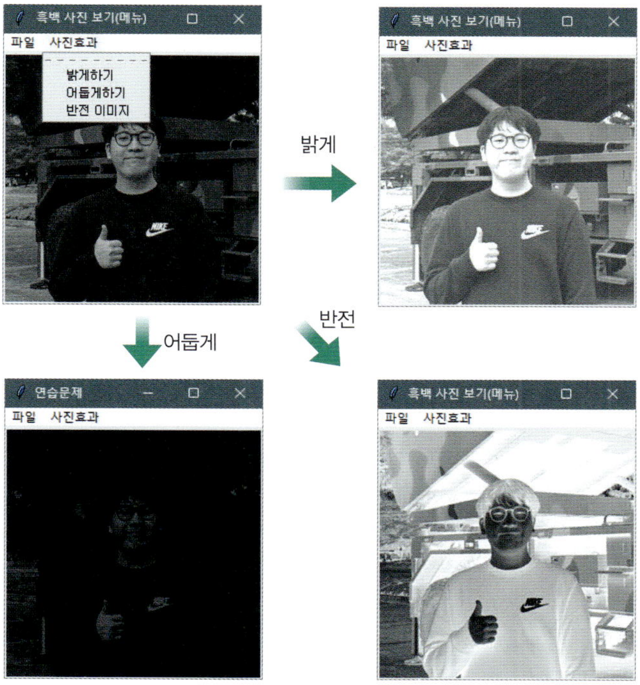

코드

```
from tkinter import *
from tkinter.filedialog import *
from tkinter.simpledialog import *
import os.path
import math

## 함수 선언 부분 ##
def loadImage(fname) :
    global window, canvas, paper, filename, XSIZE, YSIZE, inImage

    inImage = []
    fsize = os.path.getsize(fname)            # 파일의 크기
    XSIZE = YSIZE = int(math.sqrt(fsize))     # 정방형으로 가정하고 크기 구함

    fp = open(fname, 'rb')
```

```
    for i in range(0, XSIZE) :
        tmpList = []
        for k in range(0, YSIZE) :
            data = int(ord(fp.read(1)))
            tmpList.append(data)
        inImage.append(tmpList)

    fp.close()

def displayImage(image) :
    global window, canvas, paper, filename, XSIZE, YSIZE, inImage
    rgbString = ""
    for i in range(0, XSIZE) :
        tmpString = ""
        for k in range(0, YSIZE) :
            data = image[i][k]
            tmpString += "#%02x%02x%02x " % (data, data, data)
        rgbString += "{" + tmpString +  "} "
    paper.put(rgbString)

def func_open() :
    global window, canvas, paper, filename, XSIZE, YSIZE, inImage

    filename = askopenfilename(parent = window, filetypes = (("RAW 파일", "*.raw"), ("모든 파일", "*.*")))
    if filename == '' :        # 대화상자에서 취소를 눌렀으면
        return

    if canvas != None :        # 기존에 열린 적이 있으면 삭제
        canvas.destroy()

    # 파일 --> 메모리
    loadImage(filename)

    window.geometry(str(XSIZE) + 'x' + str(YSIZE))          # 윈도창 크기
    canvas = Canvas(window, height = XSIZE, width = YSIZE)
    paper = PhotoImage(width = XSIZE, height = YSIZE)
    canvas.create_image((XSIZE / 2, YSIZE / 2), image = paper, state = "normal")

    # 메모리 --> 화면
    displayImage(inImage)

    canvas.pack()

def func_exit() :
    window.quit()
    window.destroy()
```

```
def brightPhoto() :
    global window, canvas, paper, filename, XSIZE, YSIZE, inImage
    value = askinteger('밝게', '값 입력', minvalue = 1, maxvalue = 255)

    for i in range(0, XSIZE) :
        for k in range(0, YSIZE) :
            data = inImage[i][k] + value
            if data > 255 :
                newData = 255
            else :
                newData = data
            inImage[i][k] = newData

    displayImage(inImage)

def darkPhoto() :
    global window, canvas, paper, filename, XSIZE, YSIZE, inImage
    value = askinteger('어둡게', '값 입력', minvalue = 1, maxvalue = 255)

    for i in range(0, XSIZE) :
        for k in range(0, YSIZE) :
            data = inImage[i][k] - value
            if data < 0 :
                newData = 0
            else :
                newData = data
            inImage[i][k] = newData

    displayImage(inImage)

def reversePhoto() :
    global window, canvas, paper, filename, XSIZE, YSIZE, inImage

    for i in range(0, XSIZE) :
        for k in range(0, YSIZE) :
            data = inImage[i][k]
            newData = 255 - data
            inImage[i][k] = newData

    displayImage(inImage)

## 전역 변수 선언 부분 ##
window = None
canvas = None
XSIZE, YSIZE = 0, 0
inImage = []     # 2차원 리스트(메모리)
filename = ''    # 파일명(전역 변수)
```

```
111
112 ## 메인 코드 부분 ##
113 if __name__ == "__main__" :
114     window = Tk()
115     window.title("흑백 사진 보기(메뉴)")
116
117     # 메뉴 추가
118     mainMenu = Menu(window)
119     window.config(menu = mainMenu)
120     fileMenu = Menu(mainMenu)
121     mainMenu.add_cascade(label = "파일", menu = fileMenu)
122     fileMenu.add_command(label = "파일 열기", command = func_open)
123     fileMenu.add_separator()
124     fileMenu.add_command(label = "프로그램 종료", command = func_exit)
125
126     photoMenu = Menu(mainMenu)
127     mainMenu.add_cascade(label = "사진효과", menu = photoMenu)
128     photoMenu.add_command(label = "밝게하기", command = brightPhoto)
129     photoMenu.add_command(label = "어둡게하기", command = darkPhoto)
130     photoMenu.add_command(label = "반전 이미지", command = reversePhoto)
131
132     window.mainloop()
```

코드 설명

1~5행	관련 모듈을 임포트한다.
8~24행	파일명을 매개변수로 받아서 파일의 내용을 메모리로 읽어 온다. 파일을 여러 번 열 수 있으므로 11행에서 메모리를 초기화했다. 12~13행은 파일이 정방형이라는 가정하에 파일의 크기를 계산해서 가로(XSIZE)와 세로(YSIZE)의 크기를 결정한다. 즉 다양한 크기의 사진을 불러올 수 있다. 15~24행은 파일의 내용을 inImage 메모리에 읽어 들인다.
26~35행	image 리스트를 매개변수로 받아서 사진을 화면에 출력한다.
37~58행	[파일]–[열기] 메뉴를 선택하면 실행되는 함수이다. [파일 열기] 대화상자에서 선택된 raw 파일을 화면에 출력한다. 44~45행에서는 사진을 여러 번 열 수 있으므로 캔버스가 겹치지 않도록 기존에 사진을 연 적이 있으면 캔버스를 초기화한다. 44~45행은 사진을 여러 번 열 경우에 캔버스가 inImage 메모리로 불러들인다. 50~53행에서 사진 크기에 따라 윈도창의 크기를 조절한다. 56행에서 메모리에 있는 이미지를 화면에 출력한다.
64~77행	[사진효과]–[밝게하기] 메뉴를 선택하면 실행되는 함수이다. 66행에서 밝게 할 값을 입력받는다. 각 픽셀은 0~255값을 가지므로 최소 1부터 최대 255까지 밝게 했다. 68~75행은 영상의 가로×세로 크기만큼 반복한다. 70행에서 픽셀값에 입력된 값을 더한다. 71~74행은 더한 픽셀값이 최대 255이므로 255가 넘으면 255로 취급한다는 의미이다. 75행에서 결정된 새로운 값을 다시 inImage 메모리에 저장한다. 77행에서 다시 새로운 값으로 채운 inImage를 화면에 출력한다.
79~92행	brightPhoto() 함수와 동일한 개념이다. 단 픽셀값은 0 이하가 될 수 없음을 처리했다.
94~103행	영상을 반전 처리한다. 255에서 픽셀값을 빼면 반전되는 효과가 된다.
106~110행	전역 변수를 설정한다.
118~130행	메뉴를 생성하고, 각 메뉴를 선택할 때 실행될 함수를 설정한다.

응용예제 03

이진 파일을 여러 개의 파일로 분할하기

난이도★★★★☆

예제 설명 대용량 이진 파일을 여러 개의 파일로 분할하는 프로그램을 작성한다. 예를 들어 1GB(=1024MB)를 100MB 크기의 파일 10개로 분할한다. 분할된 파일명은 원파일명.part1, 원파일명.part2 … 형식으로 지정한다.

실행 결과

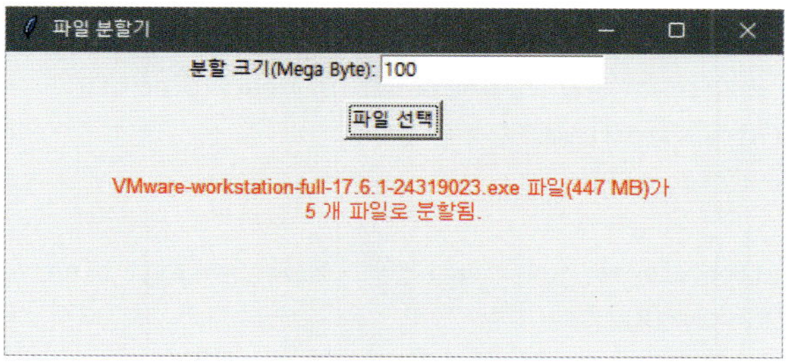

코드

```
from tkinter import *
from tkinter import filedialog

## 함수 선언부##
def split_binary_file():
    filename = filedialog.askopenfilename(title="분할할 파일 선택")

    part_size = int(entry_size.get()) * 1024 * 1024
    with open(filename, "rb") as file:
        file_data = file.read()

    file_size = len(file_data)
    if file_size % part_size == 0:
        num_parts = file_size // part_size
    else:
        num_parts = (file_size // part_size) + 1

    base_name = filename.split("/")[-1]
    folder_path = "/".join(filename.split("/")[:-1])

    for i in range(num_parts):
        part_filename = folder_path + "/" + base_name + ".part" + str(i + 1)
        with open(part_filename, "wb") as part_file:
            part_file.write(file_data[i * part_size:(i + 1) * part_size])

```

```
26      result_str = base_name + " 파일(" + str(file_size//(1024*1024)) + " MB)가\n" + str(num_parts) + " 개 파일로 분할됨."
27      result_label.config(text= result_str)
28
29  ## 메인 코드부##
30  window = Tk()
31  window.title("파일 분할기")
32  window.geometry("500x200")
33
34  size_frame = Frame(window)
35  size_frame.pack()
36
37  Label(size_frame, text="분할 크기(Mega Byte):").pack(side=LEFT)
38  entry_size = Entry(size_frame)
39  entry_size.pack(side=LEFT)
40
41  btn_split = Button(window, text="파일 선택", command=split_binary_file)
42  btn_split.pack(pady=10)
43
44  result_label = Label(window, text="", font=("Arial", 10), fg="red")
45  result_label.pack(pady=10)
46
47  window.mainloop()
```

코드 설명

5~27행	선택한 파일을 입력한 크기에 따라서 분할한다.
8행	입력한 MB 크기를 바이트 크기로 변환한다.
9~10행	선택한 파일을 file_data로 읽어들인다.
12~16행	파일 크기가 정확히 입력한 크기와 나누어 떨어지지 않으면 파일 개수를 1개 더 크게 설정한다.
18, 19행	파일 이름과 폴더 경로를 분리한다.
21~24행	계산된 파일의 개수만큼 분리한다. 22행에서 새로운 파일명을 준비하고, 23~24행에서는 8행에서 계산된 크기의 파일을 새로 만든다.
26행	결과 메시지를 레이블로 표시한다.
30~47행	GUI 화면을 구성한다.

CHAPTER 12

객체지향 프로그래밍

학습목표

- 객체지향의 개념을 익힌다.
- 클래스, 인스턴스를 구분하고 이해한다.
- 객체지향 프로그래밍의 활용법을 익힌다.

SECTION 01 이 장에서 만들 프로그램

SECTION 02 클래스

SECTION 03 생성자

SECTION 04 인스턴스 변수와 클래스 변수

SECTION 05 클래스의 상속

SECTION 06 객체지향 프로그래밍의 심화 내용

요약

연습문제

응용예제

이 장에서 만들 프로그램

객체지향 프로그래밍(OOP, Object Oriented Programming)은 자바나 C++ 같은 프로그래밍 언어의 핵심 개념이다. 솔직히 객체지향은 개념이 좀 어렵기도 하고, 활용하기도 쉽지 않다. 게다가 처음 접하는 용어도 많아서 혼란스러울 수 있다. 하지만 객체지향이 무엇인지 안다면 향후 고급 프로그래밍을 작성하는 데 도움이 되므로 이 장을 잘 이해하자.

1 [프로그램 1] 객체지향 개념 적용

첫 번째는 객체지향의 기본 개념을 적용한 프로그램이다. 여기서는 클래스, 인스턴스, 필드, 메서드, 생성자 등의 내용이 포함된다. 객체지향 개념을 적용했을 뿐이지 아주 단순한 프로그램이다.

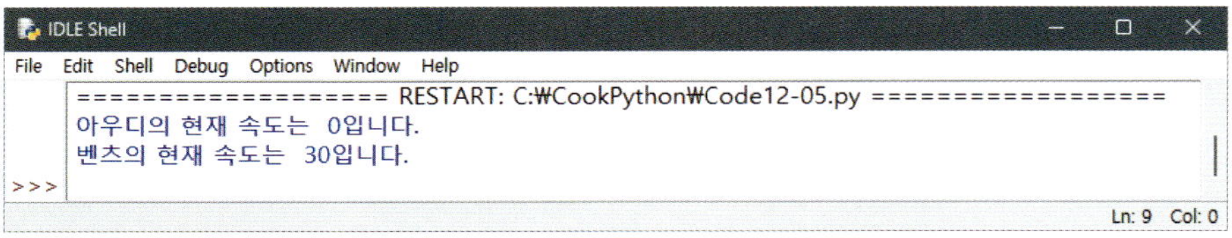

2 [프로그램 2] 객체지향 사각형을 그리는 거북이

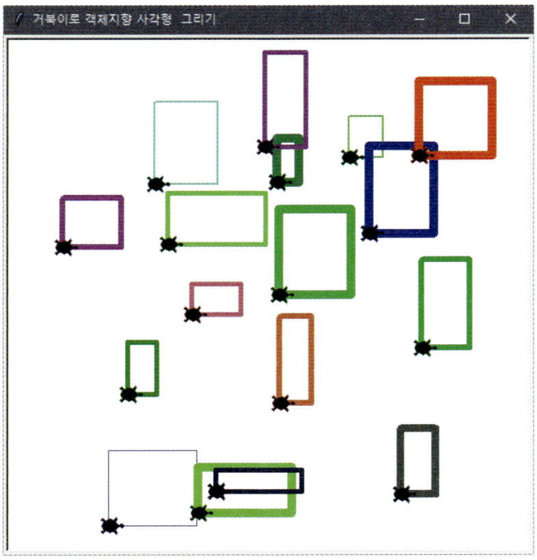

두 번째도 객체지향 개념을 적용한 프로그램이다. 터틀 그래픽을 활용해서 마우스로 클릭하는 지점을 중심으로 거북이가 사각형을 그리게 할 것이다. 여기서는 [프로그램 1]의 객체지향 개념에 상속 내용을 추가한다. 상속에서도 알아야 할 것이 많으므로 본문에서 하나씩 차근히 배워 보자.

SECTION 02

클래스

클래스(Class)는 객체지향을 공부할 때 가장 어렵게 느끼는 개념 중 하나이다. 하지만 개념을 잡고 파이썬에서 실제로 적용하는 방법까지 알고 나면 프로그래밍 이해도는 훨씬 더 깊어질 것이다. 먼저 간단한 개념과 실제 구현되는 코드로 클래스를 이해해 보자.

객체지향 프로그래밍 용어는 대부분의 프로그래밍 언어에서 비슷하게 사용되지만, 일부 프로그래밍 언어에서는 용어를 조금 달리 사용한다. 예를 들어 자바에서는 메서드(Method)로 칭하는 것을 C++에서는 멤버 함수(Member Function)로 칭한다. 이 책에서는 많이 사용되는 자바 용어를 기준으로 객체지향의 개념을 설명한다. 프로그래머가 되려면 자바를 필수로 공부해야 하므로 지금 배우는 내용들이 도움이 될 것이다.

1 클래스의 개념

파이썬은 객체지향 개념을 적용할 수 있는 프로그래밍 언어이다. 객체지향 프로그래밍 언어에서 가장 핵심적인 단어는 클래스(Class)이다. 지금까지 배운 내용은 객체지향적인 요소를 최대한 배제한 프로그래밍의 일반적인 요소들이다.

클래스의 모양과 생성

클래스를 생성하는 방법은 다음과 같이 간단하다.

```
class 클래스명 :
    # 이 부분에 관련 코드 구현
```

이런 형식으로 사용하는 클래스의 개념을 살펴보면, 클래스는 '현실 세계의 사물을 컴퓨터 안에서 구현하려고 고안된 개념'이다. 현실 세계의 자동차를 생각해 보자. 자동차에는 색상, 속도 등의 속성이 있다. 또 액셀 밟기(속도 올리기), 브레이크 밟기(속도 내리기) 등의 기능도 구현할 수 있다. 이것을 클래스 형식으로 구현해 보자.

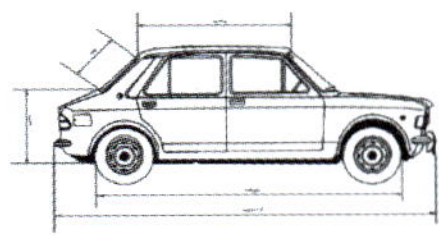

```
class 자동차 :
    # 자동차의 속성
      색상
      속도
    # 자동차의 기능
      속도 올리기()
      속도 내리기()
```

그림 12-1 자동차를 클래스로 구현

속성과 기능을 갖춘 훌륭한 자동차 클래스가 완성되었다. 이렇게 현실 세계의 다양한 사물을 클래스로 표현할 수 있다.

이제는 자동차 클래스의 개념을 실제 코드로 구현해 보자. 먼저 자동차의 속성은 지금까지 사용한 변수처럼 생성한다. 이것을 필드(Field)라고 한다. 또 자동차의 기능은 지금까지 사용한 함수 형식으로 구현한다. 단 클래스 안에서 구현된 함수는 함수라고 하지 않고 메서드(Method)라고 한다. [그림 12-1]을 좀 더 구체적으로 구현하면 다음과 같다.

```
class Car :
    # 자동차의 필드
    색상 = ""
    현재_속도 = 0

    # 자동차의 메서드
    def upSpeed(증가할_속도량) :
        # 현재 속도에서 증가할_속도량만큼 속도를 올리는 코드

    def downSpeed(감소할_속도량) :
        # 현재 속도에서 감소할_속도량만큼 속도를 내리는 코드
```

자동차 클래스를 완전한 파이썬 코드로 만들어 보자.

Code12-01.py

```
class Car :
    color = ""
    speed = 0

    def upSpeed(self, value) :
        self.speed += value

    def downSpeed(self, value) :
        self.speed -= value
```

출력 결과

아무것도 나오지 않음

필드명과 메서드의 매개변수를 영문 변수명으로 변경했으며, 메서드는 자동차의 속도(speed)를 변경시키는 내용으로 완성했다.

여기서 'self'라는 단어가 나오는데 조금 개념이 어렵다. 간단히 설명하면 self는 클래스 자신을 가리키는데, 5~6행의 self.speed는 3행의 speed를 의미한다. 즉 자신의 클래스에 있는 speed 변수라고 해석하면 되겠다. 그런데 6행에서 self.speed를 사용하려면 5행에서 매개변수로 self를 받아야 한다. 주의할 점은 5행의 매개변수 self를 실제로 전달받지는 않으며, 5행에서는 value만 전달받을 것이다. 즉 upSpeed( ) 메서드의 매개변수는 value 하나뿐이다(아직은 잘 이해가 되지 않더라도 계속 학습하다 보면 의미를 알 수 있을 것이다).

이 코드는 실행해도 아무것도 출력되지 않는다. 전체 코드가 Car라는 이름의 클래스를 만들었을 뿐 아직 이 클래스는 사용하지 않았다. 이 코드는 이어서 나오는 실습에서 실제로 작동해 볼 것이다.

메서드의 첫 번째 매개변수에 self를 사용하는 이유는 메서드 안에서 필드(color, speed 등)에 접근하기 위해서이다. 그래서 self를 매개변수로 보기보다는 메서드 안에 무조건 써야 하는 것 정도로 이해하는 것이 좋겠다. 하지만 메서드 안에서 필드에 접근할 일이 없다면 self는 생략이 가능하다. Code12-01.py에 다음 메서드도 추가할 수 있다.

```
def printMessage() :
    print("시험 출력이다.")
```

printMessage( ) 안에서는 필드를 사용하지 않으므로 이때는 self 생략이 가능하다.

인스턴스의 생성

앞에서 자동차 클래스를 잘 완성했다. 하지만 자동차 클래스를 생성했다고 실제 자동차의 실체를 만든 것은 아니다. 자동차 클래스를 생성한 것은 자동차 설계도를 그린 것에 비유할 수 있다.

자동차 설계도를 그렸다고 자동차를 만든 것은 아니다. 이 설계도를 기반으로 실제 자동차를 제작하는 작업을 해야 한다. 이렇게 실제 생산되는 자동차를 인스턴스라고 한다. 인스턴스를 객체라고도 하는데, 여기서는 인스턴스로 통일한다.

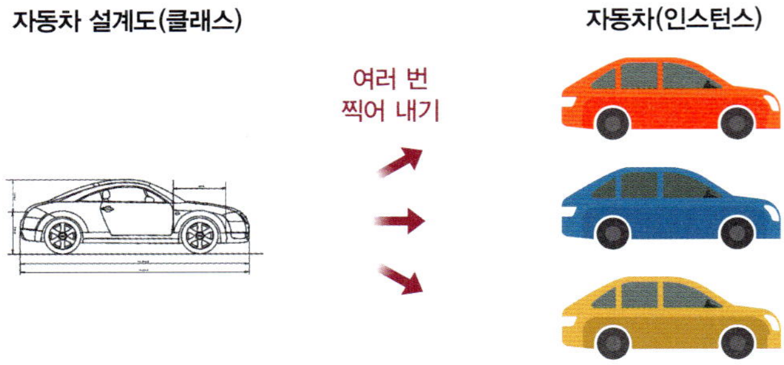

그림 12-2 클래스와 인스턴스의 개념

자동차 설계도를 그린 후에는 실제로 자동차를 여러 대 생산하는 것처럼, 클래스를 만든 후에는 인스턴스를 여러 개 생성할 수 있다. [그림 12-2]는 설계도(클래스)로 자동차(인스턴스)를 여러 대 생산하는 개념을 보여 준다.

이제 실제로 이것을 어떻게 구현하는지 형식을 살펴보자.

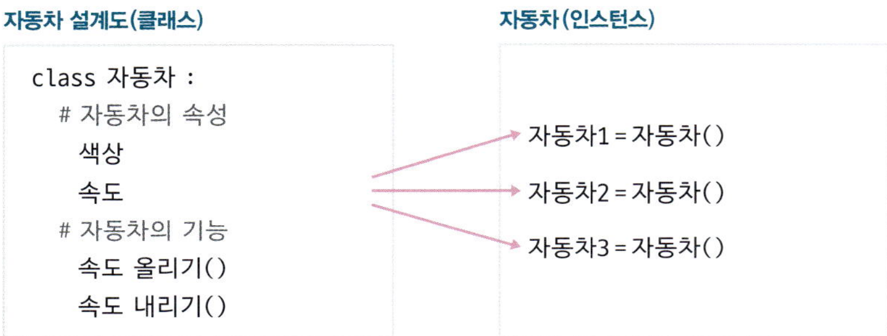

그림 12-3 클래스와 인스턴스 코드 구성

자동차 세 대의 인스턴스를 생성하는 코드는 다음과 같다.

```
myCar1 = Car()
myCar2 = Car()
myCar3 = Car()
```

자동차1(myCar1), 자동차2(myCar2), 자동차3(myCar3) 세 대의 인스턴스를 생성했다. 이 인스턴스 3개는 각 자동차의 색상(color), 속도(speed) 필드를 별도로 가지고 있다. 예를 들어 자동차1은 빨강이고 현재 속도는 30km, 자동차2는 파랑이고 현재 속도는 60km, 자동차3는 노랑이고 현재 속도는 0km처럼 완전히 별개의 자동차가 되는 것이다.

필드에 값 대입

자동차 인스턴스가 생성되면 각 자동차는 독립적인 공간을 차지한다. 그러므로 다음과 같이 각 인스턴스에는 별도의 필드가 존재하며, 각각 별도의 값을 대입할 수 있다. 처음에는 자동차가 멈춰 있기 때문에 속도를 0으로 초기화했으나 필요하다면 30, 60 등의 값을 대입해도 된다.

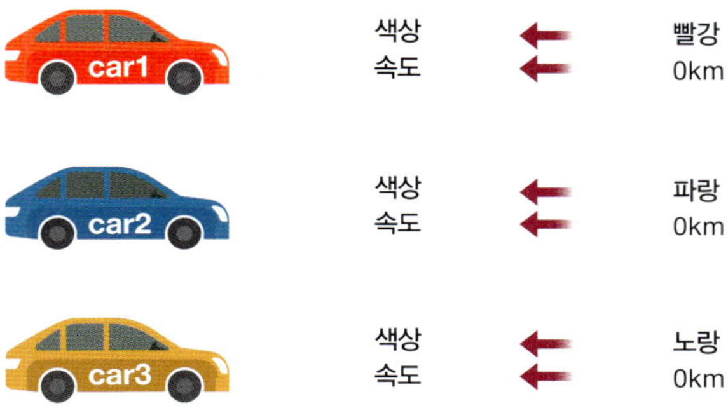

그림 12-4 인스턴스의 필드에 값을 대입하는 개념

이 그림은 '인스턴스명.필드명' 형식으로 표현할 수 있다. 각 인스턴스마다 별도의 필드가 있는 것을 확인할 수 있다.

```
myCar1.color = "빨강"
myCar1.speed = 0
myCar2.color = "파랑"
myCar2.speed = 0
myCar3.color = "노랑"
myCar3.speed = 0
```

메서드의 호출

Car 클래스에서 upSpeed()와 downSpeed() 메서드를 2개 만들어 놓았다. 이 메서드도 각 인스턴스마다 별도로 있다 생각하고 사용하면 된다. 메서드의 호출도 '인스턴스명.메서드명()' 형식으로 사용한다.

```
myCar1.upSpeed(30)
myCar2.downSpeed(60)
```

이 코드를 보면 myCar1은 30으로 속도를 증가시켰으며, myCar2는 60으로 속도를 감소시켰다.

2 클래스의 완전한 작동 구현

이제는 앞에서 개념을 익히고 부분적으로 코드를 작성했던 자동차 클래스의 내용을 완성해 보자.

Code12-02.py

```
## 클래스 선언 부분 ##
class Car :
    color = ""
    speed = 0

    def upSpeed(self, value) :
        self.speed += value

    def downSpeed(self, value) :
        self.speed -= value

## 메인 코드 부분 ##
myCar1 = Car()
myCar1.color = "빨강"
myCar1.speed = 0

myCar2 = Car()
myCar2.color = "파랑"
myCar2.speed = 0

myCar3 = Car()
myCar3.color = "노랑"
myCar3.speed = 0

myCar1.upSpeed(30)
print("자동차1의 색상은 %s이며, 현재 속도는 %dkm입니다." % (myCar1.color, myCar1.speed))

myCar2.upSpeed(60)
print("자동차2의 색상은 %s이며, 현재 속도는 %dkm입니다." % (myCar2.color, myCar2.speed))

myCar3.upSpeed(0)
print("자동차3의 색상은 %s이며, 현재 속도는 %dkm입니다." % (myCar3.color, myCar3.speed))
```

출력 결과

```
자동차1의 색상은 빨강이며, 현재 속도는 30km입니다.
자동차2의 색상은 파랑이며, 현재 속도는 60km입니다.
자동차3의 색상은 노랑이며, 현재 속도는 0km입니다.
```

2~10행에서 Car 클래스를 정의한다. 3~4행에서 자동차의 색상과 속도 필드를 정의하고, 6~7행과 9~10행에서 추가 속도(value)를 매개변수로 넘겨받아 현재 속도(self.speed)를 증가시키거나 감소시키는 메서드를 정의한다. 13~15행, 17~19행, 21~23행에서는 myCar1, myCar2, myCar3 인스턴스를 생성하고, 색상과 속도를 지정한다. 속도는 초기에 0으로 모두 설정한다. 25행에서 myCar1의 upSpeed(30) 메서드를 호출하면 myCar1의 필드 중 speed 필드가 30으로 증가한다. 26행에서는 myCar1의 color와 speed 필드를 출력한다. 같은 방식으로 myCar2는 28~29행, myCar3는 31~32행에서 사용한다.

Code12-02.py는 단순하지만 클래스의 생성과 사용을 잘 표현한다. 코드 자체는 어렵지 않지만, 클래스를 처음 접하면 혼란스러울 수도 있으니, 다음 순서로 클래스를 사용한다는 것을 기억해 두자.

단계	작업	형식	예
1단계	클래스 선언	class 클래스명 : 　# 필드 선언 　# 메서드 선언	class Car : 　color = " " 　def upSpeed(self, value) : 　　...
↓			
2단계	인스턴스 생성	인스턴스 = 클래스명()	myCar1 = Car()
↓			
3단계	필드나 메서드 사용	인스턴스.필드명 = 값 인스턴스.메서드()	myCar1.color = "빨강" myCar1.upSpeed(30)

앞으로 클래스를 생성하고 사용할 때 이 순서와 큰 틀에서 크게 벗어나지 않을 것이다.

SELF STUDY 12-1

Code12-02.py의 upSpeed() 함수를 수정해서 속도가 150이 넘으면 최대 150으로 조절해 보자. 예를 들어 upSpeed(200)을 사용해도 출력은 150km가 되어야 한다.

힌트 if 문을 활용한다.

SECTION 03

생성자

생성자(Constructor)는 인스턴스를 생성하면 무조건 호출되는 메서드이다. 먼저 Code12-02.py의 13~15행을 다시 살펴보자.

```
13 myCar1 = Car()
14 myCar1.color = "빨강"
15 myCar1.speed = 0
```

13행에서 myCar1 인스턴스를 생성한 후 14행에서는 색상을 '빨강'으로, 15행에서는 속도를 '0'으로 초기화한다. 차라리 13행에서 인스턴스를 생성하면서 동시에 '빨강'과 '0'으로 초기화한다면 어떨까? 훨씬 코드도 간결하고 인스턴스를 생성하면서 값을 초기화하기 때문에 필드에 초깃값을 대입하는 것도 잊어버리지 않을 것이다. 이렇게 인스턴스를 생성하면서 필드값을 초기화시키는 함수를 생성자라고 한다.

1 생성자의 기본

생성자는 __init__()라는 이름을 갖는다. 먼저 생성자의 기본 형태를 살펴보자.

TIP • __init__()는 앞뒤에 언더바(_)가 2개씩 있다. init는 Initialize의 약자로 초기화한다는 의미이다. 언더바가 2개 붙은 것은 파이썬에서 예약해 놓은 것이므로, 프로그램을 작성할 때는 이 이름을 사용해서 새로운 함수나 변수명을 만들지 말아야 한다.

```
class 클래스명 :
    def __init__(self) :
        # 이 부분에 초기화할 코드 입력
```

Car 클래스에서는 다음과 같이 생성자를 만들 수 있다.

```
class Car :
    color = ""
    speed = 0

    def __init__(self) :
        self.color = "빨강"
        self.speed = 0
```

이제부터는 Code12-02.py의 13~15행 중에서 13행만 있으면 된다. 즉 인스턴스를 생성하면 자동으로 생성자를 호출한다.

```
myCar1 = Car()
```

기본 생성자

지금 배운 __init__() 생성자에는 self 외에 별도의 매개변수를 사용하지 않았다. 이렇게 매개변수가 self만 있는 생성자를 기본 생성자라고 한다. Code12-02.py를 수정해서 생성자를 사용한 완전한 코드를 살펴보자.

TIP • Code12-03.py에서는 코드양을 줄이려고 Code12-02.py와 달리 myCar1과 myCar2만 사용한다.

Code12-03.py

```
1  ## 클래스 선언 부분 ##
2  class Car :
3      color = ""
4      speed = 0
5
6      def __init__(self) :
7          self.color = "빨강"
8          self.speed = 0
9
10     def upSpeed(self, value) :
11         self.speed += value
12
13     def downSpeed(self, value) :
14         self.speed -= value
15
16 ## 메인 코드 부분 ##
17 myCar1 = Car()
18 myCar2 = Car()
19
20 print("자동차1의 색상은 %s이며, 현재 속도는 %dkm입니다." % (myCar1.color, myCar1.speed))
21 print("자동차2의 색상은 %s이며, 현재 속도는 %dkm입니다." % (myCar2.color, myCar2.speed))
```

출력 결과

```
자동차1의 색상은 빨강이며, 현재 속도는 0km입니다.
자동차2의 색상은 빨강이며, 현재 속도는 0km입니다.
```

6~8행의 생성자가 17~18행에서 자동으로 값을 초기화한다. 그런데 myCar1과 myCar2 모두 빨강과 0으로 초기화되었다. 두 차는 종류가 다르므로 다른 초기화가 필요할 것 같다.

매개변수가 있는 생성자

생성자도 다른 메서드처럼 매개변수를 사용할 수 있다. Code12-03.py를 수정해서 매개변수가 있는 생성자로 사용해 보자. 그리고 인스턴스를 만들 때 초기 값을 매개변수로 넘기는 방법도 사용한다.

Code12-04.py

```
1  ## 클래스 선언 부분 ##
2  class Car :
3      color = ""
4      speed = 0
5
6      def __init__(self, value1, value2) :
7          self.color = value1
8          self.speed = value2
9
10     # Code12-03.py의 upSpeed(), downSpeed() 함수와 동일
11
12 ## 메인 코드 부분 ##
13 myCar1 = Car("빨강", 30)
14 myCar2 = Car("파랑", 60)
15
16 # Code12-03.py의 20~21행과 동일
```

출력 결과

```
자동차1의 색상은 빨강이며, 현재 속도는 30km입니다.
자동차2의 색상은 파랑이며, 현재 속도는 60km입니다.
```

6행의 생성자에서 매개변수 2개를 받도록 설정한다. 그리고 넘겨받은 매개변수의 값으로 색상과 속도를 초기화시킨다. 13~14행에서 볼 수 있듯이 Car 인스턴스를 생성할 때는 매개변수를 2개 넘긴다. 예를 들어 13행의 '빨강'은 6행의 value1로 전달되고, 30은 value2로 전달된다. 주의할 점은 Code12-03.py의 17~18행처럼 매개변수 없이 Car 인스턴스를 생성하면 오류가 발생한다는 것이다.

2 [프로그램 1]의 완성

이제 객체지향 프로그래밍의 기본 내용을 이해했다. [프로그램 1]에 특별한 기능은 없지만 지금까지 학습한 내용을 정리하는 차원에서 진행할 것이다. 클래스, 인스턴스, 필드, 메서드, 생성자 등 개념이 골고루 적용된 코드를 작성해 보자.

Code12-05.py

```
1  ## 클래스 선언 부분 ##
2  class Car :
3      name = ""
4      speed = 0
5
6      def __init__(self, name, speed) :
7          self.name = name
8          self.speed = speed
9
10     def getName(self) :
11         return self.name
12
13     def getSpeed(self) :
14         return self.speed
15
16 ## 변수 선언 부분 ##
17 car1, car2 = None, None
18
19 ## 메인 코드 부분 ##
20 car1 = Car("아우디", 0)
21 car2 = Car("벤츠", 30)
22
23 print("%s의 현재 속도는 %d입니다." % (car1.getName(), car1.getSpeed()))
24 print("%s의 현재 속도는 %d입니다." % (car2.getName(), car2.getSpeed()))
```

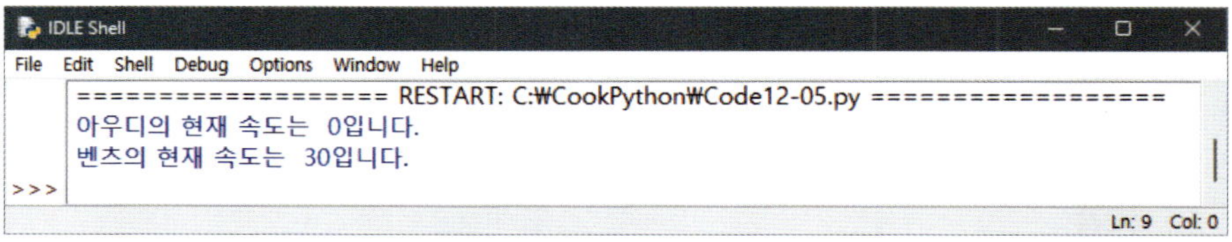

앞에서 대부분 설명한 내용이므로 한 줄씩 차근히 보면 이해할 수 있을 것이다. 몇 가지 차이점은 10행과 13행에서 getName( )과 getSpeed( ) 메서드를 만들고 자동차의 이름과 현재 속도를 반환한다는 것이다. 그리고 23~24행에서는 name이나 speed 필드를 사용하지 않고 getName( ), getSpeed( ) 메서드를 사용해서 값을 알아낸다. 17행의 변수 선언은 굳이 하지 않아도 되지만, 전체적인 코드의 틀을 유지하려면 선언하는 것이 바람직하다.

SECTION 04
인스턴스 변수와 클래스 변수

1 인스턴스 변수

지금까지 사용한 필드는 모두 인스턴스 변수로 보면 된다. 예를 들어 Car 클래스의 color나 speed 필드는 인스턴스 변수이다. 인스턴스 변수라는 것은 인스턴스를 생성해야 비로소 사용할 수 있는 변수이다. 다음의 예로 개념을 파악해 보자.

기존에 사용한 Car 클래스에 있는 2개의 필드는 모두 인스턴스 변수였다.

```
class Car :
    color = ""    # 필드 : 인스턴스 변수
    speed = 0     # 필드 : 인스턴스 변수
```

이 두 필드는 클래스 안에 있으며, 아직 실제 공간이 할당된 것은 아니다. 클래스는 설계도에 해당하므로 자동차 색상이나 속도를 실제로 구현하지 않은 것과 같은 개념이다.

이제 이 설계도(클래스)를 이용해 메인 코드 부분에서 자동차(인스턴스)를 만들어 보자.

```
myCar1 = Car()
myCar2 = Car()
```

myCar1은 실제로 존재하는 자동차이며, myCar1 안에는 color와 speed의 공간이 만들어진 것이다. 또 myCar2도 color, speed의 공간이 별도로 만들어진다.

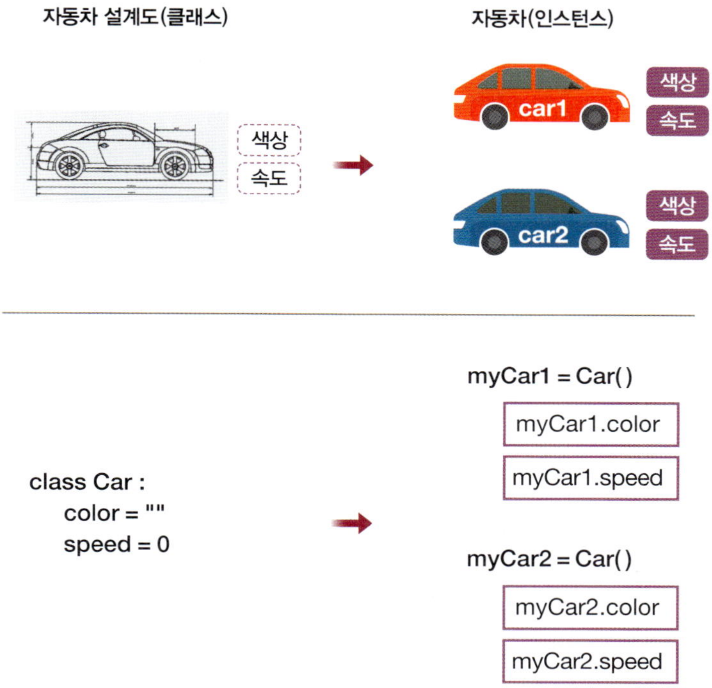

그림 12-5 인스턴스 변수의 개념

그림을 보면 클래스(설계도)에는 실제 인스턴스 변수의 공간이 할당되어 있지 않으며, 인스턴스(자동차)로 만들면 비로소 인스턴스 변수에 공간이 할당된다. 그리고 myCar1.color 등으로 사용이 가능하다. 지금까지 Code12-01.py~Code12-05.py는 모두 이런 방식으로 사용해 왔다.

2 클래스 변수

클래스 변수는 클래스 안에 공간이 할당된 변수를 의미한다. 그래서 클래스 변수는 인스턴스에 별도의 공간을 할당하지 않고, 여러 인스턴스가 클래스 변수의 공간을 함께 사용한다. [그림 12-6]을 보자.

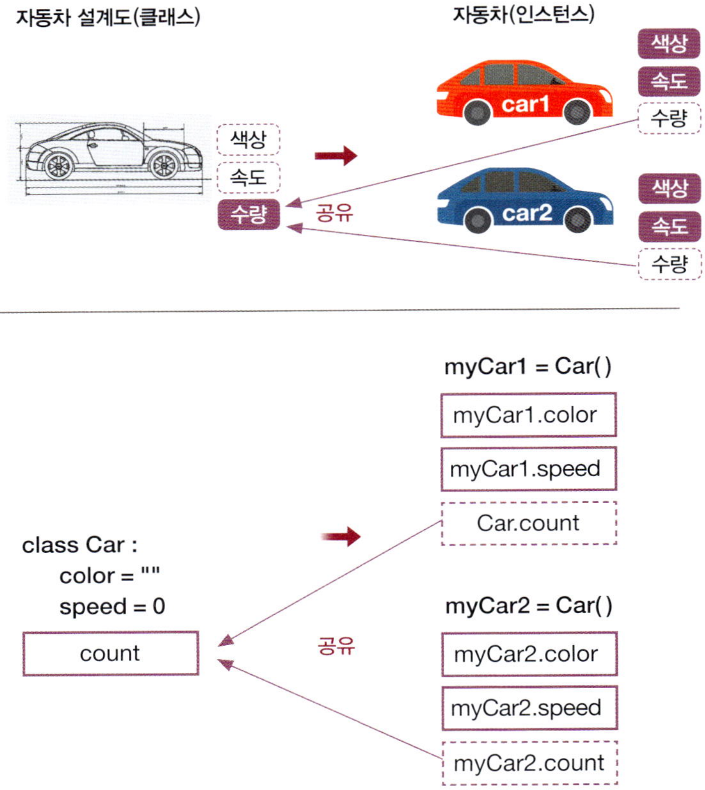

그림 12-6 **클래스 변수의 개념**

클래스 변수를 만드는 방법은 인스턴스 변수와 동일하다. 하지만 클래스 변수에 접근할 때는 '클래스명.클래스변수명' 또는 '인스턴스.클래스변수명' 방식으로 접근해야 한다. 그러면 접근하는 필드는 클래스 자체에 공간이 생긴다. 그리고 인스턴스를 생성해도 추가로 공간을 할당하지 않고 클래스에 이미 생성되어 있는 공간을 공유한다.

실제로 자동차가 몇 대 생산되었는지 확인하는 코드를 구현해 보자.

Code12-06.py

```
## 클래스 선언 부분 ##
class Car :
    color = ""     # 인스턴스 변수
    speed = 0      # 인스턴스 변수
    count = 0      # 클래스 변수

    def __init__(self) :
        self.speed = 0
        Car.count += 1
```

```
10
11 ## 변수 선언 부분 ##
12 myCar1, myCar2 = None, None
13
14 ## 메인 코드 부분 ##
15 myCar1 = Car()
16 myCar1.speed = 30
17 print("자동차1의 현재 속도는 %dkm, 생산된 자동차는 총 %d대입니다." % (myCar1.speed,
          Car.count))
18
19 myCar2 = Car()
20 myCar2.speed = 60
21 print("자동차2의 현재 속도는 %dkm, 생산된 자동차는 총 %d대입니다." % (myCar2.speed,
          myCar2.count))
```

출력 결과

```
자동차1의 현재 속도는 30km, 생산된 자동차는 총 1대입니다.
자동차2의 현재 속도는 60km, 생산된 자동차는 총 2대입니다.
```

5행에서 클래스 변수 count를 선언하고 0으로 초기화한다. 7~9행의 생성자 안에서 클래스 변수에 접근하려고 클래스명.count를 1 증가시켰다. 즉 생성자는 15행과 19행에서 인스턴스를 생성할 때 작동하므로, 자동차의 총 생산 대수를 1씩 증가시키는 것이다. 메인 코드 부분에서 클래스 변수를 사용하려고 17행의 Car.count나 21행의 myCar2.count를 모두 이용할 수 있다. 즉 둘 다 클래스 변수에 접근한다.

Code12-06.py의 3~5행에 의문이 드는 독자가 있을 것이다. '인스턴스 변수와 클래스 변수가 형식이 동일하다면 파이썬은 어떤 것이 클래스 변수인지 어떻게 알 수 있지?' 하는 의문 말이다. 맞다. 인스턴스 변수와 클래스 변수를 선언하는 시점에서는 구분할 수 없다. 그런데 파이썬에서는 변수를 선언할 필요가 없다고 한 것을 기억하는가? 즉 color, speed, count 변수 모두 선언하지 않아도 된다. 그리고 클래스 안에서 필드(변수)에 접근할 때 8행처럼 앞에 self를 붙이면 인스턴스 변수가 되고, 9행처럼 앞에 클래스명을 붙이면 클래스 변수를 생성한다.

메인 코드 부분의 16행, 20행에서는 '인스턴스명.인스턴스변수명'이면 인스턴스 변수에 접근하는 것이고, 17행의 '클래스명.클래스변수명' 또는 21행의 '인스턴스명.클래스변수명'이면 클래스 변수에 접근하는 것이다.

SECTION
05 클래스의 상속

클래스의 상속(Inheritance)은 기존 클래스에 있는 필드와 메서드를 그대로 물려받아 새로운 클래스를 만드는 것이다. 상속받은 후에는 새로운 클래스에서 추가로 필드나 메서드를 만들어 사용해도 된다.

1 상속의 개념

승용차 클래스와 트럭 클래스를 생성한다고 가정해 보자. 우리는 앞 장에서 배운 내용으로 각 클래스를 생성할 수 있다. 다음을 보자.

승용차 클래스

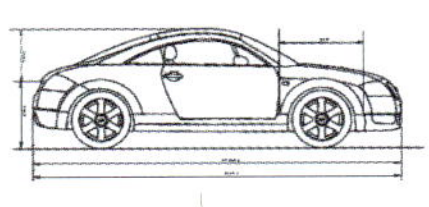

class 승용차 :
  필드 – 색상, 속도, 좌석 수
  메서드 – 속도 올리기()
        속도 내리기()
        좌석 수 알아보기()

트럭 클래스

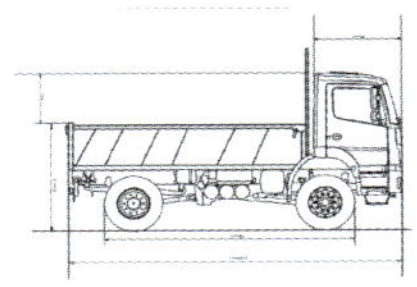

class 트럭 :
  필드 – 색상, 속도, 적재량
  메서드 – 속도 올리기()
        속도 내리기()
        적재량 알아보기()

그림 12-7 승용차와 트럭 클래스의 개념

특별히 문제는 없어 보인다. 하지만 승용차와 트럭은 공통된 부분이 많다. 필드 중에는 **색상**, **속도**가 공통되고, 메서드는 **속도 올리기()**와 **속도 내리기()** 메서드가 공통된다. 차이점이라면 승용차는 **좌석 수** 필드가 필요하고, 트럭은 **적재량** 필드가 필요하며, 각각을 알아내는 **좌석 수 알아보기()** 메서드와 **적재량 알아보기()** 메서드가 필요하다.

그런데 자동차 각각을 모두 클래스로 생성하는 것보다는 승용차, 트럭의 공통된 특징을 자동차라는 클래스로 생성한 후 승용차와 트럭은 자동차 클래스의 특징을 그대로 물려받고 필요한 필드와 메서드만 추가하면 상당히 효율적이지 않을까? [그림 12-8]을 보자.

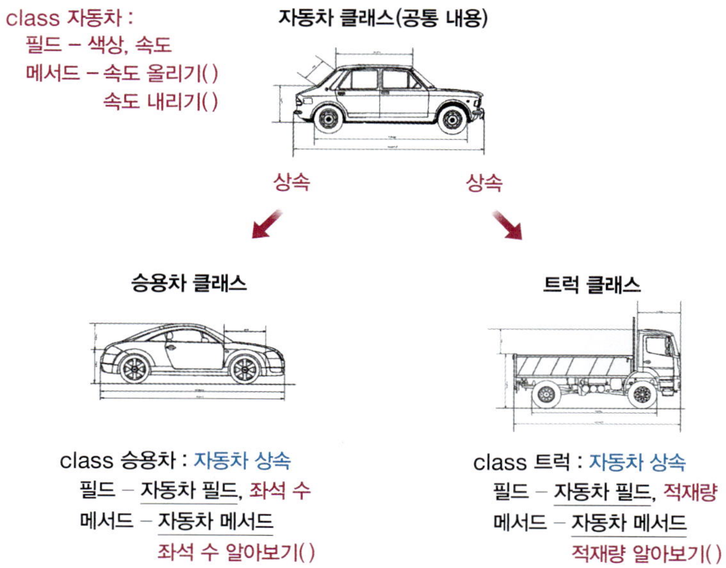

그림 12-8 상속의 개념

이 그림에서는 승용차와 트럭의 공통된 필드인 색상, 속도와 공통된 메서드인 **속도 올리기()**와 **속도 내리기()**를 자동차 클래스에 정의했다. 그리고 자동차 클래스를 상속받아서 승용차와 트럭 클래스를 만들었다. 승용차 클래스에서는 자동차 클래스의 필드와 메서드를 그대로 이어받고, **좌석 수** 필드와 **좌석 수 알아보기()** 메서드를 추가했다. 트럭 클래스도 마찬가지로 자동차 클래스의 필드와 메서드를 그대로 이어받고, **적재량** 필드와 **적재량 알아보기()** 메서드를 추가했다.

이렇게 공통된 내용을 자동차 클래스에 두고 상속을 받음으로써 일관되고 효율적인 프로그래밍이 가능하다. 참고로 상위 클래스인 자동차 클래스를 슈퍼 클래스 또는 부모 클래스라고 하며, 하위의 승용차와 트럭 클래스는 서브 클래스 또는 자식 클래스라고 한다.

상속을 구현하는 문법은 서브 클래스를 정의할 때 괄호 안에 슈퍼 클래스의 이름을 넣으면 된다.

```
class 서브_클래스(슈퍼_클래스) :
    # 이 부분에 서브 클래스의 내용 코딩
```

2 메서드 오버라이딩

메서드 오버라이딩(Overriding)은 상위 클래스의 메서드를 서브 클래스에서 재정의하는 것이다. [그림 12-9]는 메서드 오버라이딩을 잘 보여 준다. 트럭의 속도에는 제한이 없지만, 승용차는 안전을 이유로 속도를 최대 150km로 제한해야 한다고 가정하자.

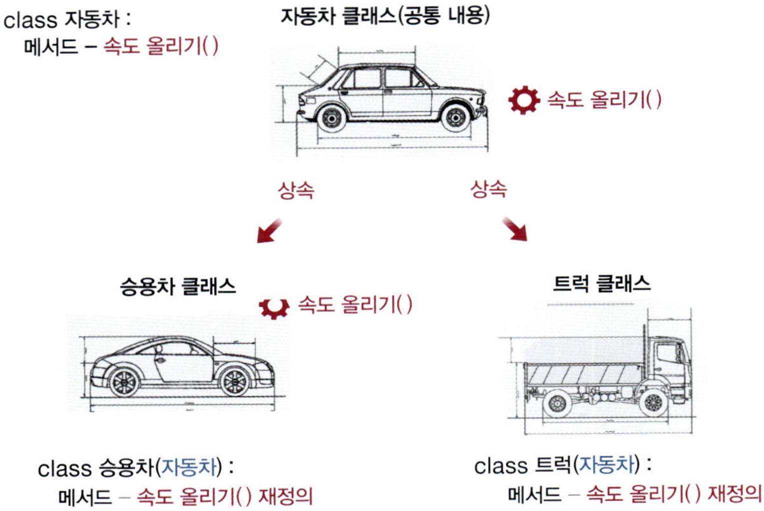

그림 12-9 메서드 오버라이딩의 개념(다른 필드나 메서드는 그림에서 생략)

슈퍼 클래스(자동차)를 상속받은 서브 클래스(승용차, 트럭)는 **속도 올리기()** 메서드를 상속받기 때문에 원칙적으로 **속도 올리기()** 메서드는 다시 만들 필요가 없다. 트럭은 자동차의 **속도 올리기()** 메서드를 그대로 상속받기 때문에 자동차의 **속도 올리기()**를 그대로 사용하면 된다. 하지만 승용차는 속도에 제한이 있어 자동차의 **속도 올리기()**와 내용이 달라야 한다면 [그림 12-9]와 같이 승용차 클래스에서 **속도 올리기()**를 다시 만들어서 사용한다. 이렇게 슈퍼 클래스에 있는 메서드를 서브 클래스에서 다시 만들어 사용하는 것을 메서드 오버라이딩 또는 재정의라고 한다. 간단히 코드로 구현하면 다음과 같다.

Code12-07.py

```
## 클래스 선언 부분 ##
class Car :
    speed = 0
    def upSpeed(self, value) :
        self.speed += value

        print("현재 속도(슈퍼 클래스) : %d" % self.speed)

class Sedan( Car ) :
    def upSpeed(self, value) :
        self.speed += value

        if self.speed > 150 :
            self.speed = 150

```

```
16            print("현재 속도(서브 클래스) : %d" % self.speed)
17
18  class Truck(Car) :
19      pass
20
21  ## 변수 선언 부분 ##
22  sedan1, truck1 = None, None
23
24  ## 메인 코드 부분 ##
25  truck1 = Truck()
26  sedan1 = Sedan()
27
28  print("트럭 --> ", end = "")
29  truck1.upSpeed(200)
30
31  print("승용차 --> ", end = "")
32  sedan1.upSpeed(200)
```

출력 결과

```
트럭 --> 현재 속도(슈퍼 클래스) : 200
승용차 --> 현재 속도(서브 클래스) : 150
```

10~16행에서 서브 클래스(Sedan)의 upSpeed( ) 메서드를 다시 만든다. 그리고 32행에서 Sedan 인스턴스의 upSpeed( ) 메서드를 호출하면 10행에서 재정의된 upSpeed( ) 메서드를 호출한다. 18행의 서브 클래스(Truck)에는 아무런 내용도 없으므로 슈퍼 클래스(Car)의 메서드를 모두 그대로 상속받는다. 그리고 29행에서 Truck 인스턴스의 upSpeed( )를 호출하면 4~7행의 슈퍼 클래스(Car)에 있는 upSpeed( ) 메서드를 호출한다.

SELF STUDY 12-2

Code12-07.py에 Sonata 클래스를 추가해 보자. 단 Sonata 클래스는 Car → Sedan → Sonata 순서로 상속을 받도록 하자. Sonata 클래스에는 특별히 추가하는 필드나 메서드가 없다.

출력 결과

```
트럭 --> 현재 속도(슈퍼 클래스) : 200
승용차 --> 현재 속도(서브 클래스) : 150
소나타 --> 현재 속도(서브 클래스) : 150
```

3 [프로그램 2]의 완성

[프로그램 2]는 터틀 그래픽 화면에서 마우스를 클릭하면 클릭한 점을 중심으로 거북이가 사각형을 그린다. 사각형의 두께, 폭, 넓이, 색상은 모두 무작위로 설정된다. 이 프로그램에서는 슈퍼 클래스인 도형(Shape) 클래스를 먼저 만들어 서브 클래스인 사각형(Rectangle) 클래스가 상속을 받는다. [프로그램 1]에서 다룬 객체지향 기본 개념에 상속까지 포함시켜 객체지향적인 특징이 잘 나타나도록 구현해 보자.

Code12-08.py

```
import turtle
import random

## 클래스 선언 부분 ##
class Shape :           # 슈퍼 클래스
    myTurtle = None
    cx, cy = 0, 0       # 도형의 중심점

    def __init__(self) :
        self.myTurtle = turtle.Turtle('turtle')    # 거북이 생성

    def setPen(self) :                  # 펜 색상과 두께 무작위로 뽑기
        r = random.random()
        g = random.random()
        b = random.random()
        self.myTurtle.pencolor((r, g, b))
        pSize = random.randrange(1, 10)
        self.myTurtle.pensize(pSize)

    def drawShape(self) :               # 서브 클래스에서 상속받아 오버라이딩
        pass

class Rectangle(Shape) :                # 서브 클래스
    width, height = [0] * 2
    def __init__(self, x, y) :
        Shape.__init__(self)
        self.cx = x
        self.cy = y
        self.width = random.randrange(20, 100)
        self.height = random.randrange(20, 100)

    def drawShape(self) :
        # 네모 그리기
        sx1, sy1, sx2, sy2 = [0] * 4    # 왼쪽 위 X, Y와 오른쪽 아래 X, Y
```

```
        sx1 = self.cx - self.width / 2
        sy1 = self.cy - self.height / 2
        sx2 = self.cx + self.width / 2
        sy2 = self.cy + self.height / 2

        self.setPen()           # 부모 클래스 메서드
        self.myTurtle.penup()
        self.myTurtle.goto(sx1, sy1)
        self.myTurtle.pendown()
        self.myTurtle.goto(sx1, sy2)
        self.myTurtle.goto(sx2, sy2)
        self.myTurtle.goto(sx2, sy1)
        self.myTurtle.goto(sx1, sy1)

## 함수 선언 부분 ##
def screenLeftClick(x, y) :
    rect = Rectangle(x, y)
    rect.drawShape()

## 메인 코드 부분 ##
turtle.title('거북이로 객체지향 사각형 그리기')
turtle.onscreenclick(screenLeftClick, 1)
turtle.done()
```

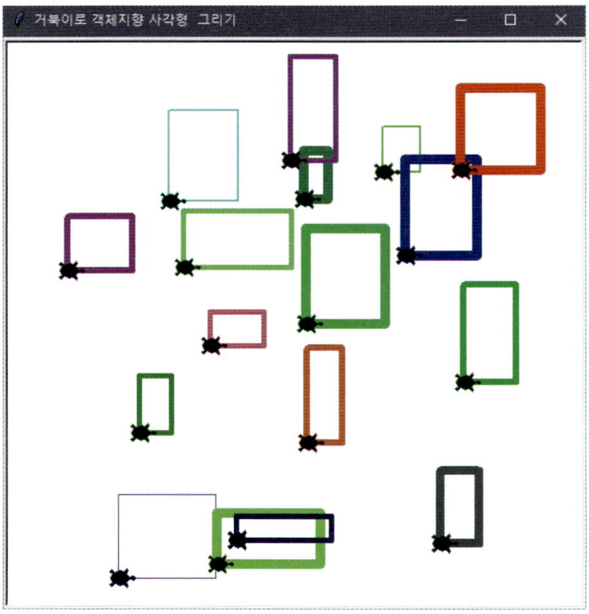

5~21행은 슈퍼 클래스인 도형(Shape) 클래스를 선언한다. 6~7행은 도형에 공통으로 사용할 필드를 준비한다. myTurtle은 도형을 그릴 거북이를 의미하고, cx와 cy는 도형의 중심점 좌표를 의미한다. 9~10행에서는 Shape 생성자에서 거북이를 생성한다. 12~18행은 색상, 선 두께를 무작위로 추출하는 메서드를 선언한다. 20행의 drawShape() 메서드는 서브 클래스에서 오버라이딩한다. 서브 클래스가 될 수 있는 사각형, 원 등은 그리는 방법이 다르기 때문에 서브 클래스에서 오버라이딩해 사용한다(이 예제에서는 코드양을 줄이려고 원은 구현하지 않았다).

23~48행은 서브 클래스인 사각형(Rectangle)을 정의하는데, 슈퍼 클래스를 Shape로 지정한다. 즉 Shape의 모든 필드와 메서드를 상속받아서 사용한다. 24행에서는 Rectangle에서 필요한 속성인 width와 height를 준비한다. 25~30행은 생성자로 26행에서 슈퍼 클래스의 생성자를 호출한다. 그 결과 일단 거북이가 준비된다. 27~28행은 사각형의 중심을 x, y로 받아 슈퍼 클래스에서 상속받은 속성인 cx, cy에 대입한다. 29~30행에서는 사각형의 폭과 높이를 무작위로 추출한다. 32~48행은 슈퍼 클래스의 drawShape() 메서드를 오버라이드한다. 36~39행은 클릭한 점을 중심으로 사각형의 왼쪽 위, 오른쪽 아래의 위치를 계산한다. 41~48행은 사각형을 그린다. 51~53행은 마우스를 클릭할 때마다 클릭한 위치를 이용해 사각형(Rectangle) 인스턴스를 생성하고, drawShape() 메서드를 실행해서 사각형을 그린다. 57행에서는 마우스를 클릭하면 screenLeftClick() 메서드를 실행하도록 설정한다.

여기서 잠깐

super() 메서드

서브 클래스에서 메서드 오버라이딩을 할 때, 슈퍼 클래스의 메서드나 속성을 사용해야 하는 경우가 있다. 이럴 때는 super() 메서드를 사용하면 된다.

```
class Car :
    value = '슈퍼 값'
    def carMethod(self) :
        print('슈퍼 클래스 메서드 실행~~')

class Sedan(Car) :
    value = '서브 값'
    def carMethod(self) :
        super().carMethod()    # Car 클래스의 carMethod()가 실행됨
        print('서브 클래스 메서드 실행~~')
        print(super().value)   # Car 클래스의 value가 출력됨

sedan1 = Sedan()
sedan1.carMethod()
```

SECTION

06 객체지향 프로그래밍의 심화 내용

1 클래스의 특별한 메서드

앞에서 클래스에서 인스턴스(객체)를 생성할 때는 생성자인 __init__() 메서드가 자동으로 실행된다고 이야기했다. __init__() 메서드 외에도 클래스에는 특별한 메서드가 몇 개 있다. 간단한 개요를 살펴보고 코드에서 용도를 확인해 보자.

__del__() 메서드

소멸자(Destructor)로 불리는 __del__() 메서드는 생성자와 반대로 인스턴스를 삭제할 때 자동으로 호출된다. 인스턴스를 삭제할 때는 del(인스턴스)로 지우는데, 이때 호출된다. 프로그램의 논리상 인스턴스가 삭제될 때 어떤 작업이 필요하다면 __del__() 메서드 안에 코드를 작성한다.

__repr__() 메서드

인스턴스를 print() 함수를 이용해 출력할 때 실행되는 메서드이다. print(인스턴스)를 실행하면 호출된다.

__add__() 메서드

인스턴스 사이에 덧셈 작업이 일어날 때 실행되는 메서드이다. 일반적으로 덧셈(+) 연산은 숫자나 문자열, 리스트 등에서만 작동하는데, __add__() 메서드를 작성하면 인스턴스 사이의 덧셈 작업도 가능하다.

비교 메서드 : __lt__(), __le__(), __gt__(), __ge__(), __eq__(), __ne__()

인스턴스 사이의 비교 연산자(<, <=, >, >=, ==, != 등)를 사용할 때 호출되는 메서드이다. 다음 코드에서 직접 확인해 보자.

Code12-09.py

```
## 클래스 선언 부분 ##
class Line :
    length = 0
    def __init__(self, length) :
        self.length = length
```

```python
        print(self.length, '길이의 선이 생성되었습니다.')

    def __del__(self) :
        print(self.length, '길이의 선이 삭제되었습니다.')

    def __repr__(self) :
        return '선의 길이 : ' + str(self.length)

    def __add__(self, other) :
        return self.length + other.length

    def __lt__(self, other) :
        return self.length < other.length

    def __eq__(self, other) :
        return self.length == other.length

## 메인 코드 부분 ##
myLine1 = Line(100)
myLine2 = Line(200)

print(myLine1)

print('두 선의 길이 합 : ', myLine1 + myLine2)

if myLine1 < myLine2 :
    print('선분 2가 더 기네요.')
elif myLine1 == myLine2 :
    print('두 선분이 같네요.')
else :
    print('모르겠네요.')

del(myLine1)
```

출력 결과

```
100 길이의 선이 생성되었습니다.
200 길이의 선이 생성되었습니다.
선의 길이 : 100
두 선의 길이 합 : 300
선분 2가 더 기네요.
100 길이의 선이 삭제되었습니다.
```

따로 설명하지 않아도 각 메서드가 어떻게 작동하는지 알 수 있을 것이다. 비교 메서드도 필요하다면 더 생성해 놓자.

2 추상 메서드

앞에서 상속에 대해 살펴보았다. 슈퍼 클래스에서 상속받은 서브 클래스에서 메서드를 재정의해 사용하는 것을 메서드 오버라이딩이라고 했다. 서브 클래스에서 메서드를 오버라이딩해서 사용하려면 슈퍼 클래스에서는 빈 껍질의 메서드만 만들어 놓고 내용은 pass로 채우면 된다. 다음 코드를 보자.

Code12-10.py

```
1  ## 클래스 선언 부분 ##
2  class SuperClass :
3      def method(self) :
4          pass
5
6  class SubClass1(SuperClass) :
7      def method(self) :          # 메서드 오버라이딩
8          print('SubClass1에서 method()를 오버라이딩함')
9
10 class SubClass2(SuperClass) :
11     pass
12
13 ## 메인 코드 부분 ##
14 sub1 = SubClass1()
15 sub2 = SubClass2()
16
17 sub1.method()
18 sub2.method()
```

출력 결과

```
SubClass1에서 method()를 오버라이딩함
```

이 코드는 문법적으로 아무런 문제가 없다. 2~11행은 SuperClass를 상속받은 SubClass1과 SubClass2를 만들고, 14~15행에서 각 인스턴스 sub1과 sub2를 생성한다. 그리고 17~18행에서 오버라이딩한 method()를 호출한다. 그런데 슈퍼 클래스 method()의 목적은 서브 클래스에서 반드시 오버라이딩해 사용하도록 하려는 것인데, 10~11행 SubClass2 클래스에서는 깜박 잊고 오버라이딩하지 않았다. 문법적으로 문제는 없으나, 향후 심각한 논리적인 오류가 발생할 가능성이 있다.

추상 메서드는 슈퍼 클래스에 본체가 없지만 서브 클래스에서는 반드시 오버라이딩해서 사용해야 한다. 현재는 슈퍼 클래스의 method()를 추상 메서드로 설정하려는 경우이다. 3~4행의 method()를 다음 코드로 수정하고 다시 실행해 보면 오류가 발생할 것이다.

```
    def method(self) :
        raise NotImplementedError()
```

출력 결과

```
NotImplementedError
```

오버라이딩하지 않았다는 Not Implemented Error가 발생한다. 이제부터는 슈퍼 클래스를 상속받은 서브 클래스에서는 method( ) 메서드를 반드시 오버라이딩해서 사용해야 오류가 발생하지 않는다. 파이썬에서 추상 메서드를 지정하는 방법이므로 잘 기억해 두자.

3 멀티 스레드

스레드(Thread)는 프로그램 하나에서 여러 개의 작업을 동시에 처리할 수 있도록 제공하는 기능이다. 일반적인 프로그램이라면 프로그램 하나에서 순차적으로 하나의 작업이 처리된다. 즉, 작업 1과 작업 2를 처리하려면 프로그램에서는 작업 1을 완료한 후 작업 2를 처리해야 한다. 이와 달리 스레드는 작업 1과 작업 2를 동시에 처리한다. 다음은 일반 프로그램과 스레드를 사용한 프로그램의 작업 처리에 대한 차이를 잘 보여 준다.

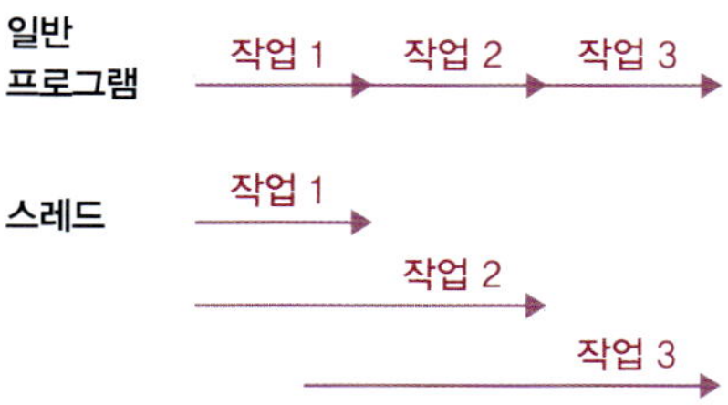

그림 12-10 일반 프로그램과 스레드의 차이

일반 프로그램은 각 작업이 끝난 후 다음 작업이 진행되지만, 스레드는 동시에 여러 작업을 진행할 수 있다. 이렇게 동시에 스레드 여러 개를 작동하는 것을 멀티 스레드(Multi Thread)라고 한다. 스레드는 다양하게 활용할 수 있는데, 게임을 하면서(작업 1) 동시에 음악을 듣고(작업 2) 점수도 증가(작업 3)시킬 수 있다.

다음은 자동차 세 대가 경주하는 코드이다. 출력 결과를 확인해 보자.

Code12-11.py

```
import time

## 클래스 선언 부분 ##
class RacingCar :
```

```
5       carName = ''
6       def __init__(self, name) :
7           self.carName = name
8
9       def runCar(self) :
10          for _ in range(0, 3) :
11              carStr = self.carName + '~~ 달립니다.\n'
12              print(carStr, end = '')
13              time.sleep(0.1)        # 0.1초 멈춤
14
15  ## 메인 코드 부분 ##
16  car1 = RacingCar('@자동차1')
17  car2 = RacingCar('#자동차2')
18  car3 = RacingCar('$자동차3')
19
20  car1.runCar()
21  car2.runCar()
22  car3.runCar()
```

출력 결과

```
@자동차1~~ 달립니다.
@자동차1~~ 달립니다.
@자동차1~~ 달립니다.
#자동차2~~ 달립니다.
#자동차2~~ 달립니다.
#자동차2~~ 달립니다.
$자동차3~~ 달립니다.
$자동차3~~ 달립니다.
$자동차3~~ 달립니다.
```

4~13행에서 RacingCar 클래스를 정의한다. 9~13행에서는 자동차가 달린다는 것을 3번 출력하는 runCar( ) 메서드를 만든다. 13행에서는 너무 빠른 출력을 방지하려고 0.1초 동안 멈춘다.

16~18행에서 자동차 세 대의 인스턴스를 생성하고 이름을 다르게 한다. 20~22행에서 세 대가 차례대로 출발한다. 출력 결과를 보면 먼저 자동차1이 3번 달린 후 자동차2와 자동차3이 차례대로 달린다. 이것이 일반적인 프로그램의 작동 방식으로 20행, 21행, 22행이 차례대로 이것을 수행한다.

틀린 방식은 아니지만, 여기서는 자동차 세 대를 동시에 출발시켜 경주를 벌이게 하고 싶다. 즉 자동차1이 출발하자마자(자동차1의 작동이 완전히 끝나기 전에) 자동차2와 자동차3도 이어서 출발시키고 싶은 것이다. 이것은 다음과 같이 코드를 수정해서 작동시키면 가능하다.

Code12-12.py

```
1 import threading
2 import time
3
4 ## 클래스 선언 부분 ##
5 class RacingCar :
6       # Code12-11.py와 동일
7
8 ## 메인 코드 부분 ##
9 car1 = RacingCar('@자동차1')
10 car2 = RacingCar('#자동차2')
11 car3 = RacingCar('$자동차3')
12
13 th1 = threading.Thread(target = car1.runCar)
14 th2 = threading.Thread(target = car2.runCar)
15 th3 = threading.Thread(target = car3.runCar)
16
17 th1.start()
18 th2.start()
19 th3.start()
```

출력 결과

```
@자동차1~~ 달립니다.
#자동차2~~ 달립니다.
@자동차1~~ 달립니다.
$자동차3~~ 달립니다.
#자동차2~~ 달립니다.
$자동차3~~ 달립니다.
@자동차1~~ 달립니다.
#자동차2~~ 달립니다.
$자동차3~~ 달립니다.
```

1행에서 threading 모듈을 임포트한다. 13행에서는 'threading.Thread(target=메서드 또는 함수, args=(매개변수))' 형식을 사용해서 스레드를 생성한다. 넘겨줄 매개변수가 없다면 args 부분은 생략해도 된다. 13행에서는 car1.runCar( ) 메서드명을 스레드로 생성한다. 13~15행에서 스레드 3개를 생성하고, 17~19행에서 스레드를 start( )시켰다. 출력 결과를 보면, 자동차1이 출발하자마자 자동차2와 자동차3도 함께 출발한다.

TIP • Code12-12.py는 간단한 출력만 들어 있어 대부분 자동차1, 2, 3 순서로 실행되지만 실무에서 사용되는 코드들은 순서에 상관 없이 섞여서 실행된다.

4 멀티 프로세싱

파이썬에서 스레드는 내부적으로 CPU를 1개만 사용한다. 그래서 동시에 수행하더라도 실질적인 처리 속도는 오히려 더 느려질 수 있다. 반면 멀티 프로세싱 기법은 동시에 CPU를 여러 개 사용한다.

TIP • 자바 등 프로그래밍 언어에서는 멀티 스레드가 동시에 CPU를 여러 개 사용한다. 그래서 자바 등에서는 파이썬처럼 멀티 스레드와 멀티 프로세싱을 구분하지 않는다.

최근의 CPU는 대부분 멀티코어를 제공하기 때문에 멀티 프로세싱 기법을 사용하면 실제로 처리 속도가 향상된다. 다음 멀티 프로세싱 기법은 CPU 코어를 여러 개 사용하므로 대량의 처리가 필요할 때는 속도가 향상될 것이다. 사용 방법은 멀티 스레드와 비슷하며, 모듈명만 변경하면 된다.

Code12-13.py

```
import multiprocessing
import time

## 클래스 선언 부분 ##
class RacingCar :
        # Code12-11.py와 동일

## 메인 코드 부분 ##
if __name__ == "__main__" :
        car1 = RacingCar('@자동차1')
        car2 = RacingCar('#자동차2')
        car3 = RacingCar('$자동차3')

        mp1 = multiprocessing.Process(target = car1.runCar)
        mp2 = multiprocessing.Process(target = car2.runCar)
        mp3 = multiprocessing.Process(target = car3.runCar)

        mp1.start()
        mp2.start()
        mp3.start()

        mp1.join()
        mp2.join()
        mp3.join()
```

TIP • 멀티 프로세싱을 사용하면 파이썬 IDLE에서는 print()가 보이지 않는다. print()를 보려면 명령 프롬프트 소스가 있는 폴더로 이동한 후 'python 소스파일' 명령어로 실행해야 한다. 또는 부록의 파이참을 사용하면 결과가 바로 확인된다.

```
명령 프롬프트
C:\CookPython> python  Code12-13.py
@자동차1~~ 달립니다.
#자동차2~~ 달립니다.
$자동차3~~ 달립니다.
@자동차1~~ 달립니다.
$자동차3~~ 달립니다.
#자동차2~~ 달립니다.
@자동차1~~ 달립니다.
$자동차3~~ 달립니다.
#자동차2~~ 달립니다.

C:\CookPython>
```

지금은 워낙 작은 프로그램이라서 처리 속도가 향상된 것을 느끼지 못하겠지만, 대량의 데이터를 처리할 때는 상당한 성능 향상을 보일 것이다. 또 출력 결과창을 보면 멀티 스레드와는 달리 자동차의 작동 순서가 무작위로 선택되어 있다. 이는 각 프로세스마다 처리하는 업무량이 다르기 때문에 순서도 항상 바뀌는 것이다. 14행에서는 'multiprocessing.Process(target=메서드 또는 함수, args=(매개변수))' 형식을 사용해 스레드를 생성하고, 18행에서 프로세스를 시작한다. 참고로 22~24행은 생략해도 되지만, 프로세스가 어떤 문제로 종료되지 않을 때 작업이 끝나면 프로세스를 종료시켜 주는 역할을 하므로 입력하는 것이 좋다.

SELF STUDY 12-3

Code12-12.py를 활용해서 1~1000, 1~100000, 1~10000000 각각의 합을 계산하는 스레드 프로그램을 작성하자.

출력 결과

```
1+2+3+.....+ 1000 = 500500
1+2+3+.....+ 100000 = 5000050000
1+2+3+.....+ 10000000 = 50000005000000
```

요약

1 자동차 클래스는 자동차의 설계도와 같다고 보면 된다. 자동차 설계도를 그렸다고 해서 자동차를 만들 수 있는 것은 아니며, 설계도를 토대로 실제 자동차를 제작해야 한다. 이렇게 실제로 생산되는 자동차를 인스턴스라고 한다.

2 클래스와 인스턴스 개념도 및 코드 구성은 다음과 같다.

자동차 설계도(클래스) **자동차(인스턴스)**

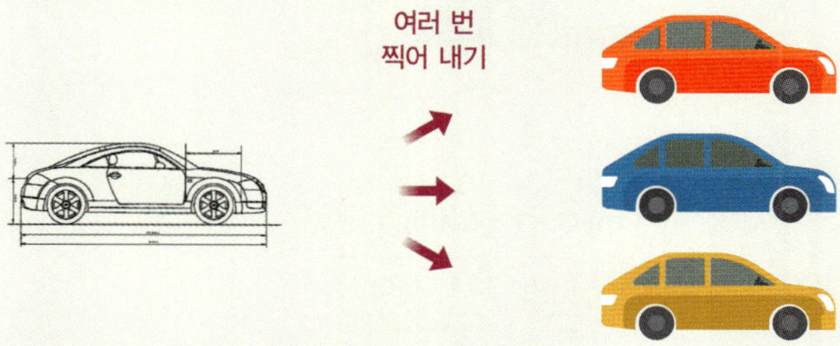

자동차 설계도(클래스)

```
class 자동차 :
  # 자동차의 속성
    색상
    속도
  # 자동차의 기능
    속도 올리기()
    속도 내리기()
```

자동차(인스턴스)

```
자동차1 = 자동차()
자동차2 = 자동차()
자동차3 = 자동차()
```

3 생성자는 인스턴스를 생성하면 무조건 호출되는 메서드로 __init__() 이름을 갖는다.

4 __init__()은 self 외에 별도의 매개변수를 사용하지 않는다. 이렇게 매개변수가 self만 있는 생성자를 기본 생성자라고 한다. 필요하다면 생성자도 다른 메서드처럼 매개변수를 사용할 수 있다.

요약

5 인스턴스 변수와 클래스 변수의 개념은 다음과 같다.

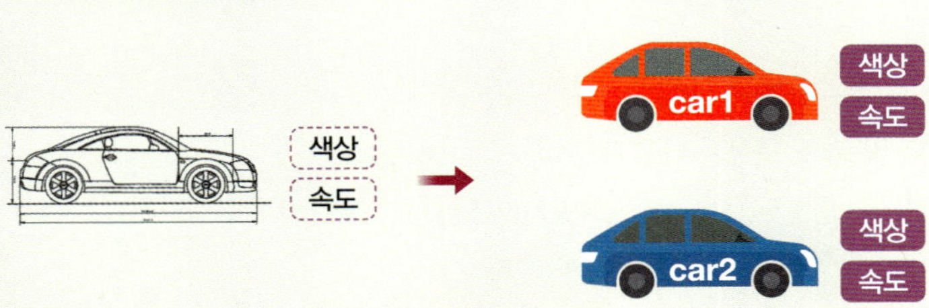


```
class Car :
    color = ""
    speed = 0
```

→

myCar1 = Car()

myCar1.color
myCar1.speed

myCar2 = Car()

myCar2.color
myCar2.speed

6 클래스 상속의 개념은 다음과 같다.

class 자동차 :
  필드 – 색상, 속도
  메서드 – 속도 올리기()
        속도 내리기()

자동차 클래스(공통 내용)

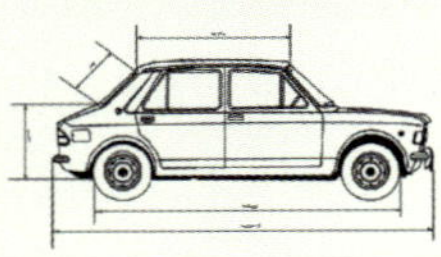

상속　　상속

승용차 클래스

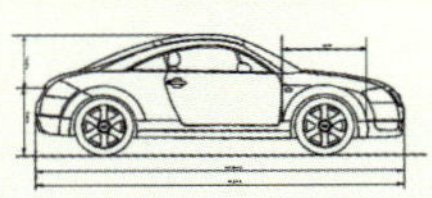

class 승용차 : 자동차 상속
  필드 – 자동차 필드, 좌석 수
  메서드 – 자동차 메서드
        좌석 수 알아보기()

트럭 클래스

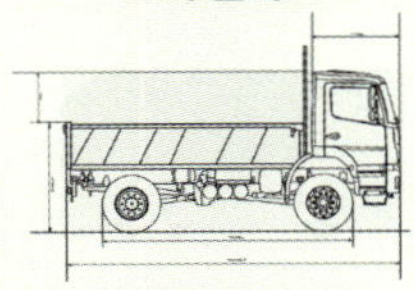

class 트럭 : 자동차 상속
  필드 – 자동차 필드, 적재량
  메서드 – 자동차 메서드
        적재량 알아보기()

7 클래스의 특별한 메서드로는 __init__(), __del__(), __repr__(), __add__(), __lt__(), __le__(), __gt__(), __ge__(), __eq__(), __ne__() 등이 있다.

8 슈퍼 클래스에는 본체가 존재하지 않는다. 서브 클래스에서 반드시 오버라이딩해 사용하도록 만든 메서드를 추상 메서드라고 하는데, 메서드 안에 raise NotImplementedError()를 적으면 된다.

9 스레드는 프로그램 하나에서 여러 처리를 동시에 할 수 있도록 제공하는 기능이다. 동시에 여러 스레드가 작동하도록 하는 것을 멀티 스레드(Multi Thread)라고 한다.

10 스레드는 내부적으로 CPU를 1개만 사용하지만, 멀티 프로세싱 기법은 동시에 여러 CPU를 사용한다.

연습문제

1 다음 중 객체지향 프로그래밍(OOP)의 특징이 아닌 것을 고르세요.

① 캡슐화

② 상속

③ 함수형 프로그래밍

④ 다형성

2 다음은 자동차 클래스를 만드는 구문입니다. 빈 곳에 들어갈 동일한 코드를 채우세요.

```
class Car :
   speed = 0

   def upSpeed(          , value) :
      [          ].speed += value
```

3 다음은 클래스를 사용해서 인스턴스를 생성하는 코드입니다. 빈 곳을 채우세요.

```
class Animal :
   color = ""
   weight = 0

myCar1 = [          ]
myCar2 = [          ]
```

4 다음은 클래스의 생성과 사용에 관련된 내용입니다. 순서가 맞는 것을 고르세요.

Ⓐ 클래스 생성
Ⓑ 필드나 메서드 사용
Ⓒ 인스턴스 생성

① A → B → C

② A → C → B

③ B → A → C

④ C → B → A

5 다음 코드의 실행 결과를 쓰세요.

```
class A:
    def __init__(self):
        self.value = 10

class B(A):
    def __init__(self):
        super().__init__()
        self.value += 5

b = B()
print(b.value)
```

6 다음은 생성자와 관련된 프로그램입니다. 빈 곳에 들어갈 코드를 채우세요.

```
class  Truck :
    color = ""
    speed = 0

    def __init__(                    ) :
        self.color = para1
        self.speed = para2

newTruck = Truck("회색", 15)
```

7 다음은 인스턴스 변수 및 클래스 변수와 관련된 설명입니다. 거리가 먼 것을 고르세요.

① 인스턴스 변수는 인스턴스를 생성해야 사용할 수 있다.

② 클래스에는 인스턴스 변수의 공간이 할당되지 않는다.

③ 클래스 변수는 클래스 안에 공간이 할당된 변수를 말한다.

④ 클래스 변수는 '인스턴스명.클래스변수명'으로 접근할 수 없다.

연습문제

IT@COOKBOOK

8 다음은 추상 메서드를 만드는 코드입니다. 빈 곳에 들어갈 내용을 고르세요.

```
class SuperClass :
   def method(self) :
      raise NotImplementedError()
[                                   ]
```

① `return NotImplementedError()`

② `raise NotImplementedError()`

③ `run NotImplementedError()`

④ `goto NotImplementedError()`

9 다음 설명 중 밑줄 친 부분을 채우세요.

[   ]는 프로그램 하나에서 여러 개를 동시에 처리할 수 있도록 제공하는 기능이다.

10 **심화문제** 그림과 같이 3마리의 거북이가 왼쪽부터 오른쪽까지 경주하는 코드를 다음 조건에 맞춰서 작성하세요.

- 거북이 클래스인 RacingTurtle을 만들고, 생성자 및 move() 메서드를 작성한다.
- 먼저 들어온 거북이의 순위대로 크기를 크게 설정한다.
- 3마리의 거북이가 왼쪽에서 오른쪽으로 경주를 한다.
- 스레드는 사용하지 않는다.

응용예제 01 프로그래스바로 멀티 스레드 표현하기

난이도★★★★☆

예제 설명 스레드를 응용한 예제로 GUI 화면에서 스레드 세 개가 동시에 작동하도록 구현해 보자. 화면에 프로그래스바를 출력하는데, 프로그래스바는 tkinter.ttk 모듈에서 제공한다.

실행 결과

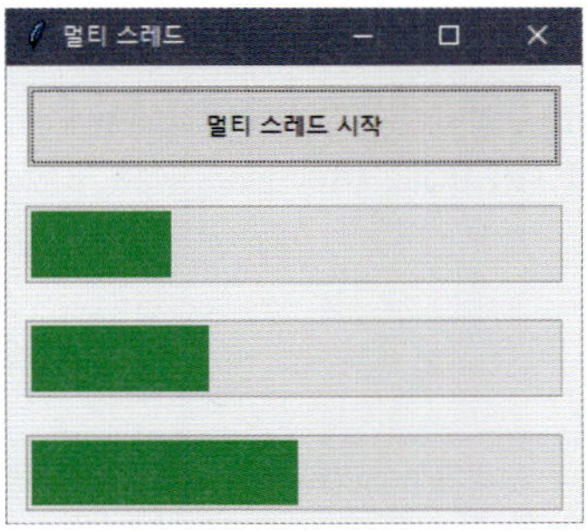

코드

```
from tkinter import *
from tkinter.ttk import *
import random
import time
import threading

## 클래스 선언 부분 ##
class ThreadProgressBar() :
   thread = None
   progress = None
   def __init__(self, parent) :
      self.progress = Progressbar(parent, orient = HORIZONTAL, length = 500)
      self.progress.pack(side = TOP, fill = X, ipadx = 10, ipady = 10, padx = 10, pady = 10)
      self.thread = threading.Thread(target = self.runProgress, args = (self.progress,))
      self.thread.start()

   def runProgress(self, progress) :
      hop = 0
      while True :
         hop = random.randrange(0, 10)
         if progress['value'] >= 100 :      # 프로그래스가 100이면 멈춤
            break
         progress['value'] += hop
         time.sleep(0.5)

```

```
26 ## 함수 선언 부분 ##
27 def runThreadProgress() :
28     thBar1 = ThreadProgressBar(window)
29     thBar2 = ThreadProgressBar(window)
30     thBar3 = ThreadProgressBar(window)
31
32 ## 메인 코드 부분 ##
33 if __name__ == "__main__" :
34     window = Tk()
35     window.geometry("300x250")
36     window.title('멀티 스레드')
37     threadtButton = Button(window, text = '멀티 스레드 시작', command = runThreadProgress)
38     threadtButton.pack(side = TOP, fill = X, ipadx = 10, ipady = 10, padx = 10, pady = 10)
39
40     window.mainloop()
```

코드 설명

행	설명
1~5행	관련 모듈을 임포트한다. tkinter.ttk는 프로그래스바를 사용하려고 임포트했다.
8~24행	프로그래스바를 생성하고 작동하는 클래스를 선언한다.
9~10행	스레드를 생성해서 저장할 thread 변수와 프로그래스바를 생성해서 저장할 progress 변수를 준비한다.
11~15행	클래스의 생성자로 parent 매개변수는 윈도창을 넘겨받는다. 12행에서는 프로그래스바를 생성한다. 프로그래스바는 수평으로 500 크기로 설정했다. 13행에서 프로그래스바를 화면에 출력한다. 14행에서 스레드를 생성하고, 실행할 메서드는 17행의 runProgress()로 지정한다. 매개변수는 12행에서 생성한 프로그래스바를 넘겨준다. 15행에서 스레드를 시작한다.
17~24행	프로그래스바를 진행시키는 메서드이다. 18행의 hop은 증가하는 숫자인데, 20행에서 0부터 9까지 무작위로 추출하고, 23행에서 프로그래스바를 hop만큼 증가시킨다. 24행에서 0.5초 정도 멈추었다가 진행한다. 21~22행에서는 프로그래스바가 100이 되면 진행을 멈춘다.
27~30행	ThreadProgressBar 클래스의 인스턴스를 3개 생성한다.
33~40행	메인 함수 부분이다. 37행에서 버튼을 생성하고, 버튼을 클릭하면 27행의 runThreadProgress() 함수를 실행한다.

응용예제 02

객체지향이 적용된 그림판 구현하기

난이도★★★★★

예제 설명 마우스로 사각형과 원을 그리는 그림판 프로그램을 만들어 보자. 마우스 왼쪽 버튼으로는 사각형을 만들고, 마우스 오른쪽 버튼으로는 원을 만든다. 그리고 마우스 가운데 버튼을 누르면 마지막에 그린 도형을 지운다. 이 예제는 객체지향 프로그래밍의 최종판으로 클래스의 상속, 추상 메서드, 생성자, 소멸자 등을 적극 활용한다.

실행 결과

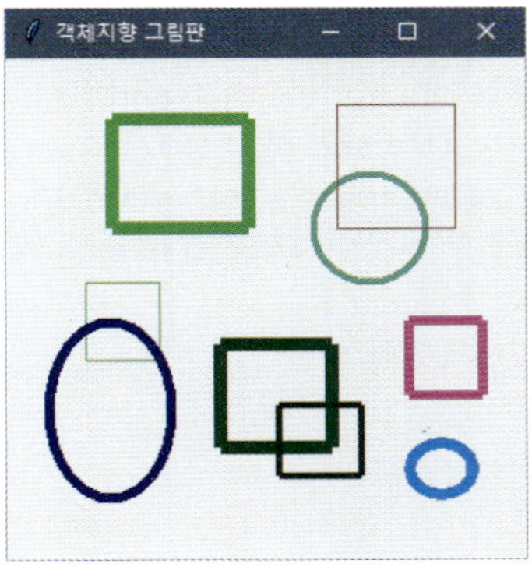

코드

```
from tkinter import *
import math
import random

## 클래스 선언 부분 ##
class Shape :                         # 슈퍼 클래스
   color, width = '', 0
   shX1, shY1, shX2, shY2 = [0] * 4   # 도형을 포함하는 두 점
   def drawShape(self) :              # 추상 메서드
      raise NotImplementedError()

class Rectangle(Shape) :              # 서브 클래스
   objects = None                     # 사각형 선분 리스트
   def __init__(self, x1, y1, x2, y2, c, w) :
      self.shX1 = x1
      self.shY1 = y1
      self.shX2 = x2
      self.shY2 = y2
      self.color = c
      self.width = w
      self.drawShape()
```

```

    def __del__(self) :            # 사각형의 선분 4개를 삭제
        for obj in self.objects :
            canvas.delete(obj)

    def drawShape(self) :          # 사각형 그리기로 오버라이딩
        sx1 = self.shX1; sy1 = self.shY1; sx2 = self.shX2; sy2 = self.shY2
        squreList = []
        squreList.append(canvas.create_line(sx1, sy1, sx1, sy2,
                         fill = self.color, width = self.width))
        squreList.append(canvas.create_line(sx1, sy2, sx2, sy2,
                         fill = self.color, width = self.width))
        squreList.append(canvas.create_line(sx2, sy2, sx2, sy1,
                         fill = self.color, width = self.width))
        squreList.append(canvas.create_line(sx2, sy1, sx1, sy1,
                         fill = self.color, width = self.width))
        self.objects = squreList   # 선분 리스트(사각형)를 objects에 넣음

class Circle(Shape) :              # 서브 클래스
    objects = None
    def __init__(self, x1, y1, x2, y2, c, w) :
        self.shX1 = x1
        self.shY1 = y1
        self.shX2 = x2
        self.shY2 = y2
        self.color = c
        self.width = w
        self.drawShape()

    def __del__(self) :            # 원은 객체 1개만 삭제
        canvas.delete(self.objects)

    def drawShape(self) :          # 원형 그리기로 오버라이딩
        sx1 = self.shX1; sy1 = self.shY1; sx2 = self.shX2; sy2 = self.shY2
        self.objects = canvas.create_oval(sx1, sy1, sx2, sy2,
                       outline = self.color, width = self.width)

## 함수 선언 부분 ##
def getColor() :                   # 임의의 색상 선택
    r = random.randrange(16, 256)  # 16진수로 변환하면 0~A는 제외
    g = random.randrange(16, 256)
    b = random.randrange(16, 256)
    return "#" + hex(r)[2:] + hex(g)[2:] + hex(b)[2:] # '#rrggbb' 형태로 만듦

def getWidth() :                   # 임의의 펜 두께 선택
```

```
    return random.randrange(1, 9)

## 이벤트 함수 선언 부분 ##
def startDrawRect(event) :
    global x1, y1, x2, y2, shapes
    x1 = event.x
    y1 = event.y

def endDrawRect(event) :
    global x1, y1, x2, y2, shapes
    x2 = event.x
    y2 = event.y
    rect = Rectangle(x1, y1, x2, y2, getColor(), getWidth())# 사각형 생성
    shapes.append(rect)            # 전체 도형 리스트에 추가

def startDrawCircle(event) :
    global x1, y1, x2, y2, shapes
    x1 = event.x
    y1 = event.y

def endDrawCircle(event) :
    global x1, y1, x2, y2, shapes
    x2 = event.x
    y2 = event.y
    cir = Circle(x1, y1, x2, y2, getColor(), getWidth())     # 원 생성
    shapes.append(cir)             # 전체 도형 리스트에 추가

def deleteShape(event) :           # 마지막에 그린 도형 제거
    global shapes
    if len(shapes) != 0 :          # 화면에 도형이 있으면 마지막 도형 제거
        shp = shapes.pop()
        del(shp)

## 전역 변수 선언 부분 ##
shapes = []                        # 화면에 그린 전체 도형 리스트
window = None
canvas = None
x1, y1, x2, y2 = None, None, None, None     # 클릭한 두 지점의 X, Y

## 메인 코드 부분 ##
if __name__ == "__main__" :
    window = Tk()
    window.title("객체지향 그림판")
    canvas = Canvas(window, height = 300, width = 300)
    canvas.bind("<Button-1>", startDrawRect)
```

```
107     canvas.bind("<ButtonRelease-1>", endDrawRect)
108     canvas.bind("<Button-2>", deleteShape)
109     canvas.bind("<Button-3>", startDrawCircle)
110     canvas.bind("<ButtonRelease-3>", endDrawCircle)
111
112     canvas.pack()
113     window.mainloop()
```

코드 설명

6~10행	도형(Shape) 슈퍼 클래스를 정의한다. 도형 색(color), 도형 선 두께(width), 도형을 포함하는 네 점(shX1, shY1, shX2, shY2)은 모두 서브 클래스에서 상속받아 그대로 사용할 것이다. 9~10행에는 추상 메서드인 drawShape()를 준비하다. 이 메서드는 서브 클래스에서 오버라이딩해 도형마다 다른 모양으로 그릴 것이다.
12~34행	사각형(Rectangle) 서브 클래스를 정의한다.
13행	사각형을 구성하는 선분을 4개 저장하는 리스트인 objects를 준비한다. 이 objects에 34행에서 그린 선분을 4개 저장할 것이다. 그리고 93행에서 인스턴스를 삭제하면 23행의 소멸자가 실행되어 선분을 4개 삭제한다. 결국 화면에서 해당 사각형이 삭제된다.
14~21행	사각형 생성자이다. 매개변수로 사각형의 왼쪽 위와 오른쪽 아래 또는 오른쪽 위와 왼쪽 아래 좌표 4개(x1, y1, x2, y2), 사각형의 색상(c)과 선 두께(w)가 넘어온다. 이 값을 사각형의 인스턴스 변수에 대입하고 21행에서 drawShape()를 호출해서 화면에 사각형을 그린다.
23~25행	사각형의 소멸자를 정의한다. 인스턴스가 삭제되면 실행된다.
27~34행	사각형을 그리는 메서드이다. 선분을 4개 그린다. 선분을 그린 후에는 각 선분을 squreList에 추가하고 34행에서 objects에 대입시킨다. 28행은 코드가 복잡해지는 것을 방지하려고 간단한 이름의 변수를 대신 사용한 것이다.
36~52행	원형(Circle) 서브 클래스를 정의한다. 사각형 클래스와 대부분 동일하다. 단 52행에서 원을 생성하는데, 사각형은 선분이 4개 필요하지만 원은 동그라미 1개만 objects에 저장된다. 그래서 47~48행에서 소멸자도 하나만 삭제한다.
55~59행	무작위로 색상을 추출한다. #rrggbb 형태로 추출해서 반환한다.
61~62행	무작위로 선의 두께를 1에서 8까지 추출해서 반환한다.
65~93행	마우스를 클릭하면 실행되는 이벤트 함수 5개를 정의한다.
65~75행	마우스 왼쪽 버튼을 누르면 한쪽 끝의 x1, y1을 구하고, 마우스를 드롭하면 끝 좌표 x2, y2를 구한다. 이 네 점으로 74행에서 사각형을 그린다. 그려진 사각형은 화면 전체에 그린 도형 리스트인 shapes에 추가한다.
77~87행	마우스 오른쪽 버튼을 누르고, 드롭하면 그 범위에 포함되는 원형을 그린다.
89~93행	마우스 가운데 버튼을 누르면 마지막으로 그린 도형을 삭제한다. 91행에서 더 이상 그린 도형이 없다면 그냥 넘어간다. 92행에서 마지막 도형을 뽑아내고, 93행에서 그 도형 인스턴스를 del()로 삭제한다. 그러면 해당 인스턴스의 소멸자가 수행되어 도형이 화면에서 사라진다.
96~99행	전역 변수를 준비한다. shapes는 화면에 그린 전체 도형의 인스턴스가 추가되는 리스트이다.
102~113행	메인 코드 부분이다. 106~110행에서 마우스 버튼에 따라 호출할 함수를 지정한다.

응용예제 03

객체지향을 활용한 DVD 대여점 관리하기

난이도★★★★☆

예제 설명 DVD를 대여하고 반납하는 시스템을 객체지향적 프로그래밍으로 구현해 보자. 사용자는 DVD를 추가하고, 대여 및 반납할 수 있으며, 현재의 DVD 목록을 확인할 수 있다.

실행 결과

실행 결과

```
'극한직업' DVD가 대여점에 추가되었습니다.
'알라딘' DVD가 대여점에 추가되었습니다.
'겨울왕국' DVD가 대여점에 추가되었습니다.

** 현재DVD 목록:
극한직업- 코믹(대여 가능)
알라딘- SF (대여 가능)
겨울왕국- 애니메이션(대여 가능)

** DVD 대여하기:
'극한직업' DVD가 대여되었습니다.
'겨울왕국' DVD가 대여되었습니다.

** 업데이트된DVD 목록:
극한직업- 코믹(대여 중)
알라딘- SF (대여 가능)
겨울왕국- 애니메이션(대여 중)

** DVD 반납하기:
'극한직업' DVD가 반납되었습니다.

** 최종DVD 목록:
극한직업- 코믹(대여 가능)
알라딘- SF (대여 가능)
겨울왕국- 애니메이션(대여 중)
```

코드

```python
class DVD:
    def __init__(self, title, genre):
        self.title = title
        self.genre = genre
        self.is_rented = False

    def rent(self):
        if self.is_rented == False:
            self.is_rented = True
            return "'" + self.title + "' DVD가 대여되었습니다."
        else:
            return "'" + self.title + "' DVD는 이미 대여 중입니다."

    def return_dvd(self):
        if self.is_rented == True:
            self.is_rented = False
            return "'" + self.title + "' DVD가 반납되었습니다."
        else:
            return "'" + self.title + "' DVD는 대여되지 않았습니다."

    def __str__(self):
        if self.is_rented == False:
            status = "대여 가능"
        else:
            status = "대여 중"
        return self.title + " - " + self.genre + " (" + status + ")"

class RentalStore:
    def __init__(self):
        self.dvds = []

    def add_dvd(self, dvd):
        self.dvds.append(dvd)
        return "'" + dvd.title + "' DVD가 대여점에 추가되었습니다."

    def list_dvds(self):
        if len(self.dvds) == 0:
            return "현재 대여점에DVD가 없습니다."
        else:
            result = ""
```

```
            for dvd in self.dvds:
                result += str(dvd) + "\n"
            return result.strip()

    def rent_dvd(self, title):
        for dvd in self.dvds:
            if dvd.title == title:
                return dvd.rent()
        return "'" + title + "' DVD를 찾을 수 없습니다."

    def return_dvd(self, title):
        for dvd in self.dvds:
            if dvd.title == title:
                return dvd.return_dvd()
        return "'" + title + "' DVD를 찾을 수 없습니다."

# 실행 예제
if __name__ == "__main__":
    store = RentalStore()

    print(store.add_dvd(DVD("극한직업", "코믹")))
    print(store.add_dvd(DVD("알라딘", "SF")))
    print(store.add_dvd(DVD("겨울왕국", "애니메이션")))

    print("\n** 현재DVD 목록:")
    print(store.list_dvds())

    print("\n** DVD 대여하기:")
    print(store.rent_dvd("극한직업"))
    print(store.rent_dvd("겨울왕국"))

    print("\n** 업데이트된DVD 목록:")
    print(store.list_dvds())

    print("\n** DVD 반납하기:")
    print(store.return_dvd("극한직업"))

    print("\n** 최종DVD 목록:")
    print(store.list_dvds())
```

코드 설명

1~26행	DVD 정보를 관리하는 클래스를 정의한다.
2~5행	생성자를 정의한다. 제목, 분류, 대여 여부를 속성으로 한다.
7~12행	DVD를 대여하는 메서드를 정의한다.
14~19행	DVD를 반납하는 메서드를 정의한다.
21~26행	DVD 정보를 문자열로 반환하는 메서드를 정의한다.
28~55행	DVD 대여점을 관리하는 클래스를 정의한다.
29~30행	생성자에 DVD 목록을 저장하는 리스트를 속성으로 준비한다.
32~34행	대여점에 DVD를 추가하는 메서드를 정의한다.
36~43행	대여점의 DVD 목록을 출력하는 메서드를 정의한다.
45~49행	대여점의 DVD를 대여하는 메서드를 정의한다.
51~55행	대여점에 DVD를 반납하는 메서드를 정의한다.
59~79행	클래스를 생성하고 작동을 테스트한다.

CHAPTER 13

데이터베이스

학습목표

- 데이터베이스 개념을 익힌다.
- SQLite의 사용법과 SQL 문을 배운다.
- 데이터베이스를 연동하는 프로그램을 만든다.

SECTION 01 이 장에서 만들 프로그램
SECTION 02 데이터베이스의 기본
SECTION 03 데이터베이스의 구축
SECTION 04 데이터의 입력과 조회
요약
연습문제
응용예제

SECTION

01 이 장에서 만들 프로그램

데이터베이스에서 다루는 분량은 상당한데, 많은 반복 학습을 해야 어느 정도 사용이 가능하다. 그래서 이 책에서 데이터베이스 전체를 다루기는 어렵다. 여기서는 데이터베이스의 기본 개념과 작동 방법, 파이썬에서 데이터베이스를 활용하는 방법 위주로 살펴본다.

1 [프로그램 1] 파이썬에서 SQLite 활용

첫 번째는 파이썬으로 작성하지 않고 SQLite에서 데이터베이스를 조회하는 프로그램이다. 아직은 SQLite나 데이터베이스가 무엇인지 잘 모르겠지만, 이후 실습을 진행하면서 좀 더 자세히 살펴보자.

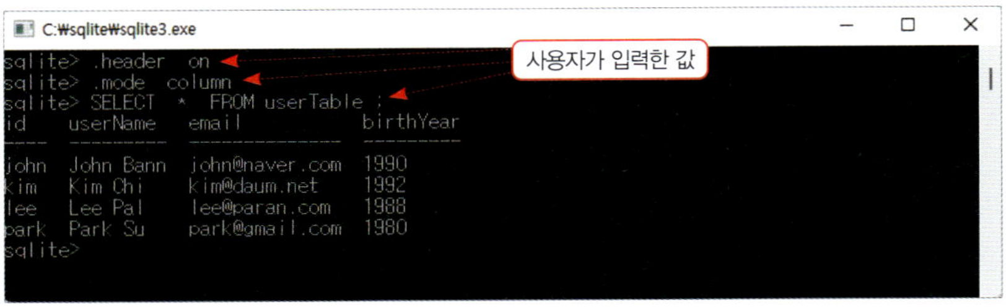

2 [프로그램 2] GUI 데이터 입력

두 번째는 파이썬에서 데이터베이스를 입력하고 조회하는 프로그램이다. 다음과 같이 윈도창이 있는 GUI를 활용해서 작성한다.

SECTION 02

데이터베이스의 기본

1 데이터베이스의 개념

그동안 컴퓨터에 별로 관심이 없었다고 해도 데이터베이스(Database)라는 말은 뉴스, 인터넷, SNS 등에서 종종 접했을 것이다. 데이터베이스는 모바일, 서버 컴퓨터, 인터넷 환경에서 없어서는 안 될 중요한 요소이다. 지금까지 파이썬 프로그램을 여러 개 작성해 보았다. 데이터 입력이 필요한 프로그램에서는 실행 시 키보드로 입력했고, 다시 실행하면 또 데이터를 입력해야 했다. 이것은 데이터가 저장되어 있지 않았기 때문이다. 이를 해결하려고 11장에서 파일 처리를 학습했다. 이 방법을 이용하면 파일에 데이터를 입력해 놓고 다음에 데이터 입력이 필요할 때 파일 내용을 불러와 사용하는 것이 가능하다.

파일 처리는 데이터를 저장하기 좋은 방법으로 데이터양이 적을 때 적합한 형태이다. 대량의 데이터가 발생하는 현대 사회에서 파일 처리로는 한계가 있는데, 이를 해결할 수 있는 방법이 바로 데이터베이스이다. 데이터베이스를 사용한다면 수천수만 건의 데이터를 저장하고 무리 없이 운영할 수 있다. 그런데 문제는 이 데이터베이스를 사용하는 방법만 배우는 데도 상당한 시간이 소요된다는 것이다. 이 책보다 훨씬 두꺼운 책을 여러 권 공부해야 어느 정도 데이터베이스를 이해할 수 있을 것이다. 그러므로 여기서는 데이터베이스의 모든 것을 다루기보다는 데이터베이스의 핵심 개념을 이해하고 활용하는 방법 정도만 배운다.

파이썬 프로그래밍을 익히려고 파이썬 소프트웨어를 설치했듯이, 데이터베이스를 익히려면 데이터베이스 소프트웨어를 설치해야 한다. 데이터베이스 소프트웨어를 DBMS(DataBase Management System 또는 DataBase Management Software)라고 한다. 이 DBMS 제품의 종류는 다양하다. 대표적으로 오라클(Oracle), SQL 서버(SQL Server), MySQL, 액세스(Access), SQLite 등이 있다. 이 중에서 가볍고 활용하기 쉬운 데이터베이스 툴인 SQLite 제품을 사용해 보자.

SQLite를 이해하려면 적어도 데이터베이스(특히 관계형 데이터베이스) 기본 개념과 용어는 파악하고 있어야 한다. SQLite를 운영하는 최소한의 내용 정도는 알아 두어야 한다는 말이다.

데이터베이스 용어는 이제 모든 분야에서 널리 사용한다. 현대 정보화 사회에서 대부분의 생활과 업무는 데이터베이스와 직간접적으로 연관되어 있다고 해도 과언이 아니다. 예를 들어 SNS 메시지, 지하철이나 버스에서 사용하는 교통카드, 편의점에서 산 바나나맛 우유 등의 정보도 모두 데이터베이스에 저장된다. 이렇게 다양한 형태의 지속적이고 대량으로 발생되는 정보를 보관하려면 11장에서 배운 파일 입출력과 같은 기존 파일 시스템으로는 한계가 있다. 그래서 고안된 것이 바로 데이터를 보관하고 관리하는 데이터베이스 시스템이다.

데이터베이스는 대량의 데이터를 체계적으로 저장해 놓은 것 정도로 간단히 정의할 수 있다. 또 데이터베이스는 여러 사용자나 시스템이 서로 공유할 수 있어야 한다. 데이터베이스 관리 시스템(DBMS)은 이 데이터베이스를 관리해 주는 시스템 또는 소프트웨어이다.

2 관계형 데이터베이스

DBMS는 크게 계층형(Hierarchical) DBMS, 망형(Network) DBMS, 관계형(Relational) DBMS, 객체지향형(Object-Oriented) DBMS, 객체관계형(Object-Relational) DBMS 등으로 나눈다. 관계형 DBMS를 가장 많이 사용하며, 일부 멀티미디어 분야에서는 객체지향형이나 객체관계형 DBMS를 활용하는 추세이다. 앞에서 잠깐 소개한 오라클, SQL 서버, 액세스, MySQL 등은 모두 관계형 DBMS(줄여서 RDBMS)라고 할 수 있다. 또 이 책에서 다루는 SQLite도 관계형 DBMS에 속한다.

관계형 DBMS의 가장 큰 단점은 시스템 자원을 많이 차지해 속도가 전반적으로 느리다는 것이다. 그러나 최근 하드웨어가 급속하게 발전하면서 예전에 비해서 많이 좋아졌다. 이 책에서 사용하는 SQLite도 다른 관계형 DBMS처럼 표준 SQL이나 개념 등은 동일하게 적용되면서도 그보다는 훨씬 가볍게 작동하기 때문에 컴퓨터 성능에는 거의 영향을 미치지 않는다.

3 데이터베이스 관련 용어

건물을 지으려면 먼저 설계도를 그려야 하듯이 데이터베이스도 구축하려면 데이터베이스 모델링이라는 작업이 필요하다. 데이터베이스 모델링은 현실 세계에서 사용되는 데이터를 DBMS 안에 어떻게 옮겨 놓을지 결정하는 과정이다.

네이버나 카카오 등 포털사이트의 회원가입 절차를 생각해 보자. 포털사이트에는 회원이 필요하며, 사람들이 회원으로 가입한다. 그렇다면 이 '회원'을 어떻게 DBMS에 넣을 것인가를 고민해야 한다. 회원인 사람의 몸을 컴퓨터에 넣을 수는 없기 때문에 회원을 나타낼 수 있는 특성(또는 속성)을 추출해서 그 특성을 DBMS에 데이터로 넣으면 된다. 즉 회원의 신분을 나타내는 대표적인 정보에 해당하는 이름, 생년월일, 이메일, 주소, 연락처 등의 정보를 DBMS에 저장한다. 이런 정보를 그냥 단편적으로 저장하는 것이 아니라 테이블(Table)이라는 표 형태의 틀에 맞추어서 넣어야 한다.

[그림 13-1]은 지금까지 설명한 회원 정보를 테이블에 구현한 것으로 관련 용어도 살펴보자.

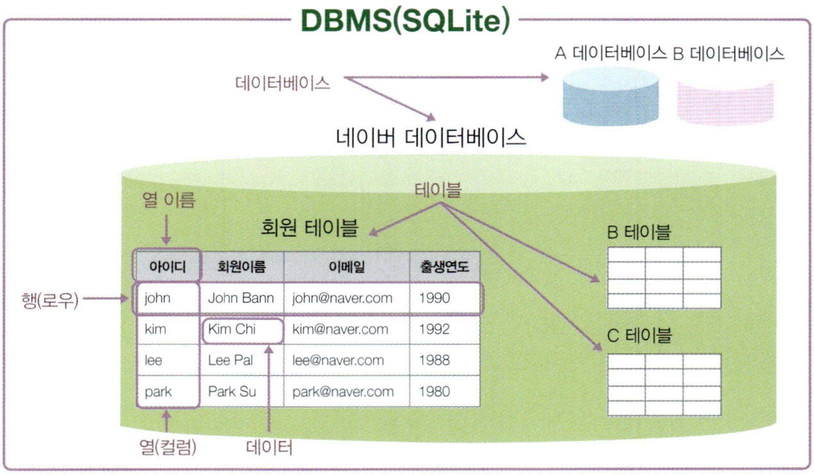

그림 13-1 DBMS 구성도

- **데이터 :** john, lee@naver.com, 1980 등 하나하나의 단편적인 정보를 의미한다.
- **테이블 :** 회원 데이터가 표 형태로 표현된 것이다. 지금은 네이버 데이터베이스를 구현하려고 회원 정보를 보관할 '회원 테이블'을 만들었다.
- **데이터베이스(DB) :** 테이블이 저장되는 저장소로, 주로 원통 모양으로 표현한다. [그림 13-1]에는 네이버 데이터베이스, A 데이터베이스, B 데이터베이스 총 3개가 있다. 각 데이터베이스에는 고유한 이름이 있어야 한다. 여기서 사용하는(또는 생성하는) 데이터베이스의 이름은 '네이버 데이터베이스'이다.
- **DBMS(DataBase Management System) :** 데이터베이스를 관리하는 시스템 또는 소프트웨어를 의미한다. SQLite 소프트웨어가 이에 해당된다.
- **열(컬럼 또는 필드) :** 각 테이블은 1개 이상의 열로 구성된다. 회원 테이블은 아이디, 회원이름, 이메일, 출생연도 등 4개의 열로 구성되어 있다.
- **열 이름 :** 각 열을 구분하는 이름이다. 열 이름은 각 테이블 안에서 중복되지 않아야 한다.
- **데이터 형식 :** 열의 데이터 형식으로 테이블을 생성할 때 열 이름과 함께 지정해야 한다. 회원 테이블의 회원이름 열은 당연히 숫자 형식이 아닌 문자 형식이어야 한다. 또 출생연도는 숫자(특히, 정수) 형식이어야 한다. 출생연도에는 '빠른88' 같은 글자를 입력하면 안 된다.
- **행(로우) :** 실질적인 데이터로, 'john/John Bann/john@naver.com/1990'은 하나의 행 데이터이다.
- **SQL(Structured Query Language : 구조화된 질의 언어) :** DBMS(SQLite)에서 어떤 작업을 하고 싶다면 DBMS가 알아듣는 말로 지시해야 한다. SQL은 사용자와 DBMS가 소통하는 말(언어)이다.

일부 용어는 SQL 내용만으로도 책 한 권으로는 부족하다. SQLite를 사용하려면 기본적으로 DBMS의 기본 개념과 용어 정도는 숙지하고 있어야 한다. 이제 SQL 문법과 사용 방법을 알아보자.

SECTION 03

데이터베이스의 구축

데이터베이스 관련 용어와 기본 개념을 익혔다면 이제 [그림 13-2]와 같은 과정에 따라 데이터베이스를 SQLite에서 구축해 보자. 이는 SQLite에만 적용되는 사항이 아니라 일반적인 관계형 DBMS에 공통으로 적용되는 사항이다.

그런데 파이썬에는 SQLite가 내장되어 있으므로 따로 설치할 필요가 없다. 여기서는 단지 데이터베이스 환경을 구축하고, 데이터베이스 언어인 SQL 문을 연습하려고 PC용 SQLite를 설치하는 것이다.

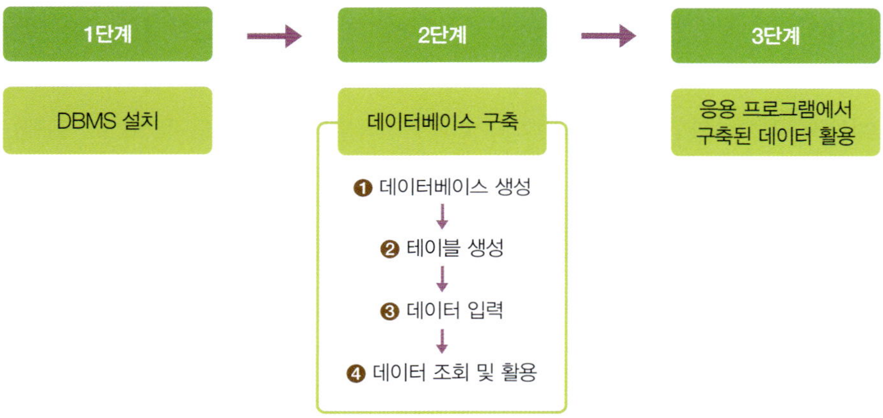

그림 13-2 데이터베이스 구축 및 운영 과정

1 1단계 : DBMS 설치

데이터베이스를 구축하려면 먼저 SQLite를 설치해야 한다. [그림 13-3]과 같이 https://www.sqlite.org/download.html에 접속한다. 'Precompiled Binaries for Windows' 항목에서 sqlite-tools-win-x64-버전.zip 파일을 클릭해 다운로드한다.

[그림 13-4]와 같이 다운로드한 파일(sqlite-tools-win-x64-xxxxxxx.zip)의 압축을 풀고, 폴더명을 sqlite로 변경한다. 필자는 C:\sqlite\ 폴더로 옮겨 이름을 변경했다. 그림과 같이 C:\sqlite\ 폴더 아래에 파일이 4개 있으면 된다.

TIP • 이 책의 자료실(https://cafe.naver.com/itCookBook)에서 실습과 동일한 SQLite 버전을 다운로드할 수 있다.

그림 13-3 sqlite 다운로드

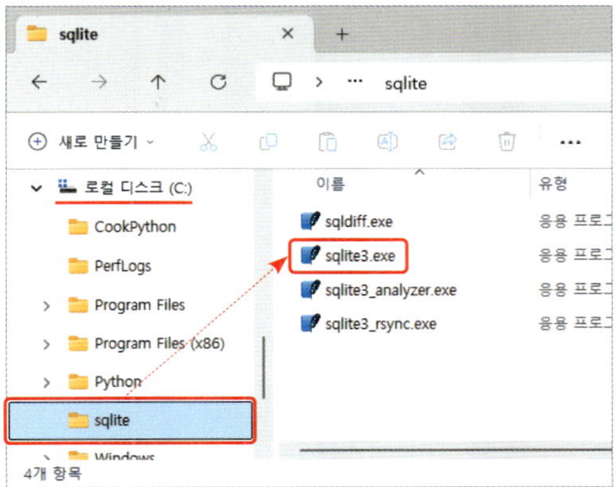

그림 13-4 sqlite 폴더

2 2단계 : 데이터베이스 구축

데이터베이스를 구축하려면 먼저 SQLite에 접속해야 한다. [그림 13-4]와 같이 파일 탐색기에서 sqlite3.exe 파일을 더블클릭해 실행하면 명령 프롬프트창이 열리면서 sqlite>로 표시된다.

TIP • 만약 [Windows의 PC 보호] 창이 나오면 추가 정보를 확인하고 〈실행〉을 클릭한다.

그림 13-5 SQLite 실행 화면

SQLite가 실행되었으므로 이제 DBMS가 이해하는 SQL 언어를 사용할 수 있다.

3 [프로그램 1]의 완성

[프로그램 1]은 파이썬 코드를 작성하는 것이 아니라, SQLite에서 다음 데이터베이스를 완성하는 것이다. [그림 13-2]에서 2단계를 차례로 진행하면 완성된다.

```
sqlite> .header on
sqlite> .mode column
sqlite> SELECT * FROM userTable;
id    userName   email           birthYear
----  ---------  --------------  ---------
john  John Bann  john@naver.com  1990
kim   Kim Chi    kim@daum.net    1992
lee   Lee Pal    lee@paran.com   1988
park  Park Su    park@gmail.com  1980
sqlite>
```

사용자가 입력한 값

그림 13-6 완성된 데이터베이스 결과 확인

❶ 데이터베이스 생성

데이터베이스를 생성하거나 열려면 '.open 데이터베이스이름' 명령어를 실행한다. 이 명령어는 데이터베이스가 있다면 열어 주고, 없다면 새로 생성한다. 다음 명령어를 실행하면 [그림 13-1]의 네이버 데이터베이스(이름 : naverDB)가 생성된다. 물론 naverDB의 내부는 아직 비어 있다.

```
sqlite> .open naverDB
sqlite>
```

TIP • 자주 사용하는 SQLite 명령어

SQL 문은 대·소문자를 구분하지 않는다. 또한 모든 SQL 문의 끝에는 세미콜론(;)을 붙여야 한다. 예외적으로 SQLite 자체 명령어는 소문자로 써야 하며, 시작에는 '.'을 붙이고 끝에는 세미콜론을 붙이지 않아도 된다. 자주 사용하는 SQLite 명령어는 다음과 같다.

- .table : 현재 데이터베이스의 테이블 목록을 보여 준다.
- .schema 테이블이름 : 테이블의 열 및 데이터 형식 등의 정보를 보여 준다.
- .header on : SELECT 문으로 출력할 때 헤더를 보여 준다.
- .mode column : SELECT 문으로 출력할 때 컬럼 모드로 출력한다.
- .quit : SQLite를 종료한다.

일반적으로 SELECT 문을 사용하기 전에 '.header on'과 '.mode column'을 설정하면 결과 화면이 보기 좋게 출력된다.

❷ 테이블 생성

앞에서 만든 naverDB 안에 테이블을 생성해 보자. 테이블을 생성하는 SQL 문의 형식은 다음과 같다.

```
CREATE TABLE 테이블이름(열이름1 데이터형식, 열이름2 데이터형식, …);
```

앞에서 계획한 [그림 13-1]의 회원 테이블을 생성하고 확인하는 코드는 다음과 같다.

```
sqlite> CREATE TABLE userTable (id CHAR(4), userName CHAR(15), email CHAR(15), birthYear INT);
sqlite>
sqlite> .table
userTable
sqlite>
sqlite> .schema userTable
CREATE TABLE userTable (id CHAR(4), userName CHAR(15), email CHAR(15), birthYear INT);
sqlite>
```

TIP • 생성된 테이블을 삭제하려면 'DROP TABLE 테이블이름;' 형식을 사용한다.

❸ 데이터 입력

이제는 생성한 회원 테이블(userTable)에 행 데이터를 입력할 차례이다. 행 데이터를 입력하는 SQL 문의 형식은 다음과 같다.

```
INSERT INTO 테이블이름 VALUES(값1, 값2, …);
```

앞에서 계획한 [그림 13-1]의 회원 테이블에 행 4개를 입력해 보자.

```
C:₩sqlite₩sqlite3.exe
sqlite> INSERT  INTO  userTable  VALUES ('john',  'John Bann',  'john@naver.com',  1990);
sqlite> INSERT  INTO  userTable  VALUES ('kim',  'Kim Chi',  'kim@daum.net',  1992);
sqlite> INSERT  INTO  userTable  VALUES ('lee',  'Lee Pal',  'lee@paran.com',  1988);
sqlite> INSERT  INTO  userTable  VALUES ('park',  'Park Su',  'park@gmail.com',  1980);
sqlite>
```

TIP • 행 데이터를 삭제하려면 'DELETE FROM 테이블이름 WHERE 열이름=값;' 형식을 사용한다. 예를 들어 park 사용자의 행 데이터를 삭제하려면 'DELETE FROM userTable WHERE id='park';'을 실행한다. 또 행 데이터의 값을 수정하려면 'UPDATE 테이블이름 SET 열이름=새값 WHERE 열이름=값;' 형식을 사용한다. 예를 들어 park 사용자의 출생연도를 1981로 수정하려면 'UPDATE userTable SET birthYear=1981 WHERE id='park';'을 실행한다.

❹ 데이터 조회 및 활용

데이터를 조회 및 활용하는 SQL 문은 SELECT이며, 일반적인 형식은 다음과 같다.

```
SELECT * FROM 테이블이름;
```

앞에서 입력한 [그림 13-1]의 데이터를 조회해 보자. 결과적으로 데이터가 4건 확인되었으므로 [프로그램 1]은 성공적으로 마친 것이다.

```
C:₩sqlite₩sqlite3.exe
sqlite> .header  on
sqlite> .mode  column
sqlite> SELECT  *  FROM  userTable;
id    userName   email           birthYear
----  ---------  --------------  ---------
john  John Bann  john@naver.com  1990
kim   Kim Chi    kim@daum.net    1992
lee   Lee Pal    lee@paran.com   1988
park  Park Su    park@gmail.com  1980
sqlite>
```

사용자가 입력한 값

SELECT 문을 WHERE 조건과 함께 사용할 수도 있다. 형식은 다음과 같다.

```
SELECT 열이름1, 열이름2, … FROM 테이블이름 WHERE 조건;
```

몇 가지 예를 들면 다음과 같다. ❶은 1990년 이전에 태어난 사람의 아이디와 출생연도를 확인한다. ❷는 아이디가 'park'인 사람의 모든 정보를 조회하는데 여기서 *는 모든 열을 의미한다. ❸은 조회한 결과를 정렬하려고 ORDER BY 문을 사용한다. 여기서는 전체 테이블을 출생연도가 작은(오름차순) 순서로 정렬한다. 반대로 큰(내림차순) 순서부터 조회하려면 맨 뒤에 DESC를 붙인다. ❹는 작업이 모두 끝나 SQLite를 종료한다.

```
sqlite> SELECT id, birthYear FROM userTable WHERE birthYear<=1990; ❶
john|1990
lee|1988
park|1980
sqlite> SELECT * FROM userTable WHERE id = 'park'; ❷
park|Park Su|park@gmail.com|1980
sqlite> SELECT * FROM userTable ORDER BY birthYear; ❸
park|Park Su|park@gmail.com|1980
lee|Lee Pal|lee@paran.com|1988
john|John Bann|john@naver.com|1990
kim|Kim Chi|kim@daum.net|1992
sqlite>.quit ❹
```

SELF STUDY 13-1

SQLite에 다시 접속해서 naverDB에 다음 테이블(productTable)을 구축해 보자.

제품코드(pCode)	제품명(pName)	가격(price)	재고수량(amount)
p0001	노트북	110	5
p0002	마우스	3	22
p0003	키보드	2	11

힌트 제품코드와 제품명은 char형으로 지정하고, 가격과 재고수량은 int형으로 지정한다.

출력 결과

```
pCode   pName    price    amount
-------------------------------------------
p0001   노트북    110      5
p0002   마우스    3        22
p0003   키보드    2        11
```

SECTION

04 데이터의 입력과 조회

앞에서 데이터베이스 개념과 명령 프롬프트에서 SQLite에 접속해 사용하는 방법을 배웠다. 이번에는 직접 파이썬 코드에서 SQLite를 활용해 데이터를 입력하고 조회하는 방법을 살펴본다.

1 파이썬에서 데이터를 입력하는 코딩 순서

파이썬에서 데이터를 입력하려면 다음 단계를 거쳐야 한다. 단계가 좀 많아 보이지만, 거의 고정되어 사용하므로 한두 번 보다 보면 금세 익숙해질 것이다.

그림 13-7 SQLite의 데이터 입력 순서

[그림 13-7]의 순서대로 [프로그램 1]에서 진행한 네이버 데이터베이스를 동일하게 구축해 보자.

❶ 데이터베이스 연결

SQLite를 사용하려면 먼저 관련 모듈인 sqlite3를 임포트한 후 sqlite3.connect("DB이름")으로 데이터베이스와 연결해야 한다. 'DB이름'이 기존에 있다면 DB에 연결되고, 기존에 없다면 새로 생성한 후 연결된다. 연결에 성공하면 아무런 메시지도 표시하지 않는다. 필자는 con이라는 변수를 데이터베이스와 연결된 연결자로 사용했다.

```
import sqlite3
con = sqlite3.connect("C:/CookPython/naverDB")      # 소스 코드가 저장된 폴더에 생성
```

출력 결과

```
아무것도 나오지 않음
```

TIP • 혼란스러울 수 있어서 다시 한 번 설명하지만, 지금 사용하는 파이썬 내부의 SQLite는 앞에서 다운로드해서 설치한 SQLite와는 별개이다. 그러므로 [프로그램 1]에서 실습했던 naverDB는 파이썬 내부의 SQLite에는 없으므로 파이썬 내부에 naverDB가 새로 만들어진다.

❷ 커서 생성

커서(Cursor)는 데이터베이스에 SQL 문을 실행하거나 실행된 결과를 돌려받는 통로라고 생각하면 된다. ❶에서 연결한 연결자에 커서를 만들어야 한다. 필자는 cur라는 변수를 커서로 사용했다.

```
cur = con.cursor()
```

출력 결과

```
아무것도 나오지 않음
```

❸ 테이블 만들기

❶에서 데이터베이스를 처음 만들었다면 당연히 테이블도 없으므로 이번 단계를 실행해야 한다. 하지만 ❶에서 기존 데이터베이스에 만든 테이블에 다시 값을 입력한다면 이번 단계는 생략할 수 있다. 테이블을 만드는 SQL 문을 커서이름.execute( ) 함수의 매개변수로 넘겨주면 SQL 문이 데이터베이스에 실행된다.

```
cur.execute("CREATE TABLE userTable (id char(4), userName char(15), email char(20),
birthYear int)")
```

출력 결과

```
<sqlite3.Cursor object at 개체번호>
```

❹ 데이터 입력

데이터는 필요한 만큼 반복해서 입력하면 된다. 데이터 입력도 SQL 문을 사용해야 하므로 커서이름.execute( ) 함수를 이용한다.

```
cur.execute("INSERT INTO userTable VALUES('john', 'John Bann', 'john@naver.com', 1990)")
cur.execute("INSERT INTO userTable VALUES('kim', 'Kim Chi', 'kim@daum.net', 1992)")
cur.execute("INSERT INTO userTable VALUES('lee', 'Lee Pal', 'lee@paran.com', 1988)")
cur.execute("INSERT INTO userTable VALUES('park', 'Park Su', 'park@gmail.com', 1980)")
```

출력 결과

```
<sqlite3.Cursor object at 개체번호>가 각각 4회 출력됨
```

❺ 입력한 데이터 저장

❹에서 입력한 데이터 4건은 아직 데이터베이스에 완전히 저장된 것이 아닌 임시로 저장된 상태이다. 이를 확실하게 저장하는 것을 커밋(Commit)이라고 한다.

```
con.commit()
```

출력 결과

```
아무것도 나오지 않음
```

❻ 데이터베이스 닫기

데이터베이스를 모두 사용했다면 ❶에서 연결한 데이터베이스를 닫아야 한다.

```
con.close()
```

출력 결과

```
아무것도 나오지 않음
```

2 데이터 입력 프로그램의 구현

이번에는 사용자가 반복해서 데이터를 입력하는 코드를 작성해 보자. 앞에서 생성한 naverDB의 userTable에 Enter를 입력하기 전까지 반복해서 한 행씩 데이터를 입력해 보자.

Code13-01.py

```
import sqlite3

## 변수 선언 부분 ##
con, cur = None, None
data1, data2, data3, data4 = "", "", "", ""
sql = ""

```

```
8  ## 메인 코드 부분 ##
9  con = sqlite3.connect("C:/CookPython/naverDB")      # DB가 저장된 폴더까지 지정
10 cur = con.cursor()
11
12 while (True) :
13     data1 = input("사용자ID ==> ")
14     if data1 == "" :
15         break;
16     data2 = input("사용자이름 ==> ")
17     data3 = input("이메일 ==> ")
18     data4 = input("출생연도 ==> ")
19     sql = "INSERT INTO userTable VALUES('" + data1 + "','" + data2 + "','" + data3 + "',
           " + data4 + ")"
20     cur.execute(sql)
21
22 con.commit()
23 con.close()
```

출력 결과

```
사용자ID ==> su
사용자이름 ==> Su Ji
이메일 ==> suji@naver.com
출생연도 ==> 1994
… 반복해서 입력 …
사용자 ID ==> Enter ← 종료됨
```

4~6행에서 사용할 변수를 선언한다. data1~data4는 입력할 사용자ID, 사용자이름, 이메일, 출생연도를 입력받을 변수이다. sql 변수는 'INSERT INTO~' 문을 입력한 data값과 함께 문자열로 생성할 것이다. 9~10행에서는 데이터베이스를 연결하고 커서를 준비한다. 테이블은 이미 생성되어 있으므로 'CREATE TABLE~' 문은 생략한다. 12~20행을 무한 반복하면서 data1~data4를 입력받는다. data1에는 아무것도 입력하지 않고 Enter를 누르면 while 문을 빠져나간다. 19행에서는 입력한 데이터를 INSERT 문으로 sql 변수에 문자열로 저장한다. 주의할 점은 data1~data3은 작은따옴표로 묶어야 하고, 마지막 data4는 정수이므로 작은따옴표로 묶으면 안 된다는 것이다. 20행에서는 생성한 문자열을 실행해 데이터를 입력한다. 22~23행은 입력한 데이터를 저장하고, 연결된 데이터베이스를 닫는다.

SELF STUDY 13-2

Code13-01.py를 수정해서 [SELF STUDY 13-1]에서 생성한 productTable 내용이 입력되도록 하자.

힌트 테이블을 생성해야 하므로 11행에서 cur.execute("CREATE TABLE 문")도 수행해야 한다.

3 파이썬에서 데이터를 조회하는 코딩 순서

파이썬에서 데이터를 조회하려면 다음 단계를 거쳐야 한다. [그림 13-7]과 순서는 비슷하다.

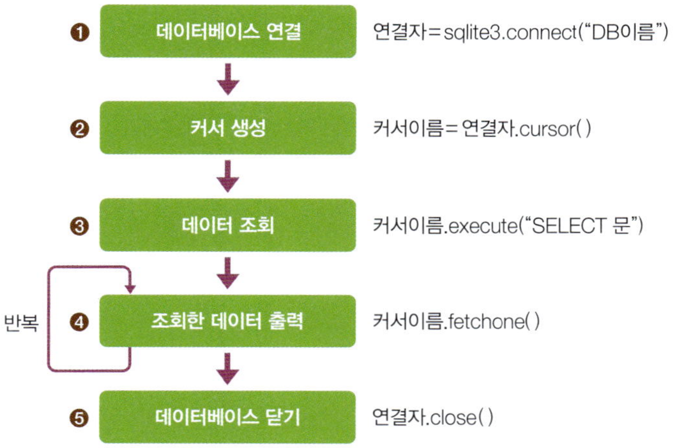

그림 13-8 SQLite의 데이터 조회 순서

데이터를 조회하는 순서는 [그림 13-7]의 데이터 입력 순서와 거의 동일하며 ❸, ❹만 다르다. ❸에서는 커서에 SELECT 문으로 조회한 결과를 한꺼번에 저장해 놓는다. 그리고 ❹에서 조회한 데이터를 한 행씩 fetchone() 함수로 접근한 후 출력한다. 조회하는 것은 데이터를 입력하거나 변경하는 것이 아니므로 굳이 커밋할 필요가 없다.

4 데이터 조회 프로그램의 구현

Code13-02.py는 [프로그램 1]과 비슷한 결과를 출력할 것이다. 하지만 [프로그램 1]에서는 직접 SQLite에서 SQL 문을 입력했지만, 이번에는 파이썬 코드에서 생성할 것이다. [그림 13-2]의 3단계인 '응용 프로그램에서 구축된 데이터 활용'을 진행해 보자.

Code13-02.py

```
import sqlite3

## 변수 선언 부분 ##
con, cur = None, None
data1, data2, data3, data4 = "", "", "", ""
row = None

## 메인 코드 부분 ##
con = sqlite3.connect("C:/CookPython/naverDB")
cur = con.cursor()
```

```
11
12  cur.execute("SELECT * FROM userTable")
13
14  print("사용자ID        사용자이름        이메일              출생연도")
15  print("--------------------------------------------------")
16
17  while (True) :
18      row = cur.fetchone()
19      if row == None :
20          break;
21      data1 = row[0]
22      data2 = row[1]
23      data3 = row[2]
24      data4 = row[3]
25      print("%5s   %15s   %20s   %d" % (data1, data2, data3, data4))
26
27  con.close()
```

출력 결과

```
사용자ID   사용자이름   이메일            출생연도
-------------------------------------------------------------
john       John Bann    john@naver.com    1990
kim        Kim Chi      kim@daum.net      1992
lee        Lee Pal      lee@paran.com     1988
park       Park Su      park@gmail.com    1980
su         Su Ji        suji@naver.com    1994
```

Code13-01.py를 수행하면서 데이터를 추가로 입력했다면 이 데이터까지도 표시하겠지만, 대부분은 Code13-01.py와 비슷하다. 다른 점 몇 가지는 다음과 같다. 12행에서 SELECT 문으로 테이블을 조회한다. 조회한 결과는 cur 변수에 들어간다고 생각하면 된다. 그리고 그 결과를 18행의 fetchone() 함수로 한 행씩 추출하는 것이다. 18행은 while 문 안에 있으므로 무한 반복된다. 즉 조회한 결과의 모든 행을 추출한다. 단 19~20행에서 조회한 결과가 없으면 None값을 반환하므로 while 문을 빠져나온다.

fetchone() 함수로 조회된 결과가 저장된 row 변수는 튜플 형식으로 각 행 데이터를 저장한다. 예를 들어 첫 번째 행은 ("john", "John Bann", "john@naver.com", 1990) 형식으로 저장되어 있다. 그래서 첫 번째는 data1, 두 번째는 data2, … 방식으로 추출해 25행에서 한 줄로 출력한다.

12행의 결과는 cur에 내부적으로 전체 행이 저장된다. 12행 이후에 row=cur.fetchone()을 수행하면 각 행은 튜플 형태로 저장되는데, row에는 다음 형태로 저장될 것이다.

```
[("john", "John Bann", "john@naver.com", 1990), ('kim', 'Kim Chi', 'kim@daum.net', 1992), …]
```

SELF STUDY 13-3

Code13-02.py를 수정해서 [SELF STUDY 13-2]에서 입력한 productTable의 내용을 출력해 보자.

출력 결과

```
제품코드    제품명    가격    재고수량
------------------------------------------------------
p0001       노트북    110     5
p0002       마우스    3       22
p0003       키보드    2       11
```

5 [프로그램 2]의 완성

[프로그램 2]는 다음과 같은 GUI 화면에서 데이터를 입력하고 수정한다. 앞에서 배운 내용과 비슷하므로 어렵지 않게 코드를 이해할 수 있을 것이다.

Code13-03.py

```
import sqlite3
from tkinter import *
from tkinter import messagebox

## 함수 선언 부분 ##
def insertData() :
    con, cur = None, None
    data1, data2, data3, data4 = "", "", "", ""
    sql = ""

    con = sqlite3.connect("C:/CookPython/naverDB")          # DB가 저장된 폴더까지 지정
```

```
    cur = con.cursor()

    data1 = edt1.get(); data2 = edt2.get(); data3 = edt3.get(); data4 = edt4.get()
    try :
        sql = "INSERT INTO userTable VALUES('" + data1 + "','" + data2 + "','" + data3 +
              "'," + data4 + ")"
        cur.execute(sql)
    except :
        messagebox.showerror('오류', '데이터 입력 오류가 발생함')
    else :
        messagebox.showinfo('성공', '데이터 입력 성공')
    con.commit()
    con.close()

def selectData() :
    strData1, strData2, strData3, strData4 = [], [], [], []
    con = sqlite3.connect("C:/CookPython/naverDB")      # DB가 저장된 폴더까지 지정
    cur = con.cursor()
    cur.execute("SELECT * FROM userTable")
    strData1.append("사용자ID"); strData2.append("사용자이름")
    strData3.append("이메일"); strData4.append("출생연도")
    strData1.append("-----------"); strData2.append("-----------")
    strData3.append("-----------"); strData4.append("-----------")
    while (True) :
        row = cur.fetchone()
        if row == None :
            break;
        strData1.append(row[0]); strData2.append(row[1])
        strData3.append(row[2]); strData4.append(row[3])

    listData1.delete(0, listData1.size() - 1); listData2.delete(0, listData2.size() - 1)
    listData3.delete(0, listData3.size() - 1); listData4.delete(0, listData4.size() - 1)
    for item1, item2, item3, item4 in zip(strData1, strData2, strData3, strData4) :
        listData1.insert(END, item1); listData2.insert(END, item2)
        listData3.insert(END, item3); listData4.insert(END, item4)
    con.close()

## 메인 코드 부분 ##
window = Tk()
window.geometry("600x300")
window.title("GUI 데이터 입력")

edtFrame = Frame(window);
edtFrame.pack()
listFrame = Frame(window)
```

```
56 listFrame.pack(side = BOTTOM, fill = BOTH, expand = 1)
57
58 edt1 = Entry(edtFrame, width = 10); edt1.pack(side = LEFT, padx = 10, pady = 10)
59 edt2 = Entry(edtFrame, width = 10); edt2.pack(side = LEFT, padx = 10, pady = 10)
60 edt3 = Entry(edtFrame, width = 10); edt3.pack(side = LEFT, padx = 10, pady = 10)
61 edt4 = Entry(edtFrame, width = 10); edt4.pack(side = LEFT, padx = 10, pady = 10)
62
63 btnInsert = Button(edtFrame, text = "입력", command = insertData)
64 btnInsert.pack(side = LEFT, padx = 10, pady = 10)
65 btnSelect = Button(edtFrame, text = "조회", command = selectData)
66 btnSelect.pack(side = LEFT, padx = 10, pady = 10)
67
68 listData1 = Listbox(listFrame, bg = 'yellow');
69 listData1.pack(side = LEFT, fill = BOTH, expand = 1)
70 listData2 = Listbox(listFrame, bg = 'yellow')
71 listData2.pack(side = LEFT, fill = BOTH, expand = 1)
72 listData3 = Listbox(listFrame, bg = 'yellow')
73 listData3.pack(side = LEFT, fill = BOTH, expand = 1)
74 listData4 = Listbox(listFrame, bg = 'yellow')
75 listData4.pack(side = LEFT, fill = BOTH, expand = 1)
76
77 window.mainloop()
```

6~23행은 〈입력〉 버튼을 누를 때 실행되는 함수로 데이터를 입력하는 기능을 한다. 앞에서 배운 부분에 대한 코드 설명은 제외한다. 14행에서는 화면에 있는 텍스트박스 4개에서 값을 가져온다. 15~21행은 SQL 문을 만들어 실행하는데, 17행에서 오류가 발생해도 프로그램이 중지되지 않도록 try 문을 활용한다. 25~46행은 〈조회〉 버튼을 누를 때 실행되는 데이터를 조회하는 함수이다. 26행의 strData1은 '사용자ID' 열의 결과를 리스트박스에 출력하는 리스트이다. 30행, 32행에서 제목을 리스트에 추가한 후 38행에서 모든 사용자ID를 추가한다. 결국 strData1에는 ["사용자ID", "사용자ID", "사용자ID", …] 형식으로 값이 저장된다. strData2~4도 마찬가지로 "사용자이름", "이메일", "출생연도"에 해당되는 데이터가 저장된다. 41~42행에서는 화면에 있는 리스트박스 4개를 모두 비운 후 43~45행에서 각 리스트박스에 앞에서 준비한 strData1~4의 값을 다시 채운다. 결국 화면의 리스트박스에는 모든 데이터가 조회된다. zip( ) 함수는 동시에 여러 리스트의 항목에 접근할 수 있는데, 7장에서 다루었다. 53~56행은 화면을 분할하려고 프레임을 2개 준비한다. 58~66행에서 텍스트박스(Entry) 4개와 버튼 2개를 edtFrame에 배치시키고, 68~75행에서 리스트박스(Listbox) 4개를 listFrame에 배치한다.

요약

1 데이터베이스는 대량의 데이터를 체계적으로 저장해 놓은 것으로 정의할 수 있다.

2 데이터베이스 관리 시스템(DBMS, DataBase Management System 또는 DataBase Management Software)은 데이터베이스를 관리해 주는 시스템 또는 소프트웨어를 의미한다.

3 DBMS의 구성도는 다음과 같다.

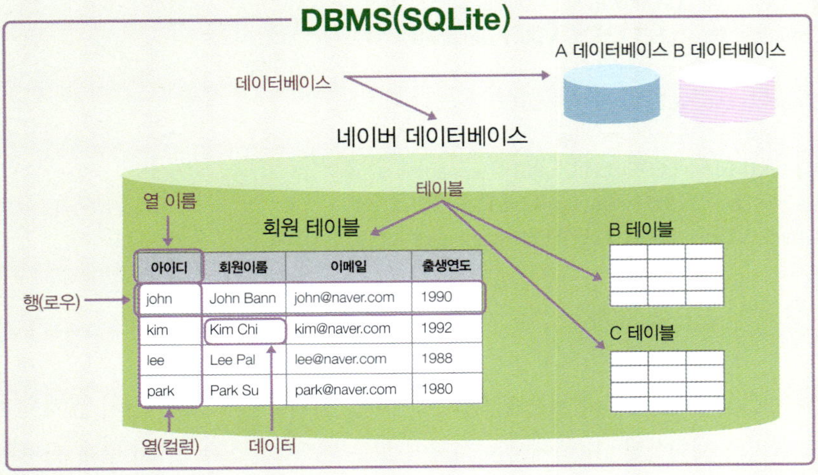

4 데이터베이스를 구축하고 운영하는 과정은 다음과 같다.

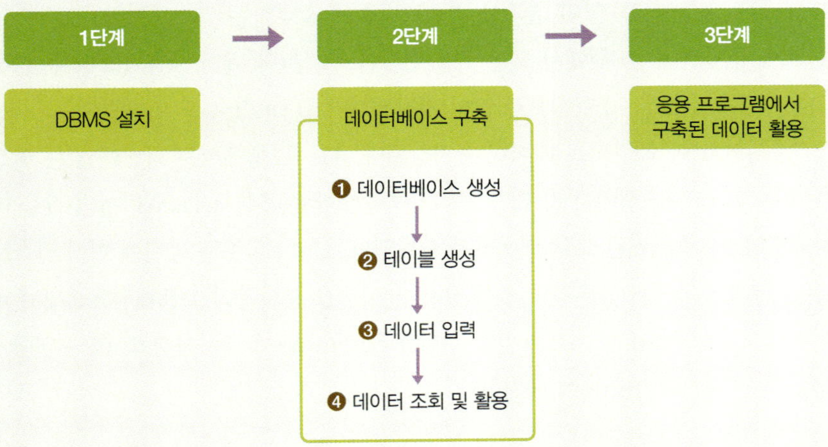

5 SQLite에서 데이터베이스를 구축하고 운영하는 SQL 문은 다음 순서를 따른다.

```
.open 데이터베이스이름 ➜ 데이터베이스 생성 또는 열기
CREATE TABLE 테이블이름(열이름1 데이터형식, 열이름2 데이터형식, …); ➜ 테이블 생성
INSERT INTO 테이블이름 VALUES(값1, 값2, …); ➜ 데이터 입력
SELECT * FROM 테이블이름; ➜ 데이터 조회
```

6 파이썬에서 SQLite에 데이터를 입력하는 순서는 다음과 같다.

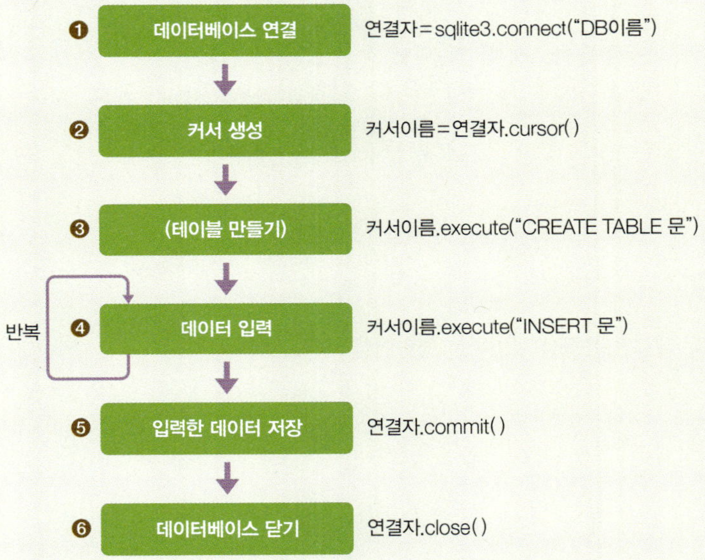

7 파이썬에서 SQLite의 데이터를 조회하는 순서는 다음과 같다.

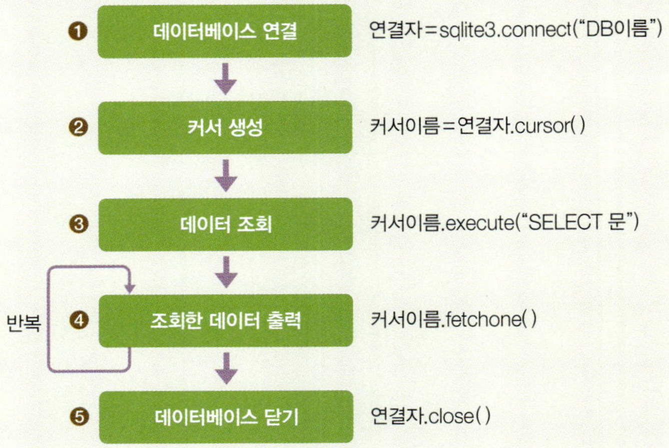

연습문제

1 다음 중 데이터베이스의 특징이 아닌 것을 고르세요.

① 데이터를 체계적으로 저장하고 관리한다.

② 여러 사용자 및 시스템이 데이터를 공유할 수 있다.

③ 대량의 데이터를 저장하고 검색하는 기능이 없다.

④ 데이터의 무결성과 보안성을 유지할 수 있다.

2 행(Row)과 열(Column)로 이루어진 데이터 저장 구조를 무엇이라고 하나요?

3 다음 SQLite의 데이터 입력 과정을 올바르게 정렬하세요.

Ⓐ 커서 생성
Ⓑ 데이터 입력
Ⓒ 데이터베이스 연결
Ⓓ 입력한 데이터 저장(커밋)
Ⓔ 데이터베이스 닫기

[ ] → [ ] → [ ] → [ ] → [ ]

4 현재 SQLite에서 존재하는 테이블 목록을 확인하는 명령어를 쓰세요.

5 다음 파이썬 코드의 빈곳을 채우세요.

```
import sqlite3

con = sqlite3.connect("naverDB")
cur = [        ❶        ]
cur.execute("SELECT * FROM userTable")
rows = [        ❷        ]
for row in rows:
   print(row)
con.close()
```

6 데이터베이스에서 중복 데이터를 방지하기 위해 사용되는 제약 조건을 고르세요.

① UNIQUE

② AUTO_INCREMENT

③ FOREIGN KEY

④ INDEX

7 데이터를 오름차순으로 정렬하려면 어떤 SQL 키워드를 사용해야 하나요?

① SORT ASC

② ORDER BY DESC

③ ORDER BY ASC

④ ARRANGE BY ASC

8 파이썬에서 데이터를 입력하는 코딩 순서입니다. 차례대로 나열하세요.

Ⓐ 연결자.close()	Ⓑ 연결자.commit()
Ⓒ 커서이름.execute("INSERT 문")	Ⓓ 커서이름.execute("CREATE TABLE 문")
Ⓔ 커서이름=연결자.cursor()	Ⓕ 연결자=sqlite3.connect("DB이름")

[ ] → [ ] → [ ] → [ ] → [ ] → [ ]

9 다음 중 데이터 조회와 관련이 <u>없는</u> 것을 고르세요.

① 데이터베이스 연결

② 커서 생성

③ 조회한 데이터 접근

④ 데이터베이스 커밋

연습문제

IT@COOKBOOK

10 심화문제 [응용예제 02]는 흑백 사진을 SQLite에 저장하고 화면에 출력합니다. 컬러 GIF 파일을 처리하도록 수정하세요.

힌트1 이미지는 Red, Green, Blue가 포함되어야 하므로 3차원 배열로 처리한다.

힌트2 GIF 파일은 "이미지객체 = PhotoImage(file=파일명)" 코드로 열고 "r, g, b = 이미지객체.get(행, 열)" 코드로 해당 위치의 Red, Green, Blue 값을 추출한다.

응용예제 01 문자의 발생 빈도를 DB에 저장하기

난이도★★★☆☆

예제 설명 8장의 [응용예제 02]와 기능이 동일한 문자와 빈도수를 DB에 기록해 놓은 후 출력하도록 하는 프로그램을 만들어 보자. 이번에는 딕셔너리를 사용하지 않고, DB에 직접 문자 및 빈도수를 저장한다.

실행 결과

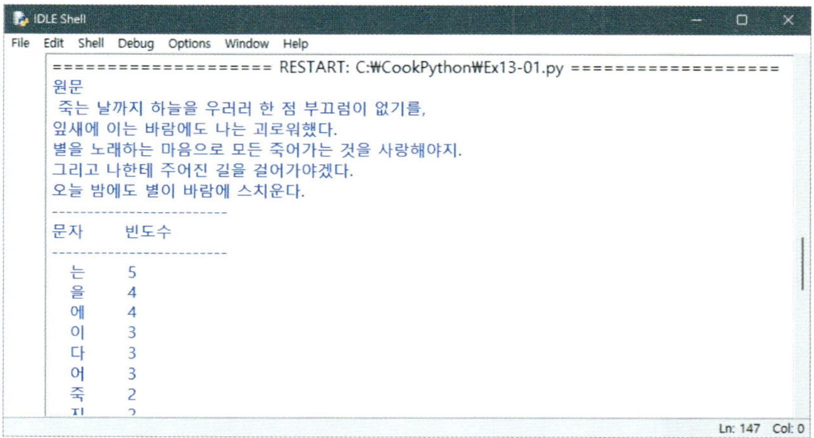

코드

```
import sqlite3

## 전역 변수 선언 부분 ##
inStr = '''죽는 날까지 하늘을 우러러 한 점 부끄럼이 없기를,
잎새에 이는 바람에도 나는 괴로워했다.
별을 노래하는 마음으로 모든 죽어가는 것을 사랑해야지.
그리고 나한테 주어진 길을 걸어가야겠다.
오늘 밤에도 별이 바람에 스치운다.'''
con, cur = None, None
onechar, count = "", 0

## 메인 코드 부분 ##
if __name__ == "__main__" :
    con = sqlite3.connect("C:/CookPython/countDB")
    cur = con.cursor()
    cur.execute("DROP TABLE IF EXISTS countTable")
    cur.execute("CREATE TABLE countTable(onechar TEXT, count INT)") # 문자, 개수

    for ch in inStr :
        if 'ㄱ' <= ch <= '힣' :
```

```
21            cur.execute("SELECT * FROM countTable WHERE onechar = '" + ch + "'")
22            row = cur.fetchone()
23            if row == None :
24                cur.execute("INSERT INTO countTable VALUES('" + ch + "'," + str(1) + ")")
25            else :
26                cnt = row[1]
27                cur.execute("UPDATE countTable SET count =" + str(cnt + 1) +
                              "WHERE onechar = '" + ch + "'")
28
29    con.commit()
30
31    cur.execute("SELECT * FROM countTable order by count DESC")
32    print('원문\n', inStr)
33    print('-------------------------')
34    print('문자\t빈도수')
35    print('-------------------------')
36    while (True) :
37        row = cur.fetchone()
38        if row == None :
39            break;
40        ch = row[0]
41        cnt = row[1]
42        print("%4s   %5d" % (ch, cnt))
43
44    con.close()
```

코드 설명

14~17행	countTable 테이블을 초기화한다. 즉 테이블이 기존에 있으면 삭제하고 다시 만든다.
19~27행	전체 문자에서 한 글자씩 카운트해 테이블에 입력한다.
20~27행	한글에서만 처리한다. 21~22행에서 추출한 한 글자가 테이블에 있는지 조회한다. 23~24행에서 테이블에 해당 글자가 없다면 새로운 글자로 처리해서 글자와 1을 입력한다. 테이블에 이미 글자가 있다면 26~27행에서 글자의 개수를 가져와 1을 더해서 값을 수정(UPDATE)한다. UPDATE 문의 형식은 'UPDATE 테이블이름 SET 열이름=새값 WHERE 조건'으로 사용된다.
29행	새로 입력하거나 업데이트된 내용을 적용시킨다.
31행	countTable을 전부 조회하는데, 글자 수(count)가 큰 것부터 정렬해서 조회한다.
36~42행	조회한 글자와 숫자를 하나씩 접근해서 화면에 출력한다.

응용예제 02

흑백 사진을 DB에 저장하기

난이도★★★★☆

예제 설명 11장에서 만든 [프로그램 2]는 RAW 파일을 읽어 바로 화면에 출력하는 프로그램이다. 이 프로그램을 수정해서 RAW 파일 → 데이터베이스 → 화면 출력으로 수정하자. 결과는 동일한데, 이 예제는 다음과 같이 내부적으로 데이터베이스에 저장된 내용을 화면에 출력한다. [그림 11-12]가 다음과 같이 변경된다.

실행 결과

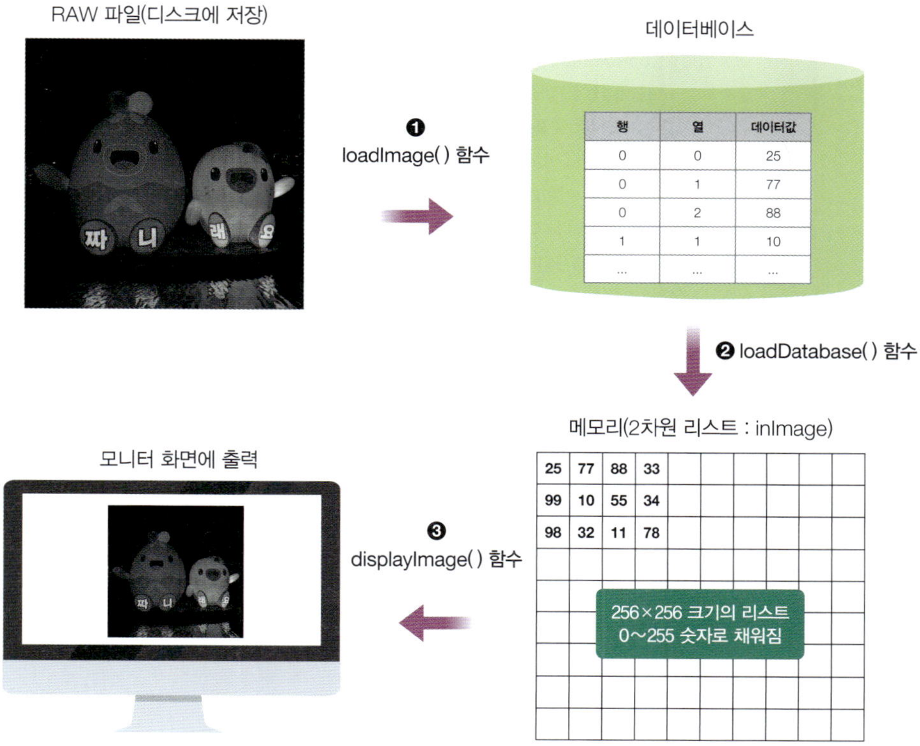

코드

```
from tkinter import *
import sqlite3

## 함수 선언 부분 ##
def loadImage(fname) :    # raw --> DB
    global inImage, XSIZE, YSIZE
    con, cur = None, None
    row, col, data, sql = 0, 0, 0, ''
    con = sqlite3.connect("C:/CookPython/rawDB")   # DB가 저장된 폴더까지 지정
```

```
    cur = con.cursor()
    fp = open(fname, 'rb')
    for row in range(0, XSIZE) :
        for col in range(0, YSIZE) :
            data = int(ord(fp.read(1)))
            sql = "INSERT INTO rawTable VALUES(" + str(row) + "," + str(col)
                  + "," + str(data) + ")"
            cur.execute(sql)

    fp.close()
    con.commit()
    con.close()

def loadDatabase() :      # DB --> 메모리
    global inImage, XSIZE, YSIZE
    con, cur = None, None
    row, col, data = 0, 0, 0
    record = None          # 테이블에서 읽어 온 한 행
    con = sqlite3.connect("C:/CookPython/rawDB")
    cur = con.cursor()
    cur.execute("SELECT * FROM rawTable")
    # 빈 inImage 생성
    for i in range(0, XSIZE) :
        tmpList = []
        for k in range(0, YSIZE) :
            data = 0
            tmpList.append(data)
        inImage.append(tmpList)

    # 테이블 --> inImage
    while (True) :
        record = cur.fetchone()
        if record == None :
            break;
        row = record[0]; col = record[1]; data = record[2]
        inImage[row][col] = data

    con.close()

def displayImage(image) :
    global XSIZE, YSIZE
    rgbString = ""
    for i in range(0, XSIZE) :
        tmpString = ""
        for k in range(0, YSIZE) :
```

```
54              data = image[i][k]
55              tmpString += "#%02x%02x%02x " % (data, data, data) # x 뒤에 한 칸 공백
56          rgbString += "{" + tmpString +  "} "                    # } 뒤에 한 칸 공백
57      paper.put(rgbString)
58
59  ## 전역 변수 선언 부분 ##
60  window, canvas, XSIZE, YSIZE = None, None, 256, 256
61  inImage = []      # 2차원 리스트(메모리)
62
63  ## 메인 코드 부분 ##
64  if __name__ == "__main__" :
65      window = Tk()
66      window.title("RAW-->DB")
67      canvas = Canvas(window, height = XSIZE, width = YSIZE)
68      paper = PhotoImage(width = XSIZE, height = YSIZE)
69      canvas.create_image((XSIZE / 2, YSIZE / 2), image = paper, state = "normal")
70
71      # 테이블 초기화
72      con = sqlite3.connect("C:/CookPython/rawDB") # 소스 코드가 저장된 폴더에 생성
73      cur = con.cursor()
74      cur.execute("DROP TABLE IF EXISTS rawTable")
75      cur.execute("CREATE TABLE rawTable(row int, col int, data int)") # 행, 열, 픽셀값
76      con.commit()
77      con.close()
78
79      filename = 'RAW/tree.raw'  # C:/CookPython/RAW/tree.raw
80      loadImage(filename)        # 파일 --> 데이터베이스
81      loadDatabase()             # 데이터베이스 --> 메모리
82      displayImage(inImage)      # 메모리 --> 화면
83
84      canvas.pack()
85      window.mainloop()
```

코드 설명

5~20행	RAW 파일을 DB에 저장한다. 12~16행은 RAW 파일을 256×256번 반복해서 읽은 후 테이블에 행, 열, 픽셀값 3개를 입력한다.
22~46행	테이블의 내용을 inImage 메모리로 불러들이는 과정이다. 29행에서 테이블의 전체를 읽은 후 39~44행에서 한 행씩 접근한다. 그런 다음 행(row), 열(col), 픽셀값(data)을 추출하고 inImage[행][열] 위치에 픽셀값(data)을 대입한다. 31~36행은 비어 있는 inImage 2차원 리스트를 미리 생성한다.
48~57행	displayImage() 함수는 11장의 Code11-12.py와 동일하다.
72~77행	프로그램을 실행하면 rawTable을 초기화하는 코드이다. 즉 rawTable이 있으면 삭제하고 다시 만든다.
79~82행	실행 결과와 같은 과정으로 함수를 차례대로 호출한다.

응용예제 03 회사 매출 데이터 분석하기

난이도★★★☆☆

예제 설명 한 달 간의 매출을 데이터베이스에 저장하고, 월간 총매출, 월간 평균 매출 및 최고 매출일 및 매출액을 조회하는 코드를 작성해 보자.

실행 결과

```
====================== RESTART: C:\CookPython\Ex13-03.py ==============
랜덤 매출 데이터가 생성되었습니다.

[매출 데이터 분석]
------------------------------------
총매출: 1572138 원
평균 매출: 52404 원
최고 매출일: 2028-03-01 ( 99996 원)
>>>
```

코드

```
import sqlite3
import random
import datetime

con = sqlite3.connect("C:/CookPython/salesDB")
cur = con.cursor()
cur.execute("DROP TABLE IF EXISTS salesTable")
cur.execute("CREATE TABLE salesTable(sale_date TEXT, amount INT)")
con.commit()

start_date = datetime.date(2028, 3, 1)
for i in range(30):
    sale_date = start_date + datetime.timedelta(days=i)
    amount = random.randint(10000, 100000)
    cur.execute("INSERT INTO salesTable VALUES(?, ?)",
(sale_date.strftime("%Y-%m-%d"), amount))

con.commit()
print("랜덤 매출 데이터가 생성되었습니다.\n")

cur.execute("SELECT SUM(amount) FROM salesTable")
total_sales = cur.fetchone()[0]

cur.execute("SELECT AVG(amount) FROM salesTable")
average_sales = cur.fetchone()[0]
```

```
25
26 cur.execute("SELECT sale_date, amount FROM salesTable ORDER BY amount DESC
            LIMIT 1")
27 best_day, best_sales = cur.fetchone()
28
29 print("[매출 데이터 분석]")
30 print("---------------------------------")
31 print("총매출:", total_sales, "원")
32 print("평균 매출:", int(average_sales), "원")
33 print("최고 매출일:", best_day, "(", best_sales, "원)")
34
35 con.close()
```

코드 설명

5~9행	데이터베이스를 연결하고 테이블을 생성한다.
12~15행	30일 간 1만 원~10만 원 사이의 랜덤 데이터를 생성하고 테이블에 입력한다.
20, 21행	총 매출을 조회한다.
23, 24행	평균 매출을 조회한다.
26, 27행	최고 매출일 및 금액을 조회한다.
29~33행	결과를 출력한다.

여기서 잠깐

심화내용 MySQL 데이터베이스와 연동

실무에서 많이 사용되는 MySQL 데이터베이스를 연동하는 방법도 SQLite와 별반 다르지 않다. 데이터베이스 연결을 위한 코드만 조금 복잡할 뿐이다. 다음 과정을 참고하면 이 장의 코드를 MySQL에서도 사용할 수 있다.

❶ 다음 주소에서 MySQL 8.0을 다운로드한다.

https://dev.mysql.com/downloads/windows/installer/8.0.html

❷ MySQL 8.0을 다음 과정으로 설치한다.

① [License Agreement] 화면에서 동의 (이 화면은 나오지 않을 수 있음)
② [Choosing a Setup type]에서 Custom 선택
③ [Select Products and Features]에서 'MySQL Server 8.0.xx -X64'만 오른쪽으로 선택하고 진행
④ [Check Requirements]에서 추가로 설치할 것이 있으면 〈Execute〉를 눌러서 설치 후 진행
⑤ [Installation], [Product Configuration]에서 설치를 계속 진행
⑥ [Type and Networking]에서 기본값으로 설치를 계속 진행
⑦ Authentication Method에서 'Use legacy Authentication ~~~'을 선택하고 진행
⑧ [Accounts and Roles]에서 Root의 비밀번호를 1234로 지정하고 진행
⑨ Windows Service], [Server File Permissions]에서 기본값으로 진행
⑩ [Apply Configuration]에서 〈Execute〉를 클릭한 후, 모든 항목이 초록색으로 체크되면 설치 및 설정이 완료
⑪ 이후 〈Finish〉나 〈Next〉를 눌러 설치 종료

❸ 파워셸 또는 명령 프롬프트에서 pip install pymysql 명령을 실행해 pymysql 라이브러리를 설치한다.

❹ 데이터베이스를 다음 순서로 미리 생성한다.

– Windows [시작] → [M] → [MySQL] → [MySQL 8.0 Command Line Client]를 실행해서 암호(1234)를 입력한 후 접속

```
CREATE  DATABASE  naverDB;   # naverDB를 생성
SHOW DATABASES;              # 데이터베이스 확인
EXIT;                        # 종료
```

❺ 이 장의 모든 코드에서 다음 두 부분만 수정하면 MySQL에서도 동일하게 작동한다.

①

```
import sqlite3
```

↓

```
import pymysql
```

②

```
con = sqlite3.connect("C:/CookPython/naverDB")
```

↓

```
con = pymysql.connect(host='127.0.0.1', user='root', password='1234',
database='naverDB', charset='utf8')
```

CHAPTER 14

미니 프로젝트

학습목표

- 외부 라이브러리를 활용하는 방법을 익힌다.
- OpenCV를 활용한 영상 처리 프로그램을 작성한다.
- 아나콘다를 활용한 데이터 분석 프로그램을 작성한다.

SECTION 01 OpenCV 영상 처리 프로젝트

SECTION 02 제주도 날씨 데이터 분석 프로젝트

요약

연습문제

SECTION 01

OpenCV 영상 처리 프로젝트

이 장에서는 완성도 높은 2개의 프로그램을 작성하려고 한다. 2가지 모두 파이썬이 아닌 외부에서 제공하는 라이브러리를 사용할 것이다. 외부 라이브러리를 직접 사용해 봄으로써 다양한 외부 라이브러리의 활용 방법과 완성도 높은 응용 프로그램의 제작 능력을 키울 수 있다.

1 OpenCV 영상 처리 프로그램 소개

첫 번째 프로그램은 OpenCV를 활용한 OpenCV 영상 처리 프로그램이다. OpenCV는 이미지에 다양한 효과를 적용하는 것은 물론 머신러닝과 딥러닝 기능도 제공하는 강력한 영상 처리 라이브러리다. 여기서는 OpenCV에서 제공되는 고급 기능을 활용해서 완성도 높은 영상 처리 프로그램을 구현해 보겠다. OpenCV를 사용하지 않는다면 상당히 어려운 코딩을 해야 하지만, OpenCV의 편리한 기능 덕분에 비교적 쉽게 영상 처리 프로그램을 완성할 수 있다. 다음 그림은 각각 원본 사진, 45도 회전, 카툰 이미지, 사람 얼굴을 인식한 결과다.

그림 14-1 완성된 OpenCV 영상 처리 프로그램

2 외부 라이브러리 설치

여기서 제작하려는 OpenCV 영상 처리 프로그램은 JPG, BMP, PNG 등을 불러오는 기능뿐만 아니라 이미지를 확대·축소·회전시키고 밝고 어둡게 처리하는 등의 기능을 구현할 것이다. 하지만 파이썬에서는 GIF를 제외한 JPG 등의 컬러 이미지를 불러오거나 이미지에 효과를 주는 고급 기능을 제공하지 않는다. 이렇게 파이썬이 모든 기능을 직접 제공하지는 않지만, 외부에서 제작된 많은 기능을 파이썬 안에서 사용할 수 있는 방법을 제공한다. 이것이 파이썬이 자랑하는 가장 큰 장점 중 하나다. 즉, 엄청나게 많은 외부 개발자나 개발 회사에서 제공하는 기능들을 파이썬 안에서 사용할 수 있다면, 파이썬으로 만들지 못하는 프로그램은 거의 없다고 봐야 할 것이다. 예를 들면 게임/네트워크 프로그래밍/고급GUI/이미지 처리/데이터베이스 연동 등의 많은 분야에서 원하는 프로그램이 있다면 모두 파이썬에서 구현이 가능하다.

OpenCV 영상 처리 프로그램에서 사용할 외부 라이브러리의 이름은 opencv-python이다. 이 라이브러리를 설치한 후에 파이썬에서 약간의 추가 작업만 해 주면 OpenCV가 제공하는 이미지 처리 기능을 파이썬 안에서 사용할 수 있다.

TIP • OpenCV는 영상 처리(Image Processing) 및 컴퓨터 비전(Computer Vision)과 관련된 다양한 기능을 제공한다. OpenCV는 자바뿐 아니라 C++, C#, 파이썬 등 다양한 프로그래밍 언어에서도 사용할 수 있다.

파이썬에 OpenCV 라이브러리 설치

이제 파이썬에 이미지 라이브러리인 OpenCV를 설치해 보자. 윈도의 [시작] 버튼을 마우스 오른쪽 버튼으로 클릭하고 [터미널] 또는 [Windows PowerShell]을 선택해 파워셸을 실행한 후 **pip install opencv-python** 명령을 입력해서 OpenCV를 설치한다. 마지막에 'Successfully installed~' 메시지가 표시되면 설치가 완료된 것이다. 만약 'Successfully installed~' 메시지 이후에 pip 버전과 관련된 메시지가 표시되면 그냥 무시한다.

TIP • OpenCV를 사용하기 위해서는 넘파이(Numpy) 라이브러리가 필수이기 때문에 자동으로 함께 설치된다.

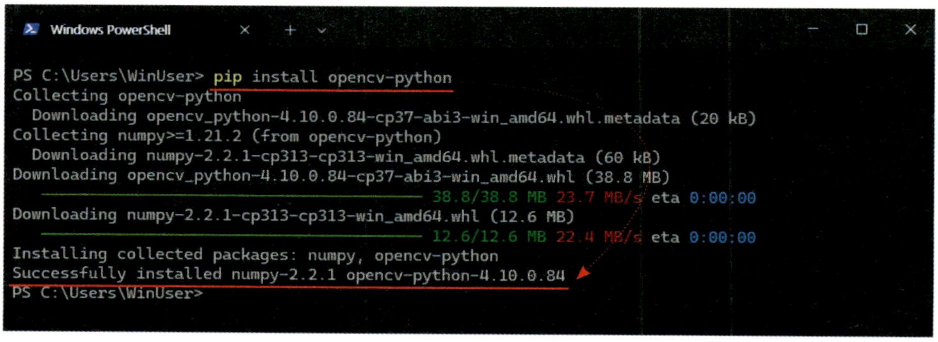

그림 14-2 OpenCV 라이브러리 설치

여기서 잠깐

pip 설치 오류 발생

pip 명령을 알 수 없다는 메시지가 표시되면 [그림 1-11]에서 파이썬을 설치할 때 [Add python.exe to PATH]에 체크하지 않았기 때문이다(명령 프롬프트에서 python을 입력해 보면 환경 변수가 설정되어 있는지 확인할 수 있다). 이러한 경우 다음 과정에 따라 오류를 해결한다.

❶ 우선 파일 탐색기에서 [보기]–[표시]–[숨김 항목]에 체크 표시되어 있는지 확인한다.
❷ 파일 탐색기에서 C:\Users(또는 사용자)\사용자명\AppData\Local\Programs\Python\Python3xx 폴더를 연다.
❸ [Scripts] 폴더에서 Shift를 누른 채 마우스 오른쪽 버튼을 누른다.
❹ [터미널에서 열기]나 [여기에 PowerShell 창 열기] 메뉴를 선택한다.
❺ 파워셸 창에서 cmd 명령을 실행한 후에 다시 'pip install opencv–python' 명령을 실행한다.

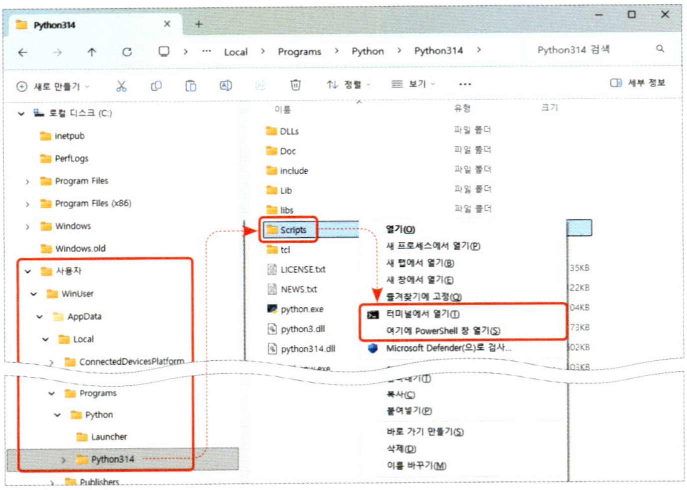

그림 14–3 pip 명령이 실행되지 않을 때 오류 해결 방법

설치 확인

파이썬 IDLE에서 다음과 같이 cv2를 임포트한 후 아무런 메시지도 표시되지 않는다면 OpenCV 라이브러리가 제대로 설치된 것이다. 설치에 문제가 있다면 오류 메시지가 표시된다. 이 책과 동일하게 진행했음에도 오류가 발생한다면 컴퓨터를 재부팅하고 다시 임포트한다.

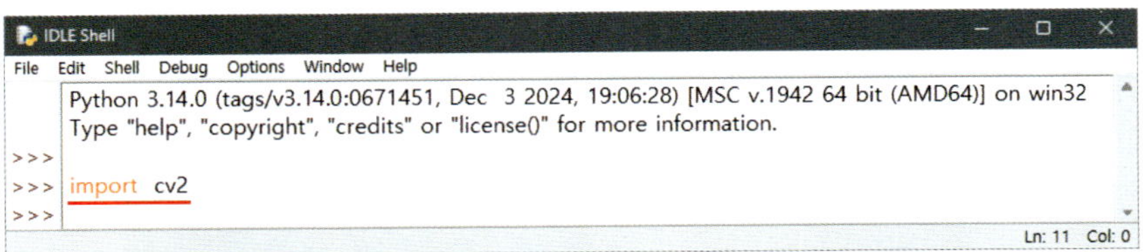

그림 14–4 OpenCV 라이브러리 설치 확인

이제부터 OpenCV의 기능을 이용해 OpenCV 영상 처리 프로그램의 코드를 작성할 수 있다.

3 OpenCV 영상 처리 기능 구성

첫 번째 프로젝트인 OpenCV 영상 처리 프로그램은 다음과 같은 기능을 구현한다. 먼저 메뉴 구성도를 확인해 보자.

그림 14-5 OpenCV 영상 처리 프로그램의 메뉴 구성

메뉴 구성을 보면 먼저 파일을 열고, 저장하는 기능이 있다. 또한 [기본 영상 처리]와 [고급 영상 처리] 메뉴는 OpenCV를 활용한 다양한 기법의 영상 처리를 구현한다. 지금까지는 GIF 파일만 처리했지만 JPG, BMP, PNG 등의 이미지도 처리가 가능하도록 코딩해 보자.

> **여기서 잠깐**
>
> **영상 처리 프로그램**
>
> 포토샵, 김프 등과 같은 소프트웨어를 '영상 처리(Image Processing) 프로그램'이라 부른다. 영상 처리는 별도의 학문으로 컴퓨터 관련학과나 대학원에서 주로 배운다. 원칙적으로는 영상 처리에 대한 이론과 알고리즘을 모두 익힌 후에 OpenCV 영상 처리 프로그램을 작성하는 것이 좋겠지만, 현실적으로 우리가 영상 처리를 학습하는 것은 어려운 문제다. 그래서 이론은 배제하고 화면에 구현되는 것을 위주로 진행해 볼 것이다. 향후에라도 소프트웨어 전문가가 되고자 한다면 영상 처리 분야도 한 번 공부해 보는 것을 권장한다.

4 메뉴 구현과 함수 정의

메뉴 구현은 10장에서 이미 배웠다. 먼저 각 메뉴를 클릭할 때 실행할 함수명을 미리 정의해 놓자. 코드가 조금 길지만 구조가 단순해서 어렵지 않을 것이다. pass는 함수의 본체를 빈 부분으로 두려고 사용한 예약어이다. 앞으로 단계별로 하나씩 구현해 볼 것이다.

Code14-01.py

```
from tkinter import *
from tkinter.filedialog import *
from tkinter.simpledialog import *
import cv2
import numpy as np

## 함수 선언 부분 ##
def displayImage():       # Code 14-02.py에서 구현
    pass

def func_open():          # Code 14-02.py에서 구현
    pass

def func_save() :         # Code 14-03.py에서 구현
    pass

def func_exit() :
    exit()

def func_zoominout() :    # Code 14-04.py에서 구현
    pass

def func_mirror1() :      # Code 14-05.py에서 구현
    pass

def func_mirror2() :      # Code 14-05.py에서 구현
    pass

def func_rotate() :       # Code 14-06.py에서 구현
    pass

def func_brightdark() :   # Code 14-07.py에서 구현
    pass

def func_bw() :           # Code 14-08.py에서 구현
    pass

def func_blur() :         # Code 14-09.py에서 구현
    pass

def func_cartoon() :      # Code 14-10.py에서 구현
    pass

```

```
def func_equal() :        # Code 14-11.py에서 구현
    pass

def func_face() :         # Code 14-12.py에서 구현
    pass

def func_mosaic() :       # Code 14-13.py에서 구현
    pass

## 전역 변수 선언 부분 ##
window, canvas, paper = None, None, None
photo, photo2 = None, None

## 메인 코드 부분 ##
window = Tk()
window.geometry("400x400")
window.title("OpenCV 영상 처리")

mainMenu = Menu(window)
window.config(menu = mainMenu)

fileMenu = Menu(mainMenu, tearoff=0)
mainMenu.add_cascade(label = "파일", menu = fileMenu)
fileMenu.add_command(label = "파일 열기", command = func_open)
fileMenu.add_command(label = "파일 저장", command = func_save)
fileMenu.add_separator()
fileMenu.add_command(label = "프로그램 종료", command = func_exit)

openCV1Menu = Menu(mainMenu, tearoff=0)
mainMenu.add_cascade(label="기본 영상 처리", menu = openCV1Menu)
openCV1Menu.add_command(label = "확대/축소", command = func_zoominout)
openCV1Menu.add_command(label = "상하 반전", command = func_mirror1)
openCV1Menu.add_command(label = "좌우 반전", command = func_mirror2)
openCV1Menu.add_command(label = "회전", command = func_rotate)
openCV1Menu.add_separator()
openCV1Menu.add_command(label = "밝게/어둡게", command = func_brightdark)
openCV1Menu.add_command(label = "흑백 영상", command = func_bw)

openCV2Menu = Menu(mainMenu, tearoff=0)
mainMenu.add_cascade(label = "고급 영상 처리", menu = openCV2Menu)
openCV2Menu.add_command(label="블러링", command=func_blur)
openCV2Menu.add_command(label="카툰 이미지", command=func_cartoon)
openCV2Menu.add_command(label="평활화", command=func_equal)
openCV2Menu.add_separator()
```

```
88 openCV2Menu.add_command(label = "얼굴 인식", command = func_face)
89 openCV2Menu.add_command(label = "얼굴 모자이크", command = func_mosaic)
90 window.mainloop()
```

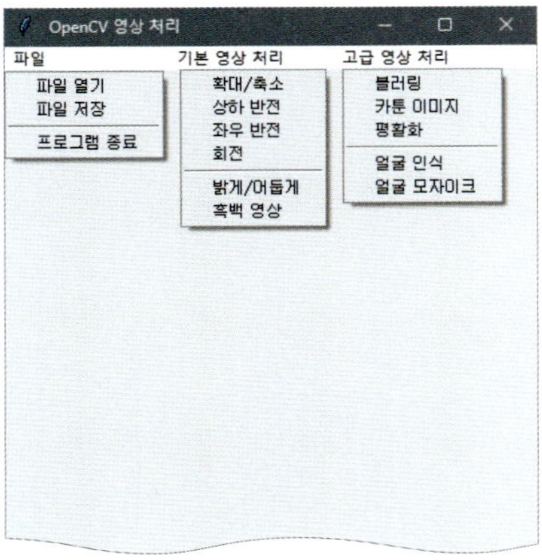

1~5행에서 앞으로 사용할 라이브러리 또는 모듈을 임포트했다. 특히 4행의 cv2는 앞에서 설치한 OpenCV 영상 처리 기능을 제공하는 라이브러리고, 5행은 OpenCV와 함께 자주 사용되는 넘파이(numpy) 라이브러리를 np라는 별칭으로 임포트했다.

8~51행까지는 각 메뉴를 선택할 때마다 실행할 함수를 미리 선언했다. 단, displayImage( ) 함수는 메뉴를 선택해서 실행되는 것이 아니라, 이미지를 화면에 출력하는 함수로 다른 함수에서 공통적으로 사용할 것이다.

54~55행은 공통적으로 접근할 전역 변수를 준비했다. 특히 photo는 처음 불러들인 원본 이미지이며, photo2는 이미지 처리한 결과 이미지를 저장할 변수인데, [그림 14-6]에서 그 용도가 잘 표현된다. 58~90행은 윈도창을 출력하고 메뉴를 추가한 부분이다. 전에 다뤘던 부분이므로 별도로 설명하지 않겠다.

5 이미지 열기 및 화면 출력

메뉴에서 [파일]-[파일 열기]를 선택하면 이미지 파일을 여는 [열기] 대화상자가 나타나고, 파일을 선택하면 이미지가 화면에 출력되어야 한다. 이미지는 JPG/BMP/PNG/GIF 등이 모두 처리되어야 하므로 파이썬에서 제공하는 PhotoImage( )가 아닌 OpenCV 라이브러리에서 제공하는 cv2.imread( ) 함수를 사용한다.

이미지는 화면에 보여야 의미가 있다. 이미지가 화면에 보이는 과정은 다음 그림과 같은 기본적인 방식을 사용한다. 즉, 원본 이미지는 photo 변수에 넣고, 이미지를 처리한 결과 이미지는 photo2 변수에 넣는다. 그리고 모니터에는 항상 photo2가 보이도록 한다.

그림 14-6 이미지를 처리하고 화면에 출력하는 기본 구조

[파일 열기] 메뉴를 통해서 이미지 파일을 선택해 열면 이것이 원본 이미지이므로 photo에 저장한다. 그런데 [그림 14-6]에서 보았듯이 화면에는 항상 처리된 결과인 photo2를 보여야 한다. 그러므로 이미지를 바로 연 다음에는 동일한 이미지를 결과 이미지인 photo2에 copy( ) 함수로 복사하는 방식을 사용하겠다.

이미지는 JPG, PNG, BMP, GIF, TIF 등 어떤 포맷도 잘 처리된다. 또한 가로와 세로 크기가 다른 직사각형 이미지를 사용해도 된다. 이미지가 화면에 나오는 속도도 너무 큰 이미지(1024×1024 해상도 초과)만 아니라면 문제없이 잘 출력된다. 먼저 Code14-01.py의 8행 displayImage( ) 함수와 11행 func_open( ) 함수를 다음과 같이 수정하고 실행해 보자. displayImage( ) 코드는 조금 어렵다.

Code14-02.py

```
def displayImage():
    global window, canvas, paper, photo, photo2

    width, height = photo2.shape[1], photo2.shape[0]
    window.geometry(str(width) + "x" + str(height))
    if canvas != None:
        canvas.destroy()

    canvas = Canvas(window, width=width, height=height)
```

```
10      paper = PhotoImage(width=width, height=height)
11      canvas.create_image((width / 2, height / 2), image=paper, state="normal")
12
13      rgbString = ""
14      for i in range(0, height) :
15          tmpString = ""
16          for k in range(0, width) :
17              if photo2.ndim == 3 :                      # 칼라 이미지
18                  r = photo2.item(i, k, 2)
19                  g = photo2.item(i, k, 1)
20                  b = photo2.item(i, k, 0)
21              else :
22                  r = g = b = photo2.item(i, k) # 흑백 이미지
23              tmpString += "#%02x%02x%02x " % (r, g, b)  # x 뒤에 한칸 공백
24          rgbString += "{" + tmpString + "} "             # } 뒤에 한칸 공백
25      paper.put(rgbString)
26      canvas.pack()
27
28  def func_open():
29      global window, canvas, paper, photo, photo2
30      fileName = askopenfilename(parent=window, filetypes=(("모든 그림 파일", "*.jpg;*.
                jpeg;*.bmp;*.png;*.tif;*.gif"), ("모든 파일", "*.*")))
31      photo = cv2.imread(fileName)
32      photo2 = photo.copy()
33      displayImage()
```

먼저 28~33행의 func_open() 함수를 살펴보자. 29행은 함수 안에서 전역 변수를 사용하기 위한 것이다. 30행의 askopenfilename()은 [열기] 대화상자를 나타낸다. 여기서는 모든 종류의 그림 파일을 선택할 수 있다. 그리고 31행에서 선택한 파일을 cv2.imread() 함수로 열고 photo에 저장한다. 즉 선택한 원본 이미지를 photo에 저장하는 것이다. 그런데 아직 이미지를 처리하지 않았으므로 32행에서 copy() 함수를 사용해 원본 이미지를 결과 이미지인 photo2에 그대로 복사

한다. 마지막으로 33행에서는 1행에서 정의한 displayImage( ) 함수를 호출해서 photo2를 화면에 출력한다.

TIP • OpenCV에서 사용할 이미지 파일의 이름이나 폴더 경로에 한글이 있으면 오류가 발생할 수 있다. 이미지 파일명이나 폴더명은 C:\CookPython\JPG\photo001.jpg 등과 같이 모두 영문이나 숫자를 사용하는 것이 좋다.

displayImage( ) 함수는 조금 어려워 완전히 이해하기에 어려울 수 있다. 그러므로 1~26행의 displayImage( ) 함수는 결과 이미지인 photo2를 화면에 출력한다고만 기억해도 무리가 없다([그림 14-6] 참고). 1~26행의 displayImage( ) 함수 코드를 간략히 설명하겠다. 만약 설명이 어렵게 느껴진다면 우선은 넘어가도 된다.

- 4행은 photo2 이미지의 폭과 높이를 추출한다.
- 5행은 윈도창의 크기를 photo2 이미지의 폭, 높이와 동일하게 설정한다.
- 6~7행은 기존 캔버스에 출력한 적이 있다면 캔버스를 깨끗하게 만든다.
- 9~11행은 캔버스 위에 흰 종이(paper)를 붙인 개념이다(윈도창에 흰 종이를 붙이는 개념은 [그림 11-11]에서 설명했다). 이제 흰 종이에 이미지를 출력할 차례이다.
- 13~24행은 이미지의 높이와 폭만큼 반복해서 픽셀의 RGB값(Red, Green, Blue)을 추출하고 rgbString에 '#RRGGBB' 형식의 16진수 문자열로 추가한다. 예로 '#33F78D'와 같은 형식으로 색상이 표현될 수 있다. 반복문을 통해서 rgbString에는 모든 픽셀의 색상값이 '{#RRGGBB #RRGGBB ~ 총 width개의 픽셀~} {#RRGGBB #RRGGBB ~ 총 width개의 픽셀~} ~~~ 총 height개를 반복' 형식의 문자열로 저장된다. 최종적으로 이미지의 높이×폭만큼의 색상 문자열이 저장된다. 주의할 점은 17행에서 photo2.ndim이 3이면 컬러 이미지이므로 RGB값을 각각 추출했지만, 그렇지 않고 흑백 이미지일 경우 22행에서 RGB값을 같은 값으로 추출한다.
- 25행~26행에서는 rgbString의 문자열을 paper에 한꺼번에 대입시킨 후 화면에 출력한다.

6 이미지 저장

이미지를 처리하면 그 결과를 저장할 수도 있다. 저장하는 이미지는 결국 결과 이미지인 photo2가 된다. Code14-01.py의 14행 func_save( ) 함수를 다음과 같이 변경하면 된다.

Code14-03.py

```
def func_save() :
    global window, canvas, paper, photo, photo2
    if photo2 is None:
        return
```

```
5     saveFp = asksaveasfile(parent=window, mode="w", defaultextension=".jpg",
              filetypes=(("JPG 파일", "*.jpg;*.jpeg"), ("모든 파일", "*.*")))
6     cv2.imwrite(saveFp.name, photo2)
```

3~4행에서 결과 이미지인 photo2에 아무것도 없다면 저장할 것이 없으므로 그냥 빠져나간다. 5행에서는 저장할 파일을 입력받는다. 6행에서 cv2.imwrite( ) 함수로 JPG 파일을 저장한다.

7 이미지 확대/축소

이미지 확대는 확대할 배수를 입력받고, 축소는 1.0 미만의 소수점을 입력받으면 된다. cv2.resize( ) 함수를 사용해서 확대 및 축소할 수 있다.

Code14-01.py의 func_zoominout( ) 함수를 Code14-04.py와 같이 수정한다.

Code14-04.py

```
1  def func_zoominout() :
2     global window, canvas, paper, photo, photo2
3     scale = askfloat("확대/축소 배수", "확대/축소할 배수를 입력하세요", minvalue=0.2,
            maxvalue=4)
4     photo2 = photo.copy()
5     photo2 = cv2.resize(photo2, None,  None, scale, scale, None)
6     displayImage()
```

실행 화면은 원본을 기준으로 2배 확대, 0.5배로 축소한 화면이다. 3행에서는 확대할 배율을 입력받는다. 1.0 미만이면 축소, 1.0 초과면 확대가 된다. 배율이 너무 크거나 작으면 메모리나 속도에 문제가 생기므로 0.2~4배로 입력 값에 제한을 두었다. 4행에서는 우선 원본 이미지인 photo를 결과 이미지인 photo2로 동일하게 복사한다. 그리고 photo2를 5행의 cv2.resize( ) 함수로 입력한 배율의 크기로 변경했다. 그리고 6행에서 결과 이미지를 출력했다. 참고로 cv2.resize( ) 함수의 파라미터는 'cv2.resize(입력 이미지, 출력 이미지 크기, 출력 이미지를 저장할 변수, 가로 배율, 세로 배율, 보간법)'으로 구성되는데, 여기서는 필수적으로 있어야 하는 것이 입력 이미지와 가로 배율, 세로 배율이므로, 나머지는 모두 None으로 입력했다.

8 이미지 상하/좌우 반전

이미지의 상하 및 좌우 반전은 cv2.flip(입력 이미지, 1 또는 0) 함수를 사용하면 된다. 0은 상하 반전을, 1은 좌우 반전을 의미한다. Code14-04.py와 거의 비슷한 구조이지만, 특별히 입력받을 값이 없으므로 코드가 더 간단하다.

Code14-01.py의 func_mirror1( ) 함수와 func_mirror2( ) 함수를 다음과 같이 수정한다.

Code14-05.py

```
def func_mirror1() :
    global window, canvas, paper, photo, photo2
    photo2 = photo.copy()
    photo2 = cv2.flip(photo2, 0)
    displayImage()

def func_mirror2() :
    global window, canvas, paper, photo, photo2
    photo2 = photo.copy()
    photo2 = cv2.flip(photo2, 1)
    displayImage()
```

실행 화면은 원본과 좌우 반전, 상하 반전으로 처리된 결과다.

9 이미지 회전

이미지 회전은 조금 복잡하다. 회전할 이미지의 폭과 높이를 구하고, 이미지의 중심 좌표를 계산한다. 그리고 cv2.getRotationMatrix2D( ) 및 cv2.warpAffine( ) 함수를 사용해서 이미지를 회전시킨다. Code14-01.py의 func_rotate( ) 함수를 다음과 같이 수정한다.

Code14-06.py

```
1  def func_rotate() :
2      global window, canvas, paper, photo, photo2
3      angle = askinteger("회전 각도", "회전할 각도를 입력하세요")
4      photo2 = photo.copy()
5      width, height = photo2.shape[1], photo2.shape[0]
6      cX, cY = width//2, height//2
7      matrix = cv2.getRotationMatrix2D((cX, cY), angle, 1.0)
8      photo2 = cv2.warpAffine(photo2, matrix, (width, height))
9      displayImage()
```

실행 화면은 원본과 45도 회전 처리된 결과다. 3행에서 먼저 회전할 각도를 0~360까지 입력받는다. 5행에서 이미지의 폭과 높이를 구하고, 6행에서는 이미지의 중심 좌표를 계산한다. 7행에서 cv2.getRotationMatrix2D((중심x, 중심y), 회전각도, 크기배율) 함수를 사용해서 행렬을 먼저 구한 후, 8행에서 cv2.warpAffine(원본 이미지, 행렬, (폭, 높이)) 함수를 사용하면 회전된 결과 이미지가 반환된다.

10 이미지 밝기 조절

이미지를 밝게, 어둡게 조절하는 것은 cv2.add(원본 이미지, 값) 함수를 사용하면 된다. 값이 양수면 밝게, 음수면 어둡게 이미지가 조절된다. 값의 범위는 −255에서 255까지 설정할 수 있다. Code14-01.py의 func_brightdark( ) 함수를 다음과 같이 변경하면 된다.

Code14-07.py

```
def func_brightdark() :
    global window, canvas, paper, photo, photo2
    value = askinteger("밝게/어둡게", "값을 입력하세요(-255~255)", minvalue=-255, maxvalue=255)
    photo2 = photo.copy()
    photo2 = cv2.add(photo2 , value)
    displayImage()
```

실행 화면은 원본과 밝기 100, 어둡기 −100 값으로 처리된 결과다.

11 이미지 흑백 변경

이미지의 색상 공간을 다른 색상 공간으로 변경하려면 cv2.cvtColor(원본, 색상 공간 변환 코드) 함수를 사용할 수 있다. 색상 공간 중에서 흑백으로 변경하려면 값을 cv2.COLOR_BGR2GRAY로 설정한다. Code14-01.py의 func_bw() 함수를 다음과 같이 변경하면 된다.

Code14-08.py

```
def func_bw() :
    global window, canvas, paper, photo, photo2
    photo2 = photo.copy()
    photo2 = cv2.cvtColor(photo2, cv2.COLOR_BGR2GRAY)
    displayImage()
```

실행 화면은 원본과 흑백으로 처리된 결과다.

여기서 잠깐

색상 공간

일반적으로 많이 사용되는 색상 공간은 RGB, BGR, Grayscale, HSV, YCrCb 등이 있다. 흔히 사용되는 컬러 이미지는 RGB 또는 BGR 및 흑백이라 부르는 Grayscale 정도다. 특히 색상 공간 중 YCrCb는 잠시 후 평활화 기능을 구현할 때도 사용되는데, 밝기와 색 정보를 분리하는 특징을 갖는다.

cv2.cvtColor(원본, 색상 공간 변환 코드) 함수에서 사용할 수 있는 색상 공간 변환 코드의 형식은 'cv2.원본2결과'의 형태를 갖는다. 주로 사용하는 것으로는 cv2.COLOR_BGR2GRAY, cv2.COLOR_RGB2GRAY, cv2.COLOR_BGR2HSV, cv2.COLOR_RGB2HSV, cv2.COLOR_GRAY2BGR, cv2.COLOR_GRAY2RGB, cv2.COLOR_BGR2YCrCb, cv2.COLOR_YCrCb2BGR 등이 있다.

12 이미지 블러링

블러링(Blurring)은 이미지를 뿌옇게 하는 효과를 뜻한다. 블러링 효과를 위해서 GaussianBlur(원본 이미지, (가로 크기, 세로 크기), 시그마) 함수를 사용한다. 시그마는 일반적으로 0으로 처리하면 된다. 중요한 것은 가로와 세로 크기인데, 3 이상의 값을 사용하며 값이 클수록 더 뿌옇게 만드는 효과를 갖는다. 주의할 점은 가로와 세로의 크기가 홀수값이어야 한다. Code14-01.py의 func_blur( ) 함수를 다음과 같이 변경하면 된다.

Code14-09.py

```
def func_blur() :
    global window, canvas, paper, photo, photo2
```

```
3 mSize = askinteger("블러링", "블러링 강도(3~99):")
4 if mSize%2 == 0 :
5     mSize += 1
6 photo2 = photo.copy()
7 photo2 = cv2.GaussianBlur(photo2, (mSize,mSize), 0)
8 displayImage()
```

실행 화면은 원본과 강도 50을 입력해서 블러링 처리된 결과다. 4~5행은 입력된 값이 짝수일 경우 홀수로 변경한다는 뜻이다.

13 카툰 이미지

카툰(Cartoon)은 이미지의 경계선을 추출해서 만화처럼 보이는 효과를 뜻한다. 카툰 효과를 위해서는 여러 단계가 필요하다. cv2.cvtColor( ) 함수를 이용해 흑백으로 변환한 후, cv2.medianBlur( ) 함수로 블러링 처리한다. 그리고 cv2.Laplacian( ) 함수로 경계선을 검출한 후 cv2.threshold( ) 함수로 경계선에서 마스크를 검출하고, 마지막으로 cv2.cvtColor( ) 함수로 마스크를 다시 RGB로 변환하면 된다. Code14-01.py의 func_cartoon( ) 함수를 다음과 같이 변경하면 된다.

Code14-10.py

```
def func_cartoon() :
    global window, canvas, paper, photo, photo2
    photo2 = photo.copy()
    photo2 = cv2.cvtColor(photo2, cv2.COLOR_BGR2GRAY)
    photo2 = cv2.medianBlur(photo2, 7)
    edges = cv2.Laplacian(photo2, cv2.CV_8U, ksize=5)
```

```
7        _, mask = cv2.threshold(edges, 100, 255, cv2.THRESH_BINARY_INV)
8        photo2 = cv2.cvtColor(mask, cv2.COLOR_GRAY2RGB)
9        displayImage()
```

실행 화면은 원본과 카툰 효과로 처리된 결과다. 4행에서 흑백으로 변경하고 5행에서는 cv2.medianBlur(원본 이미지, 커널 크기) 함수를 7 정도로 설정해서 블러링했다. 커널의 크기가 클수록 블러링이 강하게 처리된다. 6행에서 cv2.Laplacian(원본 이미지, 이미지 데이터 깊이, 커널 크기) 함수를 이미지 데이터 깊이 cv2.CV_8U로 사용했는데, 이것은 부호 없는 8비트 정수를 의미한다. 커널 크기는 5 정도로 설정했는데, 이 값이 너무 크면 세부적인 내용이 손실될 수 있다. 7행에서는 6행에서 추출한 경계선을 사용해서 cv2.threshold(원본 이미지, 임계값, 새로운 픽셀값, 형식) 함수로 이미지를 이진화했다. 임계값은 픽셀과 비교할 값을 말하며, 주로 이미지 값인 0~255의 중간 정도 값을 사용한다. 여기서는 100을 사용했다. 새로운 픽셀값은 임계값 미만의 값을 변경할 값이다. 즉 100 미만의 값은 255(=흰색)로 변경하도록 했다. cv2.THRESH_BINARY_INV는 임계값 이상이면 0으로, 임계값 미만이면 새로운 픽셀값으로 변경하도록 설정한다. 이 함수는 반환값으로 사용된 임계값과 결과 이미지 2개를 반환하는데, 임계값은 필요 없으므로 _로 처리했다. 8행에서는 7행의 결과 이미지를 다시 RGB 색상 공간으로 변환했다.

14 평활화

평활화(Equalization)는 이미지의 명암을 개선해서 시각적으로 이미지가 뚜렷하게 보이는 데 사용된다. 밝은 이미지도 개선되는 효과가 있지만, 어둡게 촬영된 이미지에 더욱 효과적이다. Code14-01.py의 func_equal( ) 함수를 다음과 같이 변경하면 된다.

Code14-11.py

```
def func_equal() :
    global window, canvas, paper, photo, photo2
```

```
3    photo2 = photo.copy()
4    ycrcb = cv2.cvtColor(photo2, cv2.COLOR_BGR2YCrCb)
5    ycrcbList = list(cv2.split(ycrcb))
6    ycrcbList[0] = cv2.equalizeHist(ycrcbList[0])
7    ycrcb = cv2.merge(ycrcbList)
8    photo2 = cv2.cvtColor(ycrcb, cv2.COLOR_YCrCb2BGR)
9    displayImage()
```

실행 화면은 원본과 평활화 처리된 결과다. 이미지의 어두운 부분이 선명하게 보이는 것을 확인할 수 있다. 컬러 이미지의 평활화를 위해서는 4행에서 컬러 이미지(Blue, Red, Green)의 모델인 BGR 모델을 YCrCb 모델로 변경한 후, 5행에서 결과를 리스트로 변환한다. 이것은 밝기를 표현하는 Y와 색상을 표현하는 Cr, Cb를 분리하기 위해서다. 그리고 6행에서 밝기 부분인 리스트의 0번째(=Y 부분)만 cv2.equalizeHist( ) 함수로 평활화해서 다시 리스트의 0번째에 넣는다. 7행에서 cv2.merge( ) 함수로 리스트를 다시 YCrCb 모델로 합친다. 8행에서 화면에 표현하기 위해서 YCrCb 모델을 BGR 모델로 변경한다.

15 얼굴 인식

OpenCV는 머신러닝 기술 중 얼굴을 탐지하는 알고리즘 중 하나인 하르 케스케이드 방식을 지원한다. 이 방식을 통해 이미지에서 사람 얼굴만 추출할 수 있다. 우선 Code14-01.py의 func_face( ) 함수를 다음과 같이 변경한다.

Code14-12.py

```
def func_face() :
    global window, canvas, paper, photo, photo2
    photo2 = photo.copy()
    haar = cv2.CascadeClassifier(cv2.data.haarcascades + 'haarcascade_frontalface_
        default.xml')
```

```
5    grayPhoto = cv2.cvtColor(photo2, cv2.COLOR_BGR2GRAY)
6    findFaces = haar.detectMultiScale(grayPhoto, minNeighbors=5, minSize=(30, 30))
7    for (x, y, w, h) in findFaces:
8        cv2.rectangle(photo2, (x, y), (x + w, y + h), (255, 255, 0), 2)
9    displayImage()
```

실행 화면은 사람들이 많은 사진에서 얼굴을 찾아 표시한 결과다. 주의할 점은 정면으로 바라보는 얼굴이 아니면 잘 찾지 못할 수도 있고, 꽃무늬 옷 등의 복잡한 모양을 얼굴로 인식하는 경우도 있다. 4행에서 하르 케스케이드의 사람 정면 얼굴을 로딩했다. 5행에서 일단 흑백으로 이미지를 변경한 후, 6행에서는 흑백 이미지에서 사람의 얼굴을 찾는다. minNeighbors, minSize 등은 필요에 따라 값을 조절해서 정밀도 또는 최소 크기 등을 변경할 수 있다. haar.detectMultiScale( ) 함수는 찾을 얼굴의 위치를 [시작x, 시작y, 폭, 높이]로 표현하는데, 얼굴이 여러 개이므로 얼굴의 위치를 [[시작x, 시작y, 폭, 높이] [시작x, 시작y, 폭, 높이] …] 형태의 리스트로 반환된다. 7~8행에서는 찾을 얼굴 부분을 photo2 이미지 위에 하나씩 사각형으로 그린다. (255, 255, 0)은 청록색을 의미한다.

여기서 잠깐

머신러닝과 하르 케스케이드

머신러닝(Machine Learning)은 인공지능의 한 부분으로 데이터를 기반으로 학습한 후 예측하는 기술을 말한다. 하르 케스케이드(Haar Cascade)는 머신러닝을 활용한 객체 탐지 알고리즘이다. 특히 얼굴, 눈, 미소, 코, 귀, 상반신, 전신, 다리 등을 인식하는 데 사용한다. 다만 조명이나 각도 등에 따라서 인식률이 떨어질 수 있다. 만약 하르 케스케이드보다 더 높은 인식을 원한다면 딥러닝(Deep Learning) 모델인 DNN이나 YOLO 등을 사용하는 방법도 있다.

OpenCV에서는 하르 케스케이드를 잘 지원하는데, Code14-12.py의 4행에서 정면 얼굴 인식 대신 사용할 수 있는 것들은 다음과 같다.

- **눈:** haarcascade_eye.xml
- **눈(안경 포함):** haarcascade_eye_tree_eyeglasses.xml
- **미소:** haarcascade_smile.xml
- **상반신:** haarcascade_upperbody.xml
- **전신:** haarcascade_fullbody.xml
- **다리:** haarcascade_lowerbody.xml
- **고양이 얼굴:** haarcascade_frontalcatface.xml

16 얼굴 모자이크

유튜브나 뉴스 매체 등에서 개인 정보 보호로 인해 사람의 얼굴을 모자이크 처리한 것을 종종 보았을 것이다. 바로 앞에서 살펴본 얼굴 인식한 사각형 부분만 블러링 처리하면 모자이크 효과를 낼 수 있다. Code14-01.py의 func_mosaic() 함수를 다음과 같이 변경하면 된다.

Code14-13.py

```
def func_mosaic() :
    global window, canvas, paper, photo, photo2
    photo2 = photo.copy()
    haar = cv2.CascadeClassifier(cv2.data.haarcascades + 'haarcascade_frontalface_default.xml')
    grayPhoto = cv2.cvtColor(photo2, cv2.COLOR_BGR2GRAY)
    findRects = haar.detectMultiScale(grayPhoto, minNeighbors=5, minSize=(30, 30))
    for (x, y, w, h) in findRects:
        faceRect = photo2[y:y+h, x:x+w]
        mosaicFace = cv2.GaussianBlur(faceRect, (0,0), 10)
        photo2[y:y+h, x:x+w] = mosaicFace
    displayImage()
```

실행 화면은 원본 이미지와 얼굴을 찾아 모자이크한 결과다. func_mosaic() 함수는 func_face() 함수와 대부분 동일하지만, 이미지에 사각형을 그리는 대신에 8~10행에서 사각형 부분을 블러링 처리한 것만 다르다. 8행에서 사각형에 해당하는 부분 이미지를 찾은 후에 9행에서 부분 이미지를 블러링 처리했다. 10행에서 블러링 처리된 결과를 원래 원본인 photo2에 다시 덮어써서 결과적으로 원본인 photo2의 해당 부분이 블러링으로 처리되었다.

17 프로젝트 완성

지금까지 부분적으로 작성한 전체 코드를 합치면 OpenCV 영상 처리 프로그램이 완성된다.

TIP • 완성된 버전의 OpenCV 영상 처리 프로그램의 소스 코드는 책의 사이트(https://www.hanbit.co.kr/src/41035)에서 다운로드받으면 된다. 약 180행 정도 분량으로 파일명 OpenCV_Image.py로 되어 있다.

```
from tkinter import *
from tkinter.filedialog import *
from tkinter.simpledialog import *
import cv2
import numpy as np

## 함수 선언 부분 ##
def displayImage():
    global window, canvas, paper, photo, photo2

    width, height = photo2.shape[1], photo2.shape[0]
    window.geometry(str(width) + "x" + str(height))
    if canvas != None:
        canvas.destroy()

    canvas = Canvas(window, width=width, height=height)
    paper = PhotoImage(width=width, height=height)
    canvas.create_image((width / 2, height / 2), image=paper, state="normal")

    rgbString = ""
    for i in range(0, height) :
        tmpString = ""
        for k in range(0, width) :
            if photo2.ndim == 3 : # 칼라 이미지
                r = photo2.item(i, k, 2)
                g = photo2.item(i, k, 1)
                b = photo2.item(i, k, 0)
            else :
                r = g = b = photo2.item(i, k)            # 흑백 이미지
            tmpString += "#%02x%02x%02x " % (r, g, b) # 마지막x 뒤에 한칸 공백
```

```
        rgbString += "{" + tmpString + "} "  # } 뒤에 한칸 공백
    paper.put(rgbString)
    canvas.pack()

def func_open():
    global window, canvas, paper, photo, photo2
    fileName = askopenfilename(parent=window, filetypes=(("모든 그림 파일", "*.jpg;*.jpeg;*.bmp;*.png;*.tif;*.gif"), ("모든 파일", "*.*")))
    photo = cv2.imread(fileName)
    photo2 = photo.copy()
    displayImage()

def func_save() :
    global window, canvas, paper, photo, photo2
    if photo2 is None:
        return
    saveFp = asksaveasfile(parent=window, mode="w", defaultextension=".jpg", filetypes=(("JPG 파일", "*.jpg;*.jpeg"), ("모든 파일", "*.*")))
    cv2.imwrite(saveFp.name, photo2)

def func_exit() :
    exit()

def func_zoominout() :
    global window, canvas, paper, photo, photo2
    scale = askfloat("확대/축소 배수", "확대/축소할 배수를 입력하세요", minvalue=0.2, maxvalue=4)
    photo2 = photo.copy()
    photo2 = cv2.resize(photo2, None,  None, scale, scale, None)
    displayImage()

def func_mirror1() :
    global window, canvas, paper, photo, photo2
    photo2 = photo.copy()
    photo2 = cv2.flip(photo2, 0)
    displayImage()

def func_mirror2() :
    global window, canvas, paper, photo, photo2
    photo2 = photo.copy()
    photo2 = cv2.flip(photo2, 1)
    displayImage()

def func_rotate() :
    global window, canvas, paper, photo, photo2
```

```
    angle = askinteger("회전 각도", "회전할 각도를 입력하세요")
    photo2 = photo.copy()
    width, height = photo2.shape[1], photo2.shape[0]
    cX, cY = width//2, height//2
    matrix = cv2.getRotationMatrix2D((cX, cY), angle, 1.0)  # ((중앙), 각도, 크기배율)
    photo2 = cv2.warpAffine(photo2, matrix, (width, height))
    displayImage()

def func_brightdark() :
    global window, canvas, paper, photo, photo2
    value = askinteger("밝게/어둡게", "값을 입력하세요(-255~255)", minvalue=-255, maxvalue=255)
    photo2 = photo.copy()
    photo2 = cv2.add(photo2 , value)
    displayImage()

def func_bw() :
    global window, canvas, paper, photo, photo2
    photo2 = photo.copy()
    photo2 = cv2.cvtColor(photo2, cv2.COLOR_BGR2GRAY)
    displayImage()

def func_blur() :
    global window, canvas, paper, photo, photo2
    mSize = askinteger("블러링", "블러링 강도(1~99):")
    if mSize%2 == 0 :
        mSize += 1
    photo2 = photo.copy()
    photo2 = cv2.GaussianBlur(photo2, (mSize,mSize), 0)
    displayImage()

def func_cartoon() :
    global window, canvas, paper, photo, photo2
    photo2 = photo.copy()
    photo2 = cv2.cvtColor(photo2, cv2.COLOR_BGR2GRAY)
    photo2 = cv2.medianBlur(photo2, 7)
    edges = cv2.Laplacian(photo2, cv2.CV_8U, ksize=5)
    _, mask = cv2.threshold(edges, 100, 255, cv2.THRESH_BINARY_INV)
    photo2 = cv2.cvtColor(mask, cv2.COLOR_GRAY2RGB)
    displayImage()

def func_equal() :
    global window, canvas, paper, photo, photo2
    photo2 = photo.copy()
    ycrcb = cv2.cvtColor(photo2, cv2.COLOR_BGR2YCrCb)
```

```
    ycrcbList = list(cv2.split(ycrcb))
    ycrcbList[0] = cv2.equalizeHist(ycrcbList[0])
    ycrcb = cv2.merge(ycrcbList)
    photo2 = cv2.cvtColor(ycrcb, cv2.COLOR_YCrCb2BGR)
    displayImage()

def func_face() :
    global window, canvas, paper, photo, photo2
    photo2 = photo.copy()
    haar = cv2.CascadeClassifier(cv2.data.haarcascades + 'haarcascade_frontalface_default.xml')
    grayPhoto = cv2.cvtColor(photo2, cv2.COLOR_BGR2GRAY)
    findRects = haar.detectMultiScale(grayPhoto, minNeighbors=5, minSize=(30, 30))
    for (x, y, w, h) in findRects:
        cv2.rectangle(photo2, (x, y), (x + w, y + h), (255, 255, 0), 2)
    displayImage()

def func_mosaic() :
    global window, canvas, paper, photo, photo2
    photo2 = photo.copy()
    haar = cv2.CascadeClassifier(cv2.data.haarcascades + 'haarcascade_frontalface_default.xml')
    grayPhoto = cv2.cvtColor(photo2, cv2.COLOR_BGR2GRAY)
    findRects = haar.detectMultiScale(grayPhoto, minNeighbors=5, minSize=(30, 30))
    for (x, y, w, h) in findRects:
        faceRect = photo2[y:y+h, x:x+w]
        mosaicFace = cv2.GaussianBlur(faceRect, (0,0), 10)
        photo2[y:y+h, x:x+w] = mosaicFace
    displayImage()

## 전역 변수 선언 부분 ##
window, canvas, paper = None, None, None
photo, photo2 = None, None

## 메인 코드 부분 ##
window = Tk()
window.geometry("400x400")
window.title("OpenCV 영상 처리")

mainMenu = Menu(window)
window.config(menu = mainMenu)

fileMenu = Menu(mainMenu, tearoff=0)
mainMenu.add_cascade(label = "파일", menu = fileMenu)
fileMenu.add_command(label = "파일 열기", command = func_open)
```

```
fileMenu.add_command(label = "파일 저장", command = func_save)
fileMenu.add_separator()
fileMenu.add_command(label = "프로그램 종료", command = func_exit)

openCV1Menu = Menu(mainMenu, tearoff=0)
mainMenu.add_cascade(label="기본 영상 처리", menu = openCV1Menu)
openCV1Menu.add_command(label = "확대/축소", command = func_zoominout)
openCV1Menu.add_command(label = "상하 반전", command = func_mirror1)
openCV1Menu.add_command(label = "좌우 반전", command = func_mirror2)
openCV1Menu.add_command(label = "회전", command = func_rotate)
openCV1Menu.add_separator()
openCV1Menu.add_command(label = "밝게/어둡게", command = func_brightdark)
openCV1Menu.add_command(label = "흑백 영상", command = func_bw)

openCV2Menu = Menu(mainMenu, tearoff=0)
mainMenu.add_cascade(label = "고급 영상 처리", menu = openCV2Menu)
openCV2Menu.add_command(label="블러링", command=func_blur)
openCV2Menu.add_command(label="카툰 이미지", command=func_cartoon)
openCV2Menu.add_command(label="평활화", command=func_equal)
openCV2Menu.add_separator()
openCV2Menu.add_command(label = "얼굴 인식", command = func_face)
openCV2Menu.add_command(label = "얼굴 모자이크", command = func_mosaic)
window.mainloop()
```

SECTION 02

제주도 날씨 데이터 분석 프로젝트

두 번째 미니 프로젝트는 아나콘다(Anaconda)를 활용한 제주도 날씨 데이터 분석 프로젝트를 진행한다.

1 제주도 날씨 데이터 분석 프로젝트 소개

두 번째 프로젝트는 엑셀로 정리된 제주도의 날씨 데이터를 분석해서 시각화하는 제주도 날씨 데이터 분석 프로젝트다. 이번 프로젝트는 데이터 분석을 위한 다양한 라이브러리의 활용 방법을 익히고, 그 결과를 사용자가 보기 편하도록 시각화한다. 이번 프로젝트를 위해서 여러 개의 외부 라이브러리를 설치해서 사용해야 하지만, 아나콘다를 활용해 한 번에 다양한 라이브러리를 설치한 효과를 내도록 하겠다. 다음 결과는 제주도 날씨와 관련된 엑셀 데이터를 데이터 분석 과정을 거쳐서 그래프로 시각화한 결과다.

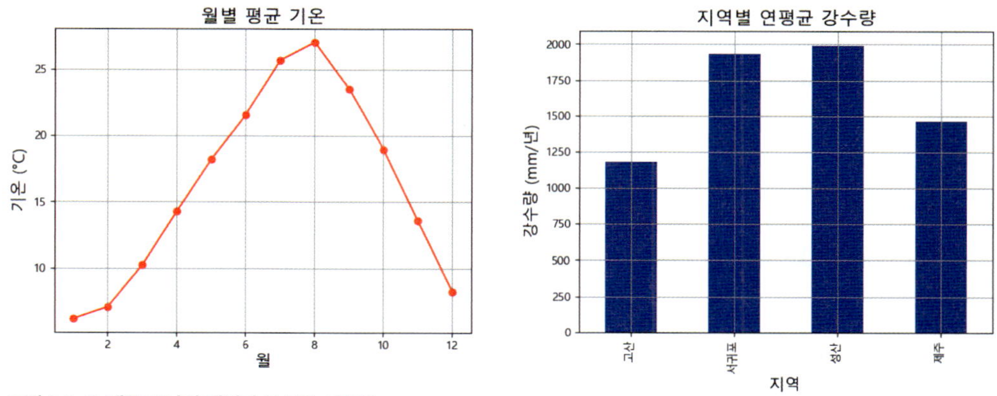

그림 14-7 제주도 날씨 데이터 분석의 시각화

2 아나콘다의 간단한 소개와 다운로드

아나콘다(Anaconda)는 데이터 분석, AI, 머신러닝 및 과학 연구 분야에 적합하도록 파이썬과 관련된 라이브러리를 묶어서 함께 배포하는 무료 패키지 관리자의 이름이다. 즉 아나콘다에는 파이썬 및 다양한 필수 라이브러리들이 함께 포함되어 있으며, 많이 사용되는 IDE 중 주피터 노트북(Jupyter Notebook) 및 스파이더(Spider)가 함께 포함되어 있다. 데이터 분석 및 인공지능 분야에서는 IDE 중 주피터 노트북을 특히 많이 사용한다. 이번 프로젝트에서는 주피터 노트북을 사용해서 진행해 보겠다.

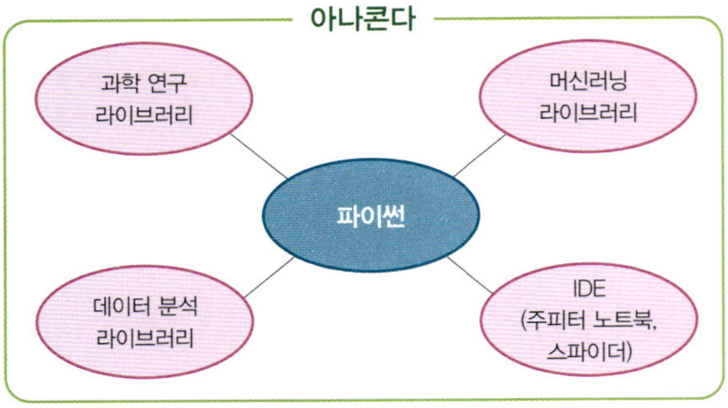

그림 14-8 아나콘다의 구성

아나콘다를 사용하는 장점은 일일이 필요한 라이브러리를 별도로 설치하지 않아도 된다는 것이다. 가끔 파이썬 버전과 사용할 라이브러리의 버전이 충돌하는 경우가 있는데, 아나콘다는 이에 대한 문제를 이미 해결하고 배포하기 때문에 사용자는 버전 충돌에 대한 고민을 하지 않아도 된다.

아나콘다는 오픈 소스로 개인, 학교, 연구기관, 비영리 단체 및 200인 이하의 기업에서는 무료로 사용할 수 있다. 단, 정부 기관이나 200인 이상의 기업은 유료로 비용을 지불해야 한다. 아나콘다는 https://www.anaconda.com/download/success에서 최신 버전을 다운로드할 수 있다. 이 책을 집필하는 시점의 최신 버전은 Python 3.12가 포함된 것이다. 파일명은 Anaconda3-2024.10-1-Windows-x86_64.exe(약 950 MB)다.

TIP • 책과 동일한 버전의 아나콘다 버전은 출판사 사이트(https://www.hanbit.co.kr/src/41035)에서 다운로드받으면 된다.

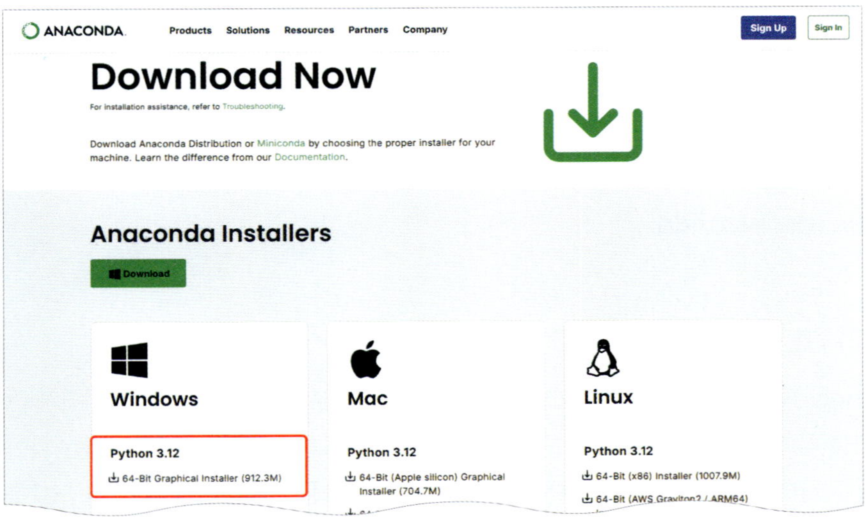

그림 14-9 아나콘다 다운로드

3 아나콘다 설치

아나콘다는 기존에 파이썬이 설치되어 있어도 상관없이 별도로 설치된다. 다운로드한 파일을 실행한다. 초기화면에서 〈Next〉 버튼을 누른다.

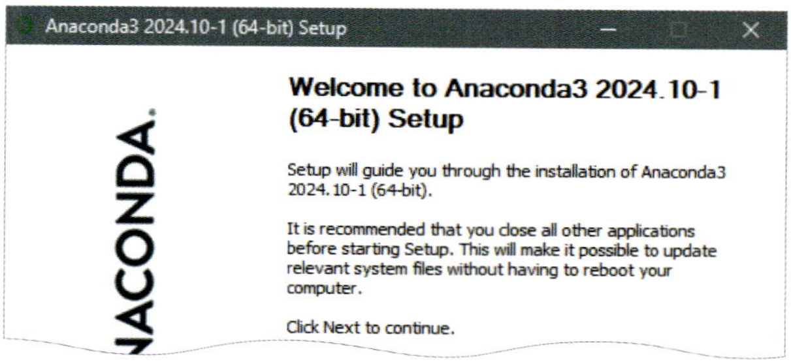

그림 14-10 아나콘다 설치(1)

라이선스 동의 화면에서 〈I Agree〉 버튼을 누른다.

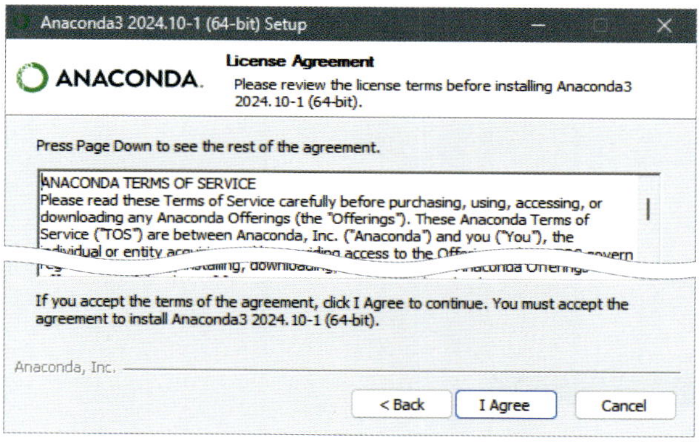

그림 14-11 아나콘다 설치(2)

[Select Installation Type]에서 [All Users (requires admin privileges)]를 선택하고 〈Next〉 버튼을 누른다.

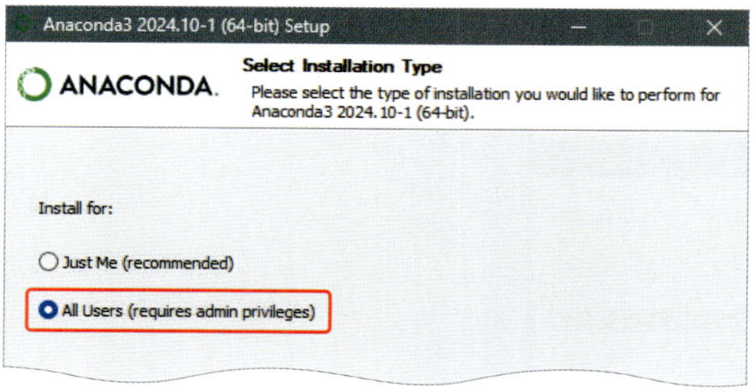

그림 14-12 아나콘다 설치(3)

[Choose Install Location]에서 설치 경로를 C:\anaconda3 폴더로 변경하고 〈Next〉 버튼을 누른다.

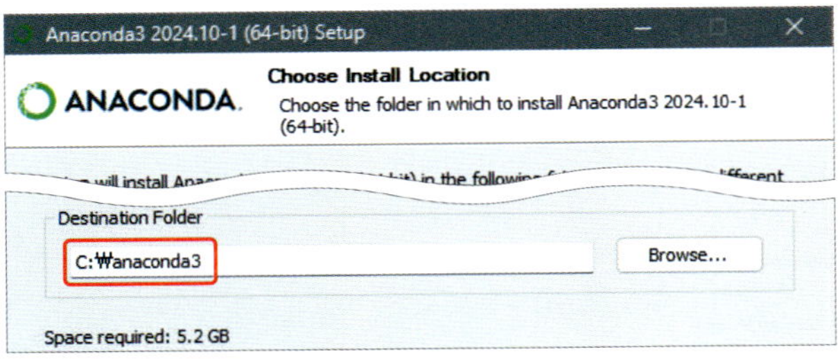

그림 14-13 아나콘다 설치(4)

[Advanced Installation Options]에서 기본값으로 두고 〈Install〉을 클릭한다.

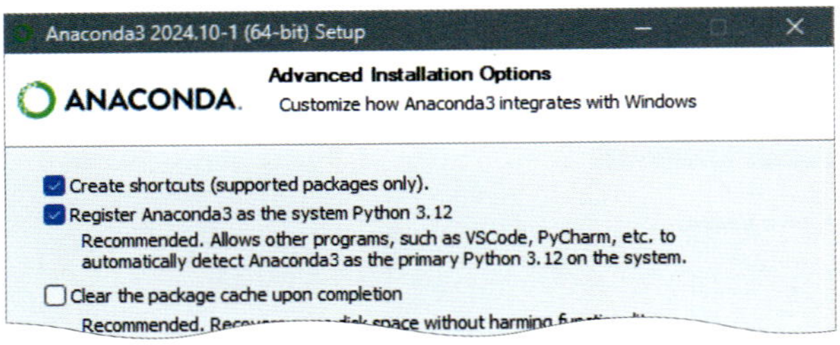

그림 14-14 아나콘다 설치(5)

한동안 설치가 진행된다.

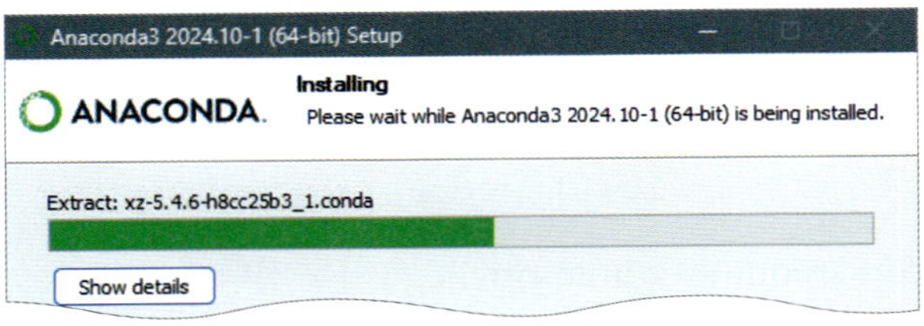

그림 14-15 아나콘다 설치(6)

설치가 완료되면 〈Next〉 버튼을 연속 2회 클릭한다.

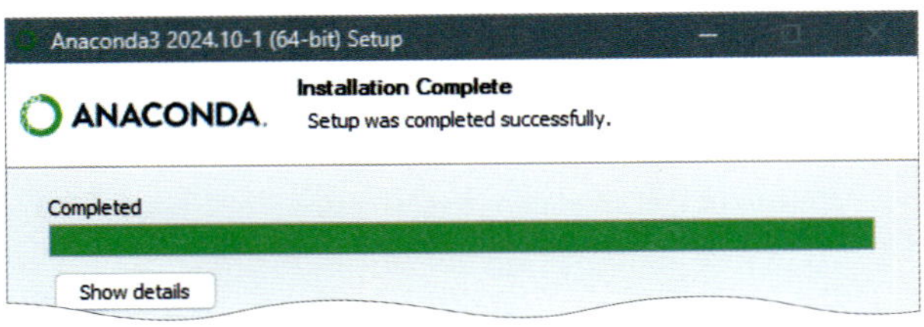

그림 14-16 아나콘다 설치(7)

마지막 [Completing Anaconda3] 화면에서 체크된 것을 모두 해제하고 〈Finish〉 버튼을 누르면 설치가 완료된다.

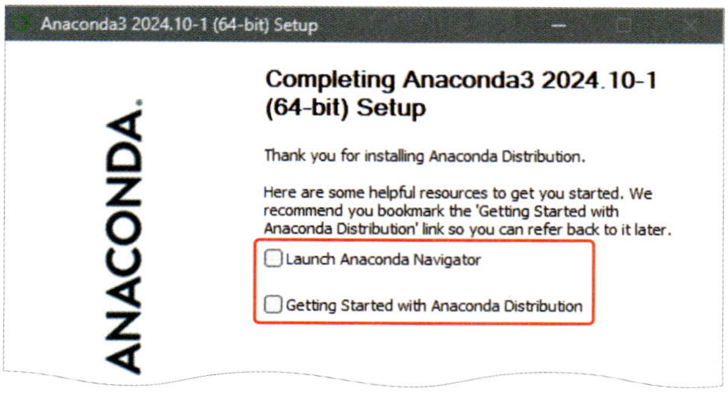

그림 14-17 아나콘다 설치(8)

4 데이터 수집

제주도 날씨와 관련된 데이터는 공공데이터포털(https://www.data.go.kr)에서 CSV 파일로 다운로드할 수 있다. 별도 회원 가입이나 로그인 없이도 가능하며, 모두에게 공개되어 있다.

TIP • CSV 파일은 콤마(,)로 구분된 텍스트 데이터이며, 메모장이나 엑셀에서 열 수 있다.

그림 14-18 공공데이터포털

검색 부분에 '제주특별자치도 날씨'로 검색한 후에 [제주특별자치도_종관기상관측 데이터] 부분을 클릭한다. [데이터 상세] 부분에서 CSV를 다운로드한다. 필자가 받은 파일명은 '제주특별자치도_종관기상관측 데이터_20221130.csv'인데, 작업 시 사용하기 편하도록 파일명을 '제주날씨.csv'로 변경해 놓자.

TIP • 파일을 찾기 어렵다면 이 책 카페(https://cafe.naver.com/itCookBook)에서 CSV 파일을 다운로드해도 된다.

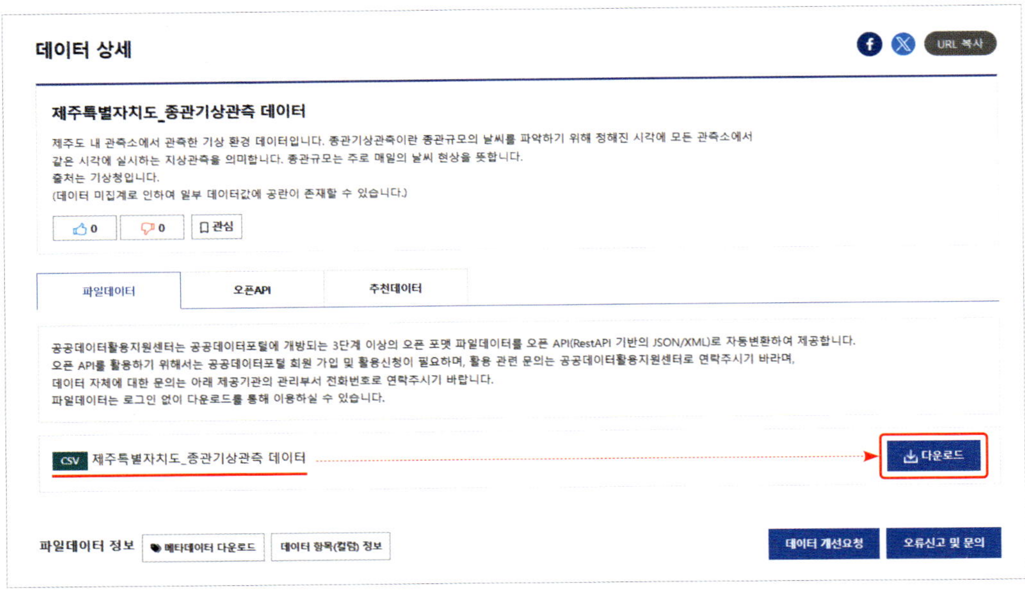

그림 14-19 제주도 날씨 데이터 다운로드

다운로드받은 '제주날씨.csv' 파일을 열어 보자. 더블 클릭하면 엑셀에서 자동으로 열린다. 만약, 엑셀이 설치되어 있지 않다면 메모장에서 열어 봐도 된다.

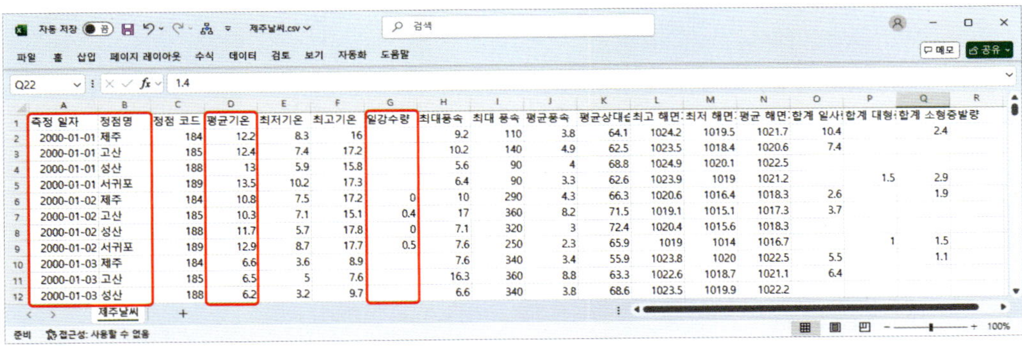

그림 14-20 제주도 날씨 데이터 확인

파일에는 2000년 1월1일부터 2022년 7월19일까지 '측정 일자'부터 '증발량'까지 다양한 데이터가 날짜별로 기록되어 있다. 이 중에서 측정 일자, 정점명, 평균기온, 일강수량 등을 데이터 분석에서 사용할 것이다.

5 주피터 노트북 실행

윈도 시작 버튼을 클릭해 [A]-[Anaconda (anaconda3)]-[Jupyter Notebook]을 차례대로 선택하면, 주피터 노트북이 실행된다.

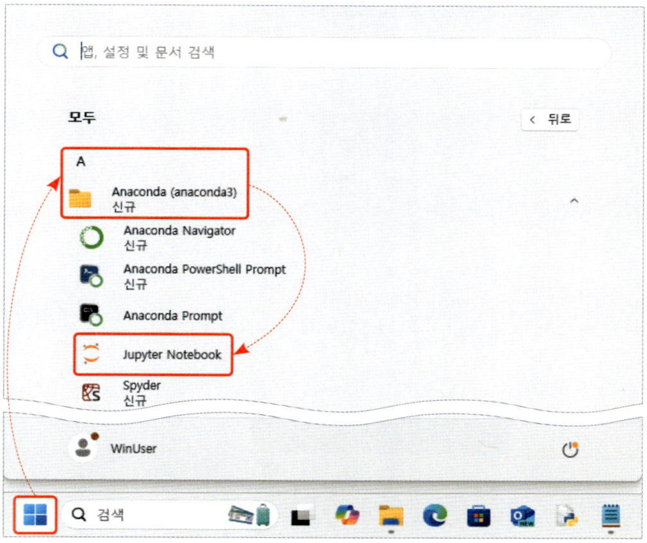

그림 14-21 주피터 노트북 실행

명령 프롬프트가 실행되면서 동시에 웹 브라우저에서 주피터 노트북이 실행된다.

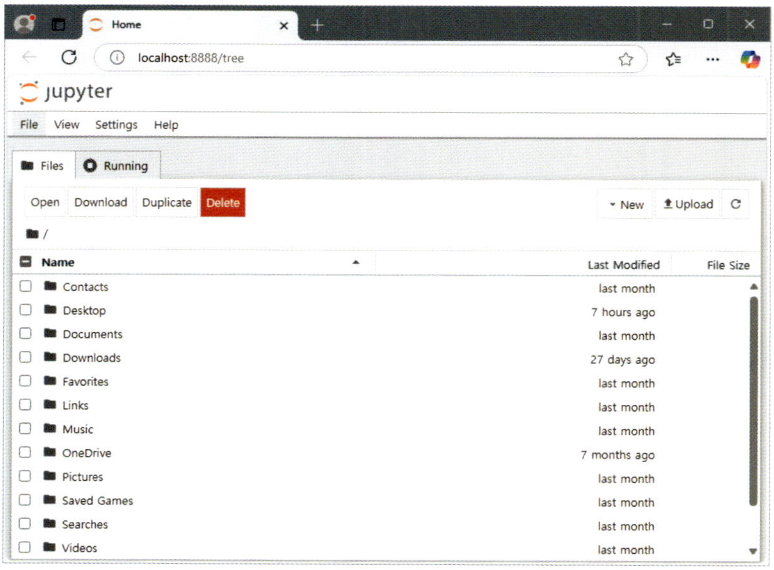

그림 14-22 주피터 노트북 실행 초기 화면

메뉴에서 [File]-[New]-[Notebook]을 선택한다.

TIP • 주피터 노트북에서 실행되는 화면을 노트북(Notebook, 공책)이라고 부른다. 노트북은 코드를 대화형으로 사용할 수 있고 문서화하는 기능도 유용하다. 각 노트북은 *.ipynb 파일로 저장된다.

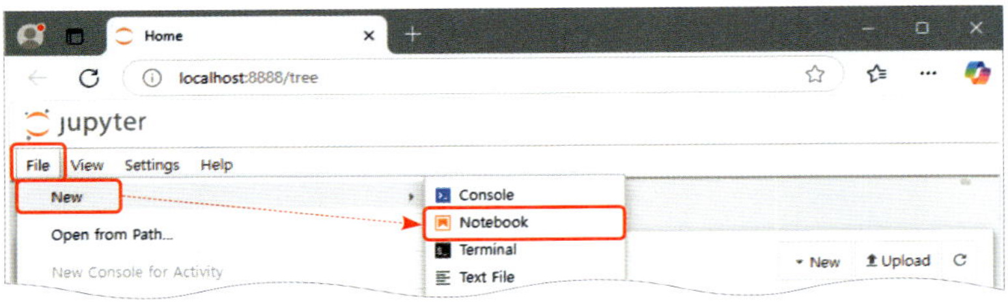

그림 14-23 새 노트북 생성(1)

새 탭이 열리면서 [Select Kernel] 창이 나타난다. 기본으로 'Python 3 (ipykernel)'이 선택된 상태에서 〈Select〉를 누른다.

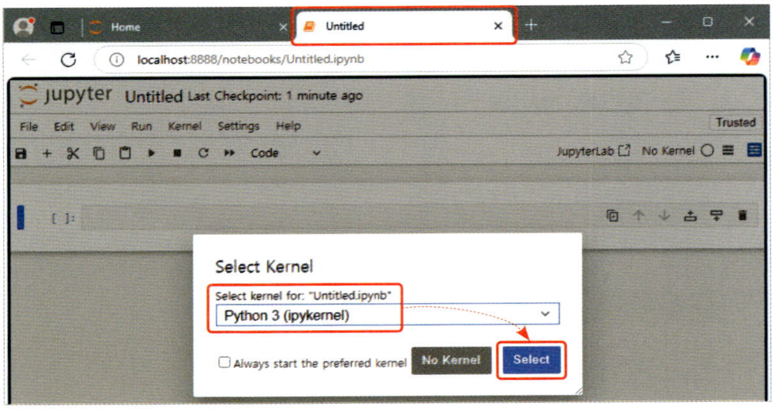

그림 14-24 새 노트북 생성(2)

메뉴에서 [File]-[Rename]을 선택한 후, [New Name] 항목을 '제주날씨.ipynb'로 변경한 후 〈Rename〉 버튼을 누르면 노트북의 이름이 변경된다.

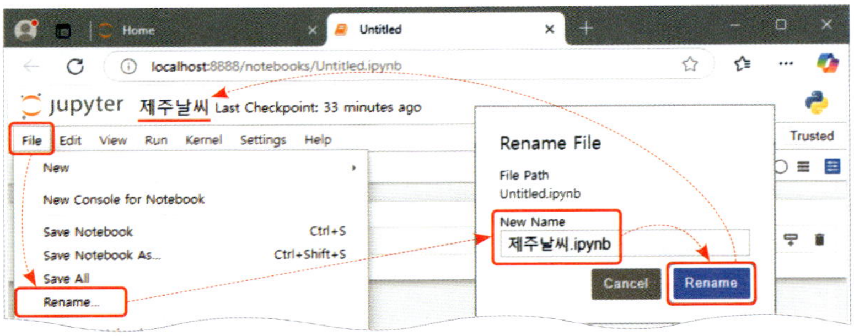

그림 14-25 노트북 이름 변경

간단한 코드를 입력하고 Shift+Enter를 누르면 셀의 바로 다음 행에 실행 결과가 나온다. 그리고 새로운 빈 셀이 생성된다.

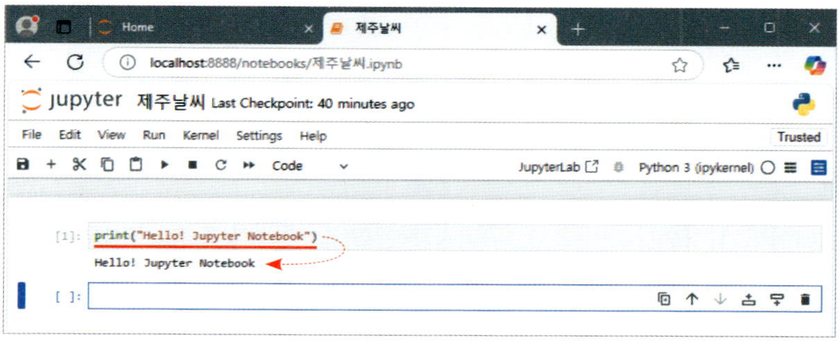

그림 14-26 노트북에서 간단 코드 실행

해당 셀을 다시 실행하려면 해당 셀을 클릭하고 다시 Shift+Enter를 누르면 된다.

6 라이브러리 임포트 및 CSV 파일 불러오기

다음 코드를 실행해서 관련 라이브러리를 임포트한다. 판다스(Pandas)는 엑셀처럼 계산하는 기능을 제공하고, matplotlib.pyplot과 seaborn은 화면에 다양한 그래프 등과 같은 시각화를 제공한다.

```
import pandas as pd
import matplotlib.pyplot as plt
import seaborn as sns
```

출력 결과

아무것도 안 나옴

제주도 날씨 데이터인 '제주날씨.csv'를 불러온다. 내용을 확인해 보면 엑셀에서 열어 봤던 것과 같은 내용이다.

```
data = pd.read_csv("C:/CookPython/제주날씨.csv")
print(data.head())
```

```
        측정 일자  정점명  정점 코드  평균기온  최저기온  최고기온  일강수량  최대풍속  최대 풍속 풍향  평균풍속  \
0  2000-01-01    제주    184  12.2   8.3  16.0   NaN   9.2    110.0   3.8
1  2000-01-01    고산    185  12.4   7.4  17.2   NaN  10.2    140.0   4.9
2  2000-01-01    성산    188  13.0   5.9  15.8   NaN   5.6     90.0   4.0
3  2000-01-01   서귀포    189  13.5  10.2  17.3   NaN   6.4     90.0   3.3
4  2000-01-02    제주    184  10.8   7.5  17.2   0.0  10.0    290.0   4.3

   평균상대습도  최고 해면기압  최저 해면기압  평균 해면기압  합계 일사량  합계 대형증발량  합계 소형증발량
0    64.1   1024.2   1019.5   1021.7    10.4       NaN       2.4
1    62.5   1023.5   1018.4   1020.6     7.4       NaN       NaN
2    68.8   1024.9   1020.1   1022.5     NaN       NaN       NaN
3    62.6   1023.9   1019.0   1021.2     NaN       1.5       2.9
4    66.3   1020.6   1016.4   1018.3     2.6       NaN       1.9
```

위 코드에서 1행은 판다스의 pd.read_csv( ) 함수를 사용해서 CSV 파일을 읽어 들여 데이터프레임(DataFrame)을 반환한다. 데이터프레임은 행과 열로 구성된 2차원 구조로 엑셀의 워크시트와 상당히 유사하다. 즉, 제주날씨.csv 파일을 data라는 데이터프레임으로 읽어 온 것이다. 2행은 데이터프레임에서 헤더와 5개의 행을 화면에 출력한다.

7 빈 데이터 값 처리

데이터 중에서 비어 있는 데이터의 개수를 확인한다. 우리가 사용할 값 중에서 측정 일자와 정점명은 0개, 평균기온은 4개, 일강수량은 18570개의 값이 비어 있는 것으로 확인된다.

```
1 print(data.isnull().sum())
```

출력 결과

```
측정 일자         0
정점명           0
정점 코드         0
평균기온          4
최저기온          0
최고기온          0
일강수량      18570
최대풍속         22
최대 풍속 풍향    23
평균풍속         27
평균상대습도       4
최고 해면기압      3
최저 해면기압      1
평균 해면기압      5
합계 일사량    16492
합계 대형증발량  20186
합계 소형증발량  16982
dtype: int64
```

위 코드에서 1행은 데이터프레임의 각 열에서 비어 있는 행의 개수를 세어 출력하라는 뜻이다.

이번에는 빈 셀 중에서 평균기온은 전체 평균값으로 변경하고, 일강수량은 비가 오지 않은 날이므로 0으로 변경해 보자.

```
data['평균기온'] = data['평균기온'].fillna(data['평균기온'].mean())
data['일강수량'] = data['일강수량'].fillna(0)
```

출력 결과

```
아무것도 안 나옴
```

위 코드의 1행은 data[열이름].meand( ) 코드로 해당 열의 평균값을 계산한 후에 data[열이름].fillna( ) 코드로 빈 셀에 채운다. 2행은 빈 셀을 0으로 채운다.

다시 print(data.isnull( ).sum( )) 코드로 비어 있는 데이터의 개수를 확인하면 평균기온, 일강수량이 모두 0으로 나온다.

8 날짜 데이터의 변환

이번에는 연-월-일 형식으로 되어 있는 측정 일자에 대해 연, 월, 일을 컬럼으로 각각 분리한다.

```
1 data['측정 일자'] = pd.to_datetime(data['측정 일자'])
2 data['연'] = data['측정 일자'].dt.year
3 data['월'] = data['측정 일자'].dt.month
4 data['일'] = data['측정 일자'].dt.day
5 print(data.head(0))
```

출력 결과

```
Columns: [측정 일자, 정점명, 정점 코드, 평균기온, 최저기온, 최고기온, 일강수량, 최대풍속, 최대 풍
속 풍향, 평균풍속, 평균상대습도, 최고 해면기압, 최저 해면기압, 평균 해면기압, 합계 일사량, 합계 대
형증발량, 합계 소형증발량 , 연, 월, 일]
```

위 코드의 1행은 0000-00-00 형식으로 되어 있는 측정 일자를 판다스의 날짜 형식으로 바꾼다. 2~4행은 측정 일자를 다시 연, 월, 일로 분리해서 새로운 열로 생성한다. 5행에서 데이터프레임의 헤드 제목만 출력한다.

9 기본 통계 분석

제주도 일일 평균기온의 통계를 분석해 보자. 다음 코드를 실행하면 지금까지 전체 평균기온과 최저기온, 최대기온 등을 파악할 수 있다.

```
print(data[['평균기온']].describe())
```

출력 결과

```
평균기온
count   32944.000000
mean       16.220978
std         7.540714
min        -4.400000
25%         9.900000
50%        16.600000
75%        22.500000
max        32.200000
```

같은 방식으로 일강수량 및 평균풍속에 대해서도 통계 분석이 가능하다.

10 월별 평균기온 그래프 출력

월별 일일 평균기온에 대해서 그래프로 출력할 수 있다. 먼저 월별로 그룹으로 묶은 후에 평균을 구해 보자.

```
1 monthly_avg = data.groupby('월')['평균기온'].mean()
2 print(monthly_avg)
```

출력 결과

```
월
1      6.220792
2      7.109308
3     10.227174
4     14.280080
5     18.201803
6     21.560254
7     25.706463
8     27.058504
9     23.527424
10    18.952713
11    13.580985
21     8.282075
Name: 평균기온, dtype: float64
```

위 코드의 1행은 '월' 열로 묶은 후에 평균기온에 대한 평균을 구한다. 즉, 1~12월까지 각 월별 평균 기온을 계산한다. 2행에서 결과를 출력한다. 이 값을 그래프로 출력할 수 있다.

TIP • 만약 다음 코드를 실행할 때 오류 메시지와 함께 한글이 깨져 보인다면, 다시 2~3회 실행해 본다.

```
monthly_avg.plot(kind='line', marker='o', color='red')
plt.rcParams['font.family'] = 'Malgun Gothic' # 폰트를 맑은 고딕 폰트로 설정
plt.title('월별 평균 기온', fontsize=16)
plt.xlabel('월', fontsize=14)
plt.ylabel('기온 (°C)', fontsize=14)
plt.grid()
plt.show()
```

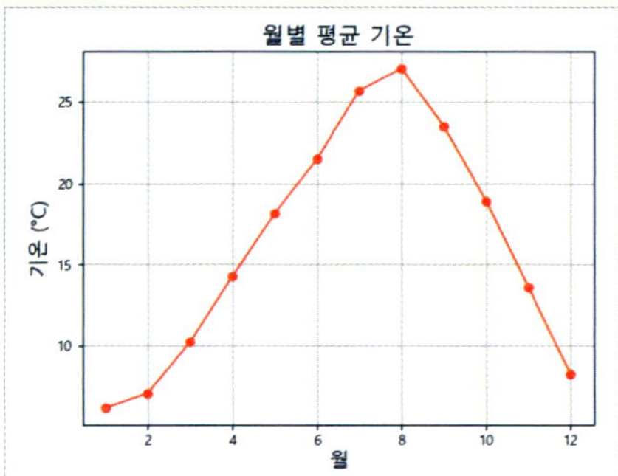

위 코드의 1행은 월별 평균기온을 그래프로 그린다. 종류는 선(line)으로 하고 마커는 원 모양, 색상은 빨간색으로 설정했다. 2행은 맵플롯립에서 한글이 깨지는 것을 방지하기 위한 코드다. 3행은 그래프의 제목을, 4, 5행은 XY축의 축 이름을 설정했다. 6, 7행에서 그리드를 생성한 후 화면에 출력한다.

11 지역별 연평균 강수량 출력

제주도 날씨는 고산, 서귀포, 성산, 제주 등 4개의 지역별로 구분되어 조사되었다. 각 지역별로 연평균 강수량에 대해서 그래프로 출력할 수 있다. 먼저 월별로 그룹으로 묶은 후에 평균을 구해 보자.

```
1 yearly_sum = data.groupby(["정점명", "연"])["일강수량"].sum().reset_index()
2 yearly_avg = yearly_sum.groupby("정점명")["일강수량"].mean()
3 yearly_avg.plot(kind='bar', color='blue')
4 plt.rcParams['font.family'] ='Malgun Gothic' # 폰트를 맑은 고딕 폰트로 설정
5 plt.title('지역별 연평균 강수량', fontsize=16)
6 plt.xlabel('지역', fontsize=14)
7 plt.ylabel('강수량 (mm/년)', fontsize=14)
8 plt.grid()
9 plt.show()
```

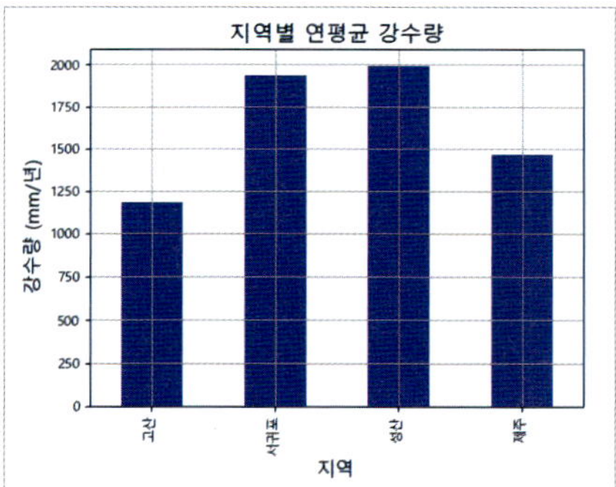

위 코드의 1행은 정점명을 연도별로 묶은 후에 일강수량의 합계를 계산한 후, 2행에서 각 정점별 연간 강수량의 평균을 계산했다. 3행에서는 형태를 막대 그래프로 설정했다.

지금까지 작업한 내용을 저장하려면 [File]-[Save Notebook] 메뉴를 선택한다. 종료하려면 [File]-[Close and Shut Down Notebook] 메뉴를 선택한다. 다시 작업하던 노트북을 열려면, 주피터 노트북을 실행한 후 해당 *.ipynb 파일을 더블클릭하면 된다.

요약

1 파이썬은 외부에서 제작된 많은 프로그램의 기능을 파이썬 안에서 사용할 수 있다.

2 OpenCV 영상 처리에서 사용할 외부 라이브러리의 이름은 opencv-python이다

3 외부 라이브러리를 설치하는 명령은 'pip install 라이브러리명'이다.

4 OpenCV 영상 처리에서 구현한 메뉴 구성도는 다음과 같다.

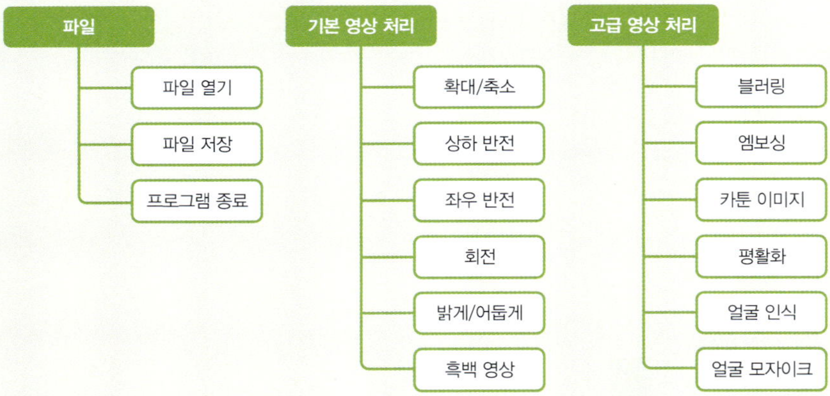

5 OpenCV 영상 처리 프로그램의 구조는 다음과 같다.

6 아나콘다(Anaconda)는 데이터 분석, AI, 머신러닝 및 과학 연구 분야에 적합하도록 파이썬과 관련된 라이브러리를 묶어서 함께 배포하는 무료 패키지 관리자다.

7 제주도 날씨 등의 많은 공개된 데이터는 공공데이터포털(https://www.data.go.kr)에서 다운로드할 수 있다.

8 주피터 노트북은 코드를 대화형으로 사용할 수 있고 문서화할 수 있으며, 각 노트북은 *.ipynb 파일로 저장된다.

9 제주도 날씨 데이터 분석 프로젝트는 판다스, matplotlib.pyplot, seaborn 등의 라이브러리를 사용한다.

10 판다스의 pd.read_csv( ) 함수를 사용해서 CSV 파일을 데이터프레임(DataFrame)으로 변환하면 다양한 데이터 처리가 가능하다.

연습문제

IT@COOKBOOK

1 파이썬에 외부 라이브러리 OpenCV의 기능을 설치하는 파워셸 명령어를 쓰세요.

2 다음 중 OpenCV로 처리할 수 없는 이미지 형식을 고르세요.

① GIF ② BMP ③ JPG ④ PY

3 **심화문제** OpenCV 영상처리 프로그램에 새로운 OpenCV 기능을 추가해 보세요.

예 원본 이미지, 색상 반전, 연필 스케치, 엠보싱

4 **심화문제** 공공데이터포털(https://www.data.go.kr)에서 적절한 주제를 선정한 후, 제주도 날씨 데이터 분석 프로젝트처럼 데이터 분석을 진행해 보세요.

APPENDIX A

비주얼 스튜디오 코드 개발환경 설치

SECTION 01 비주얼 스튜디오 코드 설치
SECTION 02 비주얼 스튜디오 코드 설정

SECTION 01

비주얼 스튜디오 코드 설치

마이크로소프트사에서 개발한 통합개발환경(IDE)인 비주얼 스튜디오 코드(Visual Studio Code, 줄여서 VS Code)는 다양한 운영체제 지원 및 가벼운 개발 환경, 그리고 완전 무료이기 때문에 최근에 인기가 높은 툴이다. 비주얼 스튜디오 코드는 파이썬 뿐 아니라 JavaScript, C#, Java, C++ 등 다양한 개발 환경을 지원하기 때문에 여러 프로그래밍 언어를 사용하는 개발자에게 편리한 개발 환경을 제공한다.

이 책을 집필하는 시점에 비주얼 스튜디오 코드 버전은 1.96.2 버전이 배포되고 있다. 하지만 비주얼 스튜디오 코드의 경우 버전에 특별히 구애받지 말고 그냥 최신 버전을 사용하면 된다.

웹 브라우저로 https://code.visualstudio.com에 접속해서 다운로드받을 수 있다. 필자가 다운로드 받은 파일은 VSCodeUserSetup-x64-1.96.2.exe(100 MB)이다.

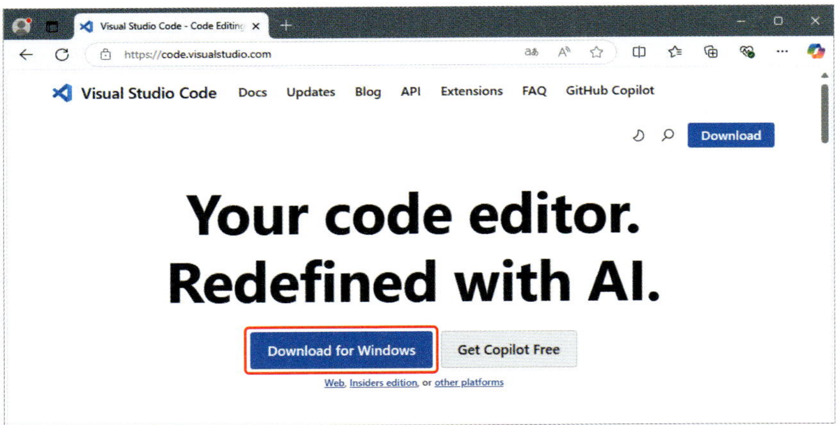

그림 A-1 비주얼 스튜디오 코드 다운로드

다운로드 받은 파일을 실행해서 설치해 보자. [사용권 계약] 창에서 [동의합니다]를 선택하고 〈다음〉을 클릭한다.

TIP • 비주얼 스튜디오 코드와 파이썬 중 어떤 것을 먼저 설치해도 상관은 없다. 이 책에서는 1장에서 파이썬을 설치했으므로, 파이썬이 이미 설치된 상태에서 진행하겠다.

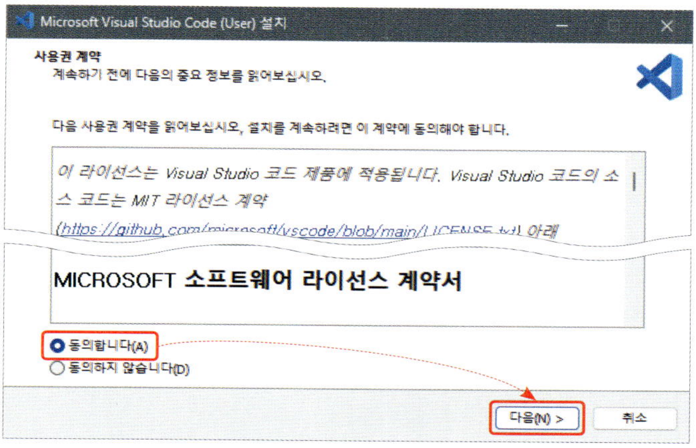

그림 A-2 비주얼 스튜디오 코드 설치(1)

[설치 위치 선택] 창에서 설치될 폴더를 지정한다. 여기에서는 그냥 기본값으로 두고 〈다음〉을 클릭한다.

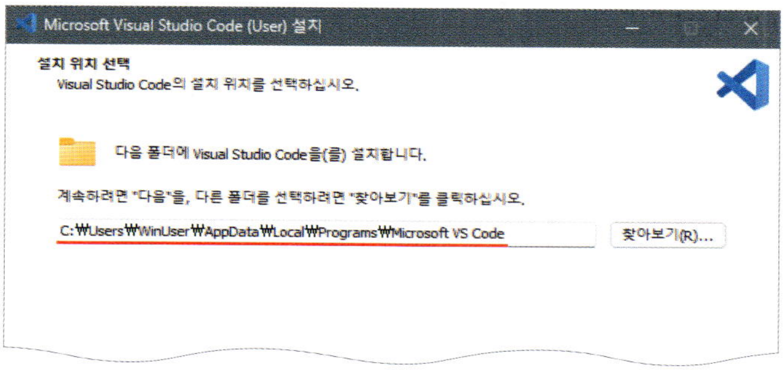

그림 A-3 비주얼 스튜디오 코드 설치(2)

[시작 메뉴 폴더 선택] 창에서 기본값으로 두고 〈다음〉을 클릭한다.

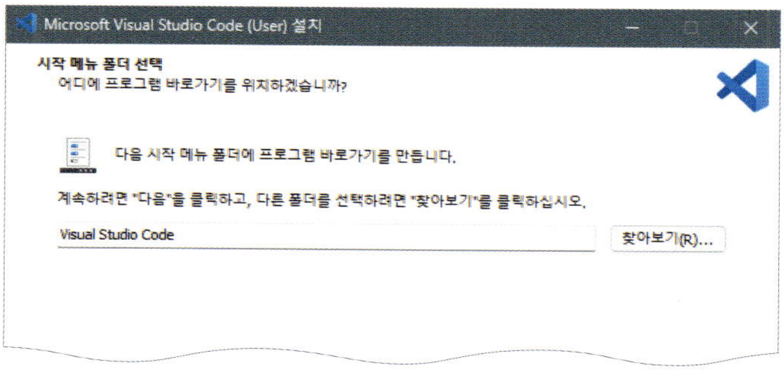

그림 A-4 비주얼 스튜디오 코드 설치(3)

[추가 작업 선택] 창에서 [바탕 화면에 바로가기 만들기]를 체크하고 〈다음〉을 클릭한다.

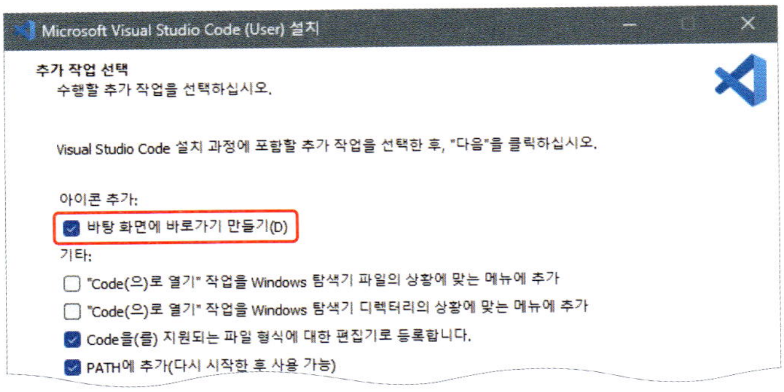

그림 A-5 비주얼 스튜디오 코드 설치(4)

[설치 준비 완료] 창에서 〈설치〉를 클릭한다.

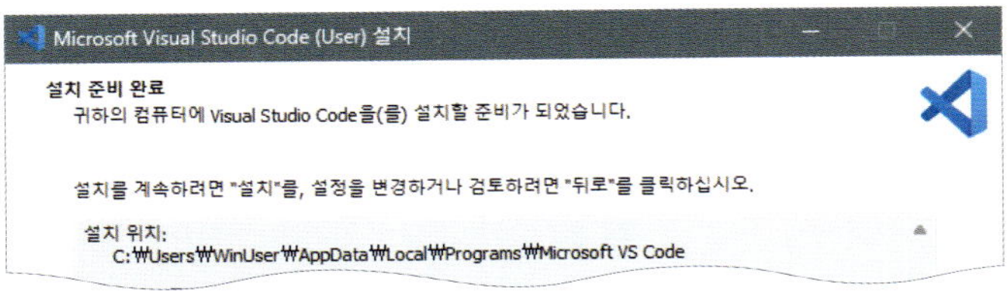

그림 A-6 비주얼 스튜디오 코드 설치(5)

잠시동안 설치가 진행된다.

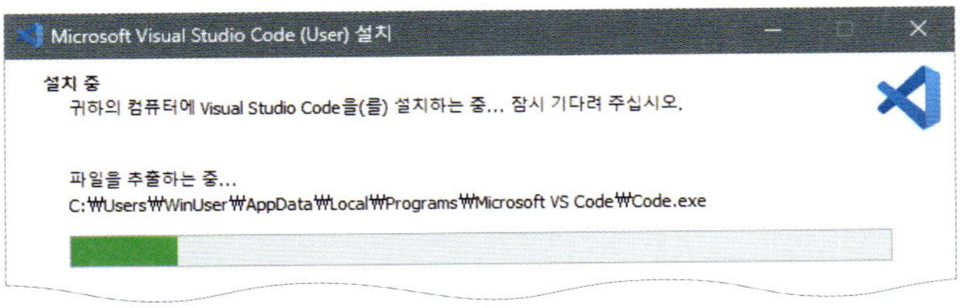

그림 A-7 비주얼 스튜디오 코드 설치(6)

설치가 완료되면 [Visual Studio Code 실행]의 체크를 해제하고 〈종료〉를 클릭한다. 이것으로 비주얼 스튜디오 코드의 설치가 완료되었다.

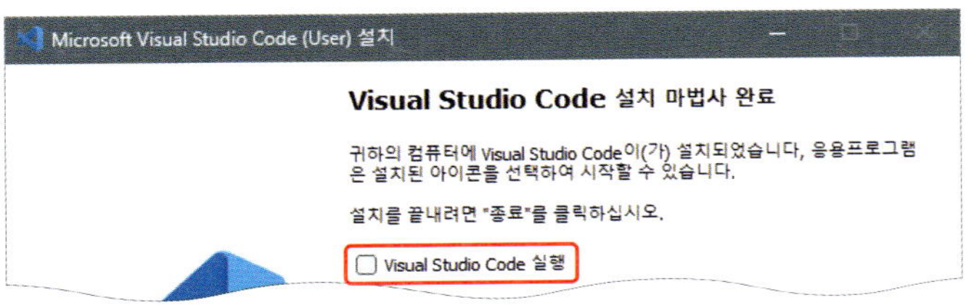

그림 A-8 비주얼 스튜디오 코드 설치(7)

SECTION 02 비주얼 스튜디오 코드 설정

바탕화면에 있는 비주얼 스튜디오 코드 아이콘( )을 더블클릭해서 실행해 보자. 비주얼 스튜디오 코드가 처음 실행된다.

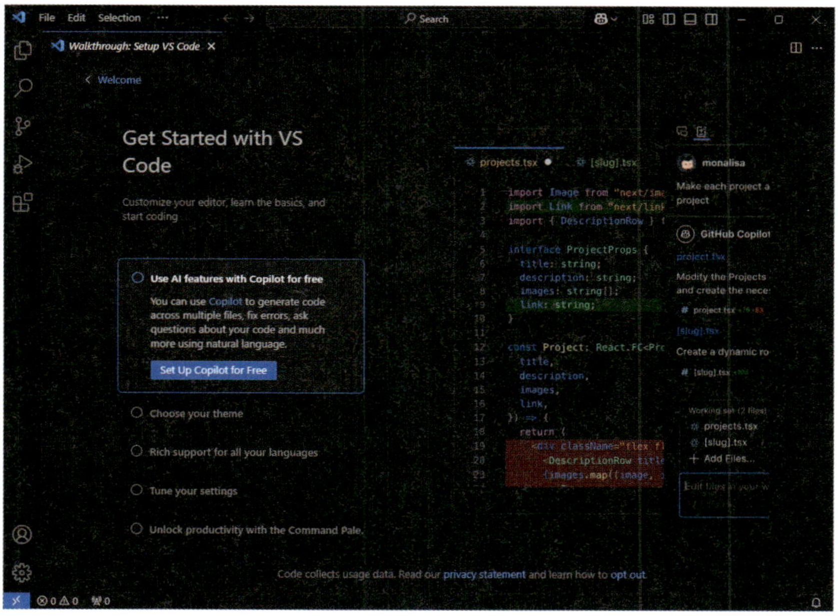

그림 A-9 비주얼 스튜디오 코드 초기 화면

테마를 변경할 수 있다. [File]–[Preferences]–[Theme]–[Color Theme] 메뉴를 선택한다.

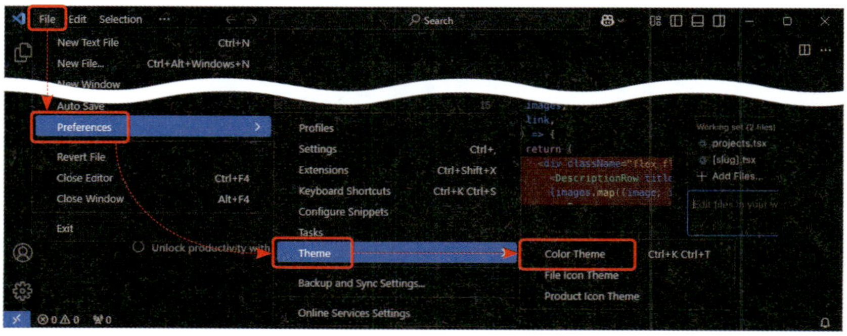

그림 A-10 비주얼 스튜디오 코드 테마 변경(1)

적절한 테마를 선택한다. 여기서는 [Light (Visual Studio)]를 선택했다.

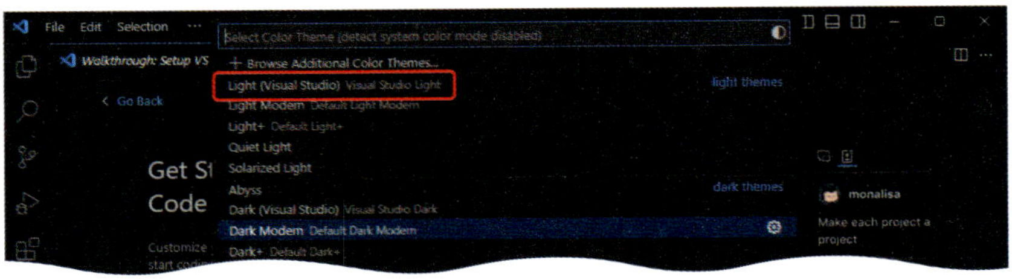

그림 A-11 비주얼 스튜디오 코드 테마 변경(2)

한글 환경으로 바꿔 보자. 왼쪽 [Extensions] 아이콘(■)을 클릭하고 'korean'으로 검색한 후, 'Korean Language Pack for Visual Studio'를 선택하고 〈Install〉을 클릭한다.

그림 A-12 비주얼 스튜디오 코드 한글 설정(1)

설치가 완료되면 오른쪽 아래에 있는 〈Change Language and Restart〉를 클릭해 비주얼 스튜디오 코드를 재실행한다.

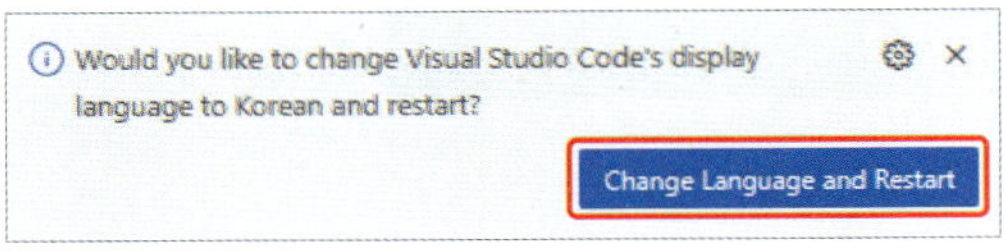

그림 A-13 비주얼 스튜디오 코드 한글 설정(2)

한글 환경으로 설정이 완료되었다.

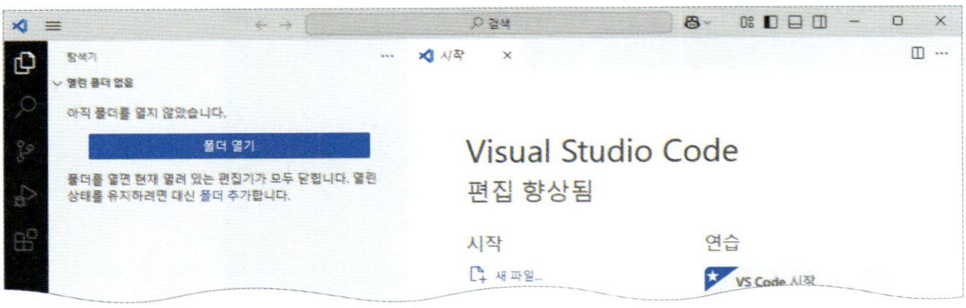

그림 A-14 비주얼 스튜디오 코드 한글 설정(3)

파이썬 개발 환경을 설정해 보자. 왼쪽 [확장] 아이콘(■)을 클릭하고 'python'으로 검색한 후, 'Python'을 선택하고 〈설치〉를 클릭한다.

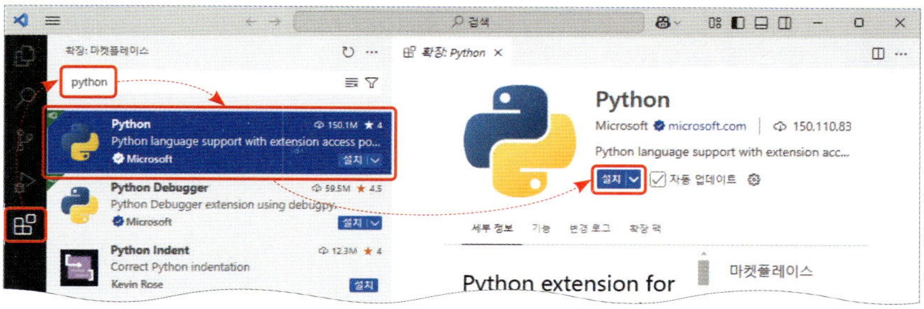

그림 A-15 파이썬 개발 환경 설정

설치가 완료되면 비주얼 스튜디오 코드를 종료한다. 그리고 다시 바탕화면에 있는 [Visual Studio Code] 아이콘(■)을 더블클릭해서 실행한다. [시작] 화면에서 [Python 개발 시작]으로 되어 있으면, 〈프로젝트 폴더 열기〉를 클릭한다.

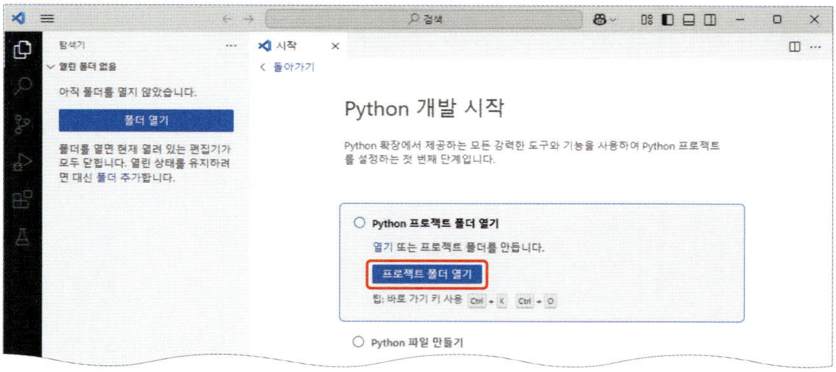

그림 A-16 파이썬 개발 환경 설정(1)

[폴더 열기] 창에서 새 폴더를 만들거나 기존 폴더를 선택한다. 여기서는 [C:\VisualPython] 폴더를 생성하고 선택했다.

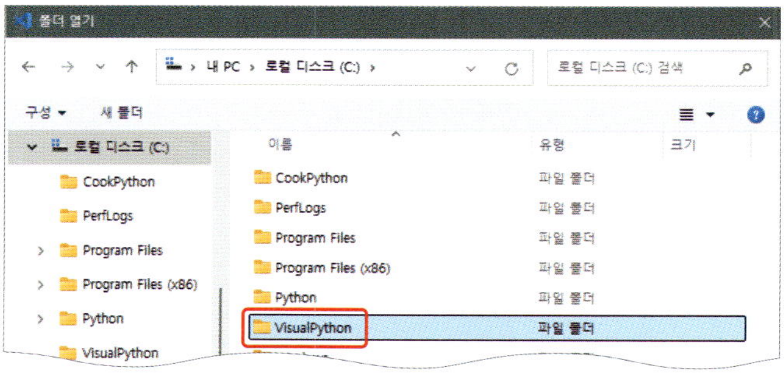

그림 A-17 파이썬 개발 환경 설정(2)

[이 폴더에 있는 파일의 작성자를 신뢰합니까?]라는 메시지 창이 나오면 [부모 폴더 'c:'에서 모든 ~~]에 체크하고 〈예, 작성자를 신뢰합니다.〉를 클릭한다.

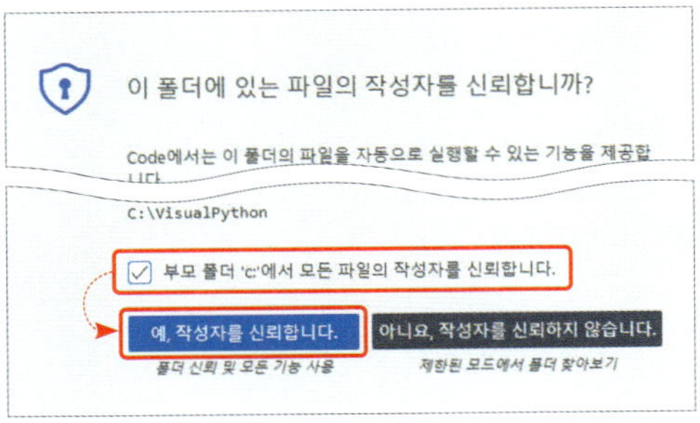

그림 A-18 파이썬 개발 환경 설정(3)

이제 파이썬 파일을 생성하고 코딩해 본다. 왼쪽 [탐색기]의 프로젝트 이름 오른쪽에 있는 [새 파일] 아이콘( )을 클릭하고, 파일명을 적절히 입력한 후 Enter 를 누른다. 그리고 오른쪽 화면에서 파이썬 코드를 작성하면 된다.

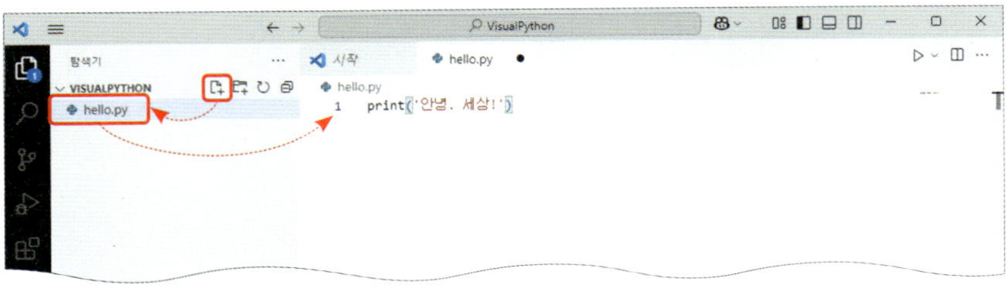

그림 A-19 파이썬 개발 환경 설정(4)

코드를 실행해 보자. 오른쪽 [Python 파일 실행] 아이콘( )을 클릭하면 아래쪽 [터미널] 창에 실행 결과가 나타난다.

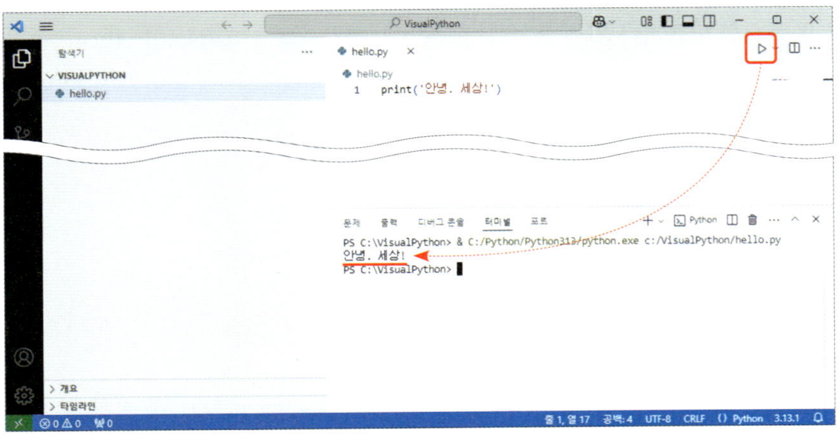

그림 A-20 파이썬 개발 환경 설정(5)

B

APPENDIX

파이참 설치 및 디버깅

SECTION 01 파이참 설치
SECTION 02 파이참 사용

SECTION 01 파이참 설치

파이참(PyCharm)은 파이썬 프로그래밍을 할 수 있는 통합 개발 환경(IDE)으로 코드 분석, 디버깅, 테스트 등 강력한 기능을 제공한다. 개발사는 JetBrains로 2010년에 처음으로 배포했다. 라이선스는 유료인 프로페셔널 에디션과 무료인 커뮤니티 에디션 두 가지로 제공한다.

이 책을 집필하는 시점에 무료로 사용할 수 있는 커뮤니티 버전은 2024.3.11이며, 이보다 상위 버전도 사용법은 거의 동일할 것이다. 웹 브라우저로 https://www.jetbrains.com/pycharm/download에 접속해서 윈도용 커뮤니티 에디션을 다운로드하자.

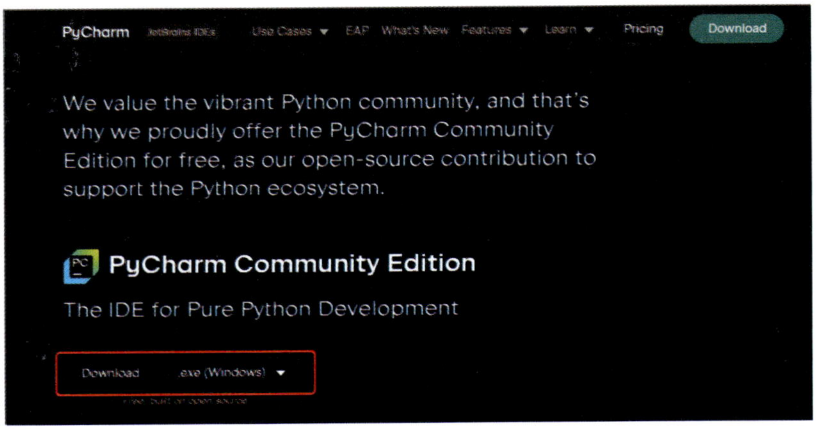

그림 B-1 파이참 커뮤니티 에디션 다운로드

다운로드한 파일을 실행해 설치해 보자(먼저 파이썬을 설치해야 파이참도 설치할 수 있다). [설치 시작] 창에서 〈다음〉 버튼을 누른다.

그림 B-2 파이참 설치(1)

[설치 위치 선택] 창에서 설치 폴더를 기본값으로 두고 〈다음〉 버튼을 누른다. [설치 옵션] 창에서 필요한 부분을 체크하고 〈다음〉 버튼을 누른다(모두 체크해도 상관 없다). [시작 메뉴 폴더 선택] 창에서 기본값으로 두고 〈설치〉 버튼을 누른다.

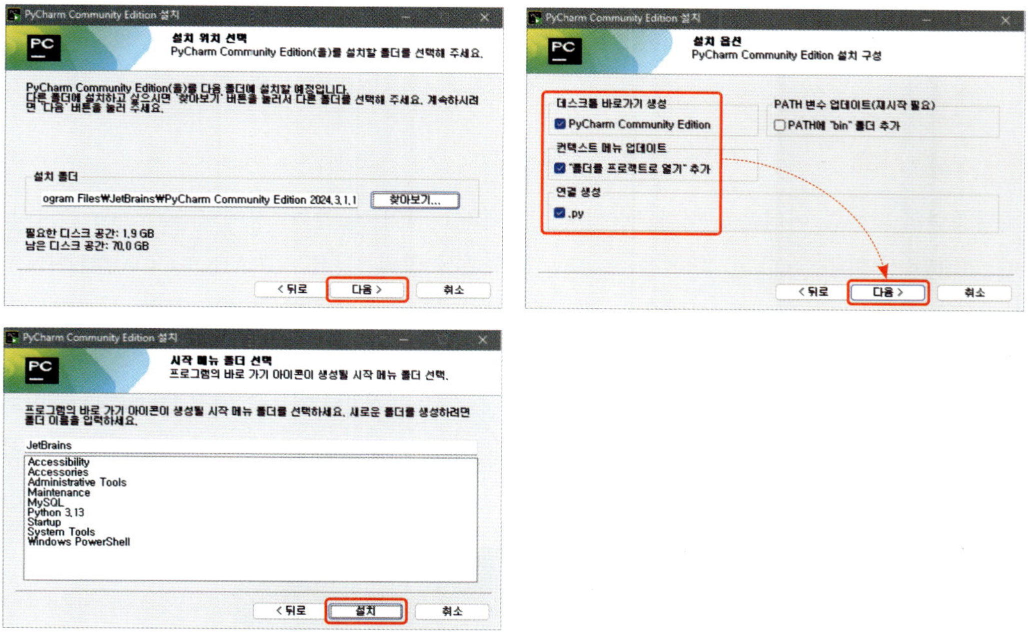

그림 B-3 **파이참 설치(2)**

잠시 동안 설치를 진행한다. 설치가 끝나면 [PyCharm Community Edition 실행하기] 옵션을 체크 해제하고 〈마침〉 버튼을 누른다. 이것으로 파이썬의 설치가 모두 완료되었다.

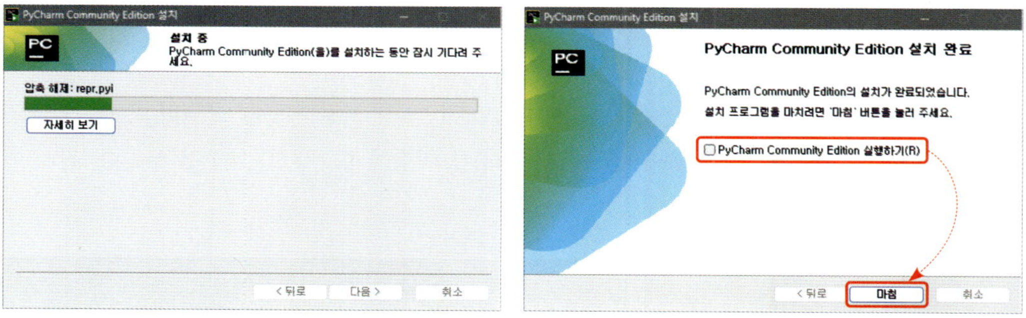

그림 B-4 **파이참 설치(3)**

SECTION
02 파이참 사용

1 기본 사용

바탕화면의 파이참 아이콘을 더블클릭해서 실행하자. [언어 및 지역] 창에서 [Korean 한국어]가 선택된 상태에서 〈다음〉 버튼을 누른다. 계속해서 열리는 [JETBRAINS COMMUNITY EDITION TERMS] 창에서 [본인은 본 사용자 계약 ~~]에 체크하고 〈계속〉 버튼을 누른다. [데이터 공유] 창이 나오면 〈보내지 않음〉 버튼을 누른다. [Pycharm에 오신 것을 환영합니다] 창에서 왼쪽 [사용자 지정]을 클릭하면 테마 색상을 변경할 수 있다. 어두운 배경(Dark, Darcula, Hight Contrast) 또는 밝은 배경(Light, Light with Light Header) 중 하나를 선택한다. 여기서는 'Dark'를 선택했다.

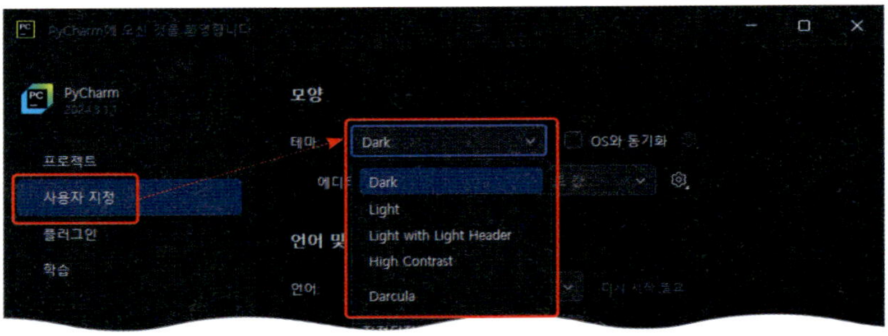

그림 B-5 파이참 설치 후 처음 실행

다시 왼쪽 [프로젝트]를 선택한다. 프로젝트를 생성하려면 〈새 프로젝트〉를 클릭하고, 프로젝트가 저장될 폴더(여기서는 'C:\PycharmProjects' 폴더)를 지정한 후 〈생성〉 버튼을 누른다. 잠시 기다리면 프로젝트가 생성된다.

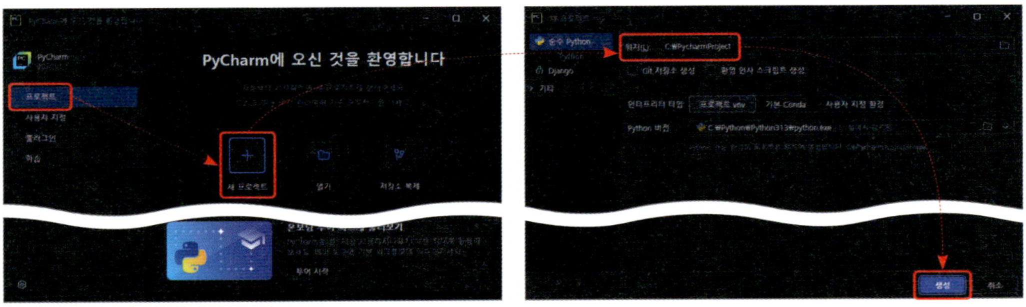

그림 B-6 파이참 프로젝트 생성

생성된 프로젝트에 파일을 추가하려면 왼쪽의 프로젝트 이름(여기서는 PycharmProjects)에서 마우스 오른쪽 버튼을 누른 후 [새로 만들기]–[Python 파일] 메뉴를 선택한다. 적당한 파일명(여기서는 Hello)을 입력하고 Enter를 누른다.

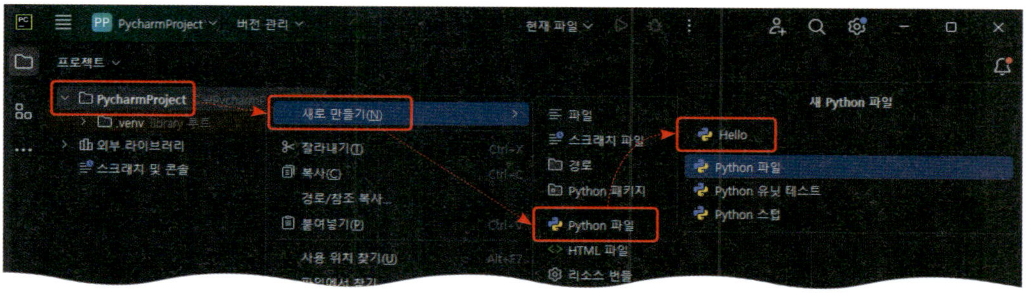

그림 B-7 새로운 파일 생성

간단하게 다음 코드를 입력하자.

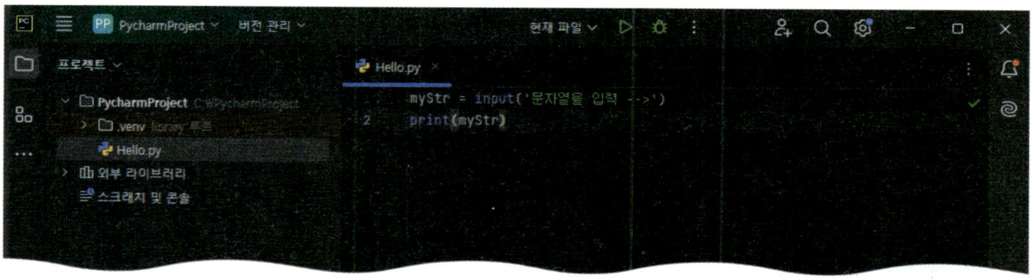

그림 B-8 코드 입력

코드를 실행하려면 코드의 빈 부분에서 마우스 오른쪽 버튼을 누르고 ['Hello' 실행]을 선택하면 아래쪽에 실행된 화면이 나타난다. 입력할 값이 있다면 입력한 후 Enter를 누른다.

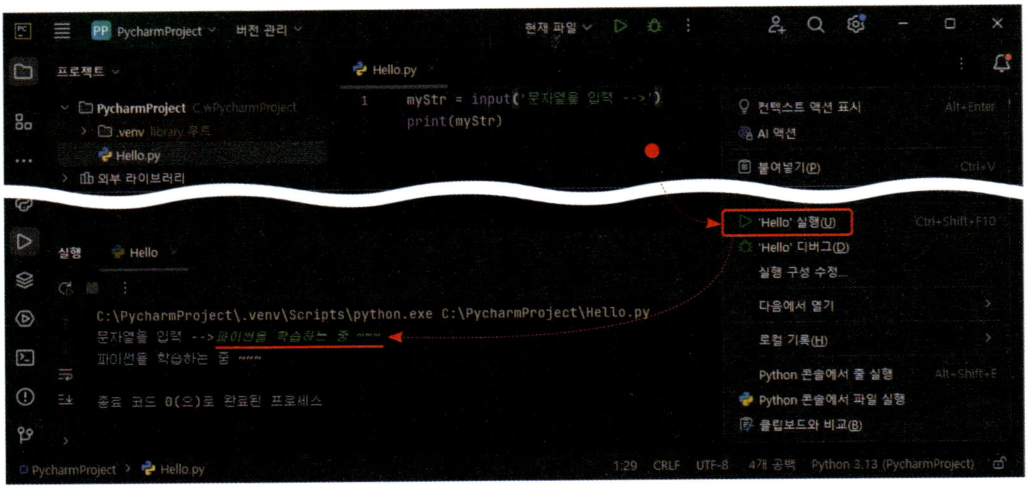

그림 B-9 코드 실행

2 디버깅

파이참으로 디버깅하는 방법을 간단히 살펴보자. 다음 프로그램을 코딩해서 실행해 보자. 함수에 두 값을 전달해서 그 합계를 전역 변수 hap에 넣고 출력하는 간단한 프로그램이다.

Hello.py

```
## 함수 선언 부분 ##
def myFunc(v1, v2) :
    hap = v1 + v2
    return

## 변수 선언 부분  ##
hap = 0         # 전역 변수
num1 = 100
num2 = 200

## 메인 코드 부분  ##
myFunc(num1, num2)
print(num1, '+', num2 , '=', hap)
```

오류는 발생하지 않았지만, 출력 결과를 보면 기대와 달리 합계가 0이다. 파이썬을 잘 알고 있다면 충분히 예상 가능한 문제였을 것이다. 하지만 아직 어떤 문제인지 파악하지 못했다는 가정하에 디버깅을 수행해 문제를 해결해 보자.

코드의 앞쪽 행 번호 부분을 클릭하면 해당 코드에 빨간색의 중단점이 설정되고, 다시 클릭하면 중단점이 사라진다. 필자는 7행에 중단점을 설정했다. 필요하다면 여러 개 지정해도 된다.

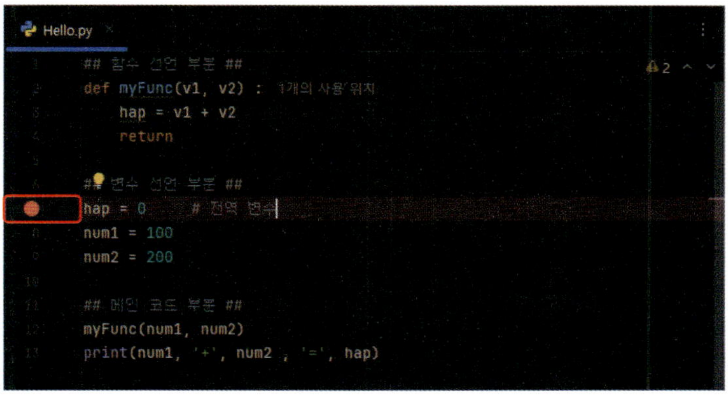

그림 B-10 중단점 지정

코드의 빈 부분에서 마우스 오른쪽 버튼을 누르고 ['Hello' 디버그]를 선택해서 디버깅한다. 만약 [Windows 보안] 창이 나오면 〈허용〉 버튼을 누른다. 그러면 중단점을 설정한 곳에서 실행이 잠시 멈춘다.

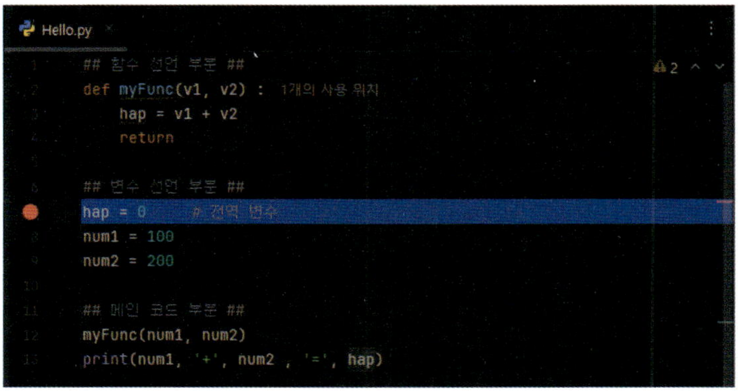

그림 B-11 실행 중 중단

F8을 누르면 다음 한 행을 실행한다. F8을 총 3번 눌러 보자. 그러면 커서가 12행의 myFunc( ) 함수에 위치하고, 아래쪽에는 현재 정의된 변수와 데이터형, 값을 보여 준다. 현재는 hap, num1, num2 변수 3개와 그 안에 저장된 값이 확인되는데 hap에 0이 들어 있는 것에 주목하자.

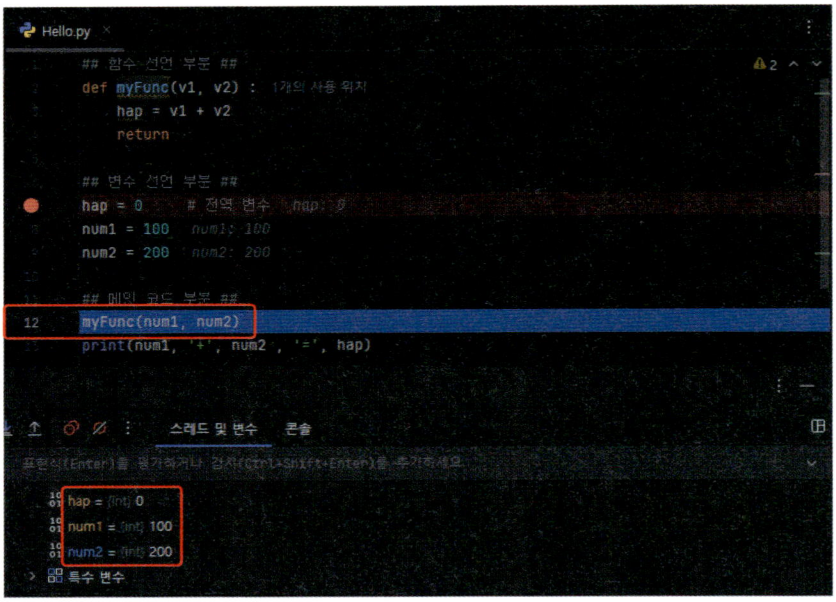

그림 B-12 변수 값 확인

F8은 해당 행을 무조건 넘어가는 스텝오버(Step Over)이다. myFunc( ) 함수 안으로 들어가려면 F7을 눌러 스텝인투(Step Into)해야 한다. F7을 눌러 myFunc( ) 함수 안으로 커서를 이동시킨다. 3행으로 이동한다.

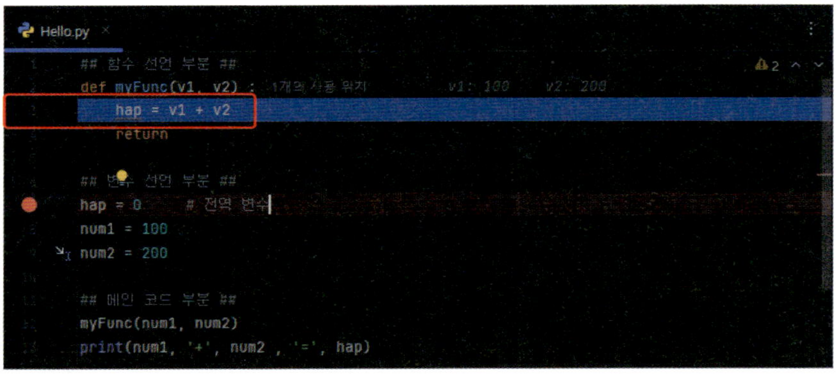

그림 B-13 함수 내부로 이동

다시 F8을 눌러 커서를 4행으로 옮기고, 아래쪽에 있는 변수를 보면 현재 hap은 예상대로 300으로 되어 있다.

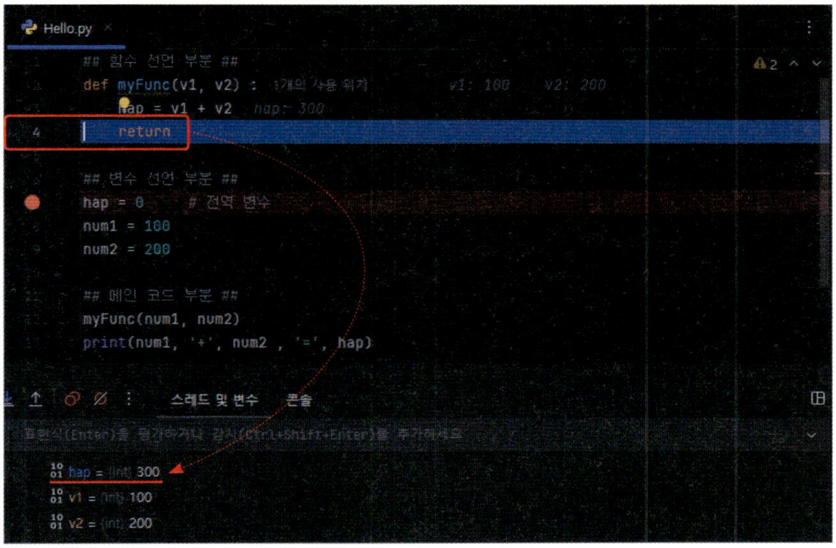

그림 B-14 myFunc() **함수 내부에서** hap **변수 값** 300 **확인**

F8을 눌러 보자. myFunc() 함수를 종료하고 다시 메인 코드 부분인 12행으로 커서가 이동한다. 그런데 아래쪽을 보니 다시 hap이 0으로 변경되어 있다.

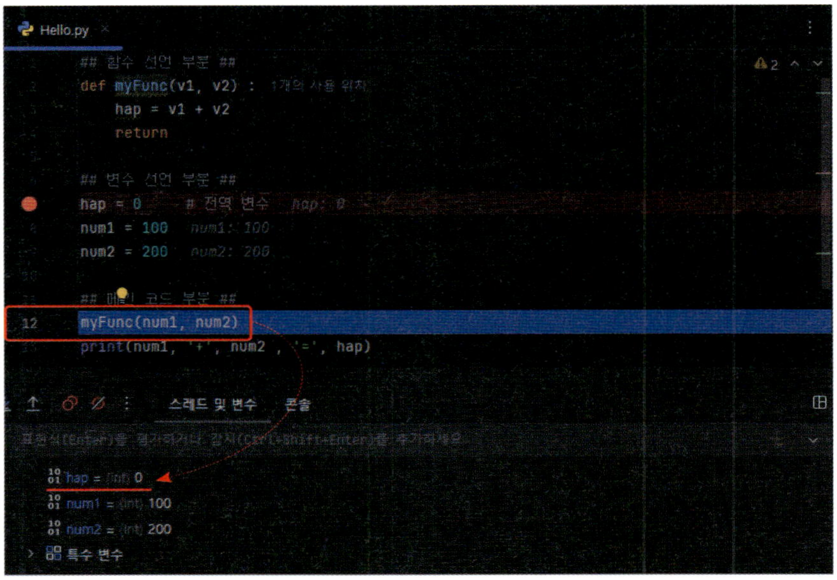

그림 B-15 myFunc() **함수 외부에서** hap **변수 값** 0 **확인**

즉 myFunc() 함수 안에서는 hap이 300이고 함수를 빠져나오니 0으로 변했다. 이는 myFunc() 함수 안에서 hap은 지역 변수이므로, 전역 변수 hap과는 다르기 때문이다. 코드의 2행과 3행 사이에 global hap을 추가하면 올바른 결과가 출력될 것이다.

INDEX

ㄱ ㄴ

값 215
객체 409
객체관계형(Object-Relational) DBMS 456
객체지향 프로그래밍 406, 407
객체지향형(Object-Oriented) DBMS 456
거북이 54
계층형(Hierarchical) DBMS 456
곱하기 100, 246
관계 연산자 100, 106
관계형 데이터베이스 455, 456
괄호 40, 118
교집합 222
구분선 337
귀도 반 로섬 22
그레이(Gray) 이미지 377
그림 파일 375
기가바이트 77
깊은 복사 226
나누기 100
나머지 80
내림차순 462
내부 함수 297
내장된 라이브러리 45
논리 연산자 100, 107
논리형 86
누적 159

ㄷ ㄹ

대괄호 [ ] 139, 195, 199, 245
대·소문자 73
대입 74, 53
대입 연산자 76, 118
대칭 차집합 222
대화형 모드 45, 29
더블클릭 330
더하기 100, 246
데이터 457
데이터베이스 455, 460
데이터베이스(DB) 457
데이터베이스 모델링 456
데이터베이스 소프트웨어 455
데이터 형식 457
동영상 파일 375
드래그 330
들여쓰기 82, 129, 131, 132
디렉터리 목록 384
디버깅 540
딕셔너리 84, 215, 288
딕셔너리이름.get(키) 217, 218
딕셔너리이름.items() 218
딕셔너리이름.keys() 218
딕셔너리이름.values() 218
딕셔너리이름[키] 218
라디오버튼 316, 322
라즈베리파이 23
람다(lambda) 함수 297
레이블 317
루트 윈도 316
리스트 84, 139, 194, 294, 156
리스트끼리 덧셈 202
리스트박스 471
리스트의 복사 225
리스트의 항목 202
리스트이름[시작:끝+1] 201
리스트 삭제 204
리스트 컴프리헨션 224
리턴값 282

ㅁ ㅂ

마스크 114
마우스 330
마우스 클릭 55
마우스 버튼 333
마우스 커서 330
망형(Network) DBMS 456
매개변수 275, 278, 282, 285, 286, 287, 298, 341, 409, 416
멀티 스레드 432
멀티코어 435
멀티 프로세싱 435
메모리 42, 379
메모리 공간 225
메서드 269, 407, 408, 248
메서드 오버라이딩 423, 424
메인(main) 코드 부분 54
멤버 함수 407
명령창 45
모듈 290
모드 359
모든 버튼 330
몫 80
무한 루프 171, 175
문자 65, 73
문자열 29, 40, 49, 50, 30, 244
바이트 77, 79, 376
반복문(for, while) 197
반환값 282
반환된 값 276
배열 194
버튼 316, 319
베이스 윈도 316
변수 38, 42
변수명 73
변수의 선언 39, 53, 72, 53, 159
보수 연산자 115
부모윈도 337
부모 클래스 423
불형 72, 84
블랙박스 272
비교 연산자 106
비트 77
비트(Bit) 단위 375
비트 논리곱 111, 112
비트 논리합 112
비트 배타적 논리합 113, 115
비트 부정 연산자 115
비트 연산자 100, 111
빼기 100

ㅅ ㅇ

사용자 정의 모듈 292
사칙 연산 48, 85
산술 연산자 101
상속 422, 424, 426, 431
생성자 414
서드 파티 23, 292
서브 클래스 423, 425
서식 66, 70
설계도 410
세미콜론(;) 80
세트 222
소수점 66, 68, 85
소프트웨어 20
숫자 73
슈퍼 클래스 423, 425
스레드 432
스마트폰의 앱 21
스크롤 버튼 330
스크립트 모드 29, 43
스크립트 언어 23, 24
스택 226
슬래시(/) 363, 366
시작값 169
시프트 연산자 115, 116
실수형 72, 84
실수형 데이터 68
쓰기 모드 359, 368
아스키 코드 113
암호 해독 371
암호화 371
액세스 455
앱 20

얕은 복사 226
언더바(_) 73
엑셀 파일 375
역슬래시(\) 뒤 87
연관 배열 215
연산자 우선순위 118
열 457
예약어 73, 495
예외 종류 388
예외 처리 386
오라클 455
오류 42
오름차순 462
오버라이드 428
오버라이딩 431
왼쪽 버튼 330
우선순위 101, 102
운영체제 25
위젯 316
윈도 프로그래밍 314
유니코드 178
유지 보수 52
음악 파일 375
이벤트 330
이벤트 함수 334
이스케이프 문자 70
이진 모드 359
이진 파일 359, 375
인스타그램 23
인스턴스 409, 410, 414
인코딩 371
인터프리터 23, 53
읽기 모드 359
읽기/쓰기 겸용 모드 359
읽기 전용 213
임의의 색 56

ㅈ ㅊ

자동차 410
자료구조 229
자바 20
자바스크립트 23
자식 클래스 423
작은따옴표 29, 40, 86, 245
장고 23
재귀 함수 299
재정의 424
전역 변수 278, 279, 280
절대 위치 329
정방형 377
정수 50, 66, 72, 84
정수형 데이터 68
제너레이터 301
제어문 174
조건문(if) 106
조건식 129, 170
좌표 333
주석 52
중괄호 { } 215, 222
중첩 for 문 164
중첩 if 문 134
증가값 169
지역 변수 278, 279, 281
진수 77
진수 변환 64, 79
집합 84
차집합 222
첨자 195, 201
체크박스 316
초기화 159
초깃값 53
추상 메서드 431, 432

ㅋ ㅌ

캔버스 378
커밋 465
커서 464
커피 자판기 272
컴파일러 23, 24, 53
컴프리헨션 223
코딩 52
콘솔 358
콜론(:) 201
큐 229
큰따옴표 29, 40, 65, 30, 86, 245
클래스 269, 407, 410, 413
클래스 변수 419, 421
클릭 330
키 215
터틀 그래픽 37
터틀 프로그램 52
테이블 456, 457, 464
텍스트 모드 359
텍스트박스 471
텍스트 파일 359
통합 개발 환경 28
튜플 84, 212, 287, 294, 468
튜플의 덧셈 214

ㅍ ㅎ

파라미터 278
파이썬 셸 29
파일 입출력 358
파일 처리 455
팝 227
패키지 296
팩토리얼 300
펄 23
표준 SQL 456
표준 모듈 292
표준 출력 358
푸시 227
프레임 471
프로그래머 21
프로그래밍 언어 20
프롬프트 29
플래스크 23
필드 408, 411, 413, 420, 422
하드디스크 42
함수 40, 269, 248, 484
함수 선언 276
함수 실행 276
함수 호출 276
합집합 222
해시 215
행 데이터 461
호출 276
확장명 341, 362
흑백 파일(*.raw) 376

A B

a 359
a~z 335
A~Z 335
Access 455
add_cascade() 337
add_command() 337, 338
anchor 318
and(그리고) 107
App 20
append() 197, 200, 205, 227
Arbitrary Argument List 287
Array 194
arrow 211
askfloat() 339
askinteger() 339
askopenfilename() 함수 340
asksaveasfile() 341
askstring() 255, 339
Associative Array 215
b 359
background 318
Base Window 316
bg 318
bind() 함수 331, 332

INDEX

bin(숫자) 82
Biopython 23
Bit 77
blank 211
BMP 318
Boolean 72
bool(불형) 73, 86
BOTTOM 324
break 108, 110, 174, 175
Brython 22
Button 319
Byte 77

C D

C 20
C++ 407
cat 명령어 365
center() 254
CENTER 318
chdir 383
Checkbutton() 321
chr() 335, 370, 372
circle 211
Class 407
classic 54, 211
clear() 205
close() 364
command 319, 320, 338
Commit 465
Compile 23
Compiler 23
Comprehension : 함축 223
configure() 323
Console 358
Constructor 414
continue 176
copy() 205
copy 명령어 369
count() 205, 249
CPU 435
CPython 22
cp 명령어 369
CREATE TABLE 460, 466
Cursor 464
Database 455
Data Structure 229
DBMS(DataBase Management System) 455
Deep Copy 226
def 53
defaultextension=".jpg" 341
del() 203, 205, 213
DELETE FROM 461
del(딕셔너리이름[키]) 217
Dictionary 215
dir(__builtins__) 명령어 292
Django 23

E F G H

E 318
else 389
encoding='문자집합' 372
end=" " 158
endswith() 249
Entry 471
Escape 문자 70
eval(수식) 함수 141
event 331
Event 330
event.num 334
event.x 334
event.y 334
Exception Handling 386
except 문 386
extend() 205
Factorial 300
False 72, 86, 106, 108, 129
fetchone() 467, 468
fg 318
Field 408
fill 324
finally 389
find() 249
Flask 23
float() 73, 103
font 318
for 154, 155, 157
foreground 318
format() 69
fp.read(1) 379
Function 40, 248
GB 77
Generator 301
GIF 파일 318, 340
global 543
global 예약어 281
Graphical User Interface 314
GUI 314, 316, 469
Hash 215
height 318, 325
Hello, world! 28
hex(숫자) 82
HTML 20

I J

IDLE 28, 29
if~elif~else 문 136
if~else 108
if~else 문 131
if 문 82, 128
if 조건식 129
if 항목 in 리스트 140
if 항목 not in 리스트 : 140
image 318
import 290
ImportError 388
import turtle 54
index() 205, 249
IndexError 388
Inheritance 422
Inner Function 297
input() 49, 50, 45, 161
insert() 205
INSERT INTO 461, 466
int() 80, 103
Interpreter 23
IntVar() 321
int(정수) 73
int 크기 84
IOError 388
ipadx 325
ipady 325
IPython 22
IronPython 22
isalnum() 254
isalpha() 254
isdigit() 254
isfile 383
islower() 254
isspace() 254
isupper() 254
Java 20
JavaScript 23
join() 252
JPEG 318
jpg 341
JPG 318

K L

Key 215
KeyboardInterrupt 388
keycode 334
KeyError 388
Label 317
Label() 함수 318

lambda 254
LEFT 323
len() 197, 205, 246
LIFO(Last In First Out) 227
list() 214, 218, 298
ljust() 254
lower() 248
lstrip() 250

M N

mainloop() 함수 330
map() 함수 253
Mask 114
math 모듈 292
maxvalue 339
Member Function 407
Menu 337
messagebox 모듈 320
Method 269, 248
minvalue 339
Mode 359
mode="w" 341
Module 290
multiprocessing 436
Multi Thread 432
MySQL 455
N 318
NameError 388
NE 318
NOTEPAD 361
Not Implement Error 432
not(부정) 107
Numpy 23
NW 318

O P Q

oct(숫자) 82
OOP, Object Oriented Programming 406
operator 220
Oracle 455
ord() 113, 370, 372
ORDER BY 462
or(또는) 107
os.path 모듈 382
os 모듈 367, 382
pack() 323
Package 296
pack() 함수 317, 324
padx 325
pady 325
Parameter 275
parent 340
pass 284, 431
PATH 26
Perl 23
PhotoImage() 318, 327, 329, 341
PHP 20
Pillow 23
place() 323, 325, 329
PNG 318
pop() 205, 228
print() 24, 29, 65, 87, 269
Process(target=메서드 또는 함수, args=(매개변수)) 436
Prompt 29
Push 227
Pygame 23
PyPy 22
Python 22
Queue 229
quit 319

R S

r 359
r+ 359
Radiobutton 322
random 모듈 292
range() 141, 156
RAW 사진 파일 377
RAW 이미지 378
RDBMS 456
read() 358, 376
readline() 358, 361, 3631, 369
readlines() 358, 364, 365
RecursionError 388
Remark 52
remove() 205
replace() 250
return 282
reverse() 205
rfind() 249
RIGHT 323
rindex() 249
rjust() 254
Root Window 316
rstrip() 250
rt 359
Run Module 44
RuntimeError 388
Save 46
Scrapy 23
SE 318
seek 376
SELECT 461, 468
self 409, 415
set() 222
Set 222
Shallow Copy 226
shutil 모듈 382
side 323
sort() 205
sorted() 205, 206
split() 252
splitlines() 252
SQL 460
SQLAlchemy 292
SQLite 455, 456, 457, 458, 463
sqlite3 463
SQL(Structured Query Language 457
SQL 서버 455
square 211
Stack 226
Stackless Python 22
startswith() 249
Step Into 542
Step Over 542
String 40
strip() 250
str(문자열) 73
swapcase() 248
SyntaxError 388
sys.builtin_module_names 292

T

Table 456
Tcl/Tk 316
text 318
Third Party 23
Thread 432
threading.Thread(target=메서드 또는 함수, args=(매개변수)) 434
threading 모듈 434
title() 248
Tk() 316
tkinter 316
top 227
triangle 54, 211
True 72, 86, 106, 108, 129
try 문 386
Tuple 212
turtle 54, 211
type() 73
TypeError 388
type 명령어 365, 366

INDEX

U V W

UPDATE 461
upper() 248
USB 42
utf-8 371, 372
Value 215
ValueError 388
variable 321
w 359, 368
wb 359
while 110, 154, 169
Widget 316
width 318, 325
window.mainloop() 함수 316
Window Programming 314
with~as 364
write() 358, 368, 376
writelines() 358, 368, 369
wsPython 23

Y Z

yield 문 300
ZeroDivisionError 388
zfill() 254
zipfile 모듈 385

기호

– 101, 223
* 101, 287
** 85, 288
/ 101
// 85, 101
\' 70
\" 70
\\ 70
& 111, 223
% 85, 101
^ 111, 223
+ 101
+= 104
< 106
<< 111
<= 106
–= 104
!= 106
**= 104
*= 104
//= 104
/= 104
%= 104
= 101
== 82, 106
> 106
>= 106
>> 111
| 111, 223
~ 111
# 기호 52
\(역슬래시) 70
〈Alt_L〉 335
〈B1-Motion〉 330
〈B2-Motion〉 330
〈B3-Motion〉 330
〈BackSpace〉 335
〈Button〉 330, 331
〈Button-1〉 330, 331
〈Button-2〉 330
〈Button-3〉 330, 331
〈ButtonRelease〉 330
〈ButtonRelease-1〉 330
〈ButtonRelease-2〉 330
〈ButtonRelease-3〉 330
〈Caps_Lock〉 335
〈Control_L〉 335
〈Delete〉 335
〈Double-Button〉 330
〈Double-Button-1〉 330
〈Double-Button-2〉 330
〈Double-Button-3〉 330
〈Down〉 335
〈End〉 335
〈Enter〉 330
〈Escape〉 335
〈F1〉~〈F12〉 335
〈Home〉 335
〈Key〉 335
〈Key〉 이벤트 334
〈Leave〉 330
〈Left〉 335
〈less〉 335
〈Num_Lock〉 335
〈Pause〉 335
〈Return〉 335
〈Right〉 335
〈Shift-Down〉 335
〈Shift_L〉 335
〈Shift-Left〉 335
〈Shift-Right〉 335
〈Shift-Up〉 335
〈space〉 335
〈Tab〉 335
〈Up〉 335
__add()__ 메서드 429
__del__() 메서드 429
__eq__() 429
__ge__() 429
__gt__() 429
__init__() 414
__init__.py 296
__le__() 429
__lt__() 429
__name__ 88
__ne__() 429
__repr__() 메서드 429
.append() 139, 140, 289
.close() 360
.configure(옵션=값) 322
.copy() 226
.count(num) 함수 289
.difference 223
.execute() 함수 464
.fetchall() 468
.get() 321
.header on 460
.intersection 223
.mode column 460
.open 460
.schema 460
.sort() 206, 289
.symmetric_difference 223
.table 460
.union 223
*.py 43
*.raw 파일 377
\b 70
\n 70, 87, 369
\t 70
%c 67
%d 65, 67
%f 67
%o 67
%s 67
%x 67
0~9 335
0b 80, 85
0B 80, 85
0o 85
0x 80, 85
1차원 리스트 207
2진수 78, 81, 83, 85, 111, 112
2차원 리스트 207, 208, 210
8진수 83, 85
10진수 78, 79, 83
16진수 78, 80, 81, 83, 85, 111